Anna von Born

Kindl/Feuerborn

Bürgerliches Recht für
Wirtschaftswissenschaftler

 Online-Version inklusive!

**Stellen Sie dieses Buch jetzt in Ihre „digitale Bibliothek" in der
NWB Datenbank und nutzen Sie Ihre Vorteile:**

► Ob am Arbeitsplatz, zu Hause oder unterwegs: Die Online-Version dieses
Buches können Sie jederzeit und überall da nutzen, wo Sie Zugang zu einem
mit dem Internet verbundenen PC haben.

► Die praktischen Recherchefunktionen der NWB Datenbank erleichtern Ihnen
die gezielte Suche nach bestimmten Inhalten und Fragestellungen.

► Die Anlage Ihrer persönlichen „digitalen Bibliothek" und deren Nutzung in
der NWB Datenbank online ist kostenlos. Sie müssen dazu nicht Abonnent
der Datenbank sein.

Ihr Freischaltcode: **JUPYPLOTMDOQFWNPON**

Kindl/F., Bürgerliches Recht für Wirtschaftswissenschaftler

So einfach geht's:

① Rufen Sie im Internet die Seite **www.nwb.de/go/online-buch** auf.

② Geben Sie Ihren Freischaltcode ein und folgen Sie dem Anmeldedialog.

③ Fertig!

**Die NWB Datenbank – alle digitalen Inhalte aus
unserem Verlagsprogramm in einem System.**

www.nwb.de

NWB Studium Betriebswirtschaft

Bürgerliches Recht für Wirtschaftswissenschaftler

Von
Prof. Dr. Johann Kindl
Prof. Dr. Andreas Feuerborn

2., überarbeitete Auflage

Kein Produkt ist so gut, dass es nicht noch verbessert werden könnte. Ihre Meinung ist uns wichtig! Was gefällt Ihnen gut? Was können wir in Ihren Augen noch verbessern? Bitte verwenden Sie für Ihr Feedback einfach unser Online-Formular auf:

www.nwb.de/go/feedback.bwl

Als kleines Dankeschön verlosen wir unter allen Teilnehmern einmal pro Quartal ein Buchgeschenk.

ISBN 978-3-482-**69901**-6 (online)
ISBN 978-3-482-**54202**-2 (print)
2., überarbeitete Auflage 2012

© NWB Verlag GmbH & Co. KG, Herne 2006
  www.nwb.de

Satz: Griebsch & Rochol Druck GmbH & Co. KG, Hamm
Druck: medienHaus Plump GmbH, Rheinbreitbach

VORWORT

Dieses Lehrbuch richtet sich in erster Linie an Studierende der Wirtschaftswissenschaften. Darüber hinaus eignet es sich für Studierende, die sich im Rahmen eines Bachelorstudienganges für das Fach Recht als zweites Hauptfach entschieden haben (in Münster werden z. B. seit dem Wintersemester 2005/06 die Studiengänge Economics and Law sowie Politik und Recht angeboten). Schließlich vermittelt das Buch den Studienanfängern der rechtswissenschaftlichen Studiengänge die erforderlichen Grundkenntnisse.

Die inhaltliche Auswahl des Stoffes und die Darstellungsweise beruhen wesentlich auf den Erfahrungen, die wir in unseren Lehrveranstaltungen und bei der Abnahme von Prüfungen gesammelt haben. Deshalb haben wir deutliche Schwerpunkte hinsichtlich der behandelten Themenbereiche gesetzt. Während weniger prüfungsrelevante Gebiete nur sehr knapp oder gar nicht erörtert werden, haben wir die Bereiche, die erfahrungsgemäß immer wieder Gegenstand von Prüfungen sind, ausführlich dargestellt. Das gilt im Bereich des Allgemeinen Teils des BGB etwa für den Vertragsschluss, das Recht der Willensmängel und die Stellvertretung. Im Schuldrecht liegen die Schwerpunkte im Allgemeinen Leistungsstörungsrecht, im kaufrechtlichen Gewährleistungsrecht, im Delikts- und im Schadensrecht.

Besonders am Herzen lag uns eine verständliche Darstellung des für den Anfänger nicht immer leicht zugänglichen Stoffes. Auf nahezu jeder Seite des Lehrbuchs finden sich daher mehrere erklärende Beispiele. Zahlreiche Übersichten geben einen schnellen Überblick und ermöglichen eine rasche Wiederholung des Gelernten. Häufig werden den Leserinnen und Lesern Aufbauschemata an die Hand gegeben, an denen sie sich bei der Lösung von Klausurfällen orientieren können.

In der zweiten Auflage wurde das Lehrbuch auf den aktuellen Stand gebracht. Ferner konnte sein Umfang ganz erheblich (um etwa ein Drittel) reduziert werden. Erreicht wurde dies erstens durch eine Straffung der Darstellungsweise. Zweitens wurden die noch in der ersten Auflage enthaltenen Hinweise auf die Schuldrechtsreform gestrichen. Sie schienen uns entbehrlich, nachdem seit dem Inkrafttreten der Reform mehr als zehn Jahre vergangen sind. Schließlich ist dem Lehrbuch ein Übungsbuch zur Seite gestellt worden, in das u. a. die Erläuterungen zur Rechtsanwendung und Technik der Falllösung aufgenommen wurden, die bisher im Lehrbuch enthalten waren. Auf diese Weise konnte das Lehrbuch auf ein handlicheres Format reduziert werden, ohne dass inhaltliche Abstriche gemacht werden mussten.

Für Kritik und Anregungen sind wir dankbar. Sie können an die folgenden E-Mail-Adressen gerichtet werden: Andreas.Feuerborn@hhu.de und jkindl@uni-muenster.de.

Großer Dank gebührt zunächst dem NWB-Verlag für die ausgezeichnete Betreuung. Außerdem bedanken wir uns bei unseren Mitarbeiterinnen und Mitarbeitern, die uns bei der Bearbeitung der zweiten Auflage tatkräftig unterstützt haben. Besonderer Dank gebührt zum einen Frau Wiss. Besch. *Natalie Jauko* und Frau stud. iur. *Claudia Servos*, die den Teil A sorgfältig durchgesehen haben; Frau *Servos* hat dazu auch das Stichwortverzeichnis erstellt. Besonderer Dank gebührt zum anderen Frau *Ricarda Schwegmann*, die den gesamten Teil B sorgfältig durchgesehen hat, sowie den studentischen Mitarbeiterinnen, Frau *Friederike Löser* und Frau *Christina Kenkel*, die das Stichwortverzeichnis für den Teil B erstellt haben.

Düsseldorf/Münster, im März 2012

Andreas Feuerborn

Johann Kindl

INHALTSVERZEICHNIS

ABKÜRZUNGSVERZEICHNIS

A

a. A.	anderer Ansicht
Abs.	Absatz
a. E.	am Ende
AEUV	Vertrag über die Arbeitsweise der Europäischen Union
AG	Aktiengesellschaft
AGB	Allgemeine Geschäftsbedingung(en)
AGBG	Gesetz zur Regelung des Rechts der Allgmeinen Geschäftsbedingungen, aufgehoben durch Art. 6 Nr. 4 SMG
AktG	Aktiengesetz
arg.e	argumentum e/ex
Art.	Artikel

B

BAG	Bundesarbeitsgericht
BayObLG	Bayerisches Oberstes Landesgericht
BB	Betriebs-Berater (Zeitschrift)
BetrVG	Betriebsverfassungsgesetz
BeurkG	Beurkundungsgesetz
BGB	Bürgerliches Gesetzbuch
BGB-InfoV	BGB-Informationspflichten-Verordnung
BGH	Bundesgerichtshof
BGHSt	Entscheidungen des Bundesgerichtshofs in Strafsachen
BGHZ	Entscheidungen des Bundesgerichtshofs in Zivilsachen
BVerfG	Bundesverfassungsgericht
BVerfGE	Entscheidungen des Bundesverfassungsgerichts
BZRG	Bundeszentralregistergesetz

D

DB	Der Betrieb (Zeitschrift)

E

EFZG	Gesetz über die Zahlung des Arbeitsentgelts an Feiertagen und im Krankheitsfalle (Entgeltfortzahlungsgesetz)
EGBGB	Einführungsgesetz zum Bürgerlichen Gesetzbuch
EU	Europäische Union
EuGH	Europäischer Gerichtshof

F

f., ff.	folgend, folgende

G

GewO	Gewerbeordnung
GG	Grundgesetz für die Bundesrepublik Deutschland
GmbH	Gesellschaft mit beschränkter Haftung
GmbHG	Gesetz betreffend die Gesellschaften mit beschränkter Haftung
GoA	Geschäftsführung ohne Auftrag
GVG	Gerichtsverfassungsgesetz
GWB	Gesetz gegen Wettbewerbsbeschränkungen

H

Hs.	Halbsatz
HGB	Handelsgesetzbuch

I

InsO	Insolvenzordnung
i. S.	im Sinne
i. V.	in Verbindung

J

JA	Juristische Arbeitsblätter (Zeitschrift)
Jura	Juristische Ausbildung (Zeitschrift)
JuS	Juristische Schulung (Zeitschrift)

K

KG	Kommanditgesellschaft, in Zitaten Kammergericht
KSchG	Kündigungsschutzgesetz

L

LAG	Landesarbeitsgericht
LG	Landgericht
LPartG	Gesetz über die eingetragene Lebenspartnerschaft

M

MDR	Monatschrift für Deutsches Recht
Mot.	Motive zum BGB
MünchKomm	Münchener Kommentar zum BGB
m. w. N.	mit weiteren Nachweisen

N

NJW	Neue Juristische Wochenschrift (Zeitschrift)
NJW-RR	NJW – Rechtsprechungsreport – Zivilrecht (Zeitschrift)
NZA	Neue Zeitschrift für Arbeitsrecht

O

OHG	Offene Handelsgesellschaft
OLG	Oberlandesgericht

P

ProdHaftG	Gesetz über die Haftung für fehlerhafte Produkte (Produkthaftungsgesetz)

R

RBerG	Rechtsberatungsgesetz, aufgehoben durch Art. 20 Nr. 1 des Gesetzes zur Neuregelung des Rechtsberatungsrechts
RDG	Gesetz über außergerichtliche Rechtsdienstleistungen (Rechtsdienstleistungsgesetz)
RG	Reichsgericht
RGZ	Amtliche Sammlung von Entscheidungen des Reichsgerichts in Zivilsachen
RL	Richtlinie
Rn.	Randnummer(n)

S

ScheckG	Scheckgesetz
SGB X	Sozialgesetzbuch (10. Buch): Sozialverwaltungsverfahren und Sozialdatenschutz
SMG	Gesetz zur Modernisierung des Schuldrechts
StGB	Strafgesetzbuch
StPO	Strafprozessordnung
StVG	Straßenverkehrsgesetz

U

UKlaG	Gesetz über Unterlassungsklagen bei Verbraucherrechts- und anderen Verstößen (Unterlassungsklagengesetz)
UWG	Gesetz gegen den unlauteren Wettbewerb

V

VAHRG	Gesetz zur Regelung von Härten im Versorgungsausgleich
VwGO	Verwaltungsgerichtsordnung

W

WG	Wechselgesetz

Z

ABBILDUNGSVERZEICHNIS

LITERATURVERZEICHNIS

Brox, Hans / Walker, Wolf-Dietrich, Allgemeiner Teil des BGB, 35. Aufl. 2011

Brox, Hans / Walker, Wolf-Dietrich, Allgemeines Schuldrecht, 36. Aufl. 2012

Brox, Hans / Walker, Wolf-Dietrich, Besonderes Schuldrecht, 36. Aufl. 2012

Eisenhardt, Ulrich, Einführung in das Bürgerliche Recht, 6. Aufl. 2010

Erman, BGB (Kommentar), Band 1 (§§ 1 – 811), 13. Aufl. 2011

Faust, Florian, Bürgerliches Gesetzbuch Allgemeiner Teil, 3. Aufl. 2012

Führich, Ernst, Wirtschaftsprivatrecht, 11. Aufl. 2012

Hirsch, Christoph, Schuldrecht Allgemeiner Teil, 7. Aufl. 2011

Hirsch, Christoph, Schuldrecht Besonderer Teil, 2. Aufl. 2011

Kaiser, Gisbert, Bürgerliches Recht, 12. Aufl. 2009

Kallwass, Wolfgang, Privatrecht, 20. Aufl. 2010

Klunzinger, Eugen, Einführung in das Bürgerliche Recht, 15. Aufl. 2011

Kock, Kai-Uwe / Stüwe, Richard / Wolffgang, Hans-Michael / Zimmermann, Heiko, Öffentliches Recht und Europarecht, 5. Aufl. 2010

Köhler, Helmut, BGB Allgemeiner Teil, 35. Aufl. 2011

Larenz, Karl / Canaris, Claus-Wilhelm, Lehrbuch des Schuldrechts, Besonderer Teil, Band II/2, 13. Aufl. 1994

Larenz, Karl / Wolf, Manfred, Allgemeiner Teil des Bürgerlichen Rechts, 9. Aufl. 2004

Looschelders, Dirk, Schuldrecht Allgemeiner Teil, 9. Aufl. 2011

Looschelders, Dirk, Schuldrecht Besonderer Teil, 7. Aufl. 2012

Medicus, Dieter, Allgemeiner Teil des BGB, 10. Aufl. 2010

Medicus, Dieter / Lorenz, Stephan, Schuldrecht I, 19. Aufl. 2010

Medicus, Dieter / Lorenz, Stephan, Schuldrecht II, 16. Aufl. 2012

Medicus, Dieter / Petersen, Jens, Bürgerliches Recht, 23. Aufl. 2011

Musielak, Hans-Joachim, Grundkurs BGB, 12. Aufl. 2011

Palandt, BGB, 71. Aufl. 2012

Rüther, Bernd / Stadler, Astrid, Allgemeiner Teil des BGB, 17. Aufl. 2011

Schade, Friedrich, Wirtschaftsprivatrecht: Grundlagen des Bürgerlichen Rechts sowie des Handels- und Wirtschaftsrechts, 2. Aufl. 2009

Schünemann, W. B., Wirtschaftsprivatrecht, 6. Aufl. 2011

Schwab, Dieter, Einführung in das Zivilrecht, 19. Aufl. 2012

Wörlen, Reiner / Metzler-Müller, Karin, BGB AT, 12. Aufl. 2012

Wörlen, Reiner / Metzler-Müller, Karin, Schuldrecht AT, 10. Aufl. 2011

Wörlen, Reiner / Metzler-Müller, Karin, Schuldrecht BT, 10. Aufl. 2011

Zerres, Thomas, Bürgerliches Recht, 6. Aufl. 2010

Teil A: Allgemeiner Teil

Kapitel 1: Einführung in das Bürgerliche Recht

§ 1 Grundlagen

LITERATUR:

Brox/Walker, BGB AT, Rn. 1 ff.; *Bitter/Rauhaut*, Grundzüge zivilrechtlicher Methodik – Schlüssel zu einer gelungenen Fallbearbeitung, JuS 2009, 289; *Führich*, Wirtschaftsprivatrecht, § 1 I und II; *Schapp*, Einführung in das Bürgerliche Recht: Das System des Bürgerlichen Rechts, JA 2003, 125.

Ein friedliches und gedeihliches Zusammenleben der Menschen setzt das Bestehen und die Einhaltung gewisser Spielregeln voraus, die dieses Zusammenleben ordnen. Nur der allein auf einer Insel lebende Robinson brauchte solche Regeln nicht; das änderte sich jedoch sofort, als Freitag auftauchte. Ohne verbindliche Verhaltensnormen endet das Zusammenleben der Menschen letztlich in Willkür, Gewalt und Chaos (vgl. *Brox/Walker*, BGB AT, Rn. 1). Solche „**sozialen Spielregeln**" enthält auch das Bürgerliche Recht.   1

I. Recht und außerrechtlicher Bereich

Nicht alle Verhaltensnormen sind rechtlicher Natur. Trotz einer vergleichsweise hohen Regelungsdichte verbleiben weite Bereiche des Zusammenlebens, die nicht durch Rechtsnormen geregelt werden. Neben dem **Recht** gibt es einerseits die **Sitte** und andererseits die **Sittlichkeit oder Moral**.   2

> **BEISPIEL** M hat seine Bekannte F zum Abendessen eingeladen. F kauft für 15 € eine Flasche „Killepitsch" (Düsseldorfer Spezialität!) und klingelt zur verabredeten Zeit bei M an der Haustür. M öffnet jedoch nicht. Er hat es sich nämlich anders überlegt und ist zu seinen Freunden in seine Stammkneipe gegangen, um dort die Live-Übertragung eines Champions-League-Spiels anzuschauen. F verlangt von M Ersatz der 15 € für den „Killepitsch", den sie selber nicht mag. Mit Recht?

Hier kommt es entscheidend auf die Zuordnung der Regeln zum Bereich des Rechts, der Sitte oder der Sittlichkeit an. Klar ist, dass M sich gegenüber F „unmöglich gemacht" hat und dass F ihn deshalb zukünftig aller Voraussicht nach „schneiden" wird. Darüber hinaus hat F allerdings nur dann einen Anspruch gegen M, ihr den Betrag von 15 € für den nutzlos gekauften „Killepitsch" zu ersetzen, wenn M gegen eine Rechtspflicht verstoßen oder ein rechtlich geschütztes Gut der F verletzt hat. Das zeigen z. B. § 280 Abs. 1 BGB („*Verletzt der Schuldner eine Pflicht aus dem Schuldverhältnis, ...*") und § 823 Abs. 1 BGB („*Wer vorsätzlich oder fahrlässig das Leben, den Körper, die Gesundheit, die Freiheit, das Eigentum oder ein sonstiges Recht eines anderen widerrechtlich verletzt, ...*").

1. Recht

3   Neben den Regeln der Sitte und der Sittlichkeit (Moral), deren Verletzung in erster Linie nur gesellschaftliche Sanktionen auslöst, müssen rechtliche Regeln existieren, die das Zusammenleben der Menschen mit einem höheren Grad an Verbindlichkeit regeln. Eine solche **rechtliche Ordnung** muss an der **Idee der Gerechtigkeit** ausgerichtet sein. Sie muss auf einer Werteordnung beruhen, die nicht willkürlich veränderbar ist. Vor allem die Erfahrungen der nationalsozialistischen Herrschaft von 1933 bis 1945 zeigen, wie gefährlich es ist, wenn nicht die Idee der Gerechtigkeit, sondern letztlich die Macht das Recht bestimmt. Gleiches gilt etwa für das Grenzregime der ehemaligen DDR und die Todesschüsse an der Mauer (vgl. dazu die sog. Mauerschützen-Urteile BGH NJW 1994, 2703; 2000, 443; 2000, 3079). Ungerechte Gesetze sind kein Recht, sondern Unrecht.

4   Ein weiteres Merkmal des Rechts ist seine **Durchsetzbarkeit**. Da nicht jeder stets freiwillig die rechtlichen Regeln einhält, müssen sie zwangsweise durchgesetzt werden können. Das geschieht grundsätzlich durch den Staat (Gewaltmonopol des Staates).

5

> **Recht** ist somit eine **soziale Ordnung**, die das Zusammenleben der Menschen regelt (soziale Spielregeln). Es handelt sich um Ge- und Verbote, welche die Konflikte zwischen den Menschen regeln. Da das Recht eine **gerechte Gemeinschaftsordnung** gewährleisten soll, müssen die rechtlichen Vorschriften an einer übergeordneten **Idee der Gerechtigkeit** ausgerichtet sein. Entscheidend für die Rechtsqualität ist ferner, dass diese Vorschriften **vom Staat zwangsweise durchgesetzt** werden können.

2. Sitte

6   Wie das Recht, so regeln auch die Vorschriften der Sitte die zwischenmenschlichen Beziehungen. Teilweise nimmt das Recht sogar ausdrücklich Bezug auf die Sitte, indem etwa § 157 BGB anordnet, dass Verträge so auszulegen sind, wie Treu und Glauben mit Rücksicht auf die **Verkehrssitte** es erfordern. Die Sitte bestimmt also mit darüber, wie die Bestimmungen eines Vertrags zu verstehen sind. Gleiches gilt gem. § 242 BGB (lesen!) für die Erfüllung der Leistungspflicht des Schuldners.

7   Trotz des ähnlich klingenden Wortlauts beziehen sich andere Vorschriften nicht auf die Sitte, sondern auf die „**guten Sitten**". § 138 Abs. 1 BGB erklärt Rechtsgeschäfte für nichtig, die gegen die guten Sitten verstoßen. Nach § 826 BGB ist zum Schadensersatz verpflichtet, wer in einer gegen die guten Sitten verstoßenden Weise einem anderen vorsätzlich Schaden zufügt. Diese Vorschriften beziehen sich auf die Sozialmoral und damit auf die Sittlichkeit (dazu Rn. 13 ff.).

8   Unter dem Begriff der „Sitte" versteht man üblicherweise die **Bräuche und Gewohnheiten einer bestimmten Menschengruppe**. Solche Menschengruppen können etwa die Familie, die Dorfgemeinschaft, die Bevölkerung einer bestimmten Region oder die Handeltreibenden sein. Letzteres belegt § 346 HGB, dem zufolge unter Kaufleuten bezüglich der Bedeutung und Wirkung von Handlungen und Unterlassungen auf die im Handelsverkehr geltenden Gewohnheiten und Gebräuche Rücksicht zu nehmen ist.

Diese Bräuche und Gewohnheiten sind keine rechtlich, sondern (nur) **gesellschaftlich**   9
geforderten Regeln. Es handelt sich lediglich um Anstandsregeln. Deshalb hat F im obigen Beispiel (Rn. 2) keinen Anspruch gegen M auf Ersatz der 15 € für den nutzlos gekauften „Killepitsch".

Den gesellschaftlich geforderten Anstandsregeln (Sitte) und den rechtlichen Regeln   10
(Recht) ist **gemeinsam**, dass sie ein bestimmtes **äußeres Verhalten** verlangen, ohne dass es auf die innere Einstellung ankommt. Für die Erfüllung der Verkäuferpflicht aus § 433 Abs. 1 BGB (lesen!) spielt es keine Rolle, ob der Verkäufer den zum Sonderpreis verkauften PC liefert, weil ihm der Käufer sympathisch ist, weil er sich weitere Aufträge erhofft oder weil er keine Schadensersatzklage riskieren will.

Unterschiedlich sind allerdings die **Sanktionen** für die Verletzung rechtlicher und sittlicher Regeln. Die Befolgung rechtlicher Regeln kann mit staatlichem Zwang durchgesetzt werden. Zahlt etwa der Käufer den vereinbarten Kaufpreis nicht (vgl. § 433 Abs. 2 BGB; lesen!), kann der Verkäufer ihn verklagen und das Urteil im Wege der Zwangsvollstreckung durchsetzen lassen. Dem gegenüber kann die Befolgung sittlicher Regeln (also von Bräuchen oder Anstandsregeln) nicht zwangsweise durchgesetzt werden. Ihre Verletzung zieht statt rechtlicher Sanktionen die gesellschaftliche Missachtung nach sich. Im obigen Beispiel (Rn. 2) macht sich M mit der verpatzten Einladung zwar „unmöglich"; da eine Essenseinladung aber kein Vertrag ist und M auch nicht das Eigentum der F verletzt hat (vgl. § 823 Abs. 1 BGB), muss er ihr nicht die 15 € für den nutzlos gekauften „Killepitsch" ersetzen.   11

> Unter **Sitte** ist demnach die Zusammenfassung der **Bräuche und Gewohnheiten** zu verstehen, die in **bestimmten Menschengruppen** das zwischenmenschliche Verhalten regeln. Die Befolgung dieser Anstandsregeln ist nicht rechtlich, sondern (nur) **gesellschaftlich gefordert**. Sie kann nicht mit staatlichem Zwang durchgesetzt werden. Statt einer rechtlichen Sanktion zieht die Verletzung der Anstandsregeln die gesellschaftliche Missachtung nach sich. Wie die rechtlichen Regeln verlangen auch die sittlichen Regeln ein bestimmtes **äußeres Verhalten**, ohne dass es auf die innere Einstellung ankommt. Teilweise beziehen sich rechtliche Vorschriften aber auf die Sitte, etwa auf die **Verkehrssitte** (§§ 157, 242 BGB) oder auf Handelsbräuche (§ 346 HGB).   12

3. Sittlichkeit (Moral)

Die Regeln der Sittlichkeit oder Moral sind, wie die rechtlichen und sittlichen Regeln,   13
ebenfalls Sollensvorschriften, die das zwischenmenschliche Miteinander regeln. Ein **wesentlicher Unterschied** zu diesen Regeln besteht aber darin, dass die sittliche (moralische) Verpflichtung zu einem bestimmten Handeln, jedenfalls der Idee nach, den Zweck verfolgt, „**das Gute**" zu verwirklichen. Mit diesem Anspruch geht die Sittlichkeit (Moral) weit über den Zweck des Rechts hinaus, bloß ein einigermaßen erträgliches Zusammenleben der Menschen zu gewährleisten. Etwas Anderes gilt nur für solche Staaten, in denen religiöse Gebote gleichzeitig (staatliche) Gesetze sind.

Die moralischen Verpflichtungen können **verschiedene Quellen** haben. Sie können sich   14
ergeben aus dem Gewissen des einzelnen Menschen, aus einer Religion oder Weltanschauung oder aus der sog. Sozialmoral, d. h. aus den einer bestimmten Gruppe von Menschen gemeinsamen Grundwerten.

15   Da die Ziele der Sittlichkeit oder Moral deutlich über die Zwecke des Rechts hinausgehen, kann eine Handlung **zwar rechtmäßig, aber unmoralisch** sein. Das lässt sich am Beispiel der Lüge verdeutlichen. Das Lügen ist zwar unmoralisch; im Strafprozess hat der Angeklagte aber nicht nur ein Schweigerecht (§ 136 StPO), sondern er darf sogar lügen, ohne rechtliche Nachteile befürchten zu müssen, weil er sich selbst nicht belasten muss (vgl. BGHSt 3, 149, 152; sog. Selbstbegünstigungsprivileg). Strafbar sind Lügen im Rechtsverkehr nicht allgemein, sondern nur unter bestimmten Voraussetzungen etwa als uneidliche Falschaussage (§ 153 StGB), als Meineid (§ 154 StGB), als Betrug (§ 163 StGB) oder als Verleumdung (§ 187 StGB). Im Zivilrecht führen nur solche Lügen, die als „arglistige Täuschung" beim Abschluss eines Vertrags zu qualifizieren sind, dazu, dass der belogene (getäuschte) Vertragspartner den Vertragsschluss gem. §§ 123 Abs. 1, 142 Abs. 1 BGB anfechten und damit „annullieren" kann. Deshalb wird das Recht auch nur als „ethisches Minimum" bezeichnet (vgl. *Brox/Walker*, BGB AT, Rn. 3).

16   Bei der Sittlichkeit oder Moral geht es nicht bloß um das äußere Verhalten, sondern vor allem um die **innere Einstellung des Handelnden**. Dadurch unterscheidet sich die Sittlichkeit sowohl vom Recht als auch von der Sitte, die lediglich ein bestimmtes äußeres Verhalten vorschreiben. Die daraus abgeleitete Gegenüberstellung der „Äußerlichkeit des Rechts" und der „Innerlichkeit der Sittlichkeit oder Moral" ist allerdings missverständlich. Denn die sittlichen Regeln beziehen sich sowohl auf die innere Einstellung als auch auf die daraus resultierende Tat. Und die innere Tatseite entscheidet z. B. im Strafrecht darüber, ob der Täter sich wegen vorsätzlicher oder bloß wegen fahrlässiger Körperverletzung (§§ 223 ff. oder § 229 StGB) strafbar gemacht hat (vgl. *Brox/Walker*, BGB AT, Rn. 3).

17   Trotz dieser Unterschiede gibt es auch **Gemeinsamkeiten und Berührungspunkte** zwischen Recht und Moral sowie zwischen Sitte und Moral. Bereits angesprochen wurde, dass sich manche Rechtsnormen auf die Sittlichkeit beziehen, indem sie die Einhaltung oder Missachtung der **„guten Sitten"** zum Tatbestandsmerkmal machen (Bsp.: § 138 Abs. 1 BGB, § 826 BGB). Dabei meinen die „guten Sitten" keine persönliche Gewissensentscheidung oder eine religiöse oder weltanschauliche Ethik, sondern die Sozialmoral. Sittenwidrig ist eine Handlung nämlich dann, wenn sie gegen das „Anstandsgefühl aller billig und gerecht Denkenden", also gegen die Anschauungen des „anständigen Durchschnittsmenschen", verstößt (Mot. II, 727; RGZ 80, 219, 221).

18   Schließlich können **Wechselwirkungen** zwischen **Rechtsnormen** und der **Sozialmoral** bestehen. Einerseits können Rechtsnormen auf die Sozialmoral einwirken. So hat das Bundesverfassungsgericht in seinem ersten Urteil zur sog. Fristenlösung bei der Abtreibung darauf hingewiesen, dass die bloße Existenz einer Strafandrohung (Strafbarkeit der Abtreibung) Einfluss auf die Wertvorstellungen und die Verhaltensweisen der Bevölkerung habe (BVerfGE 39, 1, 57). Andererseits kann ein Wandel der Sozialmoral zu Veränderungen des Rechts führen. Ein Beispiel ist das Lebenspartnerschaftsgesetz, das die Diskriminierung gleichgeschlechtlicher Gemeinschaften beenden soll.

19

> Die **Sittlichkeit (Moral)** stellt also ebenfalls Sollensvorschriften für das menschliche Zusammenleben auf. Diese Vorschriften beziehen sich aber nicht auf das äußere Verhalten, sondern auch und vor allem auf die **innere Einstellung**. Es geht um die **Verwirklichung des Guten** und damit um mehr als bloß die Gewährleistung eines einigermaßen gedeihlichen Zusammenlebens. Die Moral geht über das ethische Minimum des Rechts und auch über die Sitte hinaus.

ABB. 1:	Recht und außerrechtlicher Bereich

Recht (Rechtsordnung)
▸ soziale Ordnung, die das Zusammenleben der Menschen regelt ▸ „soziale Spielregeln" ▸ Ge- und Verbote zur Konfliktregelung ▸ Ausrichtung an einer übergeordneten Idee der Gerechtigkeit ▸ zwangsweise vom Staat durchsetzbar ▸ Rechtsordnung = Summe der geltenden Rechtsvorschriften

Außerrechtlicher Bereich	
Sitte	**Sittlichkeit (Moral)**
▸ Bräuche, Gewohnheiten einer bestimmten Gruppe ▸ „Anstandsregeln" ▸ gesellschaftlich gefordert ▸ nicht erzwingbar ▸ gerichtet auf bestimmtes äußeres Verhalten	▸ Sollensvorschriften mit dem Ziel, „das Gute" zu verwirklichen ▸ aus Gewissen, Religion/Weltanschauung, Sozialmoral ▸ nicht erzwingbar ▸ richten sich vor allem an innere Einstellung

Die **Abgrenzung zwischen dem rechtlichen und dem außerrechtlichen Bereich** hängt   20
häufig von den besonderen Umständen des konkreten Einzelfalles ab:

BEISPIEL ▸ Student S will von Düsseldorf nach Münster trampen. Er wird vom Autofahrer A mitgenommen, der auf dem Weg nach Münster ist. Unterwegs geraten S und A in eine politische Diskussion. Als sich herausstellt, dass S ganz andere Ansichten hat als A, und als S diese auch vehement verteidigt, wird A „sauer". Er hält am nächsten Rastplatz an und fordert S auf auszusteigen. S weigert sich, weil er meint, er hätte mit A einen Beförderungsvertrag über die Mitnahme bis nach Münster geschlossen. Deshalb müsse A ihn bis dahin mitnehmen. Hat S gegen A einen Anspruch auf Mitnahme bis nach Münster?

Voraussetzung für einen solchen Anspruch ist der Abschluss eines entsprechenden Beförderungsvertrags zwischen A und S. Problematisch erscheint allerdings, ob A einen diesbezüglichen **Rechtsbindungswillen** hatte. Daran fehlt es grundsätzlich bei **Gefälligkeiten des täglichen Lebens**. Gegen eine bloße Gefälligkeit und für einen Rechtsbindungswillen spricht es, wenn dem einen Teil klar sein muss, dass die Erbringung der Leistung für den anderen Teil wirtschaftlich oder aus einem anderen Grund **besondere Bedeutung** hat. **Kriterien**, die im Beispielsfall gegen eine bloße Gefälligkeit sprechen, könnten die Vereinbarung einer Unkostenbeteiligung (Mitfahrzentrale) oder die Festlegung einer Ankunftszeit sein, weil S in Münster einen geschäftlichen Termin einhalten muss. Da derlei hier nicht ersichtlich ist, liegt kein Beförderungsvertrag, sondern eine bloße Gefälligkeit ohne Rechtsbindungswillen vor. S muss also aussteigen und hat keinen Anspruch gegen A auf Mitnahme bis nach Münster.

II. Privatrecht und öffentliches Recht

21   Eine weitere wichtige Differenzierung betrifft die Unterscheidung zwischen dem Privatrecht und dem öffentlichen Recht, welche die gesamte Rechtsordnung durchzieht.

> **BEISPIEL** ▶ F hat mit einigen Freunden in seiner Stammkneipe den Sieg der Düsseldorfer Fortuna gehörig gefeiert. Nach dem Genuss von einem Dutzend Alt fühlt er sich besonders fahrtüchtig. Er setzt sich in sein Auto und macht sich auf den Weg nach Hause. An einer Kreuzung nimmt er dem G die Vorfahrt, und die Autos stoßen zusammen. Beide Beteiligte werden ins Krankenhaus gebracht. Die Polizei nimmt den Unfall auf und lässt ausgelaufenes Öl von der Feuerwehr beseitigen. Anschließend ermittelt die Staatsanwaltschaft gegen F wegen Trunkenheit im Straßenverkehr, Straßenverkehrsgefährdung und Körperverletzung. Der Unfallgegner G will Schadensersatz und Schmerzensgeld. Seine gesetzliche Krankenkasse verlangt Ersatz für die von ihr geleisteten Zahlungen. Die Straßenverkehrsbehörde will F den Führerschein entziehen. Die Feuerwehr will die Kosten für die Beseitigung des ausgelaufenen Öls ersetzt haben. G begehrt von seinem Arbeitgeber Entgeltfortzahlung, dieser will sich den während der Krankheit gezahlten Lohn von F erstatten lassen.

1. Zivilrecht (Privatrecht), Strafrecht und öffentliches Recht

22   An diesem Fall zeigt sich, dass ein und derselbe Lebenssachverhalt drei verschiedene Bereiche des Rechts berühren kann:

▶ das **Zivil- bzw. Privatrecht**,

▶ das **Strafrecht** und

▶ das **öffentliche Recht**.

23   Zu den **zivilrechtlichen Ansprüchen** gehören in diesem Fall zunächst die Ansprüche des Geschädigten auf Schadensersatz und Schmerzensgeld. Das sind die Ansprüche des Unfallopfers G gegen den Autofahrer F auf Schadensersatz und Schmerzensgeld (§ 823 Abs. 1 und 2 i.V. mit §§ 249 ff. und 253 BGB, §§ 7 Abs. 1, 18 Abs. 1 StVG). Außerdem ist der Anspruch des G gegen seinen Arbeitgeber auf Entgeltfortzahlung im Krankheitsfall (§ 3 Abs. 1 EFZG) ein solcher zivilrechtlicher Anspruch. Gleiches gilt schließlich für den Regressanspruch des Arbeitgebers gegen den Unfallverursacher F, mit dem er Ersatz für die an G geleistete Entgeltfortzahlung verlangt (§ 6 Abs. 1 EFZG), und für die Rückgriffsansprüche der Krankenkasse des G gegen F wegen der Zahlungen, welche die Krankenkasse für G geleistet hat (§ 116 SGB X).

Der von F verursachte Unfall ist auch **strafrechtlich** von Bedeutung. Die zuständige   24
Staatsanwaltschaft wird ein Ermittlungsverfahren in Bezug auf eine mögliche Strafbar-
keit des F wegen Straßenverkehrsgefährdung (§ 315c StGB), Trunkenheit im Straßenver-
kehr (§ 316 StGB) und fahrlässiger Körperverletzung (§ 229 StGB) einleiten. Nach dem
Abschluss der Ermittlungen erhebt sie bei hinreichendem Tatverdacht Anklage vor dem
Amtsgericht (vgl. § 170 StPO).

Schließlich berührt der von F verursachte Unfall auch das **öffentliche Recht**. Die zustän-   25
dige Straßenverkehrsbehörde prüft, ob dem F wegen der Trunkenheitsfahrt der Führer-
schein zu entziehen ist. Vorschriften des Polizei- und Ordnungsrechts regeln sowohl die
Verpflichtung der Feuerwehr, das bei dem Unfall ausgelaufene Öl zu beseitigen, als
auch den Anspruch der Feuerwehr gegen F auf Erstattung der Kosten, welche die Beseitigung des Öls verursacht hat. Sozialversicherungsrechtliche Vorschriften regeln
schließlich die Übernahme der Heilbehandlungskosten durch die gesetzliche Krankenkasse des G (für die sie dann, wie gerade erläutert, zivilrechtlich Regress von F verlangen kann).

2. Grundunterscheidung zwischen Privatrecht und öffentlichem Recht

Die **Unterscheidung** zwischen den drei Rechtsgebieten Privatrecht (bzw. Zivilrecht),   26
Strafrecht und öffentliches Recht kann im Einzelfall Probleme bereiten. Einerseits sind
die drei Gebiete so weit gefasst, dass sie einer weiteren Unterteilung bedürfen. So bilden etwa das Staatsrecht und das Verwaltungsrecht zwei wesentliche Teilbereiche des
öffentlichen Rechts. Andererseits überschneiden sich die Gebiete. So ist beispielsweise
das Strafrecht ebenso ein Teil des öffentlichen Rechts wie es die Verfahrensrechte sind,
welche die Verfahren vor den staatlichen Gerichten regeln.

Generell lässt sich sagen, dass das **Privatrecht** derjenige Teil der Rechtsordnung ist, wel-   27
cher die Rechtsbeziehungen der Einzelnen zueinander regelt, und zwar auf der Basis
von **Gleichordnung**, auf einer Ebene der Gleichberechtigung. Die „Einzelnen" sind (Pri-
vat-)Rechtssubjekte, die sich auf einer horizontalen Ebene gleichwertig gegenüber stehen. Die Gleichrangigkeit zeigt sich auch darin, dass das Privatrecht weitgehend vom
Grundsatz der Privatautonomie, also der Gestaltungs- und Vertragsfreiheit der Rechtssubjekte, geprägt wird (näher dazu § 2 Rn. 5 ff.).

Das **öffentliche Recht** regelt demgegenüber vor allem das Verhältnis zwischen Bürger   28
und Staat in einem **Über- und Unterordnungsverhältnis**. Es geht um das Verhältnis des
Einzelnen zum Staat als Träger hoheitlicher Gewalt, also um ein befehlendes oder ob-
rigkeitliches Verhältnis. Zum öffentlichen Recht gehören außerdem solche Vorschriften,
welche die Rechtsverhältnisse von Hoheitsträgern untereinander regeln.

> Im **Beispielsfall** (Rn. 21) entscheidet beispielsweise die Staatsanwaltschaft nach Abschluss der
> Ermittlungen darüber, ob sie einen Strafbefehl erlässt oder ob sie F vor dem zuständigen Ge-
> richt anklagt. Die Straßenverkehrsbehörde entscheidet über das Ob und die Dauer des Führer-
> scheinentzugs.

Man hat in der Rechtswissenschaft verschiedene Theorien der Abgrenzung zwischen   29
Privatrecht und öffentlichem Recht entwickelt (vgl. dazu etwa *Kock/Stüwe/Wolffgang/
Zimmermann*, Öffentliches Recht und Europarecht, S. 359 ff.). Die älteste Abgrenzungs-

theorie ist die **Interessentheorie**, deren Wurzeln im Römischen Recht, bei *Ulpian*, liegen. Danach geht es im Privatrecht um die Verfolgung von Individualinteressen, im öffentlichen Recht hingegen um die Wahrnehmung von Allgemeininteressen. Diese Theorie erlaubt indessen vor allem dort keine klaren Abgrenzungen, wo die zu beurteilenden Vorschriften sowohl privaten als auch öffentlichen Interessen dienen. So dienen etwa arbeitsrechtliche Normen wie das Entgeltfortzahlungsgesetz (EFZG) oder das Kündigungsschutzgesetz (KSchG) nicht nur dem Schutz des individuellen Arbeitnehmers, sondern auch dem öffentlichen Interesse an einem sozialen Ausgleich und dem aus Art. 12 Abs. 1 GG folgenden Schutzauftrag des Staates (vgl. dazu BVerfGE 84, 133, 146 f.; 97, 169 ff.).

30   Die **Subordinationstheorie** (oder **Subjektionstheorie**) stellt darauf ab, ob sich die beteiligten Rechtssubjekte auf der Ebene der Gleichordnung begegnen (z. B. zwei Bürger beim Abschluss eines Kaufvertrags) oder ob ein Rechtssubjekt befehlend über das andere auftritt (z. B. der Staat gegenüber dem Bürger beim Erlass eines Bußgeldbescheids). Im ersten Fall handelt es sich um Privatrecht, im zweiten Fall um öffentliches Recht. Diese Theorie liefert allerdings nicht in allen Fällen eine überzeugende Abgrenzung.

▶ Einerseits finden sich auch im Bereich des **öffentlichen Rechts** Situationen der **Gleichordnung**.

BEISPIEL ▶ Zwei Gemeinden schließen einen öffentlich-rechtlichen Vertrag über eine Änderung des Gemeindegebiets.

▶ Außerden kann der Staat bzw. die öffentliche Hand wie jeder Bürger als **Privatrechtssubjekt** tätig werden.

BEISPIEL ▶ Die Gemeindeverwaltung kauft neue Rechner oder Büromaterial. Die Gemeinde vermietet Wohnungen.

▶ Andererseits gibt es im **Privatrecht** Situationen, die klar von einem **Über- und Unterordnungsverhältnis** geprägt sind.

BEISPIELE ▶ Verhältnis zwischen Eltern und minderjährigen Kindern (vgl. § 1626 BGB zur elterlichen Sorge) oder zwischen Arbeitgebern und Arbeitnehmern (vgl. das in § 106 GewO geregelte Weisungs- oder Direktionsrecht des Arbeitgebers).

31   Die heute herrschende Lehre folgt daher der sog. **Sonderrechtstheorie** (oder **neueren Subjektstheorie**). Danach ist ein Rechtsverhältnis öffentlich-rechtlich, wenn die maßgeblichen Vorschriften auf der einen Seite ausschließlich einen Träger hoheitlicher Gewalt berechtigen oder verpflichten. An dem Rechtsverhältnis muss also mindestens ein Hoheitsträger mit Rechten und Pflichten beteiligt sein, die ihn nur in seiner Eigenschaft als Träger öffentlicher Gewalt treffen können. Das **öffentliche Recht** ist danach das **Sonderrecht des Staates**. Dem gegenüber hat das **Privatrecht** solche Rechte und Pflichten zum Gegenstand, die jedermann zustehen können (*Larenz/Wolf*, BGB AT, § 1 Rn. 27). Das Privatrecht wird deshalb auch als „**Jedermannrecht**" bezeichnet (so etwa *Kock/ Stüwe/Wolffgang/Zimmermann*, Öffentliches Recht und Europarecht, S. 360 f.).

BEISPIEL ▸ Wenn eine Behörde eine Baugenehmigung erteilt oder verweigert, unterliegt ihr Handeln dem öffentlichen Recht. Kauft die Behörde jedoch, wie jeder Privatmann es auch kann, neue Rechner oder Büromaterial ein, so handelt sie privatrechtlich.

Zum **Privat- oder Zivilrecht** gehören das Bürgerliche Recht als allgemeines Privatrecht   32
und das Sonderprivatrecht für bestimmte Personengruppen oder Rechtsverhältnisse (näher dazu unten Rn. 36 ff.). Zum **öffentlichen Recht** gehören dagegen das Völker- und Europarecht, das Staats- und Verfassungsrecht (Grundgesetz, Landesverfassungen), das Verwaltungsrecht (allgemeines und besonderes Verwaltungsrecht, z.B. Polizei- und Ordnungsrecht, Baurecht, Straßenrecht, Steuerrecht), das Straf- und Ordnungswidrigkeitenrecht und das Gerichtsverfassungs- und Prozessrecht (vgl. *Kock/Stüwe/Wolffgang/Zimmermann*, Öffentliches Recht und Europarecht, S. 37).

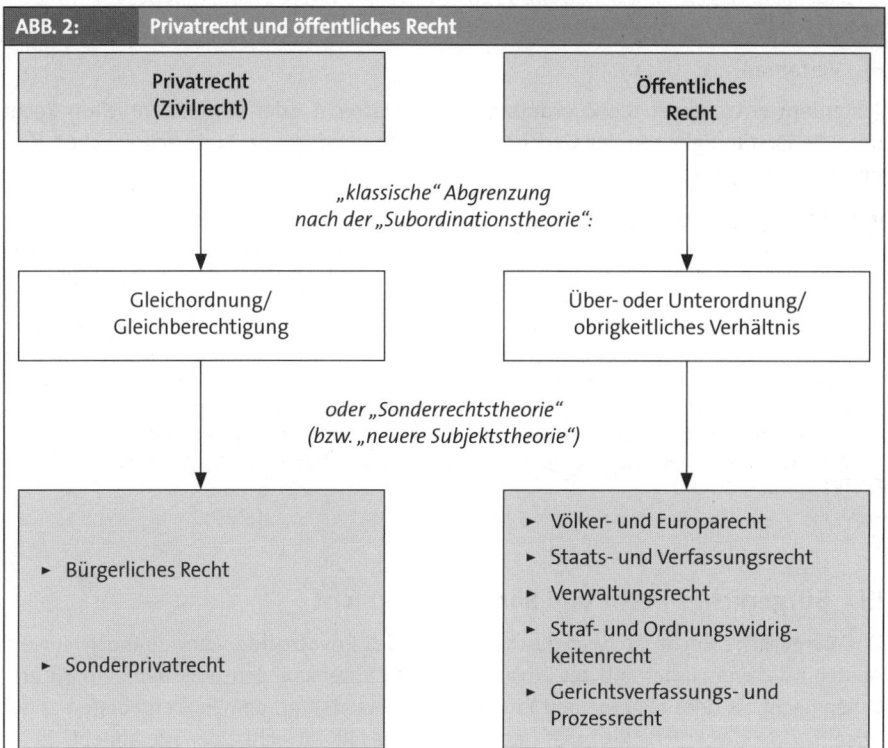

ABB. 2:   **Privatrecht und öffentliches Recht**

3. Bedeutung der Unterscheidung

Die Unterscheidung zwischen dem Zivil- oder Privatrecht einerseits und dem öffent-   33
lichen Recht andererseits durchzieht die gesamte Rechtsordnung. Sie hat deshalb so **entscheidende Bedeutung**, weil die materiellrechtlichen Regeln und das Verfahren in beiden Bereichen unterschiedlich gestaltet sein müssen. Denn es macht einen erheblichen Unterschied, ob ein Bürger gegen den Kaufvertrag über sein Grundstück vorgehen

will, weil die Vertreter der Gemeinde verschwiegen haben, dass sich dort vorher eine Müllkippe befand, oder ob er dagegen vorgehen will, dass die Gemeinde ihm die Baugenehmigung für die Errichtung seines Hauses versagt hat.

a) Anwendbare Rechtsnormen

34 Von der Abgrenzung zwischen Privatrecht und öffentlichem Recht hängt zunächst ab, **welche Rechtsnormen** auf den Sachverhalt anzuwenden sind.

> **VGL. AUS DEM EINGANGSBEISPIEL (RN. 21)** ▶ Die Ansprüche des Unfallgegners G gegen den Unfallverursacher F auf Schadensersatz und Schmerzensgeld wegen der Körperverletzung sind zivilrechtlicher Natur. Sie ergeben sich aus den §§ 823 Abs. 1 und 2, 249 ff. und 253 BGB sowie aus den §§ 7 Abs. 1, 18 Abs. 1 StVG. Die strafrechtliche und damit öffentlich-rechtliche Ahndung dieser fahrlässigen Körperverletzung durch F richtet sich dagegen nach § 229 StGB.

b) Verfahren

35 Außerdem entscheidet die Zuordnung zum Privatrecht oder zum öffentlichen Recht über die **Zuständigkeiten der Gerichte** und die Anwendung der **unterschiedlichen Verfahrensvorschriften**.

> **VGL. AUS DEM EINGANGSBEISPIEL (RN. 21)** ▶ Zahlt F den Schadensersatz und das Schmerzensgeld nicht, muss G seine Ansprüche vor dem Amts- oder Landgericht einklagen (vgl. § 13 GVG). Er kann sich auch mit F auf einen niedrigeren als den zunächst verlangten Betrag einigen und den Streit damit gütlich beenden. Das Strafverfahren wegen der fahrlässigen Körperverletzung (sowie Trunkenheit im Straßenverkehr und Straßenverkehrsgefährdung) wird dagegen von der Staatsanwaltschaft eingeleitet, die nach dem Abschluss der Ermittlungen Anklage vor dem Amtsgericht erhebt. Dieses Verfahren können G und F nicht durch eine Einigung beenden, indem G seine Strafanzeige zurücknimmt. Nach dem sog. Legalitätsprinzip ist die Staatsanwaltschaft, soweit nicht gesetzlich etwas Anderes bestimmt ist, verpflichtet, wegen aller verfolgbaren Straftaten einzuschreiten, sofern zureichende tatsächliche Anhaltspunkte vorliegen (§ 152 Abs. 2 StPO).

III. Bürgerliches Recht und Sonderprivatrecht

36 Das **Bürgerliche Recht** ist zwar das Kerngebiet des Privatrechts, aber dennoch nur ein Ausschnitt davon. Innerhalb des Privatrechts wird unterschieden zwischen dem Bürgerlichen Recht als dem **allgemeinen Privatrecht** einerseits und den Sondergebieten andererseits. Das Bürgerliche Recht ist derjenige Teil des Privatrechts, der alle angeht. Es regelt diejenigen Rechtsverhältnisse, in denen potentiell jedermann stehen kann.

37
> Unter dem **Bürgerlichen Recht** versteht man also denjenigen **Teil des Privatrechts**, der **für jedermann** gilt. Es handelt sich um das allgemeine Privatrecht.

38 Vom Bürgerlichen Recht als dem allgemeinen Privatrecht zu unterscheiden ist das besondere Privatrecht oder **Sonderprivatrecht**. Es gilt nur für bestimmte Teile des Privatrechts, indem es lediglich die Rechtsverhältnisse bestimmter Personengruppen regelt oder sich nur auf bestimmte Gegenstände des Rechtsverkehrs oder auf bestimmte Rechte bezieht.

BEISPIEL ▶ A ist Kfz-Mechaniker und seit drei Jahren bei dem Kfz-Meister M angestellt. In letzter Zeit arbeitet A häufig recht nachlässig. Nachdem er am PKW des Kunden K einen Ölwechsel durchgeführt hat, zieht er die Ölablass-Schraube nicht richtig an. Auf einer Autobahnfahrt löst sich die Schraube, der Motor verliert plötzlich Öl und wird beschädigt. K verlangt von M Schadensersatz. M hat nach diesem Ereignis genug von der Schlamperei des A und will ihm kündigen.

Der Anspruch des Kunden K gegen den Meister M auf Schadensersatz wegen des Motorschadens richtet sich nach Werkvertragsrecht (§§ 634 Nr. 4, 636, 280 Abs. 1 i.V. mit § 278 BGB) und nach Deliktsrecht (§ 831 Abs. 1 BGB – Verletzung des Eigentums am Motor). Dabei handelt es sich um Vorschriften des Bürgerlichen Rechts.

Soweit M wegen der Nachlässigkeit des A sein Arbeitsverhältnis kündigen will, muss M besondere Kündigungsvoraussetzungen beachten. Dazu gehören die Wahrung der Schriftform gem. § 623 BGB und die Einhaltung der Kündigungsfrist gem. § 622 BGB. Ist das Kündigungsschutzgesetz anwendbar (vgl. §§ 1 Abs. 1, 23 Abs. 1 KSchG), muss die Kündigung gem. § 1 Abs. 2 KSchG durch einen Kündigungsgrund gerechtfertigt sein. Besteht im Betrieb des M ein Betriebsrat, muss M ihn gem. § 102 BetrVG vor der beabsichtigten Kündigung des A anhören. Obwohl sich die maßgeblichen Vorschriften teilweise im BGB finden, handelt es sich nicht um Vorschriften des Bürgerlichen Rechts. Denn sie gelten nicht für jedermann, sondern nur für Arbeitsverhältnisse und damit nur für Arbeitnehmer und Arbeitgeber. Sie sind Bestandteil des Arbeitsrechts als des Sonderprivatrechts der abhängig (unselbständig) Beschäftigten.

39

> Unter dem **Sonderprivatrecht** oder besonderen Privatrecht versteht man also diejenigen **Teile des Privatrechts**, die nicht für jedermann, sondern **nur für bestimmte Personengruppen oder Gegenstände** gelten. Zum besonderen Privatrecht gehören verschiedene Rechtsgebiete.

Im Einzelnen werden folgende Gebiete des Sonderprivatrechts unterschieden: 40

▶ das **Handelsrecht** als das Sonderprivatrecht der Kaufleute. Es findet sich vor allem im HGB, das Sondervorschriften über Kaufleute, Personengesellschaften (offene Handelsgesellschaft – OHG, Kommanditgesellschaft – KG) und Handelsgeschäfte enthält. Die Kapitalgesellschaften (Aktiengesellschaft – AG, Gesellschaft mit beschränkter Haftung – GmbH) sind im AktG und GmbHG geregelt. Zum Handelsrecht im weiteren Sinne werden das Wechsel- und das Scheckrecht (WG und ScheckG) gezählt (*Brox/Walker*, BGB AT, Rn. 14);

▶ das **Wirtschaftsrecht**, soweit es nicht zum öffentlichen Recht gehört, als das Sonderprivatrecht der gewerblichen Wirtschaft. Zu diesem, mit dem Handelsrecht verwandten Sonderprivatrecht gehört vor allem das Wettbewerbsrecht, das im Gesetz gegen den unlauteren Wettbewerb (UWG) und im Gesetz gegen Wettbewerbsbeschränkungen (GWB) geregelt ist;

▶ das **Immaterialgüterrecht** als das Sonderprivatrecht, welches das Recht der Urheberrechte und der gewerblichen Schutzrechte regelt. Beispiele für gesetzliche Regelungen dieser Immaterialgüterrechte sind das Urheberrechtsgesetz, das Gesetz betreffend das Urheberrecht an Werken der bildenden Künste und der Photographie (Kunsturhebergesetz), das Geschmacksmustergesetz, das Markengesetz und das Patentgesetz;

▶ das **Arbeitsrecht** als das Sonderprivatrecht der abhängig (unselbständig) Beschäftigten. Es handelt sich um die Gesamtheit der Schutzvorschriften zugunsten der Arbeitnehmer, die den Zweck haben, einen sachgerechten Ausgleich zwischen den grundgesetzlich geschützten Positionen der Inhaber der Produktionsmittel (Art. 12 und 14 GG) und der abhängig (unselbständig) Beschäftigten (Art. 2 Abs. 1 und 12 GG) zu schaffen. Ohne dieses Schutzrecht wäre der einzelne, im Regelfall wirtschaftlich und damit sozial schwächere Arbeitnehmer dem freien Spiel der Marktkräfte ausgesetzt und könnte seine Interessen nicht annähernd durchsetzen (näher dazu etwa *Brox/Rüthers/Henssler*, Arbeitsrecht, Rn. 2 ff.; vgl. ausf. zu den angesprochenen Grundrechten *Kock/Stüwe/Wolffgang/Zimmermann*, Öffentliches Recht und Europarecht, S. 115 ff., 154 ff. und 160 ff.). Zu unterscheiden sind das **Individualarbeitsrecht** (oder Arbeitsvertragsrecht), zu dem diejenigen Rechtsvorschriften gehören, die das einzelne Arbeitsverhältnis regeln, das **kollektive Arbeitsrecht**, das die gruppenbezogenen Normen auf betrieblicher und überbetrieblicher Ebene enthält (Betriebsverfassungsrecht, Personalvertretungsrecht einerseits, Tarifrecht einschließlich des Arbeitskampf- und Schlichtungsrechts andererseits), und das **Arbeitsverfahrensrecht**. Im Bereich des Individualarbeitsrechts gibt es neben den Sondervorschriften des BGB, die das allgemeine Dienstvertragsrecht (§§ 611 ff. BGB) ergänzen, eine Vielzahl von Arbeitnehmer-Schutzgesetzen. Solche Schutzgesetze sind z. B. das Arbeitszeitgesetz, das Bundesurlaubsgesetz, das Entgeltfortzahlungsgesetz, das Teilzeit- und Befristungsgesetz, das Kündigungsschutzgesetz und das Mutterschutzgesetz. Wichtige Sondergesetze im kollektiven Arbeitsrecht sind das Betriebsverfassungsgesetz und das Tarifvertragsgesetz. Wesentliche Regelungen zum Arbeitsverfahrensrecht finden sich im Arbeitsgerichtsgesetz.

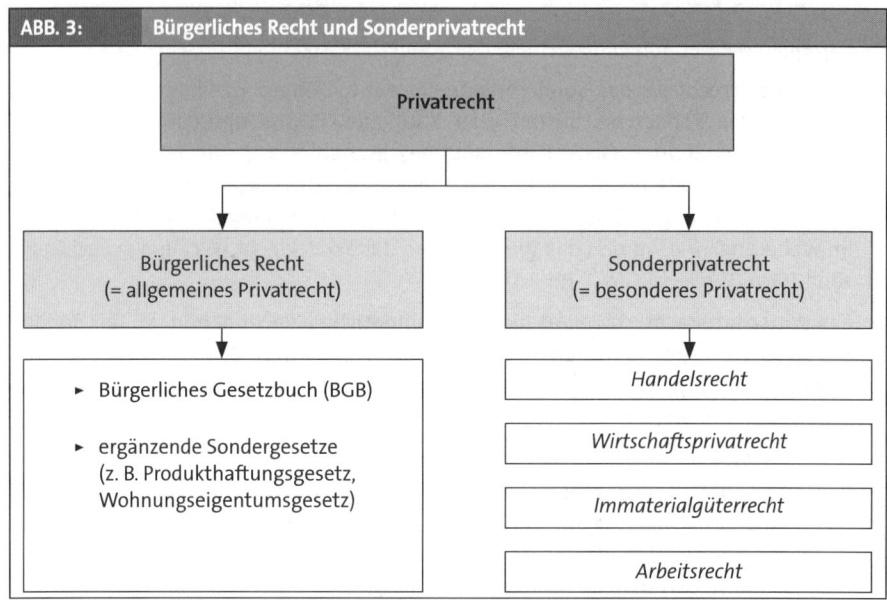

ABB. 3: Bürgerliches Recht und Sonderprivatrecht

Privatrecht

Bürgerliches Recht (= allgemeines Privatrecht)

Sonderprivatrecht (= besonderes Privatrecht)

- ▸ Bürgerliches Gesetzbuch (BGB)
- ▸ ergänzende Sondergesetze (z. B. Produkthaftungsgesetz, Wohnungseigentumsgesetz)

Handelsrecht

Wirtschaftsprivatrecht

Immaterialgüterrecht

Arbeitsrecht

41 Darüber hinaus lassen sich noch andere Unterteilungen finden. So wird etwa angenommen, dass es sich beim **Verbraucherschutzrecht** um ein eigenes, weiteres Sonderprivatrecht handelt. Wichtig ist aber, dass jedes Sonderprivatrecht auf dem allgemeinen Privatrecht, dem Bürgerlichen Recht, aufbaut. Ohne dessen Kenntnis kann man keine sonderprivatrechtlichen Fälle lösen. Trotz der Ausgliederung der Materien bestehen

zahlreiche Verbindungen. Das zeigt auch der obige Beispielsfall (Rn. 38): Ob Kfz-Meister M und Kfz-Mechaniker A einen wirksamen Arbeitsvertrag geschlossen und damit ein Arbeitsverhältnis begründet haben, beurteilt sich nach den allgemeinen Regeln der §§ 145 ff. BGB. Das Wirksamwerden der Kündigungserklärung des M richtet sich nach den §§ 130 ff. BGB sowie den §§ 623, 126 BGB. Daran zeigt sich:

> Das **Bürgerliche Recht** ist die **Grundlage des Privatrechts**.

Schließlich handelt es sich beim Bürgerlichen Recht weitestgehend, wenn natürlich   42
auch nicht vollständig, um **Vermögensrecht**. Das Bürgerliche Recht regelt die vermögensrechtlichen Verhältnisse der Einzelnen zueinander. Dabei geht es vor allem um den **Güteraustausch** wie bei den Verträgen, aber auch um die rechtliche Sachherrschaft etwa des Eigentümers oder des Besitzers einer Sache (vgl. §§ 903 ff. und §§ 854 ff. BGB). Das Erbrecht befasst sich mit den vermögensrechtlichen Folgen des Todes eines Menschen (vgl. den Wortlaut des § 1922 Abs. 1 BGB). Schließlich finden sich im Familienrecht ebenfalls zahlreiche vermögensrechtliche Bestimmungen; dazu gehört beispielsweise das in den §§ 1363 ff. BGB geregelte eheliche Güterrecht. Gerade im Familienrecht, aber auch in anderen Bereichen, enthält das Bürgerliche Recht daneben **nichtvermögensrechtliche Regelungen**. Ein Beispiel aus dem Familienrecht bilden die Vorschriften zum Recht der elterlichen Sorge für die minderjährigen Kinder (§§ 1626 ff. BGB). Solche Regelungen haben zwar auch einen wichtigen Stellenwert im Alltagsleben. Im Vergleich zu den vermögensrechtlichen Regelungen stellen sie aber klar die Minderzahl dar.

IV. Rechtsquellen im Bürgerlichen Recht

Grundsätzlich lassen sich nach der Entstehung der Rechtsnormen **zwei Arten von**   43
Rechtsquellen unterscheiden, nämlich einerseits das von den Organen einer Gemeinschaft ausdrücklich gesetzte Recht (gesetztes Recht) und andererseits das lediglich über eine gewisse Dauer stillschweigend übereinstimmend geübte Recht (Gewohnheitsrecht). Dem gegenüber schaffen die Gerichte im Rahmen der richterlichen Rechtsfortbildung (sog. Richterrecht) keine Rechtsnormen.

Das **gesetzte Recht** besteht in erster Linie aus den vom parlamentarischen Gesetzgeber   44
beschlossenen **Gesetzen**. Außerdem gehören hierzu die **Rechtsverordnungen**, die aufgrund einer gesetzlichen Ermächtigung von der Exekutive erlassen werden, und die **Satzungen**, die öffentlich-rechtliche Körperschaften (wie Universitäten, Kommunen, Kommunalverbände oder Industrie- und Handelskammern) oder Anstalten (wie Rundfunkanstalten) im Rahmen ihrer Rechtssetzungsbefugnis (der sog. Autonomie oder Satzungsbefugnis) erlassen haben (näher dazu *Kock/Stüwe/Wolffgang/Zimmermann*, Öffentliches Recht und Europarecht, S. 33 ff.; vgl. auch *Brox/Walker*, BGB AT, Rn. 4 ff.).

Das Bürgerliche Recht ist im Wesentlichen im **Bürgerlichen Gesetzbuch**, dem BGB, gere-   45
gelt (näher dazu gleich § 2). Daneben gibt es zahlreiche **Sondergesetze** wie z. B. das Produkthaftungsgesetz (ProdHaftG), das Wohnungseigentumsgesetz (WEG), das Beurkundungsgesetz (BeurkG), das Unterlassungsklagengesetz (UKlaG) oder das Lebenspartner-

schaftsgesetz (LPartG). Auch das im Eingangsfall (Rn. 21) bereits angesprochene Straßenverkehrsgesetz (StVG) ist hier zu nennen, weil es in den §§ 7 Abs. 1 und 18 Abs. 1 eine Schadensersatzpflicht des Kfz-Halters und des Kfz-Führers für solche Personen- und Sachschäden begründet, die beim Betrieb eines Kraftfahrzeugs entstehen. Vor allem im Bereich des Verbraucherschutzes beruhen solche Sondergesetze auf der Rechtsetzung durch die Europäische Union.

46 Neben den formellen Gesetzen kommt das **Gewohnheitsrecht** als weitere Rechtsquelle in Betracht. Davon geht auch Art. 2 EGBGB aus, dem zufolge Gesetz i. S. des BGB jede Rechtsnorm ist. Es handelt sich um solche Regelungen, die infolge **langdauernder Übung** und **allgemeiner Anerkennung** zum Gewohnheitsrecht erstarkt sind. Ein Beispiel ist der sog. Robenzwang: Auch in den Bundesländern ohne entsprechende gesetzliche Regelung besteht die allgemein anerkannte Pflicht der Rechtsanwälte, vor Gericht in ihrer Amtstracht aufzutreten (vgl. BVerfGE 28, 21, 28; OLG München NJW 2006, 3079). Im Bürgerlichen Recht spielt diese Rechtsquelle aufgrund der Dichte gesetzlicher Regelungen grundsätzlich keine Rolle.

47 Die Auslegung und die Fortbildung des Rechts im Allgemeinen und natürlich auch des Bürgerlichen Rechts im Besonderen erfolgen in erster Linie durch die **Rechtsprechung**, daneben auch durch die Rechtswissenschaft. Hier kommt es besonders auf die Rechtsprechung der obersten Bundesgerichte an, deren Aufgabe neben der Entscheidung des Einzelfalles darin besteht, für die Einheit der Rechtsprechung im Bundesstaat Sorge zu tragen. Daher kommt der Rechtsprechung des Bundesgerichtshofes (BGH) in Karlsruhe eine herausragende Bedeutung für den Rechtsanwender zu. Sehr deutlich zeigt sich das etwa am Beispiel der Tabellen zur Höhe des Schadensersatzes bei Kraftfahrzeugunfällen, die der BGH zur Konkretisierung der §§ 249 ff. BGB heranzieht. Stichworte in diesem Zusammenhang sind etwa Nutzungsausfallentschädigung, Mietwagenkosten und wirtschaftlicher Totalschaden (vgl. dazu § 47 Rn. 5 sowie Palandt/*Grüneberg*, § 249 Rn. 40 ff.).

48 Trotz solcher detaillierter Vorgaben ist die Rechtsprechung **keine Rechtsquelle** wie etwa ein Gesetz oder das Gewohnheitsrecht. Die Aufgabe der Gerichte besteht darin, das Recht auf den konkret zu entscheidenden Fall anzuwenden, um ihn zu lösen. Selbst wenn sie dabei eine Lücke in der gesetzlichen Regelung feststellen und diese Gesetzeslücke im Wege der **richterlichen Rechtsfortbildung** ausfüllen, handelt es sich dabei nicht um „neues Recht" im technischen Sinne — bindende Wirkung hat die Gerichtsentscheidung grundsätzlich nur für den entschiedenen Einzelfall. Die Befugnis zur Gesetzgebung liegt bei den Parlamenten und den von ihnen ermächtigten Organen, nicht bei den Gerichten. Etwas Anderes gilt lediglich für das Bundesverfassungsgericht und den Europäischen Gerichtshof (vgl. *Kock/Stüwe/Wolffgang/Zimmermann*, Öffentliches Recht und Europarecht, S. 35 f.).

49 Zu beachten ist indessen die **faktische Bindungswirkung**, die vor allem den höchstrichterlichen Entscheidungen zukommt. Ein Instanzgericht kann zwar von der Rechtsprechung des zuständigen Oberlandesgerichts (OLG) oder des BGH abweichen. Es läuft allerdings Gefahr, dass dieses Gericht die instanzgerichtliche Entscheidung abändert, wenn die unterlegene Partei ein Rechtsmittel einlegt. Deshalb weichen untere Gerichte von der Rechtsprechung der obersten Gerichte regelmäßig nur dann ab, wenn sie die

berechtigte Erwartung haben, dass das oberste Gericht seine bisherige Rechtsprechung ändert (vgl. *Brox/Walker*, BGB AT, Rn. 9). Teilweise wird allerdings darauf hingewiesen, dass Rechtsinstitute, die das RG und der BGH in ständiger Rechtsprechung entwickelt haben, heute gewohnheitsrechtlich anerkannt seien. Als Beispiel gelten etwa die Regeln des kaufmännischen Bestätigungsschreibens (vgl. *Medicus*, BGB AT, Rn. 440 ff.), denen zufolge das Schweigen ausnahmsweise die Wirkung einer Willenserklärung hat (dazu § 4 Rn. 29, § 11 Rn. 34). Ob **Richterrecht** tatsächlich durch ständige Rechtsprechung zum **Gewohnheitsrecht** erstarken kann, hängt letztlich vom Einzelfall und vom genauen Verständnis der Begriffe ab (näher dazu etwa *Larenz/Wolf*, Allgemeiner Teil, § 3 Rn. 40 ff.).

§ 2 Das Bürgerliche Gesetzbuch

LITERATUR:

Brox/Walker, BGB AT, Rn. 21 ff.; *Coester-Waltjen*, Die Grundsätze der Vertragsfreiheit, Jura 2006, 436; *Führich*, Wirtschaftsprivatrecht, § 1 I und II; *Horn*, Ein Jahrhundert Bürgerliches Gesetzbuch, NJW 2000, 40; *Klunzinger*, Einführung in das Bürgerliche Recht, § 2 I 1; *Petersen*, Die Privatautonomie und ihre Grenzen, Jura 2011, 184; *Schapp*, Einführung in das Bürgerliche Recht: Das System des Bürgerlichen Rechts, JA 2003, 125; *Schmoeckel*, 100 Jahre BGB: Erbe und Aufgabe, NJW 1996, 1697.

I. Entstehung des BGB

1   Das Bürgerliche Gesetzbuch vom 18. 8. 1896 ist die bedeutende, große Privatrechtskodifikation des deutschen Rechts. Bevor es am 1. 1. 1900 als „Jahrhundertwerk" in Kraft treten konnte (vgl. Art. 1 Abs. 1 EGBGB), musste es eine über zwanzigjährige Entstehungsgeschichte hinter sich bringen (vgl. ausf.: *Schulte-Nölke*, Die schwere Geburt des Bürgerlichen Gesetzbuchs, NJW 1996, 1705). Während seines über hundertjährigen Bestehens ist das BGB vielfach geändert worden, nicht zuletzt auch aufgrund der Umsetzung europäischer Richtlinien (vgl. dazu die amtliche Anmerkung zum BGB).

II. Grundlagen des BGB

1. Geschichtliche Wurzeln

2   Der Gesetzgeber wollte mit dem BGB kein völlig neues Zivilrecht schaffen. Er wollte vielmehr das **geltende Recht vereinheitlichen** und die bis dahin auf dem Gebiet des Deutschen Reiches bestehende Rechtszersplitterung beenden. Deshalb finden sich sowohl römisch- als auch deutschrechtliche Züge im BGB.

3   Das **römische Recht** hat seinen Niederschlag vor allem im ersten und zweiten Buch gefunden. Das gilt insbesondere für die Systematik des BGB und den – gerade für den Anfänger schwierigen – hohen Abstraktionsgrad sowie für das Schuldrecht im Allgemeinen und das Kaufrecht im Besonderen und für das Bereicherungsrecht.

4   Einflüsse des **deutschen Rechts** finden sich z. B. in der sachenrechtlichen Unterscheidung zwischen beweglichen und unbeweglichen Sachen (Mobilien und Immobilien). Auch das Bodenrecht und das Familiengüterrecht sind deutschrechtlichen Ursprungs (vgl. etwa den Begriff der „Auflassung" in § 925 BGB, der die Einigung des Veräußerers und Erwerbers darüber bezeichnet, das Grundstückseigentum zu übertragen).

2. Grundsatz der Privatautonomie

Das BGB ist durch eine **liberalistische, individualistische Grundhaltung** gekennzeichnet.   5
Die Verfasser des BGB gingen von der Vorstellung der freien und für sich selbst verantwortlichen Person aus. Jeder Mensch sei in der Lage, seine privaten Lebensverhältnisse
in freier Selbstbestimmung und ohne staatliche Hilfe oder Bevormundung zu gestalten.
Gleichheit und Freiheit des Einzelnen würden zu einer optimalen Ordnung des Zusammenlebens der Menschen führen, weil das eigennützige Streben des Einzelnen und das
freie Spiel der Kräfte im Wettbewerb Allen zugutekommen sollten. Daher standen die
Nichteinmischung des Staates und die Willensfreiheit der Beteiligten für die Verfasser
des BGB im Vordergrund: Ob und zu welchen Bedingungen ein Vertrag geschlossen
wird, ist danach grundsätzlich die Sache der Beteiligten.

Diesen Grundsatz der Freiheit und der Selbstverantwortung bezeichnet man als **Privat-**   6
autonomie. Der Grundsatz der Privatautonomie ist wohl der **tragende Grundsatz des**
Privatrechts, zumindest aber des Vermögensrechts. Er hat eine herausragende politische und wirtschaftliche Bedeutung. Der Wirtschaftsprozess soll grundsätzlich nicht
durch den Staat, sondern durch den freien Wettbewerb gesteuert werden. Der Staat
greift idealerweise nur in Randbereichen korrigierend oder zur Sicherung dieses Sys-
tems ein. Die politische und ideologische Bedeutung des Grundsatzes zeigt sich darin,
dass unser Gesellschaftssystem als „Privatrechtsgesellschaft" bezeichnet wurde.

a) Ausprägungen des Grundsatzes der Privatautonomie

Das Prinzip der Privatautonomie zeigt sich am deutlichsten am **Prinzip der Vertragsfrei-**   7
heit. Die Vertragsfreiheit umfasst zum einen die freie Entscheidung darüber, ob jemand
überhaupt einen Vertrag schließen will (**Abschlussfreiheit**). Zum anderen umfasst sie
die Freiheit der Parteien, den Vertrag inhaltlich auszugestalten (**Inhalts- oder Gestal-**
tungsfreiheit).

> Den Beteiligten wird also weitestgehend selbst überlassen,
> ▶ **ob** überhaupt,
> ▶ wenn ja, mit welchem **Inhalt** und
> ▶ auf welche **Dauer**
> sie Rechtsverhältnisse eingehen wollen.

Die **Abschlussfreiheit**, also die Freiheit des **Ob des Vertragsschlusses**, kann in besonders   8
gelagerten Fällen durch den Zwang eingeschränkt werden, einen Vertrag abzuschließen. Ein solcher **Kontrahierungszwang** besteht vor allem dann, wenn der Anbieter ein
gesetzliches Monopol inne hat oder wenn das entsprechende Gut von existentieller Bedeutung ist (so z. B. im Bereich der Verkehrshaftpflichtversicherung). Fälle des Kontra-
hierungszwangs ergeben sich entweder aus dem Gesetz oder aus dem allgemeinen
Grundsatz des § 826 BGB. Wegen des Grundsatzes der Privatautonomie sind sie die be-
gründungsbedürftige Ausnahme.

9   Die **Inhaltsfreiheit**, also die Freiheit des **Wie des Vertragsschlusses**, gilt vor allem im Schuldrecht (§§ 241 ff. BGB). Dazu bestimmt § 311 Abs. 1 BGB: *„Zur Begründung eines Schuldverhältnisses durch Rechtsgeschäft sowie zur Änderung eines Schuldverhältnisses ist ein Vertrag zwischen den Beteiligten erforderlich, soweit nicht das Gesetz ein anderes vorschreibt"*. Im Schuldrecht kann es weitgehend den Beteiligten überlassen bleiben, wozu und in welchem Umfang sie sich verpflichten wollen. Ausdruck der Inhaltsfreiheit ist insbesondere der **weitgehend dispositive Charakter** der Regelung der einzelnen Schuldverträge im BGB.

10   Um **dispositives** oder **nachgiebiges Recht** (*ius dispositivum*) handelt es sich, wenn eine gesetzliche Bestimmung durch eine Vereinbarung der Parteien ausgeschlossen oder abgeändert werden kann. Dispositive Regelungen, wie sie das BGB für die einzelnen Verträge wie etwa den Kaufvertrag (§§ 433 ff. BGB) aufstellt, gelten also in der Regel nur insoweit, als die Vertragsparteien nicht etwas anderes vereinbart haben. Diese gesetzlichen Vorschriften verstehen sich mehr als Modell einer vertraglichen Regelung statt als verbindliche Regelung. Dagegen liegt **zwingendes Recht** (*ius cogens*) vor, wenn eine gesetzliche Bestimmung nicht durch den Willen der Parteien abgeändert oder ausgeschlossen werden kann. Zwingendes Recht schließt also die Vertragsfreiheit aus. Dabei kann es sich beispielsweise um Formvorschriften wie § 311b Abs. 1 Satz 1 BGB (notarielle Beurkundung des Grundstückskaufvertrags) oder § 623 BGB (Schriftform der Kündigung des Arbeitsvertrags oder des Aufhebungsvertrags) handeln, deren Nichteinhaltung gem. § 125 Satz 1 BGB zur Nichtigkeit des Rechtsgeschäfts führt; solche zwingenden Formvorschriften dienen der Beweissicherung oder sollen den Erklärenden vor der übereilten Abgabe einer Willenserklärung schützen (näher dazu § 6 Rn. 1 ff.). Andere zwingende Vorschriften sollen den Schutz des unerfahrenen und wirtschaftlich schwächeren Vertragspartners vor besonders nachteiligen Vertragsbedingungen gewährleisten; sie finden sich etwa im Mietrecht, im Arbeitsrecht und im Verbraucherschutzrecht (vgl. dazu auch gleich Rn. 13 ff.).

11   Die Privatautonomie ist aber nicht auf die Vertragsfreiheit beschränkt. Sie zeigt sich auch in der **Eigentumsfreiheit**: Nach § 903 Satz 1 BGB kann der Eigentümer einer Sache mit dieser verfahren, wie er will, und andere von der Einwirkung ausschließen. Ferner kommt der Grundsatz der Privatautonomie in der **Testierfreiheit** zum Ausdruck: Nach § 1937 BGB kann durch Testament jeder bestimmen, an wen sein Vermögen nach seinem Tod fallen soll.

12   Alle diese grundlegenden Prinzipien des BGB sind heute auch durch das **Grundgesetz**, insbesondere durch Art. 2 Abs. 1 GG (Allgemeine Handlungsfreiheit) und durch Art. 14 GG (Eigentum und Erbrecht) zumindest **als Institutionen garantiert**.

b)   Einschränkungen des Grundsatzes der Privatautonomie

13   Der Grundsatz der Privatautonomie ist im BGB freilich **nicht lückenlos** durchgeführt worden; das wäre auch kaum möglich. In keiner Gesellschaft kann auf Dauer stets nur das Recht des Stärkeren gelten. Das hat man bereits in der liberalen Epoche der Entstehungszeit des BGB erkannt und das Gesetz mit einem *„Tropfen sozialen Öls"* (vgl. *Brox/ Walker*, BGB AT, Rn. 26; das Zitat soll sogar lauten: *„mit einem Tropfen sozialistischen Öls"*!) gesalbt.

Die Vertragsfreiheit „funktioniert" nur dann richtig, wenn die Vertragspartner bei Ab-   14
schluss des Vertrags ungefähr gleich stark sind. Kann der Darlehensgeber beispielsweise 5 % Zinsen pro Monat (!) verlangen, weil der Darlehensnehmer das Geld ganz dringend braucht, schlägt er Kapital aus der Zwangslage seines Partners. Solche Geschäfte
erklärt § 138 Abs. 2 BGB wegen Wuchers für nichtig. Zum **Ausgleich derartiger Un-
gleichgewichtslagen**, die durch die Privatautonomie nicht gesteuert werden können,
gibt es eine ständig wachsende Zahl besonderer **Schutzvorschriften**. „Klassische" Beispiele sind etwa die in den §§ 305 ff. BGB enthaltenen Regelungen zu den „Allgemeinen
Geschäftsbedingungen" oder die §§ 491 ff. BGB zu Verbraucherdarlehensverträgen. Darüber hinaus sind heute ganze Rechtsgebiete dadurch gekennzeichnet, dass das von
den Verfassern des BGB zugrunde gelegte Prinzip nicht funktioniert, dem zufolge zwei
gleich starke Partner beim Aushandeln des Vertrags ihre Interessen vertreten und dabei
zu einem für alle Beteiligten optimalen Interessenausgleich gelangen. Exemplarisch
seien nur das Mietrecht und das Arbeitsrecht sowie das Verbraucherschutzrecht genannt.

Ein weiteres Stichwort in diesem Zusammenhang ist der **Grundsatz des Vertrauens-**   15
schutzes, der die Verkehrssicherheit gewährleisten soll. Zu seinen gesetzlichen Ausprägungen gehören etwa die Vorschriften über den gutgläubigen Eigentumserwerb von
einer Person, der die übereignete Sache gar nicht gehört und die über die Sache auch
nicht verfügen darf (§§ 932 ff., 892 BGB). Zu nennen ist ebenfalls der **Einfluss des
Grundgesetzes und grundrechtlicher Wertungen**, der über die Generalklauseln der
§§ 138, 157, 242, 826 BGB und bei der Bestimmung der „sonstigen Rechtsgüter" im
Rahmen des § 823 Abs. 1 BGB vermittelt wird. So kann z. B. die Verletzung des allgemeinen Persönlichkeitsrechts oder ein Eingriff in den eingerichteten und ausgeübten Gewerbebetrieb zum Schadensersatz verpflichten, obwohl diese Rechtsgüter in § 823
Abs. 1 BGB gar nicht genannt sind (näher dazu § 43 Rn. 40 ff.).

Weitere Einschränkungen der Privatautonomie im Allgemeinen und der Vertragsfrei-   16
heit im Besonderen können sich aus allgemeinen Interessen ergeben. Das betrifft vor
allem Verträge aus den Bereichen des **Sachen-, Familien- und Erbrechts**, bei denen insbesondere die Inhaltsfreiheit nicht so stark ausgeprägt ist wie bei schuldrechtlichen
Verträgen.

■■■BEISPIELE► So kann z. B. einem Ehegatten nicht das Recht eingeräumt werden, die Eheschließung nach den allgemeinen Vorschriften wegen eines Irrtums gem. §§ 119 ff. BGB anzufech-
ten. Eine Ehe kann nur aus ganz bestimmten, eng begrenzten Gründen aufgehoben werden
(vgl. § 1314 BGB), oder sie kann wegen Scheiterns geschieden werden (vgl. §§ 1564 ff. BGB). Im
Sachenrecht wird die Vertragsfreiheit beispielsweise dahingehend eingeschränkt, dass die Parteien das Eigentum an einer beweglichen Sache nur in den dafür abschließend aufgezählten
Formen übertragen können (vgl. den Grundtatbestand des § 929 Satz 1 sowie die weiteren
Übertragungsmöglichkeiten gem. §§ 929 Satz 2, 930 und 931 BGB; vgl. auch § 4 Rn. 36, 46 ff.,
49 ff.).

17   In diesen und anderen Fällen gilt der Grundsatz der Vertragsfreiheit deshalb nur einge-
schränkt, weil neben den vertragsschließenden Parteien auch **Dritte** und deren Interes-
sen berührt sind. So wirkt der Übergang des Eigentums nicht lediglich zwischen den
Parteien verbindlich, sondern das Eigentum geht mit Wirkung für und gegen alle über.
Deshalb besteht im **Sachenrecht** der sog. **Typenzwang**, der besagt, dass es nur die im
Gesetz vorgesehenen Sachenrechte gibt.

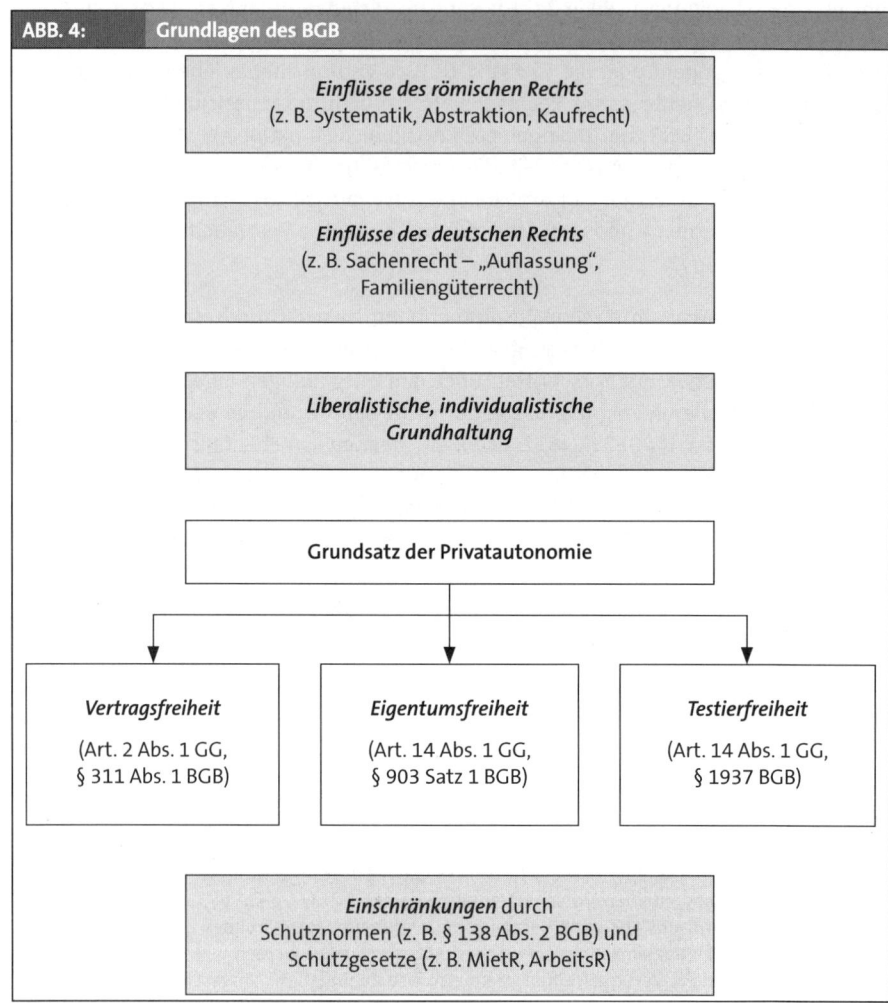

ABB. 4:	Grundlagen des BGB

Einflüsse des römischen Rechts
(z. B. Systematik, Abstraktion, Kaufrecht)

Einflüsse des deutschen Rechts
(z. B. Sachenrecht – „Auflassung",
Familiengüterrecht)

*Liberalistische, individualistische
Grundhaltung*

Grundsatz der Privatautonomie

Vertragsfreiheit	*Eigentumsfreiheit*	*Testierfreiheit*
(Art. 2 Abs. 1 GG, § 311 Abs. 1 BGB)	(Art. 14 Abs. 1 GG, § 903 Satz 1 BGB)	(Art. 14 Abs. 1 GG, § 1937 BGB)

Einschränkungen durch
Schutznormen (z. B. § 138 Abs. 2 BGB) und
Schutzgesetze (z. B. MietR, ArbeitsR)

3. Aufbau des BGB

Das BGB ist stufenweise aufgebaut. Es gliedert sich in **fünf Bücher**:   18

► Allgemeiner Teil

► Recht der Schuldverhältnisse

► Sachenrecht

► Familienrecht

► Erbrecht

Der Gesetzgeber hat im **Allgemeinen Teil** diejenigen Regelungen „vor die Klammer ge-   19
zogen", die für das gesamte BGB Geltung beanspruchen. Er hat diese Technik gewählt,
um das Gesetzbuch nicht zu kasuistisch (also rein fallbezogen) und damit nicht zu umfangreich werden zu lassen. Der Nachteil der Ausklammerungsmethode besteht darin,
dass das BGB sehr abstrakt formuliert ist. Diese sog. **Ausklammerungsmethode** zeigt
sich zum einen in der Aufteilung in die genannten fünf Bücher. Sie zeigt sich zum anderen innerhalb der einzelnen Bücher, wo stets vom Allgemeinen in das Besondere gegangen wird und die allgemeinen, nach vorne gezogenen Regeln für alle besonderen
Gebiete gelten.

> **BEISPIEL** Die Regeln über den Kauf im Besonderen Schuldrecht (§§ 433 ff. BGB) gehen von ei-
> nem Kaufvertrag aus. Sie regeln aber nicht, wie der Kaufvertrag geschlossen wird. Das Gleiche
> gilt für alle anderen Regelungen bestimmter Verträge. Sie setzen stets den Vertragsschluss vo-
> raus. Das zeigen beispielsweise die gleich lautenden Formulierungen in den §§ 433, 535, 611
> und 631 BGB: „*Durch den Kauf-/ Miet-/ Dienst-/ Werkvertrag wird ... verpflichtet, ...*").

Gäbe es nur im Schuldrecht Verträge, so fände sich die Regelung im Allgemeinen
Schuldrecht. Da aber auch sachen-, familien- und erbrechtliche Verträge abgeschlossen
werden können, ist die Regelung über den **Vertragsschluss** im ersten Buch des BGB, im
Allgemeinen Teil, enthalten: Sie findet sich in den §§ 145 ff. BGB.

Stellt sich in diesem Zusammenhang beispielsweise die weitere Frage, ob das Angebot   20
eines Vertragspartners wirksam dem anderen Vertragspartner zugegangen ist, muss
auf die Regeln über die Willenserklärungen zurückgegriffen werden. Denn das Angebot
ist eine **Willenserklärung** i. S. der §§ 116 ff. BGB. Ist ein Vertragspartner minderjährig,
beurteilt sich die Wirksamkeit des Vertragsschlusses nach den §§ 104 ff., insbesondere
§ 106 i. V. mit § 2 und §§ 107 ff. BGB.

Mit der Ausklammerungsmethode hängt die **Verweisungstechnik** zusammen. Der In-   21
halt einer Norm wird nicht wiederholt, sondern es wird auf die allgemeine Norm verwiesen. Das hat zwar grundsätzlich den Vorteil, überflüssige Wiederholungen zu vermeiden und so den Gesetzestext insgesamt kürzer zu halten; andererseits kann durch
ein Übermaß an Verweisungen aber die Verständlichkeit leiden. Abschreckende Beispiele sind § 2013 BGB (vgl. *Brox/Walker*, BGB AT, Rn. 41: „*nur lesen, nicht darüber nach-
denken!*") und die Kette § 819 Abs. 2 → § 819 Abs. 1 → § 818 Abs. 4 → § 292 → §§ 987 ff.
BGB.

22

> **Kennzeichen des BGB** sind damit die **Ausklammerungsmethode** und die **Verweisungstechnik**. Das Gesetz ist recht abstrakt formuliert und erschwert damit gerade am Anfang das Verständnis.

23

ABB. 5:	Aufbau des BGB

- ► *fünf Bücher*:
  - – Allgemeiner Teil (§§ 1 – 240)
  - – Schuldrecht (§§ 241 – 853)
  - – Sachenrecht (§§ 854 – 1296)
  - – Familienrecht (§§ 1297 – 1921)
  - – Erbrecht (§§ 1922 – 2385)
- ► *Ausklammerungsmethode*
- ► *Verweisungstechnik*

§ 3　Subjektive Rechte, Rechtssubjekte und Rechtsobjekte

LITERATUR:

Brox/Walker, BGB AT, Rn. 608 ff.; *Klunzinger*, Einführung in das Bürgerliche Recht, §§ 4–6; *Köhler*, Einschränkungen der Nichtigkeit von Rechtsgeschäften, JuS 2010, 665; *Petersen*, Die Anspruchsgrundlagen des Allgemeinen Teils, Jura 2002, 743; *Schapp*, Das Zivilrecht als Anspruchssystem, JuS 1992, 537.

Im Unterschied zum öffentlichen Recht regelt das Privatrecht die Rechtsbeziehungen　1 der Einzelnen zueinander auf einer Ebene der Gleichordnung. Das Privatrecht in diesem objektiven Sinn umfasst alle privatrechtlichen Rechtsnormen, und zwar einerseits diejenigen des Bürgerlichen Rechts als des allgemeinen Privatrechts sowie andererseits diejenigen des Sonderprivatrechts für bestimmte Personen oder Rechtsverhältnisse (vgl. § 1 Rn. 27 f., 36 ff.). Die Normen des Privatrechts regeln also die Rechtsverhältnisse Privater oder die sog. **Privatrechtsverhältnisse**.

Insoweit lassen sich zwei Arten von **Rechtsbeziehungen** unterscheiden. Privatrechtliche　2 Normen können

► die Rechtsbeziehungen zwischen **Personen** untereinander regeln und

► das Verhältnis von **Personen** zu **Gegenständen** ordnen.

> **BEISPIEL** ► Um die Regelung der Rechtsbeziehungen zwischen Personen untereinander geht es etwa beim Arbeitsverhältnis zwischen Arbeitgeber und Arbeitnehmer (vgl. §§ 611 ff. BGB sowie die in § 1 Rn. 40 angesprochenen arbeitsrechtlichen Schutzgesetze) oder beim Rechtsverhältnis zwischen Eltern und Kindern (vgl. §§ 1616 ff. BGB). Das Eigentum ist dagegen das wichtigste Beispiel für das Verhältnis von Personen zu Gegenständen, weil es einer Person die volle rechtliche Herrschaft über eine Sache zuordnet (vgl. Art. 14 GG, § 903 BGB).

Eine weitere wesentliche Unterscheidung betrifft die zwei **Elemente** eines solchen Pri-　3 vatrechtsverhältnisses. Beide Elemente kann man als die Kehrseiten derselben Medaille bezeichnen. Denn ein Privatrechtsverhältnis enthält

► auf der einen Seite ein **subjektives Recht**,

► dem auf der anderen Seite eine **Pflicht** entspricht.

> **BEISPIELE** ► Aus dem Kaufvertrag ergibt sich einerseits die in § 433 Abs. 1 Satz 1 BGB geregelte Pflicht des **Verkäufers**, dem Käufer die verkaufte Sache zu übergeben und ihm das Eigentum an der Sache zu verschaffen (**Pflicht** zur Übergabe und Übereignung der Kaufsache). Aus der Sicht des **Käufers** handelt es sich spiegelbildlich um sein Recht, vom Verkäufer zu verlangen, dass dieser ihm die verkaufte Sache übergibt und ihm das Eigentum an der Sache verschafft (**Recht** auf Übergabe und Übereignung der Kaufsache).
>
> Andererseits folgt aus dem Kaufvertrag gem. § 433 Abs. 2 BGB die Pflicht des **Käufers**, dem Verkäufer den vereinbarten Kaufpreis zu zahlen (**Pflicht** zur Kaufpreiszahlung); hinzu kommt die (Neben-)Pflicht, dem Verkäufer die Sache abzunehmen (Abnahmepflicht). Aus der Sicht des **Verkäufers** handelt es sich um sein Recht, vom Käufer die Zahlung des Kaufpreises zu verlangen (**Recht** auf Kaufpreiszahlung), sowie um das Recht auf die Abnahme der Sache.

Der Pflicht der einen Person entspricht spiegelbildlich das Recht der anderen Person. Dieses Recht ist natürlich nicht „das" Recht, also das (Privat-)Recht im objektiven Sinne, sondern das Recht einer bestimmten Person, von einer anderen bestimmten Person etwas zu verlangen. Dieses spezielle **subjektive Privatrecht** wird in § 194 Abs. 1 BGB als **Anspruch** definiert. Danach ist ein Anspruch das Recht einer Person, von einem anderen ein Tun oder Unterlassen zu verlangen.

I. Subjektives Recht und subjektives Privatrecht

LITERATUR:

Mansel, Die Neuregelung des Verjährungsrechts, NJW 2002, 89; *Petersen*, Die Grenzen zulässiger Rechtsausübung, Jura 2008, 759; *Pohlmann*, Verjährung, Jura 2005, 1; *Schreiber*, Die Rechtfertigungsgründe des BGB, Jura 1997, 29; *Wüstenbecker*, Die subjektiven Privatrechte, JA 1984, 227.

1. Begriffe

4   Das subjektive Recht wird allgemein definiert als die **Rechtsmacht**, die **einem Rechtssubjekt von der Rechtsordnung verliehen** worden ist. Solche subjektiven Rechte gibt es sowohl im Privatrecht als auch im öffentlichen Recht.

5   Im **öffentlichen Recht** kommen subjektive Rechte seltener vor als im Privatrecht. Die Rechtsquellen des öffentlichen Rechts bezwecken häufig nur die Verwirklichung von Gemeinschafts- und Gemeinwohlinteressen und haben deshalb lediglich objektiv-rechtlichen Charakter. Soll eine öffentlich-rechtliche Norm aber ausnahmsweise zumindest auch Interessen des Einzelnen verwirklichen, gewährt sie ein **subjektiv-öffentliches Recht** (vgl. *Kock/Stüwe/Wolffgang/Zimmermann*, Öffentliches Recht und Europarecht, S. 32). Solche subjektiven Rechte im öffentlichen Recht richten sich gegen den Staat und andere Hoheitsträger. Wichtigste Beispiele sind die Grundrechte (Art. 1 – 19 GG).

6   Im **Privatrecht** hat das subjektive Recht eine entscheidende Bedeutung. Das **subjektive Privatrecht** oder das Privatrecht im subjektiven Sinn ist das **wichtigste Element des Privatrechtsverhältnisses**. Das wurde gerade (Rn. 3) am Beispiel des durch den Kaufvertrag begründeten Rechtsverhältnisses zwischen Verkäufer und Käufer erläutert. Dieses Privatrechtsverhältnis enthält mehrere subjektive Privatrechte, nämlich das Recht des Käufers auf Übereignung und Übergabe der Kaufsache aus § 433 Abs. 1 Satz 1 BGB sowie das Recht des Verkäufers auf Zahlung des Kaufpreises und Abnahme der Kaufsache aus § 433 Abs. 2 BGB. Weitere Rechte ergeben sich, wenn die Kaufsache mangelhaft ist: Nach § 437 BGB kann der Käufer dann die Nacherfüllung, also die Beseitigung des Mangels oder die Nachlieferung einer mangelfreien Sache verlangen (Nr. 1), vom Kaufvertrag zurücktreten oder den Kaufpreis mindern (Nr. 2) oder den Verkäufer auf Schadensersatz in Anspruch nehmen (Nr. 3; ausf. zur Mängelgewährleistung beim Kauf §§ 34 ff.).

Entsprechend der obigen allgemeinen Definition des Privatrechts versteht man unter 7
einem subjektiven Privatrecht **die dem Einzelnen vom Privatrecht im objektiven Sinne
verliehene Rechtsmacht**. Das subjektive Recht muss sich also aus dem Recht im objektiven Sinn ergeben. Daher handelt es sich nicht um ein subjektives Recht, wenn dieses
„Recht" seine Grundlage beispielsweise in der Sitte oder der Sittlichkeit (vgl. dazu § 1
Rn. 6 ff., 13 ff.) hat.

> **BEISPIEL** ▶ Hat M seine Bekannte F zum Abendessen eingeladen, entspricht es zwar den gesell-
> schaftlich geforderten Anstandsregeln, dass er F an diesem Abend nicht vergeblich an seiner
> Haustür klingeln lässt, weil er lieber in seine Stammkneipe gegangen ist, um dort die Live-
> Übertragung eines Champion-League-Spiels anzuschauen. Diese sittliche Pflicht begründet
> aber kein subjektives Recht der F auf das Abendessen oder auf Schadensersatz wegen des aus-
> gefallenen Abendessens (vgl. § 1 Rn. 2, 11).

Nach einer weitergehenden Definition versteht man unter einem subjektiven (Pri- 8
vat-)Recht **die von der Rechtsordnung (bzw. vom Privatrecht) verliehene Willensmacht
einer Person zur Befriedigung menschlicher Interessen** (vgl. *Brox/Walker*, BGB AT,
Rn. 617 ff.; *Medicus*, BGB AT, Rn. 70 ff. m. w. N.). Die Erweiterungen im Vergleich zur erst-
genannten Definition sollen klarstellen, dass das subjektive (Privat-)Recht

► **einer Person zustehen** muss – das BGB vermeidet Rechte ohne Rechtssubjekte, also
  Rechte, die keiner natürlichen oder juristischen Person zugeordnet sind;

► eine **Willensmacht** ist – das subjektive Privatrecht sichert die Freiheit des Einzelnen,
  indem es seinem Inhaber die Bestimmungsbefugnis lässt, ob und in welchem Umfang er von dem Recht Gebrauch machen will;

► dem **Zweck** dient, **menschliche Interessen zu befriedigen** – dabei kann es sich um
  wirtschaftliche oder persönliche Eigeninteressen des Rechtsinhabers handeln, aber
  auch um die Interessen anderer Personen wie etwa diejenigen von Familienangehörigen; dieser Interessenschutz und diese Rechtsmacht können allerdings nicht gren-
  zenlos gewährleistet werden, soweit sie mit den Rechten anderer oder mit Allgemeininteressen kollidieren.

9

> Das **Recht im objektiven Sinn** umfasst die Gesamtheit aller Rechtsnormen. Dem gemäß umfasst
> das Privatrecht im objektiven Sinne die Gesamtheit der privatrechtlichen Rechtsnormen.
>
> Das **subjektive Recht** wird allgemein definiert als die Rechtsmacht, die einem Rechtssubjekt von
> der Rechtsordnung verliehen worden ist. Nach einer weiter gehenden Definition handelt es sich
> um die von der Rechtsordnung verliehene Willensmacht einer Person zur Befriedigung mensch-
> licher Interessen.
>
> Das **subjektive Privatrecht** oder das Privatrecht im subjektiven Sinn ist das wichtigste Element
> des Privatrechtsverhältnisses. Man versteht darunter, entsprechend den obigen Definitionen, die
> dem Einzelnen vom Privatrecht im objektiven Sinne verliehene Rechtsmacht bzw. die dieser Per-
> son vom Privatrecht verliehene Willensmacht zur Befriedigung menschlicher Bedürfnisse.

2. Arten subjektiver Privatrechte

10   Da das Privatrecht im objektiven Sinn sehr verschiedene, vielgestaltige Lebenssachverhalte regelt, treten auch die subjektiven Privatrechte in vielen **verschiedenen Erscheinungsformen** auf. Daher scheidet eine allgemein verbindliche Einteilung der subjektiven Privatrechte zwar aus. Sie lassen sich aber unter zwei Gesichtspunkten, nämlich nach ihrem Inhalt sowie nach dem Kreis der Verpflichteten, systematisieren (vgl. dazu auch *Brox/Walker*, BGB AT, Rn. 621 ff.; *Klunzinger*, Einführung in das Bürgerliche Recht, § 5 II ff.). Diese Einteilungen stehen stets unter dem Vorbehalt, dass Grenzfälle und Überschneidungen nicht auszuschließen sind.

a) Einteilung nach dem Inhalt

11   Das wichtigste Kriterium für die Klassifizierung subjektiver Privatrechte ist der **Inhalt der Rechtsmacht**, welche sie dem Einzelnen einräumen. Danach unterscheidet man herkömmlicherweise zwischen Herrschaftsrechten, Ansprüchen und Gestaltungsrechten. Unter der Geltung des Grundgesetzes sind als weitere bedeutende Gruppe die Persönlichkeitsrechte hinzugekommen.

aa) Persönlichkeitsrechte

12   Persönlichkeitsrechte sind diejenigen subjektiven Privatrechte, die **dem einzelnen Menschen als Persönlichkeit** zustehen. Das BGB selbst hat noch kein allgemeines Persönlichkeitsrecht anerkannt, sondern schützt lediglich **Teilaspekte** der Persönlichkeit. Bezüglich weiterer Teilbereiche der Persönlichkeit finden sich Sondergesetze.

▶ § 823 Abs. 1 BGB zählt das **Leben**, den **Körper**, die **Gesundheit** und die **Freiheit** zu den absoluten Rechten, deren schuldhafte und rechtswidrige Verletzung einen Schadensersatzanspruch auslöst (vgl. dazu § 43 Rn. 1 ff.).

▶ § 12 BGB schützt das **Namensrecht** einer natürlichen oder juristischen Person dagegen, dass ein anderer ihr das Recht zum Gebrauch ihres Namens bestreitet oder unbefugt den gleichen Namen gebraucht.

▶ Die §§ 22 ff. des KunstUrhG (des Gesetzes betreffend das Urheberrecht an Werken der bildenden Künste und der Photographie) schützen das **Recht einer Person am eigenen Bild**. Danach dürfen solche Bilder grundsätzlich nur dann verbreitet oder öffentlich zur Schau gestellt werden, wenn die abgebildete Person zuvor eingewilligt hat.

13   Ein über diesen Schutz von Teilbereichen der Persönlichkeit hinausgehender **allgemeiner Schutz** des Einzelnen auf Achtung und Entfaltung seiner Persönlichkeit ist erst aufgrund des Einflusses durch das Grundgesetz entwickelt worden. Die Rechtsprechung hat auf der Grundlage des verfassungsrechtlich garantierten Schutzes der Menschenwürde und der freien Entfaltung der Persönlichkeit in Art. 1 und 2 GG ein **allgemeines Persönlichkeitsrecht** entwickelt, das als sonstiges Recht i. S. von **§ 823 Abs. 1 BGB** gegen schuldhafte und rechtswidrige Verletzungen geschützt wird (näher dazu § 43 Rn. 44 ff.).

bb) Herrschaftsrechte

Herrschaftsrechte sind solche subjektiven Privatrechte, die ihrem Inhaber eine **absolute**   14
und unmittelbare Herrschaftsmacht über einen bestimmten Gegenstand einräumen.

Herrschaftsrechte können zunächst an **Sachen**, also an körperlichen Gegenständen   15
(§ 90 BGB; näher dazu Rn. 142 ff.), bestehen. Dabei handelt es sich um die sog. **dinglichen Rechte**, die vorwiegend im Sachenrecht (drittes Buch des BGB, §§ 854 – 1296)
geregelt sind.

Das umfassendste dingliche Recht ist das **Eigentum**. Es gewährt dem Inhaber die **volle**   16
rechtliche Sachherrschaft. Der Eigentümer kann gem. § 903 Satz 1 BGB mit seiner Sache
grundsätzlich nach seinem Belieben verfahren. Er kann sie pfleglich behandeln, darf sie
aber auch zerstören. Der Eigentümer kann seine Sache gem. § 985 BGB von jedem herausverlangen, der sie besitzt, ohne ihm gegenüber dazu – z. B. als Mieter aufgrund eines Mietvertrags – berechtigt zu sein. Außerdem kann er bei Eigentumsverletzungen
gem. § 823 Abs. 1 BGB Schadensersatz verlangen und sich gem. § 1004 BGB gegen andere Eigentumsbeeinträchtigungen wehren. Schließlich wird das Eigentumsrecht verfassungsrechtlich durch Art. 14 GG abgesichert.

Kein solches dingliches Recht ist der vom Eigentum strikt zu unterscheidende **Besitz**.   17
Besitzer ist nach § 854 Abs. 1 BGB derjenige, der die **tatsächliche Sachherrschaft** ausübt,
der also die Sache in Händen hat oder sie tatsächlich benutzt. So ist beispielsweise der
Mieter einer Wohnung ihr Besitzer. Da sich auch ein solcher Mieter oder ein anderer
Besitzer gegen die Entziehung oder Beeinträchtigung seines Besitzes wehren können
muss, sieht das Gesetz für den Besitzer in den §§ 861 f. BGB ebenfalls Schutzrechte vor.

Der Eigentümer einer Sache kann sein umfassendes Herrschaftsrecht einschränken, in-   18
dem er anderen Personen sog. **beschränkte dingliche Rechte** an seiner Sache einräumt.
Er schneidet, bildlich gesprochen, das beschränkte dingliche Recht wie ein Stückchen
aus der Torte seines Eigentums heraus und überträgt es an den anderen – im Unterschied zum Tortenstück allerdings regelmäßig mit der Möglichkeit, dieses Recht einmal
wieder zum Eigentum zurückzuholen. Solche beschränkten dinglichen Rechte sind zum
einen die **Sicherungs- und Verwertungsrechte**. Dazu gehören vor allem die Hypothek
und die Grundschuld an einem Grundstück (§§ 1113 ff., 1191 ff. BGB) sowie das Pfandrecht an einer beweglichen Sache (§§ 1204 ff. BGB). Zum anderen gibt es die **Nutzungsrechte**. Das umfassendste Nutzungsrecht ist der Nießbrauch, der es seinem Inhaber erlaubt, sämtliche Nutzungen des belasteten Grundstückes oder der belasteten beweglichen Sache zu ziehen (§§ 1030 ff. BGB). Grunddienstbarkeiten und beschränkte persönliche Dienstbarkeiten an Grundstücken gewähren dagegen nur das Recht auf bestimmte Nutzungen (§§ 1018 ff., 1090 ff. BGB); Beispiele sind das Wegerecht und das
dingliche Wohnungsrecht (§ 1094 BGB).

Herrschaftsrechte können darüber hinaus an **Rechten** bestehen. Das betrifft den Nieß-   19
brauch und das Pfandrecht (§§ 1068 ff., 1273 ff. BGB). So kann der Verkäufer z. B. die
Kaufpreisforderung, die er gem. § 433 Abs. 2 BGB gegen den Käufer hat, an seine Bank
verpfänden. Die Bank kann diese Kaufpreisforderung dann gem. § 1282 Abs. 1 BGB
selbst beim Käufer einziehen.

20   Schließlich gibt es Herrschaftsrechte an **geistigen Schöpfungen**. Dabei handelt es sich um Erfindungen sowie um Werke der Literatur und der bildenden Künste. Die Urheber haben das Recht, ihre geistigen Schöpfungen zu verwerten und anderen Personen die Verwertung zu untersagen. Dem Schutz dieser **Immaterialgüterrechte** dienen vor allem das Urheber-, das Patent-, das Geschmacksmuster-, das Gebrauchsmuster- und das Markenrecht.

cc)   Ansprüche

21   Besondere Bedeutung haben die Ansprüche, also die Rechte, von einem anderen ein Tun oder Unterlassen zu verlangen (**§ 194 Abs. 1 BGB**). Dem Anspruch des Berechtigten steht spiegelbildlich, als Kehrseite der Medaille, die entsprechende Pflicht des Verpflichteten gegenüber (dazu Rn. 3).

22   Die Ansprüche des Schuldrechts heißen **Forderungen**. Der Gesetzgeber bezeichnet den Inhaber der Forderung (den Berechtigten) als Gläubiger und den Verpflichteten als Schuldner: Nach § 241 Abs. 1 BGB ist der Gläubiger kraft des Schuldverhältnisses berechtigt, von dem Schuldner eine Leistung zu fordern, die auch in einem Unterlassen bestehen kann.

dd)   Gestaltungsrechte

23   Die letzte Gruppe der subjektiven Privatrechte, die nach dem Inhalt des Rechts unterschieden wird, bilden die Gestaltungsrechte. Sie verleihen ihrem Inhaber die Rechtsmacht, **einseitig** – also ohne die Mitwirkung eines anderen – **auf eine bestehende Rechtslage einzuwirken**. Dazu muss der Berechtigte im Regelfall eine Willenserklärung abgeben, die wegen ihrer Wirkung als rechtsgestaltende Willenserklärung bezeichnet wird. Der Berechtigte kann ein neues Recht begründen oder ein bestehendes Rechtsverhältnis ändern oder beenden. Zu den Gestaltungsrechten gehören etwa die Anfechtung einer Willenserklärung (§§ 119 ff. BGB; ausf. dazu §§ 8, 9), die Kündigung eines Vertrags (z. B. eines Miet- oder eines Arbeitsvertrags) und der Rücktritt vom Vertrag (§§ 346 ff. BGB; vgl. dazu § 25).

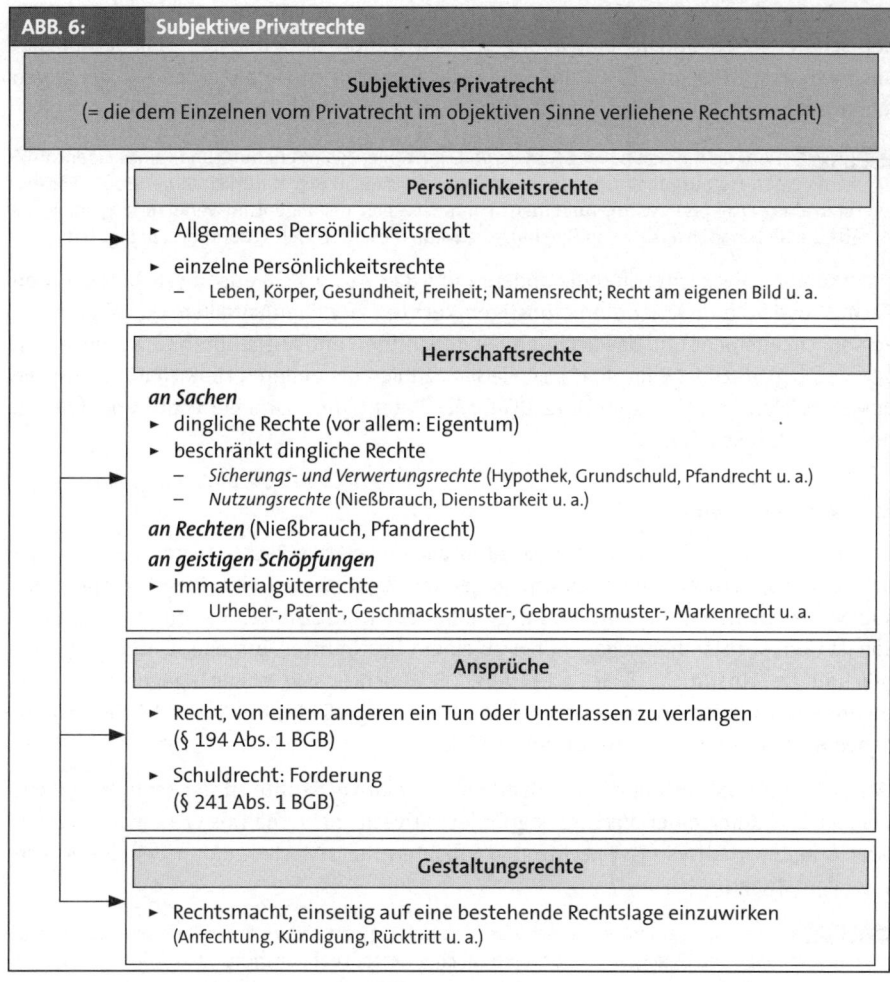

ABB. 6:   Subjektive Privatrechte

Subjektives Privatrecht
(= die dem Einzelnen vom Privatrecht im objektiven Sinne verliehene Rechtsmacht)

Persönlichkeitsrechte

► Allgemeines Persönlichkeitsrecht

► einzelne Persönlichkeitsrechte
  – Leben, Körper, Gesundheit, Freiheit; Namensrecht; Recht am eigenen Bild u. a.

Herrschaftsrechte

an Sachen
► dingliche Rechte (vor allem: Eigentum)
► beschränkt dingliche Rechte
  – *Sicherungs- und Verwertungsrechte* (Hypothek, Grundschuld, Pfandrecht u. a.)
  – *Nutzungsrechte* (Nießbrauch, Dienstbarkeit u. a.)
an Rechten (Nießbrauch, Pfandrecht)
an geistigen Schöpfungen
► Immaterialgüterrechte
  – Urheber-, Patent-, Geschmacksmuster-, Gebrauchsmuster-, Markenrecht u. a.

Ansprüche

► Recht, von einem anderen ein Tun oder Unterlassen zu verlangen
  (§ 194 Abs. 1 BGB)

► Schuldrecht: Forderung
  (§ 241 Abs. 1 BGB)

Gestaltungsrechte

► Rechtsmacht, einseitig auf eine bestehende Rechtslage einzuwirken
  (Anfechtung, Kündigung, Rücktritt u. a.)

b) Einteilung nach dem Kreis der Verpflichteten

Nach dem Kreis der durch das subjektive Privatrecht Verpflichteten unterscheidet man   24
absolute und relative Rechte.

aa) Absolute Rechte

Absolute Rechte sind solche subjektiven Privatrechte, die **gegenüber jedermann wirken**.   25
Außer dem Rechtsinhaber ist jeder von der Herrschaft über das Gut ausgeschlossen.
Der Rechtsinhaber kann sein Recht jedem anderen gegenüber geltend machen und
durchsetzen.

Zu den absoluten Rechten gehören vor allem die gerade angesprochenen **dinglichen**   26
Rechte (Rn. 15 ff.). Für das umfassendste dingliche Recht, das Eigentum, bestimmt
§ 903 Satz 1 a. E. BGB ausdrücklich, dass der Eigentümer einer Sache andere von jeder

Einwirkung ausschließen darf. Auch der dingliche Herausgabeanspruch aus § 985 BGB, der Schutz gegen andere Einwirkungen nach § 1004 BGB und der Schadensersatzanspruch aus § 823 Abs. 1 BGB im Falle einer Eigentumsverletzung richten sich gegen jedermann.

> **BEISPIEL ▸** Wird dem E sein neuer Scooter von D gestohlen, so hat er aufgrund seines Eigentumsrechts einen Herausgabeanspruch gegen D aus § 985 BGB (der natürlich in der Praxis voraussetzt, dass D gefasst wird). Außerdem kann E wegen der Eigentumsverletzung gem. § 823 Abs. 1 BGB Schadensersatz von D verlangen, wenn dieser z. B. den Scooter beschädigt hat.

27 Weitere absolute Rechte sind die anderen in **§ 823 Abs. 1 BGB** ausdrücklich **genannten Rechte** sowie die unbenannten „**sonstigen Rechte**", zu denen vor allem das allgemeine Persönlichkeitsrecht und das Recht am eingerichteten und ausgeübten Gewerbebetrieb gehören (vgl. dazu § 43 Rn. 40 ff.). Schließlich zählen die anderen **Herrschaftsrechte** wie etwa das Namensrecht gem. § 12 BGB oder Patent- und Urheberrechte ebenfalls zu den absoluten Rechten.

bb)   Relative Rechte

28 Im Unterschied zu den absoluten Rechten wirken relative Rechte nicht gegenüber jedermann, sondern **nur zwischen und gegenüber bestimmten einzelnen Personen**. Das subjektive Privatrecht besteht bloß gegenüber einer bestimmten Person; nur diese Person ist dem Rechtsinhaber gegenüber zu einem bestimmten Tun oder Unterlassen verpflichtet. Der Anspruch i. S. des § 194 Abs. 1 BGB richtet sich lediglich gegen einen oder mehrere bestimmte Anspruchsgegner, die Forderung i. S. des § 241 Abs. 1 BGB lediglich gegen einen oder mehrere bestimmte Schuldner.

29 Der wichtigste Tatbestand für die Begründung relativer Rechte ist der schuldrechtliche Vertrag. Das durch einen **Vertrag** begründete Privatrechtsverhältnis wie etwa das Miet- oder Arbeitsverhältnis lässt Rechte und Pflichten nur zwischen daran beteiligten Personen entstehen.

> **BEISPIEL ▸** E verleiht seinen neuen Scooter für zwei Tage an seinen Freund F. Nach dem Ablauf der zwei Tage hat E gegen F einen vertraglichen Herausgabeanspruch aus § 604 Abs. 1 BGB. Dieser Anspruch aus dem Leihvertrag besteht nur gegenüber dem Vertragspartner F.

30

Absolute Rechte sind solche subjektiven Privatrechte, die gegenüber jedermann wirken. Dazu gehören vor allem die dinglichen Rechte und die durch § 823 Abs. 1 BGB geschützten Rechte.

Relative Rechte sind solche subjektiven Privatrechte, die nur zwischen und gegenüber bestimmten Personen wirken. Sie werden vor allem durch schuldrechtliche Verträge begründet.

---

3.   Durchsetzung subjektiver Privatrechte

31 Will der Rechtsinhaber sein subjektives Privatrecht zwangsweise durchsetzen, muss er sich grundsätzlich staatlicher Hilfe bedienen. Gibt F im Beispielsfall (Rn. 29) den geliehenen Scooter nach zwei Tagen nicht zurück, kann E seinen Herausgabeanspruch nicht etwa gewaltsam durchsetzen, indem er F Prügel androht oder den Scooter einfach aus der Garage des F holt. Insoweit gilt das **Gewaltmonopol des Staates**, um Chaos und

Anarchie zu verhindern; ein „Faustrecht" des Einzelnen wäre mit rechtsstaatlichen Prinzipien nicht zu vereinbaren (vgl. § 1 Rn. 4). Der Rechtsinhaber (Gläubiger) muss das zuständige Gericht anrufen und eine rechtskräftige Entscheidung erstreiten. Leistet der Schuldner dann immer noch nicht freiwillig, muss der Gläubiger den Gerichtsvollzieher oder das Vollstreckungsgericht bemühen.

Nur in wenigen, gesetzlich geregelten **Ausnahmefällen** darf der Inhaber sein subjektives Privatrecht **eigenmächtig verwirklichen**, sein Recht also „selbst in die Hand nehmen". Die eigenmächtige Durchsetzung oder Sicherung von Rechten kann unter engen Voraussetzungen ausnahmsweise im Wege der Selbsthilfe erfolgen (§§ 229 ff. BGB). Und zur Verteidigung gegenüber Angriffen und Gefahren ist unter bestimmten Voraussetzungen der Selbstschutz erlaubt (§§ 227, 228, 904 BGB).   32

a) Selbsthilfe (§§ 229 ff. BGB)

Selbsthilfe ist die **vorläufige Durchsetzung oder Sicherung eines privatrechtlichen Anspruchs mittels privater Gewalt**. Sie darf nach § 229 BGB nur ausgeübt werden, wenn obrigkeitliche Hilfe nicht rechtzeitig zu erlangen ist und ohne sofortiges Eingreifen die Gefahr besteht, dass die Verwirklichung des Anspruchs vereitelt oder wesentlich erschwert wird.   33

Danach hat die Selbsthilfe die folgenden **Voraussetzungen**:   34

► Dem Handelnden muss ein privatrechtlicher durchsetzbarer **Anspruch** zustehen.

► **Obrigkeitliche Hilfe**, etwa durch die Polizei, darf nicht rechtzeitig zu erlangen sein.

► Ohne das sofortige Eingreifen des Rechtsinhabers muss die **Gefahr** bestehen, dass die Verwirklichung des Anspruchs vereitelt oder wesentlich erschwert wird.

> **BEISPIEL ►** Der Gast G hat beim Gastwirt W Speisen und Getränke im Wert von 50 € konsumiert. Als er die Wirtschaft verlassen will, ohne seine Zeche zu bezahlen, schließt W die Tür ab. Er will den ihm unbekannten G nicht gehen lassen, bevor ihm dieser nicht seinen Personalausweis gezeigt oder einen Wertgegenstand hinterlassen hat, um die Zahlung zu sichern.

Das Selbsthilferecht umfasst die folgenden **Mittel**:   35

► die Wegnahme, Zerstörung oder Beschädigung einer Sache;

► die Festnahme des Verpflichteten, wenn Fluchtverdacht vorliegt;

► die Beseitigung des Widerstandes gegen eine Handlung, die der Verpflichtete dulden muss.

Nach § 230 BGB unterliegt das Selbsthilferecht bestimmten **Grenzen**:   36

► Die Selbsthilfe darf nicht weiter gehen, als es zur Abwendung der Gefahr **erforderlich** ist. Der Berechtigte muss also stets das mildeste geeignete Mittel wählen. So ist etwa die Wegnahme einer Sache das mildere Mittel im Vergleich zu einer Festnahme (vgl. *Brox/Walker*, BGB AT, Rn. 700).

► In den in § 230 Abs. 2 bis 4 BGB genannten Fällen bedarf es einer **gerichtlichen Bestätigung** der Selbsthilfe, die nur der vorläufigen Sicherung des Anspruchs dient.

Als **Rechtsfolge** bestimmt § 229 BGB, dass derjenige, der die in den §§ 229, 230 BGB geregelten Voraussetzungen der Selbsthilfe einhält, **rechtmäßig** handelt. Gegen seine   37

Selbsthilfe-Handlung darf der andere keine Notwehr (§ 227 BGB; dazu gleich) üben. Liegen die Voraussetzungen der Selbsthilfe dagegen nicht vor, macht sich der Handelnde schadensersatzpflichtig. Das gilt auch dann, wenn er irrtümlich ohne Verschulden vom Vorliegen der Voraussetzungen ausging (§ 231 BGB).

b) Notwehr (§ 227 BGB)

38   Gem. § 227 Abs. 1 BGB sind solche Handlungen nicht rechtswidrig, die in Notwehr begangen werden. Nach der Legaldefinition des § 227 Abs. 2 BGB handelt es sich bei der Notwehr um **diejenige Verteidigung, welche erforderlich ist, um einen gegenwärtigen rechtswidrigen Angriff von sich oder einem anderen abzuwenden.**

39   Zunächst muss eine **Notwehrlage** bestehen. Das setzt einen gegenwärtigen rechtswidrigen Angriff gegen irgendein rechtlich geschütztes Interesse voraus.

▶ Ein **Angriff** ist jede menschliche Handlung, die ein rechtlich geschütztes Interesse zu verletzen droht. Daran fehlt es etwa, wenn ein geparktes Auto auf einer abschüssigen Straße ins Rollen gerät und sich einer Fußgängergruppe nähert oder wenn ein Hund einen Jogger beißen will. Steuert dagegen der Fahrer sein Auto bewusst auf einen Polizisten zu oder hetzt der Halter seinen Hund auf seinen Nachbarn, liegt ein Angriff vor; das Auto und der Hund werden „als Waffen" benutzt.

▶ Der Angriff ist **rechtswidrig**, wenn kein Rechtfertigungsgrund vorliegt. Hindert im Beispielsfall (Rn. 34) Wirt W den Gast G am Verlassen der Wirtschaft, um seine Forderung zu sichern, ist die Handlung gem. §§ 229, 230 BGB gerechtfertigt. G darf sich nicht wehren.

▶ Der Angriff ist **gegenwärtig**, wenn er bereits begonnen hat und noch nicht beendet ist. Daher ist etwa mehrere Stunden nach einem Angriff keine Notwehr mehr möglich.

▶ **Notwehrfähig** ist jedes rechtlich anerkannte Interesse. Dazu gehören nicht nur die Gesundheit und die Freiheit, sondern z. B. auch das Eigentum und die Ehre.

40   Außerdem muss die **Notwehrhandlung** bestimmte Voraussetzungen erfüllen. Sie wird definiert als die vom Verteidigungswillen getragene, objektiv erforderliche und nicht rechtsmissbräuchlich ausgeübte Verteidigung des Angegriffenen oder eines Dritten.

▶ Die Notwehrhandlung wird vom erforderlichen **Verteidigungswillen** getragen, wenn der Handelnde den Willen hat, sich selbst oder einen Dritten zu verteidigen.

▶ Die Notwehrhandlung muss zur Abwehr des Angriffs **erforderlich** sein. Diese Erforderlichkeit bestimmt sich anhand der Art und Intensität des Angriffs. Die Notwehr muss, kurz gesagt, nötig sein. Dagegen kommt es nicht auf die Wertigkeit des Rechtsguts an, das der Handelnde verteidigt. Hier findet keine Güterabwägung statt: „Das Recht (des Angegriffenen) muss dem Unrecht (des Angreifers) nicht weichen". So darf der Eigentümer eines Fahrrades den Dieb niederschlagen, der ihm das Rad stehlen will, obwohl das Rechtsgut Gesundheit schwerer wiegt als das Rechtsgut Eigentum.

▶ Die danach erforderliche Verteidigung darf allerdings, wie die Ausübung jedes anderen Rechts auch, **nicht missbräuchlich** sein. Das folgt allgemein aus § 242 BGB (näher dazu Rn. 51). Erst an dieser Stelle findet eine Abwägung des verteidigten und des beim Angreifer verletzten Rechtsguts statt. Danach handelt der Verteidigende nicht schon deshalb rechtsmissbräuchlich, weil – wie im obigen Beispiel – das verletzte Rechtsgut (die Gesundheit) schwerer wiegt als das verteidigte Rechtsgut (das Eigentum am Fahrrad). Ein Rechtsmissbrauch liegt vielmehr erst dann vor, wenn die Abwägung ein **krasses Missverhältnis** ergibt, beispielsweise bei einer lebensbedrohenden Körperverletzung zur Verteidigung des Eigentums an einer geringwertigen Sache.

► Der Handelnde darf zur **eigenen Verteidigung** oder zur **Verteidigung eines Dritten** tätig werden. Im letztgenannten Fall spricht man von **Nothilfe**.

Als **Rechtsfolge** ordnet § 227 Abs. 1 BGB an, dass die Notwehrhandlung **rechtmäßig** ist.   41
Deshalb hat beispielsweise der Angreifer, den der Handelnde in Notwehr verletzt, gegen ihn keinen Schadensersatzanspruch aus § 823 Abs. 1 BGB (vgl. § 43 Rn. 9). Fehlt es dagegen an einer Voraussetzung des § 227 BGB, ist die Handlung rechtswidrig. Das gilt etwa dann, wenn der Handelnde irrtümlich von einer Notwehrlage ausgeht (= Putativnotwehr) oder wenn er die Grenzen der erforderlichen Verteidigung überschreitet (= Notwehrexzess).

c) Notstand (§§ 228, 904 BGB)

Im Unterschied zur Notwehr regeln die Vorschriften über den Notstand die **Befugnis,**   42
auf eine fremde Sache einzuwirken. Sie beruhen auf dem Gedanken einer Güterabwägung, der zufolge das geringerwertige Rechtsgut im Falle einer Gefahr dem höherwertigen Rechtsgut weichen muss (*Brox/Walker*, BGB AT, Rn. 697). Das BGB unterscheidet den in § 228 geregelten Defensivnotstand und den in § 904 geregelten Aggressivnotstand.

(1) Beim **Defensiv- oder Verteidigungsnotstand (§ 228 BGB)** handelt rechtmäßig, wer   43
eine fremde Sache beschädigt oder zerstört, um eine durch sie drohende Gefahr von sich oder einem anderen abzuwenden, sofern die Beschädigung oder Zerstörung der Sache zur Abwendung der Gefahr erforderlich ist und der Schaden nicht außer Verhältnis zur Gefahr steht (§ 228 Satz 1 BGB).

   ► Im Unterschied zur Notwehr (§ 227 BGB) muss die **Gefahr** für den Handelnden oder den Dritten nicht von einem Menschen, sondern **von einer Sache ausgehen.**

   ► Die Einwirkung auf diese Sache muss **zur Abwendung der Gefahr erforderlich** sein. Dem Handelnden darf also keine ebenso gut geeignete, die Sache aber weniger stark beeinträchtigende Abwehrmöglichkeit zur Verfügung stehen, etwa die Verletzung des angreifenden Hundes statt seiner Tötung.

   ► Der **Schaden** an der Sache darf **nicht außer Verhältnis zur Gefahr** stehen. Der Schaden, der durch die Abwehrhandlung an der Sache entsteht, kann demnach größer sein als der Schaden, der ohne die Abwehrhandlung entstünde; er darf aber nicht unverhältnismäßig größer sein.

▶ Liegen die Voraussetzungen des Defensivnotstandes vor, ist die Beschädigung oder Zerstörung der Gefahr bringenden Sache gem. § 228 Satz 1 BGB **rechtmäßig**. Hat der Abwehrende die Gefahr allerdings verschuldet, indem er z. B. den Angriff des Hundes provoziert hat, muss er Schadensersatz leisten (§ 228 Satz 2 BGB).

44   (2) Beim **Aggressiv- oder Angriffsnotstand (§ 904 BGB)** geht es im Unterschied zum Defensivnotstand (§ 228 BGB) um die Einwirkung auf eine Sache, von der keine Gefahr ausgeht. Danach handelt derjenige rechtmäßig, der auf eine fremde Sache einwirkt, wenn die Einwirkung zur Abwehr einer gegenwärtigen Gefahr notwendig und der drohende Schaden gegenüber dem aus der Einwirkung dem Eigentümer entstehenden Schaden unverhältnismäßig groß ist (§ 904 Satz 1 BGB). In einer solchen Notlage mutet das Gesetz es dem Eigentümer zu, dass sein Herrschaftsrecht eingeschränkt wird. Zum Ausgleich verpflichtet § 904 Satz 2 BGB den Einwirkenden zum Schadensersatz.

▶ Der Aggressivnotstand setzt voraus, dass **eine gegenwärtige Gefahr droht**. Im Unterschied zu § 228 BGB geht die Gefahr **nicht von derjenigen Sache** aus, die bei der Notstandshandlung beschädigt oder zerstört wird.

▶ Die Einwirkung auf die fremde Sache muss **zur Abwendung der Gefahr notwendig** sein. „Notwendig" bedeutet dasselbe wie „erforderlich" beim Defensivnotstand gem. § 228 BGB.

▶ Der **drohende Schaden** muss **unverhältnismäßig größer** sein als der dem Eigentümer durch die Einwirkung auf seine Sache **entstehende Schaden**. Dieses Verhältnis ist genau umgekehrt wie das Verhältnis beim Defensivnotstand gem. § 228 BGB.

▶ Als **Rechtsfolge** ordnet § 904 Satz 1 BGB die **Rechtmäßigkeit** der Einwirkung, also der Zerstörung oder Beschädigung des fremden Eigentums, an. Gem. § 904 Satz 2 BGB ist der Einwirkende dem Eigentümer aber zum Schadensersatz verpflichtet. Hier handelt es sich um einen im Zivilrecht seltenen Sonderfall, nämlich die Verpflichtung zum **Schadensersatz für eine rechtmäßige Handlung**.

45   (3) Die Unterschiede und die Anwendung der beiden Tatbestände des Notstands soll der folgende **Beispielsfall** illustrieren:

BEISPIEL ▶ Der auf einer abschüssigen Straße geparkte Pkw des E setzt sich von selbst in Bewegung und rollt auf einen Kinderwagen zu. Der Passant P bemerkt das und schiebt einen Blumenkübel, der dem Anlieger A gehört, auf die Fahrbahn. Dadurch kann er den Pkw stoppen. Sowohl der Blumenkübel des A als auch der Pkw des E werden beschädigt.

In Bezug auf den Blumenkübel des A, von dem keine Gefahr ausging, ist die Handlung des P gem. § 904 Satz 1 BGB gerechtfertigt. P schuldet dem A daher keinen Schadensersatz aus § 823 Abs. 1 BGB wegen einer Eigentumsverletzung. Er muss A den Schaden aber gem. § 904 Satz 2 BGB ersetzen.

In Bezug auf den Pkw des E ist die Beschädigungshandlung des P gem. § 228 Satz 1 BGB gerechtfertigt, weil die Gefahr für das Kind im Kinderwagen von dem Auto ausgeht. E kann daher von P keinen Schadensersatz aus § 823 Abs. 1 BGB verlangen. Die Gefahr hat nicht P, sondern E verschuldet, so dass auch die Voraussetzungen des § 228 Satz 2 BGB nicht erfüllt sind.

ABB. 7:	Notstand
Aggressiv- oder Angriffsnotstand **(§ 904 Satz 1 BGB)**	**Defensiv- oder Verteidigungsnotstand** **(§ 228 Satz 1 BGB)**

Voraussetzungen:

▸ fremde Sache ▸ gegenwärtige Gefahr ▸ Einwirkung auf die Sache ▸ Handeln zur Abwendung der Gefahr ▸ Notwendigkeit ▸ drohender Schaden gegenüber entstehendem Schaden unverhältnismäßig groß	▸ fremde Sache ▸ durch die Sache drohende Gefahr ▸ Beschädigung oder Zerstörung der Sache ▸ Handeln zur Abwendung der Gefahr ▸ Erforderlichkeit ▸ Schaden nicht außer Verhältnis zur Gefahr

Rechtsfolgen:

▸ Rechtfertigungsgrund ▸ keine Abwehransprüche des Eigentümers ▸ Schadensersatzanspruch des Eigentümers (§ 904 Satz 2 BGB)	▸ Rechtfertigungsgrund ▸ Schadensersatzanspruch, wenn der Handelnde die Gefahr verschuldet hat (§ 228 Satz 2 BGB)

4. Grenzen subjektiver Privatrechte

Steht einer Person ein subjektives Privatrecht zu, so darf sie es grundsätzlich auch **frei 46 ausüben**. Damit greift sie regelmäßig in die **Interessen eines anderen** ein, beispielsweise des Vertragspartners, der sich im Kaufvertrag zur Lieferung oder Zahlung verpflichtet hat. Das ist nicht nur notwendig, sondern auch zulässig. Denn indem der Gesetzgeber dem Berechtigten das subjektive Privatrecht gewährt, hat er zugleich den Interessengegensatz zugunsten des Rechtsinhabers aufgelöst. Hier zeigt sich wieder die liberalistische, individualistische Grundhaltung des BGB (vgl. dazu § 2 Rn. 5).

Obwohl die Rechtsausübung damit grundsätzlich frei ist, muss es doch im Interesse ei- 47 nes gedeihlichen Zusammenlebens gewisse Grenzen geben. Sie ergeben sich vor allem aus dem **Zweck** des jeweiligen subjektiven Privatrechts, das dem Schutz bestimmter Interessen dient. Die Ausübung des Rechts darf nicht zum **Rechtsmissbrauch** werden.

a) Schikaneverbot (§ 226 BGB)

48   Das BGB enthält nur eine einzige ausdrückliche Regelung, die der Rechtsausübung eine derartige Grenze setzt. Nach dem in § 226 BGB geregelten Schikaneverbot ist die Ausübung eines Rechts unzulässig, wenn sie **nur den Zweck** haben kann, einem anderen **Schaden zuzufügen**. Eine solche unzulässige Schikane setzt also voraus, dass die Rechtsausübung aus objektiver Sicht gar keinen anderen Zweck als die Schadenszufügung hat.

b) Verbot sittenwidriger Rechtsausübung

49   Über die ausdrückliche Regelung des § 226 BGB hinaus wurde bereits früh das Verbot der sittenwidrigen Rechtsausübung entwickelt. Danach ist die Ausübung eines Rechts unzulässig, wenn sie **gegen die guten Sitten verstößt**. Diese Grenze der Rechtsausübung wird aus den Rechtsgedanken des § 226 BGB und vor allem des § 826 BGB abgeleitet (vgl. etwa BGHZ 3, 94, 103).

50   Der Begriff der Sittenwidrigkeit ist eine Generalklausel und daher wertausfüllungsbedürftig. Unter Heranziehung der bereits in den Motiven verwendeten Formulierung verstößt die Ausübung eines Rechts gegen die guten Sitten, wenn sie „**das Anstandsgefühl aller billig und gerecht Denkenden**" verletzt (vgl. Mot. II, 727 sowie § 1 Rn. 17). Das ist unter Berücksichtigung aller Umstände des Einzelfalles zu bestimmen. Die Rechtsprechung hilft bei der notwendigen Konkretisierung durch die Entwicklung von **Fallgruppen** (näher zu den Fallgruppen des § 826 BGB § 44 Rn. 11 ff.). Im Allgemeinen hat eine treuwidrige Rechtsausübung weniger strenge Voraussetzungen als eine Schikane i. S. von § 226 BGB.

c) Verbot treuwidriger Rechtsausübung

51   Schließlich ist die Ausübung eines Rechts auch dann unzulässig, wenn sie **gegen Treu und Glauben verstößt**. Die Grundlage dieser Grenze der Rechtsausübung findet sich in § 242 BGB, der den Schuldner dazu verpflichtet, die Leistung so zu bewirken, wie Treu und Glauben mit Rücksicht auf die Verkehrssitte es erfordern (vgl. dazu § 20 Rn. 20 ff.).

52   Der Begriff von Treu und Glauben ist eine ebensolche Generalklausel wie derjenige der guten Sitten und ebenfalls wertausfüllungsbedürftig. Die Konkretisierung erfolgt hier im Wege einer **Abwägung der Interessen** unter Berücksichtigung der Umstände des Einzelfalles. Rechtliche Maßstäbe für die Bewertung und Gewichtung der abzuwägenden Interessen lassen sich vor allem aus den Wertentscheidungen des Grundgesetzes und aus der Berücksichtigung der Verkehrssitte ableiten. Hier hilft die Rechtsprechung ebenfalls mit der Herausbildung von **Fallgruppen**. Diesen Fallgruppen liegen stets wiederkehrende, gleichartige Interessenbewertungen zugrunde (näher dazu § 20 Rn. 8 ff.). Der Maßstab der Treuwidrigkeit ist flexibler als die Maßstäbe des Schikaneverbots gem. § 226 BGB und der Sittenwidrigkeit gem. § 826 BGB.

53   Ein Sonderfall der treuwidrigen Rechtsausübung ist die **Verwirkung**. Eine Verwirkung liegt vor, wenn der Berechtigte sein Recht längere Zeit nicht geltend gemacht hat (sog. **Zeitmoment**) und der andere aufgrund weiterer Umstände darauf vertrauen durfte,

dass der Berechtigte dieses Recht auch in Zukunft nicht mehr geltend machen wird (sog. **Umstandsmoment**).

> **BEISPIEL** ▸ Nimmt ein Vermieter monatelang die nächtlichen Ruhestörungen seines Mieters hin, kann er ihm deswegen nicht mehr gem. § 543 BGB fristlos kündigen (vgl. *Brox/Walker*, BGB AT, Rn. 691; vgl. zu einem anderen Fall BGHZ 103, 62, 69 ff.).

5. Verjährung als zeitliche Grenze der Rechtsausübung

Im Unterschied zur Verwirkung (Rn. 53) bedeutet die Verjährung **nur eine zeitliche Grenze** der Rechtsausübung. Sie setzt kein Umstandsmoment voraus, weil sie nicht auf dem Gedanken von Treu und Glauben beruht. Sie dient nicht dem individuellen Vertrauensschutz, sondern der **Rechtssicherheit**. Der Schuldner eines Anspruchs soll im Interesse der Rechtssicherheit und des Rechtsfriedens davor geschützt werden, dass sein Gläubiger veraltete Ansprüche gegen ihn geltend macht. Deshalb beschränken die **§§ 194 ff. BGB** die Durchsetzbarkeit der weitaus meisten vertraglichen und gesetzlichen Ansprüche in zeitlicher Hinsicht. Die regelmäßige Verjährungsfrist beträgt gem. § 195 BGB drei Jahre. Diese kurze Frist dient vor allem einer **schnellen Abwicklung der Geschäfte**.   54

a) Begriff der Verjährung

Die Verjährung wird definiert als die **Entkräftung eines Anspruchs durch Zeitablauf** (*Brox/Walker*, BGB AT, Rn. 667). Ihr Eintritt gibt dem Verpflichteten gem. § 214 Abs. 1 BGB das Recht, die Erfüllung des gegen ihn gerichteten Anspruchs zu verweigern. Damit handelt es sich um ein **Leistungsverweigerungsrecht** (vgl. dazu § 23).   55

Das bedeutet, dass der Verpflichtete sein Recht zur Verweigerung der Leistung geltend machen muss, wenn er nicht mehr leisten will – er muss die **Verjährungseinrede erheben**. Tut er das im Prozess nicht (und hat er es auch vorher noch nicht getan), wird ihn das Gericht zur Leistung verurteilen. Erhebt er dagegen die Einrede, darf er die Leistung dauernd verweigern. Es handelt sich um eine **dauernde, ausschließende (peremptorische) Einrede**.   56

Diese Konstruktion als Einrede führt nicht zum Erlöschen des Anspruchs, sondern belässt dem Schuldner ein **Wahlrecht**. Er soll selbst entscheiden können, ob er sich auf die Verjährung berufen und damit den Anspruch abwehren will. Zum Verzicht auf die Verjährungseinrede können ihn etwa gute Geschäftsbeziehungen oder Kundenwerbung bewegen.   57

b) Gegenstand der Verjährung

Nach § 194 Abs. 1 BGB (lesen!) kann nur ein **Anspruch** verjähren. Die Vorschrift erfasst vertragliche und gesetzliche Ansprüche. Andere subjektive Rechte als Ansprüche unterliegen nicht der Verjährung. Außerdem hat der Gesetzgeber bestimmte Ansprüche aus unterschiedlichen Gründen ausdrücklich von der Verjährung ausgenommen.   58

BEISPIELE ▶ § 194 Abs. 2 BGB (bestimmte familienrechtliche Ansprüche); § 758 BGB (Anspruch auf Aufhebung der Bruchteilsgemeinschaft, z. B. einer Erbengemeinschaft gem. § 2042 Abs. 2 BGB); § 898 BGB (Anspruch auf Berichtigung des Grundbuchs und ähnliche Ansprüche).

c) Dauer der Verjährungsfristen

59   Das Gesetz **unterscheidet** die regelmäßige Verjährungsfrist und Sonderverjährungsfristen. Die letztgenannten Fristen finden sich in den §§ 196 ff. BGB sowie in anderen Sondervorschriften, beispielsweise im Besonderen Schuldrecht bei den einzelnen Vertragstypen.

60   Die **regelmäßige Verjährungsfrist** beträgt gem. § 195 BGB **drei Jahre**. Sie gilt, soweit keine gesetzlichen Spezialvorschriften oder abweichende vertragliche Vereinbarungen längere oder kürzere Verjährungsfristen vorsehen. Danach verjähren z. B. Kaufpreisforderungen (§ 433 Abs. 2 BGB), Schadensersatzforderungen wegen Pflichtverletzungen (§ 280 Abs. 1 BGB) und Ansprüche aus ungerechtfertigter Bereicherung (§ 812 BGB) in drei Jahren.

61   Kürzere oder längere **Sonderverjährungsfristen** sieht das Gesetz für eine große Zahl von Ansprüchen vor.

▶ Besondere praktische Bedeutung kommt der **zweijährigen** Verjährungsfrist zu, die für die **Gewährleistungsansprüche** wegen **Mängeln beim Kauf beweglicher Sachen** gilt (§ 438 Abs. 1 Nr. 3 BGB; näher zur Verjährung der kaufrechtlichen Gewährleistungsansprüche § 37 Rn. 5 ff.).

▶ Bei **Werkverträgen** verjähren die **Mängelansprüche** ebenfalls grundsätzlich in **zwei Jahren** (§ 634a Abs. 1 Nr. 1 BGB; näher zur Verjährung der werkvertraglichen Gewährleistungsansprüche § 39 Rn. 25 ff.).

▶ Eine längere, nämlich **zehnjährige Verjährungsfrist** sieht § 196 BGB bei den dort genannten **Rechten an Grundstücken** vor. Dazu gehören vor allem die Ansprüche auf die Übereignung eines Grundstücks und auf die Begründung eines Rechts an einem Grundstück wie z. B. auf die Bestellung einer Hypothek (vgl. §§ 1113 ff. BGB) oder einer Grundschuld (vgl. §§ 1191 ff. BGB).

▶ Die besonders lange **dreißigjährige Verjährungsfrist** gilt nach § 197 BGB im Wesentlichen noch für dingliche Herausgabeansprüche (z. B. § 985 BGB), für familien- und erbrechtliche Ansprüche und für solche Ansprüche, die durch die im Insolvenzverfahren erfolgte Feststellung vollstreckbar geworden sind. Besondere Bedeutung hat diese Verjährungsfrist in Bezug auf die **rechtskräftig festgestellten Ansprüche**: Hat etwa eine Bank ihren Schuldner auf die Rückzahlung des Darlehens verklagt (vgl. § 488 Abs. 1 Satz 2 BGB) und ist der Schuldner rechtskräftig zur Zahlung verurteilt worden, so kann die Bank dreißig Jahre lang aus diesem Urteil vollstrecken. Sie wahrt so bei einem derzeit nicht zahlungsfähigen Schuldner die Chance, ihr Geld zurückzubekommen, wenn der Schuldner später einmal, innerhalb der 30-Jahres-Frist, wieder zu Geld kommt.

d) Beginn der Verjährungsfristen

Nach § 199 Abs. 1 BGB beginnt die **regelmäßige Verjährungsfrist** mit dem Schluss des   62
Jahres zu laufen, in dem der Anspruch entstanden ist und der Gläubiger von den Umständen, die den Anspruch begründen, sowie von der Person des Schuldners Kenntnis erlangt hat; das Gleiche gilt, wenn er diese Kenntnis zwar nicht erlangt hat, sie aber ohne grobe Fahrlässigkeit erlangen musste. Damit setzt der Beginn der Verjährungsfrist ein **objektives Element** (die Entstehung des Anspruchs) und ein **subjektives Element** voraus (die Kenntnis des Gläubigers von den Umständen, die den Anspruch begründen, und von der Person des Schuldners). Man spricht daher von einem **gemischt subjektiv-objektiven System**. Danach verlängert sich der Gesamtzeitraum ab der Entstehung des Anspruchs auf z. B. dann mehr als drei Jahre, wenn der Gläubiger bei einem Verkehrsunfall geschädigt wurde, der Unfallverursacher (also der Schuldner) aber „Fahrerflucht" begangen hatte (vgl. dazu § 142 StGB – Unerlaubtes Entfernen vom Unfallort) und noch ermittelt werden musste.

Dieses subjektive Element schwächt insoweit die **Rechtssicherheit**, als der Schuldner   63
nicht ohne weiteres wissen kann, ob und wann der Gläubiger die erforderliche Kenntnis erlangt. Deshalb begrenzen **absolute Höchstfristen** die regelmäßige Verjährung. Schadensersatzansprüche verjähren gem. § 199 Abs. 2 und 3 BGB spätestens nach dreißig oder nach zehn Jahren, sonstige Ansprüche gem. § 199 Abs. 4 BGB spätestens nach zehn Jahren.

Andere Verjährungsfristen beginnen nach § 200 Satz 1 BGB mit der Entstehung des Anspruchs. Hier kommt es also nur auf das **objektive Element** an.   64

e) Hemmung und Neubeginn der Verjährung

Ist ein Anspruch entstanden und liegt auch das erforderliche subjektive Element für   65
den Beginn der Verjährung vor, gibt es eine Reihe verschiedener Ereignisse, die den **Lauf der Verjährungsfrist beeinflussen** können. Solche Ereignisse können die Verjährung hemmen oder sogar zu einem Neubeginn der Verjährung führen. Der Hemmung und dem Neubeginn der Verjährung kommt naturgemäß bei den kurzen Verjährungsfristen besondere Bedeutung zu.

Eine **Hemmung** der Verjährung hat gem. § 209 BGB zur Folge, dass der Zeitraum, wäh-   66
rend dessen die Verjährung gehemmt ist, nicht in die Verjährungsfrist eingerechnet wird. Eine solche Hemmung tritt vor allem bei den in § 204 Abs. 1 BGB aufgezählten **Maßnahmen der Rechtsverfolgung** ein. Das sind in erster Linie die Erhebung der Klage, die Zustellung des Mahnbescheides und die Anmeldung der Ansprüche im Insolvenzverfahren. In diesen Fällen **endet die Hemmung** regelmäßig sechs Monate nach der rechtskräftigen Entscheidung oder anderweitigen Beendigung des eingeleiteten Verfahrens (§ 204 Abs. 2 Satz 1 BGB). Dann läuft die Verjährung weiter, und zwar unter Einbeziehung der Frist, die bis zum Eintritt der Hemmung bereits abgelaufen war.

Ein weiterer, in der Praxis wichtiger Grund für eine Hemmung liegt vor, wenn Schuld-   67
ner und Gläubiger über den Anspruch **verhandeln**. Die Hemmung dauert so lange, bis ein Teil die Fortsetzung der Verhandlungen verweigert. Dann tritt die Verjährung allerdings frühestens drei Monate nach dem Ende der Hemmung ein (§ 203 BGB).

68   Ein Sonderfall ist die **Ablaufhemmung**. Sie tritt nicht während der laufenden Verjährung ein, sondern schiebt den Beginn der Verjährung auf. Dadurch werden geschäftsunfähige oder in der Geschäftsfähigkeit beschränkte Personen, die keinen gesetzlichen Vertreter haben, davor geschützt, einen Anspruch durch den Eintritt der Verjährung zu „verlieren" (vgl. § 210 BGB); Ähnliches gilt in Nachlassfällen (§ 211 BGB).

69   Von der Hemmung unterscheidet sich der **Neubeginn der Verjährung** dadurch, dass die Verjährungsfrist in voller Länge von neuem zu laufen beginnt. Zu den praktisch wichtigsten Ereignissen, die zu einem solchen Neubeginn führen, gehört es gem. § 212 Abs. 1 Nr. 1 BGB, wenn der Schuldner dem Gläubiger gegenüber den **Anspruch** durch Abschlagszahlung, Zinszahlung, Sicherheitsleistung oder in anderer Weise **anerkennt**.

f) Abgrenzung zu den Ausschlussfristen

70   Im Unterschied zur Verjährung führt der Ablauf einer Ausschlussfrist nicht zu einem Leistungsverweigerungsrecht, sondern zum **Erlöschen des Rechts**. Solche Ausschlussfristen finden sich vor allem bei **Gestaltungsrechten** wie der Anfechtung, der Kündigung und dem Rücktritt. Das Gestaltungsrecht erlischt mit dem Ablauf der Ausschlussfrist automatisch, ohne dass der Gegner des Gestaltungsrechts eine Einrede erheben muss.

> **BEISPIELE** ▶ Bezüglich der Anfechtung gem. §§ 119, 120 BGB enthält § 121 BGB zwei Ausschlussfristen, die Unverzüglichkeit ab der Kenntnis des Irrtums sowie die absolute Zehn-Jahres-Frist (näher dazu § 9 Rn. 25). Ähnliche Fristen finden sich in § 124 BGB für die Anfechtung wegen arglistiger Täuschung und widerrechtlicher Drohung (ein Jahr und zehn Jahre; näher dazu § 10 Rn. 36). Für die fristlose Kündigung eines Dienst- oder Arbeitsvertrages aus wichtigem Grund – etwa wegen eines Diebstahls – sieht § 626 Abs. 2 BGB eine zweiwöchige Ausschlussfrist vor.

II. Rechtssubjekte

LITERATUR:

Brox/Walker, BGB AT, Rn. 702 ff.; *Klunzinger*, Einführung in das Bürgerliche Recht, § 4.

71   Das **subjektive Privatrecht** setzt begriffsnotwendig ein **Rechtssubjekt** voraus. Denn es handelt sich um die Rechtsmacht, die einem Rechtssubjekt von der Rechtsordnung verliehen worden ist (s. oben Rn. 7 ff.).

1. Begriffe

72   Aus der obigen Definition folgt, dass es sich bei den Rechtssubjekten um die **Adressaten von Rechtsnormen** handelt. Rechtssubjekte sind die Adressaten von Gesetzen, Rechtsverordnungen und anderen Rechtsnormen, die ihnen bestimmte subjektive Privatrechte zuweisen. Solche Rechtsnormen weisen ihren Adressaten allerdings nicht nur

Rechte, sondern auch Pflichten zu (vgl. oben Rn. 3). Daher sind Rechtssubjekte zugleich die **Träger von Rechten und Pflichten**.

Einen besonders wichtigen Unterfall des subjektiven Privatrechts stellt der Anspruch   73
dar (s. oben Rn. 21 f.). Ihn definiert § 194 Abs. 1 BGB als das Recht einer Person, von einem anderen ein Tun oder Unterlassen zu verlangen. Der Gesetzgeber bezeichnet die Rechtssubjekte demnach als **Personen**. Das bestätigt die amtliche Überschrift zum Abschnitt 1 des Allgemeinen Teils des BGB. Das Gesetz unterteilt die Rechtssubjekte in **natürliche Personen** (Überschrift vor §§ 1 ff. BGB) und **juristische Personen** (Überschrift vor §§ 21 ff. BGB).

Ein Rechtssubjekt muss begriffsnotwendig **Rechtsfähigkeit** besitzen. Denn nur dann   74
kann es Träger von Rechten und Pflichten sein.

BEISPIELE ▶ Gläubiger oder Schuldner einer Kaufpreisforderung (vgl. § 433 Abs. 2 BGB); Eigentümer einer Sache (vgl. §§ 903, 985 BGB).

Eine Besonderheit stellen die **nichtrechtsfähigen Personenverbände** wie z. B. der nicht-   75
rechtsfähige Verein (§ 54 BGB) dar. Hier ist der Rechtsträger nicht der Personenverband als solcher, sondern die Träger der Rechte und Pflichten sind die Personen, die den Verband konstituieren, in ihrer Verbundenheit.

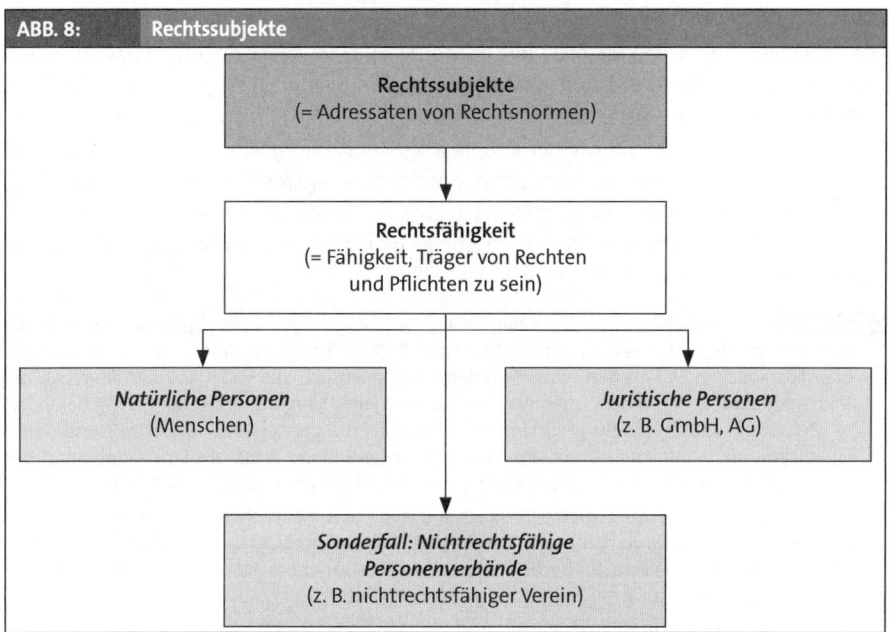

ABB. 8:   Rechtssubjekte

41

2. Natürliche Personen

76 Der Gesetzgeber des Bürgerlichen Gesetzbuches sieht es als selbstverständlich an, dass **jeder Mensch**, den er als natürliche Person bezeichnet, ein Rechtssubjekt ist. Das ergibt sich aus § 1 BGB, dem zufolge jeder Mensch rechtsfähig ist. Tiere können dem gegenüber, anders als nach anderen Rechtsordnungen, im deutschen bürgerlichen Recht keine Träger von Rechten und Pflichten sein. Gem. § 90a BGB sind sie lediglich eine besondere Art von Sachen, also von Rechtsobjekten (näher dazu Rn. 152).

a) Rechtsfähigkeit

LITERATUR:

Deutsch, Das behindert geborene Kind als Anspruchsberechtigter, NJW 2003, 26; *Heldrich*, Der Deliktsschutz des Ungeborenen, JZ 1965, 593; *Lorenz*, Grundwissen – Zivilrecht: Rechts- und Geschäftsfähigkeit, JuS 2010, 11; *Petersen*, Die Rechtsfähigkeit des Menschen, Jura 2009, 669; *Spickhoff*, Postmortaler Persönlichkeitsschutz und ärztliche Schweigepflicht, NJW 2005, 1982.

77 Die Fähigkeit, Träger von Rechten und Pflichten zu sein, steht uneingeschränkt jedem Menschen zu (§ 1 BGB). Das gilt unabhängig davon, wie alt oder jung der Mensch ist, oder ob er körperlich und geistig normal entwickelt oder etwa schwerstbehindert ist. Die **Rechtsfähigkeit des Menschen** knüpft allein und unmittelbar an die **menschliche Existenz** an. Das entspricht zum einen den verfassungsrechtlichen Wertungen (vgl. Art. 1, 2 GG). Zum anderen ist zu beachten, dass der Mensch Rechte und Pflichten nicht nur durch willensgesteuertes Verhalten, sondern auch ohne jegliches eigenes Zutun erwerben kann.

> **BEISPIELE** ▸ Wird ein Mensch durch einen Verkehrsunfall oder bei einer Operation durch einen Kunstfehler des Arztes verletzt, erwirbt er ohne Rücksicht auf sein Alter oder seine geistigen oder körperlichen Fähigkeiten einen Schadensersatzanspruch aus § 823 Abs. 1 BGB wegen der Körperverletzung gegen den Schädiger. Ebenso wird jeder Säugling und jeder geistig behinderte Mensch, genauso wie ein gesunder Erwachsener, Erbe gem. § 1922 Abs. 1 BGB und damit Eigentümer der Hausgrundstücke des Verstorbenen, wenn ihn dieser als Erben eingesetzt hat oder wenn er z. B. als Abkömmling dessen gesetzlicher Erbe gem. § 1924 Abs. 1 BGB ist.
>
> Das letzte Beispiel belegt zugleich, dass ein Mensch nicht nur Rechte, sondern auch Pflichten ohne eigenes Zutun erwerben kann. Gemäß § 1967 BGB haftet der Erbe nämlich für die Nachlassverbindlichkeiten wie z. B. für die Rückzahlung des Darlehens, das der Verstorbene bei seiner Bank zur Renovierung der Häuser aufgenommen hatte.

78 Die Rechtsfähigkeit des Menschen **beginnt** gem. § 1 BGB mit der **Vollendung der Geburt**. Das Kind muss also lebend zur Welt kommen.

79 Obwohl das **ungeborene Kind** im Mutterleib noch nicht rechtsfähig ist, gewährt ihm das Zivilrecht in bestimmten Konstellationen Schutz. Zum einen wird durch § 1923 Abs. 2 BGB die **Erbfähigkeit des „nasciturus"** auf einen Zeitpunkt vor seiner tatsächlichen Geburt vorverlegt. Danach gilt ein Kind, das zur Zeit des Erbfalls bereits gezeugt war, aber erst später lebend geboren wird, als vor dem Erbfall geboren. Dabei handelt

es sich um eine gesetzliche Fiktion. Der Zeitpunkt der Geburt wird fiktiv vorverlegt, damit das Kind früher rechtsfähig ist und seinen verstorbenen Vater auch dann gem. § 1924 Abs. 1 BGB beerben kann, wenn es erst kurz nach dessen Tod zur Welt kommt.

Außerdem schützt das Zivilrecht das Kind im Mutterleib bei **vorgeburtlichen Schädi-** **gungen.** Erleidet der Embryo beispielsweise durch einen Verkehrsunfall, in den seine Mutter während der Schwangerschaft verwickelt wird, oder durch einen Behandlungsfehler des Arztes seiner Mutter einen Gesundheitsschaden, so hat er einen Schadensersatzanspruch (z. B. aus § 823 Abs. 1 BGB) gegen den Unfallverursacher oder den Arzt, wenn er später lebend geboren wird. Mit der Geburt wird das Kind gem. § 1 BGB Träger des Schadensersatzanspruchs, obwohl die Schädigungshandlung bereits vor dem Eintritt der Rechtsfähigkeit begangen worden ist (BGHZ 8, 243; 58, 48, 50 ff.).   80

Die Rechtsfähigkeit des Menschen **endet** mit seinem Tod (vgl. § 1922 Abs. 1 BGB). Maßgeblich ist nach heutiger medizinischer Auffassung der Gehirntod. Dann geht das Vermögen des Verstorbenen (des Erblassers) gem. §§ 1922 Abs. 1, 1967 BGB als Ganzes mit allen Aktiva und Passiva automatisch auf einen oder mehrere Erben über.   81

Von der Rechtsfähigkeit zu **unterscheiden** ist der **Schutz der Persönlichkeit** (vgl. dazu bereits oben Rn. 12 f.). Verschiedene Teilaspekte der Persönlichkeit werden durch spezielle Vorschriften geschützt, und die Rechtsprechung hat auf der Grundlage des in Art. 1 und 2 GG garantierten Schutzes der Menschenwürde und der freien Entfaltung der Persönlichkeit ein allgemeines Persönlichkeitsrecht entwickelt, das als sonstiges Recht i. S. von § 823 Abs. 1 BGB gegen schuldhafte und rechtswidrige Verletzungen geschützt wird (näher dazu § 43 Rn. 44 ff.). Dieser Schutz kann über den Tod hinaus als sog. **postmortaler Persönlichkeitsschutz** fortwirken. Er erlaubt es beispielsweise den Erben, gegen ehrverletzende Berichte und Artikel über den Verstorbenen vorzugehen. Außerdem enthält § 22 Satz 3 des KunstUrhG eine Spezialregelung, der zufolge die Verbreitung oder öffentliche Zur-Schau-Stellung eines Bildnisses nach dem Tod des Abgebildeten noch zehn Jahre lang der Einwilligung seiner Angehörigen bedarf.   82

b) Handlungsfähigkeit

Die Handlungsfähigkeit bezeichnet allgemein die Fähigkeit des Menschen, sein **Verhal-** **ten bewusst zu steuern.** Diese Fähigkeit besitzt, anders als die Rechtsfähigkeit, nicht automatisch jeder Mensch. Sie kann, z. B. aufgrund von Krankheiten, mehr oder weniger stark eingeschränkt sein.   83

Teilweise wird der Begriff der Handlungsfähigkeit enger gefasst. Danach handelt es sich um die Fähigkeit des Menschen, **rechtlich bedeutsame Handlungen vorzunehmen** (vgl. etwa *Brox/Walker*, BGB AT, Rn. 704). Dazu gehört einerseits die Fähigkeit, seine Lebens- und Rechtsverhältnisse unter Ausnutzung der Privatautonomie eigenverantwortlich durch den Abschluss von Verträgen und durch andere Willenserklärungen und Rechtsgeschäfte zu regeln; das ist die **Geschäftsfähigkeit** (§§ 104 ff. BGB). Andererseits können die Handlungen eines Menschen Schäden an den Rechtsgütern anderer verursachen, für die der Handelnde die rechtliche Verantwortung zu tragen hat; das hängt von seiner **Deliktsfähigkeit** (§§ 827 ff. BGB) ab.   84

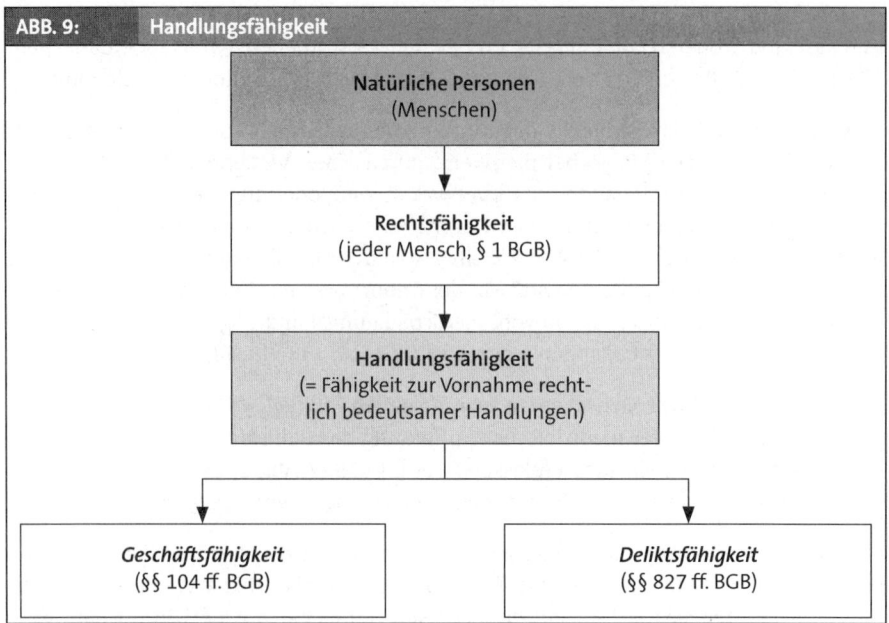

ABB. 9:   Handlungsfähigkeit

c) **Geschäftsfähigkeit**

LITERATUR:

Aleth, Der Vertragsschluss mit Minderjährigen, JuS 1995, L 9; *Brauer*, Vertragsschluss und Zugang bei Verträgen mit Minderjährigen, JuS 2004, 472; *Brox*, Der Minderjährigenschutz beim Rechtsgeschäft, JA 1989, 441; *Brox/Walker*, BGB AT, Rn. 259 ff.; *Casper*, Geschäfte des täglichen Lebens – kritische Anmerkung zum neuen § 105a BGB, NJW 2002, 3425; *Coester-Waltjen*, Überblick über die Probleme der Geschäftsfähigkeit, Jura 1994, 331; *dies.*, Nicht zustimmungsbedürftige Rechtsgeschäfte beschränkt geschäftsfähiger Minderjähriger, Jura 1994, 668; *Fleck/Schweinfest*, Anfängerklausur – Zivilrecht: Minderjährigen- und Stellvertretungsrecht – Die Playstation, JuS 2010, 885; *Hähnchen*, Schwebende Unwirksamkeit im Minderjährigenrecht, Jura 2001, 668; *Heim*, Gesetzgeberische Modifizierung der Auswirkungen der Geschäftsunfähigkeit Volljähriger beim Vertragsschluss, JuS 2003, 141; *Keller*, Grundstücksschenkung an Minderjährige, JA 2009, 561; *Klunzinger*, Einführung in das Bürgerliche Recht, § 11; *Musielak*, Grundkurs BGB, Rn. 287 ff.; *Petersen*, Die Geschäftsfähigkeit, Jura 2003, 97; *ders.*, Der Minderjährige im Schuld- und Sachenrecht, Jura 2003, 399; *Preuß*, Das für den Minderjährigen lediglich rechtlich vorteilhafte Geschäft, JuS 2006, 305; *Schmitt*, Der Begriff der lediglich rechtlich vorteilhaften Willenserklärung i. S. des § 107 BGB, NJW 2005, 1090; *Thümmler/Zech/Blumert*, Anfängerklausur – Zivilrecht: Minderjährigenrecht und allgemeines Leistungsstörungsrecht – Fahrradkauf mit Hindernissen, JuS 2010, 514; *Timme*, Die Schenkung eines Tieres an einen beschränkt Geschäftsfähigen, JA 2010, 174; *Ulrici*, Alltagsgeschäfte volljähriger Geschäftsunfähiger, Jura 2003, 520; *Wedemann*, Die Geschäftsunfähigkeit, Jura 2010, 587.

aa) Begriff

Unter der Geschäftsfähigkeit versteht man die **Fähigkeit, Rechtsgeschäfte wirksam vor-** 85
nehmen zu können (Rn. 84). Sie ist die Voraussetzung dafür, dass ein Mensch seine
Lebensverhältnisse privatautonom durch den Abschluss von Verträgen und durch andere Rechtsgeschäfte wie etwa die Kündigung eines Vertrags regeln kann. Der wichtigste Baustein dieser und anderer Rechtsgeschäfte ist die **Willenserklärung.**

> **BEISPIELE** ▶ Ein Vertrag kommt durch zwei Willenserklärungen, das Angebot und die Annahme,
> zustande (vgl. §§ 145 ff. BGB; dazu unten § 11).
>
> Die Kündigung eines Vertrags, z. B. eines Wohnraum-Mietvertrags (vgl. §§ 568, 569, 573 ff.
> BGB) oder eines Arbeitsvertrags (vgl. §§ 620 Abs. 2, 621 ff., 626 BGB, § 1 KSchG), ist eine einsei-
> tige Willenserklärung.
>
> Das Eigentum an einer beweglichen Sache wird gem. § 929 Satz 1 BGB durch die Einigung des
> Eigentümers und des Erwerbers, bei denen es sich um zwei Willenserklärungen handelt, und
> die Übergabe der Sache erworben.

Deshalb beziehen sich die §§ 104 ff. BGB, welche die Geschäftsfähigkeit regeln, bezüg- 86
lich der Rechtsfolgen ausdrücklich auf Willenserklärungen. Dem zufolge kann man die
Geschäftsfähigkeit auch definieren als die **Fähigkeit, rechtlich wirksam handeln und**
insbesondere Willenserklärungen wirksam abgeben zu können.

Die Geschäftsfähigkeit setzt sinnvollerweise voraus, dass der Handelnde die Folgen sei- 87
nes rechtsgeschäftlichen Handelns überblicken kann. Er muss ein gewisses Mindest-
maß an Reife, Einsichtsfähigkeit und Urteilsvermögen besitzen. Diese erforderliche Einsichtsfähigkeit haben nach der Konzeption des Gesetzes nur **volljährige Menschen.** Ihre
Geschäftsfähigkeit ist der gesetzliche **Regelfall,** zu dem der Gesetzgeber keine ausdrücklichen Regelungen getroffen hat.

Geregelt werden in den §§ 104 ff. BGB vielmehr die **Ausnahmefälle,** in denen Personen 88
geschäftsunfähig sind (§ 104 BGB) oder nur eine eingeschränkte Geschäftsfähigkeit besitzen (§ 106 BGB). Insoweit knüpft der Gesetzgeber an feste Altersgrenzen und an bestimmte Störungen der geistigen Gesundheit an.

Die Vorschriften über die Geschäftsfähigkeit dienen **dem Schutz der nicht voll ge-** 89
schäftsfähigen Menschen. Sie sollen davor geschützt werden, Verpflichtungen einzugehen, deren Umfang und deren Auswirkungen sie nicht überschauen. Der Schutz der Geschäftsunfähigen und der beschränkt Geschäftsfähigen ist dem Gesetzgeber ausweis-
lich der §§ 104 ff. BGB so wichtig, dass die Verkehrsschutzinteressen ihrer Geschäftspartner dahinter zurückstehen müssen. **Der gute Glaube an die Geschäftsfähigkeit**
wird nicht geschützt (vgl. RGZ 120, 170, 174; BGH ZIP 1988, 829, 831).

> **BEISPIEL** ▶ Der 17-jährige K kauft bei Zweiradhändler V eine gebrauchte Vespa zum Preis von
> 350 €. K sieht erwachsen aus, und V hat auch aufgrund des Verhaltens des K keinen Anlass, an
> seiner Volljährigkeit zu zweifeln. Trotzdem ist der Kaufvertrag zwischen K und V gem. § 107
> Abs. 1 BGB unwirksam, wenn die Eltern des K seine zum Vertragsabschluss führende Willens-
> erklärung nicht genehmigen (vgl. §§ 108 Abs. 1, 1629 Abs. 1 BGB) und auch der sog. „Taschen-
> geldparagraph" (§ 110 BGB) nicht eingreift.

90   Von der Geschäftsfähigkeit unterscheidet man die **Ehefähigkeit** und die **Testierfähigkeit**. Dabei handelt es sich um Sonderfälle der Geschäftsfähigkeit.

▶ Die Ehefähigkeit ist die **Fähigkeit, eine Ehe wirksam einzugehen.** Sie tritt grundsätzlich mit der Volljährigkeit ein (§ 1303 Abs. 1 BGB), also mit der Vollendung des 18. Lebensjahres (§ 2 BGB). In Ausnahmefällen kann man schon ab Vollendung des 16. Lebensjahres heiraten (§ 1303 Abs. 2 bis 4 BGB).

▶ Die Testierfähigkeit ist die **Fähigkeit, ein Testament wirksam zu errichten.** Sie tritt grundsätzlich mit der Vollendung des 16. Lebensjahres ein (§ 2229 Abs. 1 BGB).

91

> Die **Geschäftsfähigkeit** ist die **Fähigkeit, Rechtsgeschäfte wirksam vornehmen zu können.** Dazu gehört insbesondere die Fähigkeit, Willenserklärungen wirksam abgeben zu können. Das Gesetz geht vom **Regelfall** der vollen Geschäftsfähigkeit erwachsener (volljähriger) Menschen aus und enthält in den §§ 104 ff. BGB nur Vorschriften zu den **Ausnahmefällen** der fehlenden oder beschränkten Geschäftsfähigkeit. Unterscheiden werden demnach drei Fälle:
>
> ▶ die Geschäftsunfähigkeit (§ 104 BGB),
>
> ▶ die beschränkte Geschäftsfähigkeit (§ 106 BGB) und
>
> ▶ die volle Geschäftsfähigkeit (keine ausdrückliche Regelung).
>
> Da die §§ 104 ff. BGB dem Schutz der nicht voll Geschäftsfähigen dienen, wird der **gute Glaube an die Geschäftsfähigkeit nicht geschützt.**

bb)   Geschäftsunfähigkeit

92   Einem Geschäftsunfähigen **fehlt die Fähigkeit**, ein Rechtsgeschäft wirksam vorzunehmen (vgl. § 105 Abs. 1 BGB).

(1)   Betroffener Personenkreis

93   Der betroffene Personenkreis wird in **§ 104 BGB** festgelegt. Danach liegt Geschäftsunfähigkeit in zwei Fällen vor:

94   Nach § 104 **Nr. 1** BGB ist geschäftsunfähig, **wer nicht das siebente Lebensjahr vollendet hat**. Diese starre Altersgrenze dient der Rechtssicherheit.

95   Nach § 104 **Nr. 2** BGB ist geschäftsunfähig, **wer sich in einem die freie Willensbestimmung ausschließenden Zustand krankhafter Störung der Geistestätigkeit befindet, sofern nicht der Zustand seiner Natur nach ein vorübergehender ist**. Es muss sich also um eine nicht nur vorübergehende Geisteskrankheit handeln, welche die freie Willensbestimmung ausschließt. Einen solchen Ausschluss der freien Willensbestimmung nimmt die Rechtsprechung an, wenn jemand nicht imstande ist, seinen Willen frei und unbeeinflusst von einer vorliegenden Geistesstörung zu bilden und nach zutreffend gewonnenen Einsichten zu handeln (BGH NJW 1996, 918).

> **BEISPIEL** ▶ Der schizophrene A kauft während einer Phase geistiger Klarheit bei B ein Videospiel für 149 €. Der Kaufvertrag ist wirksam, obwohl A an einer dauernden krankhaften Störung der Geistestätigkeit, nämlich an Schizophrenie, leidet. Denn A hat seine Willenserklärung zum Abschluss des Kaufvertrags in einem „lichten Moment" („lucidum intervallum") abgegeben. Zu diesem Zeitpunkt war A in der Lage, die Bedeutung seines Handelns zu überblicken, befand sich also nicht in einem die freie Willensbildung ausschließenden Zustand.

Über den in § 104 Nr. 2 BGB geregelten Fall der **vollständigen Geschäftsunfähigkeit** hi-   96
naus ist eine auf krankhaften Störungen der Geistestätigkeit beruhende **partielle Geschäftsunfähigkeit** anerkannt. Bezieht sich der Ausschluss der freien Willensbestimmung (nachweisbar) nur auf einen bestimmten Kreis von Geschäften, ist der Betreffende bezüglich aller anderen Geschäfte voll geschäftsfähig. Als Beispiel wird der sog.
„Querulantenwahn" angeführt, bei dem sich die Geschäftsunfähigkeit auf die Führung
bestimmter Prozesse beschränkt.

Kann eine volljährige Person ihre Angelegenheiten aufgrund einer psychischen Krank-   97
heit oder einer körperlichen, geistigen oder seelischen Behinderung ganz oder teilweise
nicht (mehr) selbst besorgen, wird sie vom Vormundschaftsgericht auf Antrag unter
Betreuung gestellt (§ 1896 BGB). Sie erhält einen Betreuer, der in seinem Aufgabenkreis
die Rechtsstellung eines gesetzlichen Vertreters hat (§ 1902 BGB). Auf die Geschäftsfähigkeit des Betreuten hat das grundsätzlich keinen Einfluss. Zu seinem Schutz kann
aber angeordnet werden, dass bestimmte Geschäfte der Einwilligung des Betreuers bedürfen (§ 1903 BGB).

(2) Rechtsfolgen

Die **Willenserklärung** eines Geschäftsunfähigen ist **nichtig** (§ 105 Abs. 1 BGB). Der Ge-   98
schäftsunfähige kann also selbst nicht rechtsgeschäftlich handeln. Ihm kann auch eine
Willenserklärung nicht wirksam zugehen (§ 131 Abs. 1 BGB, näher zum Zugang von
Willenserklärungen § 5 Rn. 10 ff.). Soll der Geschäftsunfähige, der ja die Rechtsfähigkeit
besitzt, bestimmte Rechte durch Rechtsgeschäft erwerben oder übertragen, muss für
ihn sein **gesetzlicher Vertreter handeln**. Bei Kindern sind gem. § 1629 Abs. 1 Satz 2 BGB
die Eltern die gesetzlichen Vertreter, beim Betreuten ist es gem. § 1902 BGB der Betreuer.

Darüber hinaus ordnet **§ 105 Abs. 2 BGB** die Nichtigkeit solcher Willenserklärungen an,   99
die **im Zustand der Bewusstlosigkeit oder vorübergehender Störung der Geistestätigkeit** abgegeben werden. Dabei kann es sich beispielsweise um Willenserklärungen im
Zustand der Volltrunkenheit, des Drogenrausches oder eines epileptischen Anfalls handeln. Im Unterschied zu § 104 BGB betrifft § 105 Abs. 2 BGB volljährige und geschäftsfähige Personen, die sich nur in einem vorübergehenden Störungszustand befinden.

(3) Wirksamkeit von Geschäften des täglichen Lebens (§ 105a BGB)

Nach der Sonderregelung des § 105a Satz 1 BGB (lesen!) kann ein volljähriger Ge-   100
schäftsunfähiger ein **Geschäft des täglichen Lebens, das mit geringwertigen Mitteln
bewirkt werden kann**, wirksam abschließen. Dazu gehört etwa der Kauf von Lebens-
mitteln des täglichen Bedarfs. Das Geschäft wird erst wirksam, wenn Leistung und Gegenleistung bewirkt worden sind. Es darf allerdings keine erhebliche Gefahr für die Person oder das Vermögen des Geschäftsunfähigen begründen (§ 105a Satz 2 BGB). Danach kann z. B. ein alkoholkranker Geschäftsunfähiger keinen Alkohol kaufen (vgl. *Brox/
Walker*, BGB AT, Rn. 269a).

cc) Beschränkte Geschäftsfähigkeit

101 Ein beschränkt Geschäftsfähiger bedarf zur Vornahme eines Rechtsgeschäfts zwar **grundsätzlich der Zustimmung seines gesetzlichen Vertreters**. Bestimmte Rechtsgeschäfte kann er aber auch selbst wirksam vornehmen, weil er insoweit keinen Schutz benötigt oder weil die Einwilligung des gesetzlichen Vertreters für einen bestimmten Kreis von Geschäften vorliegt.

(1) Betroffener Personenkreis

102 Beschränkt geschäftsfähig sind gem. § 106 BGB alle Minderjährigen, die das siebente Lebensjahr vollendet haben. Da die Volljährigkeit gem. § 2 BGB mit der Vollendung des 18. Lebensjahres eintritt, sind also alle Menschen **zwischen der Vollendung des siebenten und des 18. Lebensjahres** beschränkt geschäftsfähig, sofern nicht nach § 104 Nr. 2 BGB Geschäftsunfähigkeit vorliegt.

(2) Zustimmungsfreie Rechtsgeschäfte

103 Nach § 107 BGB (lesen!) hängt die Wirksamkeit der Willenserklärung eines beschränkt Geschäftsfähigen grundsätzlich von der Einwilligung seines gesetzlichen Vertreters ab. Hat der beschränkt Geschäftsfähige einen Vertrag geschlossen, kann die Zustimmung auch noch nachträglich in der Form der Genehmigung erteilt werden (§ 108 Abs. 2 BGB). Erlangt der beschränkt Geschäftsfähige jedoch durch die Willenserklärung **lediglich einen rechtlichen Vorteil**, so bedarf er gem. § 107 BGB nicht der Zustimmung des gesetzlichen Vertreters. Er kann dann selbst das Rechtsgeschäft wirksam vornehmen. Er braucht den Schutz seines Vertreters nicht, weil er keine rechtlichen Verpflichtungen eingeht und seine (mangelnde) Einsichtsfähigkeit deshalb keine Rolle spielt.

104 Der Gesetzgeber stellt hier allein auf den **rechtlichen** und **nicht auf den wirtschaftlichen** Vorteil ab. Es geht um die rechtliche Wirkung, nicht um den wirtschaftlichen Erfolg des Geschäfts. Der letztgenannte Maßstab entspricht nicht dem Schutzzweck der §§ 106 ff. BGB, und er wird auch als zu unsicher angesehen (vgl. etwa MünchKomm/ *Schmitt*, § 107 BGB Rn. 28; *Brox/Walker*, BGB AT, Rn. 272).

> **BEISPIEL**▶ Der 16-jährige M kauft bei V eine gebrauchte Vespa zum Preis von 350 €, die noch 500 € wert ist. Trotz dieses „guten Geschäfts" hängt die Wirksamkeit des Kaufvertrags gem. §§ 107, 108 Abs. 1 BGB von der Genehmigung der Eltern ab. Denn M wird durch den Abschluss des Kaufvertrags dazu verpflichtet, V den Kaufpreis zu zahlen (§ 433 Abs. 2 BGB). Diese rechtliche Verpflichtung ist ein rechtlicher Nachteil.

105 Ob der beschränkt Geschäftsfähige durch seine Willenserklärung lediglich einen rechtlichen Vorteil erlangt, hängt von der **Art des Rechtsgeschäfts** ab. Zu unterscheiden ist vor allem zwischen **Verpflichtungsgeschäften** einerseits, welche die Verpflichtung zu einer Leistung begründen und dem anderen einen Anspruch i. S. des § 194 Abs. 1 BGB verschaffen, und **Verfügungsgeschäften** andererseits, durch die ein Recht unmittelbar übertragen, belastet, inhaltlich geändert oder aufgehoben wird und die meistens der Erfüllung eines Verpflichtungsgeschäfts dienen (näher dazu § 4 Rn. 43 ff.).

BEISPIEL Schließen V und K einen Kaufvertrag über ein Videospiel zum Preis von 149 €, begründen sie die Pflichten zur Lieferung des Videospiels (§ 433 Abs. 1 Satz 1 BGB) und zu seiner Bezahlung (§ 433 Abs. 2 BGB). Der Kaufvertrag ist also ein Verpflichtungsgeschäft.

Zur Erfüllung des Kaufvertrags muss V dem K das Videospiel übergeben und übereignen (§ 929 Satz 1 BGB). K muss dem V 149 € zahlen, also z. B. im Wege der Barzahlung durch die Übereignung von Geldscheinen und Münzen (§ 929 Satz 1 BGB). Das sind die Verfügungsgeschäfte.

Ein **Verpflichtungsgeschäft** ist für den beschränkt Geschäftsfähigen nur dann lediglich rechtlich vorteilhaft, wenn er keine rechtsgeschäftliche Verpflichtung übernimmt.   106

▶ Danach kann ein **gegenseitiger Vertrag** für den Minderjährigen **nie lediglich rechtlich vorteilhaft** sein. Denn ein solcher Vertrag zeichnet sich dadurch aus, dass der eine Vertragsteil sich gerade deshalb zu seiner Leistung verpflichtet, um im Gegenzug die Leistung des anderen Teils zu erhalten. Ein gegenseitiger Vertrag begründet also stets eine rechtsgeschäftliche Verpflichtung des Minderjährigen.

BEISPIEL Ein Kaufvertrag verpflichtet den beschränkt geschäftsfähigen Vertragspartner entweder als Verkäufer gem. § 433 Abs. 1 Satz 1 BGB zur Lieferung der Kaufsache oder als Käufer gem. § 433 Abs. 2 BGB zur Zahlung des Kaufpreises.

▶ Ein **unvollkommen zweiseitig verpflichtender Vertrag** ist ebenfalls **nie lediglich rechtlich vorteilhaft**. Ein solcher Vertrag begründet zwar nur für eine Partei von vornherein eine rechtsgeschäftliche Leistungspflicht; für die andere Partei entstehen aber unter bestimmten Voraussetzungen ebenfalls Verpflichtungen. Der Minderjährige wird also entweder bereits bei Vertragsschluss verpflichtet, oder seine rechtliche Verpflichtung kann später entstehen.

BEISPIEL Weil der 14-jährige M für zwei Wochen in ein Zeltlager fahren will und auch seine Eltern nicht zu Hause sind, gibt er seine Katze Katharina bei seinem Bekannten B in unentgeltliche Verwahrung (§ 688 BGB). Da M für die Verwahrung seiner Katze keine Gegenleistung erbringen muss, liegt kein gegenseitiger Vertrag vor. M wird aber verpflichtet, dem B die Futterkosten zu ersetzen (= Aufwendungen i. S. des § 693 BGB) und die Katze wieder abzuholen (vgl. §§ 696, 697 BGB).

▶ Handelt es sich dagegen um einen **einseitig verpflichtenden Vertrag**, kommt es darauf an, **auf welcher Seite** der Minderjährige steht. Da ein solcher Vertrag nur einen Vertragspartner zu einer Leistung verpflichtet, kann der Minderjährige ihn dann gem. § 107 BGB selbst wirksam abschließen, wenn er der nicht verpflichtete Vertragspartner ist.

BEISPIEL Die Großmutter G verpflichtet sich gegenüber ihrem zehnjährigen Enkel E, ihm zu seinem nächsten Geburtstag die ersehnte Digital-Modell-Lokomotive mit Soundfunktion zu schenken. Der Schenkungsvertrag (§ 516 Abs. 1 BGB) verpflichtet nur G und ist damit für E lediglich rechtlich vorteilhaft.

HINWEIS:

Der Vertrag bedarf zu seiner Wirksamkeit allerdings der notariellen Beurkundung des Versprechens der G (§ 518 Abs. 1 Satz 1 BGB); da in der Praxis jedoch niemand solche Versprechen des täglichen Lebens beurkunden lässt, wird der Formmangel durch die Bewirkung der versprochenen Leistung geheilt (§ 518 Abs. 2 BGB). Übereignet G also dem E zu seinem Geburtstag die Lok, wird der Schenkungsvertrag trotz der fehlenden Beurkundung wirksam, und E darf die Lok behalten.

107   Ein **Verfügungsgeschäft** ist für den Minderjährigen lediglich rechtlich vorteilhaft, wenn das Recht zu seinen Gunsten übertragen, belastet, inhaltlich geändert oder aufgehoben wird. Es darf nicht dazu führen, dass er (auch) ein Recht verliert.

> **BEISPIEL** ▶ Im obigen Beispielsfall (Rn. 106) übereignet die Großmutter G ihrem Enkel E in Erfüllung des Schenkungsvertrags die Lokomotive. Das setzt gem. § 929 Satz 1 BGB voraus, dass G dem E die Lok übergibt und beide über den Übergang des Eigentums von G auf E einig sind. Da diese Einigung ein aus zwei Willenserklärungen bestehender (dinglicher) Vertrag ist (vgl. dazu § 4 Rn. 46 ff.), muss E eine wirksame Einigungserklärung abgeben. Seine Willenserklärung gegenüber G, er wolle Eigentümer der Lok werden, ist gem. § 107 BGB wirksam, weil sie dazu führt, dass ihm ein Recht – nämlich das Eigentum an der Lok – unmittelbar übertragen wird.
>
> Die Willenserklärung zu einer Eigentumsübertragung an einen beschränkt Geschäftsfähigen kann selbst dann rechtlich vorteilhaft sein, wenn es sich um belastetes Eigentum handelt. Wird einem Minderjährigen ein Hausgrundstück übertragen, das mit einer Hypothek belastet ist (vgl. § 1113 BGB), ändert die Belastung nichts am rechtlichen Vorteil. Denn im schlimmsten Fall, wenn das Hausgrundstück zur Befriedigung des Hypothekengläubigers zwangsversteigert werden muss (vgl. § 1147 BGB), hat der Minderjährige nichts erhalten. Zu einem „Minus" in seinem Vermögen führt die Belastung mit der Hypothek nicht, weil er nur mit dem erworbenen Grundstück und nicht auch mit seinem sonstigen Vermögen für die Hypothekenforderung hafte (vgl. BGHZ 15, 168; BGH NJW 2005, 415, 417). – Die Belastungen des Grundstücks mit öffentlich-rechtlichen Lasten (Grundsteuer, Anliegerbeiträge u. ä.) zählen im Rahmen des § 107 BGB wegen ihres typischerweise ganz geringfügigen Gefährdungspotentials (BGH NJW 2005, 415, 417 f.) oder deswegen nicht mit, weil sie nicht auf dem Rechtsgeschäft des Minderjährigen beruhen, sondern auf einem Gesetz, das alle Grundstückseigentümer trifft (*Brox/Walker*, BGB AT, Rn. 276).

108   Die sog. **rechtlich neutralen Geschäfte**, die für den beschränkt Geschäftsfähigen rechtlich weder vorteilhaft noch nachteilig sind, werden vom Wortlaut des § 107 BGB nicht erfasst. Man stellt sie aber den rechtlich vorteilhaften Geschäften gleich, weil auch hier der Minderjährigenschutz gewahrt ist.

> **BEISPIEL** ▶ Der Minderjährige schließt als Stellvertreter gem. § 164 Abs. 1 und 3 BGB einen Kaufvertrag ab. Durch seine Willenserklärung verpflichtet der Vertreter nicht sich selbst, sondern den Vertretenen (§ 164 Abs. 1 Satz 1 BGB). Deshalb kann ein Minderjähriger als Stellvertreter handeln (vgl. § 165 BGB; näher zur Stellvertretung unten §§ 13 ff.).

(3) Zustimmung des gesetzlichen Vertreters

109   Liegt kein rechtlich vorteilhaftes oder zumindest rechtlich neutrales Geschäft vor, kann der beschränkt Geschäftsfähige gem. § 107 BGB die Willenserklärung selbst nicht wirksam abgeben. Er bedarf vielmehr der Zustimmung seines gesetzlichen Vertreters. Dabei ist nach den §§ 182 ff. BGB die **Zustimmung** der Oberbegriff (§ 182 Abs. 1 BGB; lesen!). Die **vorherige** Zustimmung bezeichnet das Gesetz als **Einwilligung** (§ 183 Satz 1 BGB; lesen!), die **nachträgliche** Zustimmung als **Genehmigung** (§ 184 Abs. 1 BGB; lesen!).

110   Die gesetzlichen Vertreter eines Minderjährigen sind gem. § 1629 BGB die **Eltern**. Sie müssen grundsätzlich gemeinschaftlich handeln (§ 1629 Abs. 1 Satz 2, 1. Hs. BGB). Die Zustimmung nur des Vaters oder der Mutter genügt daher regelmäßig nicht. Jeder Elternteil vertritt das Kind aber allein, wenn es um den Zugang einer Willenserklärung gegenüber dem Kind (vgl. § 131 Abs. 2 BGB) geht (§ 1629 Abs. 1 Satz 2, 2. Hs. BGB) oder es sich um einen Notfall handelt (§ 1629 Abs. 1 Satz 4 BGB). Außerdem vertritt ein allein sorgeberechtigter Elternteil das Kind allein (§ 1629 Abs. 1 Satz 3 BGB).

(4) Zustimmungsbedürftige Verträge

Will ein beschränkt Geschäftsfähiger einen Vertrag abschließen, der nicht rechtlich vor-   111
teilhaft oder zumindest neutral für ihn ist, bedarf er gem. § 107 BGB der **vorherigen
Zustimmung (Einwilligung)** des gesetzlichen Vertreters. Die Einwilligung kann sowohl
dem beschränkt Geschäftsfähigen als auch seinem Vertragspartner gegenüber erklärt
werden (§ 182 Abs. 1 BGB; lesen!). Sie ist bis zur Vornahme des Rechtsgeschäfts frei wi-
derruflich, und zwar ebenfalls sowohl dem beschränkt Geschäftsfähigen als auch seinem Vertragspartner gegenüber (§ 183 BGB; lesen!).

Der gesetzliche Vertreter kann die Einwilligung für ein **ganz bestimmtes Rechts-**   112
geschäft wie beispielsweise den Kauf eines Videospiels oder einer Modellbahn-Lokomo-
tive erteilen. Die Einwilligung kann sich aber auch auf einen **begrenzten Kreis von
Rechtsgeschäften** beziehen. Dann spricht man von einem **beschränkten Generalkonsens.**

> **BEISPIEL** (NACH *BROX/WALKER*, BGB AT, RN. 279) ▶ Die Eltern geben dem minderjährigen Berufsschüler,
> der nicht im Elternhaus wohnt, monatlich 700 €. Darin liegt die Einwilligung der Eltern in alle
> Rechtsgeschäfte des Minderjährigen, die er zur Bestreitung seines Lebensbedarfs und seiner
> Berufsausbildung abschließen muss.

Ein solcher Generalkonsens muss sich auf einen bestimmten, abgrenzbaren Kreis von
Rechtsgeschäften beschränken. Der gesetzliche Vertreter kann dem Minderjährigen keine Einwilligung zu allen denkbaren Rechtsgeschäften geben, weil das dazu führen würde, dass der Minderjährige entgegen der gesetzlichen Schutzregelung im Ergebnis wie
ein voll Geschäftsfähiger handeln könnte.

Einen Sonderfall des begrenzten Generalkonsenses regelt der sog. **Taschengeldpara-**   113
graph, der **§ 110 BGB**. Danach gilt ein von dem Minderjährigen ohne Zustimmung des
gesetzlichen Vertreters geschlossener Vertrag als von Anfang an wirksam, wenn der
Minderjährige die vertragsmäßige Leistung mit Mitteln bewirkt, die ihm zu diesem
Zweck oder zu freier Verfügung von dem Vertreter oder mit dessen Zustimmung von
einem Dritten überlassen worden sind. Die **konkludente Einwilligung** des Vertreters
liegt in der Überlassung der Mittel – des „Taschengeldes" – zu dem Zweck, zu dem es
der Minderjährige verwendet hat, oder zu seiner freien Verfügung. Deshalb muss stets
geprüft werden, ob der vom Minderjährigen abgeschlossene konkrete Vertrag (noch)
von dieser Einwilligung gedeckt wird.

> **BEISPIEL** ▶ Der Minderjährige M kauft sich von seinem Taschengeld für 5 € ein Lotterielos. Dieser
> Kauf ist nach § 110 BGB wirksam. Gewinnt M mit dem Los 5 000 € und kauft sich davon ein
> Motorrad, so ist dieser Kauf nicht mehr von der ursprünglichen Einwilligung gedeckt (vgl.
> RGZ 74, 235).

§ 110 BGB setzt für die Wirksamkeit des Rechtsgeschäfts außerdem voraus, dass der   114
Minderjährige die vertragsmäßige Leistung mit den überlassenen Mitteln **bewirkt** hat.
Deshalb erfasst § 110 BGB keine Abzahlungsgeschäfte des Minderjährigen, selbst wenn
er die Raten mit seinem monatlichen Taschengeld bestreiten kann. Der Vertrag wird
vielmehr erst mit der Zahlung der letzten Rate wirksam, weil erst dann die vertragsmäßige Leistung bewirkt, also in vollem Umfang erbracht worden ist.

115   Schließt ein Minderjähriger einen Vertrag **ohne die erforderliche Einwilligung** des gesetzlichen Vertreters ab, so hängt die Wirksamkeit des Vertrags gem. § 108 Abs. 1 BGB von der **Genehmigung** des Vertreters ab. Der Vertrag ist also **schwebend unwirksam**, weil zu diesem Zeitpunkt weder seine Wirksamkeit noch seine Unwirksamkeit feststeht. Diesen Schwebezustand kann der gesetzliche Vertreter durch die Erteilung oder Verweigerung der Genehmigung beenden. **Erteilt** er die Genehmigung gegenüber dem Minderjährigen oder seinem Vertragspartner (§ 182 Abs. 1 BGB), so wird der Vertrag von Anfang an wirksam (§ 184 Abs. 1 BGB). **Verweigert** er dagegen die Genehmigung, wird der Vertrag endgültig unwirksam. Wenn allerdings der Minderjährige während der Schwebezeit das 18. Lebensjahr vollendet, kann er den Vertrag selbst genehmigen (§ 108 Abs. 3 BGB).

116   Für den **Vertragspartner des Minderjährigen** hat der Schwebezustand den erheblichen Nachteil, nicht zu wissen, ob er den Vertrag erfüllen muss oder anders disponieren kann. Deshalb gibt ihm § 108 Abs. 2 BGB (lesen!) die Möglichkeit, den Schwebezustand zu beenden, indem er den Vertreter **zur Erklärung über die Genehmigung auffordert**. Seine Aufforderung hat zwei Wirkungen. Erstens kann der Vertreter die Genehmigung nur noch ihm gegenüber erklären oder verweigern; eine vorherige Genehmigung oder Verweigerung gegenüber dem Minderjährigen verliert ihre Wirkung (§ 108 Abs. 2 Satz 1 BGB). Zweitens läuft eine Zwei-Wochen-Frist; genehmigt der Vertreter innerhalb dieser Frist nicht, gilt die Genehmigung als verweigert (§ 108 Abs. 2 Satz 2 BGB). Das Schweigen des Vertreters wirkt dann wie die Verweigerung der Genehmigung und führt zur endgültigen Unwirksamkeit des Vertrags.

117   Der Vertragspartner des Minderjährigen hat stattdessen auch die Möglichkeit, während der Schwebezeit zu widerrufen, wenn er nicht an den Vertrag gebunden sein möchte. Den **Widerruf** kann er gegenüber dem Minderjährigen oder seinem Vertreter erklären (§ 109 Abs. 1 BGB). Die Widerrufsmöglichkeit setzt allerdings voraus, dass der Vertragspartner entweder die Minderjährigkeit nicht kannte oder dass der Minderjährige wahrheitswidrig die Einwilligung des Vertreters behauptet hat und der Vertragspartner die Wahrheit nicht kannte (§ 109 Abs. 2 BGB). Nur dann verdient er Schutz.

(5) Einwilligungsbedürftige einseitige Rechtsgeschäfte

118   Bei einseitigen Rechtsgeschäften eines Minderjährigen kann der gerade erläuterte Schwebezustand dem Erklärungsgegner nicht zugemutet werden. Denn er ist, anders als bei einem Vertrag, an der Vornahme des Rechtsgeschäfts nicht beteiligt. Deshalb ordnet § 111 Satz 1 BGB (lesen!) die **Unwirksamkeit eines einseitigen Rechtsgeschäfts** an, das der Minderjährige ohne die erforderliche Einwilligung des gesetzlichen Vertreters vornimmt.

> **BEISPIEL** Im obigen Beispielsfall kündigt der minderjährige Berufsschüler B den Mietvertrag über sein Zimmer, den er mit Zustimmung seiner Eltern abgeschlossen hatte, gegenüber seinem Vermieter V. Da diese Kündigung zum Verlust des Anspruchs auf die Überlassung des Zimmers aus dem Mietvertrag führt, ist sie nicht lediglich rechtlich vorteilhaft, und B bedarf der Einwilligung seiner Eltern. Die Kündigung ist daher gem. § 111 Satz 1 BGB unwirksam. Sie kann auch nicht von den Eltern genehmigt werden, weil § 108 Abs. 1 BGB nur für Verträge gilt.

Der im Interesse des Erklärungsgegners erforderlichen Klarheit dient ferner § 111 Satz 2   119
BGB. Danach ist ein einseitiges Rechtsgeschäft eines Minderjährigen trotz vorliegender
Einwilligung unwirksam, wenn der Minderjährige die Einwilligung nicht in schriftlicher
Form vorlegt und der Erklärungsgegner das Geschäft deshalb unverzüglich, also gem.
§ 121 Abs. 1 Satz 1 BGB ohne schuldhaftes Zögern, zurückweist. Mangels Schutzwürdigkeit des Erklärungsgegners scheidet diese Zurückweisungsmöglichkeit dann aus, wenn
der gesetzliche Vertreter ihn von der Einwilligung in Kenntnis gesetzt hatte (§ 111
Satz 3 BGB). Deshalb empfiehlt es sich, dem Minderjährigen eine **Urkunde über die Einwilligung** zu geben oder den Erklärungsgegner **vorab zu informieren**, wenn der Minderjährige das einseitige Geschäft selbst tätigen soll.

(6)   Partielle Geschäftsfähigkeit

Für zwei Bereiche billigt das Gesetz den Minderjährigen unter den in den §§ 112   120
und 113 BGB geregelten Voraussetzungen die **volle Geschäftsfähigkeit für einen bestimmten Kreis von Rechtsgeschäften** zu. In Bezug auf alle anderen Rechtsgeschäfte
bleibt es bei der beschränkten Geschäftsfähigkeit.

§ 112 BGB regelt die partielle Geschäftsfähigkeit für den **selbständigen Betrieb eines**   121
Erwerbsgeschäfts. Liegen die Ermächtigung des gesetzlichen Vertreters und die Genehmigung des Vormundschaftsgerichts vor, ist der Minderjährige für alle Rechtsgeschäfte
unbeschränkt geschäftsfähig, die der Geschäftsbetrieb mit sich bringt.

> **BEISPIEL ▶** Der 15-jährige M ist ein Computerspezialist, der in seiner Freizeit innovative Compu-
> terspiele entwickelt. Daher ermächtigen seine Eltern ihn, diese Entwicklungen im Rahmen ei-
> nes Erwerbsgeschäfts zu betreiben, nachdem das Vormundschaftsgericht zugestimmt hat. M
> kann nun selbständig ein Ladenlokal anmieten, Büroartikel erwerben und Kauf- und Werkver-
> träge mit Lieferanten und Kunden abschließen.

Ausgeschlossen sind zum Schutz des Minderjährigen solche Rechtsgeschäfte, zu denen
der Vertreter der Genehmigung des Vormundschaftsgerichts bedarf (vgl. dazu §§ 1643,
1821 f. BGB). Der Vertreter kann die Ermächtigung nur mit Genehmigung des Vormundschaftsgerichts zurücknehmen.

§ 113 BGB regelt, gleichsam als Gegenstück zu § 112 BGB, die partielle Geschäftsfähig-   122
keit Minderjähriger in Bezug auf ein **Dienst- oder Arbeitsverhältnis**. Voraussetzung ist
die Ermächtigung des gesetzlichen Vertreters, dass der Minderjährige in Dienst oder Arbeit tritt, also einen Dienst- oder Arbeitsvertrag abschließt (vgl. §§ 611 ff. BGB). Anders
als bei § 112 BGB muss das Vormundschaftsgericht nicht beteiligt werden. Liegt die Ermächtigung des Vertreters vor, ist der Minderjährige für alle Rechtsgeschäfte unbeschränkt geschäftsfähig, welche die Eingehung oder Aufhebung eines Dienst- oder Arbeitsverhältnisses der genannten Art oder die Erfüllung der sich daraus ergebenden
Verpflichtungen betreffen.

> **BEISPIEL ▶** Der Minderjährige kann den Arbeitsvertrag abschließen und wieder kündigen oder ei-
> nen Aufhebungsvertrag abschließen. Er kann das Arbeitsentgelt annehmen und dafür ein Kon-
> to einrichten, eine Lohnzahlungs- oder eine Kündigungsschutzklage erheben und der zuständi-
> gen Gewerkschaft beitreten (vgl. Palandt/*Ellenberger*, § 113 Rn. 4 m.w. N.).

Wie bei § 112 BGB, so sind auch hier zum Schutz des Minderjährigen solche Rechtsgeschäfte ausgeschlossen, zu denen der Vertreter der Genehmigung des Vormundschaftsgerichts bedarf (vgl. dazu §§ 1643, 1821 f. BGB). Die für einen Einzelfall erteilte Ermächtigung gilt im Zweifel als allgemeine Ermächtigung, Verhältnisse derselben Art einzugehen. Der Vertreter kann die Ermächtigung zurücknehmen oder einschränken.

dd) Volle Geschäftsfähigkeit

123   Die volle, unbeschränkte Geschäftsfähigkeit wird als Regelfall in den §§ 104 ff. BGB **nicht ausdrücklich geregelt** (vgl. Rn. 87). Danach besitzt jeder Mensch, der nicht geschäftsunfähig oder beschränkt geschäftsfähig ist, die volle Geschäftsfähigkeit.

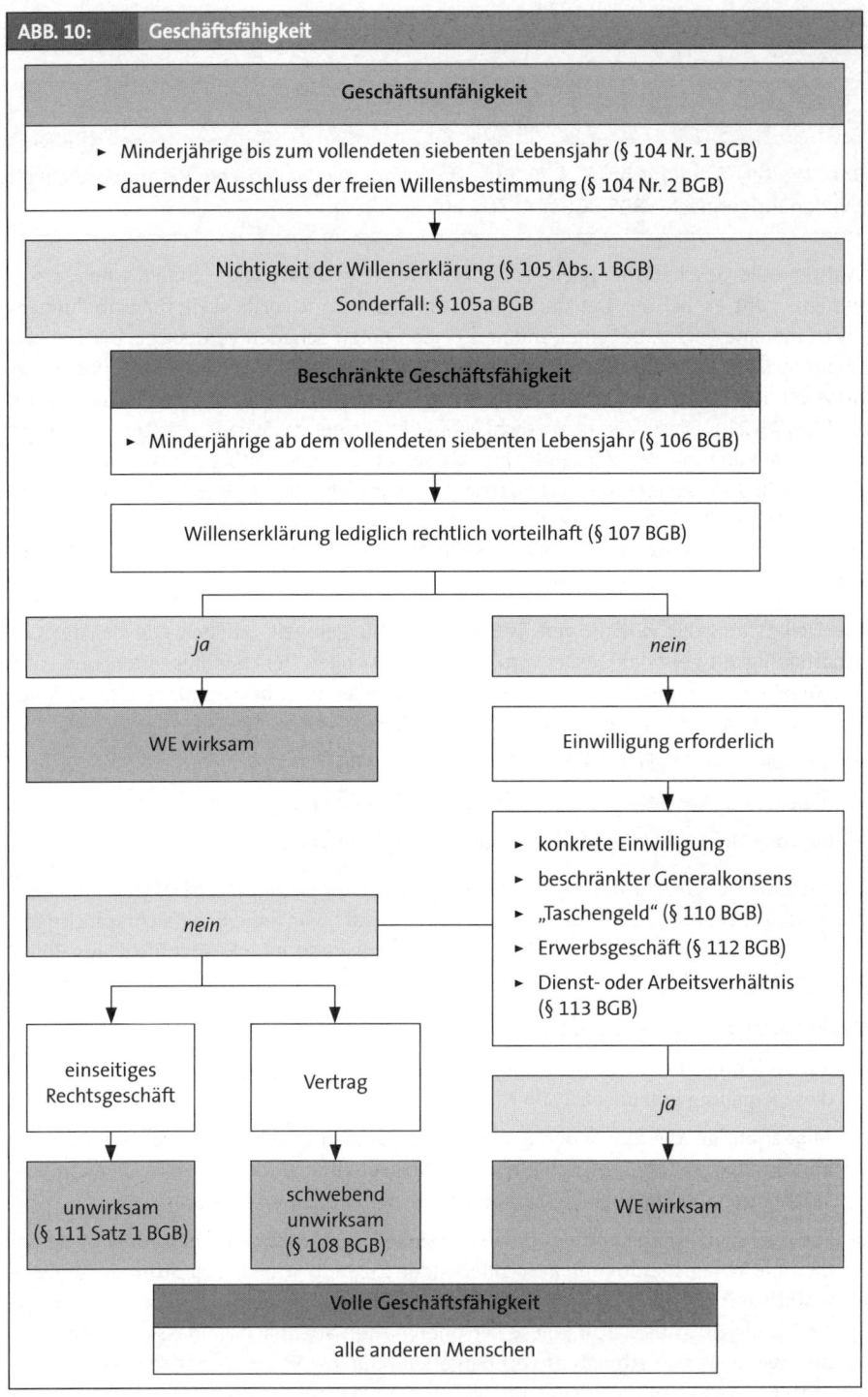

ABB. 10:   Geschäftsfähigkeit

Geschäftsunfähigkeit

- Minderjährige bis zum vollendeten siebenten Lebensjahr (§ 104 Nr. 1 BGB)
- dauernder Ausschluss der freien Willensbestimmung (§ 104 Nr. 2 BGB)

Nichtigkeit der Willenserklärung (§ 105 Abs. 1 BGB)
Sonderfall: § 105a BGB

Beschränkte Geschäftsfähigkeit

- Minderjährige ab dem vollendeten siebenten Lebensjahr (§ 106 BGB)

Willenserklärung lediglich rechtlich vorteilhaft (§ 107 BGB)

ja

nein

WE wirksam

Einwilligung erforderlich

- konkrete Einwilligung
- beschränkter Generalkonsens
- „Taschengeld" (§ 110 BGB)
- Erwerbsgeschäft (§ 112 BGB)
- Dienst- oder Arbeitsverhältnis (§ 113 BGB)

nein

einseitiges Rechtsgeschäft

Vertrag

ja

unwirksam (§ 111 Satz 1 BGB)

schwebend unwirksam (§ 108 BGB)

WE wirksam

Volle Geschäftsfähigkeit

alle anderen Menschen

d) Deliktsfähigkeit

LITERATUR:

Brox/Walker, Schuldrecht AT, § 20 Rn. 4 ff.; *Kilian*, Die deliktische Verantwortlichkeit Minderjähriger nach § 828 BGB n. F., ZGS 2003, 168.

124 Während die Geschäftsfähigkeit sich auf das rechtsgeschäftliche Handeln einer Person bezieht, geht es bei der Deliktsfähigkeit um die Verantwortlichkeit für Handlungen, durch die eine Person bei einer anderen Person einen Schaden verursacht. Die Deliktsfähigkeit kann daher bezeichnet werden als die **Fähigkeit, für Schaden stiftende Ereignisse verantwortlich gemacht zu werden** (vgl. *Klunzinger*, Einführung in das Bürgerliche Recht, § 4 II 2 b). Diese Verantwortlichkeit für sein eigenes, Schaden stiftendes Tun ist eine Voraussetzung des Verschuldens, das seinerseits eine Tatbestandsvoraussetzung der verschuldensabhängigen Schadensersatzansprüche der §§ 823 ff. BGB ist (näher dazu § 43 Rn. 12 ff.). Deshalb wird die Deliktsfähigkeit auch als **Verschuldensfähigkeit** bezeichnet (vgl. *Brox/Walker*, Schuldrecht AT, § 20 Rn. 4; *dies.*, Schuldrecht BT, § 44 Rn. 7).

125 Die Deliktsfähigkeit wird in den **§§ 827, 828 BGB** geregelt. Ähnlich wie bei der Geschäftsfähigkeit geht das Gesetz vom Regelfall der vollen Deliktsfähigkeit aus und trifft nur Regelungen zu den Ausnahmefällen der fehlenden oder beschränkten Deliktsfähigkeit. Danach sind auch hier grundsätzlich drei Fälle zu unterscheiden:

▶ die Deliktsunfähigkeit (§§ 827, 828 Abs. 1 und 2 BGB),

▶ die beschränkte Deliktsfähigkeit (§ 828 Abs. 3 BGB) und

▶ die volle Deliktsfähigkeit (ohne ausdrückliche Regelung).

126 Ist nach diesen Vorschriften die Haftung einer Person wegen ihrer Deliktsunfähigkeit ausgeschlossen und kann auch kein Schadensersatz von einem aufsichtspflichtigen Dritten erlangt werden, sieht **§ 829 BGB** ausnahmsweise eine **Ersatzpflicht aus Billigkeitsgründen** vor.

127 **Deliktsunfähig** sind die folgenden Personen:

▶ **Minderjährige bis** zur Vollendung des **siebenten Lebensjahres** (§ 828 Abs. 1 BGB); diese Regelung entspricht § 104 Nr. 1 BGB;

▶ **Minderjährige,** die das siebente, aber **nicht das zehnte Lebensjahr** vollendet haben, bei **Unfällen im Straßen-, Schienen- und Schwebebahnverkehr,** sofern sie **nicht vorsätzlich** gehandelt haben (§ 828 Abs. 2 BGB; näher dazu § 43 Rn. 14);

▶ Personen, die im Zustand der **Bewusstlosigkeit** (z. B. Volltrunkenheit) oder in **einem die freie Willensbetätigung ausschließenden Zustand krankhafter Störung der Geistestätigkeit** gehandelt haben (§ 827 Satz 1 BGB; vgl. die ähnliche Regelung in § 104 Nr. 2 und § 105 Abs. 2 BGB); diese Personen haften aber nach Fahrlässigkeitsmaßstäben, wenn sie sich **schuldhaft** vorübergehend durch geistige Getränke oder ähnliche Mittel (z. B. Drogen) in einen derartigen Zustand versetzt haben (§ 827 Satz 2 BGB).

Beschränkt deliktsfähig sind **Minderjährige**, die das siebente, aber **nicht das 18. Lebens-** 128
jahr vollendet haben. Bei ihnen hängt die Verschuldensfähigkeit davon ab, ob sie bei
Begehung der Tat die zur Erkenntnis der Verantwortlichkeit **erforderliche Einsicht** hat-
ten (§ 828 Abs. 3 BGB). Das ist stets eine Frage des Einzelfalles. Generell liegt die Einsichtsfähigkeit allerdings um so eher vor, je näher der Minderjährige an der Grenze zur
Volljährigkeit ist. Besitzt der Minderjährige die Einsichtsfähigkeit, ist er wie ein voll De-
liktsfähiger für den Schaden verantwortlich. Der Schutz der Minderjährigen ist hier also
etwas schwächer ausgeprägt als gem. §§ 106 ff. BGB bei der beschränkten Geschäftsfähigkeit.

Voll deliktsfähig sind alle **Volljährigen**, bei denen kein Ausschluss- oder Minderungs- 129
grund des § 827 BGB vorliegt.

3. Juristische Personen

LITERATUR:

Brox/Walker, BGB AT, Rn. 728 ff.; *Klunzinger*, Einführung in das Bürgerliche Recht,
§ 4 I 2 f., III.

Neben den Menschen als den natürlichen Personen kennt das BGB die juristischen Per- 130
sonen (vgl. die Überschrift vor den §§ 21 ff. BGB). Dabei handelt es sich um juristische
Gedankengebilde oder „Kunstschöpfungen der Rechtsordnung" (vgl. *Klunzinger*, Einführung in das Bürgerliche Recht, § 4 I 2). Das Recht ordnet bestimmten Vereinigungen von
Personen oder bestimmten Vermögensmassen die Fähigkeit zu, Träger von Rechten
und Pflichten zu sein. Unter einer juristischen Person versteht man demnach eine **als**
selbständiger Rechtsträger anerkannte Personenvereinigung oder Vermögensmasse.

Im **BGB** finden sich die folgenden juristischen Personen: 131

▶ der **eingetragene Verein** („e.V.") als Prototyp der rechtsfähigen Personenvereinigung
(§§ 21 ff. BGB) und

▶ die **Stiftung** als die Verselbständigung eines Zweckvermögens, also einer Vermögensmasse, die einem bestimmten, festgelegten Zweck dienen soll (§§ 80 ff. BGB).

Besondere Bedeutung haben juristische Personen im **Handelsrecht**, die in Spezialgeset- 132
zen geregelt sind. Dazu gehören z. B.:

▶ die **Kapitalgesellschaften** wie die Gesellschaft mit beschränkter Haftung (**GmbH**)
und die Aktiengesellschaft (**AG**) sowie

▶ die eingetragene Genossenschaft (**e. G.**).

Da es sich bei den juristischen Personen um „Kunstschöpfungen" handelt, können sie 133
nicht selbst handeln. Ihre **rechtsgeschäftliche Handlungsfähigkeit** wird durch natürliche Personen als ihre **satzungsmäßigen Organe** gewährleistet, die als **gesetzliche Ver-**
treter für sie die Rechtsgeschäfte tätigen. Diese Organe sind beispielsweise

- ► beim **eingetragenen Verein** der **Vorstand** (§ 26 Abs. 2 Satz 1 BGB),
- ► bei der **GmbH** der oder die **Geschäftsführer** (§ 35 Abs. 1 GmbHG) und
- ► bei der **AG** der **Vorstand** (§ 78 Abs. 1 AktG).

134 Juristische Personen können als bloße Gedankengebilde eigentlich als solche auch nicht **deliktsfähig** sein, weil sie selbst nicht handeln können. Da sie jedoch durch ihre satzungsmäßigen Organe handeln, werden ihnen deren deliktische Handlungen gem. § 31 BGB (lesen!) unmittelbar zugerechnet („Organtheorie"). Diese **Organhaftung** gilt für alle juristischen Personen (Palandt/*Ellenberger*, § 31 Rn. 3). Außerdem können zusätzlich die **handelnden Personen** selbst aus Delikt haften (Palandt/*Ellenberger*, § 31 Rn. 3), und zwar gem. § 840 Abs. 1 BGB als Gesamtschuldner gemeinsam mit der juristischen Person.

4. Nichtrechtsfähige Personenverbände

135 Im Interesse der Rechtssicherheit und des Rechtsverkehrs verleiht das Gesetz nur einer begrenzten Zahl von Personenvereinigungen unter bestimmten Voraussetzungen die Rechtsfähigkeit. Daneben gibt es vielfältige andere Formen, in denen sich Personen zu Verbänden oder Gesellschaften zusammenschließen. Solche Personenverbände besitzen **keine Rechtsfähigkeit**. Träger der Rechte und Pflichten sind vielmehr die **einzelnen Personen**, die den Verband konstituieren, **in ihrer Verbundenheit**. Deshalb muss z. B. ein Gläubiger, der seine Forderung gegen das Gesellschaftsvermögen eines nichtrechtsfähigen Vereins durchsetzen will, alle Vereinsmitglieder verklagen.

136 Im **BGB** finden sich vor allem die folgenden nichtrechtsfähigen Personenverbände:

- ► der **nichtrechtsfähige Verein** (§ 54 BGB) und
- ► die **Gesellschaft bürgerlichen Rechts** (GbR) oder auch BGB-Gesellschaft (§§ 705 ff. BGB). Zu **beachten** ist allerdings, dass der BGH dieser Gesellschaft im Jahr 2001 eine eingeschränkte Rechtsfähigkeit zuerkannt hat, sofern sie als Außengesellschaft auftritt (BGH NJW 2001, 1056 = JuS 2001, 509).

137 Besondere Bedeutung haben die **Personengesellschaften des Handelsrechts**, bei denen es sich um Sonderformen der BGB-Gesellschaft handelt. Dazu gehören

- ► die offene Handelsgesellschaft (**OHG**; §§ 105 ff. HGB) und
- ► die Kommanditgesellschaft (**KG**; §§ 161 ff. HGB).

III. Rechtsobjekte

LITERATUR:

Brox/Walker, BGB AT, Rn. 776 ff.; *Klunzinger*, Einführung in das Bürgerliche Recht, § 6.

1. Begriff

Die Rechtsobjekte sind gleichsam das Gegenstück zu den Rechtssubjekten. Es handelt sich um die Gegenstände des Rechtsverkehrs. Sie haben nicht die Qualität eines Rechtssubjekts, können also nicht die Träger von Rechten und Pflichten sein. Ein Rechtsobjekt ist **jedes Gut, auf das sich die rechtliche Herrschaftsmacht des Rechtssubjekts erstrecken kann.**   138

Der Gesetzgeber bezeichnet die Rechtsobjekte in § 90 BGB mit dem Oberbegriff „**Gegenstand**". Dazu gehören Sachen, Tiere, Immaterialgüter und Rechte.   139

Solche Gegenstände können nicht nur als Einzelgegenstände, sondern auch als Zusammenfassungen mehrerer Gegenstände zu einer wirtschaftlichen Einheit rechtliche Bedeutung erlangen. Dabei kann es sich einerseits um **Sachgesamtheiten** handeln, die als solche Gegenstand eines Pachtvertrags (§ 581 BGB) oder eines Nießbrauchs (§§ 1030 ff. BGB) sein können.   140

BEISPIELE ► Warenlager (§ 92 Abs. 2 BGB), Briefmarken- oder Münzsammlung, Hotel- oder Gaststätteninventar

Außerdem gibt es **Rechtsgesamtheiten**. Dabei handelt es sich um das Vermögen und das Unternehmen.   141

► Das **Vermögen** wird definiert als die **Summe aller geldwerten Rechte, die einer Person zustehen**. Es ist zwar kein eigenes Rechtsobjekt und wird als solches auch nicht durch § 823 Abs. 1 BGB geschützt. Die Bedeutung des Vermögens besteht aber darin, dass es den persönlichen Gläubigern als Haftungsgrundlage dient (vgl. §§ 803 Abs. 1, 864 Abs. 1 ZPO; § 1 Abs. 1 InsO).

► Unter einem **Unternehmen** versteht man eine **organisatorische Einheit personeller und sachlicher Mittel zur Erreichung eines wirtschaftlichen Zwecks**. Dazu können Grundstücke, Maschinen, Waren, Fahrzeuge, Immaterialgüterrechte, andere Rechte und Forderungen, Geschäftsgeheimnisse und der Kundenstamm – der „good will" – gehören. Auch das Unternehmen ist kein eigenes Rechtsobjekt. Es wird aber in seinem Tätigkeitsbereich über § 823 Abs. 1 BGB durch das Recht am eingerichteten und ausgeübten Gewerbebetrieb geschützt (vgl. § 43 Rn. 40 ff.).

2. Sachen

142 Sachen i. S. des BGB sind nach § 90 nur **körperliche Gegenstände**. Dabei kommt es entscheidend darauf an, ob gemäß der Verkehrsanschauung eine Beherrschung nach sachenrechtlichen Grundsätzen möglich ist. Demzufolge handelt es sich bei Elektrizität, Wärme und Licht um keine Sachen. Auch der Körper eines Menschen kann keine Sache sein, weil eine Beherrschbarkeit durch eine andere Person ihn entgegen der Menschenwürde zum bloßen Objekt degradieren würde (vgl. Art. 1 GG). Etwas anderes kann für abgetrennte Körperteile gelten, wenn sie für den wirtschaftlichen Verkehr bestimmt sind.

> **BEISPIELE** ▶ Veräußert jemand seine langen Haare, die für eine Echthaar-Perücke verwendet werden sollen, erhalten sie mit dem Abschneiden Sachqualität. Vernichtet dagegen ein Mitarbeiter einer Klinik aus Unachtsamkeit den tiefgefrorenen Samen eines Mannes, handelt es sich um eine Körperverletzung, weil der Samen keine Sache ist (vgl. BGH NJW 1994, 126 f.).

a) Unbewegliche und bewegliche Sachen

143 Das Gesetz unterscheidet unbewegliche und bewegliche Sachen. Diese Unterscheidung hat vor allem im Sachenrecht Bedeutung, beispielsweise für die Art der Übereignung (vgl. §§ 873, 925 und 929 ff. BGB).

▶ **Unbewegliche Sachen** sind die **Grundstücke** (vgl. §§ 94 ff. BGB). Sondervorschriften stellen den Grundstücken einige Grundstücksrechte wie das Wohnungseigentum oder das Erbbaurecht gleich.

▶ **Bewegliche Sachen** sind alle körperlichen Gegenstände, die keine Grundstücke sind.

b) Vertretbare und nicht vertretbare Sachen

144 **Vertretbare Sachen** definiert § 91 BGB als solche **beweglichen Sachen, die im Verkehr nach Zahl, Maß oder Gewicht bestimmt zu werden pflegen**. Nicht vertretbar sind alle anderen Sachen.

> **BEISPIELE** ▶ Geld, Mineralöl, Kartoffeln, Getreide und serienmäßig hergestellte Massenprodukte sind vertretbare Sachen. Nicht vertretbar sind dagegen gebrauchte Sachen und individuell angefertigte Sachen.

Diese Unterscheidung hat Bedeutung für manche Vertragstypen. Ein Sachdarlehensvertrag kann z. B. nur in Bezug auf vertretbare Sachen abgeschlossen werden (§ 607 Abs. 1 Satz 1 BGB). Die Unterscheidung ist aber nicht identisch mit derjenigen zwischen Gattungs- und Stückschuld (vgl. § 243 Abs. 1 BGB; dazu § 21 Rn. 1 ff.), auch wenn vertretbare Sachen zumeist Gegenstand von Gattungsschulden sein werden.

c) Verbrauchbare und nicht verbrauchbare Sachen

145 **Verbrauchbare Sachen** definiert § 92 Abs. 1 BGB als solche **beweglichen Sachen, deren bestimmungsmäßiger Gebrauch in dem Verbrauch oder in der Veräußerung besteht**. Verbrauchbar werden Sachen gem. § 92 Abs. 2 BGB auch dadurch, dass man sie zu einer Sachgesamtheit (dazu Rn. 140) zusammenfasst oder sie in eine Sachgesamtheit einfügt, deren bestimmungsmäßiger Gebrauch in der Veräußerung der einzelnen Sachen besteht. Nicht verbrauchbar sind alle anderen Sachen.

BEISPIELE ▶ Verbrauchbare Sachen gem. § 92 Abs. 1 BGB sind etwa Lebensmittel, Brennstoffe oder Geld und gem. § 92 Abs. 2 BGB etwa die Bücher einer Buchhandlung sowie Warenlager aller Art.

Bedeutung hat diese Unterscheidung für Gebrauchsüberlassungsverträge. Verleihen kann man nur nicht verbrauchbare Sachen, weil man sie gem. § 604 BGB wieder zurückgeben muss.

d) Bestandteile einer Sache

Werden **mehrere Sachen** zu einer **neuen Sache zusammengefügt**, stellt sich die Frage, ob die bisherigen Rechte an den Sachen fortbestehen oder ob es nur ein einheitliches Recht an der neuen, zusammengesetzten Sache gibt. Liefert etwa ein Fensterhersteller die Fenster für einen Neubau unter Eigentumsvorbehalt (vgl. § 449 Abs. 1 BGB), hat es für ihn und die Sicherung seiner Forderungen erhebliche Bedeutung, ob er sein vorbehaltenes Eigentum nach dem Einbau behält. Die Fragen des Eigentumsverlustes bzw. des gesetzlichen Eigentumserwerbs sind in den §§ 946 ff. BGB geregelt. Danach kommt es entscheidend darauf an, ob die bewegliche Sache **wesentlicher Bestandteil** der neuen Sache wird (vgl. § 946, § 947 Abs. 1 BGB). 146

Nach der Legaldefinition des § 93 BGB sind die Bestandteile einer Sache dann wesentliche Bestandteile, wenn sie **voneinander nicht getrennt werden können, ohne dass der eine oder der andere zerstört oder in seinem Wesen verändert wird**. Die wesentlichen Bestandteile können **nicht Gegenstand besonderer Rechte** sein. Sie teilen also das rechtliche Schicksal der Hauptsache. 147

BEISPIELE ▶ Der Einband eines Buches, der aufgenähte Bezug eines Sessels, die Lackierung eines Autos können nicht ohne Substanzveränderung entfernt werden. Dagegen ist der Motor eines Autos kein wesentlicher Bestandteil, weil er ausgebaut werden kann, ohne dass das Auto oder der Motor zerstört wird und ohne dass sie ihre Qualität als Auto und Motor verlieren.

Die §§ 94 ff. BGB enthalten Sonderregelungen über die wesentlichen Bestandteile von **Grundstücken**. Danach sind vor allem die Gebäude und die dauerhaft zur Herstellung des Gebäudes eingefügten Sachen wesentliche Bestandteile des Grundstücks (§§ 94, 95 BGB). Somit ist der Eigentümer eines Grundstücks automatisch der Eigentümer des darauf errichteten Gebäudes. Für den Beispielsfall (Rn. 146) bedeutet § 94 i.V. mit § 946 BGB, dass der Fensterhersteller mit dem Einbau das Eigentum an seinen Fenstern an den Grundstückseigentümer verliert und sein Eigentumsvorbehalt deshalb erlischt. 148

e) Zubehör einer Sache

Der Begriff des Zubehörs wird in § 97 Abs. 1 BGB definiert. Es kommt entscheidend auf den **räumlichen Bezug** zur Hauptsache und vor allem darauf an, dass das Zubehör dem **wirtschaftlichen Zweck der Hauptsache zu dienen bestimmt ist**. Diese Zweckbestimmung wird in § 97 Abs. 2 und in § 98 BGB für einige Fälle näher bestimmt. 149

BEISPIELE ▶ Der bereits erwähnte Motor eines Autos ist kein wesentlicher Bestandteil, sondern Zubehör. Zubehör eines Pizza-Service ist das Auslieferungsfahrzeug.

150   Bedeutung hat der Begriff vor allem in den folgenden Fällen:

► Der Kaufvertrag über eine Sache erstreckt sich im Zweifel auf das Zubehör (§ 311c BGB).

► Die Hypothek erstreckt sich auch auf das Zubehör des Grundstücks, so dass es für die Befriedigung des Hypothekengläubigers mithaftet (§§ 1147, 1120 BGB). Gleiches gilt für die Grundschuld (§ 1192 Abs. 1 BGB).

f) Nutzungen einer Sache

151   Schließlich regelt das BGB in den §§ 99 ff., wem die Nutzungen einer Sache zustehen. Nutzungen sind gem. § 100 BGB die **Früchte** (§ 99 BGB) und die **Gebrauchsvorteile** (§ 100 BGB).

> **BEISPIELE** ► Obst, Hühnerei (§ 99 Abs. 1 BGB), Ernte des Pächters (§ 99 Abs. 2 BGB), Miet- oder Pachtzins (§ 99 Abs. 3 BGB), Nutzung einer Gaststätte oder eines Fahrzeugs (§ 100 BGB)

3. Tiere

152   Obwohl Tiere als körperliche Gegenstände eigentlich unter den Begriff der Sachen gem. § 90 BGB fallen, trägt § 90a Satz 1 BGB der Tatsache Rechnung, dass Tiere lebende Wesen sind und eine hohe emotionale Bedeutung für die Menschen haben können, und bestimmt daher, dass Tiere keine Sachen sind. Auf sie finden aber gem. § 90a Satz 3 BGB die Regeln über Sachen entsprechende Anwendung. Tiere sind damit **Sachen eigener Art** (Sachen *sui generis*). § 90a Satz 2 BGB weist den Rechtsanwender ausdrücklich auf die Vorschriften zum Schutz der Tiere hin. Einen entsprechenden Hinweis enthält § 903 Satz 2 BGB für den Eigentümer eines Tieres.

4. Immaterialgüterrechte

153   Immaterialgüterrechte sind **Herrschaftsrechte an geistigen Schöpfungen** (vgl. dazu Rn. 20). Sie sind Rechtsobjekte, soweit sie übertragen werden können. An manchen dieser Rechte können auch Nutzungsrechte bestellt werden (vgl. *Brox/Walker*, BGB AT, Rn. 777).

5. Rechte

154   Schließlich können auch andere Rechte Gegenstände des Rechtsverkehrs sein. Dabei muss es sich allerdings um **Vermögensrechte** handeln, zu denen die dinglichen Rechte, die Rechte an Rechten, die Forderungen und die Mitgliedschaftsrechte an Kapital- und Personengesellschaften gehören. Es kann sich also sowohl um absolute wie um relative Rechte handeln (vgl. zu dieser Unterscheidung Rn. 24 ff.).

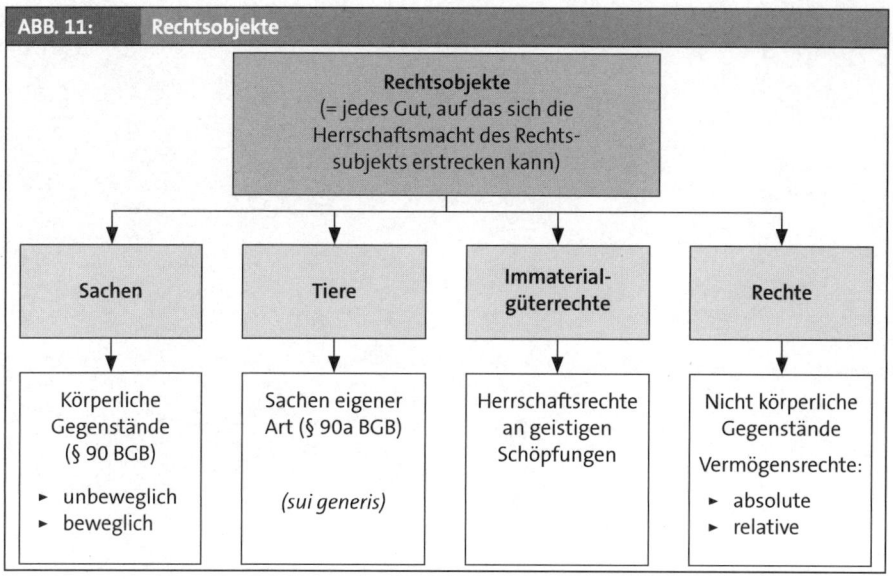

ABB. 11:   Rechtsobjekte

Rechtsobjekte
(= jedes Gut, auf das sich die Herrschaftsmacht des Rechtssubjekts erstrecken kann)

Sachen	Tiere	Immaterialgüterrechte	Rechte
Körperliche Gegenstände (§ 90 BGB)	Sachen eigener Art (§ 90a BGB)	Herrschaftsrechte an geistigen Schöpfungen	Nicht körperliche Gegenstände
► unbeweglich ► beweglich	*(sui generis)*		Vermögensrechte: ► absolute ► relative

Kapitel 2: Das Rechtsgeschäft

§ 4 Willenserklärung, Rechtsgeschäft und Vertrag

LITERATUR:

Brehmer, Willenserklärung und Erklärungsbewußtsein, JuS 1986, 440; *Brox/Walker*, BGB AT, Rn. 70 ff.; *Ebert*, Schweigen im Vertrags- und Deliktsrecht, JuS 1999, 754; *Führich*, Wirtschaftsprivatrecht, § 5 I und II; *Hönn*, Entwicklungslinien des Vertragsrechts, JuS 1990, 935; *Klunzinger*, Einführung in das Bürgerliche Recht, §§ 8 ff.; *Lettl*, Die wirksame Ausübung eines Widerrufsrechts nach §§ 312 ff. BGB und dessen Rechtsfolgen (§§ 355, 357 BGB), JA 2011, 9; *Ludwig*, Zur Problematik des Widerrufs eines Vertragsangebots gegenüber einem beschränkt geschäftsfähigen Minderjährigen, Jura 2011, 9; *Petersen*, Schweigen im Rechtsverkehr, Jura 2003, 687; *ders.*, Einseitige Rechtsgeschäfte, Jura 2005, 248; *ders.*, Der Tatbestand der Willenserklärung, Jura 2006, 178; *ders.*, Stellvertretung und Botenschaft, Jura 2009, 904; *Schreiber*, Die Nichtigkeit von Verträgen, Jura 2007, 25; *Ulrici*, Geschäftsähnliche Handlungen, NJW 2003, 2053.

Die Willenserklärung, das Rechtsgeschäft und der Vertrag sind die **Grundbegriffe der**   1
Rechtsgeschäftslehre. Es handelt sich um die rechtlichen Gestaltungsmittel, derer sich die Privatrechtssubjekte bedienen können, um ihre Rechtsverhältnisse privatautonom zu regeln. Die Kenntnis der Voraussetzungen und Rechtsfolgen dieser Gestaltungsmittel ermöglicht die rechtliche Einordnung der Vielzahl rechtlicher Willensakte wie beispielsweise Kauf, Kündigung, Schenkung oder Testament. Es geht darum, welche Formen menschlichen Handelns unter welchen Voraussetzungen dazu führen, dass die Menschen ihre Rechtsverhältnisse gegenüber anderen Privatrechtssubjekten so ordnen können, wie sie es möchten. Diese Freiheit und diese Gestaltungsmöglichkeiten gewährleistet der Grundsatz der Privatautonomie (vgl. dazu § 2 Rn. 5 ff.).

Die **Willenserklärung** ist notwendiger Bestandteil jedes Rechtsgeschäfts. Ein Mensch   2
äußert einen Willen, um eine bestimmte rechtliche Folge zu erreichen: Er will z. B. sein Auto verkaufen oder seinen Mietvertrag kündigen. Das **Rechtsgeschäft** ist dann das Angebot zum Abschluss des Kaufvertrags und führt, wenn ein Käufer dieses Angebot annimmt, zum Rechtsgeschäft „Kaufvertrag". Der **Vertrag** ist ein Rechtsgeschäft, das aus zwei Willenserklärungen besteht. Im Unterschied dazu besteht die Kündigung nur aus einer Willenserklärung, weil sie einseitig wirkt – der Mietvertrag wird durch die (form- und fristgerechte) Kündigung des Mieters beendet, ohne dass sich der Vermieter damit einverstanden erklären muss. Das **Rechtsgeschäft** ist demnach der **Oberbegriff**. Es muss allerdings nicht stets nur aus einer Willenserklärung oder aus mehreren Willenserklärungen bestehen, sondern es können weitere Elemente erforderlich sein. So genügt es z. B. für die Übereignung einer beweglichen Sache, etwa des verkauften Autos im obigen Beispiel, gem. § 929 Satz 1 BGB (lesen!) nicht, dass sich der bisherige Eigentümer und der Erwerber über den Übergang des Eigentums an dem Auto einigen; hinzukommen muss die tatsächliche Übergabe des Autos an den Erwerber.

I. Willenserklärung

3   Die Willenserklärung ist der zentrale Begriff des Bürgerlichen Rechts. Sie kann als der **kleinste Baustein der Rechtsgeschäftslehre** bezeichnet werden, weil auf der Willenserklärung alle Rechtsgeschäfte aufbauen. Damit ist sie zugleich der kleinste Baustein des Bürgerlichen Rechts und des Zivilrechts.

1. Begriff

4   Die Willenserklärung wird zwar vom Gesetz vorausgesetzt und in den §§ 116 ff. BGB hinsichtlich ihrer Wirksamkeitsvoraussetzungen in vielfältiger Weise geregelt. Eine **Legaldefinition fehlt** jedoch.

5   Ein Element der Willenserklärung muss der **Wille** sein. Denn es geht darum, dass ein Privatrechtssubjekt seine privaten Lebensverhältnisse in freier Selbstbestimmung und ohne staatliche Hilfe oder Bevormundung gestalten kann. Darin liegt der Kern des Grundsatzes der Privatautonomie (vgl. § 2 Rn. 5).

6   Der Wille eines Privatrechtssubjekts kann allerdings nicht allein aus dem psychischen Phänomen des Wollens, also nicht bloß aus seinem inneren, anderen im Zweifel nicht einmal erkennbaren Willen, rechtliche Relevanz erhalten. Soll der Wille der am Rechtsverkehr Beteiligten juristisch fassbar sein, muss er auch **nach außen** hin erklärt werden. Zum Willen muss also die **Erklärung** hinzukommen. Wille und Erklärung bilden als Willensäußerung eine Einheit.

> **BEISPIEL** V hat dem K schriftlich angeboten, ihm seinen gebrauchten Lieferwagen für 10 000 € zu verkaufen. K kann auf dieses schriftliche Angebot unterschiedlich reagieren:
> ► Er äußert sich überhaupt nicht, weil er keinen Lieferwagen braucht.
> ► Er schreibt dem V, dass er das Angebot ablehnt.
> ► Er schreibt dem V, der Preis sei zu hoch; für 8 500 € würde er den Lieferwagen aber nehmen.
> ► Er schreibt dem V, er sei einverstanden und kaufe den Lieferwagen.
>
> In allen Fällen hat K einen Willen in Bezug auf das Angebot des V gebildet. Geäußert hat er seinen Willen aber bloß in den letzten drei Varianten. Nur in diesen Fällen liegen Wille und Erklärung vor.

7   Daraus ergibt sich die **Definition** der Willenserklärung. Es handelt sich um eine nach außen gerichtete, private Erklärung, die auf die Herbeiführung von Rechtsfolgen gerichtet ist. Etwas kürzer wird die Willenserklärung auch definiert als eine **private Willensäußerung, die auf die Erzielung einer Rechtsfolge gerichtet ist**.

> **BEISPIELE** Angebot auf den Abschluss eines Kaufvertrags (vgl. § 145 i.V. mit § 433 BGB); Kündigung eines Wohnraum-Mietvertrags (vgl. §§ 568, 569, 573 ff. BGB) oder eines Arbeitsvertrags (vgl. §§ 620 Abs. 2, 621 ff., 626 BGB, § 1 KSchG); Auslobung einer Belohnung (Finderlohn) für den Finder einer entlaufenen Katze (§ 657 BGB); Rücktritt von einem Vertrag (§ 346 BGB); Testament (vgl. § 2064 BGB).

8   Es kommt **nicht** darauf an, ob die Erklärung die **gewollten Rechtsfolgen bereits allein** herbeiführt; das ist etwa bei einer Willenserklärung der Fall, die sich auf die Vornahme eines einseitigen Rechtsgeschäfts wie einer Kündigung oder eines Rücktritts richtet. Auch die auf den Abschluss eines Vertrags gerichtete Erklärung, also ein Angebot oder

eine Annahme, ist eine Willenserklärung, obwohl die gewünschte Rechtsfolge nur eintritt, wenn auch der Vertragspartner seine entsprechende Willenserklärung abgegeben hat.

9

> Eine Willenserklärung besteht aus zwei Elementen, dem **inneren Willen** und der **Erklärung** dieses Willens **nach außen hin**. Wille und Erklärung bilden als Willensäußerung eine Einheit.
>
> Die Willenserklärung lässt sich definieren als eine **private Willensäußerung, die auf die Erzielung einer Rechtsfolge gerichtet ist**.

2. Abgrenzung der Willenserklärung von ähnlichen Handlungen

a) Realakte

Willenserklärungen müssen zunächst von Realakten unterschieden werden. Darunter   10
versteht man alle **rein tatsächlichen Handlungen** wie z. B. das Erdbeerpflücken, das Bemalen einer Leinwand oder das Besprayen einer Hauswand. Solche rein tatsächlichen Handlungen oder reinen Tathandlungen können **rechtliche Folgen** nach sich ziehen. Gehören etwa die Erdbeeren, die Leinwand oder die Hauswand einem anderen, der mit dem Pflücken, dem Bemalen oder dem Besprayen nicht einverstanden ist, wird die Tathandlung rechtserheblich – der Handelnde macht sich zivilrechtlich, von anderen zivil- und strafrechtlichen Folgen einmal abgesehen, wegen einer Eigentumsverletzung gem. § 823 Abs. 1 BGB schadensersatzpflichtig.

Der wesentliche **Unterschied zur Willenserklärung** besteht darin, dass die Rechtsfolgen   11
hier **unabhängig vom Willen** des Handelnden eintreten. Die Rechtsfolgen kommen dem Handelnden oft sogar höchst ungelegen, wie die Beispiele der Schadensersatzpflichten des Erdbeerpflückers, des Malers und des Sprayers zeigen.

Aus diesen Elementen ergibt sich die **Definition** des Realakts in Abgrenzung zur Wil-   12
lenserklärung. Es handelt sich um eine **rein tatsächliche menschliche Handlung, an welche die Rechtsordnung unabhängig vom Willen des Handelnden bestimmte Rechtsfolgen knüpft**.

Die Unterscheidung zwischen Willenserklärungen und Realakten kann insofern Bedeu-   13
tung erlangen, als die besonderen Voraussetzungen und sonstigen Regelungen, welche die Wirksamkeit von Rechtsgeschäften betreffen, auf Realakte nicht anwendbar sind.

> **BEISPIEL** ▶ Die sechsjährige T findet eine mit 1 000 € gefüllte Geldbörse, die ihr Vater V zum Fundbüro bringt. Der Anspruch auf Finderlohn i. H. von 40 € aus § 971 Abs. 1 Satz 1 BGB steht der T zu, weil die Entdeckung der Sache (vgl. § 965 Abs. 1 BGB) ein Realakt ist und daher keine Geschäftsfähigkeit voraussetzt. Die geschäftsunfähige T (vgl. § 104 Nr. 1 BGB) kann Finderin i. S. des § 971 BGB sein.

b) Geschäftsähnliche Handlungen

Keine Willenserklärungen sind ferner die rechtsgeschäftsähnlichen Handlungen. Dabei   14
handelt es sich um Willensäußerungen oder Mitteilungen, an die das Gesetz unmittelbar und stets Rechtsfolgen knüpft, ohne dass diese vom Äußernden gewollt sein müs-

sen. In dieser Anknüpfung der Rechtsfolgen **unabhängig vom Willen** gleichen die geschäftsähnlichen Handlungen den Realakten; darin unterscheiden sich beide zugleich von den Willenserklärungen. Anders als die Realakte enthalten die geschäftsähnlichen Handlungen aber eine **bewusste Kundgabe eines Willens**, darin gleichen sie den Willenserklärungen.

15 Aus diesen Elementen ergibt sich die **Definition** der geschäftsähnlichen Handlung. Danach ist eine geschäftsähnliche Handlung eine **bewusste Willenskundgabe, an die das Gesetz unmittelbar und stets Rechtsfolgen knüpft, und zwar unabhängig davon, ob der Handelnde diese Rechtsfolgen gewollt hat.**

> **BEISPIELE** ► Das „Schulbeispiel" einer geschäftsähnlichen Handlung ist die Mahnung des Gläubigers (§ 286 Abs. 1 Satz 1 BGB). Sie setzt den Schuldner unabhängig davon in Verzug, ob der Gläubiger diese Rechtsfolge erreichen wollte (näher zum Schuldnerverzug § 29).
>
> Ein weiteres Beispiel ist die Mängelrüge des Kaufmanns beim Handelskauf (§ 377 HGB). Erst diese Rüge ermöglicht es dem Kaufmann, seine Rechte wegen eines Mangels der Kaufsache aus § 437 BGB geltend zu machen (vgl. zu diesen Rechten § 36). Das gilt unabhängig davon, ob er bei der Rüge an solche Rechte überhaupt gedacht hat oder sich deren Geltendmachung offen halten wollte.

16 Die geschäftsähnlichen Handlungen stehen den Willenserklärungen näher als die Realakte, weil sie die Äußerung eines Willens oder einer Vorstellung des Handelnden enthalten. Deshalb finden die **Vorschriften über Rechtsgeschäfte analoge Anwendung**, soweit das ihr Sinn und Zweck erfordern (näher dazu *Ulrici*, NJW 2003, 2053 ff.).

> **BEISPIEL** ► In analoger Anwendung des § 130 Abs. 1 BGB setzt eine wirksame Mahnung den Zugang beim Schuldner voraus.

c) Erklärungen oder Äußerungen in öffentlichen Angelegenheiten

17 **Keine privaten** Willensäußerungen und damit keine Willenserklärungen auf dem Gebiet des Privatrechts liegen vor, wenn Behörden öffentlich-rechtliche Erklärungen abgeben, insbesondere Verwaltungsakte wie eine Baugenehmigung oder einen Steuerbescheid erlassen. Gleiches gilt, wenn Private ihren Willen in öffentlichen Angelegenheiten äußern und beispielsweise ihre Stimme bei der Bundestagswahl abgeben.

3. Bestandteile der Willenserklärung

18 Nach ihrem Begriff und nach der obigen Definition besteht eine Willenserklärung aus zwei Grundelementen, nämlich

► dem **Willen** zur Herbeiführung bestimmter Rechtsfolgen – das ist das innere Element oder der subjektive Tatbestand der Willenserklärung, und

► der **Kundgabe** dieses Willens – das ist das äußere Element oder der objektive Tatbestand der Willenserklärung.

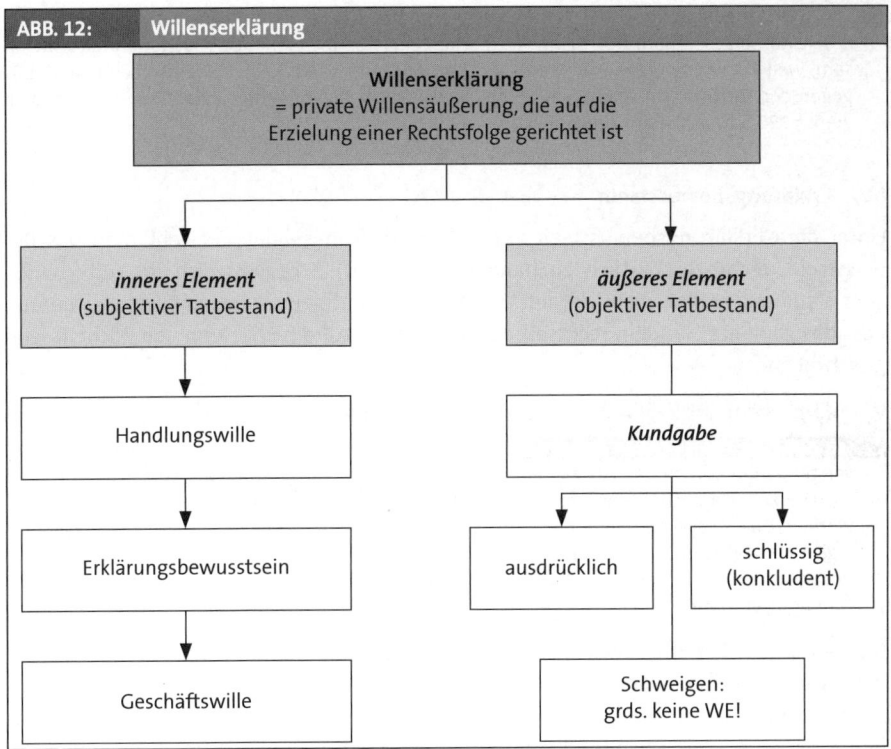

ABB. 12:   Willenserklärung

Willenserklärung
= private Willensäußerung, die auf die
Erzielung einer Rechtsfolge gerichtet ist

inneres Element
(subjektiver Tatbestand)

äußeres Element
(objektiver Tatbestand)

Handlungswille

Kundgabe

Erklärungsbewusstsein

ausdrücklich

schlüssig
(konkludent)

Geschäftswille

Schweigen:
grds. keine WE!

a) Innerer Wille (subjektiver Tatbestand)

Der innere Wille, also das innere Element oder der subjektive Tatbestand der Willens-   19
erklärung, wird herkömmlicherweise in **drei Unterelemente** aufgegliedert. Die Unterteilung entspricht den psychologischen Erkenntnissen zur Zeit der Entstehung des BGB. Es
handelt sich um die folgenden Elemente:

► Handlungswille,

► Erklärungsbewusstsein und

► Geschäftswille.

aa) Handlungswille

Zunächst setzt eine Willenserklärung voraus, dass der Erklärende überhaupt handeln   20
wollte. Der Handlungswille meint das **Bewusstsein, überhaupt zu handeln.** Erforderlich
ist ein **von einem Willen getragenes menschliches Verhalten**, ein bewusster Willensakt,
der auf die Vornahme eines äußeren Verhaltens gerichtet ist. Der Handlungswille liegt
nur in den seltenen Ausnahmefällen unbewusster Handlungen wie Reflexen, Sprechen
im Schlaf oder Handlungen unter Hypnose nicht vor. Außerdem fehlt er bei **unmittelbarem körperlichem Zwang**, der sog. *vis absoluta.*

> **BEISPIEL** ▶ Der geldgierige Erbe E führt seiner körperlich schwachen Erbtante T bei der Abfassung des Testaments, in dem ihn T zum Alleinerben einsetzt, die Hand. Das Testament ist unwirksam, weil T keinen eigenen Willen erklärt hat. Außerdem hat T es aus demselben Grund entgegen der Formvorschrift des § 2247 Abs. 1 BGB nicht eigenhändig verfasst, so dass es auch gem. § 125 Satz 1 BGB formnichtig ist.

bb) Erklärungsbewusstsein

21   Unter dem Erklärungsbewusstsein oder dem Erklärungswillen versteht man das **Bewusstsein, rechtsgeschäftlich zu handeln.** Dieser Wille bezieht sich im Unterschied zum Handlungswillen nicht darauf, überhaupt zu handeln, sondern spezieller darauf, **dass das gewollte Handeln rechtserheblich, nämlich auf die Erzielung von Rechtsfolgen gerichtet ist.**

22   Was damit gemeint ist, lässt sich zeigen am berühmten

> **SCHULFALL DER TRIERER WEINVERSTEIGERUNG** ▶ Der ortsfremde A betritt ein Lokal, in dem eine Weinversteigerung stattfindet. Als er seinen Freund B dort sitzen sieht, hebt er die Hand, um ihm zuzuwinken. Daraufhin erhält er den Zuschlag: Er hat ein Fass Wein zum Preis von 700 € erworben. Das Heben der Hand bedeutet nämlich die Abgabe eines um 50 € höheren Gebotes (vgl. § 156 Satz 1 BGB). A kannte diese rechtsgeschäftliche Bedeutung seiner Handlung nicht und war sich daher gar nicht darüber im Klaren, dass er überhaupt eine rechtsgeschäftliche Handlung vornahm.

Bis 1984 löste der BGH (BGHZ 91, 324) derartige Fälle so, dass mangels Erklärungsbewusstseins keine Willenserklärung vorlag. Diese Lösung vernachlässigte allerdings die Interessen der anderen Beteiligten und den Verkehrsschutz. Deshalb kommt es **heute** darauf an, ob der ohne Erklärungsbewusstsein Handelnde bei Anwendung der im Verkehr erforderlichen Sorgfalt hätte erkennen und vermeiden können, dass seine Äußerung nach Treu und Glauben und der Verkehrssitte als Willenserklärung aufgefasst werden durfte, und ob der Empfänger sie auch tatsächlich so verstanden hat (BGHZ 91, 324, 327 ff.; 149, 129, 136; NJW 2005, 2620, 2621). Maßgeblich sind also die Erkennbarkeit und Vermeidbarkeit auf Seiten des Handelnden sowie das Verständnis des Empfängers. Danach ist das Erklärungsbewusstsein **kein notwendiger Bestandteil der Willenserklärung** mehr; sein Fehlen kann überwunden werden, wenn die **Auslegung der Handlung** ergibt, dass sie als Willenserklärung zu verstehen ist (näher zu dieser normativen Auslegung § 7 Rn. 11 ff.). Der Handelnde kann seine Erklärung dann aber wegen eines Erklärungsirrtums gem. § 119 Abs. 1, 2. Fall BGB **anfechten**, weil er keine Willenserklärung dieses Inhalts abgeben wollte (vgl. Palandt/*Ellenberger*, Einf. v. § 116 Rn. 17; NomosKomm-BGB/*Feuerborn*, Vor §§ 116 – 144 Rn. 7). Das bedeutet:

▶ Mangels Erklärungsbewusstseins liegt ausnahmsweise **keine Willenserklärung** vor, wenn der Handelnde nicht erkennen konnte, dass sein Handeln im Rechtsverkehr als Äußerung eines rechtsgeschäftlichen Willens aufgefasst werden konnte.

▶ Konnte der Handelnde dagegen bei Anwendung hinreichender Sorgfalt erkennen, dass seinem Handeln diese rechtsgeschäftliche Bedeutung beigemessen würde, liegt eine (zunächst) **wirksame Willenserklärung** vor, die der Handelnde dann durch eine Anfechtung wieder beseitigen kann. Eine ohne Erklärungsbewusstsein abgegebene Willenserklärung wird in solchen Fällen also wie eine **anfechtbare Willenserklärung** behandelt. Das ist der Regelfall.

cc) Geschäftswille

Der Geschäftswille, auch Rechtsfolgewille genannt, bezeichnet den **Willen, eine ganz   23 bestimmte Rechtsfolge herbeizuführen.** Im Unterschied zum Erklärungsbewusstsein zielt er nicht bloß darauf ab, überhaupt irgendeine Rechtsfolge auszulösen, sondern er bezieht sich auf die **Herbeiführung eines ganz bestimmten, konkreten rechtlichen Erfolgs.**

> **BEISPIEL ▶** A will sein Fahrrad verkaufen und macht B ein schriftliches Angebot. A will ihm das Rad für 320 € anbieten, schreibt aber aus Versehen 230 €. In diesem Fall ist A sich bewusst, dass er rechtsgeschäftlich handelt, indem er ein Angebot zum Abschluss eines Kaufvertrags macht. Er erklärt aber nicht die gewollte Rechtsfolge (Angebot zum Preis von 320 €), sondern eine ungewollte Rechtsfolge (Angebot zum Preis von 230 €). Gleiches gilt natürlich, wenn A sich nicht verschreibt, sondern bei einem mündlichen Angebot verspricht oder sich bei der Eingabe des Angebots im Internet vertippt.

Der Geschäftswille ist **kein notwendiger Bestandteil** der Willenserklärung. Die Willens-   24 erklärung ist trotz fehlenden Geschäftswillens wirksam. Da sie aber nicht mit dem Geschäftswillen des Handelnden übereinstimmt, kann dieser sie nach den Vorschriften der §§ 119 ff. BGB anfechten und so gem. § 142 Abs. 1 BGB rückwirkend beseitigen (ausf. zur Anfechtung §§ 9, 10).

Im Beispielsfall (Rn. 23) kann A seine Willenserklärung gem. § 119 Abs. 1, 2. Fall BGB wegen eines Erklärungsirrtums anfechten, weil er sich verschrieben hat.

ABB. 13:	Fehlen eines Willenselements
Fehlendes Element	*Rechtsfolge*
Handlungswille	keine Willenserklärung
Erklärungsbewusstsein	Willenserklärung, wenn Erklärender hätte erkennen können, dass sein Verhalten als Willenserklärung gewertet wurde; dann Anfechtbarkeit
Geschäftswille	anfechtbare Willenserklärung

b) Kundgabe des Willens (objektiver Tatbestand)

Das äußere Element der Willenserklärung ist die Kundgabe des inneren Willens, die **Er-   25 klärung** dieses Willens. Der Geschäftswille muss nach außen hin geäußert werden, um die gewünschten Rechtsfolgen zu erzielen. Die erforderliche Willensäußerung liegt erst vor, wenn das erkennbare Verhalten einer Person den Rückschluss darauf zulässt, dass sie damit einen bestimmten Geschäftswillen ausdrücken will.

aa) Ausdrückliche Willenserklärung

26   Am einfachsten lässt sich dieses äußere Element feststellen, wenn die Person ihren Willen ausdrücklich formuliert. Eine solche **ausdrückliche Willenserklärung** bringt den Geschäftswillen des Erklärenden **unmittelbar und direkt zum Ausdruck**. Das kann schriftlich oder mündlich geschehen.

> **BEISPIELE** K bestellt schriftlich beim Versandhändler V: „Ich bestelle aus Ihrem Katalog den Fernseher Marke ‚Großbild Extra‘ mit der Katalog-Nr. Z 123 456 zum Preis von 899 €."; K sagt im Modellbahn-Fachgeschäft zum Inhaber V: „Ich möchte diese gebrauchte V 200 für 190 € kaufen."

bb) Schlüssige oder konkludente Willenserklärung

27   Eine Willenserklärung setzt allerdings nicht zwingend voraus, dass der innere Wille ausdrücklich durch Sprechen oder Schreiben erklärt wird. Vor allem bei Geschäften des täglichen Lebens ist es durchaus üblich, dass der Erklärende den rechtlichen Erfolg durch ein Verhalten herbeiführt, welches bloß mittelbar nach der allgemeinen Lebenserfahrung auf den zugrunde liegenden Geschäftswillen schließen lässt. Um eine solche **schlüssige, stillschweigende oder konkludente Willenserklärung** handelt es sich, wenn ein **Verhalten, das unmittelbar einen anderen Zweck verfolgt, mittelbar einen bestimmten Geschäftswillen zum Ausdruck bringt**. Ob es sich um eine Willenserklärung handelt und welchen Inhalt sie hat, ist durch **Auslegung** zu bestimmen (näher dazu § 7).

> **BEISPIEL** K legt im Supermarkt die Lebensmittel auf das Band an der Kasse. Durch dieses schlüssige Verhalten erklärt er, dass er die Waren zu den entsprechenden Preisen kaufen will (vgl. § 433 BGB). Gleichzeitig erklärt er, dass er, in Erfüllung des Kaufvertrags, das Eigentum an den Lebensmitteln erwerben will (vgl. § 929 Satz 1 BGB). Sein tatsächliches Handeln enthält damit sogar mehrere Willenserklärungen.

28   Hinsichtlich der Rechtsfolgen spielt es keine Rolle, ob der Erklärende seinen Geschäftswillen ausdrücklich oder konkludent äußert. Etwas anderes gilt lediglich bei **Formerfordernissen**.

> **BEISPIEL** Wenn der Geselle G im Verlauf eines heftigen Streits zu seinem Meister M sagt, er habe genug von seinem Laden, er werfe die Brocken hin und komme nicht wieder, dann ist dieses Verhalten des G als fristlose Kündigung des Arbeitsvertrags gem. § 626 BGB zu werten. Die Willenserklärung des G, nämlich seine Kündigungserklärung, ist aber gem. § 125 Satz 1 BGB formnichtig, weil eine Kündigung nach § 623 BGB der Schriftform bedarf.

cc) Der Sonderfall des Schweigens

29   Das bloße Nichtstun oder Schweigen ist **grundsätzlich keine Willenserklärung**. Wer nichts tut und wer nichts sagt, der erklärt auch nichts. Unter bestimmten Voraussetzungen kann das aber anders sein. Dann kann dem Schweigen **ausnahmsweise** die Bedeutung einer (schlüssigen) Willenserklärung zukommen.

> **BEISPIEL** Buchhändler B vertreibt im Versandbuchhandel juristische Lehrbücher. Am 11. 11. schickt er S, einer Studentin der Wirtschaftswissenschaften, ein Lehrbuch zu. Im Begleitschreiben heißt es: „Anbei erhalten Sie ein besonders günstiges Vorzugsexemplar des Lehrbuchs zum Bürgerlichen Recht von Prof. X. Wenn wir bis zum 26. 11. nichts Gegenteiliges von Ihnen hören, gehen wir davon aus, dass Sie unser Angebot annehmen, und werden Ihnen die Rechnung zusenden." S lässt das Buch ungeöffnet liegen und meldet sich bis zum 26. 11. auch nicht bei B.

In diesem Fall hat B keinen Kaufpreisanspruch aus § 433 Abs. 2 BGB gegen S, weil S durch ihr Schweigen **keine auf den Abschluss eines Kaufvertrags gerichtete Willenserklärung abgegeben** hat.

Eine Sonderregelung für solche Fälle, in denen ein Unternehmer (§ 14 BGB) einem Verbraucher (§ 13 BGB) unbestellte Waren zusendet, trifft **§ 241a BGB** (lesen!). Die Vorschrift bestätigt zunächst, dass durch Schweigen auf die Lieferung unbestellter Sachen hin kein Vertrag zustande kommt. Darüber hinaus regelt § 241a Abs. 1 BGB, dass ein Anspruch gegen den Verbraucher nicht begründet wird. Demnach hat der Unternehmer in diesen Fällen nicht einmal einen gesetzlichen Anspruch gegen den Verbraucher auf die Rückgabe der Sache. Daher darf S das Buch im Beispielsfall (Rn. 29) behalten, ohne es bezahlen zu müssen.

30

31

> **Schweigen** hat im Rechtsverkehr **grundsätzlich keinen Erklärungswert**. Wer schweigt, erklärt nichts.
>
> Dem Schweigen kommt nur **ausnahmsweise Erklärungswert** zu, wenn
>
> ▶ das **Gesetz** es anordnet,
>
> ▶ es von den **Parteien so vereinbart** war oder
>
> ▶ der **Schweigende ausnahmsweise nach Treu und Glauben zur Erklärung verpflichtet** war. Eine solche Pflicht wird aber nicht durch die unaufgeforderte Zusendung einer Sache begründet.

Gesetzliche Anordnungen, denen zufolge das Schweigen ausnahmsweise einen Erklärungswert hat, finden sich z. B. in den folgenden Vorschriften (lesen!):

32

- ▶ § 108 Abs. 2 Satz 2, 2. Hs. BGB (Ablehnung),
- ▶ § 177 Abs. 2 Satz 2, 2. Hs. BGB (Ablehnung),
- ▶ § 516 Abs. 2 Satz 2 BGB (Annahme),
- ▶ § 362 Abs. 1 HGB (Annahme).

Die letztgenannte Vorschrift hat im Handelsverkehr Bedeutung. Danach ist ein Kaufmann, dessen Gewerbebetrieb die **Besorgung von Geschäften für andere** mit sich bringt, verpflichtet, auf ein entsprechendes Angebot eines Geschäftspartners unverzüglich zu antworten; sein Schweigen gilt als Annahme des Antrags. Diese Regelung schützt die Geschäftspartner des Kaufmanns, die aus dem Schweigen schließen können, er nehme ihr Angebot an.

Ein weiterer Sonderfall im Handelsrecht ist das sog. **kaufmännische Bestätigungsschreiben** (näher dazu § 11 Rn. 35 f.). Dabei handelt es sich um eine **gewohnheitsrechtlich anerkannte Regel** (vgl. zum Gewohnheitsrecht § 1 Rn. 46).

33

Die Wirkung einer **Parteivereinbarung** lässt sich an einem „**Gegenbeispiel**" zum Fall des unverlangt zugesandten Lehrbuchs (Rn. 29) verdeutlichen:

34

BEISPIEL ▶ Professor P und Buchhändler B haben vereinbart, dass B dem P jeweils die Neuauflage des *„Brox/Walker"*, BGB-AT zusenden solle und P das Buch kauft, sofern er es nicht innerhalb einer Woche zurücksendet. Schickt B dem P das Buch zu und unternimmt P eine Woche lang nichts, ist durch sein Schweigen ein Kaufvertrag über das Buch zustande gekommen.

II. Rechtsgeschäft

35   Auf dem Begriff der Willenserklärung baut der Begriff des Rechtsgeschäfts auf. Dabei handelt es sich um den **Oberbegriff** (vgl. Rn. 2). Das Gesetz definiert auch diesen Oberbegriff nicht, sondern geht von ihm aus. Er findet sich vor allem in der Überschrift vor den §§ 104 ff. BGB, aber auch z. B. in § 111 BGB, der das einseitige Rechtsgeschäft eines Minderjährigen regelt.

1. Begriff

36   Dass das Rechtsgeschäft der Oberbegriff zur Willenserklärung ist, ergibt sich aus der **Systematik der §§ 104 ff. BGB**. Jedes Rechtsgeschäft setzt eine Willenserklärung voraus, sei das Rechtsgeschäft nun einseitig (vgl. § 111 BGB) oder sei es mehrseitig, wie vor allem das zweiseitige Rechtsgeschäft des Vertrags (vgl. etwa §§ 107 und 108 sowie die §§ 145 ff. BGB). Das Verhältnis von Willenserklärung und Rechtsgeschäft lässt sich im Überblick folgendermaßen beschreiben:

▶ Jede Willenserklärung ist zugleich ein Rechtsgeschäft, aber nicht jedes Rechtsgeschäft besteht aus nur einer einzigen Willenserklärung.

▶ Es gibt kein Rechtsgeschäft ohne Willenserklärung, weil die Willenserklärung notwendiger Bestandteil oder Grundbaustein eines Rechtsgeschäfts ist.

▶ Willenserklärung und Rechtsgeschäft können identisch sein. Das ist der Fall bei den einseitigen Rechtsgeschäften, die bloß aus einer Willenserklärung bestehen, wie etwa die Kündigung, die Anfechtung, die Erteilung der Vollmacht (§ 167 BGB), die Auslobung (§ 657 BGB) oder das Testament (vgl. § 2064 BGB).

▶ Ein Rechtsgeschäft kann neben einer Willenserklärung oder mehreren Willenserklärungen weitere tatsächliche Elemente (Realakte; vgl. dazu Rn. 10 ff.) wie z. B. gem. § 929 Satz 1 BGB die Übergabe der übereigneten beweglichen Sache enthalten.

37   Da das Rechtsgeschäft aus Willenserklärungen besteht, muss es auf die **Erzielung einer bestimmten Rechtsfolge** gerichtet sein. Die Rechtsfolge tritt allerdings nicht schon allein deswegen ein, weil der Erklärende oder die Parteien des Rechtsgeschäfts diese Rechtsfolge wollen. Sie tritt vielmehr nur dann ein, wenn die **Rechtsordnung den gewollten Rechtserfolg auch anerkennt**.

38   Zunächst setzt die Wirksamkeit eines Rechtsgeschäfts die **Geschäftsfähigkeit** voraus (vgl. dazu § 3 Rn. 85 ff.). Außerdem stellt die Rechtsordnung bei bestimmten Geschäften **formale Voraussetzungen** auf, ohne deren Einhaltung das Rechtsgeschäft unwirksam ist. Beispiele sind etwa die Formvorschriften des § 311b Abs. 1 BGB (notarielle Beurkundung des Grundstückskaufvertrags), des § 518 Abs. 1 Satz 1 BGB (notarielle Beurkundung des Schenkungsversprechens beim Schenkungsvertrag), des § 623 BGB (Schriftform der Kündigung eines Arbeitsvertrags sowie eines Aufhebungsvertrags) und des § 2247 BGB (eigenhändige Errichtung des Testaments). Die Nichteinhaltung solcher

gesetzlicher Formerfordernisse führt gem. § 125 Satz 1 BGB zur Nichtigkeit des Rechtsgeschäfts. Schließlich darf die gewollte Rechtsfolge nicht gegen **inhaltliche Grenzen** verstoßen, die vor allem durch gesetzliche Verbote (vgl. § 134 BGB) und die guten Sitten (vgl. § 138 BGB) gezogen werden.

Daraus ergibt sich die folgende Definition des Rechtsgeschäfts: Es handelt sich um einen aus mindestens einer Willenserklärung – und oft aus weiteren Elementen – bestehenden Tatbestand, der auf die Herbeiführung einer Rechtsfolge gerichtet ist und der diese Rechtsfolge deshalb unmittelbar herbeiführt, weil sie sowohl gewollt ist als auch von der Rechtsordnung anerkannt wird. Etwas kürzer lässt sich formulieren, dass es sich um einen **Tatbestand** handelt, **der aus mindestens einer Willenserklärung sowie oft aus weiteren Elementen besteht und an den die Rechtsordnung den Eintritt des gewollten rechtlichen Erfolgs knüpft** (*Brox/Walker*, BGB AT, Rn. 96).   39

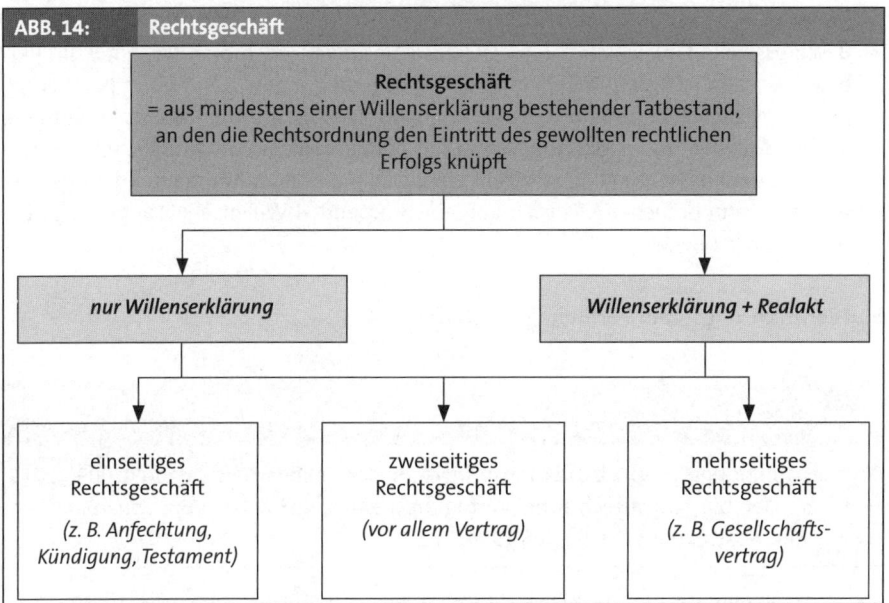

ABB. 14: Rechtsgeschäft

Rechtsgeschäft
= aus mindestens einer Willenserklärung bestehender Tatbestand, an den die Rechtsordnung den Eintritt des gewollten rechtlichen Erfolgs knüpft

nur Willenserklärung   *Willenserklärung + Realakt*

einseitiges Rechtsgeschäft
(z. B. Anfechtung, Kündigung, Testament)

zweiseitiges Rechtsgeschäft
(vor allem Vertrag)

mehrseitiges Rechtsgeschäft
(z. B. Gesellschaftsvertrag)

2. Arten von Rechtsgeschäften

a) Einseitige und mehrseitige Rechtsgeschäfte

Nach der **Anzahl** der an einem Rechtsgeschäft **beteiligten Personen** unterscheidet man einseitige und mehrseitige, insbesondere zweiseitige Rechtsgeschäfte.   40

Einseitige Rechtsgeschäfte enthalten die Willenserklärung einer einzigen Person: 41

> **BEISPIELE** ▶ Anfechtung einer Willenserklärung (§ 143 BGB), Kündigungserklärung, Auslobung einer Belohnung (§ 657 BGB), Errichtung eines Testaments (vgl. § 2064 BGB)

Mehrseitige Rechtsgeschäfte enthalten die Willenserklärungen von zwei oder mehr Personen. Sind zwei Personen beteiligt, spricht man auch von **zweiseitigen** Rechts-   42 geschäften. Zu den mehrseitigen Rechtsgeschäften gehören Verträge, Gesamtakte und Beschlüsse.

▶ Der **Vertrag** ist das häufigste mehrseitige Rechtsgeschäft. Er besteht aus den aufeinander bezogenen, inhaltlich übereinstimmenden Willenserklärungen von regelmäßig zwei Personen (näher zum Vertrag Rn. 59 ff.). Mehr als zwei Personen, die sog. Gründungsgesellschafter, sind im Regelfall am Abschluss des Gesellschaftsvertrags zur Gründung einer BGB-Gesellschaft (vgl. § 705 BGB) oder einer anderen Gesellschaft beteiligt.

▶ **Gesamtakte** sind übereinstimmende gleichgerichtete Willenserklärungen von mindestens zwei Personen. Im Unterschied zum Vertrag werden diese Willenserklärungen nicht wechselseitig aufeinander bezogen, sondern sie laufen parallel.

> **BEISPIEL** ▶ M und F haben gemeinsam eine Wohnung gemietet. Sie kündigen beide den gemeinsamen Mietvertrag durch gleich lautende Erklärungen.

▶ **Beschlüsse** sind gleichgerichtete Willenserklärungen mehrerer Personen in Vereinen, Gesellschaften und anderen Personenvereinigungen. Sie werden parallel gegenüber dem Versammlungsleiter abgegeben, um die internen Rechtsverhältnisse der Vereinigung zu regeln. Im Normalfall können solche Beschlüsse mit der einfachen oder, in wichtigen Fragen, mit einer qualifizierten Stimmenmehrheit gefasst werden. Dann brauchen nicht die übereinstimmenden Willenserklärungen aller Beteiligten vorzuliegen.

b) Verpflichtungs- und Verfügungsgeschäfte

LITERATUR:

Bayerle, Trennungs- und Abstraktionsprinzip in der Fallbearbeitung, JuS 2009, 1079; *Haedicke*, Der bürgerlich-rechtliche Verfügungsbegriff, JuS 2001, 966; *Jauernig*, Trennungs- und Abstraktionsprinzip, JuS 1994, 721.

43 Nach der **Funktion des Rechtsgeschäfts** werden Verpflichtungs- und Verfügungsgeschäfte unterschieden. Diese Unterscheidung beruht auf dem **Trennungs- und Abstraktionsprinzip**.

> **BEISPIEL** ▶ Verkauft V dem K sein neuwertiges Notebook für 500 € in bar, schließen sie zunächst einen Kaufvertrag (§ 433 BGB). Dieser verpflichtet V zur Lieferung des Notebooks (§ 433 Abs. 1 Satz 1 BGB) und K zur Zahlung des Kaufpreises von 500 € (§ 433 Abs. 2 BGB). Allein durch den Kaufvertrag erhält aber weder K das Notebook noch V die 500 €. Beide Vertragspartner müssen ihre Pflichten aus dem Kaufvertrag noch separat erfüllen, indem V dem K das Notebook übergibt und übereignet (§ 929 Satz 1 BGB) und K dem V 500 € übergibt und übereignet (§ 929 Satz 1 BGB).

aa) Verpflichtungsgeschäft

44 Als Verpflichtungsgeschäft bezeichnet man ein **Rechtsgeschäft, durch das die Verpflichtung zu einer Leistung begründet wird**. Das Verpflichtungsgeschäft verschafft

dem Begünstigten einen Anspruch, also gem. § 194 Abs. 1 BGB das Recht, von einem anderen ein Tun oder Unterlassen zu verlangen. Die Erfüllung dieses Anspruchs, die Leistung (vgl. § 362 Abs. 1 BGB), bewirkt das Verpflichtungsgeschäft gerade noch nicht.

Die **meisten Verpflichtungsgeschäfte** sind **schuldrechtliche Verträge**. Hauptbeispiel ist   45
der Kaufvertrag, durch den die gegenseitigen Pflichten des Verkäufers und des Käufers gem. § 433 Abs. 1 Satz 1 und Abs. 2 BGB begründet werden. Neben dem Kaufvertrag gibt es z. B. den Mietvertrag (§§ 535 ff. BGB), den Dienst- und den Arbeitsvertrag (§§ 611 ff. BGB) und den Werkvertrag (§§ 631 ff. BGB). Weitere Verpflichtungsgeschäfte sind Verträge aus anderen Bereichen wie etwa im Familienrecht der Ehevertrag (§§ 1408 ff. BGB) und **einseitige Verpflichtungsgeschäfte** wie z. B. die Auslobung einer Belohnung (§ 657 BGB). Nicht um ein einseitiges Verpflichtungsgeschäft, sondern um einen Vertrag handelt es sich – entgegen verbreiteter Auffassung – bei einer Schenkung (§ 516 Abs. 1 BGB). Hintergrund der Regelung ist, dass sich niemand ein Geschenk gegen seinen Willen aufdrängen lassen muss.

bb) Verfügungsgeschäft

Ein Verfügungsgeschäft ist ein **Rechtsgeschäft, durch das ein Recht unmittelbar (also**   46
ohne weitere Durchführungsgeschäfte) übertragen, belastet, inhaltlich geändert oder aufgehoben wird (vgl. BGHZ 101, 24, 26). Das Verfügungsgeschäft gestaltet im Gegensatz zum Verpflichtungsgeschäft unmittelbar die Rechtslage. Es wirkt auf den Bestand eines Rechts i. S. einer Rechtsminderung ein (vgl. *Brox/Walker*, BGB AT, Rn. 104).

Die **meisten Verfügungsgeschäfte** finden sich im **Sachenrecht** (§§ 854 ff. BGB). Daher   47
werden sie auch als dingliche Geschäfte bezeichnet. Die wichtigsten Verfügungsgeschäfte des Sachenrechts sind die Übereignungen von Grundstücken (§§ 873, 925 BGB) und beweglichen Sachen (§§ 929 ff. BGB). Daneben gibt es einige Verfügungsgeschäfte, die im **Schuldrecht** des BGB geregelt sind. Dabei handelt es sich um die Abtretung einer Forderung gem. § 398 BGB und den Erlass einer Forderung gem. § 397 BGB.

Die **Wirksamkeit eines Verfügungsgeschäfts** hängt von mehreren **Voraussetzungen** ab.   48
Zunächst muss regelmäßig eine Einigung des Verfügenden und des Erwerbers über die Rechtsänderung vorliegen. Das sehen etwa die §§ 873 Abs. 1, 925 Abs. 1 Satz 1 BGB für die Übereignung eines Grundstücks und § 929 Satz 1 BGB (lesen!) für die Übereignung einer beweglichen Sache vor. Dabei handelt es sich um einen **dinglichen Vertrag**. Ausnahmsweise genügt, wie beim Verzicht auf das Eigentum an einer beweglichen Sache gem. § 959 BGB, eine einzige Willenserklärung. Hinzukommen muss oft ein **Realakt** wie die Übergabe der beweglichen Sache vom Veräußerer an den Erwerber (§ 929 Satz 1 BGB) oder die Eintragung des neuen Grundstückseigentümers in das Grundbuch (§ 873 Abs. 1 BGB). Für die Übertragung einer Forderung genügt dagegen die bloße Einigung des alten und des neuen Gläubigers (§ 398 Satz 1 BGB). Schließlich setzt ein Verfügungsgeschäft eine besondere Rechtsmacht, die **Verfügungsmacht**, voraus. Sie steht grundsätzlich nur dem Inhaber des Rechts zu, also z. B. dem Eigentümer der Sache, die übereignet werden soll. Die Verfügungsmacht kann aber kraft Gesetzes oder durch Rechtsgeschäft (vgl. § 185 Abs. 1 BGB) auf eine andere Person übertragen sein.

cc) Trennungs- und Abstraktionsgrundsatz

49   Das deutsche bürgerliche Recht wird, im Gegensatz zu anderen Rechtsordnungen, durch **den Trennungs- und den Abstraktionsgrundsatz** gekennzeichnet. Soweit häufig nur vom Abstraktionsprinzip gesprochen wird, handelt es sich um eine verkürzte Darstellung. Denn das Abstraktionsprinzip setzt das Trennungsprinzip notwendigerweise voraus.

50   Der **Trennungsgrundsatz** besagt, dass überhaupt zwischen dem Verpflichtungs- und dem Verfügungsgeschäft unterschieden wird und dass es sich um zwei verschiedene Rechtsgeschäfte handelt.

> **BEISPIEL** ▶ Auf dem Weg zur Vorlesung „Bürgerliches Recht für Wirtschaftswissenschaftler" geht Studentin S in den Uni-Shop des I, nimmt die neueste Manager-Zeitung zum Preis von 5 € aus dem Zeitschriftenständer, zeigt sie dem I, legt einen 5 €-Schein auf den Tresen und verlässt den Uni-Shop wieder. Außer einem „Hallo, wie geht's?" und „Wie schön, dass bald Semesterferien sind!" haben S und I nichts zueinander gesagt. Trotzdem haben sie durch ihr schlüssiges Verhalten drei rechtlich selbständige Rechtsgeschäfte abgeschlossen: den Kaufvertrag über das Magazin (§ 433 BGB), die Übereignung des Magazins von I an S (§ 929 Satz 1 BGB) und die Übereignung der 5 €-Note von S an I (§ 929 Satz 1 BGB).

51   Der **Abstraktionsgrundsatz** baut auf dem Trennungsgrundsatz auf. Danach sind die Wirksamkeit des (kausalen) Verpflichtungsgeschäfts und diejenige des (abstrakten) Verfügungsgeschäfts grundsätzlich voneinander unabhängig zu beurteilen. Die Unwirksamkeit des Verpflichtungsgeschäfts führt als solche ebenso wenig zur Unwirksamkeit des Verfügungsgeschäfts wie umgekehrt.

> **BEISPIEL** ▶ Erbe E entrümpelt nach dem Tod seiner Großmutter den Dachboden des großelterlichen Hauses. Er verkauft die Bilder, die er dort findet, zu günstigen Preisen an Familienangehörige und Nachbarn. Kurze Zeit später stellt sich heraus, dass das Bild, das er an den Nachbarn N veräußert hat, ein echter „Macke" ist und einen Wert von 100 000 € besitzt.
>
> Da E sich bei Abschluss des Kaufvertrags über den Maler geirrt hat, kann er seine Einigungserklärung wegen des Irrtums über eine verkehrswesentliche Eigenschaft der Sache (§ 119 Abs. 2 BGB) anfechten (§ 143 BGB). Die Anfechtung führt gem. § 142 Abs. 1 BGB zur rückwirkenden Nichtigkeit seiner Einigungserklärung und damit des darauf beruhenden Kaufvertrags (ausf. zur Anfechtung unten §§ 9, 10).
>
> Die Einigung über den Eigentumsübergang auf N (§ 929 Satz 1 BGB) kann E dagegen nicht anfechten, weil er sich insoweit nicht geirrt hat: Er wollte das Bild an N übereignen, und genau das hat er auch erklärt. E kann also das Bild trotz der Unwirksamkeit des Kaufvertrags nicht nach § 985 BGB von N herausverlangen, weil N wirksam Eigentümer des Bildes geworden ist. Nur der Kaufvertrag, aber nicht die Übereignung ist nichtig!
>
> In solchen Fällen hilft § 812 Abs. 1 Satz 1, 1. Fall BGB (lesen!; näher dazu § 41 Rn. 4 ff.), die sog. Leistungskondiktion: N hat von E etwas (= das Eigentum am Bild) durch Leistung des E (= die Übereignung) erlangt, ohne dass ein rechtlicher Grund vorlag. Rechtlicher Grund war zwar der Kaufvertrag, zu dessen Erfüllung die Übereignung stattfand; dieser Vertrag war aber wegen der Anfechtung gem. § 142 Abs. 1 BGB von Anfang an unwirksam.

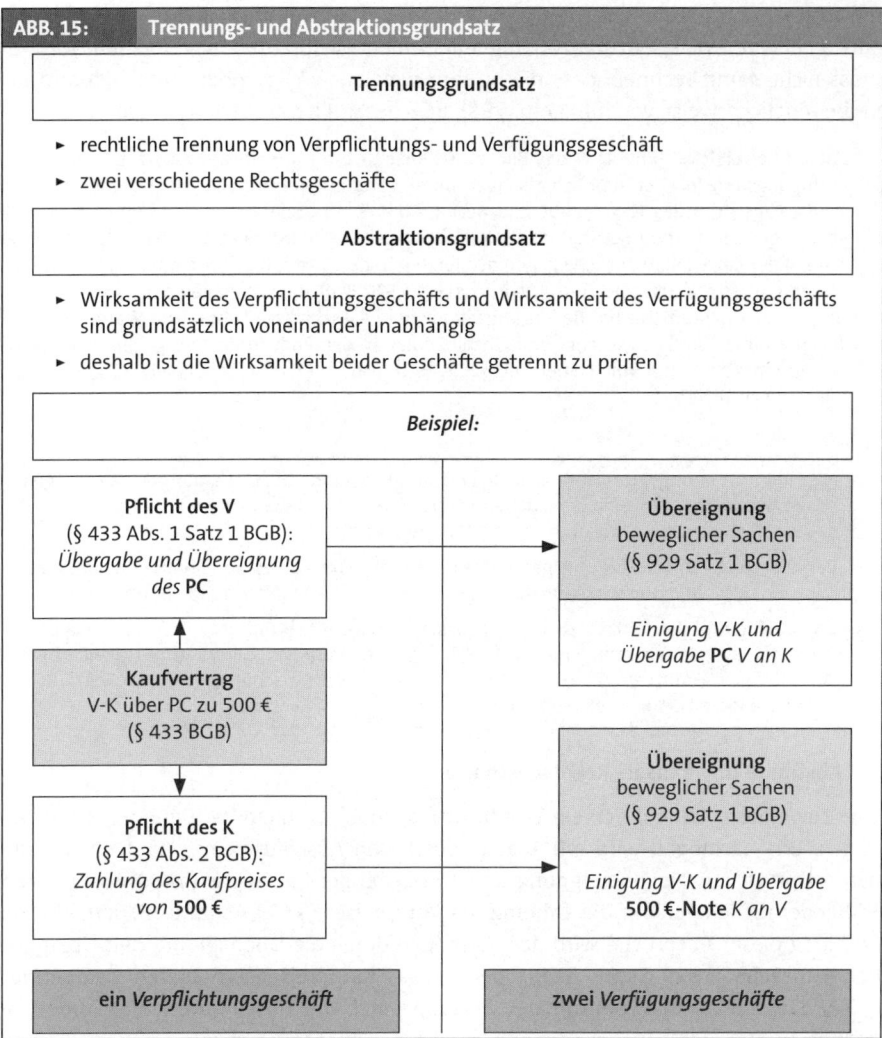

ABB. 15: Trennungs- und Abstraktionsgrundsatz

Trennungsgrundsatz

▸ rechtliche Trennung von Verpflichtungs- und Verfügungsgeschäft
▸ zwei verschiedene Rechtsgeschäfte

Abstraktionsgrundsatz

▸ Wirksamkeit des Verpflichtungsgeschäfts und Wirksamkeit des Verfügungsgeschäfts sind grundsätzlich voneinander unabhängig
▸ deshalb ist die Wirksamkeit beider Geschäfte getrennt zu prüfen

Beispiel:

Pflicht des V
(§ 433 Abs. 1 Satz 1 BGB):
Übergabe und Übereignung des **PC**

Kaufvertrag
V-K über PC zu 500 €
(§ 433 BGB)

Pflicht des K
(§ 433 Abs. 2 BGB):
Zahlung des Kaufpreises von **500 €**

Übereignung
beweglicher Sachen
(§ 929 Satz 1 BGB)

Einigung V-K und Übergabe **PC** *V an K*

Übereignung
beweglicher Sachen
(§ 929 Satz 1 BGB)

Einigung V-K und Übergabe **500 €-Note** *K an V*

ein *Verpflichtungsgeschäft*

zwei *Verfügungsgeschäfte*

Der Zweck des Trennungs- und des Abstraktionsgrundsatzes ist nicht ohne weiteres einsichtig. Denn zusammenhängende Lebensvorgänge werden in mehrere Rechtsgeschäfte aufgespalten. Der **Zweck des Trennungsgrundsatzes** leuchtet dabei noch eher ein als der des Abstraktionsgrundsatzes. Man denke nur an den Fall eines Neuwagenkaufs: Da der Käufer sich die Farbe, die Motorisierung und die Ausstattungsdetails nach Wunsch zusammenstellt, kann das Auto erst nach dem Abschluss des Kaufvertrags produziert werden. Bei Abschluss des Kaufvertrags als das Verpflichtungsgeschäft gibt es die Kaufsache, die übereignet werden muss, überhaupt noch nicht; das Verfügungsgeschäft kann also noch gar nicht vorgenommen werden.

52

Der **Zweck des Abstraktionsgrundsatzes** besteht vor allem darin, durch die Unabhängigkeit des Verfügungsgeschäfts vom zugrunde liegenden Verpflichtungsgeschäft die Sicherheit des Güteraustauschs zu erhöhen. Der Erwerber einer Sache muss nicht da-

53

mit rechnen, dass seinem Vertragspartner, dem Veräußerer, rückwirkend das Eigentum entzogen wird, weil sein Kaufvertrag mit seinem Lieferanten angefochten wird. Er muss nicht damit rechnen, dass dieser, ihm meistens völlig unbekannte Lieferant die Sache möglicherweise von ihm gem. § 985 BGB (lesen!) herausverlangen kann.

> Hat im **Beispielsfall** (Rn. 51) N das Bild zwischenzeitlich an X weiterveräußert, hat er das als Verfügungsberechtigter, nämlich als Eigentümer, getan. Es kommt also nicht darauf an, ob X an das Eigentum des N geglaubt und deshalb das Bild gutgläubig gem. §§ 929 Satz 1, 932 Abs. 1 Satz 1 BGB erworben hat. Die „Veräußerungskette" wird nicht „aufgerollt", indem der erste in der Kette (N) Ansprüche gegen den letzten in der Kette (X) geltend machen kann. Stattdessen gibt es grundsätzlich nur Ansprüche aus § 812 BGB, die sich gegen den jeweiligen Vertragspartner richten. Das hat Bedeutung vor allem im Geschäftsverkehr, wenn Waren vom Produzenten über Groß-, Zwischen- und Einzelhändler an den Endverbraucher gehen. Jeder muss sich grundsätzlich nur mit seinem eigenen Vertragspartner auseinandersetzen, den er sich selbst ausgesucht hat.

54

> ► Nach dem **Trennungsgrundsatz** wird ein wirtschaftlich einheitlicher Vorgang wie der entgeltliche Erwerb einer beweglichen Sache rechtlich in verschiedene Geschäfte aufgespalten: in das Verpflichtungsgeschäft und das Verfügungsgeschäft.
>
> ► **Verpflichtungs- und Verfügungsgeschäft** sind in ihrer **Wirksamkeit voneinander unabhängig**. Das eine Geschäft kann wirksam, das andere unwirksam sein (**Abstraktionsgrundsatz**).
>
> ► Das **Verfügungsgeschäft** setzt, im Gegensatz zum Verpflichtungsgeschäft, als besondere Berechtigung die **Verfügungsmacht** des Verfügenden voraus. Sie liegt grundsätzlich beim Rechtsinhaber, kann aber kraft Gesetzes oder durch Rechtsgeschäft (vgl. § 185 Abs. 1 BGB) auf eine andere Person übertragen sein.

c) Abstrakte und kausale Rechtsgeschäfte

55   Eine **Zuwendung** kann durch ein Verpflichtungs- oder auch ein Verfügungsgeschäft erfolgen. Das Vermögen wird z. B. bereits durch den Abschluss eines Kaufvertrags um den Anspruch auf die Übereignung und Übergabe der Kaufsache (§ 433 Abs. 1 Satz 1 BGB) oder denjenigen auf die Zahlung des Kaufpreises (§ 433 Abs. 2 BGB) vermehrt. In Erfüllung dieser Ansprüche wird das Vermögen durch die Übereignung und Übergabe der Kaufsache (§ 929 Satz 1 BGB) oder des als Kaufpreis geschuldeten Geldbetrags (§ 929 Satz 1 BGB) bzw. bei unbarer Zahlung durch die Einräumung einer Forderung vermehrt.

56   Solche Zuwendungen erfolgen nicht ohne Grund (lateinisch: *causa*). **Rechtsgründe** für eine Zuwendung können z. B. sein:

► Freigiebigkeit, etwa bei einer Schenkung (*causa donandi*);

► Begründung einer Verpflichtung des anderen Teils, etwa beim Abschluss eines Kaufvertrags (*causa obligandi*);

► Erfüllung einer Schuld, etwa bei der Zahlung aufgrund eines wirksamen Kaufvertrags (*causa solvendi*).

Der Rechtsgrund für eine Zuwendung ist zu unterscheiden von den bloßen **Motiven**.   57

> **BEISPIEL** Verkauft V dem K sein Fahrrad zum Preis von 100 €, schließt er den Kaufvertrag aus dem Rechtsgrund, K zur Erbringung der Gegenleistung i. H. von 100 € zu verpflichten. Ob V das Fahrrad deswegen verkauft hat, weil 100 € ein guter Preis sind oder weil er dringend Geld benötigt, ist nur Motiv.

Daran anknüpfend unterscheidet man zwischen **kausalen und abstrakten Rechts-   58
geschäften**.

▶ Bei einem **kausalen Rechtsgeschäft** gehört der Rechtsgrund, der die Zuwendung rechtlich rechtfertigt, zum Inhalt des Rechtsgeschäfts. Der Rechtsgrund ist notwendiger Bestandteil des kausalen Rechtsgeschäfts. Die Mehrzahl der im Schuldrecht des BGB geregelten Rechtsgeschäfte sind solche kausalen Rechtsgeschäfte.

> **BEISPIEL** Einigen A und B sich lediglich darüber, dass A dem B sein Fahrrad verkauft, sprechen sie aber weder ausdrücklich über den Preis noch lässt sich dieser aus den Vorverhandlungen ermitteln, so liegt kein gültiger Kaufvertrag i. S. des § 433 BGB vor. Rechtsgrund des Kaufvertrags ist es nämlich, dass sich Verkäufer und Käufer gegenseitig zur Erbringung einer Leistung verpflichten. Steht die Gegenleistung des Käufers nicht fest, fehlt der Rechtsgrund.

▶ Bei einem **abstrakten Rechtsgeschäft** liegt der Grund für die Zuwendung dagegen außerhalb des Rechtsgeschäfts. Zwar werden auch abstrakte Rechtsgeschäfte nicht ohne einen Grund vorgenommen, der die Zuwendung rechtfertigt. Nur ist der Rechtsgrund nicht Bestandteil des abstrakten Rechtsgeschäfts. Dem abstrakten Rechtsgeschäft ist es „nicht anzusehen", aus welchem Grund es vorgenommen wird; das Geschäft ist vom Rechtsgrund losgelöst. Zu den abstrakten Rechtsgeschäften gehören alle Verfügungsgeschäfte sowie einige wenige Verpflichtungsgeschäfte.

> **BEISPIEL** A übereignet dem B sein Fahrrad nach § 929 Satz 1 BGB. Der Rechtsgrund für die Verfügung kann z. B. die Erfüllung einer Pflicht aus einem Kaufvertrag (*causa solvendi*) oder eine Schenkung (*causa donandi*) sein. Dieser Rechtsgrund ist jedoch kein Bestandteil des Rechtsgeschäfts „Übereignung". Die Übereignung selbst lässt den Rechtsgrund für die Zuwendung nicht erkennen.

III. Vertrag

Benötigt jemand ein bestimmtes Gut, gibt es grundsätzlich zwei verschiedene Möglich-   59
keiten der Beschaffung: Der Staat kann dem Bürger das Gut zuteilen, oder der Bürger beschafft sich das benötigte Gut selbst. Unsere Gesellschaft und Rechtsordnung sehen die zweite Möglichkeit vor. Deshalb ist in unserer Privatrechtsgesellschaft der Vertrag das **zentrale Mittel der Güterbeschaffung**. Da der Einzelne seinen Willen nicht allein mehr oder weniger rücksichtslos durchsetzen kann, bedarf es einer **Willenseinigung** der Beteiligten. Zum Güteraustausch kommt es nur, wenn die Parteien einen Vertrag schließen. Nötig ist ein „Sich-Vertragen".

Der Gesetzgeber des BGB ist davon ausgegangen, dass durch das erforderliche **Aushan-   60
deln des Vertrags** typischerweise eine Regelung zustande kommt, die den Interessen aller Parteien am besten gerecht wird. Deshalb spricht man von der „Richtigkeits-

gewähr" des Vertragsschluss-Mechanismus. Dieser Mechanismus kann allerdings nur funktionieren, wenn die sich gegenüberstehenden Parteien tatsächlich gleich stark sind (vgl. dazu § 2 Rn. 5 ff.).

61   Außerdem muss der Vertrag ein **verlässliches Instrument** zur Güterbeschaffung sein. Ist ein Vertrag rechtswirksam geschlossen worden, sind die Parteien von Rechts wegen verpflichtet, die eingegangenen Verpflichtungen auch zu erfüllen: *„pacta sunt servanda"*. Falls erforderlich, kann jede Partei die andere mittels staatlicher Zwangsmittel zur Erfüllung ihrer Pflichten zwingen.

1. Begriff

62   Der Begriff des Vertrags wird vom BGB nicht näher definiert, sondern in den §§ 145 ff. BGB vorausgesetzt. Nach **§ 145 BGB** setzt ein Vertrag zunächst voraus, dass eine Person einer anderen die Schließung eines Vertrags anträgt. Das ist das **Vertragsangebot**. Dieses Angebot muss die andere Person annehmen, wie sich aus **§ 146 BGB** und dem ersten Halbsatz des **§ 151 Satz 1 BGB** ergibt. Danach kommt der Vertrag durch die **Annahme** des Antrags zustande.

63   Daraus ergibt sich, dass der Vertrag ein **Rechtsgeschäft** ist, **welches aus inhaltlich übereinstimmenden, mit Bezug aufeinander abgegebenen Willenserklärungen von mindestens zwei Personen besteht**. Diese Willenserklärungen sind das Vertragsangebot (der Antrag) und die Annahme.

64   Der Vertrag ist der **Hauptfall des mehrseitigen Rechtsgeschäfts** (vgl. Rn. 42). Meistens schließen zwei Partner einen Vertrag, so dass es sich um ein zweiseitiges Rechtsgeschäft handelt. Außerdem gibt es mehrseitige Verträge wie z. B. den Gesellschaftsvertrag.

ABB. 16:   Vertrag

Vertrag
= Rechtsgeschäft, das aus inhaltlich übereinstimmenden, mit Bezug aufeinander
abgegebenen Willenserklärungen (WE) von mindestens zwei Personen besteht

WE von mindestens zwei Personen

- ▶ Angebot (Antrag) und Annahme
- ▶ fehlender Rechtsbindungswille bei bloßen Gefälligkeiten

Inhaltliche Übereinstimmung der WE

- ▶ die Willenserklärungen müssen hinsichtlich des bezweckten Rechtserfolgs inhaltlich
  übereinstimmen
- ▶ bei abändernder „Annahme" kein Vertrag, sondern neues Angebot (§ 150 Abs. 2 BGB)

Abgabe der WE mit Bezug aufeinander

- ▶ erforderlich ist die Annahme des vorherigen Angebots
- ▶ bloße Parallelität genügt nicht

Grundsatz der Formfreiheit

- ▶ grundsätzlich können Verträge formfrei abgeschlossen werden
- ▶ Einhaltung einer besonderen Form nur erforderlich, wenn gesetzlich vorgeschrieben
  oder von den Parteien vereinbart

2. Einzelne Voraussetzungen

Im Folgenden werden die einzelnen Voraussetzungen, die Bestandteile eines Vertrags,   65
im **Überblick** kurz erläutert. Ausführlichere Erörterungen finden sich in den speziellen
Paragraphen zur Form von Rechtsgeschäften (§ 6 Rn. 1 ff.) und zum Abschluss von Verträgen (§ 11).

Ein Vertrag setzt die **Willenserklärungen mindestens zweier Personen** voraus, das An-   66
gebot (den Antrag; § 145 BGB) und die Annahme (§§ 146, 151 Satz 1 BGB). Kein Vertrag
liegt vor, wenn es sich nicht um Willenserklärungen, sondern um unverbindliche Ab-
sprachen („*gentlemen's agreements*") oder um bloße Gefälligkeiten im zwischenmenschlichen, freundschaftlichen oder nachbarschaftlichen Bereich handelt. Ein solches bloßes Gefälligkeitsverhältnis ohne Rechtsbindungswillen (vgl. dazu § 1 Rn. 13 ff.)
ist z. B. eine Essenseinladung.

67   Die abgegebenen Willenserklärungen müssen sich **inhaltlich decken**. Stimmen sie hinsichtlich des bezweckten Rechtserfolgs inhaltlich nicht überein, kommt kein Vertrag zustande. Die Annahme eines Angebots unter Erweiterungen, Einschränkungen oder sonstigen Änderungen ist rechtlich keine Annahme, sondern sie gilt gem. **§ 150 Abs. 2 BGB** (lesen!) als Ablehnung des Angebots, verbunden mit einem neuen Antrag.

> **BEISPIEL** Bietet A dem B seinen gebrauchten Laserdrucker zum Preis von 100 € zum Kauf an und sagt B: „Einverstanden, ich kaufe den Drucker, zahle aber nur 80 €", so ist mangels inhaltlicher Übereinstimmung kein Vertrag zwischen A und B zustande gekommen. Bei der „Annahme" durch B handelt es sich wegen der Abänderung um ein neues Angebot (§ 150 Abs. 2 BGB), das A nun seinerseits annehmen oder ablehnen kann.

68   Die Willenserklärungen müssen **mit Bezug aufeinander** abgegeben werden. Es genügt nicht, dass zwei inhaltlich übereinstimmende Erklärungen beziehungslos nebeneinander herlaufen.

> **BEISPIEL** Briefmarkenhändler B bietet dem Sammler S, der zu seinen Stammkunden gehört, schriftlich den Kauf einer seltenen Marke zum Preis von 1 200 € an. Bevor der Brief bei S ankommt, sieht dieser im Schaufenster des B die besagte Marke und schreibt ihm, er wolle die Marke gerne zum Preis von 1 200 € kaufen. Mangels gegenseitiger Bezogenheit der übereinstimmenden Willenserklärungen ist kein Vertrag zwischen B und S zustande gekommen.

BEACHTE:

Die Ausstellung der Marke im Schaufenster ist noch kein Angebot, selbst wenn sie mit Preisauszeichnung erfolgt. Es handelt sich nur um die Aufforderung zur Abgabe von Angeboten (*„invitatio ad offerendum"*), weil anderenfalls die Gefahr bestünde, dass mehrere Interessenten das „Angebot" annehmen und mehrere Kaufverträge über dieselbe Sache zustande kommen. Der Inhaber des Geschäfts könnte nur einen Vertrag erfüllen und müsste den übrigen „Käufern" Schadensersatz leisten (vgl. §§ 280 Abs. 1, Abs. 3, 283 BGB).

69   Eine besondere **Form** muss beim Abschluss eines Vertrags nur dann eingehalten werden, wenn das Gesetz es vorschreibt oder wenn die Parteien es vereinbart haben. Im deutschen bürgerlichen Recht gilt der **Grundsatz der Formfreiheit**. Es wäre auch sinnlos, wenn beim Brötchenkauf ein schriftlicher Kaufvertrag geschlossen werden müsste (näher dazu § 6 Rn. 1 ff.).

3. Arten von Verträgen

a) Schuldrechtliche Verträge und Verträge aus anderen Rechtsgebieten

70   Die **Grundform** des Vertrags ist der **schuldrechtliche Vertrag**. Der Gesetzgeber stuft ihn in **§ 311 Abs. 1 BGB** als das zentrale Mittel ein, um Schuldverhältnisse durch Rechtsgeschäft zu begründen und zu ändern. Gesetzliche Ausnahmen von diesem Grundsatz, in denen Schuldverhältnisse nicht vertraglich begründet werden, sind etwa die Stiftung (§ 81 BGB), die Auslobung (§ 657 BGB) und das Vermächtnis (§§ 1939, 2147 BGB). Schuldrechtliche Verträge begründen nur **relative Rechte**. Die Rechte wirken nur zwischen den Vertragsparteien (vgl. dazu § 3 Rn. 28 ff. sowie unten § 9 Rn. 5 f.).

Verträge **aus anderen Rechtsgebieten** sind seltener. Es gibt   71

▶ **sachenrechtliche Verträge** wie z. B. das Einigsein bei der Übereignung (§§ 873 Abs. 1, 925 und 929 Satz 1 BGB),

▶ **familienrechtliche Verträge** wie z. B. den Ehevertrag (§§ 1408 ff. BGB) und

▶ **erbrechtliche Verträge** wie z. B. den Erbvertrag (§§ 2274 ff. BGB) und den Erbverzicht (§§ 2346 ff. BGB).

b) Einseitig und zweiseitig verpflichtende schuldrechtliche Verträge

Schuldrechtliche Verträge begründen regelmäßig Rechte und Pflichten für beide Ver-   72
tragsparteien. Diese Rechte und Pflichten können im Gegenseitigkeitsverhältnis stehen,
müssen es aber nicht. Daneben gibt es (wenige) Verträge, die nur eine Vertragspartei
verpflichten. Die **Unterscheidung nach der Art der Pflichten** hat vor allem Bedeutung,
wenn es um die Rechtsfolgen der Verletzung solcher Pflichten geht (dazu §§ 26 – 31).
Außerdem entscheidet sie darüber, ob die Willenserklärung eines Minderjährigen zum
Abschluss eines schuldrechtlichen Vertrags lediglich rechtlich vorteilhaft i. S. des § 107
BGB ist (dazu § 3 Rn. 103 ff.).

In einem **einseitig verpflichtenden Vertrag** verpflichtet sich nur ein Vertragspartner zu   73
einer Leistung. Der andere Vertragspartner wird aus dem Vertrag lediglich berechtigt,
ohne seinerseits eine Verpflichtung zu übernehmen.

> **BEISPIELE** ▶ Die Schenkung ist ein Vertrag, der nur den Schenker zu einer Leistung verpflichtet
> (§ 516 Abs. 1 BGB); anders sieht das bei der Schenkung unter einer Auflage aus (§§ 525 ff. BGB).
> Der Bürgschaftsvertrag verpflichtet nur den Bürgen gegenüber dem Gläubiger eines Dritten,
> für die Erfüllung der Verbindlichkeit dieses Dritten einzustehen (§ 765 BGB).

In einem **zweiseitig verpflichtenden Vertrag** verpflichten sich beide Vertragspartner zu   74
einer Leistung. Je nach der Art des Verhältnisses, in dem die beiden Verpflichtungen
zueinander stehen, wird weiter unterschieden zwischen den unvollkommen zweiseitig
verpflichtenden und den gegenseitigen (= vollkommen zweiseitig verpflichtenden) Verträgen.

Bei einem **unvollkommen zweiseitig verpflichtenden Vertrag** trägt eine Partei die   75
Hauptlast des Vertrags. Ihre Verpflichtung bestimmt den maßgeblichen Vertragsinhalt.
Für die andere Vertragspartei begründet ein solcher Vertrag nicht von vornherein, son-
dern erst unter bestimmten Voraussetzungen ebenfalls eine Verpflichtung.

> **BEISPIEL** ▶ Leiht A ihrem Kommilitonen B ihr Notebook, verpflichtet sie sich gegenüber B, ihm
> den Gebrauch des Rechners unentgeltlich zu überlassen (vgl. § 598 BGB). B ist zwar nach Ab-
> lauf der vereinbarten Zeit verpflichtet, ihr das Notebook zurückzugeben (vgl. § 604 Abs. 1 BGB).
> Außerdem muss er sorgsam mit dem Rechner umgehen. Aber die Hauptleistung, nämlich die
> Gebrauchsüberlassung, erbringt A.

Die wichtigsten Verträge, die im Wirtschaftsverkehr die größte Rolle spielen, sind die   76
gegenseitigen oder vollkommen zweiseitig verpflichtenden Verträge. In einem gegenseitigen Vertrag begründen beide Partner Leistungspflichten, die rechtlich gleichwertig
sind und gegenseitig voneinander abhängen. Die eine Partei verpflichtet sich gegenüber der anderen Partei nur deswegen, weil sich im Gegenzug die andere Partei ihr gegenüber verpflichtet.

77   Dieses **Gegenseitigkeitsverhältnis** der Hauptleistungen bezeichnet man auch mit dem lateinischen Begriff des *„do ut des"*: ich gebe, damit du gibst. Eine andere, aus dem Griechischen stammende Bezeichnung ist das *Synallagma*; man spricht von der synallagmatischen Verknüpfung von Leistung und Gegenleistung. Nur für solche gegenseitigen Pflichten gelten im Recht der Leistungsstörungen die Sondervorschriften der §§ 320 ff. BGB.

> **BEISPIELE** ▶ Das „Paradebeispiel" des gegenseitigen Vertrags ist der Kaufvertrag (§§ 433 ff. BGB). Weitere ausgewählte Beispiele aus der Vielzahl gegenseitiger Verträge sind der Mietvertrag (§§ 535 ff. BGB), der Dienst- oder Arbeitsvertrag (§§ 611 ff. BGB) und der Werkvertrag (§§ 631 ff. BGB).

§ 5 Abgabe und Zugang von Willenserklärungen

LITERATUR:

Brauer, Vertragsschluss und Zugang bei Verträgen mit Minderjährigen, JuS 2004, 472; *Brox/Walker*, BGB AT, Rn. 141 ff.; *Czeguhn*, Vertragsschluss im Internet, JA 2001, 708; *Eisfeld*, Der Zugang von Willenserklärungen, JA 2006, 851; *Höland*, Verzögerung, Verwirkung, Vereitelung – Probleme des Zugangs von Willenserklärungen am Beispiel einer Arbeitgeberkündigung, Jura 1998, 352; *Joussen*, Abgabe und Zugang von Willenserklärungen unter Einschaltung einer Hilfsperson, Jura 2003, 577; *Mankowski*, Zum Nachweis des Zugangs bei elektronischen Willenserklärungen, NJW 2004, 1901; *Musielak*, Grundkurs BGB, Rn. 73 ff.; *Petersen*, Die Wirksamkeit der Willenserklärung, Jura 2006, 426; *Schreiber*, Abgabe und Zugang von Willenserklärungen, Jura 2002, 249; *Zaupitz/Kritter*, Electronic Commerce – Probleme bei Rechtsgeschäften im Internet, JuS 1999, 839.

Da es sich bei der Willenserklärung um eine private, auf die Erzielung einer Rechtsfolge gerichtete Willensäußerung handelt, **entsteht** sie grundsätzlich mit der Äußerung des Geschäftswillens. Damit wird sie aber noch nicht in jedem Fall bereits **wirksam**. Oft genügt die bloße Existenz der Willenserklärung nicht für ihre Wirksamkeit, sondern es müssen weitere Voraussetzungen zur bloßen Äußerung hinzutreten. Das gilt vor allem dann, wenn ein Vertrag abgeschlossen werden soll. Der Vertragspartner muss ja auf die Willenserklärung des Antragenden, auf das Vertragsangebot, reagieren. Denn der Vertrag kommt gem. §§ 146 ff. BGB erst durch die Annahme des Angebots zustande.   1

Eine Willenserklärung durchläuft auf ihrem Weg von der Entstehung beim Erklärenden bis zur Kenntnisnahme beim Empfänger **verschiedene Stadien**, die theoretisch alle als maßgebliche Zeitpunkte für das Wirksamwerden in Betracht kommen.   2

BEISPIEL ► Verfassen (Schreiben) eines Briefs mit einem Vertragsangebot → Einwurf in den Postkasten → Beförderung durch die Post → Einwurf in den Briefkasten des Empfängers → Lesen des Briefs durch den Empfänger

Der maßgebliche Zeitpunkt für das Wirksamwerden einer Willenserklärung muss so bestimmt werden, dass die Interessen der jeweils Beteiligten hinreichend berücksichtigt werden. Der frühestmögliche Zeitpunkt ist die Fertigstellung der Willenserklärung. So könnte ein Kündigungsschreiben in dem Zeitpunkt wirksam werden, zu dem der Erklärende das Schreiben fertig gestellt und unterschrieben hat. Eine derartige Betrachtungsweise entspräche aber einseitig den Interessen des Erklärenden und ließe die Interessen des Adressaten der Erklärung völlig außer Acht, der von der Existenz der Kündigungserklärung noch gar nichts erfahren hat. Als spätester Zeitpunkt für das Wirk-   3 samwerden kommt die Kenntnisnahme durch den Erklärungsempfänger in Betracht. Das käme einseitig den Interessen des Empfängers entgegen und würde die Interessen des Erklärenden völlig missachten. So kann es z. B. sein, dass der Empfänger seine Post immer erst am Sonntag liest und daher eine Kündigung nicht fristgemäß wirksam geworden ist. Richtigerweise muss ein **Kompromiss zwischen den Interessen des Erklärenden und denen des Erklärungsempfängers** gefunden werden.

4   Das Gesetz regelt die Frage, wann eine Willenserklärung wirksam wird, nur unvollständig. Die wesentlichen Anhaltspunkte und eine Teilregelung finden sich aber in **§ 130 Abs. 1 Satz 1 BGB**. Danach wird eine Willenserklärung, die einem anderen gegenüber abzugeben ist, dann, wenn sie in dessen Abwesenheit abgegeben wird, in dem Zeitpunkt wirksam, in dem sie dem Erklärungsempfänger zugeht. Ausdrücklich erfasst § 130 Abs. 1 Satz 1 BGB damit nur das Wirksamwerden von **empfangsbedürftigen Willenserklärungen gegenüber Abwesenden**. Dagegen regelt die Vorschrift weder das Wirksamwerden empfangsbedürftiger Willenserklärungen gegenüber Anwesenden noch das Wirksamwerden nicht empfangsbedürftiger Willenserklärungen. Aus § 130 Abs. 1 BGB ist aber immerhin zu entnehmen, dass zwischen Abgabe und Zugang einer Willenserklärung differenziert werden muss.

5   Danach sind die folgenden Fallgestaltungen zu unterscheiden:

▶ Wirksamwerden nicht empfangsbedürftiger Willenserklärungen,

▶ Wirksamwerden empfangsbedürftiger Willenserklärungen unter Abwesenden,

▶ Wirksamwerden empfangsbedürftiger Willenserklärungen unter Anwesenden.

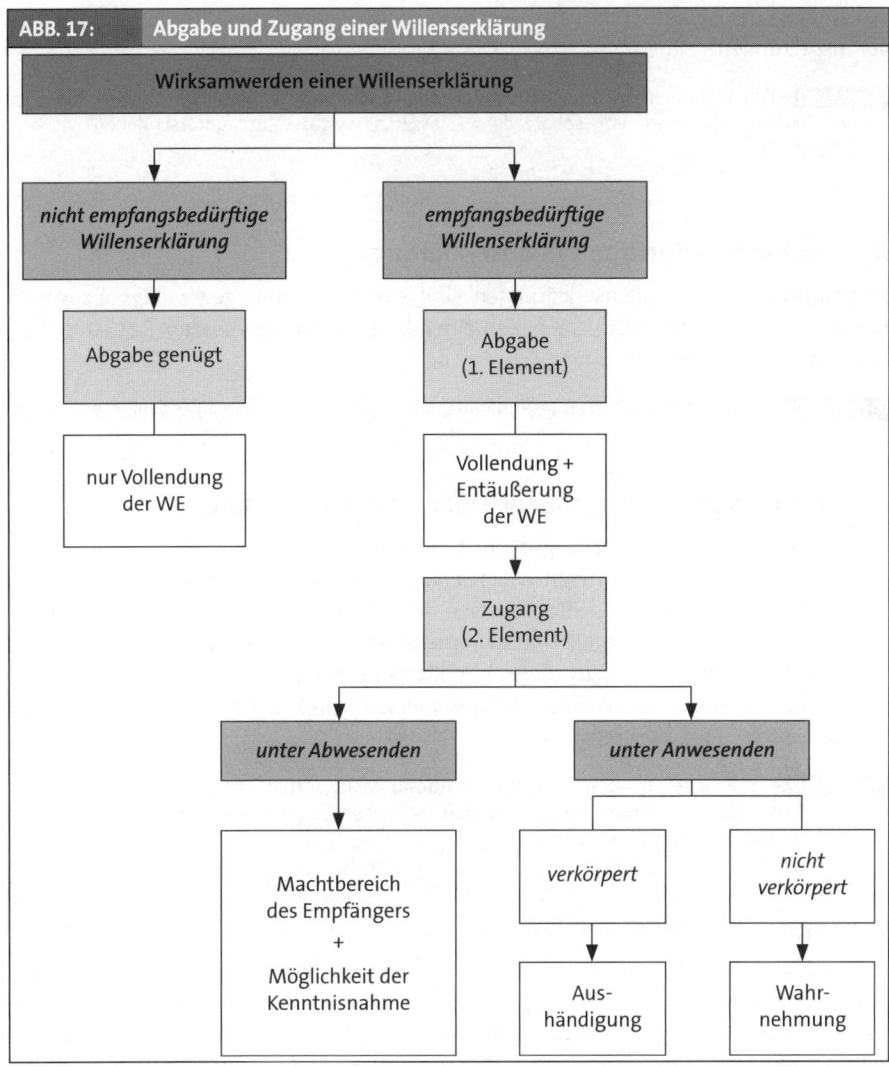

ABB. 17:   Abgabe und Zugang einer Willenserklärung

I. Nicht empfangsbedürftige Willenserklärungen

Nicht empfangsbedürftige Willenserklärungen sind **nicht an eine Person gerichtet**. Dabei handelt es sich um Ausnahmefälle.   6

BEISPIEL ▸ Das Testament (vgl. § 2064 BGB) richtet sich an keinen Erklärungsempfänger, der sich unmittelbar auf die Willenserklärung einstellen müsste.

Solche Willenserklärungen werden mit ihrer **Abgabe** wirksam, weil es keinen Empfänger gibt, dessen Interessen berücksichtigt werden müssen. Es genügt, dass der innere Wille nach außen erkennbar und wahrnehmbar geworden ist. Hier genügt die   7

Vollendung der Willenserklärung, also die Erfüllung ihrer gesetzlichen Tatbestandsvoraussetzungen.

> **BEISPIEL** ▶ Das Testament wird mit seiner Vollendung wirksam. Danach liegt ein wirksames eigenhändiges Testament vor, sobald der Erblasser es verfasst und unterschrieben hat (vgl. § 2247 BGB).

II. Empfangsbedürftige Willenserklärungen

8   Empfangsbedürftige Willenserklärungen sind einem anderen gegenüber abzugeben (vgl. § 130 Abs. 1 Satz 1 BGB). Sie haben einen **bestimmten Adressaten**. Das ist der Regelfall der Willenserklärung.

> **BEISPIELE** ▶ Vertragsangebot, Vertragsannahme, Kündigung, Anfechtung einer Willenserklärung.

1. Abgabe der empfangsbedürftigen Willenserklärung

9   Im Unterschied zur nicht empfangsbedürftigen Willenserklärung genügt die bloße Vollendung der empfangsbedürftigen Willenserklärung noch nicht für ihre **Abgabe**. Da sie sich an eine andere Person richtet, müssen deren Interessen Berücksichtigung finden. Deshalb muss die Erklärung nicht nur wahrnehmbar sein, sondern der Erklärende muss sie willentlich aus seinem Machtbereich in Richtung des Empfängers in Bewegung gesetzt haben. Er muss die Willenserklärung **vollendet und** sich ihrer **entäußert** haben. Das ist die sog. „Entäußerungstheorie".

> **BEISPIELE** ▶ Im **Beispiel** des Briefs, das ein Vertragsangebot enthält (Rn. 2), hat der Anbietende seine Willenserklärung nicht bereits mit dem Schreiben des Briefs abgegeben, sondern erst mit dem Einwurf in den Postkasten.

2. Zugang der Willenserklärung

10   Ungleich größere praktische Bedeutung haben die mit dem erforderlichen **Zugang** der Willenserklärung verbundenen Fragen. Denn eine empfangsbedürftige Willenserklärung wird, wie **§ 130 Abs. 1 Satz 1 BGB** (lesen!) zeigt, nicht bereits mit ihrer Abgabe, sondern erst mit dem Zugang beim Empfänger wirksam (vgl. auch Rn. 19 ff.). Der Zugang entscheidet nicht nur unmittelbar über das **Wirksamwerden der Willenserklärung**, sondern dadurch mittelbar auch über die **Einhaltung von Fristen** (z. B. §§ 121 Abs. 1 Satz 1, 124 Abs. 1 BGB bei der Anfechtung; beachte allerdings die Sonderregelung des § 121 Abs. 1 Satz 2 BGB; § 626 Abs. 2 BGB bei der außerordentlichen Kündigung). Da § 130 Abs. 1 Satz 1 BGB ausdrücklich nur den Zugang empfangsbedürftiger Willenserklärungen regelt, muss zwischen dem Zugang gegenüber Abwesenden und gegenüber Anwesenden unterschieden werden.

a) Zugang gegenüber Abwesenden

11   Nach allgemeiner Auffassung ist eine Willenserklärung einem Abwesenden dann zugegangen, wenn sie **so in den Machtbereich des Empfängers gelangt ist, dass dieser**

Kenntnis nehmen kann und dass unter normalen Umständen mit der Kenntnisnahme zu rechnen ist (vgl. nur BGHZ 67, 271, 275; Palandt/*Ellenberger*, § 130 Rn. 5). Bestand die Möglichkeit der Kenntnisnahme, kommt es nicht mehr darauf an, ob der Empfänger die Erklärung tatsächlich zur Kenntnis genommen hat. Anderenfalls würden einseitig die Interessen des Erklärungsempfängers berücksichtigt.

Der Begriff des Zugangs gegenüber Abwesenden besteht demnach aus zwei Komponenten. In **räumlicher** Hinsicht muss die Erklärung in den Machtbereich des Empfängers gelangt sein. Und in **zeitlicher** Hinsicht kommt es darauf an, wann der Empfänger unter normalen Umständen von der Erklärung Kenntnis nimmt.   12

> **BEISPIEL** ▶ Im **Beispiel** des **Briefs**, der ein Vertragsangebot enthält (Rn. 2), gelangt die Willenserklärung des Anbietenden mit dem Einwurf in den Briefkasten des potentiellen Vertragspartners in dessen Machtbereich. Damit liegt aber erst das räumliche Element vor. Zeitlich kommt es darauf an, wann normalerweise damit gerechnet werden kann, dass der Empfänger seinen Briefkasten leert. Beim Einwurf vor der üblichen Leerungszeit geht der Brief noch am selben Tag zu, beim Einwurf nach der üblichen Leerungszeit (z. B. nachts) erst am nächsten Tag. Im Geschäftsverkehr sind die üblichen Geschäfts- und Öffnungszeiten maßgeblich.

> **WEITERE BEISPIELE** ▶ Ein **Einschreiben** geht dem Empfänger nicht bereits zu, wenn der Postbote den Benachrichtigungszettel über die Niederlegung in den Hausbriefkasten einwirft. Da die Benachrichtigung nichts über den Inhalt des Schreibens aussagt, geht dieses erst zu, wenn der Empfänger es bei der Post abholt (vgl. BGHZ 67, 271, 275 ff.). Etwas anderes gilt für **Zustellungen** i. S. des § 132 BGB, die nach den Vorschriften der §§ 192 ff., 178 ff. ZPO (Gerichtsvollzieher) oder §§ 185 ff. ZPO (öffentliche Zustellung) erfolgen. Hier ersetzt die Zustellung den Zugang.

> Wird ein Brief in ein **Postschließfach** eingelegt, geht er dessen Inhaber an dem Tag zu, an dem nach der Verkehrsanschauung mit einer Abholung zu rechnen ist. Gewöhnlich wird ein Postfach täglich oder zumindest in kurzen zeitlichen Abständen geleert. Der Inhaber kann sich dann auf eine verspätete Kenntnis wegen einer verzögerten Leerung nicht berufen (BGH NJW 2003, 3270, 3271).

> Eine per **E-Mail** übermittelte Willenserklärung gelangt in den Machtbereich des Empfängers, wenn sie abrufbereit in seiner Mailbox ankommt. In Bezug auf die Möglichkeit der Kenntnisnahme kommt es im geschäftlichen Bereich wie bei Briefen darauf an, ob die E-Mail zu den üblichen Geschäftszeiten eingetroffen ist. Gibt eine Privatperson ihre E-Mail-Adresse im Rechtsverkehr an, wird sich die Möglichkeit der Kenntnisnahme ebenfalls entsprechend den Grundsätzen zum Zugang von Briefen beurteilen (vgl. Palandt/*Ellenberger*, § 130 Rn. 7a).

b) Zugang gegenüber Anwesenden

Der Zugang empfangsbedürftiger Willenserklärungen gegenüber **Anwesenden** ist gesetzlich nicht geregelt. Das betrifft vor allem die Fälle, in denen Erklärender und Erklärungsempfänger unmittelbar im selben Raum miteinander kommunizieren. Trotz der räumlichen Entfernung liegt, wie sich aus § 147 Abs. 1 Satz 2 BGB (lesen!) ergibt, auch dann eine Erklärung unter Anwesenden vor, wenn ein **Telefongespräch** geführt wird und der Angerufene selbst abhebt. Springt dagegen nur der Anrufbeantworter an und hinterlässt der·Anrufer eine Nachricht, handelt es sich um eine Erklärung unter Abwesenden. Eine Erklärung unter Anwesenden liegt ferner vor, wenn ein **Vertreter** des Adressaten die Erklärung entgegennimmt. Denn der Zugang einer Erklärung bei einem Vertreter des Erklärungsempfängers wirkt wie der Zugang beim Erklärungsempfänger selbst (vgl. § 164 Abs. 3 BGB).   13

14   Nach allgemeiner Auffassung folgt aus dem Grundgedanken des § 130 Abs. 1 Satz 1 BGB, dass auch diese Willenserklärungen erst mit dem **Zugang** wirksam werden. Dabei ist zu unterscheiden, ob es sich um eine schriftliche (= verkörperte) oder um eine mündliche (= nicht verkörperte) Willenserklärung handelt.

▶ Eine schriftlich **verkörperte Willenserklärung** geht dem Empfänger entsprechend § 130 Abs. 1 Satz 1 BGB zu, sobald sie in dessen Machtbereich gelangt und dieser die Möglichkeit der Kenntnisnahme hat. Danach geht ein Brief oder ein Schreiben dem Empfänger regelmäßig mit der **Aushändigung** zu.

▶ Eine mündliche, **nicht verkörperte Willenserklärung** geht dem Empfänger nach der sog. „Wahrnehmungstheorie" oder „Vernehmungstheorie" regelmäßig dann zu, wenn der Empfänger sie **wahrgenommen** hat. Hat der Empfänger die Erklärung **nicht vernommen**, weil er z. B. schlecht hört, kommt es für den Zugang darauf an, ob der Erklärende unter normalen Umständen damit rechnen konnte, dass der Empfänger die Erklärung wahrnimmt. Musste er vernünftigerweise keinen Zweifel daran haben, dass der Empfänger die Erklärung verstanden hat, ist sie zugegangen; weiß der Erklärende dagegen von der Schwerhörigkeit oder merkt er an der Reaktion, dass der Empfänger die Erklärung nicht verstanden hat, ist sie nicht zugegangen (vgl. *Brox/Walker*, BGB AT, Rn. 156).

c) Zugangshindernisse

15   Manchmal kommt es vor, dass der Adressat durch sein Verhalten den Zugang der Willenserklärung verhindert oder verzögert. Die rechtlichen Folgen solcher Zugangshindernisse sind gesetzlich nicht geregelt. Sie müssen unter **Abwägung der betroffenen Interessen** bestimmt werden.

16   Verhindert der Adressat den rechtzeitigen Zugang der Willenserklärung bewusst und ohne anerkennenswerten Grund, muss er sich so behandeln lassen, als wäre die Erklärung zugegangen, und zwar zu dem Zeitpunkt, zu dem unter normalen Umständen die Möglichkeit der Kenntnisnahme bestand. Eine **unberechtigte Zugangsvereitelung oder Zugangsverzögerung** geht zu Lasten des Empfängers. Das folgt aus dem Gedanken des § 162 Abs. 1 BGB. Danach gilt eine Bedingung als eingetreten, wenn der Bedingungseintritt von der Partei, zu deren Nachteil er gereichen würde, wider Treu und Glauben verhindert wird.

> **BEISPIEL** ▶ Arbeitnehmer N weiß, dass sein Arbeitgeber G ihm wegen einer erheblichen Pflichtverletzung gem. § 626 Abs. 1 BGB fristlos kündigen will. Als der Postbote kurz vor Ablauf der Zwei-Wochen-Frist des § 626 Abs. 2 BGB an seiner Haustür klingelt, geht N davon aus, dass das Einschreiben, welches der Postbote abgeben will, von G stammt und die Kündigung seines Arbeitsverhältnisses enthält. Deshalb öffnet N nicht. Er ignoriert auch den Benachrichtigungszettel und holt das Einschreiben nicht bei der Post ab. Hier muss N sich so behandeln lassen, als wäre ihm das Kündigungsschreiben zugegangen, und zwar zu dem Zeitpunkt, als der Postbote es ihm übergeben wollte.

Dem gegenüber geht eine **berechtigte Zugangsverweigerung** zu Lasten des Erklären-   17
den. Sie liegt vor, wenn das Zugangshindernis aus der Sphäre des Erklärenden stammt.

BEISPIEL ▶ N verweigert die Annahme des Kündigungsschreibens, weil G es nicht ausreichend
frankiert hat und der Postbote bei N ein Nachporto erheben will.

d) Zugang gegenüber Geschäftsunfähigen und Minderjährigen

Ist die Willenserklärung gegenüber einem **Geschäftsunfähigen** (vgl. § 104 BGB) abzuge-   18
ben, muss sie dem gesetzlichen Vertreter zugehen (§ 131 Abs. 1 BGB). Dasselbe gilt
grundsätzlich, wenn die Erklärung gegenüber einem **beschränkt Geschäftsfähigen**
(§ 106 BGB) abzugeben ist (§ 131 Abs. 2 Satz 1 BGB). Ähnlich wie gem. § 107 und § 111
BGB genügt aber der Zugang gegenüber dem Minderjährigen, wenn die Erklärung ihm
lediglich einen rechtlichen Vorteil bringt oder wenn der gesetzliche Vertreter seine Einwilligung erteilt hat.

e) Wirkung des Zugangs empfangsbedürftiger Willenserklärungen

Mit dem Zugang wird die Willenserklärung für den Erklärenden **bindend** (vgl. auch   19
Rn. 10). Das Wirksamwerden der Erklärung und damit die Bindungswirkung können
verhindert werden, indem die Erklärung vor ihrem Zugang oder gleichzeitig **widerrufen**
wird (§ 130 Abs. 1 Satz 2 BGB).

BEISPIEL ▶ Arbeitnehmer N ist nach einem Streit mit seinem Arbeitgeber G so zornig, dass er am
Freitag ein Kündigungsschreiben aufsetzt und zur Post bringt. Das Schreiben landet am Samstag, an dem bei G nicht gearbeitet wird, im Briefkasten des Betriebs. Am selben Tag bereut N
sein Verhalten. Er verfasst einen schriftlichen Widerruf der Kündigung, den er selbst noch am
Sonntag in den Briefkasten des Betriebs des G wirft. Hier ist das erste Schreiben zwar schon
am Samstag in den Herrschaftsbereich des G gelangt, das zweite erst am Sonntag. Da es sich
um geschäftliche Schreiben handelte, die in den Briefkasten des Betriebs eingeworfen wurden,
war aber hinsichtlich beider Schreiben erst am Montag mit einer Kenntnisnahme durch G zu
rechnen. Der Widerruf ist daher rechtzeitig. Das gilt selbst dann, wenn G zufällig am Samstag
im Betrieb war und das Kündigungsschreiben bereits gelesen hatte.

Die **Bindungswirkung** kann ferner in der Erklärung selbst **ausgeschlossen** werden, z. B.   20
durch die Klausel „Angebot freibleibend". Dann weiß der Erklärungsempfänger, dass
der Erklärende an das Angebot nicht gebunden sein will und kann sich darauf einstellen.

Wichtige **gesetzliche Widerrufsmöglichkeiten für Verbraucher** gewährt § 355 BGB. Da-   21
nach kann ein Verbraucher (§ 13 BGB) seine auf den Abschluss bestimmter Verträge
gerichtete Willenserklärung ohne Angabe von Gründen binnen zwei Wochen widerrufen (§ 355 Abs. 1 Satz 2 BGB). Dieses Widerrufsrecht sieht das Gesetz vor allem bei
Haustürgeschäften (§ 312 Abs. 1 BGB), Fernabsatzverträgen (§ 312d Abs. 1 BGB) und
Verbraucherdarlehensverträgen (§ 495 BGB) vor (näher dazu etwa *Brox/Walker*, BGB AT,
Rn. 199 ff.).

§ 6 Wirksamkeitsvoraussetzungen des Rechtsgeschäfts

I. Die Form des Rechtsgeschäfts

LITERATUR:

Boente/Riehm, Das BGB im Zeitalter digitaler Kommunikation – Neue Formvorschriften, Jura 2001, 793; *Brox/Walker*, BGB AT, Rn. 298 ff.; *Ebnet*, Rechtsprobleme bei der Verwendung von Telefax, NJW 1992, 2985; *Eisenhardt*, Einführung in das Bürgerliche Recht, Rn. 156 ff.; *Hähnchen*, Das Gesetz zur Anpassung der Formvorschriften des Privatrechts und anderer Vorschriften an den modernen Rechtsgeschäftsverkehr, NJW 2001, 2831; *Kaulbach*, Typenzwang im BGB?, JuS 2011, 397; *Klunzinger*, Einführung in das Bürgerliche Recht, § 12; *Maier-Reimer*, Die Form verbundener Verträge, NJW 2004, 3741; *Noack*, Digitaler Rechtsverkehr: Elektronische Signatur, elektronische Form und Textform, Deutsches Steuerrecht (DStR) 2001, 1893; *Roßnagel*, Das neue Recht elektronischer Signaturen – Neufassung des Signaturgesetzes und Änderung des BGB und der ZPO, NJW 2001, 1817; *Schnorr*, Die rechtliche Behandlung irrtümlich angenommener Formerfordernisse, JuS 2006, 115.

1 Das BGB geht aus Gründen der Zweckmäßigkeit und seiner liberalistischen Ausrichtung entsprechend vom **Grundsatz der Formfreiheit** aus (vgl. § 4 Rn. 69). Danach muss eine Form nur dann eingehalten werden, wenn eine gesetzliche Vorschrift das besonders anordnet. Wichtige **Beispiele solcher Formvorschriften** sind etwa:

► § 311b Abs. 1 Satz 1 BGB (notarielle Beurkundung des Grundstückskaufvertrags),

► § 518 Abs. 1 Satz 1 BGB (notarielle Beurkundung des Schenkungsversprechens beim Schenkungsvertrag),

► § 623 BGB (Schriftform der Kündigung des Arbeitsverhältnisses und des arbeitsrechtlichen Aufhebungsvertrags),

► § 766 Satz 1 BGB (Schriftform der Bürgschaftserklärung).

2 **Gesetzliche Formvorschriften** sind also die **Ausnahme** zum Grundsatz der Formfreiheit. Darüber hinaus steht es den Parteien eines Vertrags natürlich frei, ein Formerfordernis zu **vereinbaren**; auch das gehört zur Vertragsfreiheit (vgl. § 311 Abs. 1; § 127 BGB).

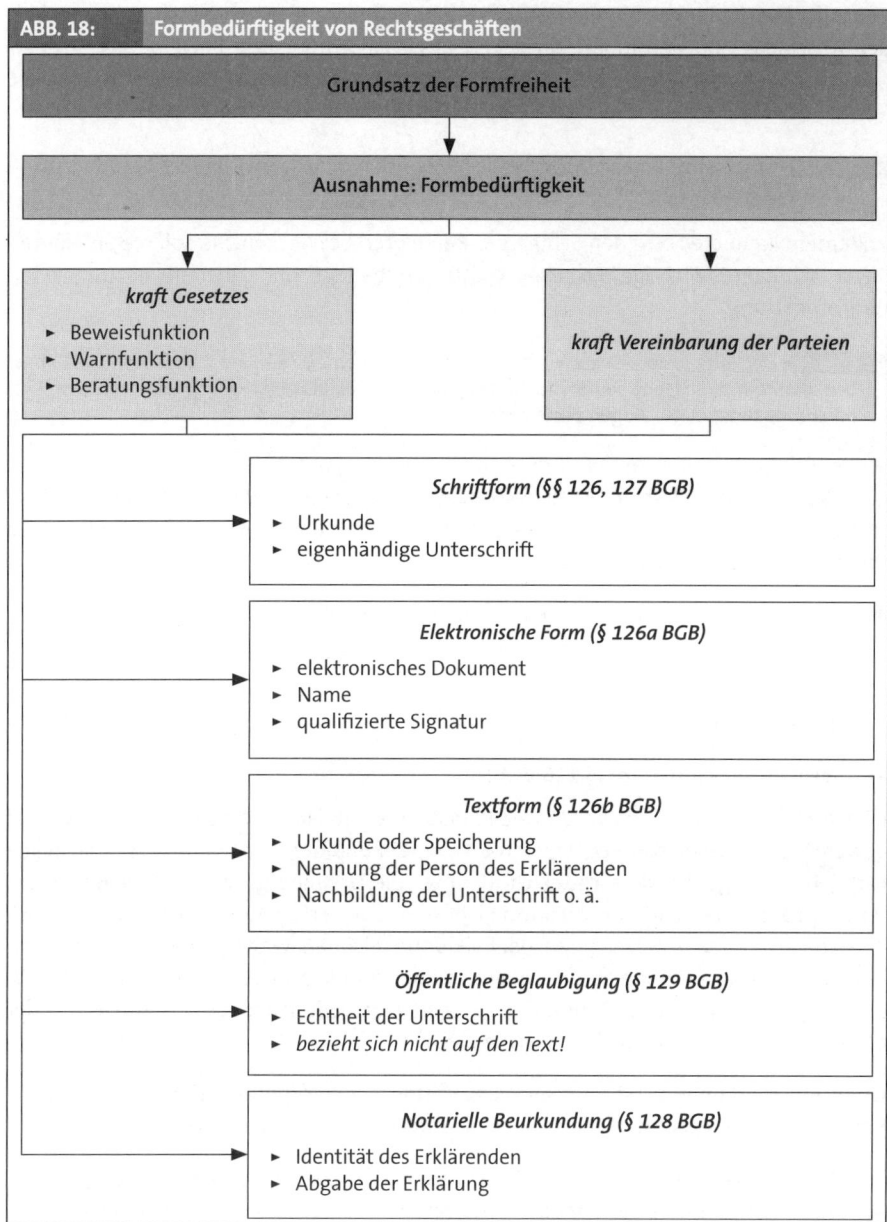

ABB. 18: Formbedürftigkeit von Rechtsgeschäften

Grundsatz der Formfreiheit

Ausnahme: Formbedürftigkeit

kraft Gesetzes
► Beweisfunktion
► Warnfunktion
► Beratungsfunktion

kraft Vereinbarung der Parteien

Schriftform (§§ 126, 127 BGB)
► Urkunde
► eigenhändige Unterschrift

Elektronische Form (§ 126a BGB)
► elektronisches Dokument
► Name
► qualifizierte Signatur

Textform (§ 126b BGB)
► Urkunde oder Speicherung
► Nennung der Person des Erklärenden
► Nachbildung der Unterschrift o. ä.

Öffentliche Beglaubigung (§ 129 BGB)
► Echtheit der Unterschrift
► *bezieht sich nicht auf den Text!*

Notarielle Beurkundung (§ 128 BGB)
► Identität des Erklärenden
► Abgabe der Erklärung

1. Formzwecke

Formvorschriften können **unterschiedliche Zwecke** verfolgen. Schreibt das Gesetz die   3
Einhaltung einer Form vor, hat der Gesetzgeber meist mehrere dieser Zwecke gleichzeitig verfolgt.

4   Zunächst hat die Einhaltung der Schriftform oder anderer Formen meistens den Zweck, den Abschluss und den Inhalt eines Vertrags nachprüfbar und beweiskräftig niederzulegen (**Beweisfunktion**). Aus diesem Grund vereinbaren die Parteien häufig die Schriftform für Verträge, die kraft Gesetzes formfrei abgeschlossen werden können.

> **BEISPIEL** ▶ Langfristige Lieferverträge, bei denen es sich rechtlich um nicht formbedürftige Kauf- oder Werkverträge handelt.

5   Außerdem kann die Form den Schutz der Beteiligten bezwecken. Sie soll die Beteiligten davor schützen, wichtige Rechtsgeschäfte unüberlegt und übereilt abzuschließen (**Warnfunktion**).

> **BEISPIEL** ▶ Der Bürge muss seine Bürgschaftserklärung gem. § 766 Satz 1 BGB schriftlich abgeben, damit ihm die Höhe seiner möglichen (und in der Realität häufig sich realisierenden) Verpflichtung deutlich vor Augen gestellt wird.

6   Schließlich kann eine Formvorschrift den Sinn haben, dass die Parteien beim Abschluss eines Vertrags über dessen rechtliche Folgen beraten werden (**Beratungsfunktion**). Eine sachgerechte Beratung will der Gesetzgeber vor allem dann gewährleisten, wenn er die notarielle Beurkundung anordnet.

> **BEISPIEL** ▶ Grundstückskaufvertrag (§ 311b Abs. 1 Satz 1 BGB)

2. Arten der Formen

a) Gesetzliche Schriftform (§ 126 BGB)

7   Die gesetzliche Schriftform wird in § 126 BGB geregelt. Nach dessen Abs. 1 ist sie dann gewahrt, wenn über das Rechtsgeschäft eine **Urkunde** erstellt worden ist und beide Parteien ihre **eigenhändige Unterschrift** unter die Urkunde gesetzt haben. Bei einem **Vertrag** stehen den Parteien zwei Möglichkeiten zur Verfügung: Sie können beide auf derselben Urkunde unterzeichnen, oder sie unterzeichnen, wenn jede Partei eine gleich lautende Vertragsurkunde erhält, jeweils auf der für die andere Partei bestimmten Urkunde (§ 126 Abs. 2 BGB). Erforderlich ist also, dass jede Partei eine Urkunde mit der eigenhändigen Unterschrift ihres Partners erhält.

8   Unter einer **Urkunde** versteht man die **schriftliche Verkörperung einer Erklärung**. Die Vertragsurkunde verkörpert die Willenserklärungen der Vertragsparteien.

9   Die **Unterschrift** muss die Urkunde abschließen. Sie muss **unter der Erklärung** stehen. Außerdem muss eine **eigenhändige Unterschrift** vorliegen. Diese Anforderung der Eigenhändigkeit erfüllen Stempel oder Faksimiles nicht. Gleiches gilt für das Telefax, weil der Empfänger nur eine Kopie der Unterschrift des Absenders erhält. Möglich ist dagegen die Unterschrift durch einen **Stellvertreter**. Die Schriftform wird gewahrt, wenn der Stellvertreter mit seinem Namen und einem Zusatz wie „in Vertretung" oder „im Auftrag" unterschreibt, um seine Vertretung zu kennzeichnen (vgl. § 164 Abs. 1 BGB; näher dazu § 14 Rn. 7 ff.). Es kann auch genügen, wenn er mit dem Namen des Vertretenen unterzeichnet (vgl. RGZ 74, 72).

Das Gesetz schreibt die Schriftform z. B. in den folgenden Fällen vor: 10

▶ Kündigung eines Arbeitsverhältnisses oder Abschluss eines arbeitsrechtlichen Aufhebungsvertrags (§ 623 BGB);

▶ Bürgschaftserklärung (§ 766 Satz 1 BGB);

▶ Schuldanerkenntnis (§ 781 Satz 1 BGB).

Die gesetzliche Schriftform kann durch die **Einhaltung anderer Formen** gewahrt werden, und zwar   11

▶ durch die elektronische Form gem. § 126a BGB, sofern sich nicht aus dem Gesetz etwas anderes ergibt (§ 126 Abs. 3 BGB), oder

▶ durch die notarielle Beurkundung gem. § 128 BGB (§ 126 Abs. 4 BGB).

b) Elektronische Form (§ 126a BGB)

Die Schriftform wird im Hinblick darauf, dass Willenserklärungen immer häufiger als   12
E-Mails abgegeben werden, durch die sog. elektronische Form ergänzt. Andere Beispiele für Willenserklärungen in elektronischer Form sind die **Mausklicks** zur Bestätigung eines Kaufs aus dem „Warenkorb" oder bei einer Versteigerung im Internet. Die Ergänzung ist notwendig, weil solche elektronischen Willenserklärungen keine eigenhändige Unterschrift tragen und damit die gesetzliche Schriftform nicht erfüllen.

Zur **Erleichterung des Rechtsverkehrs** und zur Anpassung an die neuen technischen   13
Möglichkeiten kann die Schriftform überall dort durch die elektronische Form ersetzt werden, wo das Gesetz nichts anderes vorsieht (§ 126 Abs. 3 BGB). Wichtige Beispiele solcher gesetzlichen **Ausnahmen** finden sich im Arbeitsrecht. Danach ist die elektronische Form etwa bei der Kündigung des Arbeitsverhältnisses und beim arbeitsrechtlichen Aufhebungsvertrag ausgeschlossen (§ 623, 2. Hs. BGB). Dasselbe gilt für die Erteilung des Arbeitszeugnisses (§ 109 Abs. 3 GewO).

Die Einhaltung der elektronischen Form setzt gem. § 126a Abs. 1 BGB dreierlei voraus: 14

▶ Die Erklärung muss in einem **elektronischen Dokument** verkörpert sein. Das heißt, dass die Ziffern oder Zeichen in digitaler Gestalt vorliegen müssen, die am Bildschirm oder durch einen Ausdruck in Schriftzeichen umgewandelt und somit lesbar gemacht werden können.

▶ Der **Aussteller** muss der Erklärung **seinen Namen hinzufügen**. Dadurch schließt er, ähnlich wie bei der Unterschrift, das Dokument ab und deckt mit seinem Namen dessen Inhalt.

▶ Schließlich muss das Dokument mit einer **qualifizierten elektronischen Signatur** nach dem **Signaturgesetz** versehen sein, um Missbräuche auszuschließen. Das Verfahren ist vergleichsweise umständlich (vgl. zu den Einzelheiten etwa Palandt/*Ellenberger*, § 126a Rn. 3 ff. sowie die oben angegebenen Aufsätze).

c) Gesetzliche Textform (§ 126b BGB)

Dem Bedürfnis nach einer Erleichterung der Schriftform, das vor allem bei Massen   15
erklärungen besteht, soll die sog. Textform Rechnung tragen. Dabei handelt es sich, kurz gesagt, um die **Fixierung einer Erklärung in lesbar zu machenden Zeichen**. Diese

Form verlangt weder die Verkörperung in einer Urkunde noch eine eigenhändige Unterschrift (so jeweils die Schriftform) noch eine qualifizierte elektronische Signatur (so die elektronische Form). Damit stellt die Textform **geringere Anforderungen als die Schriftform und die elektronische Form.**

16   Wegen ihrer geringeren Anforderungen kommt die Textform nur dort in Betracht, wo die Warn- und die Beweisfunktion eine vergleichsweise schwache Bedeutung haben. Deshalb sieht der Gesetzgeber sie vor allem bei rechtsgeschäftsähnlichen Handlungen oder bei Rechtsgeschäften von geringerer Bedeutung vor. **Zulässig** ist die Textform z. B. in den folgenden Fällen:

▶ Mieterhöhungsverlangen des Vermieters von Wohnraum (§ 558a Abs. 1 BGB),

▶ Widerruf des Verbrauchers bei Verbraucherverträgen (§ 355 Abs. 1 Satz 2 BGB),

▶ Belehrung des Verbrauchers über sein Widerrufsrecht (§ 355 Abs. 2 Satz 1 BGB),

▶ Beschaffenheits- und Haltbarkeitsgarantie des Verkäufers (§ 477 Abs. 2 BGB).

17   Die **Einhaltung der Textform** setzt dreierlei voraus:

▶ Die Erklärung muss in einer **Urkunde** (z. B. Fax) oder auf eine **andere zur dauerhaften Wiedergabe in Schriftzeichen geeigneten Weise** abgegeben werden. Dem Erklärungsempfänger muss es möglich sein, die Erklärung mit verkehrsüblichen technischen Mitteln zu speichern und zu reproduzieren (z. B. Internetseiten).

▶ Die **Person des Erklärenden** ist zu nennen, damit die Erklärung zugeordnet werden kann.

▶ Die Erklärung muss durch **Namensunterschrift** oder eine **andere Kenntlichmachung** abgeschlossen werden. Anders als bei der Schriftform bedarf es keiner eigenhändigen Unterschrift (vgl. § 126 Abs. 1 BGB), sondern es genügt eine Nachbildung der Unterschrift. Das können etwa Faksimilestempel, andere mechanische Vervielfältigungsmethoden oder eingescannte Unterschriften sein. Es reicht sogar aus, wenn sich die Person des Erklärenden aus dem Text der Erklärung ergibt und die Erklärung durch einen geeigneten Hinweis wie z. B. Ort und Datum abgeschlossen wird (vgl. *Brox/Walker*, BGB AT, Rn. 300).

d) Notarielle Beurkundung und öffentliche Beglaubigung (§§ 128, 129 BGB)

18   Als **besonders strenge Formen** kennt das BGB schließlich die öffentliche Beglaubigung (§ 129 BGB) und die notarielle Beurkundung (§ 128 BGB). Die erstgenannte ist die „schwächere" dieser beiden öffentlichen Formen; deshalb kann sie durch die notarielle Beurkundung ersetzt werden (§ 129 Abs. 2 BGB). Einzelheiten sind im **Beurkundungsgesetz** (BeurkG) geregelt.

19   Bei der **öffentlichen Beglaubigung** wird **nur** die Echtheit (Authentizität) der **Unterschrift** oder des Handzeichens des Erklärenden bestätigt: Der Notar bestätigt, dass die Unterschrift oder das Handzeichen tatsächlich von der Person stammt, welche die Erklärung unterzeichnet hat. Dagegen bezieht sich die öffentliche Beglaubigung **nicht** auf den **Text** der beglaubigten Erklärung (vgl. § 40 Abs. 3 BeurkG).

20   Die **notarielle Beurkundung** geht weiter als die öffentliche Beglaubigung. Es wird bestätigt, dass der Erklärende die in der Urkunde niedergelegte **Erklärung vor dem Notar**

abgegeben hat (§§ 8 ff. BeurkG). Das erforderliche Vorlesen der Urkunde hat Warn-, das Aufsetzen der Urkunde Beratungsfunktion.

e) Gewillkürte Schriftform und andere Formen (§ 127 BGB)

Die Parteien können dort, wo das Gesetz kein Formerfordernis vorsieht, die Einhaltung einer bestimmten Form vereinbaren. Der häufigste Fall ist die Vereinbarung der **Schriftform**, den § 127 Abs. 1 BGB regelt. Darüber hinaus erfasst die Vorschrift die Vereinbarung der elektronischen Form gem. § 126a BGB und der Textform gem. § 126b BGB. Gegenüber der gesetzlich bestimmten Schriftform und elektronischen Form sehen § 127 Abs. 2 und 3 BGB **Erleichterungen** vor. Außerdem können die Parteien grundsätzlich eine strengere als die gesetzlich vorgeschriebene Form vereinbaren, z. B. die Kündigung des Mietvertrags durch eingeschriebenen Brief.   21

3. Folgen von Verstößen gegen Formvorschriften

Die Rechtsfolgen, welche die Nichteinhaltung der Formvorschriften nach sich zieht, richten sich nach **§ 125 BGB**. Insoweit ist zwischen gesetzlichen und gewillkürten Formvorschriften zu unterscheiden.   22

a) Nichtbeachtung der gesetzlichen Form

Die Rechtsfolge eines Verstoßes gegen gesetzliche Formvorschriften regelt **§ 125 Satz 1 BGB**: Ein ohne die Einhaltung der gesetzlich vorgeschriebenen Form abgeschlossenes Rechtsgeschäft ist **nichtig**.   23

> **BEISPIEL** ▶ Die mündlich erklärte Kündigung des Arbeitnehmers ist gem. §§ 623, 125 Satz 1 BGB nichtig und beendet das Arbeitsverhältnis nicht.

In manchen Fällen widerspräche es allerdings dem Schutzzweck der Formvorschrift und teilweise auch der Lebenswirklichkeit, wenn das Geschäft auf Dauer nichtig bliebe, obwohl die Parteien die vorgesehenen Leistungen zwischenzeitlich ausgetauscht haben. Wird durch eine solche Erfüllung die Warn- und Beweisfunktion der Formvorschrift entbehrlich, sieht der Gesetzgeber eine **Heilung des Formmangels** vor. Die wichtigsten Beispiele sind die Heilung durch Erfüllung bei   24

► einem Grundstückskaufvertrag gem. § 311b Abs. 1 Satz 2 BGB,

► einer Schenkung gem. § 518 Abs. 2 BGB und

► einem Bürgschaftsversprechen gem. § 766 Satz 2 BGB.

Keine Heilung sehen dagegen z. B. § 623 und § 781 BGB vor. Eine mündlich erklärte Kündigung des Arbeitsverhältnisses oder ein mündlicher arbeitsrechtlicher Aufhebungsvertrag ist und bleibt daher zum Schutz der Erklärenden ebenso unwirksam wie ein mündliches Schuldanerkenntnis.   25

b) Nichtbeachtung der gewillkürten Form

Grundsätzlich gleich geregelt sind die Rechtsfolgen eines Verstoßes gegen die rechtsgeschäftlich bestimmte Form. Allerdings führt die Nichteinhaltung einer vereinbarten   26

Form gem. **§ 125 Satz 2 BGB** nicht zwingend, sondern nur **im Zweifel zur Nichtigkeit** des Rechtsgeschäfts. Daher muss ermittelt werden, ob die Parteien trotzdem wollen, dass das Rechtsgeschäft wirksam ist. Dient die Vereinbarung der Form nur der Beweissicherung, bleibt das Geschäft wirksam. Im Übrigen können die Parteien jederzeit einvernehmlich vereinbaren, auf die Einhaltung der zuvor vereinbarten Form zu verzichten. Ein solcher Formverzicht kann seinerseits formlos und durch schlüssiges Verhalten vereinbart werden.

II. Inhaltliche Schranken des Rechtsgeschäfts

27 Das BGB folgt zwar dem Grundsatz der Privatautonomie, der dem Einzelnen weitestgehend die Freiheit zur Gestaltung seiner Rechtsverhältnisse gewährt. Im Hinblick auf ein gedeihliches Zusammenleben kann diese Freiheit aber nicht schrankenlos gewährt werden, sondern muss an bestimmten äußeren Grenzen enden (vgl. § 2 Rn. 13 ff.). Die Rechtsordnung erkennt Rechtsgeschäfte dann nicht mehr an, wenn sie bestimmte inhaltliche Mindestanforderungen nicht einhalten. Verstößt ein Rechtsgeschäft gegen ein gesetzliches Verbot oder gegen die guten Sitten, versagt ihm die Rechtsordnung die Anerkennung. Das betreffende Rechtsgeschäft ist nichtig. Die Verbote der Gesetzwidrigkeit in § 134 BGB und der Sittenwidrigkeit in § 138 BGB bilden die **äußersten Grenzen der Privatautonomie**.

1. Verstoß gegen ein gesetzliches Verbot (§ 134 BGB)

LITERATUR:

Brox/Walker, BGB AT, Rn. 320 ff.; *Klunzinger*, Einführung in das Bürgerliche Recht, § 13 I; *Petersen*, Gesetzliches Verbot und Rechtsgeschäft, Jura 2003, 532.

28 Nach **§ 134 BGB** ist ein Rechtsgeschäft, das gegen ein gesetzliches Verbot verstößt, nichtig, wenn sich aus dem Gesetz nichts anderes ergibt. Die **Prüfung** erfolgt in **zwei Schritten**. Im ersten Schritt muss ein Gesetz gefunden werden, dessen Bestimmungen im Widerspruch zum Inhalt des Rechtsgeschäfts oder zu dem Rechtserfolg stehen, der mit dem Rechtsgeschäft bezweckt wird. Im zweiten Schritt ist zu untersuchen, ob dieser Widerspruch so „stark" ist, dass das Rechtsgeschäft deswegen unwirksam sein soll.

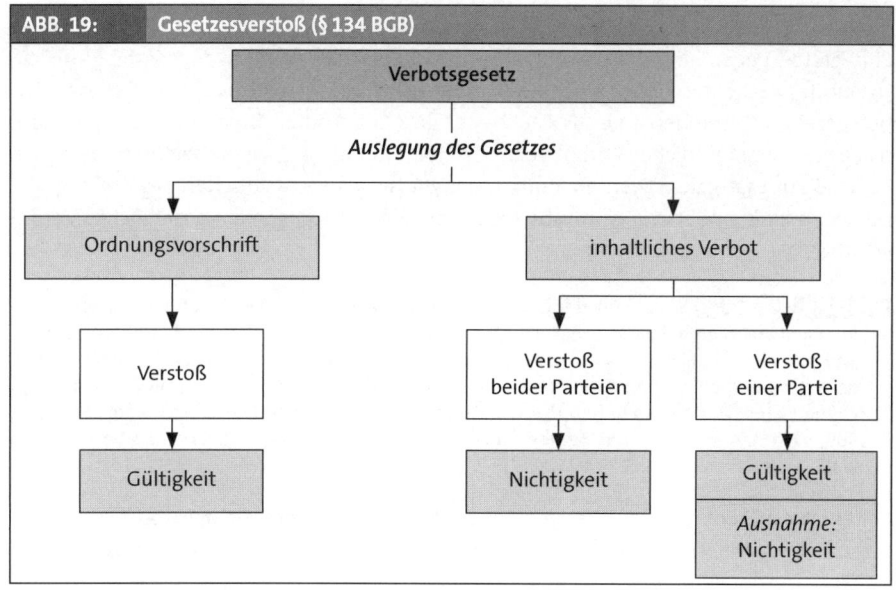

ABB. 19: Gesetzesverstoß (§ 134 BGB)

a) Verbotsgesetz

Gesetz i. S. des BGB und damit auch des § 134 BGB ist jede Rechtsnorm (Art. 2 EGBGB).   29
Verbotsgesetze können daher nicht nur formelle Gesetze, sondern auch Rechtsverord-
nungen oder Gewohnheitsrecht sein. Ob ein **Verbotsgesetz** vorliegt, ist im Wege der
Auslegung der betreffenden Rechtsnorm zu ermitteln. Es kommt darauf an, ob ein
Rechtsgeschäft wegen der besonderen Umstände, unter denen es vorgenommen wird,
wegen seines Inhalts oder wegen des bezweckten Rechtserfolgs untersagt ist. Viele Verbotsgesetze sind im Strafrecht enthalten. So ist etwa durch § 259 StGB (Hehlerei) der
Ankauf gestohlener Sachen verboten. Das gleiche Verbot gilt nach dem Betäubungs-
mittelgesetz (BtMG) für den An- und Verkauf von Drogen.

b) Rechtsfolgen des Verstoßes gegen ein Verbotsgesetz

Aus der einschränkenden Formulierung des § 134 BGB folgt, dass nicht jeder Verstoß   30
gegen ein Verbotsgesetz zur Nichtigkeit des entsprechenden Rechtsgeschäfts führt. Es
kommt darauf an, **was** genau durch das Verbotsgesetz **verhindert werden soll.**

aa) Verstoß gegen Ordnungsvorschriften

Richtet sich das Verbotsgesetz nicht gegen den durch das Geschäft herbeigeführten Er-   31
folg, sondern lediglich gegen die **Art und Weise seines Zustandekommens**, führt ein
Verstoß gegen das Gesetz **nicht zur Nichtigkeit.**

> **BEISPIEL** ▶ Bäcker B verkauft dem Studenten S nach Ladenschluss noch ein Brot. Der Verstoß ge-
> gen das Ladenschlussgesetz lässt die Wirksamkeit des Kaufvertrags zwischen B und S unbe-
> rührt. S kann also die Bezahlung des Brotes nicht mit der Begründung verweigern, der Kaufver-
> trag sei gem. § 134 BGB nichtig.

bb) Verstoß gegen inhaltliche Verbote

32   Ein Verstoß gegen ein **inhaltliches Verbot** führt ebenfalls nicht zwangsläufig zur Nichtigkeit des Rechtsgeschäfts. Auch hier kommt es darauf an, welches Verhalten das Verbotsgesetz unterbinden soll. Als Faustregel gilt: Grundsätzlich ist ein Rechtsgeschäft, das gegen ein inhaltliches Verbot verstößt, **nur** dann **nichtig, wenn beiden Parteien ein Verstoß zur Last gelegt werden kann**. Dagegen ist das Rechtsgeschäft regelmäßig gültig, wenn bloß eine Partei beim Abschluss des Geschäfts gegen ein gesetzliches Verbot verstößt.

> **BEISPIEL** ▶ Bauträger B hat mit dem Hausherrn H einen Vertrag über die Errichtung eines Einfamilienhauses geschlossen. B hat die Absicht, bei dem Hausbau Schwarzarbeiter einzusetzen, und tut das auch. H weiß davon nichts. Hier verstößt nur B gegen das Gesetz zur Bekämpfung der Schwarzarbeit, während dem H, der von alledem nichts weiß, kein Verstoß zur Last gelegt werden kann. Der zwischen B und H abgeschlossene Vertrag ist daher wirksam (vgl. BGHZ 89, 369, 373 ff.). Anders fiele das Ergebnis aus, wenn H wüsste, dass B Schwarzarbeiter einsetzen will.

33   Selten sind Verbotsgesetze, die sich gegen das Verhalten **nur einer Partei** richten und **trotzdem zur Nichtigkeit** des Rechtsgeschäfts führen, wenn diese Partei gegen das inhaltliche Verbot verstößt.

cc) Verpflichtungs- und Verfügungsgeschäft

34   Nach dem **Abstraktionsgrundsatz** (vgl. § 4 Rn. 49 ff.) sind die Wirksamkeit des Verpflichtungs- und diejenige des Verfügungsgeschäfts **getrennt** zu beurteilen. Verstößt also der Abschluss eines Verpflichtungsgeschäfts gegen ein gesetzliches Verbot, bleibt das Verfügungsgeschäft regelmäßig wirksam. Möglich ist allerdings die Rückforderung nach Bereicherungsrecht (§ 812 Abs. 1 Satz 1, 1. Fall BGB), sofern nicht die Sperre des § 817 Satz 2 BGB eingreift (näher zum Bereicherungsrecht § 41).

> **BEISPIEL** ▶ Beauftragt Mandant M den Rechtsberater R mit der entgeltlichen Besorgung seiner Rechtsangelegenheiten, obwohl R nicht die nach dem Rechtsdienstleistungsgesetz (RDG) erforderliche Erlaubnis besitzt, ist zwar der Geschäftsbesorgungsvertrag mit R nichtig, die Übereignung des Honorars an R aber wirksam (vgl. zu solchen Fallgestaltungen BGH NJW 2006, 2118; *Brox/Walker*, BGB AT, Rn. 326).

35   **Ausnahmsweise** ist neben dem Verpflichtungsgeschäft auch das Verfügungsgeschäft nichtig, wenn der Verbotszweck des Gesetzes dieses Geschäft ebenfalls erfasst.

> **BEISPIEL** ▶ Nach dem Zweck des Betäubungsmittelgesetzes (BtMG) sind sowohl die Verpflichtung zur Veräußerung von Drogen als auch die Veräußerung selbst verboten.

2. Verstoß gegen die guten Sitten (§ 138 BGB)

LITERATUR:

Armbrüster, Zivilrechtliche Folgen des Gesetzes zur Regelung der Rechtsverhältnisse der Prostituierten, NJW 2002, 2763; *Brox/Walker*, BGB AT, Rn. 329 ff.; *Honsell*, Die zivilrechtliche Sanktion der Sittenwidrigkeit, JA 1986, 573; *Klunzinger*, Einführung in das Bürgerliche Recht, § 13 III.

Die zweite inhaltliche Grenze für die rechtliche Anerkennung von Rechtsgeschäften bilden die guten Sitten (vgl. zu diesem Begriff bereits § 1 Rn. 6 ff.). Nach **§ 138 Abs. 1 BGB** ist ein Rechtsgeschäft nichtig, wenn es gegen die guten Sitten verstößt. Einen Spezialfall der Sittenwidrigkeit, den Wucher, erfasst **§ 138 Abs. 2 BGB**. Danach ist ein Rechtsgeschäft nichtig, wenn ein auffälliges Missverhältnis zwischen Leistung und Gegenleistung besteht und dieses Missverhältnis auf einer Ausbeutung der Zwangslage, der Unerfahrenheit, des Mangels an Urteilsvermögen oder der erheblichen Willensschwäche des anderen Teils beruht.   36

Der Wuchertatbestand des Absatzes 2 ist eine Sonderregelung gegenüber dem allgemeinen Tatbestand der Sittenwidrigkeit des Absatzes 1. Deshalb empfiehlt es sich, bei entsprechenden Anhaltspunkten im Sachverhalt **zunächst § 138 Abs. 2 BGB zu prüfen**. Diese Sonderregelung schließt allerdings den Rückgriff auf § 138 Abs. 1 BGB nicht aus. Deshalb kann ein wucherisches Rechtsgeschäft (also ein Rechtsgeschäft mit einem auffälligen Missverhältnis zwischen Leistung und Gegenleistung) immer noch nach § 138 Abs. 1 BGB nichtig sein, wenn die subjektiven Voraussetzungen des Wuchertatbestandes (die „Ausbeutung") nicht vorliegen oder nicht zu beweisen sind.   37

ABB. 20:	Sittenwidrigkeit (§ 138 BGB)

Verstoß gegen die guten Sitten (§ 138 Abs. 1 BGB)

► *objektive Sittenwidrigkeit*

„Verstoß gegen das Rechts- und Anstandsgefühl aller billig und gerecht Denkenden"

► *subjektive Voraussetzungen*

Kenntnis der Umstände, welche die Sittenwidrigkeit begründen

► *beiderseitiger Sittenverstoß*

ausnahmsweise Nichtigkeit bei sittenwidriger Benachteiligung gerade des Vertragspartners

► *typische Fallgruppen*

  – Rechtsgeschäfte über die Vornahme allgemein missbilligter Handlungen
  – Knebelungsverträge
  – Missbrauch einer Monopolstellung
  – Gläubigerbenachteiligung und Übersicherung
  – Verstöße gegen die Ehe- und Familienordnung
  – Verleiten zum Vertragsbruch

Wucher (§ 138 Abs. 2 BGB)

► *Sonderregelung gegenüber § 138 Abs. 1 BGB*

► *objektiver Tatbestand*

auffälliges Missverhältnis Leistung – Gegenleistung
(Faustregel: das Doppelte des marktüblichen Zinses)

► *subjektiver Tatbestand*

Ausnutzen der Zwangslage, der Unerfahrenheit, des mangelnden Urteilsvermögens oder der erheblichen Willensschwäche

a) Verstoß gegen die guten Sitten (§ 138 Abs. 1 BGB)

38 Der Begriff der „guten Sitten" ist ein sog. **„wertausfüllungsbedürftiger Rechtsbegriff"**. Andere sprechen von einer Generalklausel, also von einer Tatbestandsvoraussetzung, die nicht konkret, sondern sehr weit gefasst ist.

aa) Objektive Sittenwidrigkeit

39 Die Tatbestandsvoraussetzung der „guten Sitten" ist nicht aus sich heraus verständlich; der bloße Wortsinn allein genügt zum Verständnis und zur Auslegung nicht. Deshalb muss der Begriff durch **Wertungen** ausgefüllt und konkretisiert werden. Solche wertausfüllungsbedürftigen Rechtsbegriffe haben einerseits den **Vorteil der Flexibilität** – sie können den sich wandelnden Wertvorstellungen angepasst werden. Andererseits bergen sie die **Gefahr des Missbrauchs** – da sie selbst wertneutral sind, können sie, wie etwa im Nationalsozialismus, auch durch solche Wertungen ausgefüllt werden, die mit unserem heutigen Gerechtigkeitsverständnis nichts zu tun haben.

Deshalb müssen die Wertungen, anhand derer solche Begriffe ausgefüllt werden, mög- 40
lichst klar benannt und vor allem aus objektiven, allgemein verbindlichen Wertvorstellungen gewonnen werden. Da die meisten grundlegenden Wertvorstellungen unserer
Gesellschaft ihren Niederschlag in den wesentlichen Grundsätzen der Rechtsordnung
gefunden haben, ist zur notwendigen **Objektivierung** auf folgende Quellen zurück-
zugreifen:

▶ das im **Grundgesetz** und insbesondere in den **Grundrechten** verkörperte Wertesys-
tem,

▶ die in der **Rechtsordnung** selbst enthaltenen **rechtsethischen Werte und Prinzipien**,

▶ die herrschende **Rechts- und Sozialmoral**.

Die Rechtsprechung behilft sich mit einer Umschreibung, die auf die Motive zum Bür- 41
gerlichen Gesetzbuch (Begründung zum ersten Entwurf des BGB) zurückgeht. Danach
sind die **guten Sitten** dasjenige, was dem **„Rechts- und Anstandsgefühl aller billig und
gerecht Denkenden"** entspricht (vgl. Mot. II, 727; RGZ 48, 114, 124; 80, 219, 221;
BGHZ 52, 17, 20). Diese Umschreibung führt allerdings nicht viel weiter als der Begriff
„gute Sitten" selbst. Abzustellen ist auf das Rechts- und Anstandsgefühl des „anständigen Durchschnittsmenschen". Maßgeblich sind also weder besonders hohe Ansprüche
an die Sittlichkeit noch besonders laxe Einstellungen, seien sie auch weit verbreitet.

BEISPIELE ▶ Nach der Rechtsprechung sind die folgenden Rechtsgeschäfte sittenwidrig, obwohl
sie nicht von jedermann so empfunden werden oder in anderen Rechtsordnungen zulässig
sind:
▶ Gewinnspiele nach dem Schneeballprinzip, weil sie darauf ausgelegt sind, dass die überwiegende Anzahl der Teilnehmer ihren Einsatz verliert (BGH NJW 1997, 2314; 2006,
45, 46);
▶ „Leihmutterverträge", weil die Zeugung und die Austragung eines Kindes zum Gegenstand
eines Rechtsgeschäfts gemacht und damit das Kind zur Handelsware degradiert wird (OLG
Hamm NJW 1986, 781);
▶ Kaufverträge über Radarwarngeräte zur Verwendung im Geltungsbereich der StVO, weil
sie dem ordnungswidrigen Unterlaufen von Geschwindigkeitskontrollen dienen und Ge-
schwindigkeitsübertretungen mit den damit verbundenen Gefahren für Leib und Leben
Dritter begünstigen (BGH NJW 2005, 1490, 1491).

bb) Subjektive Sittenwidrigkeit

In **subjektiver Hinsicht** setzt ein Verstoß gegen die guten Sitten voraus, dass der Han- 42
delnde die Umstände kennt, aus denen sich die Sittenwidrigkeit ergibt. Dagegen ist es
nicht erforderlich, dass der Handelnde sein Verhalten selbst als sittenwidrig i. S. von
§ 138 Abs. 1 BGB bewertet.

BEISPIEL ▶ Die Brauerei B verpachtet dem Gastwirt G eine Gaststätte und richtet ihm diese Gaststätte ein. Im Gegenzug muss G sich verpflichten, das Bier und alle sonstigen Getränke 30 Jahre lang nur von der Brauerei B zu beziehen (vgl. BGHZ 74, 293; BGH NJW 1992, 2145). Ein derartiger Bierlieferungsvertrag ist sittenwidrig, weil er die wirtschaftliche Bewegungsfreiheit des
G zu sehr einschränkt (sog. **Knebelungsvertrag**). Das gilt unabhängig davon, ob B meint, sie
habe G fair behandelt. Denn es reicht, wenn B – wie hier – die tatsächlichen Umstände kennt,
die zur Sittenwidrigkeit führen.

Die Rechtsprechung hält Bezugsfristen von höchstens 15 Jahren, in Sonderfällen von bis zu 20 Jahren für rechtmäßig und reduziert überlange Vertragsdauern in entsprechender Anwendung von § 139 BGB (vgl. BGHZ 74, 293, 298; BGH NJW 1992, 2145 f.). Führt ein Bierbezugsvertrag wegen der Kombination mit anderen Beschränkungen zu einer Marktabschottung i. S. des Art. 85 Abs. 1 EGV a. F. (heute Art. 101 AEUV), gilt gem. Art. 5 RL 2790/99/EG eine maximale Laufzeit von fünf Jahren (vgl. EuGH DB 1991, 744; Palandt/*Ellenberger*, § 138 Rn. 81; *Lindacher*, EWiR 2001, 889 f.).

cc) Beiderseitiger Sittenverstoß

43   Grundsätzlich ist der Tatbestand des § 138 Abs. 1 BGB nur erfüllt, wenn **beide Parteien** sittenwidrig handeln. Ausnahmsweise kann die Sittenwidrigkeit aber auch gerade darin bestehen, dass der Handelnde den Vertragspartner in sittenwidriger Weise benachteiligt.

> **BEISPIELE** M kauft beim Gärtner G Pflanzengift, um seine Frau zu vergiften. Der Kaufvertrag ist nur dann sittenwidrig, wenn G die Absicht des M kennt (Beispiel nach *Brox/Walker*, BGB AT, Rn. 331). Im Beispielsfall des überlangen Bierbezugsvertrags (Rn. 42) genügt dagegen das sittenwidrige Handeln der Brauerei B, weil es den Vertragspartner G benachteiligt.

dd) Typische Fallgruppen

44   Zur Konkretisierung des Begriffs der Sittenwidrigkeit haben sich in der Rechtsprechung Fallgruppen herausgebildet. Im Folgenden können nur **einige typische Fallgruppen** kurz angesprochen werden; ausführliche Darstellungen finden sich in den einschlägigen Kommentierungen.

(1) Rechtsgeschäfte über die Vornahme allgemein missbilligter Handlungen

45   Es gibt Rechtsgeschäfte, die allein **aufgrund ihres Inhalts** sittenwidrig sind, weil sie die Vornahme allgemein missbilligter Handlungen zum Gegenstand haben.

> **BEISPIELE:**
> ► Versprechen einer Belohnung für die Begehung einer Straftat,
> ► Schmiergeldverträge zur Erlangung von Aufträgen,
> ► Verträge zur Steuerhinterziehung,
> ► Kaufvertrag über ein Radarwarngerät (vgl. Rn. 41).

(2) Knebelungsverträge

46   Sittenwidrig sind ferner die sog. Knebelungsverträge, welche die wirtschaftliche Bewegungsfreiheit des Vertragspartners übermäßig einschränken.

> **BEISPIELE** Automatenaufstellungsvertrag oder Bierbezugsvertrag mit zu langer Laufzeit (vgl. Rn. 42).

(3) Missbrauch einer Monopolstellung

Der Anbieter einer Leistung darf seine Monopolstellung nicht dazu ausnutzen, einem   47
Vertragspartner unbillige oder unverhältnismäßig strenge Vertragsbedingungen „zu
diktieren", weil dieser sich den Anbieter ohnehin nicht frei aussuchen kann. Eine solche
übermäßige Ausnutzung einer Monopolstellung verstößt gegen § 138 Abs. 1 BGB, sofern sich nicht bereits im **Kartellrecht** speziellere Regeln finden.

(4) Gläubigerbenachteiligung und Übersicherung

Ein wichtiges Beispiel aus der Rechtsprechung der Zivilgerichte, die teilweise durch das   48
Bundesverfassungsgericht beeinflusst wurde, betrifft die **Gläubigerbenachteiligung
und Übersicherung**. Sie liegt dann vor, wenn der Gläubiger sich beispielsweise durch
Sicherungsübereignungen so stark absichert, dass den anderen Gläubigern sämtliche
Haftungsobjekte entzogen werden und außerdem neuen Gläubigern die Kreditunwür-
digkeit des Schuldners verschleiert wird (vgl. etwa BGHZ 109, 240; BGH NJW-RR 1991,
625; NJW 1997, 1570). Der Gläubiger führt zum Nachteil der anderen Gläubiger im Ergebnis eine Überschuldung herbei, indem er eine strukturelle Überlegenheit bei den
Vertragsverhandlungen ausnutzt – der Schuldner ist auf seinen Kredit angewiesen.

> **BEISPIEL** ▶ Die Bank B vereinbart mit dem Unternehmer U, der bereits stark verschuldet ist, dass
> dieser ihr alle Firmenfahrzeuge und Maschinen zur Sicherheit übereignet sowie bestehende
> Forderungen zur Sicherheit abtritt, um einen Kredit zum Nachteil der übrigen Gläubiger beson-
> ders stark abzusichern.

In ähnlicher Weise lassen sich Geldgeber absichern, indem sie vom Kreditnehmer Bürg-   49
schaften seiner Familienangehörigen verlangen, die über gar kein oder kein nennens-
wertes eigenes Vermögen verfügen. Solche Bürgschaftsverträge sind wegen der **Über-
forderung des familienangehörigen Bürgen** gem. § 138 Abs. 1 BGB nichtig (vgl. BGH
NJW 2000, 1182; 2002, 744 f.; 2005, 971, 972; OLG Rostock MDR 2009, 439, 440).

(5) Verstöße gegen die Ehe- und Familienordnung

Verstöße gegen die auch in Art. 6 GG geschützte Ehe- und Familienordnung führen zur   50
Nichtigkeit gem. § 138 Abs. 1 BGB.

> **BEISPIEL** ▶ Ein Verzicht auf den nachehelichen Unterhalt, den die Eheleute für den Fall der Schei-
> dung vereinbaren, ist nichtig, wenn sie dadurch bewusst die Sozialhilfebedürftigkeit eines
> Partners herbeiführen (vgl. BGH NJW 1992, 3164; 2009, 842, 845) oder dieser Partner völlig
> schutzlos gestellt wird (BGH NJW 2006, 2331, 2332 f.).

(6) Verleiten zum Vertragsbruch

Bietet jemand einem anderen einen Vertrag an, zu dessen Erfüllung dieser den Vertrag   51
mit einem Dritten brechen muss, ist ein solches Angebot allein noch nicht sittenwidrig.
Es verstößt erst dann gegen § 138 Abs. 1 BGB, wenn der Anbietende einen gewissen
Druck ausübt oder, wie die Rechtsprechung formuliert, auf den Vertragsbruch „hin-
wirkt" (vgl. etwa BGHZ 12, 308, 317 f.; BGH NJW 1981, 2184; 1992, 2152; näher zu dieser Fallgruppe im Rahmen des § 826 BGB § 44 Rn. 13).

ee) Rechtsfolge

52   Gem. § 138 Abs. 1 BGB ist das sittenwidrige Rechtsgeschäft nichtig. Die Nichtigkeit erfasst, wie bei § 134 BGB (vgl. dazu Rn. 34), aufgrund des **Abstraktionsgrundsatzes** regelmäßig nur das Verpflichtungsgeschäft. Das Verfügungsgeschäft ist ausnahmsweise ebenfalls nichtig, wenn der Sittenverstoß, wie etwa im Fall der Gläubigerbenachteiligung, gerade in der Veränderung der Güterzuordnung besteht.

b) Wucher (§ 138 Abs. 2 BGB)

53   Ein **Sonderfall der Sittenwidrigkeit** ist, wie sich aus der Formulierung „insbesondere" ergibt, im Wuchertatbestand des § 138 Abs. 2 BGB geregelt. Der Wuchertatbestand des Absatzes 2 schließt allerdings den allgemeinen Sittenwidrigkeitstatbestand des Absatzes 1 nicht aus (vgl. Rn. 37). Daher kann ein (wucherisches) Rechtsgeschäft noch nach § 138 Abs. 1 BGB nichtig sein, wenn z. B. die strengen subjektiven Voraussetzungen des § 138 Abs. 2 BGB nicht vorliegen. Sittenwidrig und nichtig ist nach Absatz 2 insbesondere „ein Rechtsgeschäft, durch das jemand unter Ausbeutung der Zwangslage, der Unerfahrenheit, des Mangels an Urteilsvermögen oder der erheblichen Willensschwäche eines anderen sich oder einem Dritten eine Leistung versprechen oder gewähren lässt, die in einem auffälligen Missverhältnis zu der Leistung steht".

aa) Objektiver Tatbestand

54   In objektiver Hinsicht fordert § 138 Abs. 2 BGB ein **auffälliges Missverhältnis** zwischen der **Leistung** der Wucherers und der **Gegenleistung** des Bewucherten. Die Leistung des Wucherers muss also auffällig geringer sein als die Gegenleistung des Bewucherten. Wann ein derartiges auffälliges Missverhältnis vorliegt, kann nicht allgemein gesagt werden; es kommt auf die Umstände des Einzelfalls an.

> **BEISPIEL** ▶ A gewährt dem B einen Kredit zu einem monatlichen Zinssatz von 2 %. Das ergibt auf das Jahr hochgerechnet einen Zinssatz von über 24 %. Dieser Zinssatz ist grundsätzlich unangemessen. Er kann aber – ausnahmsweise – unter Umständen noch angemessen sein, wenn A durch die Kreditgewährung ein außerordentlich hohes Risiko eingeht oder das Geschäft spekulativen Charakter hat.

55   Die Rechtsprechung lässt gewisse Richtlinien erkennen, an denen man sich grob orientieren kann. Sie stehen stets unter dem Vorbehalt, dass die Umstände des konkreten Einzelfalles bewertet und gewichtet werden müssen. Als **Richtschnur** kann Folgendes dienen:

▶ Bei Ratenkreditgeschäften kommt ein auffälliges Missverhältnis in Betracht, wenn der Vertragszins rund 100 % über dem Marktzins liegt. Die objektive Grenze zur Sittenwidrigkeit und zum Wucher liegt hier also etwa beim **Doppelten des marktüblichen Zinses**. Maßgeblich ist grundsätzlich der bei Abschluss des Kreditvertrags übliche Zins (BGH NJW 1988, 1661; BGHZ 110, 336, 338).

▶ Eine ähnliche Richtwertfunktion hat ein absoluter Zinsunterschied von Marktzins und Vertragszins, wenn die **Differenz zwölf Prozentpunkte** beträgt (BGHZ 110, 336, 338).

▶ Beim „**Lohnwucher**" vergleicht das Bundesarbeitsgericht das arbeitsvertragliche Arbeitsentgelt mit dem in der betreffenden Branche und Wirtschaftsregion üblicherweise gezahlten Tariflohn. Die Grenze zum Wucher liegt bei $2/_3$ des Tariflohns (BAG NZA 2009, 837).

bb) Subjektiver Tatbestand

In subjektiver Hinsicht verlangt § 138 Abs. 2 BGB ein **Ausbeuten** der in der Vorschrift näher bezeichneten Umstände, also   56

▶ der Zwangslage,

▶ der Unerfahrenheit,

▶ des mangelnden Urteilsvermögens oder

▶ der erheblichen Willensschwäche.

Daraus ergibt sich, dass die Kenntnis des Wucherers von dem auffälligen Missverhältnis allein noch nicht ausreicht. Der Wucherer muss außerdem die Zwangslage, die Unerfahrenheit, den Mangel an Urteilsvermögen oder die Willensschwäche des anderen Teils **kennen und ausbeuten**, also bewusst ausnutzen.   57

> **BEISPIEL** ▶ Schuldner S hat sich bei verschiedenen Banken völlig verschuldet. Er weiß weder ein noch aus. Da liest er eine Anzeige der Firma „Top-Finanzierung-GmbH & Co. KG". Dort erhält er einen „Überbrückungskredit" i. H. von 50 000 €, der mit 5 % pro Monat zu verzinsen ist. Außerdem fallen 7,5 % des Kreditbetrages als Bearbeitungs- und Vermittlungsgebühren an.
> Hier liegen beide Voraussetzungen des § 138 Abs. 2 BGB vor: Der Zinssatz und die Bearbeitungsgebühr begründen ein auffälliges Missverhältnis, und wegen seiner Überschuldung befindet sich S in einer Zwangslage, die von der „Top-Finanzierung" ausgenutzt wird.

cc) Rechtsfolge

Das wucherische Rechtsgeschäft ist gem. § 138 Abs. 2 BGB nichtig. Die Nichtigkeit erfasst nicht nur, wie regelmäßig bei § 134 und § 138 Abs. 1 BGB, das **Verpflichtungsgeschäft**, sondern auch das **Verfügungsgeschäft**. Das folgt aus dem Wortlaut „versprechen oder gewähren lässt".   58

III. Teilnichtigkeit, Umdeutung und Bestätigung (§§ 139 – 141 BGB)

Der Verstoß gegen eine Formvorschrift oder gegen eine inhaltliche Grenze betrifft nicht zwangsläufig das gesamte Rechtsgeschäft. Gerade bei längeren, komplizierten Verträgen wie etwa bei Gesellschaftsverträgen kann es vorkommen, dass nur eine Bestimmung gegen eine Norm verstößt oder einige wenige Bestimmungen des Vertrags unwirksam sind. Für solche Fälle der **Teilnichtigkeit** enthalten Vertragswerke regelmäßig eine **Klausel**, der zufolge der Vertrag im Übrigen wirksam bleiben soll.   59

> **BEISPIEL** ▶ „Sollte ein Teil oder eine Klausel dieses Vertrags nichtig sein, wird davon die Gültigkeit des Vertrags im Übrigen nicht berührt."

60 Enthält das teilnichtige Rechtsgeschäft keine Bestimmung zu den Folgen in Bezug auf den restlichen Teil, so erfasst die Teilnichtigkeit nach der **Auslegungsregel des § 139 BGB** (lesen!) regelmäßig das gesamte Geschäft. Ist dagegen eine Allgemeine Geschäftsbedingung unwirksam, bleibt der Vertrag nach der entgegengesetzten Auslegungsregel des **§ 306 Abs. 1 BGB** (lesen!) grundsätzlich wirksam.

61 Gemäß § 139 BGB bleibt das Rechtsgeschäft ausnahmsweise im Übrigen wirksam, wenn anzunehmen ist, dass es auch ohne den nichtigen Teil vorgenommen sein würde. **Indizien für eine Teilnichtigkeit** können sein:

▶ Nichtig ist nur ein **geringfügiger Teil** des Rechtsgeschäfts wie z. B. eine Vereinbarung über das zuständige Gericht (Gerichtsstandsklausel).

▶ Der nichtige Teil soll eine Vertragspartei schützen, die Gesamtnichtigkeit würde sich aber **allein zugunsten der anderen Partei** auswirken. Bei einer Übersicherung (vgl. Rn. 48 f.) ist nur die Sicherungsklausel nichtig, nicht aber beispielsweise der abgesicherte Kaufvertrag.

▶ Die Nichtigkeit des Teils hat sich gar **nicht ausgewirkt**, wie z. B. die Nichtigkeit eines Vorkaufsrechts bei einem inzwischen beendeten Mietvertrag.

62 Eine **Umdeutung gem. § 140 BGB** (lesen!) kommt in Betracht, wenn das nichtige Rechtsgeschäft als kleineren Teil, als „Minus", ein weniger weit reichendes, wirksames Ersatzgeschäft enthält.

> **BEISPIEL ▶** Der Arbeitgeber hat seinem Arbeitnehmer fristlos (außerordentlich) gem. § 626 BGB gekündigt. Geht die Kündigung erst nach fünfzehn Tagen zu (vgl. § 626 Abs. 2 BGB) oder wiegt der Kündigungsgrund nicht schwer genug, kann sie regelmäßig in eine wirksame ordentliche (fristgerechte) Kündigung umgedeutet werden.

63 Durch eine **Bestätigung gem. § 141 BGB** (lesen!) wird nicht das nichtige Geschäft von Anfang an (rückwirkend) wirksam, sondern die Bestätigung ist eine Neuvornahme (§ 141 Abs. 1 BGB). Deshalb entsteht erst ab diesem Zeitpunkt ein (neues) wirksames Rechtsgeschäft.

> **BEISPIEL ▶** Die Vertragsparteien erfüllen einen Vertrag, obwohl sie wissen, dass er nichtig ist.

IV.   Bedingte und befristete Rechtsgeschäfte

LITERATUR:

Brox/Walker, BGB AT, Rn. 479 ff.; *Eisenhardt*, Einführung in das Bürgerliche Recht, Rn. 244 ff.; *Klunzinger*, Einführung in das Bürgerliche Recht, § 16.

64 Im Regelfall tritt die Wirkung eines Rechtsgeschäfts unmittelbar mit seinem Abschluss ein. Das entspricht aber nicht immer den Bedürfnissen der Parteien. Deshalb gibt ihnen das Recht die Möglichkeit, den Beginn oder das Ende eines Rechtsgeschäfts vom Eintritt

eines bestimmten Ereignisses abhängig zu machen. Rechtsgeschäfte können **bedingt oder befristet** abgeschlossen werden. Die gesetzlichen Regeln finden sich in den **§§ 158 ff. BGB** sowie in Spezialregelungen.

1. Begriffe

Das BGB regelt in den §§ 158 ff. BGB relativ ausführlich die **Bedingung**. Dabei handelt es sich um ein **zukünftiges, ungewisses Ereignis**, von dem die Wirksamkeit des Rechtsgeschäfts abhängig gemacht wird. Es ist sowohl ungewiss, ob das Ereignis überhaupt eintreten wird, und wenn ja, wann es eintreten wird.   65

> **BEISPIELE** Zahlung des Kaufpreises bei der Vereinbarung eines Eigentumsvorbehalts (§ 449 Abs. 1 BGB); Abschluss des Arbeitsvertrags mit einem Profifußballer unter der Bedingung, dass die medizinische Untersuchung keine Verletzungen aufdeckt.

Zur **Befristung** bestimmt § 163 BGB, dass die Vorschriften über die Bedingung entsprechende Anwendung finden. Da bei der Befristung die Wirksamkeit des Rechtsgeschäfts von einem Termin abhängig gemacht wird, handelt es sich um ein **zukünftiges, gewisses Ereignis**. Im Unterschied zur Bedingung ist sicher, dass und wann das Ereignis eintreten wird.   66

> **BEISPIEL** Abschluss eines befristeten Mietvertrags für die Zeit vom 31. 3. bis zum 31. 12. (vgl. §§ 542 Abs. 2, 575 BGB).

2. Arten der Bedingung

a) Aufschiebende Bedingung

Um eine aufschiebende Bedingung oder **Suspensivbedingung** handelt es sich gem. **§ 158 Abs. 1 BGB**, wenn die von der Bedingung abhängig gemachte Wirkung des Rechtsgeschäfts mit dem Eintritt der Bedingung eintritt. Das Rechtsgeschäft wird also erst und auch nur dann wirksam, wenn die Bedingung tatsächlich eintritt. Bis zu diesem ungewissen Zeitpunkt besteht ein Schwebezustand, weil nicht sicher ist, ob das Rechtsgeschäft jemals wirksam werden wird.   67

Besondere **praktische Bedeutung** hat die aufschiebende Bedingung beim **Kauf unter Eigentumsvorbehalt** (§ 449 BGB). Hat sich der Verkäufer einer beweglichen Sache das Eigentum bis zur Zahlung des Kaufpreises vorbehalten, ist diese Vereinbarung im Zweifel so auszulegen, dass die Eigentumsübertragung unter der aufschiebenden Bedingung der vollständigen Kaufpreiszahlung steht. Das bedeutet Folgendes: 68

Kauf unter Eigentumsvorbehalt (§ 449 BGB)

▶ Der **Kaufvertrag** über die bewegliche Sache (§ 433 BGB) ist **unbedingt wirksam**.

▶ Die nach **§ 929 Satz 1 BGB erforderliche Einigung** des Veräußerers und des Erwerbers, dass das Eigentum an der verkauften Sache auf den Käufer übergehen soll, steht unter der **aufschiebenden Bedingung** der Zahlung des Kaufpreises. Der Käufer wird also erst mit der Zahlung des vollständigen Kaufpreises (der letzten Kaufpreisrate) Eigentümer der gekauften Sache.

BEISPIEL ▶ K kauft bei V einen Gebrauchtwagen für 4 500 €. Beide vereinbaren, dass K 2 000 € anzahlt, den Restkaufpreis in zehn Raten à 250 € bezahlt und V sich das Eigentum bis zur vollständigen Bezahlung vorbehält. Der Kaufvertrag zwischen V und K ist uneingeschränkt wirksam. Eigentümer des Gebrauchtwagens, mit dem er sofort losfährt, wird K aber erst mit Zahlung der zehnten Rate von 250 €. Gemäß § 158 Abs. 1 BGB geht das Eigentum dann automatisch auf ihn über.

b) Auflösende Bedingung

69 Die in **§ 158 Abs. 2 BGB** geregelte auflösende Bedingung oder **Resolutivbedingung** hat die entgegengesetzte Wirkung. Mit ihrem Eintritt endet die Wirkung des bedingten Rechtsgeschäfts, und der frühere Zustand tritt wieder ein. Sie führt also dazu, dass das Rechtsgeschäft zunächst wirksam ist, mit Eintritt der Bedingung aber unwirksam wird. Der Schwebezustand besteht hier darin, dass unsicher ist, ob und wie lange das bedingte Rechtsgeschäft wirksam bleibt.

BEISPIEL ▶ Der im Eingangsbeispiel (Rn. 65) mit dem Profifußballer abgeschlossene Vertrag ist zunächst wirksam. Er wird unwirksam, wenn die medizinische Untersuchung eine Verletzung ergibt. Da Profifußballer Arbeitnehmer sind, gelten hier Sonderregelungen für die Vereinbarung von Befristungen und auflösenden Bedingungen, welche die Arbeitnehmer vor einer Umgehung des Kündigungsschutzes schützen sollen. Sie finden sich in den §§ 14 ff. des Teilzeit- und Befristungsgesetzes (TzBfG).

3. Rechtslage während der Schwebezeit

70 Während der Schwebezeit müssen die Beteiligten mit dem Bedingungseintritt rechnen und sich so verhalten, dass der beabsichtigte Erfolg auch eintritt. Deshalb schützt **§ 160 Abs. 1 BGB** (lesen!) den unter einer aufschiebenden Bedingung Berechtigten im Verhältnis zu seinem **Vertragspartner**. Entsprechendes gilt bei einer auflösenden Bedingung für denjenigen, zu dessen Gunsten der Eintritt der auflösenden Bedingung wirkt (**§ 160 Abs. 2 BGB**; lesen!).

71 Noch wichtiger ist der **Schutz gegen zwischenzeitliche Verfügungen**, den **§ 161 BGB** gewährt. Nach dessen Absatz 1 werden Verfügungen zu Lasten des unter einer aufschiebenden Bedingung Berechtigten mit dem Bedingungseintritt ihm gegenüber unwirksam. Besondere praktische Bedeutung hat diese Vorschrift für den Schutz des **Vorbehaltskäufers**. Einen entsprechenden Schutz gewährt § 161 Abs. 2 BGB bei auflösenden Bedingungen.

72 Beim **Kauf unter Eigentumsvorbehalt** bleibt der Verkäufer bis zur Zahlung der letzten Kaufpreisrate Eigentümer der beweglichen Sache. Er kann also über die Sache als Berechtigter weiter verfügen und sie z. B. einem Dritten übereignen. Eine solche Übereignung an einen Dritten wird dem Vorbehaltskäufer gem. § 161 Abs. 1 BGB gegenüber unwirksam, sobald er die letzte Rate zahlt. Wegen dieser Sicherung spricht man von einem **Anwartschaftsrecht** auf den Erwerb des Eigentums.

BEISPIEL Im obigen Beispiel (Rn. 68), in dem K bei V einen Gebrauchtwagen für 4 500 € unter Eigentumsvorbehalt gekauft hatte, bleibt V so lange Eigentümer des Autos, bis K die letzte Rate von 250 € zahlt: Bringt K das Auto vorher zur Reparatur zu V, könnte V es verkaufen und, weil er noch Eigentümer ist, gem. § 929 Satz 1 BGB an den Dritten D übereignen. Diese Übereignung wäre zunächst vollständig wirksam. Sie würde K gegenüber aber gem. § 161 Abs. 1 BGB in dem Moment unwirksam, in dem K die letzte Rate zahlt und gem. § 158 Abs. 1 BGB automatisch das Eigentum erwirbt. K könnte dann nach § 985 BGB von D die Herausgabe des Gebrauchtwagens verlangen (Hinweis: Nicht geprüft wird hier ein möglicher gutgläubiger lastenfreier Erwerb des D gem. § 936 BGB).

4. Befristung

Ein Rechtsgeschäft kann gem. § 163 BGB (lesen!) durch einen Anfangs- oder durch einen Endtermin befristet werden. Der **Anfangstermin** ähnelt der aufschiebenden Bedingung, und der **Endtermin** der auflösenden Bedingung. Deshalb sind die dafür geltenden Vorschriften entsprechend anwendbar.

73

§ 7 Auslegung von Rechtsgeschäften und Willenserklärungen

LITERATUR:

Biehl, Grundsätze der Vertragsauslegung, JuS 2010, 195; *Brox/Walker*, BGB AT, Rn. 124 ff.; *Cziupka*, Die ergänzende Vertragsauslegung, JuS 2009, 103; *Eisenhardt*, Einführung in das Bürgerliche Recht, Rn. 115 ff.; *Leenen*, Willenserklärung und Rechtsgeschäft, Dogmatik und Methodik der Fallbearbeitung, Jura 2007, 721; *Schimmel*, Zur Auslegung von Willenserklärungen, JA 1998, 979; *ders.*, Zur ergänzenden Auslegung von Verträgen, JA 2001, 339; *Stöhr*, Der objektive Empfängerhorizont und sein Anwendungsbereich im Zivilrecht, JuS 2010, 292.

1   Der Zweck eines Rechtsgeschäfts und der darin enthaltenen Willenserklärung(en) besteht darin, eine **bestimmte Rechtsfolge herbeizuführen**. Der Verkäufer will eine Sache zu einem bestimmten Preis verkaufen, der Mieter will eine Wohnung zu einem bestimmten Preis mieten. Eine solche Willenserklärung **muss nicht ausdrücklich erfolgen**. Nimmt die Studentin der Wirtschaftswissenschaften S im Uni-Shop die neue Ausgabe des Manager-Magazins vom Zeitschriftenständer, zeigt sie dem Inhaber und legt den Kaufpreis auf die Theke, gibt sie drei Willenserklärungen ab, ohne ein einziges Wort zu sagen: die Angebote zum Abschluss des Kaufvertrags, zur Einigung über die Übereignung der Zeitung und zur Einigung über die Übereignung des Geldes. Aus dem tatsächlichen Verhalten wird geschlossen, welche Willenserklärungen S abgeben wollte. Es handelt sich um **schlüssige (konkludente) Willenserklärungen** (vgl. § 4 Rn. 50). Gerade bei schlüssigen Erklärungen muss ihr rechtsgeschäftlicher Inhalt durch Auslegung ermittelt werden. Gleiches gilt aber **auch für ausdrückliche Willenserklärungen**, deren Sinn nicht auf den ersten Blick eindeutig ist.

2 | Zusammenfassend lässt sich also sagen: Die Auslegung hat das Ziel, den hinter der Erklärung stehenden Willen des Erklärenden zu ermitteln. Darüber hinaus ist die Auslegung maßgebend für die Beurteilung der Frage, ob überhaupt eine Willenserklärung oder bloß eine rechtlich unerhebliche Äußerung vorliegt. Ziel der Auslegung ist somit die **Ermittlung des Vorhandenseins und des Inhalts einer Willenserklärung**.

3   Die Auslegung kann sowohl das **Vorhandensein** als auch den **Inhalt** einer Willenserklärung betreffen.

> **BEISPIELE** Sagt A nur „Ja", kann aus diesem Wort allein nicht beantwortet werden, ob A eine Willenserklärung abgegeben hat. Eine Willenserklärung liegt vor, wenn A die Frage des B bejaht hat, ob er dessen gebrauchten BGB AT von *Brox/Walker* für 10 € kaufen möchte. Eine rechtlich unerhebliche Äußerung liegt hingegen vor, wenn A die Frage bejaht hat, ob er am vorherigen Abend das Fußball-Länderspiel gesehen hat.
>
> Der Kanadier K und der US-Amerikaner A führen in Düsseldorf Kaufvertragsverhandlungen in deutscher Sprache. Schließlich einigen sie sich auf einen Kaufpreis von 1 000 Dollar. Hier ist unklar, ob kanadische oder US-Dollar gemeint sind. Dieser Fall zeigt gleichzeitig die Grenzen der Auslegung auf, die nicht in allen Fällen zu einem eindeutigen Ergebnis kommen muss.

Bei der Auslegung geht es um einen **sachgerechten Ausgleich der Interessen von Erklä-**   4
rendem und Erklärungsempfänger. Der Erklärende möchte, dass sein wirklicher Wille
zur Geltung kommt. Im Gegensatz dazu ist der Erklärungsempfänger daran interessiert, dass er die ihm gegenüber abgegebene Erklärung nur so gegen sich gelten lassen
muss, wie er sie objektiv verstehen konnte. Der wirkliche Wille des Erklärenden und die
objektive Bedeutung des von ihm Erklärten werden zwar in der Regel übereinstimmen.
Trifft das ausnahmsweise nicht zu, ist es Aufgabe der Auslegung, den darin wurzelnden
Interessenkonflikt zwischen dem Erklärenden und dem Erklärungsempfänger zu entscheiden.

Das Gesetz spricht die Auslegung von Erklärungen in zwei Bestimmungen an, in § 133   5
und in § 157 BGB. Nach **§ 133 BGB** ist bei der Auslegung einer Willenserklärung der
wirkliche Wille zu erforschen und nicht an dem buchstäblichen Sinne des Ausdrucks zu
haften. Die zweite Vorschrift ist **§ 157 BGB**, der entgegen seinem Wortlaut nicht nur
für Verträge, sondern auch für Willenserklärungen gilt. Danach ist eine Erklärung so
auszulegen, wie Treu und Glauben mit Rücksicht auf die Verkehrssitte es erfordern. Aus
diesen Vorschriften haben Rechtsprechung und Lehre mehrere **Auslegungsgrundsätze**
entwickelt.

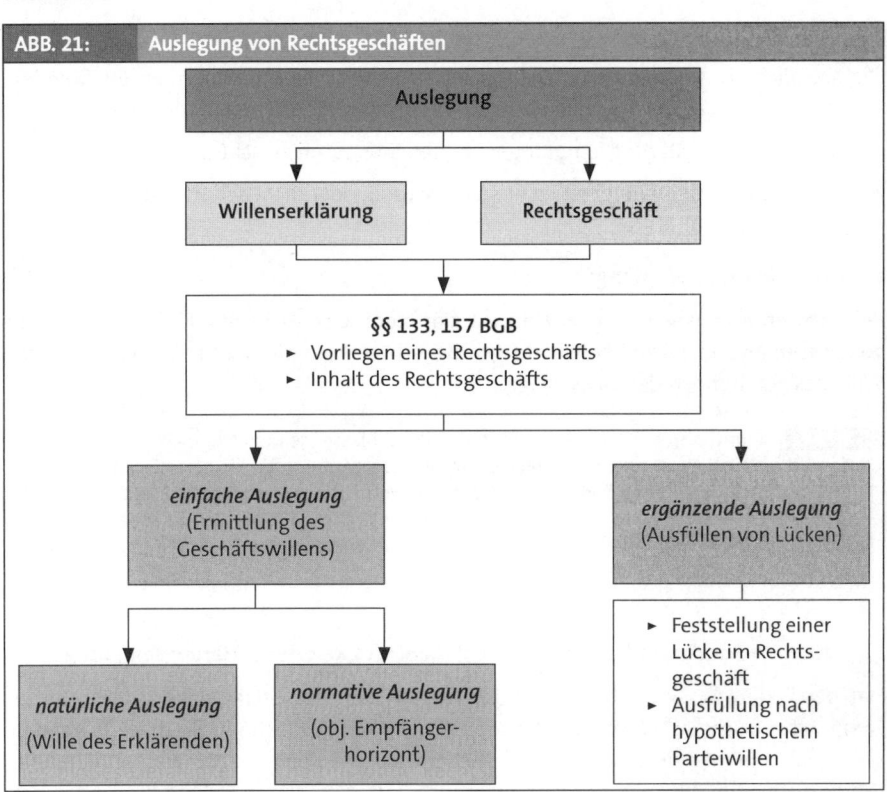

ABB. 21:   Auslegung von Rechtsgeschäften

I. Einfache Auslegung

6   Bei der Ermittlung des hinter der Erklärung stehenden Willens des Erklärenden muss ein Kompromiss zwischen seinen Interessen und denjenigen des Erklärungsempfängers gefunden werden. Danach unterscheidet man, ob ausschließlich der tatsächlich vorhandene **innere Wille des Erklärenden** maßgeblich sein soll oder ob stattdessen dasjenige als Wille des Erklärenden zu gelten hat, was der **Erklärungsempfänger** zu Recht als Erklärungswille aufgefasst hat.

7

> Zählt nur der wirkliche („natürliche") Wille des Erklärenden, spricht man von **natürlicher Auslegung**.
>
> Ist hingegen das objektiv Erklärte maßgebend, spricht man von **normativer Auslegung**. Dann muss der Erklärende sich von Rechts wegen (= normativ) nicht den subjektiv gewollten, sondern den objektiv zu verstehenden Inhalt seiner Erklärung als seinen erklärten Willen zurechnen lassen.

1. Natürliche Auslegung

8   Die natürliche Auslegung berücksichtigt **ausschließlich die Interessen des Erklärenden**. Sie kommt daher als Auslegungsmethode nur in zwei Fallkonstellationen in Betracht:

▶ Es gibt keinen Erklärungsempfänger, dessen Interessen zu schützen wären.

▶ Der Erklärungsempfänger ist nicht schutzwürdig oder nicht schutzbedürftig.

a) Kein Erklärungsempfänger

9   Bei **nicht empfangsbedürftigen Willenserklärungen** gibt es keinen Erklärungsempfänger, dessen Interessen zu berücksichtigen wären. Deshalb gibt hier allein der natürliche Wille des Erklärenden den Ausschlag.

> **BEISPIEL** Hauptbeispiel ist das Testament. Hat der Erblasser seinem Neffen N testamentarisch das Grundstück Nr. 31 vermacht, meinte er aber stattdessen das kleinere Grundstück Nr. 13 und lässt sich das – etwa durch die Vernehmung von Zeugen – auch feststellen, gilt das vom Erblasser Gewollte. N wird in seinem Vertrauen, das größere Grundstück zu bekommen, nicht geschützt. Er ist nicht Empfänger der im Testament niedergelegten Erklärung (nach *Brox/Walker*, BGB AT, Rn. 124).

b) Fehlende Schutzwürdigkeit oder Schutzbedürftigkeit des Erklärungsempfängers

10   Hat der Erklärungsempfänger den wirklichen Willen des Erklärenden tatsächlich erkannt, ist er nicht schutzwürdig. Dann gilt allein der wirkliche Wille des Erklärenden, und zwar unabhängig davon, welche Bedeutung die vom Erklärenden verwendeten Worte nach dem allgemeinen Sprachgebrauch haben. In diesen Fällen schadet eine falsche Bezeichnung nicht: *„falsa demonstratio non nocet"*. In derartigen Fällen kommt das Rechtsgeschäft mit dem Inhalt zustande, den beide Parteien übereinstimmend gemeint haben. Man spricht hier auch von **natürlichem Konsens**.

BEISPIEL (NACH RGZ 99, 148 – „HAAKJÖRINGSKÖD") ▶ A und B schließen einen Vertrag über die Lieferung von „Haakjöringsköd". Das ist das norwegische Wort für Haifischfleisch. A und B haben sich aber übereinstimmend über die Bedeutung dieses Wortes geirrt; in Wirklichkeit meinten beide Walfischfleisch. Deshalb ist ein Vertrag über die Lieferung von Walfischfleisch zustande gekommen. Die falsche Bezeichnung (in einer fremden Sprache) spielt keine Rolle.

2. Normative Auslegung

Die Fälle der natürlichen Auslegung bilden die Ausnahme. Denn in den meisten Fällen gibt es einen Erklärungsempfänger, dessen Interessen auch schutzwürdig sind. Dann muss der **objektive Erklärungswert** einer Willenserklärung ermittelt werden. Dabei kommt es auf die Sicht des Erklärungsempfängers, den sog. **Empfängerhorizont**, an.   11

Auslegung nach dem Empfängerhorizont gem. §§ 133, 157 BGB bedeutet, dass immer diejenige Bedeutung der Erklärung maßgeblich ist, welche der Empfänger   12

▶ unter Berücksichtigung aller Umstände des Einzelfalls und

▶ unter Heranziehung eventuell vorhandener Verkehrssitten

ermittelt hat. **Verkehrssitte** ist dabei die in bestimmten Kreisen des Rechtsverkehrs gebräuchliche Übung. Von besonderer Bedeutung sind insofern Handelsbräuche (vgl. § 346 HGB). Das hat zur Folge, dass der objektive Erklärungswert durchaus von der Bedeutung abweichen kann, die der Erklärende tatsächlich gemeint hat.

BEISPIELE ▶ V vertippt sich und bietet sein gebrauchtes Notebook zum Preis von 560 € statt zu 650 € an. Hat der Erklärungsempfänger keinerlei Anhaltspunkte dafür, dass V nicht zu 560 € anbieten wollte, gilt (zunächst) das Angebot zu 560 €. Denn das ist der objektive Gehalt der von V abgegebenen Erklärung. Dass V seine Erklärung wegen des Irrtums gem. § 119 Abs. 1, 2. Fall BGB anfechten und damit gem. § 142 Abs. 1 BGB rückwirkend vernichten kann, allerdings mit der Konsequenz, dass er dem Erklärungsempfänger gem. § 122 BGB dessen Vertrauensschaden ersetzen muss, ist eine andere Frage (vgl. dazu unten § 10).

K kauft von V Büromaterial. Im schriftlichen Kaufvertrag findet sich die Klausel „netto Kasse". Das bedeutet, dass die Ware bar und ohne Skonto-Abzug zu bezahlen ist. Auch wenn sich K über die Bedeutung dieser Klausel nicht im Klaren ist, gilt der Vertrag mit der im Rechtsverkehr üblichen Bedeutung der Klausel „netto Kasse".

II. Ergänzende Auslegung

Die ergänzende Auslegung kommt erst zum Zug, wenn im Wege der natürlichen oder normativen Auslegung festgestellt worden ist, dass zwei Willenserklärungen sich decken und deshalb ein Vertrag geschlossen worden ist; Entsprechendes gilt für einseitige Rechtsgeschäfte. Bei der ergänzenden Auslegung geht es nicht um die Ermittlung des Inhalts einer Erklärung oder eines Rechtsgeschäfts, sondern um die **Ausfüllung von Lücken**. Deshalb setzt die ergänzende Auslegung stets eine ausfüllungsbedürftige Lücke voraus. Meistens sind Verträge Gegenstand der ergänzenden Auslegung.   13

1. Feststellung einer Lücke

14 Die ergänzende Auslegung setzt voraus, dass das Rechtsgeschäft eine **Lücke** aufweist. Der erste Schritt der ergänzenden Auslegung besteht also darin, die Lücke im Rechtsgeschäft festzustellen. Sie liegt vor, wenn die Parteien beim Vertragsschluss **einen bestimmten Umstand nicht oder in falscher Weise berücksichtigt haben.** Gleiches gilt, wenn der Erklärende bei einem einseitigen Rechtsgeschäft einen bestimmten Umstand nicht oder in falscher Weise berücksichtigt hat. An einer Lücke fehlt es dagegen immer dann, wenn die Parteien von der Regelung eines bestimmten Umstands bewusst abgesehen haben.

> **BEISPIEL (NACH BGHZ 16, 71)** ▸ D ist Arzt in Düsseldorf; M ist ein Kollege in Münster. Da D aus persönlichen Gründen nach Münster umziehen und M lieber im Rheinland leben möchte, vereinbaren beide, ihre Arztpraxen zu tauschen. Zwei Monate, nachdem M angefangen hat, in Düsseldorf zu praktizieren, kehrt D aus Münster zurück und eröffnet in unmittelbarer Nähe der Praxis des M in Düsseldorf wieder eine Vertragspraxis. Haben die Parteien an die Möglichkeit einer Rückkehr des D nach Düsseldorf gar nicht gedacht, liegt eine ausfüllungsbedürftige Lücke vor. Denn man kann davon ausgehen, dass D und M eine Regelung getroffen hätten, wenn sie an die Möglichkeit gedacht hätten, einer von beiden könne wieder an seinen ursprünglichen Standort zurückkehren und damit dem anderen die Chance nehmen, sich einen eigenen Patientenstamm zu schaffen (vgl. BGHZ 16, 71, 76 ff.).

2. Ausfüllung der Lücke

15 Ist die Lücke festgestellt, muss sie **durch die ergänzende Auslegung geschlossen** werden. Die Ausfüllung der Lücke ist also der zweite Schritt der ergänzenden Auslegung eines Rechtsgeschäfts. Der **Maßstab** für die inhaltliche Ausfüllung der Lücke muss immer der **mutmaßliche Parteiwille** sein. Denn das Rechtsgeschäft darf nur so ergänzt werden, wie es die Parteien vermutlich getan hätten, wenn sie an den nicht geregelten Sachverhalt gedacht hätten.

16 Zunächst muss geprüft werden, ob die Lücke nicht durch Regelungen des **dispositiven** (= nachgiebigen) Gesetzesrechts geschlossen werden kann. Denn das dispositive Gesetzesrecht entspricht in der Regel dem mutmaßlichen Parteiwillen (vgl. BGHZ 77, 301, 304; 90, 69, 75).

> **BEISPIEL** ▸ Die Parteien haben beim Abschluss eines Kaufvertrags nicht daran gedacht, dass die verkaufte Sache mangelhaft sein könnte. Hat die Sache einen Mangel, wird der Richter die §§ 434 ff. BGB anwenden, die für solche Fälle Regelungen treffen.

17 Auf das dispositive Recht kann allerdings zum einen dann nicht zurückgegriffen werden, wenn gar kein dispositives Recht für den betreffenden Fall vorhanden ist. Der Rückgriff scheidet zum anderen aus, wenn ersichtlich ist, dass die Parteien eine von der gesetzlichen Regelung abweichende Regelung getroffen hätten, wenn sie den eingetretenen Umstand gesehen hätten. In derartigen Fällen muss der **mutmaßliche (hypothetische) Parteiwille ermittelt werden.** Es muss danach gefragt werden, was die Parteien bei einem Vertrag gewollt hätten, wenn sie den nicht bedachten Umstand gesehen und sich gegenseitig fair behandelt hätten. Nach der **Formel der Rechtsprechung** ist zu

ermitteln, was redliche und verständige Parteien bei Kenntnis der planwidrigen Regelungslücke nach dem Vertragszweck und sachgemäßer Abwägung ihrer beiderseitigen Interessen nach Treu und Glauben (§ 242 BGB) vereinbart hätten (BGHZ 9, 273, 278 f.; BGH NJW 2006, 54, 55).

> Bei der ergänzenden Auslegung hat die Frage also zu lauten: **Was hätten die Parteien bei Kenntnis der Lücke redlicher- und vernünftigerweise vereinbart?**

18

Die lückenhafte Regelung der Parteien muss „**zu Ende gedacht werden**". Gleiches gilt bei einem einseitigen Rechtsgeschäft für die lückenhafte Regelung des Erklärenden.

19

BEISPIEL ▶ Hätten im obigen Beispiel (Rn. 14) die Ärzte D und M daran gedacht, dass einer von beiden innerhalb kurzer Zeit zurückkehren wird, dann hätten sie berücksichtigt, dass es für den verbleibenden Arzt unmöglich gewesen wäre, sich mit seiner Praxis zu etablieren. Denn die überwiegende Mehrzahl der Patienten wäre zu ihrem alten Arzt gegangen, zu dem sie im Laufe der Jahre ein Vertrauensverhältnis aufgebaut hat. Im Falle der Rückkehr eines Arztes wäre der Zweck des Vertrags insgesamt nicht zu erreichen gewesen. Deshalb hätten die beiden Ärzte vernünftigerweise ein befristetes Rückkehrverbot für beide Ärzte vereinbart. Um diese Regelung ist der lückenhafte Praxistauschvertrag zu ergänzen (vgl. BGHZ 16, 71, 77 ff.; zu weiteren Fällen BGH NJW 1997, 652, 2006, 54, 55 f.).

Kapitel 3: Willensmängel und Anfechtung von Willenserklärungen

§ 8 Fehlerquellen und gesetzliche Interessenbewertung

Da eine Willenserklärung aus den Elementen der Willensbildung und der Kundgabe die- 1
ses Willens besteht (§ 4 Rn. 4 ff.), können diesbezüglich verschiedene Fehler auftreten.
Die **§§ 116 – 124** und **142 – 144 BGB** regeln, unter welchen Voraussetzungen solche
Fehler nach Abgabe und Zugang der Willenserklärung nachträglich beseitigt werden
können. Diese Regelungen unterscheiden nach der Art der Fehlerquelle und den dadurch betroffenen Interessen der Beteiligten.

I. Fehlerquellen

Die Fehler, welche die Wirksamkeit einer Willenserklärung beeinträchtigen können, ha- 2
ben verschiedene denkbare Ursachen. Sie können liegen im Bereich der

► **Willensbildung** – der Erklärende geht von falschen Voraussetzungen aus;

► **Willensäußerung** – der Erklärende erklärt etwas anderes als das, was er erklären
wollte;

► **Entschließungsfreiheit** – ein anderer beeinflusst den Erklärenden bei der Abgabe
der Willenserklärung so, dass die Willensbildung fehlerhaft ist.

1. Fehler bei der Willensbildung

Ein Willensmangel liegt zunächst vor, wenn der Erklärende zwar genau das erklärt hat, 3
was er erklären wollte, ihm aber bei der Willensbildung ein Fehler unterlaufen ist. Als
der Erklärende seinen Willen bildete, ging er von einem unrichtigen Umstand aus. In
diesen Fällen spricht man von **Motivirrtümern**. Einen kleinen Teil der Motivirrtümer erfasst § 119 Abs. 2 BGB.

BEISPIEL ► K aus Oberkassel erwirbt beim Juwelier J auf der Kö eine silberne Krawattennadel, um
sie ihrem Freund F zum Geburtstag zu schenken. Wenn sie wüsste, dass F seit geraumer Zeit
mit D zusammen ist, hätte sie die Nadel nicht gekauft. Sie hat aber gegenüber J genau dasjenige erklärt, was sie erklären wollte, nämlich dass sie die Nadel zu dem bestimmten Preis kaufen
wolle.

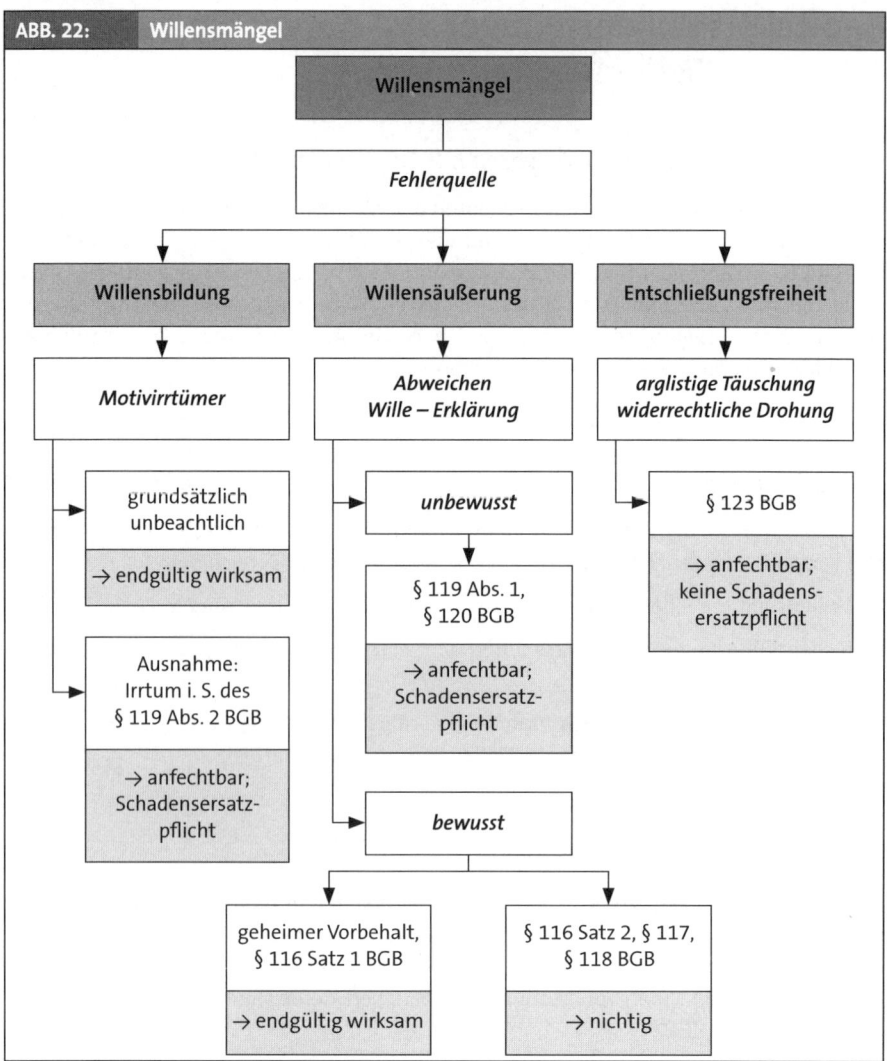

ABB. 22:   Willensmängel

2. Fehler bei der Willensäußerung

4   Ein Willensmangel liegt ferner dann vor, wenn der Erklärende nicht das erklärt hat, was er erklären wollte. Dabei ist es einerseits möglich, dass Wille und Erklärung **bewusst** voneinander abweichen. Diese Fälle sind in den §§ 116 – 118 BGB geregelt. Größere Bedeutung hat das **unbewusste Abweichen von Wille und Erklärung**. Dann liegt ein **Irrtum** i. S. des § 119 Abs. 1 BGB (lesen!) vor. Das Gleiche gilt gem. § 120 BGB, wenn die Willenserklärung durch eine zur Übermittlung eingeschaltete Person oder Einrichtung verfälscht wird. Einem Irrtum gleichgestellt werden schließlich die Fälle, in denen dem Erklärenden das Erklärungsbewusstsein fehlt (vgl. dazu § 4 Rn. 21 f.).

BEISPIEL FÜR EINEN IRRTUM V will K sein Fahrrad zum Preis von 210 € zum Kauf anbieten. Er vertippt sich in der SMS aber und gibt einen Kaufpreis von 120 € an.

3. Beeinflussung der Entschließungsfreiheit

Schließlich können äußere Einflüsse den Erklärenden zur Abgabe einer Willenserklä-   5
rung bewegt haben. Das betrifft die in § 123 BGB (lesen!) geregelten Fälle der **arglistigen Täuschung** und der **widerrechtlichen Drohung**. Hier wird der Erklärende entweder
zur Abgabe einer Erklärung bestimmt, die er (so) gar nicht abgeben wollte. Oder er
geht bei der Abgabe seiner Erklärung von einem falschen Beweggrund aus.

> **BEISPIEL** ▶ K kauft 1996 bei Gebrauchtwagenhändler V einen gebrauchten Mercedes-Benz 240 D
> zum Preis von 21 000 €. Auf seine Frage nach dem Kilometerstand hatte V geantwortet, der
> Wagen sei erst 125 000 km gelaufen; der fünfstellige Tacho weist einen Kilometerstand von
> 25 000 km an. In Wahrheit ist der Wagen bereits 225 000 km gelaufen, was V genau weiß. Hier
> hat K zwar erklärt, was er erklären wollte: „Ich kaufe den 240 D für 21 000 €." Bei der Abgabe
> seiner Erklärung ist er aber von einem falschen Kilometerstand ausgegangen.

II. Interessen der Beteiligten

Wie die verschiedenen Irrtumsfälle zu lösen sind, hängt erheblich von den **Interessen**   6
der Beteiligten ab. Der Gesetzgeber hat insoweit einen **Kompromiss** gesucht.

Der **Erklärende** hat ein Interesse daran, dass nur dasjenige gilt, was er gewollt hat, oder   7
dass dasjenige gilt, was er gewollt hätte, wenn er seinen Willen fehlerfrei gebildet hätte. Demgegenüber hat der **Erklärungsempfänger** ein Interesse daran, dass die Willenserklärung nur mit demjenigen Inhalt gilt, mit dem er sie verstehen konnte (vgl. § 7
Rn. 4).

Die Verfasser des BGB konnten für die Lösung dieses Interessengegensatzes auf zwei   8
Theorien zurückgreifen. Maßgeblich auf die Interessen des Erklärenden stellt die sog.
Willenstheorie ab. Danach soll eine Erklärung keine Wirkung entfalten, wenn der Erklärende nicht das Gewollte erklärt hat. Nach der sog. **Erklärungstheorie** gilt dagegen stets
das Erklärte, und zwar selbst dann, wenn der Erklärende etwas anderes als das Gewollte erklärt hat.

Der Gesetzgeber des BGB ist weder der Willens- noch der Erklärungstheorie gefolgt.   9
Stattdessen hat er einen **Kompromiss zwischen den Interessen des Erklärenden und**
des Erklärungsempfängers gesucht. Dieser sieht in den Grundzügen so aus, dass

▶ bestimmte Willensmängel unbeachtlich sind und die **Gültigkeit** der Willenserklärung nicht beeinflussen,

▶ besonders „schwere" Willensmängel zur **Nichtigkeit** der damit behafteten Willenserklärung führen und

▶ bei den meisten Willensmängeln mit der **Anfechtbarkeit** ein Mittelweg beschritten
  worden ist, indem die Willenserklärung zwar zunächst gültig ist, vom Erklärenden
  aber durch eine Anfechtungserklärung vernichtet werden kann.

1. Gültigkeit der Erklärung

10   In vielen Fällen beeinflusst ein Willensmangel die Gültigkeit der Willenserklärung nicht. Im Interesse der Verkehrssicherheit bleibt die Willenserklärung trotz des Mangels **unanfechtbar gültig**. Das Gesetz schützt insoweit, wie die sog. Erklärungstheorie, das Vertrauen des Empfängers auf die Wirksamkeit der Erklärung. Das gilt vor allem für **Motivirrtümer**, die nur ausnahmsweise beachtlich sind.

> **BEISPIEL** ▶ Im obigen Beispiel (Rn. 3) kann K die silberne Krawattennadel, die sie beim Juwelier J gekauft hatte, nicht zurückgeben. Dass sie die Nadel nicht gekauft hätte, wenn sie von der neuen Beziehung ihres Freundes F gewusst hätte, spielt keine Rolle. Sie hat gegenüber J erklärt, was sie erklären wollte. Die Annahme, dass F ihr treu sei, ist zwar falsch. Dabei handelt es sich aber lediglich um einen Beweggrund, um ein Motiv für den von K geschlossenen Vertrag. Ein derartiger Motivirrtum ist nach der Wertung des Gesetzgebers unbeachtlich.

11   **Unanfechtbar gültig** ist eine Willenserklärung ferner in dem in **§ 116 Satz 1 BGB** geregelten Fall, dass der Erklärende sich insgeheim vorbehält, das von ihm fehlerfrei Erklärte gar nicht zu wollen. In diesem – praktisch wenig bedeutsamen – Fall des sog. geheimen Vorbehalts oder der **Mentalreservation** ist der Erklärende nämlich nicht schutzwürdig (vgl. dazu etwa *Brox/Walker*, BGB AT, Rn. 393 ff.; *Preuß*, Jura 2002, 815 ff.).

2. Nichtigkeit der Erklärung

LITERATUR:

Brox/Walker, BGB AT, Rn. 396, 397 ff.; *Coester-Waltjen*, Die fehlerhafte Willenserklärung, Jura 1990, 362; *Preuß*, Geheimer Vorbehalt, Scherzerklärung und Scheingeschäft, Jura 2002, 815.

12   Die Nichtigkeit der mangelbehafteten Willenserklärung ordnet der Gesetzgeber bloß in solchen Ausnahmefällen an, in denen der Erklärungsempfänger oder der andere Teil nicht schutzwürdig ist. Es geht um Situationen, in denen **Wille und Erklärung bewusst voneinander abweichen**. Der Gesetzgeber ist hier im Ergebnis der sog. Willenstheorie gefolgt. Es handelt sich um die folgenden Fälle:
- ▶ der erkannte geheime Vorbehalt (§ 116 Satz 2 BGB),
- ▶ das Scheingeschäft (§ 117 BGB),
- ▶ die Scherzerklärung (§ 118 BGB).

13   Der geheime Vorbehalt oder die **Mentalreservation** beeinflusst zwar grundsätzlich nicht die Gültigkeit der Willenserklärung (§ 116 Satz 1 BGB; vgl. Rn. 11). Hat der Erklärungsempfänger aber den **Vorbehalt erkannt**, ist er **nicht schutzbedürftig**. Deshalb bestimmt § 116 Satz 2 BGB, dass eine empfangsbedürftige Willenserklärung nichtig ist, wenn der Erklärungsempfänger den sog. „bösen Scherz" durchschaut hat.

14   Größere Bedeutung hat das in **§ 117 BGB** geregelte **Scheingeschäft** oder **simulierte Geschäft**. Nach § 117 Abs. 1 BGB ist eine empfangsbedürftige Willenserklärung nichtig, wenn sie mit dem Einverständnis des Erklärungsempfängers nur zum Schein abgegeben worden ist. Verbirgt sich dahinter ein anderes Rechtsgeschäft, das sog. **verdeckte**

oder **dissimulierte Geschäft**, so finden die für dieses Geschäft geltenden Vorschriften Anwendung (§ 117 Abs. 2 BGB). Der „klassische" Beispielsfall ist der sog. „**Schwarzkauf**":

> **BEISPIEL** ► Grundstückseigentümer V und Käufer K wollen Notarkosten und Grunderwerbsteuern sparen. Deshalb geben sie im notariellen Grundstückskaufvertrag nur einen Kaufpreis von 200 000 € an, obwohl sie sich schriftlich auf einen Kaufpreis von 300 000 € geeinigt hatten.
> Der notarielle Kaufvertrag (§§ 433, 311b Abs. 1 Satz 1 BGB) ist gem. § 117 Abs. 1 BGB nichtig, weil der niedrigere Kaufpreis nicht gewollt ist. Der verdeckte schriftliche Kaufvertrag ist zwar gewollt, mangels notarieller Beurkundung aber gem. §§ 311b Abs. 1 Satz 1, 125 Satz 1 BGB nichtig. Wirksam werden kann er erst im Wege der sog. Heilung gem. § 311b Abs. 1 Satz 2 BGB, und zwar durch die Eintragung des K als Eigentümer in das Grundbuch (vgl. §§ 873 Abs. 1, 925 BGB).

Die **Scherzerklärung** gem. **§ 118 BGB** (lesen!) unterscheidet sich vom geheimen Vorbehalt des § 116 BGB dadurch, dass der Erklärende davon ausgeht, der andere werde den Mangel der Ernstlichkeit erkennen. Deshalb spricht man auch vom „guten Scherz". Hier fehlt es regelmäßig ebenfalls an der Schutzwürdigkeit des anderen Teils. Hat dieser allerdings entgegen der Erwartung des Erklärenden berechtigterweise auf die Ernstlichkeit und damit auf die Gültigkeit der Scherzerklärung vertraut, wird er durch den Schadensersatzanspruch des § 122 Abs. 1 BGB geschützt.   15

3. Anfechtbarkeit der Willenserklärung

Soweit der Gesetzgeber **Willensmängel** für **beachtlich** gehalten hat, gilt regelmäßig die folgende Regelung: Die Willenserklärung ist **zunächst gültig**, kann aber durch den Erklärenden im Wege der Anfechtung **mit rückwirkender Kraft beseitigt werden**. In den Fällen, in denen ein Willensmangel zur Anfechtung berechtigt, hat der Gesetzgeber versucht, den Interessen des Erklärenden und des Erklärungsempfängers in angemessener Weise Rechnung zu tragen. Dieses Bemühen um einen **Interessenausgleich** ist der Grund für den soeben umrissenen Kompromiss zwischen Erklärungs- und Willenstheorie.   16

Die **Interessen des Erklärenden** berücksichtigt das Gesetz dadurch, dass der Erklärende ein **Wahlrecht** hat, ob er seine Erklärung gelten lassen oder durch die Abgabe einer Anfechtungserklärung rückwirkend vernichten will.   17

Die **Interessen des Erklärungsempfängers** werden in verschiedener Weise berücksichtigt, und zwar dadurch, dass   18

► **nicht alle Willensmängel beachtlich** sind (vgl. Rn. 10 f.);

► die **Anfechtung** gegenüber dem Anfechtungsgegner der Willenserklärung **erklärt werden muss** (§ 143 Abs. 1 BGB);

► die Anfechtungserklärung innerhalb einer **bestimmten Frist** abgegeben werden muss (§§ 121, 124 BGB) und die Willenserklärung unanfechtbar gültig wird, wenn der Anfechtungsberechtigte die Anfechtungsfrist verstreichen lässt;

► in den Fällen, in denen der Erklärende für den Willensmangel verantwortlich ist, dieser dem Erklärungsempfänger nach § 122 Abs. 1 BGB den **Vertrauensschaden ersetzen muss**; das ist der Schaden, den der Erklärungsempfänger erleidet, weil er auf die Gültigkeit der Erklärung vertraut hat.

III. Unbeachtliche und beachtliche Irrtümer

19

> ### Unbeachtliche Irrtümer
>
> Die **Anfechtung** ist in den folgenden Fällen **nicht möglich**:
>
> ► Weichen Wille und Erklärung **bewusst voneinander ab**, ist die Willenserklärung grundsätzlich bereits **nichtig**, weil der Erklärungsempfänger nicht schutzwürdig ist:
>
>   – erkannter geheimer Vorbehalt (§ 116 Satz 2 BGB),
>
>   – Scheingeschäft (§ 117 Abs. 1 BGB),
>
>   – Scherzerklärung (§ 118 BGB); hier aber unter Umständen Schadensersatzpflicht des Erklärenden gem. § 122 BGB.
>
> ► Ausnahmsweise ist die Willenserklärung trotz des bewussten Abweichens von Wille und Erklärung **unanfechtbar gültig**, weil der Erklärende nicht schutzwürdig ist:
>
>   – nicht erkannter geheimer Vorbehalt (§ 116 Satz 1 BGB).
>
> ► Nach der Wertung des § 119 Abs. 1 BGB kommt es entscheidend darauf an, ob der Irrtum dazu geführt hat, dass Wille und Erklärung voneinander abweichen. Liegt der Irrtum nur „im Vorfeld" der Willenserklärung, im Bereich der **Willensbildung**, handelt es sich daher grundsätzlich um einen **unbeachtlichen Motivirrtum**. Ein Motivirrtum berechtigt nur dann ausnahmsweise zur Anfechtung, wenn er die besonderen Voraussetzungen des § 119 Abs. 2 BGB erfüllt.

20

> ### Beachtliche Irrtümer
>
> Die **Anfechtung** ist in den folgenden vier Grundfällen des **unbewussten Abweichens** von Wille und Erklärung **möglich**:
>
> ► Inhalts- und Erklärungsirrtum (§ 119 Abs. 1, 1. und 2. Fall BGB),
>
> ► Eigenschaftsirrtum (§ 119 Abs. 2 BGB),
>
> ► Übermittlungsfehler (§ 120 BGB).

In diesen Fällen ist es für die Anfechtbarkeit unerheblich, ob der Erklärende den Irrtum erkennen oder gar vermeiden konnte. Es spielt keine Rolle, ob der Irrtum „hausgemacht" oder etwa durch einen Dritten verursacht worden ist (Ausnahme: § 123 BGB). **Auf ein Verschulden des Erklärenden kommt es nicht an.** Selbst ein noch so dummer Fehler berechtigt zur Anfechtung, wenn die Voraussetzungen des § 119 Abs. 1 oder 2 oder des § 120 BGB vorliegen.

21

> ### Anfechtbarkeit gem. § 123 BGB
>
> Ein weiterer Anfechtungsgrund ist gem. § 123 BGB die **unzulässige Beeinflussung der Entschließungsfreiheit** durch
>
> ► arglistige Täuschung oder
>
> ► widerrechtliche Drohung.

§ 9 Irrtumsanfechtung

LITERATUR:

Brox/Walker, BGB AT, Rn. 407 ff.; *Coester-Waltjen*, Die fehlerhafte Willenserklärung, Jura 1990, 362; *dies.*, Die Anfechtung von Willenserklärungen, Jura 2006, 348; *Cziupka*, Die Irrtumsgründe des § 119 BGB, JuS 2009, 887; *Kindl*, Der Kalkulationsirrtum im Spannungsfeld von Auslegung, Irrtum und unzulässiger Rechtsausübung, Wertpapier-Mitteilungen (WM) 1999, 2198; *Klunzinger*, Einführung in das Bürgerliche Recht, § 14 III; *Leenen*, Die Anfechtung von Verträgen, Jura 1991, 393; *Löhnig*, Irrtumsrecht nach der Schuldrechtsmodernisierung, JA 2003, 516; *Müller*, Beschränkung der Anfechtung auf „das Gewollte", JuS 2005, 18; *Musielak*, Grundkurs BGB, Rn. 324 ff.; *Petersen*, Der Irrtum im Bürgerlichen Recht, Jura 2006, 660; *ders.*, Der beiderseitige Irrtum zwischen Anfechtungsrecht und Geschäftsgrundlage, Jura 2011, 430; *Pläster*, Das Hin und Her um den Feuerstuhl, JA 2010, 496; *Rönnau/Faust/Fehling*, Durchblick: Der Irrtum und seine Rechtsfolgen, JuS 2004, 667; *Schlachter*, Irrtum, Dissens und kaufrechtliche Gewährleistungsansprüche, JA 1991, 105; *Zwickel*, „Geiz ist nicht geil": Irrungen und Wirrungen um (doch nicht) kostenlose Einkäufe, JA 2010, 700.

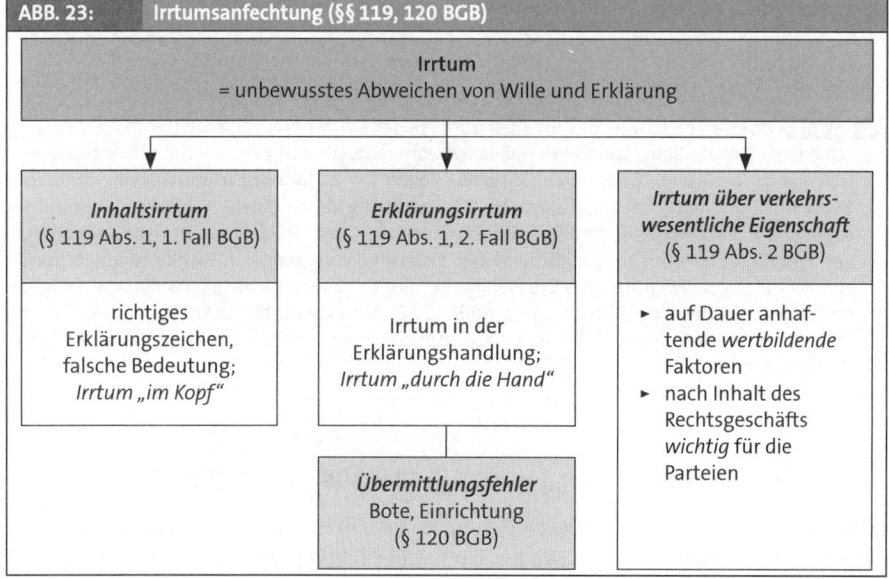

ABB. 23:   **Irrtumsanfechtung (§§ 119, 120 BGB)**

I. Anfechtungsgründe

Die Anfechtung einer Willenserklärung wegen eines Irrtums ist in den **§§ 119, 120 BGB**   1
geregelt. Danach unterscheidet das Gesetz **vier Anfechtungsgründe** (lesen!):

▶ den Inhaltsirrtum (§ 119 Abs. 1, 1. Fall BGB),

▶ den Erklärungsirrtum (§ 119 Abs. 1, 2. Fall BGB),

▶ den Übermittlungsfehler, den das Gesetz als Erklärungsirrtum behandelt (§ 120 BGB), und

▶ den Irrtum über eine verkehrswesentliche Eigenschaft der Person oder Sache (§ 119 Abs. 2 BGB).

1. Inhaltsirrtum (§ 119 Abs. 1, 1. Fall BGB)

2   Gem. § 119 Abs. 1, 1. Fall BGB kann derjenige seine Willenserklärung anfechten, der bei ihrer Abgabe über ihren Inhalt im Irrtum war. Ein solcher **Inhaltsirrtum** liegt vor, wenn der Erklärende zwar das erklärt hat, was er erklären wollte, seiner Erklärung aber eine andere Bedeutung zugemessen hat, als ihr in Wirklichkeit zukommt. Der Erklärende verwendet zwar dasjenige **Erklärungszeichen**, welches er auch verwenden wollte, misst ihm aber eine **andere, falsche Bedeutung** bei. Der Irrtum besteht „im Kopf".

3   Ein Inhaltsirrtum setzt voraus, dass der Erklärung objektiv, nach dem Empfängerhorizont, eine andere Bedeutung zukommt, als sie ihr der Erklärende subjektiv beigemessen hat. Der Erklärende irrt darüber, welche Bedeutung oder welche Tragweite seine Erklärung objektiv am Erklärungsort hat. Die **Auslegung hat Vorrang** vor der Anfechtung, weil sie ergeben muss, dass die Erklärung objektiv anders zu verstehen ist, als sie der Erklärende gemeint hat. Andererseits schadet die objektive Falschbezeichnung nicht, wenn der Empfänger sie richtig verstanden hat („*falsa demonstratio non nocet*"; vgl. § 7 Rn. 10).

> **BEISPIEL** ▶ Das Paradebeispiel des Inhaltsirrtums bildet ein vom LG Hanau (NJW 1979, 721) entschiedener Fall. K, Konrektorin einer Mädchenrealschule, bestellt bei V 25 Gros Toilettenpapierrollen in der Meinung, „Gros" bedeute „große Rollen". In Wirklichkeit ist der Begriff „Gros" eine Maßeinheit und bedeutet zwölf Dutzend. Die Bestellung der K richtete sich damit nicht auf 25, sondern auf 3 600 Rollen Toilettenpapier! Diese letztgenannte Bedeutung ist nach dem objektiven Empfängerhorizont maßgeblich, weil es sich um die objektive, in Fachkreisen gebräuchliche Bedeutung des Begriffs „ein Gros" handelt. Hier zeigt sich deutlich, dass die Auslegung einer Willenserklärung der Anfechtung vorgeht. Da K sich in der (objektiven) Bedeutung des von ihr gebrauchten Ausdrucks getäuscht hat, unterlag sie einem zur Anfechtung berechtigenden Inhaltsirrtum.

2. Erklärungsirrtum oder „Irrung" (§ 119 Abs. 1, 2. Fall BGB)

4   Gem. § 119 Abs. 1, 2. Fall BGB kann derjenige anfechten, der eine Erklärung dieses Inhalts überhaupt nicht abgeben wollte. Ein solcher **Erklärungsirrtum** oder eine „**Irrung**" liegt vor, wenn der Erklärende ein Erklärungszeichen benutzt, das er gar nicht verwenden wollte. In diesem Zusammenhang wird auch von einem **Irrtum in der Erklärungshandlung** gesprochen. Der Irrtum erfolgt „durch die Hand". Gemeint sind die klassischen Fälle des Verschreibens, Vertippens oder Versprechens.

BEISPIEL V schreibt seinem Kollegen K eine E-Mail, in der er K sein gebrauchtes Mountainbike für 250 € zum Kauf anbietet. K mailt zehn Minuten später zurück, dass er das Angebot annehme. Als V die Antwortmail liest, stellt er seinen Irrtum fest: In Wirklichkeit wollte er 350 € verlangen, hat sich jedoch beim Schreiben der E-Mail vertippt. Der Kaufvertrag ist zum Preis von 250 € zustande gekommen. V kann aber gem. § 119 Abs. 1, 2. Fall BGB anfechten.

3. Übermittlungsfehler (§ 120 BGB)

Dem Erklärungsirrtum (Rn. 4) setzt das BGB in § 120 die unrichtige Übermittlung durch die zur Übermittlung verwendete Person oder Einrichtung gleich. **Übermittlungspersonen** können vor allem Boten und Dolmetscher sein. **Übermittlungseinrichtungen** sind alle Einrichtungen der modernen Telekommunikation und des elektronischen Rechtsverkehrs. § 120 BGB erfasst also z. B. die Übermittlung von Willenserklärungen per Telegramm, Telefax, Teletext, SMS oder E-Mail.   5

BEISPIEL V betreibt im Internet ein virtuelles Warenhaus. Auf seiner Internetseite weist er u. a. Speichermodule für Computer zum Sonderpreis von 1,88 € pro Stück aus. K bestellt 99 Stück zum Gesamtpreis von 186,12 €; die Bestellung wird wenige Sekunden später durch eine E-Mail des V bestätigt. Zwei Tage später ficht V an, weil aufgrund einer von ihm nicht erkannten Formeländerung des Providers das Komma auf der Internetseite um zwei Stellen nach links gerutscht war; das Modul kostete nicht 1,88 €, sondern 188 € pro Stück. Das ist ein Anwendungsfall des § 120 BGB (OLG Hamm NJW 2004, 2601).

Nach herrschender Auffassung ist die Gleichsetzung der unrichtigen Übermittlung mit dem Erklärungsirrtum nur gerechtfertigt, wenn der Erklärungsbote die Erklärung **unbewusst** unrichtig übermittelt. Demgegenüber sei die Erklärung bei einer bewussten, absichtlichen Falschübermittlung schon gar nicht zugegangen, weil sie in dieser Form nicht vom Erklärenden stamme (vgl. etwa *Brox/Walker*, BGB AT, Rn. 415).   6

4. Irrtum über eine verkehrswesentliche Eigenschaft einer Person oder Sache (§ 119 Abs. 2 BGB)

Schließlich kann der Erklärende seine Erklärung anfechten, wenn er sich in einem Irrtum über solche Eigenschaften der Person oder Sache befand, die im Verkehr als wesentlich angesehen werden. Diesen Irrtum stellt das BGB in § 119 Abs. 2 dem Inhaltsirrtum (§ 119 Abs. 1, 1. Fall BGB) gleich. Es handelt sich um einen **Sonderfall des Motivirrtums**, weil der Fehler im Bereich der Willensbildung entsteht. Im Gegensatz zum „Normalfall" des unbeachtlichen Motivirrtums erlaubt das Gesetz hier die Anfechtung, wenn sich die fehlerhafte Willensbildung auf eine **verkehrswesentliche Eigenschaft** bezieht.   7

BEISPIEL ▶ K sieht einen Gebrauchtwagen zum Preis von 5 000 €. Diesen Preis hält er für günstig, weil er davon ausgeht, der Wagen sei unfallfrei. Er schließt mit V einen entsprechenden Kaufvertrag. Zeigt sich bei einer späteren Inspektion, dass der Rahmen verzogen ist und der Wagen einen Unfall hatte, liegt ein Irrtum des K i. S. des § 119 Abs. 2 BGB vor, weil die Unfallfreiheit eines Gebrauchtwagens eine verkehrswesentliche Eigenschaft ist.

HINWEIS:

K kann allerdings trotz dieses Irrtums nicht anfechten, weil die Sondervorschriften der Sachmängelhaftung (§§ 437 ff. BGB) eingreifen, welche die Anfechtung gem. § 119 Abs. 2 BGB ausschließen (dazu Rn. 18).

8   Danach berechtigt eine große Zahl häufiger Irrtümer als „normale", unbeachtliche Motivirrtümer **nicht** gem. § 119 Abs. 2 BGB zur Anfechtung. Das gilt zunächst für den Irrtum über den **Wert** einer Sache. Der Wert ist keine Eigenschaft der Sache, sondern er bildet sich aufgrund bestimmter Eigenschaften der Sache wie z. B. aufgrund des Alters, der Laufleistung und der Unfallfreiheit eines Autos.

> **BEISPIEL** ▶ Meint K im Beispielsfall (Rn. 7), der Wagen sei günstig, weil er in einer falschen Spalte der „Schwacke"-Liste nachgesehen hat, welchen Wert vergleichbare Gebrauchtwagen haben, kann er nicht anfechten.

9   Der Irrtum über die gesetzlich angeordneten Rechtsfolgen, der sog. **Rechtsfolgenirrtum**, berechtigt als bloßer Motivirrtum ebenfalls grundsätzlich nicht zur Anfechtung. Etwas anderes gilt nur dann, wenn das vorgenommene Rechtsgeschäft wesentlich andere als die beabsichtigten Wirkungen erzeugt (BGHZ 134, 152, 156; 168, 210, 218 ff. – Irrtum über die Rechtsfolgen einer Ausschlagung und einer Annahme der Erbschaft).

10   Der sog. **Kalkulationsirrtum** berechtigt als bloßer Motivirrtum grundsätzlich **nicht** zur Anfechtung. Das gilt nach herrschender Auffassung selbst dann, wenn dem Geschäftspartner die (fehlerhafte) Kalkulation erkennbar war (vgl. *Brox/Walker*, BGB AT, Rn. 424; vgl. auch BGHZ 139, 177, 182 ff.).

> **BEISPIEL** ▶ Umzugsunternehmer U bietet Professor P an, seinen Umzug in die neue Universitätsstadt zum Pauschalpreis von 6 500 € durchzuführen. P unterschreibt den Vertrag. Stellt sich danach heraus, dass U das Volumen des Umzugsgutes zu niedrig bemessen hat, als er die Wohnung des P besichtigte, und dass deshalb der Pauschalpreis von 6 500 € zu niedrig ist, kann U wegen dieses Kalkulationsirrtums nicht anfechten. Es handelt sich um einen Fehler in der Berechnungsgrundlage und damit „im Vorfeld" der Willenserklärung.

11

> **Motivirrtümer** sind grundsätzlich unbeachtlich. Sie berechtigen den Irrenden nicht zur Anfechtung seiner Willenserklärung. Zu diesen unbeachtlichen Motivirrtümern zählen insbesondere:
>
> ▶ der Irrtum über den bloßen Wert der Sache,
>
> ▶ der Rechtsfolgenirrtum und
>
> ▶ der Kalkulationsirrtum.
>
> Der Motivirrtum ist **ausnahmsweise beachtlich**, wenn er sich auf die verkehrswesentlichen Eigenschaften einer Person oder Sache i. S. des § 119 Abs. 2 BGB bezieht.

a) Eigenschaft einer Person oder Sache

Eigenschaften einer Person oder Sache sind **alle ihr dauerhaft anhaftenden wertbilden-** 12
den Faktoren. Dazu gehören zunächst alle Merkmale, die der Person oder Sache infolge
ihrer **natürlichen Beschaffenheit** auf Dauer anhaften.

> **BEISPIELE** Unfallfreiheit, Baujahr, Modelljahr, Laufleistung eines Autos; Lage und Größe eines
> Grundstücks; Urheberschaft, Echtheit eines Kunstwerks; einschlägige Vorstrafen eines Arbeit-
> nehmers.

Neben der natürlichen Beschaffenheit kommen auch solche **tatsächlichen und recht-** 13
lichen Verhältnisse des Gegenstands in Betracht, die infolge ihrer Beschaffenheit und
Dauer ihre Brauchbarkeit und ihren Wert beeinflussen.

> **BEISPIELE** Bebaubarkeit eines Grundstücks, Unverbaubarkeit eines Seeblicks

Keine Eigenschaft einer Sache ist dagegen der **Wert** selbst (Rn. 8). Er haftet der Sache 14
nämlich nicht auf Dauer an, sondern unterliegt den Schwankungen des Marktes (vgl.
BGHZ 16, 54, 57).

b) Verkehrswesentlichkeit der Eigenschaft

Verkehrswesentlich sind die genannten Faktoren, wenn sie **nach dem Inhalt des kon-** 15
kreten Rechtsgeschäfts aus der Sicht der Vertragsparteien wichtig sind. Diese Bedeutung lässt sich bei entgeltlichen Geschäften am leichtesten am Preis erkennen. Auf die
Verkehrswesentlichkeit kommt es an, weil zu einer Anfechtung gem. § 119 Abs. 2 BGB
nur der Motivirrtum über solche Eigenschaften berechtigen soll, denen im Rechtsverkehr normalerweise Bedeutung zukommt. Diese Besonderheit rechtfertigt es nach der
Wertung des Gesetzgebers, ausnahmsweise die Anfechtung wegen eines Motivirrtums
zuzulassen.

> **BEISPIELE** Die Kreditwürdigkeit des Käufers spielt bei einem Kauf auf Abzahlung, nicht aber bei
> einem Barkauf eine Rolle. Auf die politische Einstellung einer Person kann es ankommen, wenn
> sie als Chefredakteur einer Tageszeitung, nicht aber, wenn sie als Hausmeister eingestellt wer-
> den soll.

c) Kein Ausschluss der Anwendbarkeit des § 119 Abs. 2 BGB

Sind diese (positiven) Voraussetzungen des § 119 Abs. 2 BGB (Rn. 7 ff.) erfüllt, darf nicht 16
die weitere, negative Voraussetzung vorliegen, dass die Anfechtung ausgeschlossen ist.
Solche speziellen **Ausschlüsse** in Bezug auf die Anfechtung nach § 119 Abs. 2 BGB sind
relativ häufig (vgl. allgemein zu Ausschlüssen der Anfechtbarkeit Rn. 26).

Ausgeschlossen ist die Anfechtung etwa dann, wenn sie dazu führen würde, dass sich 17
der Erklärende der **Übernahme des vertragstypischen Risikos** entziehen kann. Er darf
also ein Risikogeschäft nicht deshalb anfechten, weil sich das Risiko zu seinen Lasten
verwirklicht.

> **BEISPIEL** Der Bürge kann die Abgabe seiner Bürgschaftserklärung nicht mit der Begründung
> anfechten, er habe sich über die Zahlungsfähigkeit des Hauptschuldners geirrt. Es ist gerade
> der Zweck der Bürgschaftserklärung, dem Bürgen dieses Risiko aufzuerlegen.

Außerdem wird die Anfechtung nach § 119 Abs. 2 BGB in wichtigen Bereichen **durch** 18
Sonderregelungen verdrängt. Einen derartigen Vorrang haben vor allem die **kaufrecht-**

lichen Gewährleistungsvorschriften der §§ 437 ff. BGB (vgl. etwa BGHZ 34, 32, 34 ff.; NomosKomm-BGB/*Feuerborn*, § 119 Rn. 15 ff.; ausf. zu den §§ 437 ff. BGB §§ 34 ff.).

▶ Weist die Kaufsache einen Mangel i. S. des § 434 BGB (Sachmangel; lesen!) oder § 435 BGB (Rechtsmangel; lesen!) auf, fehlt ihr damit regelmäßig zugleich eine verkehrswesentliche Eigenschaft. Nach herrschender Auffassung kann der **Käufer** in einer solchen Situation nur die Gewährleistungsrechte nach den §§ 437 ff. BGB (lesen!) geltend machen, weil das Kaufrecht in § 438 BGB andere Verjährungsfristen vorsieht als § 121 BGB für die Anfechtung, weil der Käufer bei grob fahrlässiger Unkenntnis des Mangels keine Gewährleistung verlangen kann (§ 442 Abs. 1 Satz 2 BGB) und weil die Parteien in den Grenzen des § 444 BGB einen Haftungsausschluss vereinbaren können. Diese Sonderregeln soll der Käufer nicht dadurch „unterlaufen" können, dass er seine Vertragserklärung anficht und damit den Kaufvertrag rückwirkend vernichtet, um anschließend den Kaufpreis gem. § 812 Abs. 1 Satz 1, 1. Fall BGB (gegen Rückgabe der mangelhaften Kaufsache) zurückzubekommen.

▶ Ausnahmsweise gilt dieser Ausschluss auch für den **Verkäufer**. Er darf sich seiner Gewährleistungspflicht nicht rechtsmissbräuchlich durch eine Anfechtung gem. § 119 Abs. 2 BGB entziehen.

▶ Der maßgebliche **Zeitpunkt**, ab dem die Anfechtung ausgeschlossen wird, ist nach der Rechtsprechung derjenige des Gefahrübergangs; das wird aus § 434 Abs. 1 Satz 1 BGB (lesen!) abgeleitet. Bei nicht behebbaren Mängeln oder bei einer endgültigen Weigerung des Verkäufers, den Mangel zu beseitigen, kann der Käufer bereits zu diesem früheren Zeitpunkt vom Kaufvertrag zurücktreten oder Minderung verlangen, so dass die Anfechtung dann ebenfalls bereits ausgeschlossen ist.

II. Weitere Voraussetzungen der Anfechtung

1. Kausalität des Irrtums für die Abgabe der Willenserklärung

19   Ein nach den vorstehenden Grundsätzen beachtlicher Irrtum berechtigt nur dann zur Anfechtung, wenn er **erheblich** ist. Denn gem. § 119 Abs. 1 a. E. BGB ist eine Erklärung trotz des Irrtums nicht anfechtbar („es sei denn"), wenn der Erklärende sie bei Kenntnis der Sachlage (**subjektiv erheblich**) und bei verständiger Würdigung des Falles (**objektiv erheblich**) nicht abgegeben haben würde.

20   Der Irrtum muss also nicht nur aus der Sicht des Erklärenden, sondern auch objektiv erheblich gewesen sein. Nach einer Formulierung des Reichsgerichts kommt es darauf an, ob der Irrende als **verständiger Mensch** und „frei von Eigensinn, subjektiven Launen und törichten Anschauungen" (RGZ 62, 206) die Abgabe der Willenserklärung unterlassen hätte. Danach scheidet eine Anfechtung regelmäßig etwa dann aus, wenn der Irrende durch die angefochtene Erklärung keinen wirtschaftlichen Nachteil erlitten hat oder ohne die Anfechtung wirtschaftlich sogar besser steht (RGZ 128, 116, 121; BGH NJW 1988, 2597, 2599). Etwas anderes gilt aber z. B. beim Verkauf von Kunstwerken, weil es dort nicht allein auf den wirtschaftlichen Wert ankommt (BGH NJW 1988, 2597, 2599).

2. Anfechtungserklärung

Die Anfechtung erfolgt gem. § 143 Abs. 1 BGB (lesen!) durch **Erklärung gegenüber dem**   21
Anfechtungsgegner. Anfechtungsgegner ist bei einem Vertrag der Vertragspartner
(§ 143 Abs. 2 BGB), bei einem einseitigen Rechtsgeschäft der Empfänger der (anzufech-
tenden) Willenserklärung (§ 143 Abs. 3 BGB). Die Anfechtungserklärung selbst ist auch
eine Willenserklärung und zwar, da sie dem Anfechtungsgegner gegenüber abgegeben
werden muss, eine **empfangsbedürftige Willenserklärung**. Sie muss also dem Anfechtungsgegner gem. § 130 Abs. 1 BGB **zugehen**.

Nach § 142 Abs. 1 BGB (lesen!) führt die Erklärung der Anfechtung zu einer unmittel-   22
baren Veränderung der Rechtslage, nämlich zur Nichtigkeit des angefochtenen Rechtsgeschäfts. Deshalb ist das Anfechtungsrecht ein **Gestaltungsrecht**.

Aus der Anfechtungserklärung muss sich **inhaltlich mit hinreichender Bestimmtheit** er-   23
geben, dass der Anfechtungsberechtigte seine Erklärung infolge eines Willensmangels
(oder einer Täuschung oder Drohung) nicht gegen sich gelten lassen will. Der Gebrauch
des Wortes „Anfechtung" ist nicht erforderlich. Es reicht z. B., wenn der Anfechtungsberechtigte schreibt: „Weil ich mich bei dem Angebot vom 28. 11. verschrieben habe,
ist für mich der Kaufvertrag hinfällig." Andererseits genügt es nicht, wenn der Irrende
einfach ohne Hinweise auf irgendwelche Willensmängel oder unzulässige Beeinflus-
sungen seiner Willensbildung das Bestehen des Rechtsgeschäfts bestreitet (vgl.
BGHZ 91, 324, 332).

Da es sich um ein Gestaltungsrecht handelt, darf die Anfechtungserklärung grundsätz-   24
lich **keine Bedingung oder Befristung** enthalten. Das liegt im Interesse des Anfech-
tungsgegners, der Klarheit darüber haben muss, ob das Rechtsgeschäft gilt oder durch
Anfechtung vernichtet worden ist. Konsequenterweise wird es für zulässig erachtet, die
Anfechtung unter einer solchen Bedingung zu erklären, deren Eintritt allein von einer
Handlung des Anfechtungsgegners abhängt (**Potestativbedingung**).

3. Anfechtungsfrist (§ 121 Abs. 1 BGB)

Nach § 121 Abs. 1 Satz 1 BGB muss die Anfechtung in den Fällen der §§ 119, 120 BGB   25
unverzüglich erklärt werden, sobald der Erklärende seinen Irrtum bemerkt hat. Unverzüglich bedeutet nach der auch in anderen Bereichen geltenden Legaldefinition dieser
Norm „**ohne schuldhaftes Zögern**". Der Irrende muss nicht sofort anfechten, sondern
hat eine bestimmte Bedenkzeit, die von den Umständen des Einzelfalls abhängt. Insbesondere wird sich der Irrende überlegen, ob er das Geschäft gegen sich gelten lassen
will, oder ob er lieber anficht und nach § 122 Abs. 1 BGB Schadensersatz leistet. Bei
schwierigen Fällen kann auch eine Beratung mit einem Rechtsanwalt angebracht sein.
Auf der anderen Seite darf der Irrende mit seinem Anfechtungsrecht nicht spekulieren.
Der andere Teil muss wissen, woran er ist. Nach Ablauf von **zehn Jahren** seit Abgabe
der Willenserklärung ist die Anfechtung in jedem Fall ausgeschlossen (§ 121 Abs. 2
BGB).

4. Kein Ausschluss der Anfechtbarkeit nach den §§ 119, 120 BGB

26   Neben den besonderen Gründen, die eine Anfechtbarkeit der Willenserklärung nach
§ 119 Abs. 2 BGB ausschließen können (Rn. 16 ff.), gibt es **allgemeine Ausschlussgründe**,
die insgesamt die Anfechtbarkeit nach den §§ 119, 120 BGB betreffen.

▶ Die Anfechtung muss sich auf eine **Willenserklärung** beziehen. Entsprechend anwendbar sind die §§ 119, 120 BGB bei geschäftsähnlichen Handlungen (vgl. dazu § 4
Rn. 14).

▶ Die Anfechtbarkeit darf nicht durch **Spezialvorschriften** ausgeschlossen oder besonders geregelt sein. Solche Vorschriften finden sich vor allem im Familien- und Erbrecht wie z. B. die §§ 1313 ff. BGB zur Aufhebung der Ehe, die §§ 2078 ff. BGB zur Tes-
tamentsanfechtung und die §§ 2281 ff. BGB zur Anfechtung des Erbvertrags.

▶ Der Anfechtungsberechtigte darf das anfechtbare Rechtsgeschäft **nicht gem. § 144
BGB bestätigt** haben (lesen!).

> **BEISPIEL** ▶ Liefert V dem K das Mountainbike, obwohl er bemerkt hat, dass er sich bei seinem
> Angebot vertippt hatte und der Vertrag zu einem Kaufpreis von 250 € statt 350 € abgeschlos-
> sen worden ist (Rn. 4), kann er nicht mehr gem. § 119 Abs. 1, 2. Fall BGB anfechten.

III. Rechtsfolgen der Anfechtung

27   Ficht der Berechtigte seine Willenserklärung wirksam an, führt das gem. § 142 Abs. 1
BGB zur **Nichtigkeit** der Willenserklärung. Gleichzeitig macht sich der wegen eines Irrtums nach den §§ 119, 120 BGB Anfechtende gem. § 122 BGB **schadensersatzpflichtig**.

1. Nichtigkeit der Willenserklärung (§ 142 Abs. 1 BGB)

28   Die wirksame Anfechtung eines Rechtsgeschäfts führt gem. § 142 Abs. 1 BGB dazu,
dass es als **von Anfang an nichtig** anzusehen ist. Entscheidet sich der Anfechtungsberechtigte also dazu, sein Anfechtungsrecht auszuüben, führt das zur rückwirkenden
Nichtigkeit des Rechtsgeschäfts (**Nichtigkeit *ex tunc***).

29   Ist die angefochtene Willenserklärung Bestandteil eines **Vertrags**, so ist der Vertrag
rückwirkend nichtig. Zwar kann der Berechtigte nur seine eigene Willenserklärung und
– entgegen dem üblichen Sprachgebrauch – nicht den Vertrag als Ganzen anfechten.
Vernichtet er jedoch durch die Anfechtung seine eigene Willenserklärung, fehlt eine
der beiden für den Vertrag notwendigen Willenserklärungen, so dass die Nichtigkeit
auf diese Weise auch den Vertrag erfasst.

30   Erklärt sich allerdings der Anfechtungsgegner dazu bereit, den Vertrag auch so abzuschließen, wie der Anfechtende ihn ohne den Irrtum abschließen wollte, darf der Anfechtende nicht auf der Nichtigkeit bestehen. Er ist vielmehr nach Treu und Glauben
(§ 242 BGB) verpflichtet, auf das Angebot des Anfechtungsgegners einzugehen. Das Anfechtungsrecht ist **kein Reurecht**.

BEISPIEL Erklärt sich K im Beispielsfall (Rn. 4, 26) bereit, auch 350 € für das Mountainbike zu zahlen, muss V ihm das Rad zu diesem Preis liefern. V kann nicht auf der Nichtigkeit bestehen, weil er z. B. zwischenzeitlich einen Käufer gefunden hat, der 400 € zahlen will.

Von der Rückwirkung der Anfechtung gibt es Ausnahmen. Entgegen § 142 Abs. 1 BGB   31
wirkt die Anfechtung nicht zurück, sondern, wie eine Kündigung, **nur für die Zukunft**
(**Nichtigkeit *ex nunc***), wenn es sich um ein bereits **in Vollzug gesetztes Dauerschuldverhältnis** handelt. Da sich ein Dauerschuldverhältnis nicht auf den einmaligen Austausch
einer Leistung und einer Gegenleistung beschränkt (vgl. dazu § 18 Rn. 5), würde die
Rückabwicklung zu erheblichen Schwierigkeiten führen, wenn der Berechtigte erst
nach einiger Zeit vom Anfechtungsgrund erfährt und sein Anfechtungsrecht ausübt.

BEISPIELE Arbeitsvertrag, Gesellschaftsvertrag; hat der Arbeitnehmer bereits einige Zeit gearbeitet oder hat die Gesellschaft ihre Tätigkeit bereits aufgenommen, kann nur noch mit *ex
nunc*-Wirkung angefochten werden.

2. Schadensersatzpflicht des Anfechtenden (§ 122 BGB)

Hat der Irrende seine Willenserklärung aufgrund der §§ 119, 120 BGB angefochten   32
(oder ist sie gem. § 118 BGB nichtig; vgl. dazu Rn. 15), muss er dem Erklärungsempfänger oder einem Dritten den Schaden ersetzen, den dieser dadurch erleidet, dass er auf
die Gültigkeit der Willenserklärung vertraut. Dabei handelt es sich um den sog. **Vertrauensschaden** oder das **negative Interesse**. Der Ersatzberechtigte ist so zu stellen, wie er
stünde, wenn er nie von dem Vertrag gehört hätte. **Obergrenze** ist nach § 122 Abs. 1
a. E. BGB die Höhe des Erfüllungsschadens oder des positiven Interesses.

BEISPIEL Einzelhändler E bestellt beim Großhändler G 1 000 Packungen Schrauben unter Angabe der Katalog-Bestell-Nummer S 100 zum Katalogpreis von 1,20 € pro Packung. G bestätigt
die Bestellung des E unter Angabe der Bestell-Nummer S 100. Beim Schreiben der Rechnung
stellt sich heraus, dass der Preis aufgrund eines Druckfehlers im Katalog falsch ausgezeichnet
war. Statt 1,20 € hätte es richtig 1,50 € heißen müssen. G will an diesem schlechten Geschäft
nicht festhalten und teilt E das unverzüglich mit.

In der Auftragsbestätigung des G liegt die Annahme des Angebots des E auf Abschluss eines
Kaufvertrags über 1 000 Packungen Schrauben mit der genannten Katalog-Bestell-Nummer
S 100 zum Katalogpreis 1,20 € pro Packung. Damit ist der Kaufvertrag zustande gekommen. G
hat jedoch seine Willenserklärung, die Annahme des Kaufangebots von E, wegen Inhaltsirr-
tums gem. § 119 Abs. 1, 1. Fall BGB angefochten und damit unmittelbar seine Annahmeerklärung sowie mittelbar den Kaufvertrag gem. § 142 Abs. 1 BGB rückwirkend vernichtet.

E hatte die Schrauben im Vertrauen auf die Wirksamkeit des Vertrags bereits zu 1,70 € pro
Packung weiterveräußert. Da er wegen der Anfechtung nicht liefern kann, nehmen ihn seine
Kunden auf Schadensersatz in Anspruch. Hätte E gewusst, dass der Kaufvertrag wirksam angefochten werden würde, hätte er die Schrauben nicht weiterverkauft und sich nicht schadensersatzpflichtig gemacht. Diesen Schaden hat G dem E gem. § 122 Abs. 1 BGB zu ersetzen.

Nicht ersetzt wird dagegen der Erfüllungsschaden. E kann also von G nicht verlangen, so gestellt zu werden, als wenn der Kaufvertrag wirksam gewesen wäre. Dann hätte E pro Schrau-
benpackung 0,50 € Gewinn gemacht. Diesen entgangenen Gewinn von 500 € kann E von G
nicht verlangen. Der Betrag von 500 € bezeichnet aber die Obergrenze des Ersatzes, den E als
Ersatz wegen der gegen ihn gerichteten Schadensersatzforderungen seiner Kunden verlangen
kann.

33 Ausgeschlossen ist der Anspruch gem. § 122 Abs. 2 BGB, wenn der Geschädigte den Grund der Anfechtbarkeit (oder im Fall des § 118 BGB den Grund der Nichtigkeit) kannte oder kennen musste. Geschützt wird nur derjenige, der auf die **Gültigkeit der Erklärung vertraut** hat.

34 Einen zusammenfassenden **Überblick** über die Voraussetzungen einer wirksamen Anfechtung bietet das folgende Prüfungsschema:

Prüfungsschema zur Anfechtung

▶ **Zulässigkeit der Anfechtung**

- Vorliegen einer Willenserklärung

- kein Ausschluss durch Spezialvorschriften

▶ **Anfechtungserklärung**

- inhaltliche Bestimmtheit; bedingungs-, befristungsfeindlich

- richtiger Anfechtungsgegner (§ 143 BGB)

- Zugang beim Anfechtungsgegner

▶ **Wahrung der Anfechtungsfrist**

- Unverzüglichkeit bei der Irrtumsanfechtung (§ 121 Abs. 1 BGB)

- Jahresfrist bei der Täuschungs- und Drohungsanfechtung (§ 124 Abs. 1, 2 BGB)

▶ **Vorliegen eines Anfechtungsgrundes**

- Inhalts- oder Erklärungsirrtum (§ 119 Abs. 1 BGB)

- Irrtum über verkehrswesentliche Eigenschaft der Person oder Sache (§ 119 Abs. 2 BGB)

- Übermittlungsfehler (§ 120 BGB)

- arglistige Täuschung oder widerrechtliche Drohung (§ 123 BGB)

---

§ 10 Täuschungs- und Drohungsanfechtung

LITERATUR:

Brox/Walker, BGB AT, Rn. 450 ff.; *Büchler*, Die Anfechtungsgründe des § 123 BGB, JuS 2009, 976; *Coester-Waltjen*, Die fehlerhafte Willenserklärung, Jura 1990, 362; *Derleder*, Die Rechte des über Fehler der Kaufsache getäuschten Käufers, NJW 2001, 1161; *Hamann*, Bewerberauswahl und Arbeitgeberkündigung im Lichte des Allgemeinen Gleichbehandlungsgesetzes, Jura 2007, 641; *Hunold*, Das Fragerecht des Arbeitgebers, Rahmenbedingungen der Informationsbeschaffung im Recruiting, AuA 2010, 18; *Löhnig*, Irrtumsrecht nach der Schuldrechtsmodernisierung, JA 2003, 516; *ders.*, Vertragsaufhebung wegen „fahrlässiger Täuschung", JA 2003, 553; *Martens*, Wer ist „Dritter"? – Zur Abgrenzung der §§ 123 I und II 1 BGB, JuS 2005, 887; *Musielak*, Grundkurs BGB, Rn. 372 ff.; *Peters*, Die Rechtsfolgen der widerrechtlichen Drohung, JR 2006, 133; *Staudinger/Ewert*, Täuschung durch den Verkäufer, JA 2010, 241; *Wisskirchen/Bissels*, Das Fragerecht des Arbeitgebers bei Einstellung unter Berücksichtigung des AGG, NZA 2007, 169.

Bei der Anfechtung nach § 123 BGB (lesen!) weichen, anders als bei der Irrtumsanfechtung nach den §§ 119, 120 BGB, nicht Wille und Erklärung voneinander ab. Stattdessen ist die Willenserklärung deshalb anfechtbar, weil der Prozess der Willensbildung in unzulässiger Weise beeinflusst wurde. Wegen dieser **unzulässigen Beeinflussung der Willensbildung** ist der Erklärungsempfänger nicht schutzwürdig.   1

I. Arglistige Täuschung (§ 123 Abs. 1, 1. Fall, Abs. 2 BGB)

Die Irrtumsanfechtung nach § 119 BGB beschränkt sich auf bestimmte Fälle des Irrtums und schließt den Motivirrtum als Anfechtungsgrund grundsätzlich aus (§ 9 Rn. 1 ff.). Im Unterschied dazu berechtigt bei einer arglistigen Täuschung **jeder darauf beruhende Irrtum und gerade auch der Motivirrtum** zur Anfechtung. Nach § 123 Abs. 1, 1. Fall BGB kann jede Willenserklärung angefochten werden, zu deren Abgabe der Erklärende durch arglistige Täuschung bestimmt worden ist.   2

Der Grund für diese Anfechtungsmöglichkeit liegt darin, dass der Irrtum bei einer Täuschung nicht „hausgemacht" ist, sondern auf besonders verwerfliche Weise vom Vertragspartner oder von einem Dritten verursacht wurde, der in irgendeiner Weise in dessen Lager steht. Die **Zurechenbarkeit** der Fehlleistung an den Täuschenden rechtfertigt es, dass die inneren Fehlvorstellungen des Getäuschten in weiterem Umfang Berücksichtigung finden als bei der Irrtumsanfechtung.   3

> **BEISPIEL** ▸ Arbeitnehmer A bewirbt sich bei Unternehmer U auf eine Stellenanzeige, in der u. a. der Besitz eines Führerscheins verlangt wird. Beim Einstellungsgespräch weist A den U nicht darauf hin, dass er seinen Führerschein verloren hat. Das erfährt U erst, nachdem er A eingestellt hat und dieser seine Arbeit aufnehmen soll.

1. Tatbestandsvoraussetzungen der arglistigen Täuschung

4   Die Tatbestandsvoraussetzungen einer arglistigen Täuschung ergeben sich aus § 123 Abs. 1, 1. Fall, Abs. 2 BGB.

ABB. 24:   Täuschungsanfechtung

Voraussetzungen der Anfechtung wegen arglistiger Täuschung

- *Täuschungshandlung*
  (positives Tun oder Unterlassen bei Handlungspflicht)

- *Irrtumserregung*

- *Abgabe einer Willenserklärung des Getäuschten*

- *Kausalität Täuschung – Irrtum – Abgabe der Willenserklärung*

- *Widerrechtlichkeit der Täuschung*
  (ungeschriebenes Tatbestandsmerkmal; Widerrechtlichkeit entfällt ausnahmsweise bei falschen Antworten auf unzulässige Fragen)

- *Arglist des Täuschenden*
  (Vorsatz erforderlich; Angaben „ins Blaue" genügen)

- *Sonderfall: Täuschung durch Dritte (§ 123 Abs. 2 Satz 1 BGB)*

a) Täuschungshandlung

5   Die Anfechtungsmöglichkeit setzt zunächst eine Täuschungshandlung voraus. Darunter versteht man ein **Verhalten**, das darauf abzielt, in einem anderen eine **unrichtige Vorstellung über eine Tatsache hervorzurufen, zu bestärken oder zu unterhalten.**

6   Die Täuschungshandlung kann in einem **positiven Tun** bestehen. Der Täuschende behauptet ausdrücklich oder konkludent eine Tatsache, die der Wahrheit nicht entspricht.

7   Anstelle eines positiven Tuns kann ein bloßes **Unterlassen** eine Täuschung i. S. des § 123 Abs. 1 BGB sein. Da Schweigen grundsätzlich nicht rechtserheblich ist (vgl. § 4 Rn. 31), muss für den Unterlassenden eine **Aufklärungspflicht** bestehen. Sie ist gegeben, wenn nach den besonderen Umständen des Einzelfalls der Grundsatz von Treu und Glauben (§ 242 BGB) sowie die im Verkehr herrschenden Anschauungen eine Mitteilung des verschwiegenen Umstandes gebieten. Das gilt vor allem in Bezug auf solche Umstände, die für die Entscheidung des Vertragspartners erkennbar von besonderer Bedeutung sind.

> **BEISPIEL** ▶ Im Eingangsbeispiel (Rn. 3) konnte A aufgrund der Stellenanzeige klar erkennen, dass es U auf den Besitz eines Führerscheins ankam.

b) Irrtumserregung

8   Die Täuschungshandlung muss beim Getäuschten einen Irrtum bewirken. Sie muss also eine **Fehlvorstellung über Tatsachen**, über die wahre Sachlage, hervorrufen. Insoweit genügt jede Art von Irrtum einschließlich des Motivirrtums (vgl. Rn. 2).

c) Abgabe einer Willenserklärung des Getäuschten

Da es um die Anfechtung einer Willenserklärung geht, muss der Getäuschte eine **Wil-   9
lenserklärung** abgegeben haben. Außerdem findet § 123 BGB grundsätzlich analoge
Anwendung auf geschäftsähnliche Handlungen.

d) Kausalität der Täuschung für den Irrtum und des Irrtums für die Abgabe der Willenserklärung

Nach dem Wortlaut des § 123 Abs. 1 BGB muss der Getäuschte durch die Täuschung   10
zur Abgabe der Willenserklärung, die er anfechten will, **bestimmt** worden sein. Die Täuschung muss die Abgabe der Willenserklärung verursacht haben. Sie muss also den Irrtum erregt haben, aufgrund dessen seinerseits die Willenserklärung abgegeben worden ist. Damit ist eine **doppelte Kausalität** erforderlich.

Die zunächst erforderliche **Kausalität zwischen Täuschung und Irrtum** liegt vor, wenn   11
sich die unbewusste Fehlvorstellung des Erklärenden auf diejenigen Umstände bezieht,
über die der Andere getäuscht hat. Der Erklärende muss dem Täuschenden also glauben. Daran **fehlt** es z. B., wenn der Andere lediglich einen bereits bestehenden Irrtum
des Erklärenden ausnutzt, ohne ihn durch eigene Handlungen aufrechtzuerhalten oder
zu bestärken (OLG Düsseldorf NJW 1969, 623, 624).

Die außerdem erforderliche **Kausalität zwischen Irrtum und Abgabe der Willenserklä-   12
rung** ist erfüllt, wenn der Getäuschte die Erklärung bei Kenntnis der wahren Sachlage
gar nicht, nicht zu diesem Zeitpunkt oder nicht mit diesem Inhalt abgegeben hätte. Daran **fehlt** es, wenn der Getäuschte die Erklärung in jedem Fall, also auch ohne die Täuschung, genauso abgegeben hätte, also z. B. einen Vergleichsvertrag über die Aufhebung eines Arbeitsverhältnisses ohne Rücksicht auf die Behauptungen der anderen
Partei abgeschlossen hat (BAG NZA 1998, 33, 34 f.).

Auf eine **verständige Würdigung** des Falles wie bei § 119 Abs. 1 BGB oder die **Leicht-   13
gläubigkeit** des Getäuschten kommt es **nicht** an. Auch der Leichtgläubige wird durch
§ 123 BGB geschützt. In der Praxis dürfte ihm allerdings der Nachweis, tatsächlich getäuscht worden zu sein, schwerer fallen.

e) Widerrechtlichkeit der Täuschung

Die Tatbestandsvoraussetzung der Widerrechtlichkeit findet sich in § 123 Abs. 1 BGB   14
(nochmals lesen!) ausdrücklich nur für die Drohung, nicht aber für die Täuschung. Der
Gesetzgeber des BGB ging nämlich als selbstverständlich davon aus, dass jede Täuschung per se rechtswidrig sei. Dabei hat er allerdings übersehen, dass eine **Täuschung**,
also die Behauptung einer unwahren Tatsache, **rechtmäßig sein kann**. So erlaubt der
Gesetzgeber es in § 53 Abs. 1 Nr. 2 des Bundeszentralregistergesetzes (BZRG) einem
Vorbestraften, sich als unbestraft zu bezeichnen, wenn seine Verurteilung nach Ablauf
der in § 46 BZRG festgelegten Frist zu tilgen ist. Wenn aber die Täuschung nach dieser
Vorschrift oder aus einem anderen Grund nicht widerrechtlich ist, kann sie den Getäuschten auch nicht gem. § 123 Abs. 1 BGB zur Anfechtung wegen arglistiger Täuschung berechtigen.

15   In der Praxis kommt es auf dieses Tatbestandsmerkmal vor allem bei **Bewerbungs-gesprächen** an, in denen es um die Begründung eines Arbeitsvertrags geht. Das **Frage-recht des Arbeitgebers** reicht nämlich nur so weit, wie es um das konkrete Arbeitsver-hältnis und die Eignung der Bewerberin oder des Bewerbers geht, die konkret in Aus-sicht genommene Arbeitsleistung zu erbringen. Außerdem sind bestimmte Fragen we-gen des Verstoßes gegen Grundrechte oder Diskriminierungsverbote unzulässig.

> **BEISPIEL** Der Arbeitgeber darf eine Bewerberin nicht fragen, ob sie schwanger sei. Eine solche Frage verstößt gegen das grundrechtlich und europarechtlich verankerte Verbot der Ge-schlechtsdiskriminierung. Fragt der Arbeitgeber trotzdem und ist die Bewerberin schwanger, hilft es ihr nicht, die Beantwortung dieser rechtswidrigen Frage einfach zu verweigern; der Ar-beitgeber würde sie nicht einstellen. Deshalb darf die Bewerberin die rechtswidrige Frage falsch beantworten; sie ist berechtigt, die Unwahrheit zu sagen. Stellt der Arbeitgeber sie ein, kann er seine Erklärung zum Abschluss des Arbeitsvertrags nicht wegen arglistiger Täuschung gem. § 123 Abs. 1 BGB anfechten. Die Täuschung der Bewerberin war nicht widerrechtlich.

f) Arglist des Täuschenden

16   Die erforderliche Arglist bedeutet nicht, dass der Täuschende besonders verwerflich oder „hinterlistig" gehandelt haben muss. **Arglistig** ist die Täuschung vielmehr bereits dann, wenn sie **vorsätzlich** erfolgt (vgl. den Verschuldensmaßstab des Vorsatzes in § 276 Abs. 1 BGB; lesen!; ausf. dazu § 26 Rn. 19). Der Täuschende muss wissen oder zu-mindest davon ausgehen, dass der Getäuschte eine Willenserklärung abgibt, die er bei Kenntnis der wahren Sachlage so nicht abgegeben hätte, und der Täuschende muss das auch wollen. Arglist bedeutet also, dass der Täuschende die Fehlvorstellung des Ge-täuschten bewusst ausnutzt.

17   Für die Arglist genügt **bedingter Vorsatz**. Behauptet jemand ohne weitere Nachprüfung einfach „ins Blaue hinein" Tatsachen, die dem Vertragspartner erkennbar wichtig sind, muss er sich eine vorsätzliche Täuschung vorwerfen lassen, wenn sich später heraus-stellt, dass die von ihm behaupteten Tatsachen nicht der Wirklichkeit entsprechen (vgl. BGH NJW 2001, 2326, 2327; 2006, 2839, 2840; 2008, 644, 648).

> **BEISPIEL** K erkundigt sich bei Gebrauchtwagenhändler V, ob das Auto, das er kaufen will, un-fallfrei ist. V erklärt ohne weitere Nachprüfungen, das betreffende Auto sei, wie alle seine Au-tos, selbstverständlich unfallfrei. Später stellt sich heraus, dass V dem K doch einen Unfall-wagen verkauft hat. K kann selbst dann wegen arglistiger Täuschung anfechten, wenn V tat-sächlich geglaubt hat, der Wagen sei unfallfrei.

2. Sonderfall der Täuschung durch Dritte (§ 123 Abs. 2 Satz 1 BGB)

18   Die Täuschung berechtigt stets zur Anfechtung, wenn sie vom Erklärungsempfänger, also dem Adressaten der Willenserklärung verübt worden ist. Geht sie dagegen **von ei-nem Dritten** aus und handelt es sich um eine empfangsbedürftige Willenserklärung, so kann der Getäuschte diese Willenserklärung nur dann anfechten, wenn auch der **Erklä-rungsempfänger die Täuschung kannte oder kennen musste** (§ 123 Abs. 2 Satz 1 BGB; lesen!).

> **BEISPIEL** V will sein Hausgrundstück verkaufen. Dazu schaltet er den Immobilienmakler M ein. M gibt gegenüber dem Kaufinteressenten K bewusst zu hohe Mieterträge an. K kauft daraufhin das Hausgrundstück von V. K möchte wissen, ob er den Vertrag wegen arglistiger Täuschung anfechten kann, obwohl V nachweislich nichts von der Täuschung des M wusste.

In derartigen Drei-Personen-Verhältnissen kommt es entscheidend darauf an, wer Dritter i. S. des § 123 Abs. 2 Satz 1 BGB ist. Nach dem Sinn und Zweck der Vorschrift ist nicht etwa jeder andere als der Erklärungsempfänger bereits Dritter. **Dritter** ist vielmehr nur ein **Außenstehender**. Er darf weder am Geschäft des Erklärungsempfängers beteiligt sein noch darf sein Verhalten dem Erklärungsempfänger zuzurechnen sein. Er darf nicht „im Lager" des Erklärungsempfängers stehen.   19

Keine Dritten i. S. des § 123 Abs. 2 Satz 1 BGB sind danach solche Personen, die bei dem Geschäft als Hilfspersonen des Erklärungsempfängers tätig werden. Dazu gehören vor allem der **Vertreter** des Erklärungsempfängers, der von ihm beauftragte **Makler** und andere Verhandlungsführer oder Verhandlungsgehilfen des Erklärungsempfängers.   20

> **BEISPIEL** Im Beispielsfall (Rn. 18) kann K also seine Willenserklärung auf Abschluss des Grundstückskaufvertrags gegenüber V anfechten, obwohl V nichts von der Täuschung des M wusste.

3. Verhältnis von Täuschung und Irrtum

Bei der arglistigen Täuschung wird häufig gleichzeitig ein Irrtum i. S. des § 119 BGB vorliegen. Dann kann der Erklärende nach § 119 oder nach § 123 BGB anfechten. Die auf **§ 123 BGB gestützte Anfechtung** ist für den Erklärenden günstiger, weil die Anfechtungsfrist des § 124 BGB erheblich länger ist als diejenige des § 121 BGB und weil die Täuschungsanfechtung nicht die Schadensersatzpflicht des § 122 BGB auslöst. In der Praxis erweist sich allerdings die **auf § 119 BGB gestützte Anfechtung** oft als günstiger, weil die Voraussetzungen des § 123 BGB, insbesondere die Arglist, in der Regel schwerer beweisbar sind als ein Irrtum gem. § 119 BGB.   21

II. Widerrechtliche Drohung (§ 123 Abs. 1, 2. Fall BGB)

Im Unterschied zu den bisher behandelten Tatbeständen **fehlt** es bei der widerrechtlichen Drohung an einem **Irrtum des Erklärenden**. Der Anfechtungsgrund besteht allein darin, dass der Erklärende seinen Willen nicht frei bilden konnte. Diese Anfechtungsmöglichkeit schützt, ebenso wie diejenige wegen arglistiger Täuschung, die Freiheit der Willensentschließung.   22

1. Tatbestandsvoraussetzungen der widerrechtlichen Drohung

Nach **§ 123 Abs. 1, 2. Fall BGB** kann eine Willenserklärung anfechten, wer zu ihrer Abgabe widerrechtlich durch Drohung bestimmt worden ist.   23

ABB. 25:	**Drohungsanfechtung**

Voraussetzungen der Anfechtung wegen widerrechtlicher Drohung

- *Drohung*
  (In-Aussicht-Stellen eines künftigen Übels, auf das der Drohende Einfluss zu haben vorgibt)
- *Abgabe einer Willenserklärung des Bedrohten*
- *Kausalität Drohung – Abgabe der Willenserklärung*
- *Widerrechtlichkeit der Drohung*
  (Widerrechtlichkeit des Mittels, des Zwecks oder der Mittel-Zweck-Relation)
- *Vorsatz des Drohenden*
- *Person des Drohenden*

a) Drohung

24   Die Anfechtungsmöglichkeit setzt zunächst eine Drohung voraus. Darunter versteht man das **In-Aussicht-Stellen eines zukünftigen Übels, auf dessen Eintritt der Drohende Einfluss zu haben vorgibt**. Der Drohende stellt dem Bedrohten in Aussicht, er werde das angedrohte Übel verwirklichen, wenn der Bedrohte nicht die gewünschte Willenserklärung abgibt. Als angedrohtes Übel kommt jeder Nachteil für den Bedrohten in Betracht, selbst wenn er nicht besonders schwer wiegt. Die Drohung mit diesem Übel kann ausdrücklich ausgesprochen werden oder versteckt oder durch schlüssiges Verhalten erfolgen.

> **BEISPIELE** A droht dem B, er werde ihn verprügeln, wenn er ihm nicht seinen Walkman „schenkt". Unfallopfer O droht Unfallverursacher V, der auf seinen Wagen aufgefahren ist, er werde die Polizei rufen, falls V nicht sofort ein Schuldanerkenntnis (vgl. § 781 BGB) unterschreibt.

25   Die Drohung muss einerseits von der bloßen **Warnung** abgegrenzt werden. Anders als der Drohende weist der Warnende bloß auf das Bevorstehen eines Übels hin, ohne vorzugeben, er habe Einfluss auf seinen Eintritt oder seine Verwirklichung.

> **BEISPIEL** Keine Drohung ist etwa eine Verwünschung wie „Der Blitz soll Dich treffen!"

26   Eine Drohung erzeugt eine **psychische Zwangslage**, welche die Willensentschließung des Bedrohten in eine bestimmte Richtung lenkt. Das ist die sog. *vis compulsiva*. Übt jemand hingegen **unwiderstehlichen physischen Zwang** aus, liegt mangels Handlungswillens des Gezwungenen überhaupt keine Willenserklärung vor. Das ist die sog. *vis absoluta*, z. B. das Führen der Hand (vgl. dazu § 4 Rn. 20).

b) Abgabe einer Willenserklärung des Bedrohten

27   Die Anfechtung setzt weiter voraus, dass der Bedrohte eine **Willenserklärung** abgegeben hat. Außerdem findet § 123 BGB grundsätzlich analoge Anwendung auf geschäftsähnliche Handlungen.

c) Kausalität der Drohung für die Abgabe der Willenserklärung

Der Bedrohte muss gem. § 123 Abs. 1, 2. Fall BGB durch die Drohung zur Abgabe der   28
Willenserklärung **bestimmt** worden sein. Die Drohung muss also die psychische
Zwangslage des Bedrohten **hervorgerufen** haben, aufgrund derer er dann die Willenserklärung abgegeben hat. Die Kausalität liegt vor, wenn der Bedrohte die Erklärung
ohne die Drohung gar nicht oder nicht so abgegeben hätte. Außerdem setzt § 123
Abs. 1, 2. Fall BGB voraus, dass die Drohung zur Abgabe einer bestimmten, nämlich genau der vom Drohenden gewollten Willenserklärung geführt hat.

> **BEISPIEL** Kauft sich der Erpresste bei D eine Waffe, statt sein Hausgrundstück an den Erpresser
> zu verkaufen, ist diese Willenserklärung nicht anfechtbar.

d) Widerrechtlichkeit der Drohung

Problematischer als bei den anderen Tatbestandsmerkmalen kann es sein, die Wider-   29
rechtlichkeit (Rechtswidrigkeit) der Drohung festzustellen. Insoweit lassen sich **drei**
Fallgruppen unterscheiden:

aa) Widerrechtlichkeit des Mittels

Eine Drohung ist immer rechtswidrig, wenn bereits die **angedrohte Handlung rechts-**   30
widrig ist. Das gilt selbst dann, wenn der Drohende einen erlaubten Zweck verfolgt.

> **BEISPIELE** Drohungen mit Tötung, Körperverletzung oder Rufschädigung; Drohung mit einem
> bewusst schlechten Arbeitszeugnis für den Fall, dass der Arbeitnehmer den angebotenen Auf-
> hebungsvertrag nicht unterschreibt (vgl. zum Anspruch auf ein korrektes qualifiziertes Arbeits-
> zeugnis § 109 Abs. 1 Satz 3, Abs. 2 GewO).

bb) Widerrechtlichkeit des Zwecks

Eine Drohung ist ferner rechtswidrig, wenn der damit **bezweckte Erfolg rechtswidrig**   31
ist. Das gilt immer, und zwar selbst dann, wenn das eingesetzte Mittel nicht gegen die
Rechtsordnung verstößt.

> **BEISPIEL** A droht dem angetrunkenen Unfallverursacher B, er werde die Polizei zur Unfallauf-
> nahme rufen, wenn B ihm nicht hilft, seine Haftpflichtversicherung zu betrügen.

cc) Widerrechtlichkeit der Mittel-Zweck-Relation

Etwas schwieriger sind die häufigeren Fälle zu beurteilen, in denen weder das Mittel noch   32
der Zweck allein verwerflich ist. Hier kann sich die Rechtswidrigkeit der Drohung nur aus
der **Verbindung von Mittel und Zweck**, aus der sog. Mittel-Zweck-Relation, ergeben: Der
Einsatz des konkreten Mittels ist zur Erreichung des konkreten Zwecks rechtswidrig.

> **BEISPIEL** Nach einem Verkehrsunfall erklärt Unfallopfer A dem Verursacher B, er werde ihn we-
> gen einer vor einem halben Jahr begangenen Unfallflucht (§ 142 StGB – Unerlaubtes Entfernen
> vom Unfallort) anzeigen, wenn er nicht sofort am Unfallort ein Schuldanerkenntnis unter-
> zeichne. Hier ist es das gute Recht des A, den B wegen einer Straftat anzuzeigen (keine Rechts-
> widrigkeit des Mittels). Der von A verfolgte Zweck, die Bezahlung seines Schadens zu erreichen,
> ist ebenso wenig zu beanstanden (keine Rechtswidrigkeit des Zwecks). Aber die frühere Unfall-
> flucht des B hat mit dem jetzigen Schaden des A nichts zu tun. B kann seine Unterschrift (vgl.
> § 781 BGB) gem. § 123 Abs. 1, 2. Fall BGB anfechten, weil die Drohung wegen Widerrechtlich-
> keit der Mittel-Zweck-Relation rechtswidrig ist.

e) Vorsatz des Drohenden

33   Eine Drohung ist nur dann gem. § 123 Abs. 1, 2. Fall BGB anfechtbar, wenn sie den Zweck hat, den Bedrohten in eine solche Zwangslage zu versetzen, dass er die gewünschte Willenserklärung abgibt. Das setzt einen entsprechenden **Vorsatz** des Drohenden voraus.

f) Person des Drohenden

34   Drohender kann neben dem **Erklärungsempfänger** auch **jeder Dritte** sein. Denn die einschränkende Regelung des § 123 Abs. 2 BGB gilt nur für die arglistige Täuschung (dazu Rn. 18 ff.).

2. Verhältnis von Täuschung und Drohung

35   Die arglistige Täuschung und die widerrechtliche Drohung stehen in **keinem Ausschließlichkeitsverhältnis** zueinander. Beide Anfechtungen sind grundsätzlich nebeneinander möglich. Zu prüfen ist jedoch stets, ob tatsächlich eine Täuschung und eine Drohung vorliegen (vgl. zu einem solchen Fall BGH NJW-RR 1996, 2681).

III. Weitere Voraussetzungen der Anfechtung

36   Die **Anfechtungsfrist** beträgt gem. § 124 Abs. 1 BGB **ein Jahr**, ist also deutlich länger als die Unverzüglichkeit bei der Irrtumsanfechtung gem. § 121 Abs. 1 Satz 1 BGB. Die Frist beginnt mit der Entdeckung der Täuschung oder dem Ende der Zwangslage bei der Drohung (§ 124 Abs. 2 BGB). Wie die Irrtumsanfechtung ist auch die Täuschungs- und Drohungsanfechtung nach zehn Jahren ausgeschlossen (§ 124 Abs. 3 BGB). Wegen der **übrigen Voraussetzungen** kann auf die Ausführungen zur Irrtumsanfechtung verwiesen werden (§ 9 Rn. 19 ff.).

IV. Rechtsfolgen der Anfechtung

37   Die wirksame Anfechtung nach § 123 BGB führt, ebenso wie diejenige nach den §§ 119, 120 BGB, gem. § 142 Abs. 1 BGB grundsätzlich zur **rückwirkenden Nichtigkeit** der Willenserklärung (dazu § 9 Rn. 28 ff.).

38   Der Anfechtende ist, anders als bei der Anfechtung nach den §§ 119, 120 BGB, **nicht zum Ersatz des Vertrauensschadens verpflichtet**. Das folgt aus dem Wortlaut und der systematischen Stellung des § 122 BGB. Der Grund besteht darin, dass der Täuschende oder Drohende nicht schutzwürdig ist.

V. Verhältnis zu anderen Vorschriften

Die **Irrtumsanfechtung** einerseits und die Täuschungs- und Drohungsanfechtung ande-   39
rerseits schließen einander nicht aus (vgl. Rn. 21).

Umstritten ist das Verhältnis der Täuschungs- und Drohungsanfechtung zum Anspruch   40
auf **Schadensersatz wegen der Verletzung vorvertraglicher Pflichten** (§§ 280 Abs. 1, 241
Abs. 2, 311 Abs. 2 BGB; vgl. dazu § 30 Rn. 3 ff.). Beruht der Abschluss eines Vertrags auf
einer arglistigen Täuschung oder einer widerrechtlichen Drohung, hat der täuschende
oder drohende Vertragspartner regelmäßig schuldhaft eine vorvertragliche Pflicht gegenüber seinem bedrohten Partner verletzt. Nach § 249 Abs. 1 BGB besteht der Ersatz
des Schadens in der **Aufhebung des Vertrags**, weil so der Zustand hergestellt wird, der
ohne das schädigende Ereignis bestünde (vgl. zu § 249 BGB § 47 Rn. 2 ff.). Die Rechtsprechung (BGH NJW 1998, 302, 303, NJW-RR 2002, 308, 309 f.) hält das für möglich. In der
Lehre wird eingewandt, diese Aufhebungsmöglichkeit unterlaufe die Beschränkung der
Anfechtungsmöglichkeit auf arglistiges Verhalten und die Jahresfrist des § 124 BGB
(vgl. etwa *Brox/Walker*, BGB AT, Rn. 463).

Kapitel 4: Abschluss von Verträgen

§ 11 Angebot und Annahme

LITERATUR:

Brehmer, Die Annahme nach § 151 BGB, JuS 1994, 386; *Brox/Walker*, BGB AT, Rn. 165 ff.; *Czeguhn*, Vertragsschluss im Internet, JA 2001, 708; *Eickelmann*, Die Internet-Auktion, Jura 2011, 549; *Eisenhardt*, Einführung in das Bürgerliche Recht, Rn. 59 ff.; *Fritzsche*, Der Abschluss von Verträgen, §§ 145 ff. BGB, JA 2006, 674; *Führich*, Wirtschaftsprivatrecht, § 6; *Jung*, Die Einigung über die „essentialia negotii" als Voraussetzung für das Zustandekommen eines Vertrags, JuS 1999, 28; *Klunzinger*, Einführung in das Bürgerliche Recht, § 10 II; *Moritz*, Vertragsfixierung durch kaufmännisches Bestätigungsschreiben, BB 1995, 420; *Musielak*, Grundkurs BGB, Rn. 102 ff.; *Muscheler/Schewe*, Die invitatio ad offerendum auf dem Prüfstand, Jura 2000, 565; *Petersen*, Das Zustandekommen des Vertrags, Jura 2009, 183; *ders.*, Der Dissens beim Vertragsschluss, Jura 2009, 419; *Schöne/Vowinkel*, Vertragsschluss bei Internet-Auktionen, Jura 2001, 680.

Der wichtigste Anwendungsfall eines zweiseitigen Rechtsgeschäfts ist der Vertrag. Er   1
kommt zustande durch zwei inhaltlich übereinstimmende, mit Bezug aufeinander abgegebene Willenserklärungen (vgl. § 4 Rn. 63). Die zeitlich vorangehende Willenserklärung ist das **Angebot** (auch: Antrag, vgl. § 145 BGB, oder Offerte). Die dem Angebot
nachfolgende Willenserklärung ist die **Annahme** (vgl. §§ 146, 151 Satz 1 BGB). In beiden
Fällen handelt es sich um **empfangsbedürftige Willenserklärungen**, die gem. § 130
Abs. 1 Satz 1 BGB erst mit dem Zugang beim Empfänger wirksam werden.

2

> Der **Vertrag ist zustande gekommen**, wenn
>
> ▶ ein wirksames, hinreichend bestimmtes Angebot vorliegt,
>
> ▶ das Angebot wirksam, insbesondere rechtzeitig angenommen wird und
>
> ▶ Angebot und Annahme inhaltlich übereinstimmen.

Sind diese Voraussetzungen erfüllt und liegt damit ein wirksamer Vertragsschluss vor,   3
sind die Vertragsschließenden an ihre Vereinbarung gebunden. Verträge müssen eingehalten werden: *pacta sunt servanda*. Welche Pflichten die Vertragsschließenden im konkreten Fall im Einzelnen haben, ergibt sich in erster Linie aus den von ihnen getroffenen
Vereinbarungen. Soweit entsprechende Vereinbarungen fehlen, ergeben sich die Pflichten aus dem Gesetz. Im BGB finden sich **verschiedene Vertragstypen** wie z. B. der Kaufvertrag (§§ 433 ff. BGB), der Mietvertrag (§§ 535 ff. BGB), der Dienst- und Arbeitsvertrag
(§§ 611 ff. BGB) oder der Werkvertrag (§§ 631 ff. BGB). Dort hat der Gesetzgeber die
Rechte und Pflichten der Parteien in typisierender Form geregelt. Oft handelt es sich
um dispositives Recht, das die Parteien vertraglich abändern können (§ 311 Abs. 1 BGB).
Nur von zwingenden Vorschriften dürfen sie nicht abweichen (vgl. § 2 Rn. 10).

ABB. 26:   Vertragsschluss

Wirksamer Vertragsschluss gem. §§ 145 ff. BGB

- wirksames, hinreichend bestimmtes Angebot
- wirksame, vor allem rechtzeitige Annahme
- inhaltliche Übereinstimmung Angebot – Annahme

Angebot (§§ 145, 146, 153 BGB)

- ► *empfangsbedürftige Willenserklärung*
- ► *inhaltliche Bestimmtheit (essentialia negotii)*
- ► *Rechtsbindungswille zum Vertragsschluss*
  - fehlt bei Gefälligkeitsverhältnis
  - fehlt bei *invitatio ad offerendum*
- ► *Bindungswirkung mit Zugang (§ 145 BGB)*
  Ausnahme: Ausschluss durch den Anbietenden
- ► *kein Erlöschen des Angebots*
  - durch Widerruf gem. § 130 Abs. 1 Satz 2 BGB
  - durch Ablehnung oder Zeitablauf gem. § 146 BGB

Annahme (§§ 147 – 152 BGB)

- ► *empfangsbedürftige Willenserklärung*
- ► *rechtzeitiger Zugang*
  bei Verspätung neues Angebot (§ 150 Abs. 1 BGB)
- ► *uneingeschränkte Zustimmung*
  - schlichtes Ja
  - bei Änderungen neues Angebot (§ 150 Abs. 2 BGB)
- ► *Sonderfälle*
  - Verzicht auf Zugang der Annahme (§ 151 BGB)
  - Schweigen als Annahme

I. Angebot

4   Das Gesetz definiert die Begriffe des Angebots und der Annahme nicht im Einzelnen, sondern setzt sie in den §§ 145 ff. BGB voraus. Daraus ergibt sich für das Angebot, dass es sich um eine **empfangsbedürftige Willenserklärung** handelt, durch die ein **Vertragsschluss einem anderen so angetragen wird, dass das Zustandekommen des Vertrags nur von dessen Einverständnis abhängt**. Das Angebot muss inhaltlich so bestimmt sein, dass der andere nur noch Ja zu sagen braucht, um den Vertrag zustande zu bringen.

1. Inhaltliche Bestimmtheit

Da ein schlichtes Ja als Antwort auf das Angebot genügen muss, um den Vertrag zu   5
schließen, muss das Angebot bereits **alle wesentlichen Bestandteile** des abzuschließenden Vertrags enthalten. Man bezeichnet sie lateinisch als die *essentialia negotii*. Welche Bestandteile wesentlich sind, richtet sich nach dem Vertragstyp. Bei einem Kaufvertrag sind es, wie sich aus § 433 BGB ergibt, z. B. die Kaufsache und der Kaufpreis. Außerdem müssen grundsätzlich die Vertragsparteien bestimmt sein (vgl. zur Ausnahme des Angebots an einen unbestimmten Personenkreis Rn. 11).

Die *essentialia negotii* brauchen nicht zwingend ausdrücklich genannt zu werden. Es   6
genügt auch, wenn sie **bestimmbar**, also etwa aus den Umständen abzuleiten sind.

> **BEISPIEL** Buchhändler V bietet dem Studenten K schriftlich den Kauf des *„Brox/Walker"*,
> BGB AT, neueste Auflage an. Obwohl V den Preis nicht genannt hat, enthält sein Angebot alle
> wesentlichen Bestandteile des abzuschließenden Vertrags. Denn der Kaufpreis kann aus dem
> Schreiben des V entnommen werden: Da es sich um ein Buch der neuesten Auflage handelt,
> ist davon auszugehen, dass V es zum üblichen Ladenpreis anbieten will. Sein Angebotsschreiben muss gem. §§ 133, 157 BGB entsprechend ausgelegt werden. Antwortet K, V solle ihm den
> *„Brox/Walker"* zuschicken, ist der Kaufvertrag geschlossen.

2. Rechtsbindungswille

Eine weitere wesentliche Voraussetzung für die Wirksamkeit eines Angebots besteht   7
darin, dass der Anbietende an das Angebot rechtlich gebunden sein will. Dieser **Rechtsbindungswille** ist ein Bestandteil des Geschäfts- oder Rechtsfolgenwillens (vgl. dazu § 4 Rn. 23). Er fehlt, wenn der Anbietende (noch) gar keinen Vertrag abschließen wollte. Nicht alles, was auf den ersten Blick wie ein Vertragsangebot aussieht, ist rechtlich bindend, so dass die „Annahme" nicht zu einem Vertragsschluss führt.

a) Gefälligkeitsverhältnis

Der erforderliche Rechtsbindungswille fehlt regelmäßig bei **Gefälligkeiten des täglichen**   8
Lebens wie etwa einer Essenseinladung. Gegen eine bloße Gefälligkeit und für einen Rechtsbindungswillen spricht es, wenn dem einen Teil klar sein muss, dass die Erbringung der Leistung für den anderen Teil wirtschaftlich oder aus einem anderen Grund **besondere Bedeutung** hat (näher dazu § 1 Rn. 20).

> **BEISPIEL** Übernimmt ein Mitspieler einer Lotto-Tippgemeinschaft die Aufgabe, die Lottoscheine
> auszufüllen und abzugeben, begründet er damit in der Regel keine entsprechende rechtsgeschäftliche Verpflichtung. Deshalb haftet er den Mitspielern nicht auf Schadensersatz, wenn
> er die Abgabe der Scheine einmal versäumt und gerade dieser Schein gewonnen hätte (BGH
> NJW 1974, 1705, 1706 f.).

b) Aufforderung zum Vertragsangebot (*invitatio ad offerendum*)

An einer rechtlich bindenden Erklärung und damit an einem Vertragsangebot fehlt es   9
ferner dann, wenn der „Anbietende" seinerseits erst Vertragsangebote einholen will. Um solche rechtlich unverbindlichen Aufforderungen zur Abgabe von Vertragsangeboten handelt es sich **vor allem bei Erklärungen gegenüber einem unbestimmten Per-**

sonenkreis, z. B. bei der Ausstellung von Waren in einem Schaufenster oder der Zusendung von Katalogen, Postwurfsendungen oder Preislisten. Hier bringt der scheinbar Anbietende erkennbar zum Ausdruck, dass er noch kein bindendes Angebot abgeben, sondern lediglich andere dazu auffordern will, bei ihm ein Angebot einzureichen. Bei der *invitatio ad offerendum* fehlt erkennbar (vgl. §§ 133, 157 BGB) der Rechtsbindungswille. Wäre nämlich eine solche, an eine Vielzahl von Personen gerichtete Erklärung bereits ein bindendes Vertragsangebot, könnten so viele Personen durch ihr Einverständnis einen Vertrag zustande bringen, dass der Anbietende gar nicht alle Verträge erfüllen kann. Er würde sich gegenüber allen, die er nicht beliefern kann, gem. §§ 280 Abs. 1, Abs. 3, 283 BGB schadensersatzpflichtig machen (vgl. bereits § 4 Rn. 69).

> **BEISPIEL** ▶ K geht in das Schuhgeschäft des V, um ein Paar Schuhe zu kaufen, das sie im Schaufenster des V gesehen hat und das dort mit einem Sonderpreis von 198 € ausgezeichnet ist; die Restgrößen waren ebenfalls angegeben. V erklärt K mit Bedauern, dass er das letzte Paar dieser Schuhe in ihrer Größe bereits vor einer halben Stunde an F verkauft habe. Hier ist zwischen V und K kein Kaufvertrag zustande gekommen. Denn bei der Ausstellung der Ware im Schaufenster handelt es sich nicht um ein bindendes Angebot, sondern nur um eine Aufforderung, ein Angebot abzugeben. Das Angebot ging daher von K aus. Weil V das Angebot abgelehnt hat, ist kein Vertrag zustande gekommen.

10   Richtet jemand bei einem **Internet-Auktionshaus** eine Angebotsseite ein, handelt es sich dagegen regelmäßig bereits um ein **verbindliches Angebot** i. S. der §§ 145 ff. BGB. Denn die Freischaltung der Angebotsseite setzt nach den Allgemeinen Geschäftsbedingungen der Auktionsveranstalter üblicherweise voraus, dass der Anbieter vorher die Erklärung abgibt, er nehme das höchste Kaufangebot an (BGHZ 149, 129, 134 ff.; vgl. *Czeguhn*, JA 2001, 708 ff.; *Schöne/Vowinkel*, Jura 2001, 680 ff.).

11   Die Abgrenzung zwischen Vertragsangebot und *invitatio ad offerendum* wird dadurch erschwert, dass es auch echte, bindende Vertragsangebote gibt, die sich an einen unbestimmten Personenkreis richten. Ein derartiges **Angebot an einen unbestimmten Personenkreis** oder (lateinisch) *ad incertas personas* liegt vor, wenn es dem Anbietenden gleich ist, mit wem er den Vertrag schließt, und wenn auch nicht die Gefahr besteht, dass mehr Verträge abgeschlossen werden, als der Anbietende erfüllen kann.

> **BEISPIEL** ▶ Die Aufstellung eines Getränkeautomaten enthält ein Angebot an alle Personen, welche die gewünschten Geldstücke in den Automaten einwerfen. Das Angebot zur Veräußerung der Getränke gilt so lange, wie der Automat funktioniert und der Vorrat reicht (vgl. *Brox/Walker*, BGB-AT, Rn. 167).

3. Angrenzung zu ähnlichen Gestaltungen

12   In der Praxis kommen vor allem komplexere Verträge nicht durch die Abgabe eines einzigen Angebots und seine Annahme zustande. Im Stadium der Vertragsanbahnung, zu denen auch die *invitatio ad offerendum* (Rn. 9) gehört, gibt es weitere, ähnliche Gestaltungen, die vom eigentlichen Vertragsangebot abzugrenzen sind.

a) Vorverhandlungen

13   Im Wirtschaftsleben gehen dem Vertragsschluss häufig längere Verhandlungen voraus. Der Kontakt wird angebahnt, die Produktpalette wird vorgestellt und geprüft, die Kon-

ditionen werden ausgehandelt. In diesem Stadium werden regelmäßig **noch keine Willenserklärungen** abgegeben. Trotzdem sind derartige Vorverhandlungen im Rahmen der Vertragsanbahnung rechtlich nicht ohne Bedeutung.

Mit der **Anbahnung von Vertragsverhandlungen** kommt gem. § 311 Abs. 2 Nr. 1 oder 2   **14**
BGB ein **gesetzliches Schuldverhältnis** zustande, das den Verhandlungspartnern besondere Schutz- und Fürsorgepflichten (§ 241 Abs. 2 BGB) in Bezug auf den anderen auferlegt. Eine Verletzung dieser Pflichten löst gem. §§ 280 Abs. 1, 241 Abs. 2, 311 Abs. 2 BGB eine Schadensersatzpflicht aus (näher dazu § 30 Rn. 3 ff.).

b) Vorvertrag

Über das Stadium der bloßen Vorverhandlungen geht es hinaus, wenn die Parteien be-   **15**
reits einen Vorvertrag abgeschlossen haben. Der Vorvertrag ist zwar gesetzlich nicht geregelt, aber aufgrund der Vertragsfreiheit zulässig. Es handelt sich um einen Vertrag i. S. des § 311 Abs. 1 BGB, der die **Pflicht** der Parteien begründet, unter den dort geregelten (weiteren) Voraussetzungen **den Hauptvertrag abzuschließen**.

BEISPIEL ▶ Vorvertrag über die Miete einer Wohnung, dem zufolge der eigentliche Mietvertrag erst nach dem Abschluss von Umbauarbeiten geschlossen werden soll.

Aus einem wirksamen Vorvertrag kann jede Partei auf Abschluss des Hauptvertrags kla-   **16**
gen. Deshalb bedarf er der **Form**, die für den Hauptvertrag vorgesehen ist. In der Praxis ist der Vorvertrag eher selten.

c) Optionsvertrag

Größere praktische Bedeutung kommt dem Optionsvertrag zu. Er räumt dem Begüns-   **17**
tigten das Recht (= die **Option**) ein, **durch seine einseitige Willenserklärung einen Vertrag zu begründen oder zu verlängern**.

BEISPIELE ▶ Leasingverträge enthalten häufig eine Kaufoption, die dem Leasingnehmer das Recht einräumt, den Gegenstand nach Ablauf der Leasingzeit zu kaufen. Mietverträge können Verlängerungsoptionen des Mieters enthalten. Dann genügt die Willenserklärung des Leasingnehmmers oder Mieters, um den Vertrag zu begründen oder zu verlängern.

4. Bindungswirkung des Angebots (§ 145 BGB)

Da das Angebot eine empfangsbedürftige Willenserklärung ist, wird es zu dem Zeit-   **18**
punkt wirksam, in dem es dem Erklärungsempfänger zugeht; bis dahin kann es noch widerrufen werden (§ 130 Abs. 1 BGB). Mit dem Wirksamwerden des Angebots tritt seine Bindungswirkung ein: Der Anbietende **ist während der Geltungsdauer an das Angebot gebunden** (§ 145 BGB). Das Wirksamwerden und damit die Bindungswirkung werden im Übrigen nicht dadurch verhindert, dass der Anbietende zwischen der Abgabe des Angebots und dessen Zugang oder während der Bindungsdauer des Angebots stirbt oder geschäftsunfähig wird (§§ 130 Abs. 2, 153 BGB; vgl. dazu Rn. 31 f.). Der Empfänger des Angebots hat also eine günstige Rechtsposition: Es hängt nur noch von seiner Entscheidung ab, ob er durch die Annahme des Angebots den Vertrag zustande bringt oder nicht.

19   Der Anbietende kann die Bindungswirkung allerdings im Angebot oder in einer weiteren Erklärung, die dem Empfänger spätestens gleichzeitig mit dem Angebot zugeht, **ausschließen** (§ 145 a. E. BGB). In der Praxis wird die Bindung durch Klauseln wie die folgenden ausgeschlossen:

> „freibleibend", „ohne Obligo", „solange der Vorrat reicht", „Zwischenverkauf vorbehalten" (vgl. *Klunzinger*, Einführung in das Bürgerliche Recht, § 10 II 1 c bb).

20   Solche Klauseln können **unterschiedliche Bedeutung** haben. Einerseits können sie bedeuten, dass der Anbietende sich vorbehält, das Angebot nach Zugang der Annahmeerklärung noch zu widerrufen. Andererseits können sie bedeuten, dass der Vertrag mit der Annahme zwar zustande kommt, der Anbietende aber vom Vertrag zurücktreten kann, er sich also ein vertragliches Rücktrittsrecht i. S. des § 346 Abs. 1 BGB vorbehält (vgl. *Brox/Walker*, BGB-AT, Rn. 170).

5. Erlöschen des Angebots

21   Das Angebot kann aus **verschiedenen Gründen** erlöschen. Nach § 146 BGB erlischt der Antrag, wenn er abgelehnt oder nicht nach den §§ 147 bis 149 BGB rechtzeitig angenommen wird. Als Ablehnung i. S. des § 146 BGB gilt gem. § 150 Abs. 2 BGB auch die modifizierende Annahme.

a) Ablehnung

22   Das Angebot kann zunächst **ausdrücklich oder konkludent abgelehnt** werden. Die Ablehnung ist eine empfangsbedürftige Willenserklärung.

23   Eine Ablehnung liegt nach § 150 Abs. 2 BGB ferner dann vor, wenn die Annahmeerklärung nicht in vollem Umfang mit dem Angebot übereinstimmt. Danach gilt eine **modifizierende Annahme**, also eine Annahme unter Einschränkungen, Erweiterungen oder sonstigen Änderungen, als Ablehnung verbunden mit einem **neuen Angebot**.

> **BEISPIEL** V bietet K schriftlich den Kauf eines Laserdruckers zum Preis von 400 € an. K antwortet, er nehme das Angebot an, könne den Kaufpreis aber nur in vier monatlichen Raten à 100 € begleichen. V weist das zurück. Daraufhin faxt K, dann kaufe er den Drucker ohne die Vereinbarung von Ratenzahlung. Hat K gegen V einen Anspruch auf die Lieferung des Druckers?
>
> Der Anspruch des K gegen V auf die Lieferung des Druckers aus § 433 Abs. 1 Satz 1 BGB setzt voraus, dass zwischen ihnen ein Kaufvertrag über den Drucker zustande gekommen ist. Das ursprüngliche Angebot des V ist nach § 146 BGB erloschen, weil die Annahme durch K nicht in vollem Umfang mit dem Angebot übereinstimmt: Die Annahmeerklärung durch K enthält in Bezug auf die Ratenzahlung eine Änderung gegenüber dem Angebot, die gem. § 150 Abs. 2 BGB als Ablehnung gilt. Das neue Angebot des K (vgl. § 150 Abs. 2 BGB) hat V abgelehnt, so dass auch dieses neue Angebot nach § 146 BGB erloschen ist. Damit lag kein wirksames Angebot mehr vor, das K durch sein Fax annehmen konnte; er konnte keinen Vertrag durch Annahme des ursprünglichen Angebots des V zustande bringen. Er hat also keinen Lieferanspruch aus § 433 Abs. 1 Satz 1 BGB.

b) Verspätete Annahme

Gemäß § 146 BGB erlischt das Angebot ferner dann, wenn es **nicht fristgemäß** ange-   24
nommen worden ist. Die Annahmefrist kann vom Anbietenden bestimmt werden oder
sich aus dem Gesetz ergeben.

In erster Linie ist zu prüfen, ob der Antragende eine **Annahmefrist bestimmt** hat (§ 148   25
BGB). Enthält das Angebot eine solche Frist und ist dort nichts anderes bestimmt, beginnt die Frist mit dem Datum, das auf dem Angebotsschreiben steht. Die Annahme
muss dann innerhalb der gesetzten Frist nicht nur abgesandt, sondern auch zugegangen sein.

Hat der Anbietende keine Annahmefrist bestimmt, greift die in § 147 BGB getroffene   26
gesetzliche Regelung ein.

▶ Danach kann ein Angebot unter **Anwesenden** nur sofort angenommen werden
(§ 147 Abs. 1 Satz 1 BGB). Dasselbe gilt bei Telefongesprächen (§ 147 Abs. 1 Satz 2
BGB).

▶ Angebote unter **Abwesenden** müssen dagegen gem. § 147 Abs. 2 BGB angenommen
werden, solange der Antragende den Eingang der Antwort unter regelmäßigen Umständen erwarten darf. Bei der Bemessung der Annahmefrist sind vor allem eine angemessene Überlegungsfrist des Angebotsempfängers und (bei einer schriftlichen
Annahme) die üblichen Postlaufzeiten zu berücksichtigen.

Eine **verspätete Annahme** hat regelmäßig zwei **Rechtsfolgen**:   27

▶ Zum einen **erlischt** das ursprüngliche Angebot (§ 146 BGB).

▶ Zum anderen gilt die verspätete Annahme als **neues Angebot** (§ 150 Abs. 1 BGB),
das seinerseits vom ursprünglichen Anbietenden angenommen werden kann.

Ausnahmsweise kann gem. **§ 149 BGB** durch eine verspätet zugegangene Annahme der   28
Vertrag zustande kommen. Konnte der Anbietende erkennen, dass die Annahme rechtzeitig abgesandt wurde, aber infolge von Verzögerungen bei der Beförderung zu spät
angekommen ist, so muss er dem Annehmenden die Verspätung unverzüglich (vgl.
§ 121 Abs. 1 Satz 1 BGB) anzeigen. Tut er das nicht, kommt der Vertrag nach § 149
Satz 2 BGB zustande. Denn dem Erklärungsempfänger ist die Anzeige der Verspätung
ohne weiteres zumutbar; und der Anbietende ist schutzwürdig, weil er auf das Zustandekommen des Vertrags vertrauen durfte.

> **BEISPIEL** ▶ Das Annahmenschreiben des K trifft vier Wochen zu spät bei V ein. K hat es zwar
> rechtzeitig abgesandt; das ist aus dem Poststempel und dem Datum auf dem Annahmeschrei-
> ben erkennbar. Aber das Schreiben ist infolge eines Versehens einige Wochen lang bei der Post
> liegen geblieben. V wirft das Schreiben des K weg, ohne sich bei ihm noch einmal zu melden.
> Der Vertrag ist zustande gekommen. Das Angebot wäre zwar nach § 146 BGB infolge der ver-
> späteten Annahme seitens des K erloschen. Es liegen aber die Voraussetzungen des § 149
> Satz 1 BGB vor; V konnte insbesondere erkennen, dass K das Schreiben rechtzeitig abgesandt
> hatte. Er war daher zur unverzüglichen Anzeige gegenüber K verpflichtet. Da er die Anzeige
> unterlassen hat, tritt die Rechtsfolge des § 149 Satz 2 BGB ein.

II. Annahme

29 Durch die rechtzeitige und vorbehaltlose Annahme seitens des Empfängers des Angebots kommt der Vertrag zustande. Denn die Annahme ist diejenige **empfangsbedürftige Willenserklärung, durch die der Empfänger eines Angebots sein Einverständnis mit dem Vertragsschluss zum Ausdruck bringt**. Der Empfänger muss also rechtzeitig Ja sagen. Das ist der Normalfall. Es gibt allerdings auch Besonderheiten.

1. Kontrahierungszwang

30 Der Empfänger eines Vertragsangebots kann grundsätzlich frei entscheiden, ob er es annehmen will oder nicht (**Abschlussfreiheit**). Ausnahmsweise kann eine rechtliche Verpflichtung zur Annahme bestehen, welche die Vertragsfreiheit aus Art. 2 Abs. 1 GG einschränkt. Dann spricht man von einem **Kontrahierungszwang**, also dem Zwang, einen Vertrag abzuschließen (= zu kontrahieren). Er kann sich ergeben aufgrund eines **Rechtsgeschäfts** (Vorvertrag, Rn. 15 f.) oder aufgrund **Gesetzes**, vor allem für Monopolisten (vgl. § 2 Rn. 8).

2. Tod oder Geschäftsunfähigkeit des Antragenden (§ 153 BGB)

31 Das Angebot wird als empfangsbedürftige Willenserklärung gem. § 130 Abs. 1 Satz 1 BGB mit seinem Zugang wirksam und entfaltet damit die in § 145 BGB bestimmte Bindungswirkung. Ein solches Angebot kann gem. § 153 BGB selbst dann noch angenommen werden, wenn der Antragende während der Bindungswirkung, nach dem Zugang und vor der Annahme, stirbt oder geschäftsunfähig wird. **§ 153 BGB ergänzt also § 130 Abs. 2 BGB**. Die Möglichkeit der Annahme scheidet nur dann aus, wenn ein entsprechender Wille des Antragenden anzunehmen ist.

32 Beim Tode des Antragenden muss die Annahme gegenüber den **Erben** erklärt werden, die nach § 1922 BGB in vollem Umfang in die Rechtsstellung des Anbietenden einrücken. Im Falle der zwischenzeitlich eingetretenen Geschäftsunfähigkeit ist der **gesetzliche Vertreter** des Antragenden der richtige Erklärungsempfänger.

3. Verzicht auf den Zugang der Annahmeerklärung (§ 151 BGB)

33 Da die Annahme eine empfangsbedürftige Willenserklärung ist, muss sie dem Antragenden grundsätzlich zugehen, damit sie gem. § 130 Abs. 1 Satz 1 BGB wirksam werden kann. Ausnahmsweise ist der **Zugang** der Annahmeerklärung gem. § 151 Satz 1 BGB **entbehrlich**, wenn er nach der Verkehrssitte nicht zu erwarten ist oder wenn der Antragende auf ihn verzichtet hat. Um ein häufiges Missverständnis zu vermeiden, sei mit aller Deutlichkeit darauf hingewiesen, dass sich § 151 Satz 1 BGB (lesen!) nur auf den Zugang der Annahmeerklärung, aber nicht auf die Annahmeerklärung selbst bezieht. Nicht verzichtet wird darauf, dass der Empfänger des Angebots seinen Annahmewillen irgendwie äußert; eine **Annahmehandlung muss stets vorliegen**.

BEISPIEL ► K bestellt per Fax im Versandhandel des V ein Buch von Thomas Mann. V liest die Bestellung, sucht das Buch aus und verpackt es für K. Das Angebot auf Abschluss eines Kaufvertrags über das Buch ist von K ausgegangen. Nach der Verkehrssitte ist nicht zu erwarten, dass V dem K eine gesonderte Annahmeerklärung zuschickt (etwas anderes gilt bei Bestellungen im Internet); stattdessen wird sofort die bestellte Ware versandt. Deshalb kommt der Vertrag bereits zu dem Zeitpunkt zustande, in dem V eine Handlung vornimmt, durch die er seinen Annahmewillen betätigt. Das ist das Aussortieren und Verpacken des Buches, also der Beginn der Vertragserfüllung.

4. Schweigen als Annahme

Im Unterschied zu einer ausdrücklichen oder stillschweigenden (konkludenten) Annahme ist **schlichtes Nichtstun oder Schweigen** grundsätzlich keine Willenserklärung und damit **keine Annahme**, so dass es nicht zum Vertragsschluss führt. Das Schweigen hat im Rechtsverkehr nur **ausnahmsweise** Erklärungswert, wenn das Gesetz es anordnet, wenn es von den Parteien so vereinbart war oder wenn der Schweigende ausnahmsweise nach Treu und Glauben zur Erklärung verpflichtet war (vgl. § 4 Rn. 31 ff.). Anders als im Fall des § 151 BGB (Rn. 33) kommt hier ein Vertrag ausnahmsweise ohne eine Annahme zustande.   34

Besondere Bedeutung hat in diesem Zusammenhang **Schweigen auf ein kaufmännisches Bestätigungsschreiben**. Widerspricht ein Kaufmann der schriftlichen Bestätigung eines Vertragsschlusses nicht unverzüglich, wenn es vom mündlich Vereinbarten abweicht, muss er den Inhalt des Schreibens gegen sich gelten lassen. Sein **Schweigen gilt als Zustimmung zum Inhalt des Schreibens**. Denn solche Bestätigungsschreiben sind im kaufmännischen Verkehr üblich, um spätere Streitigkeiten darüber zu vermeiden, ob und mit welchem Inhalt ein Vertrag zustande gekommen ist. Diese Beweisfunktion können sie sinnvoll nur erfüllen, wenn der Empfänger des Schreibens, der untätig geblieben ist, sich später nicht mehr darauf berufen darf, der Inhalt des Schreibens sei falsch. Aus diesem Sinn und Zweck der heute gewohnheitsrechtlich anerkannten Regel ergeben sich die folgenden Voraussetzungen: 35

36

Voraussetzungen des kaufmännischen Bestätigungsschreibens

► Der **Empfänger** des Schreibens muss Kaufmann sein.

► Der **Absender** muss Kaufmann sein oder in größerem Umfang am Geschäftsverkehr teilnehmen.

► Dem Schreiben müssen **Vertragsverhandlungen** vorausgegangen sein, die mit Unsicherheiten belastet sind.

► Das Schreiben muss **unmittelbar nach den Verhandlungen** abgeschickt werden.

► Das Schreiben muss den früheren **Vertragsschluss** unter Wiedergabe des Vertragsinhalts **bestätigen**.

► Der **Absender** muss **redlich** sein und glauben, dass der Inhalt des Schreibens der Vereinbarung entspricht oder nur solche Abweichungen enthält, die der Empfänger vermutlich billigt.

► Der Empfänger darf **nicht unverzüglich widersprochen** haben.

III. Inhaltliche Übereinstimmung von Angebot und Annahme

37 Ein Vertrag kommt nur zustande, wenn Angebot und Annahme inhaltlich übereinstimmen. Das ist im Gesetz zwar nicht ausdrücklich geregelt, ergibt sich aber aus den §§ 145 ff. BGB und vor allem aus § 150 Abs. 2 BGB. Die erforderliche **Übereinstimmung** zwischen den Vertragsparteien wird **Konsens** genannt. Fehlt es daran, liegt ein **Dissens** vor.

1. Konsens

38 Der erforderliche Konsens zwischen den Vertragsparteien liegt, unabhängig von einem abweichenden objektiven Inhalt der ausgetauschten Erklärungen, zum einen vor, wenn ihr Wille tatsächlich übereinstimmt, wenn also beide dasselbe gemeint haben. Das ist der sog. **natürliche Konsens** (*„falsa demonstratio non nocet"*; vgl. § 7 Rn. 10). Zum anderen liegt Konsens vor, wenn zwar der tatsächliche Wille der Parteien nicht übereinstimmt, die normative Auslegung aber ergibt, dass die Erklärungen in ihrer objektiven Bedeutung übereinstimmen. Das ist der sog. **normative Konsens** (vgl. § 7 Rn. 11 f.).

39 Der Gegenstand des erforderlichen Konsenses, also der notwendige Mindestinhalt der Übereinstimmung, hängt von der Art des Vertrags ab. Die Vertragsbestandteile, über welche die Parteien sich zwingend einigen müssen, damit ein Vertrag zustande kommt, sind die *essentialia negotii* (Rn. 5 f.). Die Nebenbestimmungen des Vertrags, über die nicht zwingend Einigkeit bestehen muss, werden dagegen als *accidentalia negotii* bezeichnet.

40 **Notwendige Vertragsbestandteile** sind regelmäßig die Vertragspartner und der Inhalt der Hauptpflichten des Vertrags. Lässt sich der Inhalt einer Hauptpflicht allerdings objektiv bestimmen, müssen die Parteien ihn nicht besonders regeln.

> **BEISPIELE** Die **essentialia negotii eines Kaufvertrags** sind:
> ▶ die Vertragspartner (Käufer und Verkäufer),
> ▶ die Kaufsache,
> ▶ der Kaufpreis.
> Die **essentialia negotii eines Arbeitsvertrags** sind:
> ▶ die Vertragspartner (Arbeitgeber und Arbeitnehmer),
> ▶ die geschuldete Arbeitsleistung.
> ▶ Nicht dazu gehört das Arbeitsentgelt: Fehlt eine diesbezügliche Vereinbarung, gilt gem. § 612 Abs. 1 und 2 BGB die taxmäßige oder übliche Vergütung als vereinbart.

2. Dissens

41 Haben sich die Parteien nicht über alle Punkte des Vertrags geeinigt, weil ihre Willenserklärungen nicht übereinstimmen, liegt ein Dissens vor. Die **Rechtsfolgen des Dissenses** hängen davon ab, auf welche Punkte sich die fehlende Übereinstimmung bezieht und ob die Parteien die fehlende Einigung bemerkt haben.

a) Dissens über wesentliche Vertragsbestandteile

Haben die Parteien sich über einen wesentlichen Vertragsbestandteil nicht geeinigt, ist   42
der **Vertrag nicht geschlossen**. Der Dissens über die *essentialia negotii* hindert das Zustandekommen des Vertrags (vgl. §§ 154 Abs. 1 Satz 1 a. E., 155 a. E. BGB; lesen!).

b) Offener Dissens über Nebenbestimmungen (§ 154 BGB)

Haben die Parteien sich über Nebenbestimmungen des Vertrags (*accidentalia negotii*)   43
nicht geeinigt, und wissen sie das auch, spricht man von einem offenen Dissens. Nach
der **Auslegungsregel des § 154 BGB** ist der Vertrag im Zweifel solange **nicht geschlossen**, wie sich die Parteien noch nicht über alle Punkte geeinigt haben, über die nach der
Erklärung auch nur einer Partei eine Vereinbarung geschlossen werden soll. Das gilt
selbst dann, wenn die Vertragsteile, über die man sich bereits einig ist, schriftlich festgehalten worden sind (sog. Punktation).

> **BEISPIEL** V bietet K eine Computeranlage zum Preis von 6 000 € an. K erklärt, er wolle nur
> 5 000 € bezahlen. Schließlich einigen sich V und K auf einen Preis von 5 500 €. K verlangt aller-
> dings eine besondere Garantie für die Software. Dazu äußert sich V nicht. Eine Woche später
> liefert er die Anlage, und K bezahlt die vereinbarten 5 500 €. Liegt ein wirksamer Vertrags-
> schluss vor?
>
> V und K haben sich über die wesentlichen Vertragsbestandteile (Kaufsache und Kaufpreis) ge-
> einigt. Lediglich in Bezug auf die Nebenbestimmung der „Garantie" (Gewährleistung) fehlt
> eine Einigung. Nach der Auslegungsregel des § 154 BGB wäre der Vertrag im Zweifel nicht ge-
> schlossen. Die Tatsache, dass V und K das Geschäft abwickeln, zeigt jedoch, dass sie den Kauf
> auch ohne Einigung über die Gewährleistung wollten. Tritt später ein Gewährleistungsfall ein,
> richtet sich die Gewährleistung nach den gesetzlichen Vorschriften (§§ 434 ff. BGB).

c) Versteckter Dissens über Nebenbestimmungen (§ 155 BGB)

Den sog. versteckten Dissens, bei dem die Parteien nicht bemerkt haben, dass sie über   44
einen Vertragspunkt noch keine Vereinbarung getroffen haben, erfasst § 155 BGB. Danach gilt **nur das Vereinbarte**, sofern anzunehmen ist, dass die Parteien den Vertrag
auch ohne eine Vereinbarung über den betreffenden Punkt geschlossen hätten.

§ 12 Vertragsschluss unter Einbeziehung von AGB

LITERATUR:

Brox/Walker, BGB AT, Rn. 219 ff.; *Eisenhardt*, Einführung in das Bürgerliche Recht, Rn. 88 ff.; *Freitag/Leible*, Grundfragen der Einbeziehung Allgemeiner Geschäftsbedingungen in Verträge, JA 2000, 887; *dies.*, Grundfragen der Inhaltskontrolle Allgemeiner Geschäftsbedingungen, JA 2001, 978; *Führich*, Wirtschaftsprivatrecht, § 8; *Graf von Westphalen*, AGB-Recht im BGB – Eine erste Bestandsaufnahme, NJW 2002, 12; *ders.*, AGB-Recht im Jahr 2003, NJW 2004, 1993; *Grünberger*, Der Anwendungsbereich der AGB-Kontrolle, Jura 2009, 249; *Klunzinger*, Einführung in das Bürgerliche Recht, § 10 III; *Kötz*, Der Schutzzweck der AGB-Kontrolle, JuS 2003, 209; *Musielak*, Grundkurs BGB, Rn. 157 ff.; *Muth/Zwickel*, „Ein schlechtes Weihnachtsgeschäft", JA 2010, 103; *Neideck*, Die Einbeziehung von AGB in der Fallbearbeitung, JA 2011, 492; *Petersen*, Die Einbeziehung Allgemeiner Geschäftsbedingungen, Jura 2010, 667; *Wank/Maties*, Allgemeine Geschäftsbedingungen in der Arbeitsrechtsklausur, Jura 2010, 1.

1   **Allgemeine Geschäftsbedingungen (AGB)** werden häufig als das „Kleingedruckte im Vertrag" bezeichnet. Dabei handelt es sich oft um umfassende Regelungswerke, die nach der Absicht des AGB-Verwenders Bestandteil eines von ihm mit einer anderen Partei geschlossenen Vertrags werden sollen. AGB spielen im Wirtschaftsleben eine große Rolle und werden häufig verwendet.

2   Die Verwendung von AGB hat verschiedene **Ziele**.

▶ Bei den sog. Massenverträgen, die mit einer Vielzahl von Partnern abgeschlossen werden, erleichtern AGB die Vertragsabwicklung. Insoweit haben AGB einen **Rationalisierungseffekt**.

▶ Außerdem hat die Verwendung von AGB oft den Zweck, die **Insolvenz- und Haftungsrisiken des Verwenders zu begrenzen**. Der Begrenzung des Insolvenzrisikos dient etwa die häufig gebrauchte AGB-Klausel, der zufolge die verkaufte Sache bis zur vollständigen Bezahlung des Kaufpreises Eigentum des Verkäufers bleibt. Dieser formularmäßige Eigentumsvorbehalt (vgl. § 449 BGB; dazu § 6 Rn. 67 f.) bewirkt, dass der Verkäufer auf die verkaufte Sache zurückgreifen kann, wenn der Käufer nicht (vollständig) bezahlt.

▶ Schließlich schaffen AGB **umfassende Regelungswerke** für gesetzlich nicht geregelte Vertragstypen. Beispiele sind Leasing, Factoring (Forderungskauf) oder Automatenaufstellungsverträge. Bei gesetzlich geregelten Vertragstypen soll die Verwendung von AGB zu einer vom dispositiven Recht abweichenden, ausführlicheren oder für den Verwender günstigeren Regelung führen.

3   Die Verwendung von AGB birgt die **Gefahr**, dass der Verwender seine **Risiken weitestgehend auf seinen Vertragspartner abwälzt**. Teilweise wird gesagt, der Verwender mache einseitigen Gebrauch von der Vertragsgestaltungsfreiheit. Hat der Verwender zusätzlich ein Monopol in Bezug auf das Angebot lebensnotwendiger Güter und ist er nur bereit, Verträge zu seinen Geschäftsbedingungen abzuschließen, dann nützt dem Ver-

tragspartner des Verwenders seine bloß noch formal vorhandene Vertragsfreiheit wenig. Dasselbe gilt, wenn nur wenige Unternehmer eine Leistung anbieten und der Interessenverband dieser Gruppe einheitliche Geschäftsbedingungen erarbeitet hat. Schließlich können die AGB so **unübersichtlich gestaltet** sein, dass dem juristisch ungeschulten Vertragspartner nicht oder nur mit Mühe klar wird, was dort eigentlich geregelt ist. In jedem Fall besteht für den Verwender von AGB ein **Informations- und Gestaltungsvorsprung**, weil er die möglichen Vertragsgestaltungen und Risiken im Vorhinein überprüft hat oder sie sogar von spezialisierten Juristen hat kontrollieren lassen.

Um diesen Gefahren entgegenzutreten, hatte der Gesetzgeber zunächst das Gesetz zur Regelung des Rechts der Allgemeinen Geschäftsbedingungen (AGBG) geschaffen, das am 1.4.1977 in Kraft trat. Im Rahmen der Schuldrechtsreform sind die Vorschriften des AGB-Gesetzes zum 1.1.2002 in das BGB integriert und dabei teilweise inhaltlich geändert worden. Heute finden sich die Regelungen zu den Allgemeinen Geschäftsbedingungen in den **§§ 305 bis 310 BGB**. Damit sind sie zwar formal in das Schuldrecht integriert worden; inhaltlich gehören die Vorschriften aber zum Allgemeinen Teil, weil sie **die Einbeziehung in den Vertrag** und damit Fragen des Vertragsschlusses regeln. 4

I. Voraussetzungen der AGB-Kontrolle

Die inhaltliche Kontrolle der AGB (vgl. §§ 307 bis 309 BGB) **setzt voraus**, dass die zu kontrollierende Klausel eine Allgemeine Geschäftsbedingung ist, dass die Sondervorschriften der AGB-Kontrolle anwendbar sind und dass die AGB Bestandteil des Vertrags geworden sind. 5

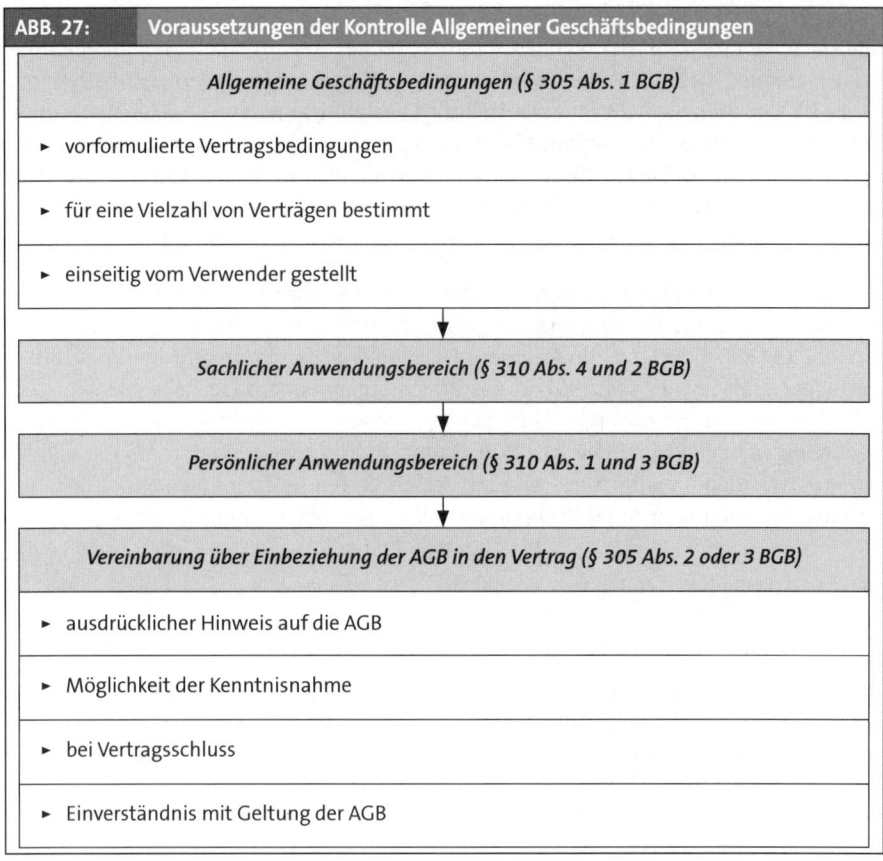

ABB. 27:   **Voraussetzungen der Kontrolle Allgemeiner Geschäftsbedingungen**

Allgemeine Geschäftsbedingungen (§ 305 Abs. 1 BGB)

‣ vorformulierte Vertragsbedingungen

‣ für eine Vielzahl von Verträgen bestimmt

‣ einseitig vom Verwender gestellt

Sachlicher Anwendungsbereich (§ 310 Abs. 4 und 2 BGB)

Persönlicher Anwendungsbereich (§ 310 Abs. 1 und 3 BGB)

Vereinbarung über Einbeziehung der AGB in den Vertrag (§ 305 Abs. 2 oder 3 BGB)

‣ ausdrücklicher Hinweis auf die AGB

‣ Möglichkeit der Kenntnisnahme

‣ bei Vertragsschluss

‣ Einverständnis mit Geltung der AGB

1. Begriff der Allgemeinen Geschäftsbedingungen (AGB)

6   Die AGB-Kontrolle nach den §§ 305 ff. BGB ist nur eröffnet, wenn es sich bei der Bestimmung, die auf ihre Wirksamkeit kontrolliert werden soll, überhaupt um eine AGB handelt. Der **Begriff der Allgemeinen Geschäftsbedingungen** ist in **§ 305 Abs. 1 BGB** (lesen!) definiert. Danach müssen sie mehrere Voraussetzungen erfüllen.

a) Vorformulierte Vertragsbedingungen

7   Es muss sich um vorformulierte Vertragsbedingungen handeln (§ 305 Abs. 1 Satz 1 BGB). Das bedeutet zum einen, dass die Bestimmungen **Inhalt des Vertrags** werden sollen. Keine Rolle spielt es, wie groß ihr Anteil am Gesamtinhalt des Vertrags ist. Zum anderen müssen die Bestimmungen bereits **textlich ausformuliert** sein.

b) Bestimmung für eine Vielzahl von Verträgen

8   Die Bedingungen müssen für eine Vielzahl von Verträgen bestimmt sein (§ 305 Abs. 1 Satz 1 BGB). Sie dürfen also nicht nur für die Verwendung in einem einzigen Vertrag

formuliert worden, sondern müssen für die **Verwendung in einer unbestimmten Zahl von Verträgen vorgesehen** sein. Dann genügt bereits die (erstmalige) Verwendung in einem einzigen Vertrag, damit es sich um eine AGB handelt. Bei **Verbraucherverträgen** i. S. des § 310 Abs. 3 BGB (vgl. Rn. 18) gelten die wesentlichen Vorschriften der Inhaltskontrolle auch dann, wenn die vorformulierten Vertragsbedingungen nur zur einmaligen Verwendung bestimmt sind, soweit der Verbraucher ihren Inhalt nicht beeinflussen konnte (§ 310 Abs. 3 Nr. 2 BGB).

c) Art der Präsentation

Unerheblich ist die **Art der Präsentation** (§ 305 Abs. 1 Satz 2 BGB). Danach handelt es sich z. B. auch dann um einen AGB-Vertrag, wenn einzelne Angaben wie etwa Name und Adresse der Vertragspartei noch in den Formularvertrag eingesetzt werden müssen. Auf den **Umfang** kommt es ebenfalls nicht an; ein in der Gaststätte angebrachtes Schild „Für Garderobe wird nicht gehaftet" ist genauso eine AGB wie ein viele Seiten füllendes Klauselwerk.   9

d) Einseitiges Stellen durch den Verwender

Schließlich muss die Klausel **einseitig vom Verwender gestellt** sein. Wird sie dagegen im Einzelnen zwischen den Vertragsparteien **ausgehandelt**, liegt eine individuelle Vertragsbestimmung und keine AGB (§ 305 Abs. 1 Satz 3 BGB) vor. Dann fehlt es an der Schutzbedürftigkeit des Vertragspartners, die eine richterliche Inhaltskontrolle rechtfertigt. Bei **Verbraucherverträgen** i. S. des § 310 Abs. 3 BGB (vgl. Rn. 18) gelten die AGB als vom Unternehmer gestellt, wenn nicht der Verbraucher sie in den Vertrag eingeführt hat (§ 310 Abs. 3 Nr. 1 BGB).   10

Ein **Aushandeln** i. S. des § 305 Abs. 1 Satz 3 BGB (lesen!) liegt vor, wenn der Vertragspartner des Verwenders Einfluss auf den Inhalt der Vertragsbestimmung genommen hat oder wenn er zumindest die Möglichkeit einer solchen Einflussnahme hatte. Nach der Rechtsprechung kommt es entscheidend darauf an, ob der Verwender die in seinen AGB enthaltenen Bestimmungen **ernsthaft zur Disposition stellt** und dem Verhandlungspartner Gestaltungsfreiheit zur Wahrung eigener Interessen mit der realen Möglichkeit einräumt, die inhaltliche Ausgestaltung der Vertragsbedingungen beeinflussen zu können (BGH NJW 1992, 2759, 2760). Der Verwender muss also über die Geltung seiner AGB ernsthaft mit sich reden lassen, um die Anwendung der §§ 305 ff. BGB auszuschalten. Einigen sich die Parteien dann individuell auf die Geltung der AGB, liegt eine Individualvereinbarung vor.   11

BEISPIEL ▸ V will eine Hälfte seines Doppelhauses an M vermieten. Für den Vertragsschluss verwendet er ein Mietvertragsformular des Haus- und Grundstückseigentümerverbandes. M ist mit der Kautionsregelung (zwei Monatsmieten) nicht einverstanden. Nach einigem Hin und Her akzeptiert M die Klausel, weil V ihm die Mitbenutzung des Swimmingpools gestattet.

An diesem Beispiel zeigt sich zugleich, dass der Verwender **nicht** zugleich der **Urheber** der AGB sein muss. Es spielt keine Rolle, wer die AGB verfasst hat.   12

2. Anwendungsbereich der §§ 305 ff. BGB

13   Der Anwendungsbereich der AGB-Sondervorschriften ist in § 310 BGB (lesen!) festgelegt. Danach gelten sie für Verträge aus bestimmten Rechtsgebieten überhaupt nicht oder nur unter Berücksichtigung der Besonderheiten dieses Rechtsgebietes (**sachlicher Anwendungsbereich**). Bei anderen Verträgen gelten sie nur eingeschränkt oder mit Besonderheiten, wenn sie gegenüber bestimmten Partnern oder durch bestimmte Verwender benutzt werden (**persönlicher Anwendungsbereich**).

a) Sachlicher Anwendungsbereich (§ 310 Abs. 4 und 2 BGB)

14   Die wichtigste Einschränkung des sachlichen Anwendungsbereichs findet sich in **§ 310 Abs. 4 BGB**. Nach dessen Satz 1 findet der gesamte Abschnitt über die AGB keine Anwendung auf Verträge auf dem Gebiet des **Erb-, Familien- und Gesellschaftsrechts**. Bezüglich der Verträge auf dem Gebiet des **Arbeitsrechts** unterscheidet § 310 Abs. 4 BGB zwischen Individualarbeitsverträgen einerseits und Tarifverträgen, Betriebs- und Dienstvereinbarungen andererseits. Für die letztgenannten **kollektivrechtlichen Vereinbarungen** gelten die AGB-Vorschriften **nicht**. Denn hier besteht nach der Auffassung des Gesetzgebers nicht das „AGB-typische" Schutzbedürfnis, weil dem Arbeitgeber oder Arbeitgeberverband mit der Gewerkschaft, dem Betriebsrat oder dem Personalrat gleich starke Verhandlungspartner gegenüber stehen. Bei **Formulararbeitsverträgen** sieht der Gesetzgeber dagegen ein grundsätzlich vergleichbares Schutzbedürfnis wie bei anderen schuldrechtlichen Formularverträgen. Hier greift die AGB-Kontrolle allerdings mit der einschränkenden Maßgabe ein, dass die im Arbeitsrecht geltenden Besonderheiten angemessen zu berücksichtigen sind (**§ 310 Abs. 4 Satz 2 BGB**). Die Besonderheiten des Arbeitsrechts ergeben sich vor allem aus den zahlreichen Arbeitnehmer-Schutzgesetzen. Außerdem finden die Einbeziehungsvorschriften des § 305 Abs. 2 und 3 BGB keine Anwendung: insoweit enthält das Gesetz über den Nachweis der für ein Arbeitsverhältnis geltenden wesentlichen Bedingungen (Nachweisgesetz) speziellere Schutzvorschriften.

15   Eine weitere Ausnahme enthält **§ 310 Abs. 2 BGB** für die **Versorgungsbedingungen von Energie- und Wasserversorgungsunternehmen**. Danach finden die Klauselverbote der §§ 308 und 309 BGB keine Anwendung, soweit die Formularversorgungsbedingungen nicht zum Nachteil der Abnehmer von den genehmigten Bedingungen abweichen (vgl. auch § 305a BGB).

b) Persönlicher Anwendungsbereich (§ 310 Abs. 1 und 3 BGB)

16   Gem. **§ 310 Abs. 1 Satz 1 BGB** finden die Einbeziehungsvorschriften des § 305 Abs. 2 und 3 BGB sowie die Klauselverbote der §§ 308 und 309 BGB keine Anwendung **gegenüber Unternehmern** sowie gegenüber **juristischen Personen des öffentlichen Rechts und öffentlich-rechtlichen Sondervermögen**. Der Grund für diese Ausnahme besteht darin, dass die Organe dieser Rechtssubjekte im Allgemeinen geschäftserfahren sind und deshalb nicht des besonderen Schutzes gegen Formularbedingungen bedürfen.

17   Den **Begriff des Unternehmers**, dem gegenüber AGB ohne die genannten Beschränkungen verwendet werden dürfen, definiert das BGB in **§ 14** (lesen!). Danach kommt es entscheidend darauf an, ob eine Person bei Abschluss eines Rechtsgeschäfts in Aus-

übung ihrer gewerblichen oder selbständigen beruflichen Tätigkeit handelt. Dieser Begriff ist nicht deckungsgleich mit dem des Kaufmanns (§§ 1 ff. HGB). So können etwa Nichtkaufleute wie Kleingewerbetreibende, die nicht im Handelsregister eingetragen sind (vgl. §§ 1 Abs. 2, 2 HGB), oder selbständige Freiberufler wie Rechtsanwälte, Steuerberater oder Ärzte, die kein Gewerbe betreiben, Unternehmer i. S. des § 14 BGB sein.

Besonderheiten gelten ferner für **Verbraucherverträge** i. S. des **§ 310 Abs. 3 BGB**. Das   18
sind Verträge zwischen Unternehmern (§ 14 BGB) und Verbrauchern (§ 13 BGB). **Verbraucher** ist nach der Legaldefinition des **§ 13 BGB** (lesen!) jede natürliche Person, die ein Rechtsgeschäft zu einem Zweck abschließt, der weder ihrer gewerblichen noch ihrer selbständigen beruflichen Tätigkeit zugeordnet werden kann. Auch hier kommt es, wie bei der Unternehmereigenschaft, entscheidend auf den Zweck des konkreten Rechtsgeschäfts an.

19

> Zusammenfassend lässt sich zum **persönlichen Anwendungsbereich** festhalten, dass die AGB-Vorschriften der §§ 305 ff. BGB ohne Einschränkungen oder Besonderheiten nur bei **Verträgen zwischen Verbrauchern** gelten. Werden die AGB von einem Unternehmer oder Verbraucher **gegenüber einem Unternehmer** verwendet, gelten die Erleichterungen gemäß § 310 Abs. 1 BGB. Verwendet dagegen ein Unternehmer AGB **gegenüber einem Verbraucher**, sind die verschärften Schutzregelungen gemäß § 310 Abs. 3 BGB zu beachten.

3. Einbeziehung der AGB in den Vertrag

Allgemeine Geschäftsbedingungen sind keine Gesetze. Sie können nur dann gelten,   20
wenn sie **vertraglich vereinbart** worden sind. Hierzu ist eine Einbeziehung in den Vertrag erforderlich. Das Gesetz sieht in § 305 Abs. 2 und 3 BGB (lesen!) zwei Möglichkeiten der Einbeziehung vor.

a) Einbeziehungsvereinbarung (§ 305 Abs. 2 BGB)

Grundfall ist die in § 305 Abs. 2 BGB vorgesehene **Vereinbarung** über die Einbeziehung   21
der AGB in den Vertrag. Danach müssen die folgenden Voraussetzungen erfüllt sein:

aa) Ausdrücklicher Hinweis auf die AGB (§ 305 Abs. 2 Nr. 1 BGB)

Der Verwender muss die andere Partei **ausdrücklich** auf seine AGB hinweisen. Der Hinweis   22
kann auch mündlich erfolgen, ist dann aber schwerer nachzuweisen. Sind die AGB auf der Rückseite des Vertrags abgedruckt, muss die Vorderseite einen deutlichen Hinweis darauf enthalten. Bei Online-Bestellungen im Internet findet sich regelmäßig ein solcher Hinweis, dessen Kenntnisnahme der Besteller durch einen entsprechenden Mausklick bestätigen muss, um mit dem Bestellvorgang fortfahren zu können.

Ein **deutlich sichtbarer Aushang** reicht aus, wenn ein ausdrücklicher Hinweis nur unter   23
unverhältnismäßigen Schwierigkeiten möglich ist. Das betrifft solche Fälle, in denen es gar nicht zu einem persönlichen Kontakt zwischen Verwender und Vertragspartner kommt.

BEISPIELE ▶ Benutzung eines Schließfachs oder eines Parkhauses. Der Anbieter des Fachs oder der Parkhausbetreiber, der die AGB verwendet, ist gar nicht anwesend.

24   Eine **Erleichterung** gilt für die Einbeziehung von AGB **gegenüber Unternehmern**. Hier kann die Geltung der AGB auch konkludent vereinbart werden, weil § 305 Abs. 2 gem. § 310 Abs. 1 BGB nicht gilt.

bb) Möglichkeit der Kenntnisnahme (§ 305 Abs. 2 Nr. 2 BGB)

25   Der Vertragspartner muss **in zumutbarer Weise** die Möglichkeit haben, vom Inhalt der AGB Kenntnis zu nehmen. Die AGB müssen für den Durchschnittskunden mühelos lesbar und ohne großen Zeitaufwand auch verständlich sein (*Brox/Walker*, BGB AT, Rn. 227). Bemerkt der Verwender, dass sein Partner ein Ausländer ohne hinreichende deutsche Sprachkenntnisse ist, muss er ihm eine Übersetzung anbieten; allerdings kann der Ausländer auf die Übersetzung auch verzichten (BGH NJW 1995, 190). Außerdem verpflichtet § 305 Abs. 2 Nr. 2 BGB den Verwender ausdrücklich, erkennbare körperliche Behinderungen der anderen Vertragspartei angemessen zu berücksichtigen. Sehr umfangreiche AGB müssen dem Partner ausgehändigt werden. Beim Vertragsschluss über das Internet genügt es, wenn er die AGB speichern kann.

26   An der Zumutbarkeit der Kenntnisnahme fehlt es etwa dann, wenn **Aushänge** in Parkhäusern, Autowaschanlagen, Waschsalons oder ähnlichen Einrichtungen an versteckter Stelle angebracht werden. Bei einem **mündlichen Vertragsschluss** bedarf es der Vorlage oder eines ausdrücklichen Hinweises auf die aushängenden AGB. Bei einem **telefonischen Vertragsschluss** ist die Einbeziehung problematisch: Das Vorlesen der AGB ist untunlich, die nachträgliche Übersendung ist zu spät. Allerdings kann der Vertragspartner auf die Möglichkeit der Kenntnisnahme verzichten, was jedoch im Streitfall vom Verwender zu beweisen ist.

cc) Bei Vertragsschluss (§ 305 Abs. 2 Einleitungssatz BGB)

27   Sowohl der Hinweis auf die AGB als auch die Möglichkeit der Kenntnisnahme müssen bereits bei Vertragsschluss gegeben sein. Erfolgt der Hinweis erst nachträglich oder kann der Vertragspartner die AGB erst **nach Vertragsschluss** zur Kenntnis nehmen, sind sie **nicht wirksam** einbezogen.

> **BEISPIEL** ▶ W studiert nicht nur Wirtschaftswissenschaften, sondern handelt nebenbei auch mit Computern und Software. Als sein Kommilitone K ihn nach einem gebrauchten Notebook fragt, verkauft W ihm das Notebook, das er gerade bei sich hat. Da W es noch braucht, vereinbaren beide, dass er K das Notebook drei Tage später zuschickt. In dem Paket, das K erhält, befindet sich neben dem Rechner ein Anschreiben des W, auf dem seine AGB abgedruckt sind. Sie enthalten einen Gewährleistungsausschluss. Als sich herausstellt, dass die Festplatte virenverseucht ist, verlangt K Mängelbeseitigung (§§ 437 Nr. 1, 439 BGB). W weigert sich unter Hinweis auf seine AGB.
>
> Das Zusenden des Rechners mit der Bestätigung, auf der die AGB abgedruckt sind, ist ein Angebot zur Änderung des drei Tage vorher geschlossenen mündlichen Kaufvertrags. Durch die Annahme des Rechners hat K nicht schlüssig dieses Änderungsangebot angenommen; die schlichte Entgegennahme einer geschuldeten Leistung enthält in der Regel keine derartige Vertragserklärung. Daher sind die AGB nicht einbezogen, und W muss den Rechner reparieren.

Problematisch ist die Einbeziehung von AGB, die auf Eintrittskarten, Garderobenmar   28
ken, Parkscheinen und ähnlichem abgedruckt sind. Hier geht der Vertragsschluss der
Überreichung solcher **Marken** in aller Regel voraus. Dann fehlt es an einer wirksamen
Einbeziehung der AGB. Das ist im Einzelnen allerdings streitig (vgl. *Freitag/Leible*,
JA 2000, 887, 892).

dd) Einverständnis des Vertragspartners mit der Geltung der AGB (§ 305 Abs. 2 a. E. BGB)

Nimmt der Vertragspartner das Angebot ohne Einschränkungen an, nachdem der Ver   29
wender hinreichend auf seine AGB hingewiesen hat und der Vertragspartner die Möglichkeit der Kenntnisnahme hatte, erklärt er damit zugleich **konkludent** sein Einverständnis mit der Geltung der AGB. Beim Vertragsschluss im Internet lässt sich der Verwender das Einverständnis regelmäßig durch einen entsprechenden Mausklick bestätigen, ohne den der Bestellvorgang nicht fortgeführt werden kann.

Kaufleute fügen häufig beide dem Vertrag ihre jeweiligen AGB bei. Weichen die AGB   30
voneinander ab, haben sich die Parteien eigentlich nicht geeinigt und es ist kein Vertrag zustande gekommen (Fall des offenen Dissenses, § 154 BGB). Führen sie aber den
Vertrag gleichwohl durch, geben sie zu erkennen, dass sie ihn nicht an der fehlenden
Übereinstimmung ihrer AGB in allen Punkten scheitern lassen wollen. Dann gilt in den
Grundzügen regelmäßig Folgendes:

► Geltung der inhaltlich übereinstimmenden AGB;

► Geltung solcher AGB, die für den jeweils anderen Vertragspartner günstig oder die
  branchenüblich sind;

► im Übrigen keine Geltung der AGB wegen § 154 BGB;

► Auffüllung von Lücken durch das dispositive Gesetzesrecht.

Schlichte Abwehrklauseln in den eigenen AGB, denen zufolge die AGB des Vertragspart   31
ners nicht akzeptiert werden, reichen regelmäßig nicht, um die obige Handhabung auszuschließen und zur Unwirksamkeit des durchgeführten Vertrags zu führen. Etwas anderes gilt bei den **qualifizierten Abwehrklauseln**, die den deutlichen Hinweis enthalten,
dass der Vertrag nur bei Geltung der eigenen und nicht der AGB des Vertragspartners
wirksam sein soll.

b) Rahmenvereinbarung (§ 305 Abs. 3 BGB)

Nach § 305 Abs. 3 BGB (lesen!) können die Vertragsparteien auch im Voraus für eine   32
bestimmte Art von Rechtsgeschäften die Geltung bestimmter AGB vereinbaren. Eine
solche **Rahmen- oder Vorausvereinbarung** muss die **Einbeziehungsvoraussetzungen**
des § 305 Abs. 2 BGB erfüllen.

BEISPIEL ► Bank und Kunde vereinbaren, dass für sämtliche Bankgeschäfte die AGB der Banken
gelten sollen.

Es ist aber nicht möglich, die AGB in der jeweils geltenden Fassung zu vereinbaren, weil   33
bestimmte AGB vereinbart werden müssen. Ändert also die Bank ihre AGB im obigen
Beispiel, müssen die Voraussetzungen des § 305 Abs. 2 BGB aufs Neue erfüllt werden.
Die Bank hat kein Recht zur einseitigen Vertragsänderung.

4. Keine Einbeziehung überraschender Klauseln (§ 305c Abs. 1 BGB)

34   Selbst wenn die Voraussetzungen des § 305 Abs. 2 oder 3 BGB vorliegen, werden sog. überraschende Klauseln gem. § 305c Abs. 1 BGB nicht in den Vertrag einbezogen. Dabei handelt es sich um Bestimmungen, die so **ungewöhnlich** sind, dass der Vertragspartner des Verwenders nicht mit ihnen zu rechnen braucht (vgl. BGH NJW 1981, 117, 119).

> **BEISPIELE** (NACH *BROX/WALKER*, BGB AT, RN. 219, 230; MÜNCHKOMM/*BASEDOW*, § 305C BGB RN. 11) ▸ Der Handwerker kauft eine Maschine; in den AGB des Verkäufers ist ein Vertrag über die regelmäßige Wartung dieser Maschine „versteckt". Hausfrau H kauft eine Kaffeemaschine; die AGB des Verkäufers enthalten eine Bestimmung, der zufolge jeder Käufer der Maschine pro Monat vom Verkäufer zwei Pfund Kaffee beziehen muss. Mit dem Kauf einer Alarm- oder einer Blitzschutzanlage für ein Hausgrundstück schließt man laut AGB zugleich einen kostenpflichtigen Wartungsvertrag ab.

35   Bei Verträgen über den **einmaligen Austausch von Waren** ist es im Allgemeinen überraschend, wenn die AGB **Folgeverträge** über den Bezug weiterer Waren, Wartungsvereinbarungen oder ähnliche Verpflichtungen vorsehen (vgl. Beispiele Rn. 34). Anders kann das z. B. bei den AGB eines Leasingvertrags über ein Fahrzeug sein, die den Leasingnehmer zur Wartung des Fahrzeugs in einer Vertragswerkstatt verpflichten. Überraschend ist ferner z. B. die Ausdehnung einer Bürgschaft auf Folgegeschäfte oder die Vereinbarung einer ungewöhnlichen Gerichtsstandklausel im Ausland. Allerdings kann eine **auffällige drucktechnische Hervorhebung** der Klausel ihren **überraschenden Charakter nehmen.**

5. Rechtsfolgen bei Nichteinbeziehung der AGB (§ 306 BGB)

36   **§ 306 Abs. 1 BGB** kehrt die Auslegungsregel des § 139 BGB um (vgl. § 6 Rn. 60): Der Vertrag bleibt im Übrigen wirksam. Es dient dem Verbraucherschutz, wenn die Unwirksamkeit der für den Verwender günstigen AGB nicht zur Unwirksamkeit des gesamten Vertrags führt. Im Übrigen gelten die gesetzlichen Regelungen, soweit dadurch keine unzumutbare Härte für eine Vertragspartei entsteht (**§ 306 Abs. 2, 3 BGB**).

II. Inhaltskontrolle der AGB

37   Liegen die Voraussetzungen der Inhaltskontrolle vor, werden die AGB anhand der §§ 307 bis 309 BGB auf ihre **Wirksamkeit** überprüft. Zuvor muss der **Inhalt der AGB** festgestellt werden.

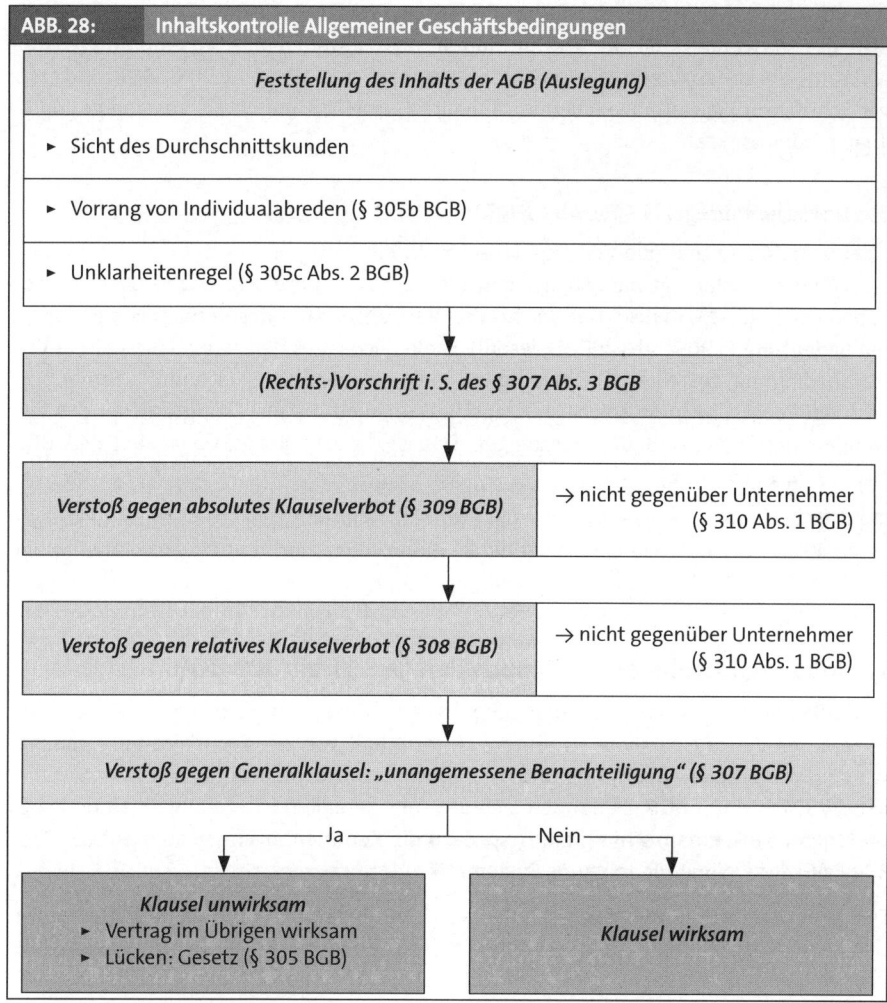

ABB. 28:   Inhaltskontrolle Allgemeiner Geschäftsbedingungen

Feststellung des Inhalts der AGB (Auslegung)

▸ Sicht des Durchschnittskunden

▸ Vorrang von Individualabreden (§ 305b BGB)

▸ Unklarheitenregel (§ 305c Abs. 2 BGB)

(Rechts-)Vorschrift i. S. des § 307 Abs. 3 BGB

| *Verstoß gegen absolutes Klauselverbot (§ 309 BGB)* | → nicht gegenüber Unternehmer (§ 310 Abs. 1 BGB) |

| *Verstoß gegen relatives Klauselverbot (§ 308 BGB)* | → nicht gegenüber Unternehmer (§ 310 Abs. 1 BGB) |

Verstoß gegen Generalklausel: „unangemessene Benachteiligung" (§ 307 BGB)

―――― Ja ――――　　――― Nein ―――

Klausel unwirksam
▸ Vertrag im Übrigen wirksam
▸ Lücken: Gesetz (§ 305 BGB)

Klausel wirksam

1. Auslegung der AGB

Allgemeine Geschäftsbedingungen sind aus der **Sicht des Durchschnittskunden** aus-   38
zulegen. Sie gelten also nur mit dem Inhalt, mit dem ein Durchschnittskunde sie verstehen kann (vgl. BGHZ 60, 174, 177). Die §§ 305b und 305c Abs. 2 BGB enthalten zwei
weitere Auslegungsregeln.

a) Vorrang der Individualabrede (§ 305b BGB)

Haben die Parteien eine individuelle Vereinbarung getroffen, die im Widerspruch zu   39
den in den Vertrag einbezogenen AGB steht, **gilt in jedem Fall die individuelle Vereinbarung** (§ 305b BGB; lesen!).

BEISPIEL▸ Nach den AGB ist der Kaufpreis „netto Kasse" zu zahlen. Mündlich haben sich die Parteien geeinigt, dass der Käufer bei einer Zahlung binnen zwei Wochen 3 % Skonto vom Rech-
nungsbetrag abziehen darf.

40   Der Vorrang der Individualabrede hat Bedeutung vor allem für die Fälle, in denen die
AGB des Verwenders die Klausel enthalten, dass abweichende Vereinbarungen nur
wirksam sein sollen, wenn sie schriftlich vereinbart sind. Wegen § 305b BGB sind trotz
der **Schriftformklausel** abweichende mündliche Vereinbarungen als vorrangige Individualabreden wirksam.

b) Unklarheitenregel (§ 305c Abs. 2 BGB)

41   Ist eine in AGB enthaltene Vertragsklausel nicht eindeutig und besteht auch nach entsprechender Auslegung die Möglichkeit, dass sie zwei unterschiedliche Bedeutungen
haben kann, gilt die Klausel mit der **für den Vertragspartner des Verwenders günstigeren Bedeutung** (§ 305c Abs. 2 BGB; lesen!). Schließlich ist es der Verwender, der die Ver-
tragsbedingung gestellt hat. Unklarheiten gehen daher „auf sein Konto". Ferner sind
nach der Rechtsprechung solche Vertragsklauseln, die für den Vertragspartner des Verwenders ungünstig sind, eng auszulegen. Das ist das sog. **Restriktionsgebot** (vgl. BGH
NJW 1975, 1315, 1316).

> **BEISPIEL** Zeichnet sich der Hersteller eines Werks in seinen AGB von der Haftung für Schäden
> am Werk frei, gilt das im Zweifel nur für die vertraglichen, aber nicht für die deliktischen An-
> sprüche aus den §§ 823 ff. BGB.

2. Inhaltskontrolle der AGB nach den §§ 307 bis 309 BGB

42   Sind Allgemeine Geschäftsbedingungen wirksam in den Vertrag einbezogen, ist im Interesse des Vertragspartners zu prüfen, ob ihr **Inhalt von der Rechtsordnung gebilligt**
werden kann. Die Ermächtigung und die Regeln für diese Inhaltskontrolle finden sich in
den **§§ 307 bis 309 BGB**. Es handelt sich um sehr detaillierte Regelungen, zu denen es
umfangreiche Rechtsprechung gibt (vgl. dazu die Kommentierungen zu den §§ 307 bis
309 BGB). Ihnen liegt die folgende **Systematik** zugrunde:

43   Den **grundsätzlichen Maßstab** der Inhaltskontrolle schreibt **§ 307 Abs. 1 BGB** fest. Danach sind alle diejenigen Bestimmungen in AGB unwirksam, die den Vertragspartner
des Verwenders entgegen Treu und Glauben unangemessen benachteiligen. § 307
Abs. 2 BGB konkretisiert den Begriff der „unangemessenen Benachteiligung". Bei Verbraucherverträgen i. S. des § 310 Abs. 3 BGB sind zur Beurteilung der unangemessenen
Benachteiligung auch die den Vertragsschluss begleitenden Umstände zu berücksichtigen. **Besondere Klauselverbote** finden sich in den **§§ 308 und 309 BGB**; sie sind allerdings nicht auf alle Arten von Verträgen gleichermaßen anwendbar (§ 310 Abs. 1, 2
und 3 BGB; vgl. Rn. 13 ff.).

44   Danach ist bei der **Prüfung** der Frage, ob eine AGB-Klausel der Inhaltskontrolle standhält, von folgender Reihenfolge auszugehen:

▶ Handelt es sich bei der AGB-Klausel um eine **Rechtsvorschrift** i. S. des § 307 Abs. 3
Satz 1 BGB?

Abzugrenzen ist die Rechtsvorschrift von grundsätzlich nicht kontrollfähigen bloßen Leistungs-
beschreibungen, Beschaffenheitsangaben, Preisangaben oder Klauseln, die nur gesetzliche
Vorschriften wiederholen. Solche Bestimmungen können nur ausnahmsweise wegen mangelnder Transparenz nach § 307 Abs. 3 Satz 2 BGB unwirksam sein.

► **Wer** verwendet die AGB-Klausel **gegenüber welchem Vertragspartner** (§ 310 Abs. 1 und 3 BGB; vgl. dazu Rn. 16 ff.)?

► Verstößt die AGB-Klausel gegen ein **Klauselverbot ohne Wertungsmöglichkeit** (§ 309 BGB)?

Bejahendenfalls ist die Klausel in jedem Fall unwirksam.

► Verstößt die AGB-Klausel gegen ein **Klauselverbot mit Wertungsmöglichkeit** (§ 308 BGB)?

Die in § 308 BGB aufgezählten Klauseln sind, anders als diejenigen in § 309 BGB, nicht unbedingt unwirksam, weil eine Wertungsmöglichkeit besteht. Diese Wertungsmöglichkeit kommt z. B. in den folgenden Wendungen zum Ausdruck: „unangemessen lange", „nicht hinreichend bestimmt", „ohne sachlich gerechtfertigten Grund", „zumutbar".

► Verstößt die AGB-Klausel gegen die **Generalklausel** des § 307 Abs. 1 BGB?

Findet sich die AGB-Klausel weder in § 309 noch in § 308 BGB, steht trotzdem noch nicht fest, dass sie der Inhaltskontrolle standhält. Anhand der Generalklausel des § 307 Abs. 1 BGB muss eine **unangemessene Benachteiligung** des Vertragspartners geprüft werden. Besondere Bedeutung hat diese Vorschrift für AGB gegenüber Unternehmern, weil dort die §§ 308, 309 BGB nicht gelten (§ 310 Abs. 1 BGB). Die Rechtsprechung geht dabei davon aus, dass auch gegenüber einem Unternehmer (oder Kaufmann) im Zweifel eine unangemessene Benachteiligung vorliegt, wenn ihm gegenüber eine der in den §§ 308 f. BGB aufgeführten Klauseln verwendet wird.

BEISPIELE ► Ausschluss des Rechts zur außerordentlichen Kündigung eines Vertrags aus wichtigem Grund; Fälligstellung einer Restzahlung bei unverschuldeter Nichtzahlung, wenn z. B. die Bank einen Überweisungsauftrag nicht ausführt; erfolgsunabhängige Provision in Maklervertrag.

III. Verbandsklage

Verfahrensrechtliche Regeln im Zusammenhang mit Allgemeinen Geschäftsbedingungen enthält das **Unterlassungsklagengesetz** (UKlaG). Es regelt u. a. die Befugnis von Verbraucherverbänden, gegen unangemessene AGB vorzugehen (vgl. §§ 3 ff. UKlaG).   45

Kapitel 5: Stellvertretung

§ 13 Bedeutung, Interessenlage, Arten und Abgrenzung

LITERATUR:

Beuthien, Gibt es eine organschaftliche Stellvertretung?, NJW 1999, 1142; *Brox/Walker*, BGB AT, Rn. 508 ff.; *Förster*, Stellvertretung – Grundstruktur und neuere Entwicklungen, Jura 2010, 351; *Joussen*, Abgabe und Zugang von Willenserklärungen unter Einschaltung einer Hilfsperson, Jura 2003, 577; *Monhemius*, Grundprinzipien der Stellvertretung mit Bezügen zum Handels- und Gesellschaftsrecht, JA 1998, 378; *Petersen*, Bestand und Umfang der Vertretungsmacht, Jura 2003, 310; *ders.*, Unmittelbare und mittelbare Stellvertretung, Jura 2003, 744; *Weber*, Das Handeln unter fremdem Namen, JA 1996, 426.

I. Bedeutung der Stellvertretung

Wenn jemand rechtsgeschäftlich handelt, dann tut er das in der Regel für sich selbst. Normalerweise treffen die Rechtsfolgen einer Willenserklärung denjenigen, der sie abgegeben hat. Durch die **Willenserklärung** wird (nur) **der Erklärende berechtigt und verpflichtet.**   1

> **BEISPIEL** ▶ Verkauft V dem K sein gebrauchtes Notebook für 350 €, haben die beiden durch ihre Willenserklärungen (Angebot und Annahme) einen entsprechenden Kaufvertrag geschlossen. Daraus ist allein K gem. § 433 Abs. 2 BGB verpflichtet, V den vereinbarten Kaufpreis zu zahlen und ihm das Notebook abzunehmen. Im Gegenzug kann nur er gem. § 433 Abs. 1 Satz 1 BGB von V die Übergabe und Übereignung des Notebooks verlangen.

Das Gesetz eröffnet aber auch die Möglichkeit, **einen anderen zu berechtigen oder zu verpflichten.** Jemand gibt für einen anderen eine Willenserklärung ab mit der Folge, dass die Rechtsfolgen nicht ihn, den Erklärenden, sondern den anderen treffen. Das nennt man Stellvertretung. Die Stellvertretung ist gesetzlich geregelt in den §§ 164 ff. BGB; **Grundnorm** ist § 164 Abs. 1 Satz 1 BGB (lesen!).   2

> **BEISPIEL** ▶ Im obigen Beispiel (Rn. 1) ist V ein Verkäufer im Media-Store des M, der mit neuen und gebrauchten Rechnern handelt. Die Rechner gehören M, und V schließt die Verträge, wie auch den Kaufvertrag mit K, für seinen Chef M.

Das **Bedürfnis für eine solche Regelung**, die es erlaubt, andere für sich rechtsgeschäftlich handeln zu lassen, liegt gerade im **modernen Wirtschaftsleben** auf der Hand. So zeigt bereits das obige Beispiel, dass der Inhaber eines Geschäfts nicht selbst alle notwendigen Willenserklärungen abgeben kann. Ein Unternehmen muss sich im Geschäftsverkehr nach außen durch seine dazu bestimmten Mitarbeiter vertreten lassen. Wegen dieser Komplexität und Vielfältigkeit bedarf es der Einschaltung von Stellvertretern.   3

4   Darüber hinaus spielt die Stellvertretung im Wirtschaftsleben eine bedeutende Rolle, soweit es um die **Vertretung von Gesellschaften** und Vereinen geht. Denn diese können nur durch ihre vertretungsberechtigten Gesellschafter oder ihre Organe rechtsgeschäftlich handeln (vgl. § 3 Rn. 133).

5   Schließlich kommt der Stellvertretung **im täglichen Leben** Bedeutung zu. Nicht selten können Personen die erforderlichen Rechtsgeschäfte entweder aus körperlichen Gründen (z. B. wegen einer Körperbehinderung) oder aus rechtlichen Gründen (Geschäftsunfähigkeit, beschränkte Geschäftsfähigkeit, Betreuung mit Einwilligungsvorbehalt) nicht in vollem Umfang selbst vornehmen. In diesen Fällen handeln die von ihnen bestellten oder die gesetzlichen Vertreter (Eltern oder Betreuer) für sie (vgl. dazu § 3 Rn. 92 ff., 101 ff.).

II. Interessenlage bei der Stellvertretung

6   Die Interessen der Beteiligten an einer Stellvertretung sind unterschiedlich. Beteiligt sind immer **drei Personen**:

- ▶ der **Vertretene**,
- ▶ der für ihn handelnde **Stellvertreter** und
- ▶ der **Dritte**, mit dem der Stellvertreter im Namen des Vertretenen ein Rechtsgeschäft vornimmt.

7   Das **Interesse des Vertretenen** besteht darin, dass er durch Rechtsgeschäfte einer Person, die als sein Stellvertreter auftritt, nur dann gebunden wird, wenn er die Person vorher bevollmächtigt hat. Deshalb wirkt eine Willenserklärung, die ein Vertreter im Namen des Vertretenen abgibt, nur dann für und gegen den Vertretenen, wenn der Vertreter **innerhalb der ihm zustehenden Vertretungsmacht** gehandelt hat (§ 164 Abs. 1 Satz 1 BGB). Bei einer gesetzlich angeordneten Vertretung berücksichtigen die jeweiligen Normen die Interessen des Vertretenen. Bei der rechtsgeschäftlichen Vertretung muss der Vertretene eine Vollmacht erteilen und hat es daher selbst in der Hand, wer ihn in welchem Umfang rechtsgeschäftlich verpflichten kann. Fehlt die Vertretungsmacht, ist der Vertretene an das Geschäft nicht gebunden; er kann es aber durch eine Genehmigung an sich ziehen (vgl. § 177 BGB).

8   Das **Interesse des Dritten** besteht zunächst darin zu wissen, wer sein Vertragspartner ist, mit wem er es also zu tun hat. Deshalb gilt bei der Stellvertretung das sog. **Offenkundigkeitsprinzip**. Eine Willenserklärung seitens eines Stellvertreters wirkt nur dann für und gegen den Vertretenen, wenn der Stellvertreter im Namen des Vertretenen, also in fremdem Namen, gehandelt hat (vgl. § 164 Abs. 1 Satz 1 BGB). Fehlt die Offenkundigkeit, wird nicht der Vertretene, sondern der Handelnde selbst verpflichtet. Etwas anderes gilt ausnahmsweise nur im Fall des „Geschäfts für den, den es angeht" (dazu Rn. 27).

BEISPIEL ▶ Der mittellose Privatgelehrte V bevollmächtigt den als zuverlässig und vermögend bekannten Studenten der Wirtschaftswissenschaften S, für ihn bei der D-Bank einen Kredit i. H. von 20 000 € aufzunehmen. Dabei soll S nicht offen legen, dass er nicht für sich selbst, sondern für V handelt. Selbstverständlich hat D ein vitales Interesse daran, zu wissen, dass nicht S, sondern V ihr Vertragspartner werden soll. Deshalb wird S, der entgegen dem Offenkundigkeitsprinzip im eigenen Namen handelt, selbst verpflichtet. Selbst wenn er nur irrtümlicherweise in eigenem Namen gehandelt hat, kann er seine Erklärung nicht mit der Begründung anfechten, er habe eigentlich im Namen des V handeln wollen. Das ist der Regelungsgehalt des schwer verständlichen § 164 Abs. 2 BGB (lesen!).

Ferner hat der **Dritte** ein Interesse, sich an jemanden halten zu können, wenn der Vertretene infolge des **Fehlens einer Vertretungsmacht** nicht an die Erklärungen des angeblichen Stellvertreters gebunden wird. In diesem Fall gibt § 179 Abs. 1 BGB dem Dritten **gegen den Stellvertreter** wahlweise einen **Anspruch auf Erfüllung oder auf Schadensersatz**.   9

Die **Interessen des Vertreters** werden dadurch berücksichtigt, dass er zunächst **frei entscheiden** kann, ob er für den Vertretenen handeln will; bei gesetzlichen Vertretern ist diese Freiheit allerdings eingeschränkt. Wird er tätig, binden seine Erklärungen ausschließlich den Vertretenen, wenn er deutlich macht, dass er für den anderen handelt, und wenn er sich im Rahmen der Vertretungsmacht hält. Eine **eigene Bindung oder Haftung** kommt nur in Betracht, wenn er eine dieser beiden **Voraussetzungen missachtet** (§§ 164 Abs. 2, 177, 179 BGB). Bei einer irrtümlichen Überschreitung der Vertretungsmacht haftet der Vertreter nur begrenzt (§ 179 Abs. 2 BGB). Ein beschränkt geschäftsfähiger Vertreter haftet gar nicht (§§ 165, 179 Abs. 3 Satz 2 BGB).   10

III. Arten und Abgrenzung der Stellvertretung

Im Rahmen der §§ 164 ff. BGB werden verschiedene Arten der Stellvertretung unterschieden. Außerdem ist die Stellvertretung von ähnlichen Formen des Handelns Dritter abzugrenzen, die teilweise missverständlich als (Stell-)Vertretung bezeichnet werden.   11

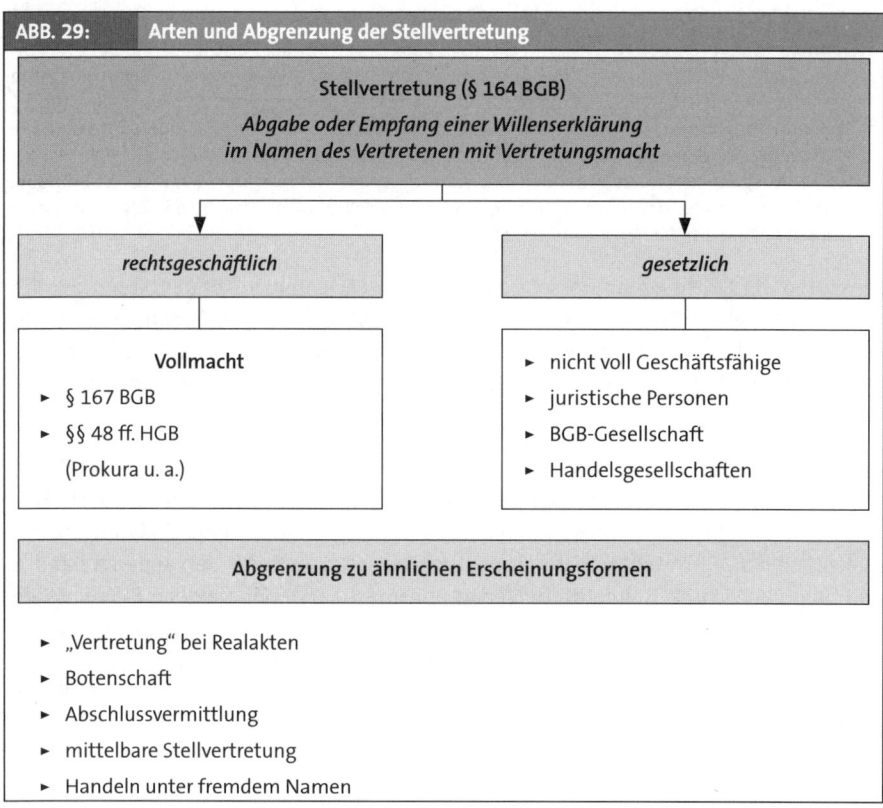

ABB. 29: **Arten und Abgrenzung der Stellvertretung**

Stellvertretung (§ 164 BGB)

*Abgabe oder Empfang einer Willenserklärung
im Namen des Vertretenen mit Vertretungsmacht*

rechtsgeschäftlich → **Vollmacht**
- § 167 BGB
- §§ 48 ff. HGB
  (Prokura u. a.)

gesetzlich
- nicht voll Geschäftsfähige
- juristische Personen
- BGB-Gesellschaft
- Handelsgesellschaften

Abgrenzung zu ähnlichen Erscheinungsformen
- „Vertretung" bei Realakten
- Botenschaft
- Abschlussvermittlung
- mittelbare Stellvertretung
- Handeln unter fremdem Namen

1. Aktive und passive Stellvertretung

12   Zu unterscheiden sind zunächst die aktive und die passive Stellvertretung. **Aktivvertretung** liegt vor, wenn der Stellvertreter eine Willenserklärung für den Vertretenen abgibt (§ 164 Abs. 1 Satz 1 BGB). Um **Passivvertretung** handelt es sich dagegen, wenn der Stellvertreter eine Willenserklärung für den Vertretenen entgegennimmt (§ 164 Abs. 3 BGB).

2. Rechtsgeschäftliche und gesetzliche Stellvertretung

13   Eine wichtige Unterscheidung betrifft den **Entstehungsgrund** der Stellvertretung. Sie kann auf einem Rechtsgeschäft oder auf Gesetz beruhen.

14   Eine Person kann zum Stellvertreter werden, indem der Vertretene sie bevollmächtigt. Dann beruht die Stellvertretung auf einem **Rechtsgeschäft**, nämlich auf der **Bevollmächtigung**. Sie kann gegenüber dem Vertreter oder gegenüber dem Dritten erfolgen, dem gegenüber die Vertretung stattfinden soll (§ 167 Abs. 1 BGB; lesen!). Die rechtsgeschäftlich erteilte Vertretungsmacht bezeichnet das Gesetz als **Vollmacht** (Legaldefinition in § 166 Abs. 2 Satz 1 BGB; lesen!).

Neben der **Vollmacht des § 167 BGB** (dazu § 15) finden sich im HGB mehrere Vollmach-   15
ten. Das **HGB** unterscheidet

▶ die **Prokura** (§§ 48 ff. HGB) als umfassende Bevollmächtigung, die im Handelsregister eingetragen werden muss (vgl. auch § 15 Rn. 7),

▶ die **Handlungsvollmacht** (§ 54 HGB) als Bevollmächtigung für eine bestimmte Art
von Geschäften und

▶ die **Ladenvollmacht** (§ 56 HGB).

Die Vertretungsmacht kann sich auch aus dem Gesetz ergeben. Die wichtigsten Bei-   16
spielsfälle der **gesetzlichen Vertretungsmacht** sind:

▶ bei nicht voll Geschäftsfähigen die Vertretungsmacht

   – der **Eltern** für ihre Kinder aus dem Sorgerecht (§ 1629 Abs. 1 BGB) und

   – des **Betreuers** für einen Betreuten (§§ 1896, 1902 BGB);

▶ bei juristischen Personen die Vertretung

   – der **Aktiengesellschaft** durch den Vorstand (§ 78 Abs. 1 AktG),

   – der **GmbH** durch den Geschäftsführer (§ 35 Abs. 1 GmbHG) und

   – des eingetragenen **Vereins** durch den Vorstand (§ 26 Abs. 2 BGB);

▶ bei der **BGB-Gesellschaft** die Vertretung durch alle Gesellschafter (Grundsatz der
Gesamtvertretung, § 714 i.V. mit § 709 BGB);

▶ bei Handelsgesellschaften die Vertretung

   – der **OHG** durch jeden Gesellschafter (§ 125 Abs. 1 HGB) und

   – der **KG** durch jeden Komplementär (arg. e § 170 HGB).

3. Abgrenzung der Stellvertretung zu ähnlichen Erscheinungsformen

a) „Vertretung" bei Realakten

Eine Stellvertretung setzt ein **rechtsgeschäftliches Handeln** voraus. Deshalb liegt keine   17
Stellvertretung vor, wenn es um reine Tathandlungen geht.

> **BEISPIEL** ▶ A bringt sein Auto zum Reifenwechsel in die Werkstatt des W. Beim Lösen der Rad-
> muttern hantiert der Mitarbeiter M aus Unachtsamkeit so ungeschickt mit dem Schrauben-
> schlüssel, dass er die Lackierung der Leichtmetallfelge, die der Wagenfarbe angepasst ist, zer-
> kratzt. Diese Schadensverursachung muss W sich als eigenes Handeln zurechnen lassen. Dabei
> handelt es sich nicht um einen Fall der Stellvertretung, sondern um die Zurechnung eines tat-
> sächlichen Verhaltens über § 278 BGB (vgl. dazu § 26 Rn. 31 ff.).

Bei der **Übereignung** einer beweglichen Sache nach § 929 Satz 1 BGB kann sich der Ei-   18
gentümer vertreten lassen, soweit es um die Einigung über den Eigentumsübergang
geht; das ist ein Rechtsgeschäft in der Form eines dinglichen Vertrags. Hinsichtlich des
tatsächlichen Elements, der Übergabe der Sache, scheidet eine Stellvertretung hingegen aus, weil die Besitzverschaffung ein Realakt ist. Hier hilft § 855 BGB, dem zufolge
die Übergabe der Sache durch den Besitzdiener (z. B. durch den Verkäufer im Warenhaus) als Besitzverschaffung des Besitzherrn (z. B. des Inhabers des Warenhauses) gilt.

b) Botenschaft

19   Ein Bote gibt **keine eigene Willenserklärung** im Namen eines anderen ab. Stattdessen übermittelt er nur die Willenserklärung eines anderen – er ist, bildlich gesprochen, ein „sprechender Brief" (vgl. § 120 BGB). Während der Stellvertreter über den Inhalt seiner Erklärung selbst entscheiden kann, hat der Bote keinen derartigen Entscheidungsspielraum; er ist lediglich das Übermittlungsmedium eines anderen.

20   Da ein **Bote** keine eigene Willenserklärung abgibt, muss er nicht geschäftsfähig sein. Die bloße **Handlungsfähigkeit** genügt.

21   Auch ein **Stellvertreter** muss zwar nicht voll geschäftsfähig, wenigstens aber **beschränkt geschäftsfähig** sein (§ 165 BGB). Denn er gibt zwar eine eigene Willenserklärung ab, wird daraus aber weder berechtigt noch verpflichtet. Die Rechtsfolgen treffen nur den Vertretenen.

c) Abschlussvermittler

22   Abschlussvermittler sind zwar, ähnlich wie Stellvertreter, ebenfalls am Zustandekommen eines Geschäfts zwischen anderen Personen beteiligt. Sie geben jedoch keine Willenserklärung mit unmittelbarer (Fremd-) Wirkung für andere ab, sondern beschränken sich darauf, dass sie ihren Auftraggebern eine **Gelegenheit zum Vertragsabschluss** bieten.

> **BEISPIELE** Wohnungs- und Immobilienmakler (vgl. zum Maklervertrag § 652 BGB), Arbeitsvermittler

d) Mittelbare Stellvertretung

23   Mittelbare Stellvertreter handeln im Unterschied zu „echten" Stellvertretern **im eigenen Namen** und nur **auf Rechnung des anderen**.

> **BEISPIEL** A beauftragt B, für ihn ein gutes Lehrbuch zum Bürgerlichen Recht zu kaufen. Als Preislimit setzt er einen Betrag von 45 €. B geht in die Universitätsbuchhandlung, sucht ein Lehrbuch für 39,90 € aus und bezahlt. Später gibt er A das Buch, der ihm den Kaufpreis gegen Vorlage der Quittung erstattet. B handelt im eigenen Namen, aber für fremde Rechnung.
>
> In diesem Fall wird B zunächst Eigentümer des Buchs, muss es dann aber aufgrund des mit A abgeschlossenen Auftragsvertrags (§§ 662 ff. BGB) an A übereignen (§ 667 BGB). Da B zur Ausführung des Auftrags Aufwendungen hatte (39,90 €), erhält er diese von A erstattet (§ 670 BGB).

24   Mittelbare Stellvertreter sind z. B. auch **Kommissionäre** (§ 383 Abs. 1 HGB) und **Treuhänder**. Bei Treuhändern handelt es sich um Personen, welche die Interessen eines anderen wahrnehmen, nach außen aber im eigenen Namen handeln.

e) Handeln unter fremdem Namen

25   Hier geht es gleichsam um den umgekehrten Fall der mittelbaren Stellvertretung: Jemand tritt unter dem Namen einer anderen Person auf, gibt sich also als jemand anderes aus. Wer berechtigt und verpflichtet wird, hängt davon ab, ob der Erklärungsempfänger mit demjenigen abschließen will, der handelt, oder mit dem Namensinhaber. Ohne entgegen stehende Anhaltspunkte wird grundsätzlich nur der Handelnde berech-

tigt und verpflichtet. Ob der Mieter des Hotelzimmers Maier oder Müller heißt, ist dem Hotelier zum Zeitpunkt der telefonischen Bestellung regelmäßig egal. Hier liegt ein **Eigengeschäft des Handelnden** vor.

Ausnahmsweise soll der wirkliche Namensinhaber Vertragspartner werden, wenn es dem Erklärungsempfänger darauf ankommt, gerade mit dem Namensträger zu kontrahieren. Das liegt etwa vor, wenn der zahlungsunfähige A unter dem Namen des kreditwürdigen B bei C auf Kredit kauft. Zu dieser Fallgruppe gehören ferner die Fälle, in denen **ein Dritter im digitalen Rechtsverkehr für den Anschlussinhaber** handelt, indem er z. B. das fremde eBay-Mitgliedskonto oder fremde Legitimationsdaten beim Online-Banking nutzt (BGH NJW-RR 2006, 701; NJW 2011, 2421; MünchKomm/*Schramm*, § 164 BGB Rn. 45a f.). Dann liegt ein **Fremdgeschäft für den wahren Namensträger** vor, auf das die §§ 164 ff. BGB sowie die Grundsätze der Duldungs- und Anscheinsvollmacht (dazu § 15 Rn. 32 ff.) entsprechende Anwendung finden.   26

Etwas anders ist die Lage beim sog. „**Geschäft für den, den es angeht**". Hier braucht das Offenkundigkeitsprinzip nicht eingehalten zu werden, weil es dem Geschäftspartner bei einem Bargeschäft des täglichen Lebens nicht darauf ankommt, ob der Handelnde oder ein Hintermann sein Vertragspartner wird. Kauft A für B Brötchen bei C und zahlt sofort, ist es C egal, ob A oder B sein Vertragspartner geworden ist. Dann wird unmittelbar B berechtigt und verpflichtet, obwohl A nicht offen gelegt hat, dass er für B handelt.   27

§ 14 Voraussetzungen und Wirkungen der Stellvertretung

LITERATUR:

Brox/Walker, BGB AT, Rn. 516; *Führich*, Wirtschaftsprivatrecht, § 9 I; *Joussen*, Abgabe und Zugang von Willenserklärungen unter Einschaltung einer Hilfsperson, Jura 2003, 577; *Lorenz*, Grundwissen – Zivilrecht: Stellvertretung, JuS 2010, 382; *Mock*, Grundfälle zum Stellvertretungsrecht, JuS 2008, 309, 391, 486; *Monhemius*, Grundprinzipien der Stellvertretung mit Bezügen zum Handels- und Gesellschaftsrecht, JA 1998, 378; *Musielak*, Grundkurs BGB, Rn. 812 ff.; *Petersen*, Bestand und Umfang der Vertretungsmacht, Jura 2003, 310; *ders.*, Das Offenkundigkeitsprinzip bei der Stellvertretung, Jura 2010, 187; *Schreiber*, Vertretungsrecht: Offenkundigkeit und Vertretungsmacht, Jura 1998, 606.

I. Voraussetzungen der Stellvertretung

1   Die Voraussetzungen einer wirksamen Stellvertretung ergeben sich im Wesentlichen aus **§ 164 Abs. 1 Satz 1 BGB**. Danach muss der Vertreter eine Willenserklärung innerhalb der ihm zustehenden Vertretungsmacht im Namen des Vertretenen abgegeben haben. Als weitere, in § 164 BGB nicht ausdrücklich aufgeführte Voraussetzung kommt hinzu, dass die Stellvertretung überhaupt zulässig sein muss. Daraus ergeben sich die folgenden Voraussetzungen:

ABB. 30:   Voraussetzungen der Stellvertretung

1. Zulässigkeit der Stellvertretung

- ▸ **Abgabe oder Entgegennahme einer Willenserklärung**
- ▸ **nicht** bei tatsächlichen Handlungen (Realakten)
- ▸ **nicht** bei höchstpersönlichen Rechtsgeschäften

2. Abgabe eigener Willenserklärung des Vertreters

- ▸ **eigenes rechtsgeschäftliches Handeln des Vertreters**
- ▸ mindestens beschränkte Geschäftsfähigkeit (§ 165 BGB)
- ▸ bei Formzwang kommt es auf die Erklärung des Vertreters an
- ▸ bei Willensmängeln kommt es auf Vertreter an (§ 166 BGB)

3. Offenkundigkeit

- ▸ **Handeln im Namen des Vertretenen**
- ▸ ausdrücklich oder konkludent
- ▸ Ausnahmen:
  - – „Geschäft für den, den es angeht"
  - – § 1357 BGB („Schlüsselgewalt")
- ▸ **nicht:** Handeln unter fremdem Namen

4. Vertretungsmacht

- ▸ **gesetzliche Vertretungsmacht**
  - oder
- ▸ **Vollmacht** (rechtsgeschäftliche Vertretungsmacht)

1. Zulässigkeit der Stellvertretung

Nach der allgemeinen Regelung der §§ 164 ff. BGB ist die Stellvertretung grundsätzlich   2
bei jeder **Abgabe oder Entgegennahme einer Willenserklärung** zulässig. Ausgeschlossen ist sie dagegen bei Realakten wie z. B. bei der Übergabe einer beweglichen Sache, die gem. § 929 Satz 1 BGB zu ihrer Übereignung notwendig ist (vgl. dazu § 13 Rn. 18).

Eine Stellvertretung kann ausnahmsweise durch Spezialvorschriften ausgeschlossen   3
sein. Bei diesen Ausnahmen handelt es sich um **höchstpersönliche Rechtsgeschäfte.**
Unzulässig ist die Stellvertretung z. B.

- ▶ bei der Eheschließung (§ 1311 Satz 1 BGB) und
- ▶ bei der Testamentserrichtung (§ 2064 BGB).

2. Abgabe einer eigenen Willenserklärung durch den Vertreter

4   Der Vertreter handelt **selbst rechtsgeschäftlich**. Er bildet einen eigenen rechtsgeschäftlichen Willen und gibt – obwohl er im Namen des Vertretenen handelt – eine eigene Willenserklärung ab (vgl. den Wortlaut des § 164 Abs. 1 Satz 1 BGB). Dadurch unterscheidet sich der Vertreter vom Boten, der lediglich eine fremde Willenserklärung übermittelt (vgl. oben § 14 III 3 b).

> **BEISPIEL** V beauftragt S, für ihn beim Buchhändler D das Buch „Düsseldorf und sein Alt" für 12,80 € zu besorgen. S tut das. Er ist nicht Vertreter, sondern lediglich Bote, weil er keinerlei Entscheidungsspielraum hat. S übermittelt bloß den von V bereits gebildeten Willen an D. Vertretung läge dagegen vor, wenn V den S beauftragt hätte, irgendein Buch über Düsseldorfer Spezialitäten für höchstens 20 € zu besorgen, und S daraufhin das Buch „Der Düsseldorfer Senfrostbraten" für 15,90 € bei D gekauft hätte.

5   Ob eine Mittelsperson **Stellvertreter oder Bote** ist, beurteilt sich danach, wie sie nach außen gegenüber dem Dritten auftritt. Im Schriftverkehr bedeutet der Zusatz „i. A." (= im Auftrag), dass nur Botenschaft vorliegt. Stellvertreter ist der Unterzeichner dagegen, wenn er mit dem Zusatz „i. V." (= in Vertretung) unterschrieben hat.

6   Die **Unterscheidung** zwischen Botenschaft und Stellvertretung hat Bedeutung in mehreren Bereichen.

▶ **Anforderungen an die Person** (vgl. § 13 Rn. 19 ff.):

– Der Bote kann **geschäftsunfähig** sein.

– Der Stellvertreter muss mindestens **beschränkt geschäftsfähig** sein (§ 165 BGB).

▶ **Formbedürftigkeit eines Rechtsgeschäfts:**

– Bei der Botenschaft muss die **Erklärung des Geschäftsherrn** der Form genügen, weil der Bote diese fremde Willenserklärung übermittelt:

Beispiel:

Arbeitgeber G lässt dem Arbeitnehmer N die schriftliche Kündigung (§ 623 BGB) durch den Boten B überbringen.

– Bei der Stellvertretung muss die **Erklärung des Stellvertreters** der Form genügen, weil er eine eigene Willenserklärung abgibt.

Beispiel:

S schließt als Vertreter des V einen Grundstückskaufvertrag ab. Die Einigungserklärung des S muss gem. § 311b Abs. 1 Satz 1 BGB notariell beurkundet werden. Soll S dagegen nur als Bote eingesetzt werden, muss er die notariell beurkundete Erklärung des V überbringen.

▶ **Fehler bei der Übermittlung der Willenserklärung:**

– Bei einer fehlerhaften Übermittlung durch einen Boten ist der Geschäftsherr an die Erklärung gebunden, kann sie aber gem. **§ 120 BGB** anfechten. Der Fall wird so behandelt, als habe der Geschäftsherr selbst sich geirrt (vgl. § 9 Rn. 5).

– Da der Vertreter eine eigene Willenserklärung abgibt, kommt es bei der Stellvertretung gem. **§ 166 Abs. 1 BGB** (lesen!) darauf an, ob sich der **Vertreter geirrt** hat. Der Vertretene kann also die Willenserklärung, die ihn gem. § 164 Abs. 1 BGB bindet, gem. § 166 Abs. 1 BGB i. V. mit §§ 119 ff. BGB (nur) dann anfechten, wenn der Vertreter sich geirrt hat, getäuscht oder bedroht worden ist.

Beispiel:

V beauftragt S, für ihn seinen gebrauchten PC für mindestens 200 € zu verkaufen. S bietet den Rechner im Namen des V per E-Mail dem D an; dabei vertippt er sich und schreibt 120 € statt 210 €. D nimmt das Angebot an. Der Kaufvertrag bindet gem. § 164 Abs. 1 und 3 BGB den V. V kann jedoch „seine" (= die ihm zugerechnete) Willenserklärung gem. §§ 119 Abs. 1, 2. Fall, 166 Abs. 1 BGB wegen des Erklärungsirrtums des S anfechten.

3. Handeln in fremdem Namen (Offenkundigkeit)

Zu den Voraussetzungen einer wirksamen Stellvertretung gehört gem. § 164 Abs. 1 Satz 1 BGB ferner, dass der Stellvertreter die Vertretung offen legt: Er muss **im Namen des Vertretenen** handeln. Dieses sog. Offenkundigkeitsprinzip ist ein Wesensmerkmal der Stellvertretung. Der Vertragspartner muss wissen, dass nicht der Erklärende berechtigt und verpflichtet werden will, sondern ein Dritter.   7

Das Offenkundigkeitsprinzip wird ohne Weiteres gewahrt, wenn der Stellvertreter **ausdrücklich** im Namen des Vertretenen handelt. Es genügt gem. § 164 Abs. 1 Satz 2, 2. Fall BGB aber auch, wenn sich **aus den Umständen ergibt**, dass der Stellvertreter nicht für sich, sondern für eine andere Person handeln will.   8

> **BEISPIEL** Verkäufer S verhandelt im Warenhaus des V mit der Kundin D. Nach längerem Hin und Her erklärt S der D, dass er ihr für den gewünschten Mantel einen Rabatt gewähre und ihn ihr zum Sonderpreis 300 € anbiete. Hier ergibt sich aus den Umständen, dass S die Erklärung nicht im eigenen Namen abgibt, sondern im Namen des Inhabers des Warenhauses, also des V.

9 Ein **Sonderfall** liegt vor, wenn sich die Person des Vertretenen nicht ermitteln lässt. Macht der Erklärende zwar deutlich, dass er für einen anderen auftritt, nennt er ihn aber nicht und ergibt sich dessen Identität auch nicht aus den Umständen, ist trotzdem Offenkundigkeit gegeben. Lässt sich der Partner auf ein solches Vertretergeschäft ein, kommt der Vertrag mit dem Unbekannten zustande, z. B. mit einem Sammler, der anonym bleiben möchte.

10 Eine **Ausnahme vom Offenkundigkeitsprinzip** gilt dagegen für das „**Geschäft für den, den es angeht**" (§ 13 Rn. 27). Macht der Vertreter bei Bargeschäften des täglichen Lebens, die sofort abgewickelt werden und bei denen die Person des Geschäftspartners unerheblich ist, nicht klar, dass er für den Vertretenen handelt, wird dieser trotzdem unmittelbar berechtigt und verpflichtet.

11 **Zu unterscheiden** ist das Handeln im fremden Namen vom **Handeln unter fremdem Namen**. Dessen Wirksamkeit hängt davon ab, ob es dem Geschäftspartner auf die Person des Namensträgers ankommt (näher dazu § 13 Rn. 25).

12 Eine weitere wichtige Durchbrechung des Offenkundigkeitsprinzips findet sich im Eherecht. Nach **§ 1357 Abs. 1 BGB** vertritt ein Ehegatte den anderen bei Geschäften zur angemessenen Deckung des Lebensbedarfs kraft Gesetzes. Das ist die sog. **Schlüsselgewalt**.

4. Vertretungsmacht

13 Die Wirkungen der Stellvertretung treten nur ein, wenn der Stellvertreter mit Vertretungsmacht handelt. Ohne Vertretungsmacht handelt ein Stellvertreter zunächst, wenn er gar keine Vertretungsmacht hat. Das Gleiche gilt ferner, wenn er zwar Vertretungsmacht hat, diese aber überschreitet. Denn der Vertreter muss sich gem. § 164 Abs. 1 Satz 1 BGB **im Rahmen seiner Vertretungsmacht** halten.

> **BEISPIEL** V beauftragt und bevollmächtigt S, für ihn einen Bildband über Düsseldorf bis zu einem Preis von 75 € zu kaufen. Kauft S beim Buchhändler D im Namen des V einen Bildband für 79,95 €, ist V nicht an das Geschäft gebunden.

14 Die erforderliche Vertretungsmacht kann sich zum einen **aus dem Gesetz** ergeben (vgl. § 13 Rn. 16). Zum anderen kann die Vertretungsmacht **durch Rechtsgeschäft erteilt** werden. Die rechtsgeschäftliche Erteilung der Vertretungsmacht heißt **Bevollmächtigung**, und die Vertretungsmacht heißt **Vollmacht**. Die entsprechende Legaldefinition findet sich in § 166 Abs. 2 Satz 1 BGB (näher zur Vollmacht § 15).

II. Wirkungen der wirksamen Stellvertretung

Die **Hauptwirkung** der Stellvertretung beschreibt § 164 Abs. 1 Satz 1 BGB dahingehend, dass die **Willenserklärung des Vertreters unmittelbar für und gegen den Vertretenen wirkt**. Das gilt sowohl für Willenserklärungen, die der Vertreter gegenüber dem Dritten abgegeben hat, als auch für solche, die der Dritte dem Vertreter gegenüber abgegeben hat (**Aktiv- und Passivvertretung**; vgl. § 13 Rn. 12). Liegen die Voraussetzungen einer wirksamen Stellvertretung vor, wird also allein der Vertretene aus dem Vertretergeschäft verpflichtet, nicht auch oder nur der Stellvertreter. Der Vertrag wird zwar zwischen Stellvertreter und Drittem abgeschlossen. Die Partner dieses Vertrags werden aber der Vertretene und der Dritte. „Die Willenserklärungen gehen durch den Vertreter hindurch" (*Klunzinger*, § 18 II 2 a).

15

> **BEISPIEL** Der von V beauftragte S kauft beim Buchhändler D im Namen des V einen Kriminalroman. Den Vertrag haben S und D geschlossen. Vertragspartner werden aber V und D.

Eine weitere Wirkung der Stellvertretung betrifft die Frage der **Willensmängel** beim Abschluss des Vertretergeschäfts (vgl. dazu Rn. 6). Da der Vertreter selbst rechtsgeschäftlich handelt, kommt es für das Vorliegen eines Anfechtungsgrundes darauf an, ob der **Vertreter** sich geirrt hat oder ob er getäuscht oder bedroht wurde (§ 166 Abs. 1 BGB). Maßgeblich ist seine Person, nicht die des Vertretenen. Anfechtungsberechtigt kann indessen nur der Vertretene sein, weil er durch die irrtumsbedingte Willenserklärung des Vertreters gebunden und damit Vertragspartner des Dritten wird (vgl. § 164 Abs. 1 und 3 BGB).

16

> **BEISPIEL** V bevollmächtigt S, für ihn ein Auto bis zu einem Kaufpreis von 7 000 € zu kaufen. S besichtigt beim Autohändler D mehrere Fahrzeuge und bietet ihm am nächsten Tag schriftlich 5 400 € für einen bestimmten Gebrauchtwagen. Dabei hat S sich vertippt, denn er wollte nur 4 500 € anbieten. Nimmt D dieses Angebot an, kommt der Kaufvertrag zum Preis von 5 400 € zustande, wird V gebunden. Er kann den Vertrag als Vertragspartner aber anfechten, weil sein Stellvertreter S einem Erklärungsirrtum i. S. des § 119 Abs. 1, 2. Fall BGB erlegen ist (§ 166 Abs. 1 BGB).

§ 15 Die Vollmacht

Becker/Schäfer, Die Anfechtung von Vollmachten, JA 2006, 597; *Brox/Walker*, BGB AT, Rn. 540 ff.; *Kleinhenz*, Der Widerruf der Vollmacht gegenüber dem beschränkt Geschäftsfähigen, Jura 2007, 810; *Klunzinger*, Einführung in das Bürgerliche Recht, § 18 VI; *Lorenz*, Grundwissen – Zivilrecht: Die Vollmacht, JuS 2010, 771; *Petersen*, Bestand und Umfang der Vertretungsmacht, Jura 2003, 310; *ders.*, Die Abstraktheit der Vollmacht, Jura 2004, 829; *Schreiber*, Rechtsschein im Vertretungsrecht, Jura 1997, 104; *ders.*, Vertretungsrecht: Offenkundigkeit und Vertretungsmacht, Jura 1998, 606.

1   Der **Begriff** der Vollmacht wird in **§ 166 Abs. 2 Satz 1 BGB** legaldefiniert. Danach ist eine Vollmacht die durch Rechtsgeschäft erteilte Vertretungsmacht.

I. Erteilung der Vollmacht

2   Die Vollmacht wird gem. **§ 167 BGB** durch eine empfangsbedürftige, formfreie Willenserklärung erteilt. Das ist die **Bevollmächtigung**.

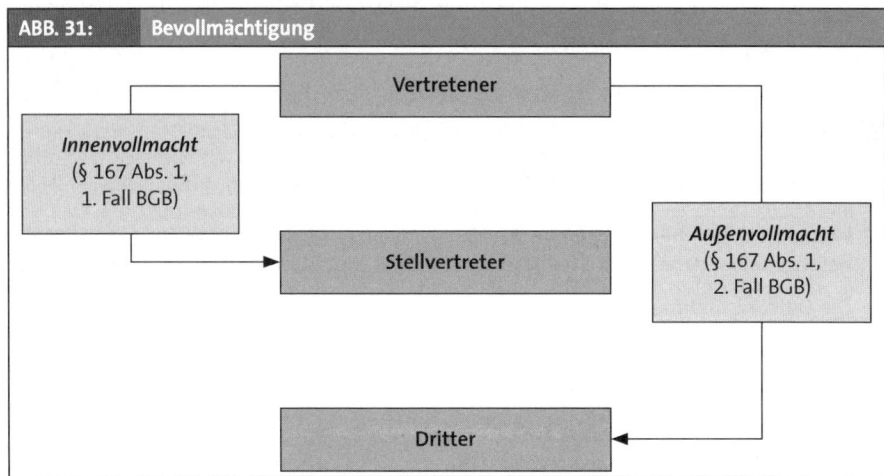

3   Der Vertretene kann die Bevollmächtigung gegenüber dem Stellvertreter oder dem potentiellen Vertragspartner erklären. Demgemäß unterscheidet man die Innen- und die Außenvollmacht. Wird die Vollmacht gegenüber dem zu Bevollmächtigenden erteilt, liegt eine **Innenvollmacht** vor (§ 167 Abs. 1, 1. Fall BGB). Erfolgt die Bevollmächtigung gegenüber dem Dritten, dem gegenüber die Vertretung stattfinden soll, handelt es sich um eine **Außenvollmacht** (§ 167 Abs. 1, 2. Fall BGB).

> **BEISPIEL** V bevollmächtigt S, beim Kunsthändler D für ihn ein Bild bis zu einem Kaufpreis i. H. von 2 000 € zu kaufen: Innenvollmacht. V erklärt dem Kunsthändler D, dass er hiermit den S bevollmächtige, in seinem Geschäft ein Bild bis zu einem Kaufpreis i. H. von 2 000 € zu kaufen: Außenvollmacht.

Die Vollmacht kann grundsätzlich ohne die Einhaltung einer Form erteilt werden. Der   4
Grundsatz der Formfreiheit gilt selbst dann, wenn das Rechtsgeschäft, das der Stellvertreter abschließen soll, einer Form bedarf (§ 167 Abs. 2 BGB). Die vorgeschriebene Form muss erst die Willenserklärung des Stellvertreters wahren, weil dieser eine eigene Willenserklärung abgibt (vgl. § 14 Rn. 4 ff.). **Ausnahmen** von diesem Grundsatz sind entweder gesetzlich vorgesehen

> **BEISPIEL** öffentliche Beglaubigung der Vollmacht zur Ausschlagung einer Erbschaft (§ 1945 Abs. 3 BGB),

oder ergeben sich aus dem Sinn und Zweck der Formvorschrift, die für das vom Vertreter vorzunehmende Rechtsgeschäft gilt

> **BEISPIEL** notarielle Beurkundung der unwiderruflichen Vollmacht zum Abschluss eines Grundstückskaufvertrags (vgl. BGH NJW 1979, 2306).

Wegen des Grundsatzes der Formfreiheit **muss auch keine Vollmachtsurkunde ausgestellt werden** (vgl. BGH NJW 2003, 963). Die Erteilung einer solchen Urkunde kann   5
aber ratsam sein, damit der Vertreter sich bei der Wahrnehmung der Stellvertretung ausweisen kann (vgl. §§ 172 ff. BGB).

II. Umfang der Vollmacht

Der Umfang der Vollmacht bestimmt sich nach dem **Inhalt der Bevollmächtigungs-**   6
erklärung. Gegebenenfalls muss die Bevollmächtigung ausgelegt werden (§§ 133, 157 BGB). Nach dem Umfang der vom Vertretenen erteilten Vollmacht werden vor allem die Generalvollmacht, die Gattungsvollmacht und die Spezialvollmacht unterschieden.

▶ Die **Generalvollmacht** ermächtigt den Stellvertreter zur Vornahme aller Rechtsgeschäfte, bei denen eine Stellvertretung überhaupt zulässig ist.

▶ Die **Gattungsvollmacht** bezieht sich auf einen bestimmten Kreis von Rechtsgeschäften.

> **BEISPIEL** V ist Inhaber eines Warenhauses. Er bevollmächtigt S, alle nötigen Einkäufe für das Warenhaus durchzuführen. Verkaufen darf S aber nicht.

▶ Schließlich gibt es die **Spezialvollmacht**, die sich nur auf die Vornahme eines ganz bestimmten Rechtsgeschäfts bezieht.

> **BEISPIEL** V bevollmächtigt seinen Freund S, beim Buchhändler D für ihn einen Kriminalroman für höchstens 15 € zu kaufen.

Manchmal ist der Umfang einer Vollmacht bereits **vom Gesetz zwingend festgelegt**.   7
Das gilt etwa für die handelsrechtliche **Prokura** (§ 48 Abs. 1 HGB). Wer eine Prokura erteilt, kann den Umfang der darin enthaltenen Vollmacht nach außen hin nicht wirksam beschränken. Weitere handelsrechtliche Vollmachten sind die **Handlungsvollmacht** (§ 54 HGB) und **Ladenvollmacht** (§ 56 HGB; vgl. bereits § 13 Rn. 15).

8   Weitere Arten der Vollmacht werden danach unterschieden, ob ein Vertreter **allein oder nur gemeinsam** mit anderen Vertretern handeln kann.

► Eine **Gesamtvollmacht** liegt vor, wenn nur mehrere Vertreter gemeinsam handeln können.

► Mit einer **Einzelvollmacht** kann hingegen jeder der mehreren Vertretungsberechtigten allein wirksam für den Vertretenen handeln.

9   Erteilt der Vertreter seinerseits einer anderen Person Vollmacht, mit Wirkung unmittelbar für und gegen den Vertretenen rechtsgeschäftlich zu handeln, liegt eine **Untervollmacht** vor. In diesem Fall wird der Vertretene durch das Handeln des Unterbevollmächtigten nur dann berechtigt und verpflichtet, wenn der Hauptvertreter die betreffende Untervollmacht erteilen durfte und der Untervertreter innerhalb der ihm erteilten Untervollmacht rechtsgeschäftlich handelt.

10 Schließlich gibt es die Vollmacht über den Tod hinaus. Diese sog. **postmortale Vollmacht** wirkt grundsätzlich für und gegen die Erben.

III. Vollmacht und Grundverhältnis

11 Besonders wichtig ist die **strenge Unterscheidung** zwischen der **Vollmacht** einerseits und dem **Grundverhältnis** andererseits. Erst dadurch lassen sich die Problemfälle zutreffend lösen, die bei einer Stellvertretung auftauchen können. Sie resultieren vor allem daraus, dass der Vertreter Beschränkungen der Vollmacht nicht beachtet oder dass die Vollmacht bereits erloschen war, als er das Vertretergeschäft vorgenommen hat. Dann ist stets zu klären, ob die Beschränkungen oder das Erlöschen der Vollmacht auch gegenüber dem Dritten Wirkung entfalten. Tun sie das nicht, kann der Vertretene dem Dritten gegenüber wirksam berechtigt und verpflichtet werden, obwohl die Vertretungsmacht im Innenverhältnis zum Stellvertreter fehlt.

12 Zu unterscheiden sind also stets die **Erteilung der Vollmacht** und das Rechtsgeschäft, das der Vollmachtserteilung zugrunde liegt und deshalb als **Grundgeschäft** bezeichnet wird.

> **BEISPIEL** ► V erteilt dem fachkundigen S den Auftrag, für ihn einen Gebrauchtwagen zu kaufen. Hier liegen zwei verschiedenartige Rechtsgeschäfte vor, nämlich der Abschluss eines Auftragsvertrags (§ 662 BGB) über den Kauf eines Gebrauchtwagens und die Bevollmächtigung zur Ausführung dieses Auftrags (§ 167 BGB). Im Auftragsvertrag wird z. B. geregelt, ob S ein „Erfolgshonorar" erhalten soll und welche Ansprüche er auf Aufwandsentschädigung hat (vgl. § 670 BGB). Das hat mit der Bevollmächtigung nichts zu tun. Die Bevollmächtigung gibt S hingegen erst die rechtliche Möglichkeit, durch seine Willenserklärung unmittelbar den V zu berechtigen und zu verpflichten, indem er mit einem Dritten einen Kaufvertrag über einen Gebrauchtwagen im Namen des V abschließt.

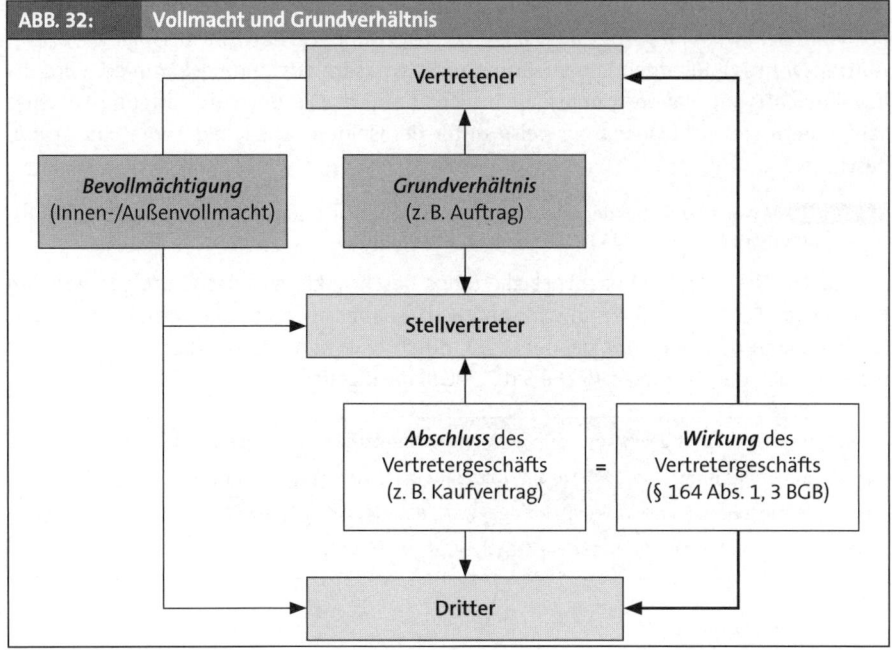

ABB. 32:   **Vollmacht und Grundverhältnis**

Die **Vollmacht** betrifft das Verhältnis zwischen dem Vertretenen und dem Dritten, dem   13
gegenüber die Vertretung erfolgt. Das ist das sog. **Außenverhältnis**. Nach der Vollmacht und ihrem Umfang beurteilt sich die Frage, was der Vertreter nach außen hin
tun kann. Man spricht vom **rechtlichen Können**.

Das **Grundverhältnis** betrifft hingegen die Beziehungen zwischen dem Vertretenen und   14
dem Vertreter. Das ist das sog. **Innenverhältnis**. Es geht um die Frage, was der Vertreter
gegenüber dem Vertretenen zu tun berechtigt ist, was er tun darf. Man spricht vom
rechtlichen Dürfen. Einer Vollmacht kann als Grundverhältnis statt eines Auftrags
(Rn. 12) z. B. auch ein Arbeitsvertrag zugrunde liegen.

Vollmacht und Grundverhältnis sind in ihrem rechtlichen Bestand grundsätzlich von-   15
einander unabhängig. Man spricht von der **Abstraktheit der Vollmacht**.

BEISPIEL V erklärt dem Autohändler D, dass er seinen Kollegen S bevollmächtige, bei ihm einen
Wagen einzukaufen. Dem S teilt V mit, er möchte einen Golf Diesel, der maximal 15 000 € kosten dürfe. Daraufhin kauft S bei D im Namen des V einen Astra zu einem Kaufpreis von
20 000 €.

Hier ist zwischen V und D ein Vertrag über den Kauf des Astra zum Preis von 20 000 € zustande gekommen; denn das Handeln des S war von der ihm zustehenden Vollmacht gedeckt. Die
Vollmacht wurde durch Erklärung gegenüber D erteilt (Außenvollmacht) und war der Höhe
nach nicht begrenzt. Dass S intern durch den Kauf des Astra statt des Golf Diesel zum Preis
von 20 000 € statt maximal 15 000 € gegenüber V pflichtwidrig gehandelt hat, spielt für die
Wirksamkeit des Kaufvertrags keine Rolle. Das ist eine Frage des Innenverhältnisses zwischen
V und S.

16   Die Erteilung der Vollmacht ist also **unabhängig** von dem Geschäft zu beurteilen, das der Vollmachtserteilung zugrunde liegt. Ist das Grundgeschäft (im Beispiel Rn. 12 der Auftragsvertrag) aus irgendeinem Grund nicht wirksam zustande gekommen, wird die Bevollmächtigung davon grundsätzlich nicht berührt. Die Bevollmächtigung ist wirksam, sofern sie nicht ausnahmsweise unter demselben Fehler leidet wie das Grundgeschäft.

> **BEISPIEL** ▶ V war sowohl bei der Erteilung der Außenvollmacht gegenüber D als auch bei der Beauftragung des S gem. § 104 Nr. 2 BGB geschäftsunfähig.

17   Die **Abstraktheit der Vollmacht** ist allerdings **beschränkt**. War das Grundgeschäft (im Beispielsfall Rn. 12 der Auftrag) wirksam, wird es aber noch vor der Vornahme des Geschäfts durch den Vertreter beendet (z. B. durch eine Kündigung), dann erlischt automatisch auch die Vollmacht (§ 168 Satz 1 BGB; dazu gleich).

18
> Als Merksatz zum **Verhältnis von Vollmacht und Grundverhältnis** ist festzuhalten:
> ▶ In ihrer **Entstehung** ist die Vollmacht **unabhängig (abstrakt)** vom Grundverhältnis.
> ▶ Im **Fortbestehen** ist die Vollmacht hingegen **abhängig** vom Grundverhältnis.
> Man spricht von der **beschränkten Abstraktheit der Vollmacht.**

IV. Erlöschen der Vollmacht

19   Die Gründe für das Erlöschen der Vollmacht und die Wirkungen des Erlöschens richten sich danach, **wie die Vollmacht erteilt** worden ist. Es kommt zum einen wesentlich darauf an, ob es sich um eine Innen- oder Außenvollmacht handelt. Zum anderen gelten besondere Voraussetzungen für eine öffentlich bekannt gemachte Innenvollmacht.

1. Innenvollmacht

20   Die Vollmacht erlischt zunächst mit der **Beendigung des Grundgeschäfts** (§ 168 Satz 1 BGB; lesen!). Das ändert allerdings nichts daran, dass die Vollmacht von dem zugrunde liegenden Rechtsverhältnis zu unterscheiden und von ihm unabhängig ist. Da die Bevollmächtigung ihrerseits ein Rechtsgeschäft ist, kann auch sie unter einer Bedingung (§ 158 BGB) oder Befristung (§ 163 BGB) erteilt werden. Eine **bedingte oder befristete Vollmacht** endet also mit dem Eintritt der auflösenden Bedingung oder des vorgesehenen Termins. Das Erlöschen der Vollmacht richtet sich daher, anders als es der Wortlaut des § 168 BGB nahe legt, in erster Linie nach dem Inhalt der Vollmacht (vgl. Palandt/ *Ellenberger*, § 168 Rn. 1).

> **BEISPIELE** ▶ V hat seinem Mitarbeiter S die Vollmacht zum Wareneinkauf nur bis zum Quartalsende erteilt, weil dann ein neuer Mitarbeiter als Einkäufer eingestellt werden soll. – Die dem Ehegatten erteilte Vollmacht erlischt regelmäßig mit der rechtskräftigen Scheidung.

21   Wegen der Unabhängigkeit (Abstraktheit) von Vollmacht und Grundverhältnis ist es auch möglich, dass zwar das Grundverhältnis fortbesteht, die Vollmacht aber infolge Widerrufs erlischt. Denn der **Widerruf der Vollmacht** (§ 168 Satz 2 und 3 BGB) ist ein

weiterer Grund für das Erlöschen der Vollmacht. Die Innenvollmacht kann entweder so widerrufen werden, wie sie erteilt worden ist, nämlich **gegenüber dem Bevollmächtigten**, oder **gegenüber dem Dritten**, dem gegenüber die Vertretung stattfinden soll (§ 168 Satz 3 i.V. mit § 167 Abs. 1 BGB).

> **BEISPIEL** ▶ Arbeitgeber V hat seinem langjährigen Mitarbeiter S Prokura erteilt. Kündigt er das Arbeitsverhältnis mit S, weil dieser z. B. Schmiergeld angenommen hat, erlischt mit dem Wirksamwerden der Kündigung nicht nur das Arbeitsverhältnis, sondern nach § 168 Satz 1 BGB auch die Prokura. Zu beachten ist, dass das Erlöschen der Prokura gem. § 53 Abs. 3 HGB in das Handelsregister eingetragen werden muss; bis dahin dürfen gutgläubige Dritte auf den Fortbestand der Prokura vertrauen (vgl. § 15 Abs. 1 HGB).
>
> Widerruft V dagegen nur die Prokura gegenüber dem S, weil S schlechte Geschäfte getätigt hat, entzieht er ihm lediglich die Vollmacht. Das zugrunde liegende Arbeitsverhältnis zwischen V und S bleibt bestehen; möglicherweise kann sich V von S wegen der arbeitsrechtlichen Vorschriften gar nicht lösen.

22

> Zusammenfassend lassen sich drei Gründe für das **Erlöschen der Innenvollmacht** festhalten:
>
> ▶ **Bedingung oder Befristung der Vollmacht** (oder ein sonstiger, in der Vollmacht selbst enthaltener Grund wie z. B. die Erreichung des Zwecks einer Spezialvollmacht);
>
> ▶ **Beendigung des Grundgeschäfts** (§ 168 Satz 1 BGB);
>
> ▶ **Widerruf der Vollmacht** gegenüber dem Bevollmächtigten oder dem Dritten (§ 168 Satz 2 und 3 i. V. mit § 167 Abs. 1 BGB).

2. Außenvollmacht

Das Erlöschen der Außenvollmacht beruht **grundsätzlich auf denselben Gründen** wie das Erlöschen der Innenvollmacht. Erlöschensgründe sind also ebenfalls

23

▶ die Bedingung oder Befristung der Vollmacht,

▶ die Beendigung des Grundgeschäfts und

▶ der Widerruf der Vollmacht.

Sondervorschriften gelten für den Fall, dass der Vertretene die Außenvollmacht lediglich gegenüber dem Vertreter und nicht (auch) gegenüber dem Dritten widerruft. Wegen ihrer „Außenwirkung" erlischt die Außenvollmacht gegenüber einem gutgläubigen Dritten (vgl. § 173 BGB) erst, wenn dieser von dem Erlöschensgrund erfährt. Dazu bestimmt **§ 170 BGB** (lesen!), dass die Außenvollmacht gegenüber einem gutgläubigen Dritten so lange in Kraft bleibt, bis der **Vollmachtgeber ihm das Erlöschen der Vollmacht anzeigt**. Das dient dem Schutz des Dritten.

24

25

> Das **Erlöschen der Außenvollmacht** setzt zusätzlich zu einem der oben aufgezählten Erlöschenstatbestände voraus, dass der Vollmachtgeber dem Dritten das Erlöschen der Vollmacht **anzeigt** (§ 170 BGB) oder dass der Dritte auf andere Weise von dem Erlöschen erfährt. Anderenfalls wird der **gute Glaube des Dritten geschützt** (§ 173 BGB).

3. Besonders bekannt gemachte Innenvollmacht

26 Die Grundsätze über die Fortdauer der Außenvollmacht gegenüber gutgläubigen Dritten (Rn. 24 f.) gelten auch, wenn eine Innenvollmacht besonders bekannt gemacht worden ist. Das Gesetz nennt drei verschiedene Fälle:

▶ Kundgabe durch **besondere Mitteilung an den Dritten** (§ 171 Abs. 1, 1. Fall BGB),

▶ Bekanntgabe durch **öffentliche Bekanntmachung** (§ 171 Abs. 1, 2. Fall BGB),

▶ Aushändigung einer **Vollmachtsurkunde** durch den Vollmachtgeber an den Vertreter (§ 172 BGB).

27 In diesen Fällen wirkt das Erlöschen gegenüber dem gutgläubigen Dritten erst, wenn der Vollmachtgeber die Vollmacht **in derselben Form widerrufen** oder die **Vollmachtsurkunde eingezogen oder für kraftlos erklärt** wird. Das Erlöschen einer Prokura muss sogar in das Handelsregister eingetragen werden (§ 53 Abs. 3 HGB).

4. Unwiderrufliche Vollmacht

28 Wie sich aus den §§ 168 Satz 2 und 176 Abs. 3 BGB ergibt, kann die **Widerruflichkeit** einer Vollmacht allerdings auch **ausgeschlossen werden**. Eine Vollmacht ist vor allem dann unwiderruflich, wenn sie im Interesse des Bevollmächtigten erteilt wurde (eigennützige Vollmacht).

BEISPIEL Bankvollmacht des Enkels über ein für ihn eingerichtetes Bankkonto, das die Großeltern regelmäßig auffüllen.

29 Unwiderruflichkeit bedeutet indessen nicht, dass der Vollmachtgeber die Vollmacht gar nicht mehr beseitigen kann. Er hat stets das **Recht zur außerordentlichen Kündigung** (vgl. § 314 BGB). Außerdem kann die unwiderrufliche Bevollmächtigung wegen übermäßiger Bindung des Vollmachtgebers sittenwidrig und damit nichtig sein (§ 138 Abs. 1 BGB).

5. Anfechtung der Bevollmächtigung

30 Die Rückwirkung der Anfechtung gem. § 142 Abs. 1 BGB führt zu Problemen, wenn der Vertretene sich bei der Erteilung der Vollmacht geirrt hat und deshalb **die Bevollmächtigung nachträglich anficht**.

BEISPIEL V beauftragt S schriftlich, für ihn seinen gebrauchten Laptop für mindestens 200 € zu verkaufen. Darufhin verkauft S den Laptop im Namen des V an den K für 210 €. Als S dem V das Geld bringt, merkt V, dass er sich bei der Bevollmächtigung des S verschrieben hatte; in Wirklichkeit wollte er mindestens 300 € für den Rechner haben.

31 Wegen eines solchen Irrtums kann der Vertretene die Bevollmächtigung gem. § 119 Abs. 1, 2. Fall BGB anfechten. Hat der Stellvertreter das Vertretergeschäft bereits abgeschlossen, führt die Anfechtung der Bevollmächtigung wegen der ex tunc-Wirkung des § 142 Abs. 1 BGB dazu, dass der Vertretene dem Stellverteter rückwirkend die Vertretungsmacht entzieht und dieser daher als Vertreter ohne Vertretungsmacht gehandelt hat, als er das Vertretergeschäft tätigte. Der zunächst wirksam bevollmächtigte Stell-

vertreter (hier: S) müsste dann nach § 179 BGB haften (zu dieser Haftung § 16 Rn. 20 ff.), obwohl er keinen Fehler gemacht hat. Deshalb wird die **Ansicht** vertreten, dass der Vertretene die Erteilung einer Vollmacht **nicht mehr anfechten kann**, wenn der Vertreter bereits von der Vollmacht Gebrauch gemacht hat (so *Brox/Walker*, BGB AT, Rn. 574).

V. Die Sonderfälle der Duldungs- und Anscheinsvollmacht

Unter bestimmten Voraussetzungen kann ein Vertretener **ohne eine Bevollmächtigung** nach § 167 Abs. 1 BGB durch einen Vertreter berechtigt und verpflichtet werden, ohne dass es einer Genehmigung bedürfte. In den Fällen der Duldungs- und Anscheinsvollmacht muss sich der Vertretene das Verhalten des scheinbaren Vertreters nach **Gesichtspunkten des Vertrauensschutzes** so zurechnen lassen, als habe er diesen tatsächlich bevollmächtigt. Der Zurechnungsgrund besteht darin, dass der Vertretene in zurechenbarer Weise den **Rechtsschein** nach außen erweckt hat, der Vertreter sei von ihm bevollmächtigt worden. Der Geschäftsverkehr und der Vertragspartner sollen geschützt werden. Voraussetzung ist stets, dass der Dritte auf die Bevollmächtigung vertraut hat; nur dann ist er schutzwürdig.   32

1. Duldungsvollmacht

Eine Duldungsvollmacht liegt vor, wenn sich eine Person längere Zeit als Vertreter eines anderen geriert und der scheinbar Vertretene das **weiß, aber nicht dagegen einschreitet**. Hier vertraut der Dritte, der Verträge mit dem Scheinvertreter abschließt, mit Recht darauf, dass der Scheinvertreter tatsächlich bevollmächtigt ist, weil er bereits längere Zeit unwidersprochen so aufgetreten ist. Die Zurechnung des Verhaltens und damit die Verpflichtung des „Vertretenen" rechtfertigen sich deshalb, weil der Vertretene das Handeln des Scheinvertreters nicht verhindert hat, obwohl er das gekonnt hätte. Diese Zurechnung entspricht den **Rechtsgedanken der §§ 170 ff. BGB**.   33

> **BEISPIEL** S ist im Versandhandel des V als Pförtner beschäftigt; er hat keinerlei Vollmacht. Wenn telefonische Bestellungen eingehen, leitet S diese nicht an V oder an zuständige Mitarbeiter weiter, sondern schließt gleich selbst am Telefon die entsprechenden Verträge mit den Anrufern. V kennt zwar die Vorgehensweise des S, schreitet aber nicht dagegen ein. V muss sich deshalb so behandeln lassen, als hätte er dem S die entsprechende Vollmacht erteilt.

2. Anscheinsvollmacht

Die Anscheinsvollmacht unterscheidet sich von der Duldungsvollmacht dadurch, dass der Vertretene vom Auftreten des Scheinvertreters **nichts weiß**. Voraussetzung für die Zurechnung ist in diesem – nicht unumstrittenen – Fall, dass der Vertretene bei sorgfältigem Verhalten das Auftreten des Scheinvertreters erkannt hätte. Der Vertretene wird also verpflichtet, wenn ihm das Auftreten des Scheinvertreters infolge von **Fahr-**   34

lässigkeit unbekannt geblieben ist. Auch bei der Anscheinsvollmacht muss sich der Geschäftsherr so behandeln lassen, als wenn er tatsächlich eine Vollmacht erteilt hätte.

> **BEISPIEL** ▶ Im obigen Beispiel weiß V nichts von der Vorgehensweise seines Pförtners S, weil er sich kaum um seinen Betrieb kümmert. Hätte er sich regelmäßig auf dem Laufenden gehalten, hätte er das Verhalten des S entdeckt und es unterbinden können.

35

> **Anscheins- und Duldungsvollmacht** sind **Rechtsscheinsvollmachten**, die gutgläubige Dritte schützen.
>
> ▶ Bei der **Duldungsvollmacht** kennt der Vertretene das Verhalten des Scheinvertreters, unternimmt aber nichts dagegen.
>
> ▶ Bei der **Anscheinsvollmacht** kennt der Vertretene das Verhalten des Scheinvertreters nicht, hätte es aber bei Anwendung pflichtgemäßer Sorgfalt erkennen und verhindern können.

§ 16 Begrenzungen und Vertretung ohne Vertretungsmacht

LITERATUR:

Brox/Walker, BGB AT, Rn. 578 ff.; *Kern*, Wesen und Anwendungsbereich des § 181 BGB, JA 1990, 281; *Klunzinger*, Einführung in das Bürgerliche Recht, §§ 19, 20; *Petersen*, Bestand und Umfang der Vertretungsmacht, Jura 2003, 310; *ders.*, Insichgeschäfte, Jura 2007, 418; *ders.*, Vertretung ohne Vertretungsmacht, Jura 2010, 904.

I. Grenzen der Vertretungsmacht

In bestimmten Ausnahmefällen wird der **Vertretene nicht** durch das rechtsgeschäftliche Handeln seines Stellvertreters **gebunden**, obwohl er ihn wirksam bevollmächtigt hatte oder obwohl der Vertreter kraft Gesetzes Vertretungsmacht besaß.   1

1. Missbrauch der Vertretungsmacht

Handelt ein Vertreter im Rahmen der Vertretungsmacht, haben solche Beschränkungen, die lediglich aus dem Grundgeschäft zwischen Vertretenem und Vertreter resultieren (Innenverhältnis), grundsätzlich keinen Einfluss auf die Wirksamkeit der Stellvertretung gegenüber dem Dritten (Außenverhältnis). Das ist der **Grundsatz der Abstraktheit der Vollmacht**, der am Beispiel eines Gebrauchtwagenkaufs erläutert wurde (Rn. 15).   2

> **BEISPIEL** ▶ Nach der Abrede mit V sollte S einen gebrauchten Golf Diesel kaufen und dafür nicht mehr als 15 000 € ausgeben (Innenverhältnis). Der Kauf des Opel Astra für 20 000 € im Namen des V war trotzdem wirksam, weil die Außenvollmacht, die V gegenüber dem Händler D erteilt hatte, weder auf den Autotyp noch auf eine Höchstsumme beschränkt war.

Solche bloß im Innenverhältnis bestehenden Beschränkungen haben grundsätzlich selbst dann keine Bedeutung für die Wirksamkeit der Stellvertretung, wenn der Vertreter sie nicht versehentlich, sondern bewusst überschreitet und damit seine Vertretungsmacht missbraucht. Der Dritte ist schutzwürdig, wenn er von diesem Missbrauch nichts weiß. Der **Vertretene** muss regelmäßig das **Missbrauchsrisiko** tragen, weil er den Vertreter ausgesucht und eingesetzt hat.   3

Ausnahmsweise wird der Vertretene in den Fällen des Missbrauchs der Vertretungsmacht jedoch nicht gebunden, wenn der **Dritte den Missbrauch kennt oder kennen musste**. Denn dann ist der Dritte nicht schutzwürdig. Zwei Fallgruppen werden unterschieden: 4

▶ Der Stellvertreter und der dritte Vertragspartner arbeiten bewusst zum Nachteil des Vertretenen zusammen. In einem solchen Fall der sog. **Kollusion** ist das Geschäft sittenwidrig und damit gem. § 138 Abs. 1 BGB nichtig.

▶ Der Stellvertreter handelt pflichtwidrig, und der **Dritte weiß** das positiv, **oder** ihm musste sich der Missbrauch der Vertretungsmacht geradezu **aufdrängen** (vgl. etwa BGHZ 94, 132, 138).

> **BEISPIEL** ▶ S hat im Namen des V über Jahre hinweg bei Gebrauchtwagenhändler D immer nur Klein- und Mittelklassewagen zu Preisen von maximal 10 000 € gekauft. Nun kauft er namens des V einen Jahreswagen der Luxusklasse zum Preis von 80 000 €, obwohl im Innenverhältnis nach wie vor die bisherige niedrige Grenze gilt.

2. Insichgeschäft (§ 181 BGB)

5   Trotz grundsätzlich bestehender Vertretungsmacht kann der Vertreter auch sog. Insichgeschäfte gem. § 181 BGB (lesen!) nicht mit Wirkung für und gegen den Vertretenen abschließen. Ein solches Insichgeschäft liegt vor, wenn der **Vertreter gleichzeitig für beide Vertragspartner handelt**. Die Bestimmung erfasst zwei Fallgestaltungen.

6   Erster Fall ist das sog. **Selbstkontrahieren**: Der Vertreter handelt auf der einen Seite im Namen des Vertretenen und auf der anderen Seite für sich selbst.

> **BEISPIEL** ▶ Prokurist S gewährt sich im Namen seines Arbeitgebers V eine Gehaltserhöhung von 1 000 € monatlich.

7   Zweiter Fall ist die sog. **Mehrfachvertretung**: Der Vertreter handelt rechtsgeschäftlich im Namen von zwei Personen, die er beide vertritt.

> **BEISPIEL** ▶ V bevollmächtigt S, für ihn seinen Gebrauchtwagen zum Mindestpreis von 4 000 € zu verkaufen. K bevollmächtigt S, für ihn einen Gebrauchtwagen zu einem Preis von höchstens 6 000 € zu kaufen. S findet den V sympathischer als den K, weil V ihm eine Erfolgsprämie von 5 % des erzielten Verkaufserlöses versprochen hat. Daher schließt er im Namen des V als Verkäufer und im Namen des K als Käufer einen Vertrag, durch den der Gebrauchtwagen des V für 6 000 € an K verkauft wird. Obwohl S sich jeweils im Rahmen der Vollmacht hielt, hat er für dieses Geschäft gem. § 181 BGB keine Vertretungsmacht.

8   Der Zweck des § 181 BGB besteht in der **Vermeidung von Interessenkollisionen**. Deshalb gilt die Beschränkung des § 181 BGB nicht, wenn dem Vertreter das Insichgeschäft **gestattet ist** oder wenn er damit lediglich eine **Verbindlichkeit des Vertretenen erfüllt** (§ 181 a. E. BGB). Darüber hinaus sind Insichgeschäfte trotz der Personenidentität wirksam, wenn eine Interessenkollision nicht zu befürchten ist. § 181 BGB findet danach vor allem dann keine Anwendung, wenn das Insichgeschäft für den Vertretenen **lediglich rechtlich vorteilhaft** ist (Rechtsgedanke des § 107 BGB; näher zum Anwendungsbereich des § 181 BGB *Brox/Walker*, BGB AT, Rn. 589 ff.).

> **BEISPIEL** ▶ Die Eltern schenken ihrem sechsjährigen und damit gem. § 104 Nr. 1 BGB geschäftsunfähigen Kind eine Spielzeugeisenbahn. Sie geben das Schenkungsangebot im eigenen Namen ab und erklären die Annahme im Namen des Kindes. Derartige Rechtsgeschäfte sind selbstverständlich trotz § 181 BGB möglich.

II. Vertretung ohne Vertretungsmacht

Tritt ein Vertreter ohne Vertretungsmacht auf, ist zunächst zu klären, wie das von dem   9
vollmachtlosen Vertreter – lateinisch: *falsus procurator* – abgeschlossene Rechtsgeschäft rechtlich zu beurteilen ist. Dabei geht es um das **Verhältnis zwischen dem
Vertretenen und dem Dritten** (dazu § 14 Rn. 13 ff., § 15). Steht fest, dass der Vertretene
durch das vom *falsus procurator* abgeschlossene Rechtsgeschäft nicht gebunden wird,
ist weiter zu fragen, ob sich der Dritte nicht wenigstens an den vollmachtlosen Vertreter halten kann. Hier geht es um das **Verhältnis zwischen dem Vertreter und dem Dritten**. Die entsprechenden Regelungen finden sich in den **§§ 177 ff. BGB**.

In den **Anwendungsbereich** der §§ 177 ff. BGB fallen zunächst alle Geschäfte, zu deren   10
Vornahme der Vertreter überhaupt keine Vollmacht oder gesetzliche Vertretungsmacht
hatte. Außerdem finden die Regelungen der §§ 177 ff. BGB genauso Anwendung, wenn
der Vertreter seine Vertretungsmacht bewusst oder unbewusst überschritten und deshalb für das konkrete Geschäft ohne Vertretungsmacht gehandelt hat. Der letztgenannte Fall ist wiederum von dem demjenigen zu unterscheiden, dass die Vollmacht
nicht begrenzt war, aber im Innenverhältnis zwischen Vertretenem und Vertreter eine
Beschränkung vereinbart war, die der Vertreter überschritten hat (Rn. 3). Das bedeutet
also im Überblick:

11

> ▶ Hatte der Vertreter **gar keine Vertretungsmacht** (Vollmacht war z. B. nicht wirksam erteilt
>   oder bei Vornahme des Vertretergeschäfts bereits erloschen), finden die §§ 177 ff. BGB An-
>   wendung.
> ▶ **Überschreitet** der Vertreter seine **Vertretungsmacht** (z. B. Vollmacht nur für Geschäfte bis
>   10 000 €, Abschluss eines Kaufvertrags über 12 000 €), finden die §§ 177 ff. BGB ebenfalls
>   Anwendung.
> ▶ **Überschreitet** der Vertreter nur eine **Beschränkung im Innenverhältnis** (z. B. unbeschränkte
>   Außenvollmacht zum Gebrauchtwagenkauf, interne Beschränkung auf Höchstkaufpreis von
>   15 000 €, Kauf zu 20 000 €), ist das Geschäft nach den §§ 164 ff. BGB wirksam. Die §§ 177 ff.
>   BGB finden keine Anwendung.

Sind die §§ 177 ff. BGB anwendbar, kann das Geschäft, das der Vertreter ohne die erfor-   12
derliche Vertretungsmacht vorgenommen hat, durch eine **Genehmigung des Vertretenen** wirksam werden, wenn es sich um einen Vertrag handelt. Handelt es sich dagegen
um ein **einseitiges Rechtsgeschäft** oder **verweigert** der Vertretene die Genehmigung
des Vertrags, **haftet der** *falsus procurator* dem Dritten.

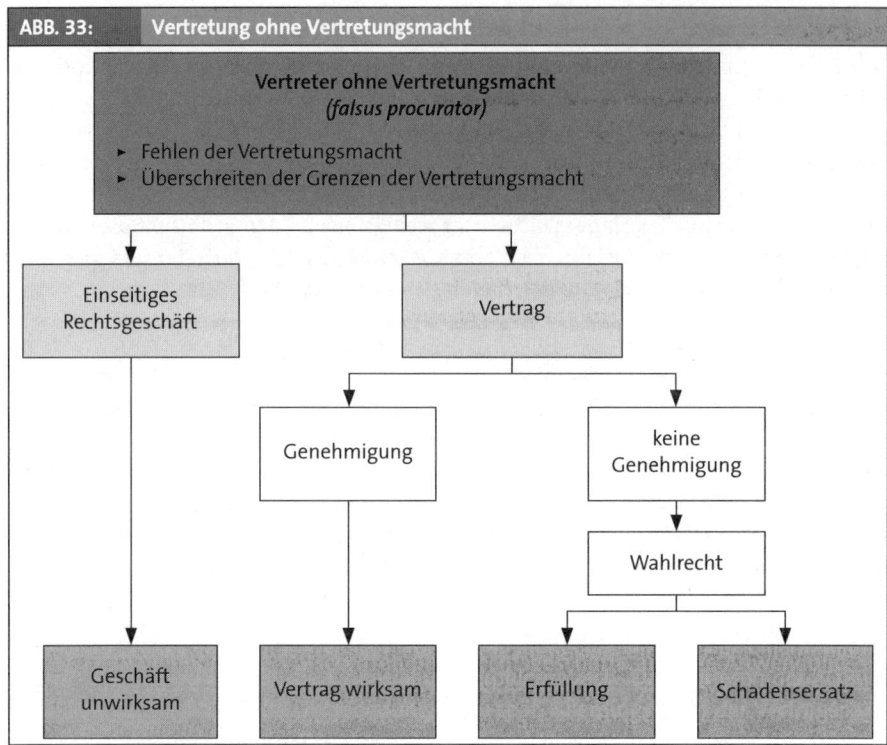

ABB. 33: Vertretung ohne Vertretungsmacht

1. Wirksamkeit oder Unwirksamkeit des Vertretergeschäfts

13 Die rechtliche Beurteilung der Wirksamkeit des Rechtsgeschäfts, das der vollmachtlose Vertreter mit dem Dritten abgeschlossen hat, hängt davon ab, ob es sich um ein einseitiges Rechtsgeschäft oder um einen Vertrag handelt.

a) Einseitige Rechtsgeschäfte eines *falsus procurator*

14 Ein einseitiges Rechtsgeschäft, das ein Vertreter ohne Vertretungsmacht gegenüber einem Dritten vornimmt, ist **unwirksam**. Denn nach **§ 180 Satz 1 BGB** ist eine Vertretung ohne Vertretungsmacht in diesem Fall unzulässig. Daher scheidet eine Genehmigung seitens des Vertretenen aus. Ausnahmen vom Grundsatz des § 180 Satz 1 BGB sind in den Sätzen 2 und 3 geregelt. Besondere praktische Bedeutung hat § 180 Satz 2, 1. Fall BGB, dem zufolge das einseitige Rechtsgeschäft nicht nichtig ist, wenn der Dritte die fehlende Vertretungsmacht **nicht beanstandet**. Dann gelten die §§ 177 ff. BGB; das Geschäft ist schwebend unwirksam (dazu Rn. 17 ff.).

> **BEISPIEL** Hausverwalter S, der von V keine Vollmacht erhalten hat, kündigt namens des V den Mietvertrag des D. D weist die Kündigung sofort zurück. Damit ist die Kündigung unwirksam, ohne dass V sie genehmigen könnte (§ 180 Satz 1 BGB). Weist D die Kündigung dagegen nicht sofort zurück, gelten gem. § 180 Satz 2 BGB die Vorschriften über Verträge (§§ 177 ff. BGB). Dann könnte V die Kündigung des S genehmigen (§ 177 Abs. 1 BGB).

Dem von einem einseitigen Rechtsgeschäft Betroffenen soll die mit einer schwebenden   15
Unwirksamkeit verbundene **Unsicherheit** nicht zugemutet werden. Insoweit ähnelt
§ 180 dem § 111 BGB, der für einseitige Rechtsgeschäfte Minderjähriger gilt (vgl. § 3
Rn. 118 f.).

Der **gleiche Rechtsgedanke** liegt der in **§ 174 BGB** getroffenen Regelung zugrunde: 16
Wenn jemand als Vertreter einem anderen gegenüber ein einseitiges Rechtsgeschäft
vornimmt, kann der andere verlangen, dass ihm die Vollmacht durch die Vorlage einer
Urkunde nachgewiesen wird; das gilt nur dann nicht, wenn er weiß, dass der als Vertreter Handelnde tatsächlich Vollmacht hat. Wird der Nachweis nicht erbracht, kann das
Rechtsgeschäft unverzüglich, also gem. § 121 Abs. 1 Satz 1 BGB ohne schuldhaftes Zögern, zurückgewiesen werden.

> **BEISPIEL** ▸ Rechtsanwalt R kündigt namens des Arbeitgebers A das Arbeitsverhältnis mit dem Ar-
> beitnehmer N. Hat R keine entsprechende Vollmacht, weil ihm A nur eine Prozessvollmacht
> erteilt hat, und beanstandet A das, ist die Kündigung gem. § 180 Satz 1 BGB unwirksam
> (Rn. 14). Hat R zwar eine entsprechende Vollmacht von A, kann aber keine Vollmachtsurkunde
> vorlegen und weist N deshalb die Kündigung unverzüglich zurück, ist sie gem. § 174 Satz 1
> BGB ebenfalls unwirksam.

b) Verträge eines *falsus procurator*

Die Wirksamkeit von Verträgen eines vollmachtlosen Vertreters beurteilt sich nach den   17
§§ 177 und 178 BGB, die den §§ 108 und 109 BGB ähneln (dazu oben § 3 Rn. 118 f.). Danach hängt die Wirksamkeit eines von einem Vertreter ohne Vertretungsmacht abgeschlossenen Vertrags von der Genehmigung des angeblich Vertretenen ab (§ 177 Abs. 1
BGB). Der Vertrag ist **schwebend unwirksam**.

Genehmigt der Vertretene den vom vollmachtlosen Vertreter geschlossenen Vertrag,   18
wird der Vertrag rückwirkend von Anfang an (*ex tunc*) wirksam (§ 184 Abs. 1 BGB). Die
Genehmigung kann, wie die Bevollmächtigung, gegenüber dem Vertreter oder dem
Dritten erfolgen. Hat allerdings der **Dritte den Vertretenen zur Genehmigung aufgefordert**, kann die Genehmigung nur noch ihm gegenüber erfolgen, und zwar innerhalb einer **Frist von zwei Wochen** (§ 177 Abs. 2 BGB). Bis zur Erklärung der Genehmigung kann
auch der andere Teil den Vertrag **widerrufen**, es sei denn, er hat gewusst, dass er mit
einem vollmachtlosen Vertreter kontrahiert hat (§ 178 BGB).

> **BEISPIEL** ▸ S kauft im Namen des V bei D zum wiederholten Male einen Gebrauchtwagen. Später
> erfährt D, dass S nicht mehr befugt war, für V Autos einzukaufen. Will D sich Gewissheit darü-
> ber verschaffen, ob das Geschäft wirksam ist, kann er V gem. § 177 Abs. 2 Satz 1, 1. Hs. BGB zur
> Genehmigung auffordern. Dann läuft eine zweiwöchige Erklärungsfrist für V. Lässt V die Frist
> ohne Erklärung verstreichen, gilt die Genehmigung als verweigert (§ 177 Abs. 2 Satz 2 BGB).

> **FORTFÜHRUNG DES BEISPIELS** ▸ Als D den V zur Genehmigung auffordert, ist V verärgert und lehnt
> die Genehmigung ab. Das ist gem. § 177 Abs. 2 Satz 1, 2. Hs. BGB selbst dann möglich, wenn er
> S gegenüber bereits zuvor erklärt hatte, er sei doch mit dem Geschäft einverstanden.

19 **Verweigert** der Vertretene die Genehmigung, steht die endgültige Unwirksamkeit des Vertrags fest. Dieselbe Rechtsfolge tritt ein, wenn der Vertretene die Genehmigung nach Aufforderung durch den Dritten nicht binnen zwei Wochen erteilt (§ 177 Abs. 2 Satz 2 BGB).

2. Haftung des Vertreters ohne Vertretungsmacht bei Verweigerung der Genehmigung

20 Die Haftung des *falsus procurator* ist in **§ 179 BGB** (lesen!) geregelt. Danach kann der Dritte grundsätzlich frei wählen, ob er den Vertreter auf Vertragserfüllung oder auf Schadensersatz in Anspruch nehmen will. Wusste der Vertreter allerdings nichts vom Fehlen der Vertretungsmacht, haftet er dem Dritten nur auf das negative Interesse. Schließlich scheidet eine Haftung des Vertreters unter bestimmten Voraussetzungen ganz aus.

a) Grundsatz der vollen Haftung nach § 179 Abs. 1 BGB

21 Grundsätzlich haftet der vollmachtlose Vertreter dem dritten Vertragspartner nach dessen Wahl auf **Erfüllung oder Schadensersatz** (§ 179 Abs. 1 BGB). Der Dritte hat also zu seinem Schutz ein **Wahlrecht**, ob er Erfüllung oder Schadensersatz verlangen will. Seine Entscheidung hängt davon ab, was für ihn wirtschaftlich günstiger ist.

▶ Hat der Dritte ein **gutes Geschäft** gemacht, wird er regelmäßig die Erfüllung wählen.

BEISPIEL ▶ Bei der Ware, die S ohne Vertretungsmacht im Namen des V von D gekauft hat, handelt es sich um einen alten Restposten, den D nicht mehr so günstig veräußern kann. Hier wird D sich für Vertragserfüllung entscheiden. S tritt dann in die vollen Rechte und Pflichten eines Käufers ein; er muss also den Kaufpreis bezahlen und die Ware abnehmen. Dann kommt allerdings kein Kaufvertrag, sondern ein gesetzliches Schuldverhältnis zwischen S und D zustande. S muss den D nur so stellen, wie er stünde, wenn S mit Vertretungsmacht gehandelt hätte.

▶ Hat der Dritte ein **schlechtes Geschäft** gemacht, wird er dagegen regelmäßig den Schadensersatz wählen.

BEISPIEL ▶ D hat bereits einen anderen Käufer für die Ware, der ihm einen höheren als den mit S ausgehandelten Kaufpreis bietet. Kann er diesen Käufer noch beliefern, wird er sich für Schadensersatz entscheiden und von S z. B. den Ersatz der unnötigen Bearbeitungs- und Transportkosten verlangen. Hat sich der Käufer bereits anderweitig eingedeckt, wird D von S z. B. Ersatz des entgangenen Gewinns verlangen. Die Entscheidung wird auch dann für den Schadensersatz fallen, wenn dem Vertreter die Vertragserfüllung nicht möglich ist, weil er die dem Vertretenen gehörende Kaufsache nicht an den Dritten übereignen kann.

b) Einschränkung der Haftung nach § 179 Abs. 2 BGB

22 Hatte der Vertreter **keine Kenntnis** vom Fehlen der Vertretungsmacht, muss er dem Dritten gem. § 179 Abs. 2 BGB nur den **Vertrauensschaden** ersetzen. In diesem Fall ist der Vertreter schutzwürdig; die volle Haftung nach § 179 Abs. 1 BGB ist nicht gerechtfertigt. Zu beachten ist, dass § 179 Abs. 2 BGB die Haftung nach Absatz 1 insgesamt

und nicht etwa nur in Bezug auf den Schadensersatzanspruch einschränkt. Der Dritte kann also nicht vom Vertreter Erfüllung verlangen, wenn dieser den Mangel der Vertretungsmacht nicht gekannt hat.

BEISPIEL ▸ S hat von V Vollmacht zum Kauf eines Gebrauchtwagens zu einem Höchstpreis von 2 000 € erhalten. Beim Händler D kauft er im Namen des V ein Auto zum Preis von 2 500 €, weil er den Vollmachtsumfang falsch im Gedächtnis hat und glaubt, er dürfe bis zu 3 000 € ausgeben. V verweigert die Genehmigung. In diesem Fall kann D von S nur den Ersatz des Vertrauensschadens verlangen; er ist so zu stellen, als wenn er nie etwas von dem Vertrag mit S gehört hätte. So könnte D z. B. Telefon- oder Portokosten von S ersetzt verlangen.

c) Ausschluss der Haftung nach § 179 Abs. 3 BGB

Der Vertreter ohne Vertretungsmacht **haftet** dem Dritten nach § 179 Abs. 3 BGB in zwei Fällen überhaupt **nicht**.   23

▸ Der Dritte **kannte den Mangel** der Vertretungsmacht oder **musste ihn kennen**, kannte ihn also fahrlässig nicht. Dann ist der Dritte selbst schuld, wenn er sich auf einen Vertrag mit einem vollmachtlosen Vertreter einlässt (§ 179 Abs. 3 Satz 1 BGB).

BEISPIEL ▸ D verhandelt mit S, der auf seine begrenzte Vollmacht hinweist. D versichert S wahrheitswidrig, V sei mit dem Geschäft einverstanden, er habe gerade noch mit ihm telefoniert. Daraufhin schließt S für V mit D ab.

▸ Der vollmachtlose Vertreter ist nur **beschränkt geschäftsfähig** und **ohne Zustimmung seines gesetzlichen Vertreters** zu seinem Vertreterhandeln tätig geworden (§ 179 Abs. 3 Satz 2 BGB). Dieser Haftungsausschluss betrifft minderjährige Vertreter (§§ 2, 106 BGB). Hier geht das Schutzbedürfnis des Minderjährigen dem Schutzinteresse des dritten Vertragspartners vor – „Minderjährigenschutz geht vor Verkehrsschutz".

§ 179 Abs. 3 BGB greift **nicht** ein, wenn der Vertreter **geschäftsunfähig** ist. Dann ist seine Willenserklärung bereits gem. §§ 165, 105 BGB unwirksam. Hier trifft den Dritten dasselbe Risiko wie sonst auch im Rechtsverkehr mit Geschäftsunfähigen.   24

Teil B: Schuldrecht

Kapitel 6: Einführung

§ 17 Überblick

I. Das Schuldverhältnis

1. Begriff

Regelungsgegenstand des Schuldrechts sind Schuldverhältnisse. Ein Schuldverhältnis   1
ist ein Rechtsverhältnis, aufgrund dessen eine Person (= Schuldner) gegenüber einer anderen Person (= Gläubiger) zu einer Leistung oder zur Rücksichtnahme verpflichtet ist
(vgl. § 241 BGB; lesen!). In einem Schuldverhältnis steht also dem Recht (= Anspruch,
Forderung) des Gläubigers eine Verbindlichkeit (= Schuld, Verpflichtung) des Schuldners
gegenüber.

2. Schuldverhältnis im engeren und im weiteren Sinn

Als **Schuldverhältnis im engeren Sinne** bezeichnet man das Recht des Gläubigers, von   2
dem Schuldner eine Leistung zu fordern, also den **Anspruch** des Gläubigers gegen den
Schuldner. In diesem Sinne verwendet z. B. § 241 Abs. 1 Satz 1 BGB den Begriff Schuld-
verhältnis. Die Leistung kann in einem positiven Tun bestehen – z. B. der Zahlung des
Kaufpreises –, oder in einem Unterlassen – z. B. dem Unterlassen von Wettbewerb,
§ 241 Abs. 1 Satz 2 BGB. Das Schuldverhältnis im engeren Sinn ist ferner in § 362 Abs. 1
BGB gemeint, der anordnet, dass das Schuldverhältnis erlischt, wenn die geschuldete
Leistung bewirkt wird.

Als **Schuldverhältnis im weiteren Sinne** bezeichnet man demgegenüber das gesamte   3
Rechtsverhältnis, aus dem sich die einzelnen Forderungsbeziehungen zwischen den
Parteien ergeben (vgl. *Musielak*, Grundkurs BGB, Rn. 148). Es geht also hierbei um die
Gesamtheit der Rechtsbeziehungen zwischen Gläubiger und Schuldner. Das Schuldverhältnis im weiteren Sinne ist z. B. gemeint, wenn in § 241 Abs. 2 BGB davon die Rede
ist, dass das Schuldverhältnis nach seinem Inhalt jeden Teil zur Rücksicht auf die Rechte, Rechtsgüter und Interessen des anderen Teils verpflichtet. Ebenso meint die Überschrift des Zweiten Buchs des BGB das Schuldverhältnis im weiteren Sinn. In diesem
Sinne verwendet z. B. auch § 273 Abs. 1 BGB den Begriff Schuldverhältnis.

BEISPIEL A und B schließen einen Kaufvertrag, in dem A sich gegenüber B verpflichtet, diesem
ein bestimmtes Buch zu einem Kaufpreis i. H. von 20 € zu übergeben und zu übereignen. Der
Anspruch des B gegen A auf Übergabe und Übereignung des Buchs ist ein Schuldverhältnis im
engeren Sinn. Der Kaufvertrag zwischen A und B ist dagegen ein Schuldverhältnis im weiteren
Sinn, aus dem sich Rechte und Pflichten sowohl für A als auch für B ergeben.

3. Die Relativität der schuldrechtlichen Rechtsbeziehungen

4   Charakteristisches Merkmal des Schuldrechts ist es, dass ein Schuldverhältnis nur **Rechte und Pflichten zwischen den Beteiligten** begründet. Eine schuldrechtliche Forderung besteht nur gegenüber einer bestimmten Person; es handelt sich daher um ein **relatives Recht**.

> **BEISPIEL** ▸ Der Verkäufer kann nur von seinem Vertragspartner, dem Käufer, die Abnahme der Sache und die Bezahlung des Kaufpreises verlangen.

5   Dadurch unterscheidet sich das Schuldrecht grundlegend vom **Sachenrecht**, wo die Beziehungen einer Person zu einer Sache geregelt sind. Das Sachenrecht gibt dem Inhaber des Rechts ein **gegen jedermann gerichtetes** Recht, ein **absolutes Recht**.

> **BEISPIEL** ▸ Der Eigentümer kann gem. § 903 Satz 1 BGB jeden anderen von der Einwirkung auf seine Sache ausschließen.

Da das **Sachenrecht** auf die Beherrschung einer Sache und damit auf die Erhaltung des bestehenden Rechtszustands gerichtet ist, spricht man schlagwortartig auch davon, dass das Sachenrecht „**statisch**" sei. Demgegenüber wird vom „**dynamischen**" **Schuldrecht** gesprochen, weil es dort um Forderungen geht, die auf Erfüllung und damit auf eine Änderung des bestehenden Zustands abzielen.

4. Schuld und Haftung

6   Zu unterscheiden ist ferner zwischen Schuld und Haftung. **Schuld** ist dabei das „**Leistensollen des Schuldners**". **Haftung** bedeutet demgegenüber das „**Unterworfensein des Schuldners unter den zwangsweisen Zugriff des Gläubigers**" (*Brox/Walker*, Schuldrecht AT, § 2 Rn. 19).

7   Im Hinblick auf den **Gegenstand der Haftung** gilt der Grundsatz, dass der Schuldner mit seinem gesamten Vermögen haftet (unbeschränkte Vermögenshaftung). Wenn also der Gläubiger gegen den Schuldner einen vollstreckbaren Titel (das sind vor allem Urteile) erwirbt, dann kann er mit staatlicher Hilfe (Gerichtsvollzieher, Vollstreckungsgericht) grundsätzlich in das gesamte Vermögen des Schuldners vollstrecken. Das Existenzminimum wird dem Schuldner aber belassen; dafür sorgen die §§ 850 ff. ZPO. Von der Vollstreckung ausgenommen sind ferner Gegenstände, die der Schuldner unbedingt braucht. Diese unpfändbaren Gegenstände (z. B. Haushaltsgegenstände und Arbeitsgeräte) sind in den §§ 811 ff. ZPO aufgeführt.

8   Für den Gläubiger kann es sinnvoll sein, sich für die Befriedigung seiner Ansprüche den Zugriff auf bestimmte Gegenstände des Schuldners zu reservieren, um Vorrang vor anderen Gläubigern zu haben. Dies ist etwa dann der Fall, wenn sich der Gläubiger an dem Grundstück des Schuldners eine Hypothek oder Grundschuld bestellen lässt oder wenn er eine wertvolle (bewegliche) Sache des Schuldners als Pfand nimmt. In diesen Fällen wird von Sachhaftung gesprochen.

Nur ausnahmsweise haftet der Schuldner für eine bestehende Verbindlichkeit nicht. 9
Der wichtigste Fall ist die Verjährung. Die **Verjährung** einer Verbindlichkeit ändert
nichts daran, dass die Verbindlichkeit besteht; sie gewährt dem Schuldner lediglich ein
Leistungsverweigerungsrecht, das vom Gericht nur berücksichtigt wird, wenn sich der
Schuldner darauf beruft (§ 214 Abs. 1 BGB).

> **BEISPIEL** A klagt gegen B eine verjährte Kaufpreisforderung ein. Wenn sich B im Prozess nicht
> auf die Verjährung beruft, dann wird er vom Gericht zur Zahlung verurteilt. Beruft sich B auf
> die Verjährung, dann wird die Klage abgewiesen: B schuldet zwar den Kaufpreis, aber er haftet
> nicht.

II. Gesetzliche Regelung und Systematik

Das Schuldrecht ist im zweiten Buch des BGB geregelt. Dabei hat der Gesetzgeber in   10
den §§ 241 – 432 BGB die Probleme abgehandelt, die bei allen Schuldverhältnissen auftreten können. Es handelt sich hierbei um das **Allgemeine Schuldrecht**. Demgegenüber
befassen sich die §§ 433 – 853 BGB mit solchen Probleme, die nur einzelne Schuldverhältnisse betreffen. Es handelt sich hierbei um das **Besondere Schuldrecht**. Geregelt
sind dort bestimmte, im Rechtsleben besonders wichtige Schuldverhältnisse wie etwa
Kauf oder Miete.

Der Gesetzgeber hat die Regelungstechnik des „Vor die Klammer-Ziehens" also auch   11
innerhalb des Rechts der Schuldverhältnisse angewendet. Wenn in einem Fall ein
Schuldverhältnis zu beurteilen ist, können daher sowohl Regelungen des Besonderen
Schuldrechts als auch des Allgemeinen Schuldrechts wie auch des Allgemeinen Teils
des BGB zur Anwendung kommen.

> **BEISPIEL** In einem gegebenen Sachverhalt geht es um einen zwischen A und B geschlossenen
> Kaufvertrag. Der Vertragsschluss richtet sich nach den Regeln des Allgemeinen Teils des BGB
> (§§ 145 ff.). Gerät etwa eine der beiden Parteien mit der Erfüllung ihrer Verpflichtungen in Ver-
> zug, so kommen die §§ 280 Abs. 2, 286 ff. BGB zur Anwendung (Allgemeines Schuldrecht: Ver-
> zug kann bei jedem Schuldverhältnis eintreten). Liefert schließlich der Verkäufer eine mangel-
> hafte Sache, dann ist der Anwendungsbereich der Regelungen über die Mängelgewährleistung
> (§§ 434 ff. BGB: Besonderes Schuldrecht) eröffnet.

Die überwiegende Mehrzahl der gesetzlichen **Regelungen über Schuldverhältnisse** ist   12
dispositiver Natur. Das bedeutet, dass die Parteien eines Schuldverhältnisses die Geltung von Regelungen vereinbaren können, deren Inhalt von den Bestimmungen des Gesetzes abweicht. Der Gesetzgeber liefert sozusagen nur den Anzug von der Stange.
Wenn die Parteien einen Maßanzug möchten, dann müssen sie sich diesen schon selbst
schneidern. In der Praxis finden sich vom Gesetz abweichende oder dieses ergänzende
Regelungen im Übrigen häufig in Allgemeinen Geschäftsbedingungen. Derartige in
AGB getroffene Abreden werden auch als formularmäßige Vereinbarungen bezeichnet.
Diese unterliegen der Inhaltskontrolle nach §§ 309 ff. BGB, durch die verhindert werden
soll, dass der Vertragspartner des Verwenders der AGB allzu sehr („unangemessen",
vgl. die Formulierung in § 307 Abs. 1 und 2 BGB) benachteiligt wird. **Ausnahmsweise**
sind auch Vorschriften des Schuldrechts **zwingend**, vor allem dann, wenn eine Partei
als besonders schutzbedürftig angesehen wird. So sind z. B. im Verbraucherschutzrecht,
Mietrecht oder Arbeitsrecht viele zwingende Regelungen enthalten.

III. Die Bedeutung des Schuldrechts im Rechtsverkehr

LITERATUR

Klunzinger, § 21.

1. Regelung des auf die Bedarfsdeckung gerichteten rechtsgeschäftlichen Verkehrs

13 Das Schuldrecht enthält zum einen die wesentlichen Regelungen für den auf die Bedarfsdeckung gerichteten rechtsgeschäftlichen Verkehr im privaten und im wirtschaftlichen Bereich. Dabei geht es insbesondere um die Herstellung oder den Austausch von Vermögenswerten (siehe auch *Brox/Walker,* Schuldrecht AT, § 1 Rn. 12).

> **BEISPIELE** Wer ein Haus bauen will, schließt mit dem Bauunternehmer einen Werkvertrag i. S. der §§ 631 ff. BGB. Wer eine Sache benötigt, schließt mit jemandem, der diese Sache zum Kauf anbietet, einen Kaufvertrag i. S. der §§ 433 ff. BGB.

2. Ersatz für die Schädigung von Rechten und Rechtsgütern

14 Zum Zweiten dient das Schuldrecht dem Schutz von Rechten (z. B. Eigentum) und Rechtsgütern (z. B. Gesundheit), indem es denjenigen zum Schadensersatz verpflichtet, der zurechenbar ein Recht oder ein Rechtsgut verletzt hat.

> **BEISPIEL** A kommt infolge einer Unachtsamkeit von der Fahrbahn ab und fährt deswegen den Fahrradfahrer B an. B wird verletzt; sein Fahrrad wird beschädigt. A ist dem B zum Ersatz der Heilungskosten sowie eines eventuell entstandenen Verdienstausfalls verpflichtet und muss ihm Schmerzensgeld zahlen (Personenschaden). Außerdem muss er die Reparatur des Fahrrads bezahlen (Sachschaden). Diese Rechtsfolgen sind in den §§ 823 ff. BGB geregelt.

3. Ausgleich von nicht gerechtfertigten Vermögensverschiebungen

15 Des Weiteren dient das Schuldrecht der Rückgängigmachung ungerechtfertigter Bereicherungen (§§ 812 ff. BGB).

> **BEISPIEL** A verkauft und übereignet dem minderjährigen B ein Moped. Der Kaufvertrag wird von den Eltern nicht genehmigt und ist daher endgültig unwirksam. Die Übereignung des Mopeds an den B ist aber wirksam, weil sie dem Minderjährigen lediglich einen rechtlichen Vorteil bringt. Diese Übereignung ist aber nicht gerechtfertigt, weil der zugrunde liegende Kaufvertrag nichtig ist. B hat das Eigentum an dem Moped von A ohne Rechtsgrund erworben. Daher kann A von B die Rückübereignung des Mopeds verlangen. Anspruchsgrundlage ist § 812 Abs. 1 Alt. 1 BGB.

4. Tätigwerden im fremden Interesse ohne Auftrag

Schließlich sind im Schuldrecht Regelungen für den Fall getroffen, dass jemand im Interesse eines anderen tätig wird, ohne von diesem beauftragt worden zu sein (Geschäftsführung ohne Auftrag, §§ 677 – 687 BGB).   16

> **BEISPIEL** ▶ A bemerkt, dass infolge eines Unwetters das Dach seines Nachbarn B, der sich im Urlaub befindet, teilweise abgedeckt worden ist. Um weitere Schäden zu verhindern, beauftragt er den Handwerker D, das Dach neu einzudecken. A kann von B (nach dessen Rückkehr aus dem Urlaub) die Erstattung der Handwerkerrechnung verlangen (§§ 677, 683 BGB).

Kapitel 7: Arten und Entstehung von Schuldverhältnissen

§ 18 Arten von Schuldverhältnissen

I. Rechtsgeschäftliche und gesetzliche Schuldverhältnisse

Hinsichtlich der **Entstehung** von Schuldverhältnissen wird zwischen rechtsgeschäftlichen und gesetzlichen Schuldverhältnissen unterschieden. **Rechtsgeschäftliche** Schuldverhältnisse beruhen auf dem Willen des Schuldners. Zu ihrer Entstehung ist im Regelfall der Abschluss eines Vertrags erforderlich (Ausnahmen siehe unten Rn. 3). **Gesetzliche** Schuldverhältnisse sind dagegen vom Willen des Verpflichteten unabhängig; sie entstehen dadurch, dass die im Gesetz normierten Tatbestandsvoraussetzungen erfüllt werden. Zu den gesetzlichen Schuldverhältnissen zählen auch die in § 311 Abs. 2 und 3 BGB geregelten sog. **vorvertraglichen Schuldverhältnisse**, die innerhalb der Gruppe der gesetzlichen Schuldverhältnisse allerdings eine Sonderstellung einnehmen. Sie werden nämlich dadurch begründet, dass Personen in einen geschäftlichen Kontakt zueinander treten, z. B. indem sie Verhandlungen über den Abschluss eines Vertrags aufnehmen. Aus diesem Grund stehen die vorvertraglichen Schuldverhältnisse den durch Rechtsgeschäft begründeten Schuldverhältnissen näher als die übrigen gesetzlichen Schuldverhältnisse. In der amtlichen Überschrift zu § 311 BGB werden sie denn auch als rechtsgeschäftsähnliche Schuldverhältnisse bezeichnet; manchmal wird auch von „quasivertraglichen" Schuldverhältnissen gesprochen.

1

1. Rechtsgeschäftliche Schuldverhältnisse

a) Begründung durch Vertrag

In aller Regel werden rechtsgeschäftliche Schuldverhältnisse durch einen Vertrag begründet. § 311 Abs. 1 BGB bestimmt, dass zur Begründung eines Schuldverhältnisses durch Rechtsgeschäft ein Vertrag zwischen den Beteiligten erforderlich ist, soweit nicht das Gesetz ein anderes vorschreibt. Nach dem Grad der gegenseitigen Verpflichtungsabhängigkeit (so der Ausdruck von Klunzinger, § 23 II 2) unterscheidet man dabei zwischen einseitig verpflichtenden Verträgen, unvollkommen zweiseitig verpflichtenden Verträgen und gegenseitigen Verträgen. Diese Unterscheidung wurde bereits im Rahmen der Erörterungen zum Allgemeinen Teil behandelt (siehe oben § 4 Rn. 72 ff.).

2

b) Begründung durch einseitiges Rechtsgeschäft

3   Nur ausnahmsweise ist ein einseitiges Rechtsgeschäft zur Begründung eines Schuldverhältnisses ausreichend.

> **HIERZU EINIGE BEISPIELE ▸** Von geringer praktischer Bedeutung dürfte die in § 657 BGB geregelte
> Auslobung sein. Dasselbe gilt für die in § 661a geregelte Gewinnzusage.
>
> Demgegenüber spielt das Vermächtnis im Rechtsverkehr eine größere Rolle (vgl. §§ 1939, 2147
> BGB). Die Anordnung eines Vermächtnisses hat zur Folge, dass der durch das Vermächtnis Be-
> günstigte gegen den Erben einen schuldrechtlichen Anspruch auf Leistung des zugewendeten
> Gegenstands erwirbt (§ 2174 BGB).

2. Gesetzliche Schuldverhältnisse

4   Gesetzliche Schuldverhältnisse entstehen unabhängig vom Willen des Verpflichteten
allein deshalb, weil die im Gesetz normierten Tatbestandsvoraussetzungen erfüllt sind.

> **BEISPIEL ▸** Wenn A das Auto des B rechtswidrig und schuldhaft beschädigt, dann ist er dem B
> gem. § 823 Abs. 1 BGB zum Schadensersatz verpflichtet, auch wenn er dies nicht will.

Weitere wichtige gesetzliche Schuldverhältnisse sind in §§ 812 ff. BGB sowie in
§§ 677 ff. BGB geregelt. Zu den oben in Rn. 1 schon erwähnten vorvertraglichen Schuldverhältnissen, die eine Sonderstellung innerhalb der gesetzlichen Schuldverhältnisse
einnehmen, siehe sogleich § 19.

II. Dauerschuldverhältnisse und auf einmaligen Leistungsaustausch abzielende Schuldverhältnisse

5   Hinsichtlich der **Dauer der Leistungspflichten** kann unterschieden werden zwischen
Dauerschuldverhältnissen und solchen Schuldverhältnissen, die sich in dem **einmaligen
Austausch der Leistungen** erschöpfen (z. B. Kaufvertrag). Dauerschuldverhältnisse sind
auf einen längeren (befristeten oder unbefristeten) Zeitraum angelegt, während dessen die Parteien einander Leistungen dauernd zu gewähren haben (*Musielak*, Grundkurs BGB, Rn. 155).

6   Beispiele für Dauerschuldverhältnisse sind Mietverträge oder Arbeitsverträge, aber
auch Gesellschaftsverträge. Allen Dauerschuldverhältnissen ist gemeinsam, dass sie
grundsätzlich **nicht mit Rückwirkung aufgelöst** werden können. Sie können lediglich
mit Wirkung für die Zukunft beendet werden, und zwar durch Kündigung. Auch wenn
eine Kündigung vertraglich ausgeschlossen ist, bleibt den Vertragspartnern die Möglichkeit, den Vertrag zu kündigen, sofern ein **wichtiger Grund** vorliegt (§ 314 BGB). Für
manche Dauerschuldverhältnisse ist die Kündigung aus wichtigem Grund besonders
geregelt (z. B.: § 543 BGB: Mietvertrag; § 626 BGB: Arbeitsvertrag; § 723 Abs. 1 Satz 2 − 6
BGB: Gesellschaftsvertrag); die in § 314 BGB getroffene allgemeine Regelung ist in diesen Fällen nicht anwendbar.

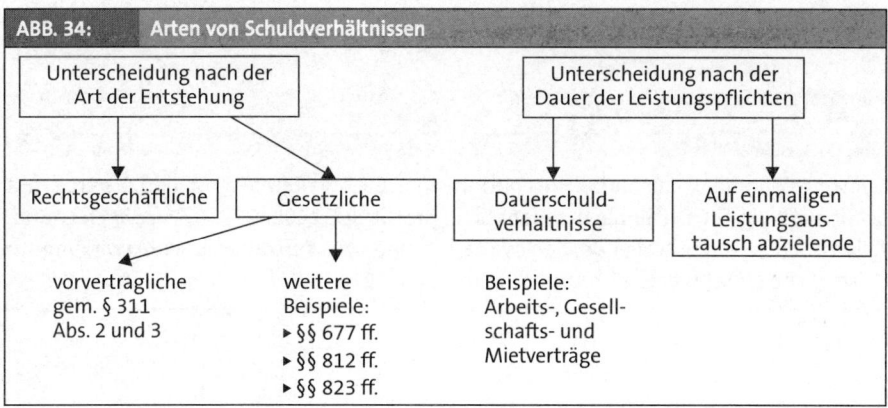

ABB. 34:   Arten von Schuldverhältnissen

§ 19   Die Entstehung vorvertraglicher Schuldverhältnisse

LITERATUR

Schwab, Grundfälle zur culpa in contrahendo, Sachwalterhaftung und Vertrag mit Schutzwirkung für Dritte nach neuem Schuldrecht, JuS 2002, 773, 872; *Löhnig*, Grundfälle zur culpa in contrahendo, Sachwalterhaftung und Vertrag mit Schutzwirkung für Dritte (Echo zu Schwab, JuS 2002, 773), JuS 2003, 727.

I. Grundlagen

1   In § 311 Abs. 2 und 3 BGB (lesen!) ist geregelt, welche Voraussetzungen vorliegen müssen, damit ein vorvertragliches Schuldverhältnis begründet wird. Die dort getroffene Regelung beruht auf der Erkenntnis, dass sich Personen, wenn sie in geschäftlichen Kontakt zueinander treten, besonderes Vertrauen entgegenbringen. Sie gewähren einander die Möglichkeit zur Einwirkung auf ihre Rechte (z. B. Eigentum), Rechtsgüter (z. B. Gesundheit) und Interessen (vgl. die Formulierung in § 311 Abs. 2 Nr. 2 BGB).

> **BEISPIELE** Frau Kohler (K) betritt das Kaufhaus des Vollmer (V), um sich dort nach günstigen Angeboten umzusehen. Sie hat sich in geschäftlicher Absicht in den Bereich des V begeben und darf daher erwarten, dass sie dort nicht vermeidbaren Gefahren ausgesetzt ist – wie z. B. umfallenden Linoleumrollen (vgl. RGZ 78, 239) oder auf dem Boden liegenden Bananenschalen (vgl. BGH NJW 1962, 31) oder Gemüseblättern (vgl. BGHZ 66, 51).
>
> V gewährt im Rahmen von Verhandlungen über den Verkauf seines Unternehmens dem Kaufinteressenten K Einblick in interne Unterlagen und Betriebsgeheimnisse. V darf erwarten, dass K sein Vertrauen nicht enttäuscht und Verschwiegenheit über die ihm offenbarten Informationen wahrt.
>
> Der Anlageinteressent A wendet sich an die Bank B mit der Bitte um Beratung. A darf von B erwarten, dass sie ihm nicht verschweigt, dass ihr die von ihr empfohlene Anlagegesellschaft Provisionen bezahlt, die aus dem von A angelegten Betrag entnommen werden.

2   Die Personen, die sich im Rahmen eines geschäftlichen Kontakts Vertrauen entgegenbringen, indem sie einander die Einwirkung auf ihre Rechte, Rechtsgüter und Interessen gestatten, erwarten zu Recht, dass der jeweils andere Teil ab Aufnahme des Geschäftskontakts auf ihre Rechte usw. in besonderer Weise Rücksicht nimmt. Es ist daher nur folgerichtig, wenn § 311 Abs. 2 BGB anordnet, dass schon mit der Aufnahme eines geschäftlichen Kontakts ein Schuldverhältnis mit Pflichten nach § 241 Abs. 2 BGB entsteht, also ein Schuldverhältnis, das jeden Teil zur Rücksicht auf die Rechte, Rechtsgüter und Interessen des anderen Teils verpflichtet. Letztlich beruhen diese Pflichten darauf, dass eine Partei das Vertrauen in Anspruch nimmt, das ihr die andere im Rahmen eines geschäftlichen Kontakts entgegenbringt. Das vorvertragliche Schuldverhältnis wird daher auch als vorvertragliches Vertrauensverhältnis bezeichnet.

3   Zu beachten ist, dass im vorvertraglichen Schuldverhältnis ausschließlich Rücksichtnahmepflichten i. S. des § 241 Abs. 2 BGB bestehen; man nennt diese Pflichten auch Schutz- oder Verhaltenspflichten. Leistungspflichten (z. B. die Pflicht zur Übereignung

eines Gegenstandes) existieren im vorvertraglichen Stadium noch nicht. Wer eine vorvertragliche Pflicht verletzt, macht sich gem. § 280 Abs. 1 BGB schadensersatzpflichtig; vollständige Anspruchsgrundlage sind die §§ 280 Abs. 1, 311 Abs. 2 (Nr. 1, 2 oder 3), 241 Abs. 2 BGB. Im Falle der Verletzung von vorvertraglichen Pflichten spricht man gemeinhin von Verschulden bei Vertragsschluss oder culpa in contrahendo (cic).

II. Die Entstehung vorvertraglicher Schuldverhältnisse

§ 311 Abs. 2 BGB normiert die Voraussetzungen, unter denen ein **vorvertragliches**   4
Schuldverhältnis zwischen den **Parteien** eines **in Aussicht genommenen**, aber (noch) nicht abgeschlossenen **Vertrags** zu Stande kommt. In § 311 Abs. 2 Nr. 1 – 3 BGB sind drei Fallgruppen aufgeführt. Danach entsteht ein Schuldverhältnis mit Pflichten nach § 241 Abs. 2 BGB durch

► die Aufnahme von Vertragsverhandlungen,

► die Anbahnung eines Vertrags oder

► ähnliche geschäftliche Kontakte.

Was mit der **Aufnahme von Vertragsverhandlungen** (§ 311 Abs. 2 Nr. 1 BGB) gemeint   5
ist, versteht sich von selbst.

Mit **Anbahnung eines Vertrags** meint § 311 Abs. 2 Nr. 2 BGB geschäftliche Kontakte im   6
Vorfeld eines Vertragsschlusses, die noch nicht so weit gediehen sind, dass es zur Aufnahme von Verhandlungen gekommen ist. Hierzu nochmals das schon in Rn. 1 angeführte, an den „Gemüseblattfall" des BGH angelehnte

> **BEISPIEL** ► Bei ihrem Kaufhausbummel rutscht Frau K auf einem Gemüseblatt aus, das infolge einer Nachlässigkeit des V nicht beseitigt worden ist, und bricht sich das Bein. V hat die ihm obliegenden Schutzpflichten verletzt und schuldet der K daher Schadensersatz aus §§ 280 Abs. 1, 311 Abs. 2 Nr. 2, 241 Abs. 2 BGB.

Streng genommen ist § 311 Abs. 2 Nr. 1 BGB überflüssig, denn Vertragsverhandlungen sind ja Teil der Vertragsanbahnung, die in ihrer Gesamtheit bereits in den Anwendungsbereich § 311 Abs. 2 Nr. 2 BGB fällt. Nr. 1 ist somit nur ein – wenn auch besonders wichtiger – Anwendungsfall der Nr. 2. Als speziellere Regelung ist § 311 Abs. 2 Nr. 1 BGB gegenüber der allgemeinen Vorschrift des § 311 Abs. 2 Nr. 2 BGB vorrangig anwendbar.

Nicht ganz klar ist, was § 311 Abs. 2 Nr. 3 BGB mit **ähnlichen geschäftlichen Kontakten**   7
meint. Der Anwendungsbereich von § 311 Abs. 2 Nr. 3 BGB ist eröffnet in Fällen, in denen das Bestehen von Schutzpflichten i. S. des § 241 Abs. 2 BGB als sachgerecht empfunden wird, die aber weder von Nr. 1 noch von Nr. 2 des § 311 Abs. 2 BGB erfasst sind. § 311 Abs. 2 Nr. 3 ist somit als **Auffangtatbestand** zu verstehen. Als Beispiel sind in der Begr. des RegE eines Schuldrechtsmodernisierungsgesetzes (BT-Drs. 14/6040, S. 163) Kontakte angeführt, in denen noch kein Vertrag angebahnt, ein solcher aber vorbereitet werden soll. Zur Klarstellung trägt dieses Beispiel freilich nicht viel bei. Erforderlich ist nach dem Wortlaut des § 311 Abs. 2 Nr. 3 BGB jedenfalls ein geschäftlicher Kontakt. Aus dem Umstand, dass sogar der Auffangtatbestand des § 311 Abs. 2 Nr. 3 BGB einen

geschäftlichen Kontakt voraussetzt, ist zu folgern, dass bloße soziale Kontakte niemals ausreichen, um ein vorvertragliches Schuldverhältnis zu begründen.

> **BEISPIEL** Wenn K im obigen Beispielsfall das Kaufhaus des V ausschließlich deswegen betreten hat, um sich vor Regen und Kälte zu schützen, entsteht zwischen K und V mangels geschäftlichen Kontakts kein vorvertragliches Schuldverhältnis.

8   Um Missverständnissen vorzubeugen, ist zu betonen, dass die Entstehung von **vorvertraglichen Schutzpflichten** völlig **unabhängig** davon ist, ob es später noch zu einem **Vertragsschluss** zwischen den Parteien kommt oder nicht. Wir erinnern uns noch einmal an das obige

> **BEISPIEL** Wenn K das Kaufhaus des V betreten hat, um sich dessen Sortiment anzusehen, und sich verletzt, indem sie auf dem liegen gebliebenen Salatblatt ausrutscht, dann hängt ihr Anspruch aus §§ 280 Abs. 1, 311 Abs. 2 Nr. 2, 241 Abs. 2 BGB nicht davon ab, ob sie anschließend bei V noch etwas kauft.

9   Das vorvertragliche Schuldverhältnis **endet** mit dem Abbruch des geschäftlichen Kontakts oder – wenn die Verhandlungen erfolgreich gewesen sind – mit dem Abschluss eines Vertrags. Für die vormaligen Verhandlungspartner und nunmehrigen Vertragsparteien bestehen aber weiterhin Schutzpflichten nach § 241 Abs. 2 BGB. Grundlage für diese Pflichten ist ab dem Zeitpunkt des Vertragsschlusses aber nicht mehr das vorvertragliche Vertrauensverhältnis, sondern der bestehende Vertrag (vgl. Palandt/*Grüneberg*, § 311 Rn. 25).

III. Die Einbeziehung dritter Personen in das vorvertragliche Schuldverhältnis

10   **Vorvertragliche Schutzpflichten** treffen in aller Regel **nur** die **potentiellen Partner des** in Aussicht genommenen **Vertrags**. Für das Verhalten von Vertretern, Verhandlungsgehilfen (z. B. der mit der Vermittlung betraute Makler) oder sonstigen Gehilfen, die auf Seiten einer oder beider Parteien bei der Erfüllung der vorvertraglichen Verpflichtungen mitwirken, ist die Partei, die sich ihrer bedient hat, zwar verantwortlich (zu dem damit angesprochenen § 278 BGB siehe unten § 26 Rn. 31 ff.). Diese Personen werden aber regelmäßig **nicht persönlich Schuldner der** vorvertraglichen **Schutzpflichten**. In diesem Zusammenhang kommen wir noch einmal zurück auf das obige

> **BEISPIEL** Das Gemüseblatt, auf dem K ausrutscht, ist aufgrund einer Nachlässigkeit des bei V beschäftigten Angestellten Ansgar (A) liegen geblieben. Auch bei dieser Fallgestaltung richtet sich der vorvertragliche Schadensersatzanspruch der K aus §§ 280 Abs. 1, 311 Abs. 2, 241 Abs. 2 BGB gegen V und nicht gegen A. Mit A wollte die K von vornherein keinen Vertrag schließen. Er ist von ihr nicht als potentieller Vertragspartner ins Auge gefasst worden und daher auch nicht Schuldner der Schutzpflichten aus § 241 Abs. 2 BGB. V muss aber für die Nachlässigkeit des A gem. § 278 BGB einstehen, weil er sich bei der Erfüllung der ihm obliegenden Pflicht, auf die Rechtsgüter seiner Kunden Rücksicht zu nehmen, des A bedient hat. A selbst kann möglicherweise nach § 823 Abs. 1 BGB zur Verantwortung gezogen werden (zur Haftung aus Deliktsrecht siehe unten § 42 Rn. 18 ff.).

Dass in dem Beispielsfall den A keine persönliche vorvertragliche Haftung trifft, ist damit zu erklären, dass die K nicht ihm persönlich, sondern ihrem möglichen Vertragspartner V Vertrauen entgegengebracht hat.

Dritte Personen, die von vornherein **nicht** als **Partei des angebahnten Vertrags** vorgesehen sind, werden also grundsätzlich **nicht Partner** des **vorvertraglichen Schuldverhältnisses**. Von diesem Grundsatz gibt es einige **Ausnahmen**, die in **§ 311 Abs. 3 BGB** angesprochen sind. Wenn die Voraussetzungen dieser Vorschrift vorliegen, dann treffen den Dritten selbst vorvertragliche Schutzpflichten, deren Verletzung eine eigene Haftung des Dritten aus §§ 280 Abs. 1, 311 Abs. 3, 241 Abs. 2 BGB begründet. Diese sog. Dritthaftung aus culpa in contrahendo ist auf eng begrenzte Ausnahmefälle beschränkt; die Voraussetzungen des § 311 Abs. 3 BGB sind bewusst eng gefasst.

11

Die wichtigste Fallgruppe, auf die wir uns beschränken wollen, ist in § 311 Abs. 3 Satz 2 BGB geregelt. Danach entsteht zu einem Dritten ein Schuldverhältnis mit Pflichten nach § 241 Abs. 2 BGB insbesondere dann, wenn der Dritte in besonderem Maße Vertrauen für sich in Anspruch nimmt und dadurch die Vertragsverhandlungen oder den Vertragsschluss erheblich beeinflusst. Diese Voraussetzungen sind z.B. nicht schon dann erfüllt, wenn eine Person als Vertreter einer Partei auftritt und damit bei der anderen Partei lediglich den Eindruck erweckt, die Verhandlungen sachlich und fair zu führen. Die Inanspruchnahme „normalen Verhandlungsvertrauens" seitens eines Dritten reicht nicht aus, damit diesen persönlich die vorvertraglichen Verpflichtungen treffen. (Dass die von der dritten Person vertretene Partei für das Fehlverhalten ihres Vertreters einstehen muss, steht auf einem anderen Blatt!) Erforderlich ist vielmehr die **Inanspruchnahme von „erhöhtem" Vertrauen**. Ein derartiges erhöhtes Vertrauen ist etwa gegeben, wenn eine dritte Person über eine besondere Sachkunde verfügt (oder diese vorgibt) und durch ihre Äußerungen entscheidend zum Vertragsschluss beiträgt, weil sich der andere Teil auf ihre Objektivität und Neutralität verlässt (vgl. die Begr. des RegE eines Schuldrechtsmodernisierungsgesetzes, BT-Drs. 14/6040, S. 163). Derartige Personen werden als **Sachwalter** bezeichnet.

12

Die Rechtsprechung ist mit der Bejahung eines erhöhten Vertrauens grundsätzlich sehr zurückhaltend. Bei der Annahme einer Eigenhaftung von **Gebrauchtwagenhändlern** ist sie allerdings recht großzügig (z.B. BGHZ 63, 382; 79, 281). Hierzu abschließend noch einmal ein

13

BEISPIEL Gebrauchtwagenhändler Stellwag (S) hat den Auftrag, den Gebrauchtwagen, den er von seinem Kunden Vollmer (V) anlässlich eines Neuwagenkaufs in Zahlung genommen hat, in Stellvertretung für diesen weiterzuverkaufen. Kaufinteressent Kohler (K) begibt sich mit dem Wagen, den S mit dem Schild „werkstattgeprüft" versehen hat, auf eine Probefahrt. Weil die Bremsen nicht funktionieren, erleidet K einen Unfall, bei dem er sich erhebliche Verletzungen zuzieht. In diesem Fall ist eine eigene vorvertragliche Haftung des S begründet, weil K davon ausgehen durfte, dass das Fahrzeug in einer hierfür ausgerüsteten Werkstatt einer sorgfältigen äußeren Besichtigung durch einen Fachmann unterzogen wurde und die hierbei feststellbaren Mängel behoben worden sind (BGH 87, 302, 307; vgl. auch BGH NJW 1988, 1378: „TÜV-neu").

Kapitel 8: Der Inhalt der Schuldverhältnisse

§ 20 Die Pflichten des Schuldners und die Bestimmung ihres Inhalts

I. Die Einteilung der Pflichten des Schuldners

Im Hinblick auf den Inhalt der dem Schuldner obliegenden Verpflichtungen sind mehrere Unterscheidungen möglich (vgl. *Brox/Walker*, Schuldrecht AT, § 1 Rn. 5 – 15; *Musielak*, Grundkurs BGB, Rn. 182 – 188).   1

1. Primär- und Sekundärpflichten

Zunächst kann differenziert werden zwischen Primär- und Sekundärpflichten. Die **Primärpflicht** sagt uns, worauf die Verpflichtung des Schuldners ursprünglich gerichtet ist; diese Pflicht ergibt sich aus Rechtsgeschäft oder aus Gesetz (je nachdem, ob es sich um ein rechtsgeschäftliches oder kraft Gesetz entstandenes Schuldverhältnis handelt).   2

> **BEISPIELE** Der Verkäufer ist gem. § 433 Abs. 1 BGB verpflichtet, dem Käufer die verkaufte Sache frei von Sach- und Rechtsmängeln zu übergeben und ihm zu übereignen.
>
> Der Autofahrer, der einen Fahrradfahrer angefahren hat, ist aus § 823 Abs. 1 BGB verpflichtet, diesem den daraus entstandenen Schaden zu ersetzen (z. B. Heilungskosten, Verdienstausfall, Schmerzensgeld, Reparatur des Fahrrads).

Eine Sekundärpflicht kann an die Stelle der oder neben die Primärpflicht treten, wenn Letztere gestört ist. Die Sekundärpflicht ist meist auf die Leistung von Geld gerichtet.   3

> **BEISPIELE** Der Verkäufer zerstört die verkaufte Sache infolge einer Unachtsamkeit, bevor er sie dem Käufer übergeben kann. Der Verkäufer muss gem. §§ 280 Abs. 1 und 3, 283 BGB dem Käufer Schadensersatz leisten (sog. Schadensersatz statt der Leistung), die Pflicht zur Übereignung ist infolge von Unmöglichkeit entfallen (§ 275 Abs. 1 BGB).
>
> Der Verkäufer liefert das verkaufte Auto trotz Fälligkeit und Mahnung eine Woche zu spät; der Käufer muss daher für diesen Zeitraum einen Ersatzwagen mieten. Der Verkäufer muss dem Käufer nach §§ 280 Abs. 1 und 2, 286 Abs. 1 BGB die Kosten für den Mietwagen ersetzen. Zur Übereignung und Übergabe bleibt er nach wie vor verpflichtet. Hier ist also die Sekundärpflicht neben die Primärpflicht getreten.

2. Hauptleistungspflichten und Nebenpflichten

Innerhalb der Primärpflichten kann weiter unterschieden werden zwischen Hauptleistungspflichten und Nebenpflichten. Hauptleistungspflichten sind diejenigen Pflichten, die kennzeichnend für das betreffende Schuldverhältnis sind.   4

> **BEISPIEL** Hauptpflicht des Verkäufers ist die Übereignung und Übergabe einer mangelfreien Sache; die Hauptpflicht des Käufers besteht in der Zahlung des Kaufpreises.

Neben der Hauptleistungspflicht können den Schuldner zusätzlich weitere Pflichten treffen. Diese ergeben sich aus dem zwischen den Parteien abgeschlossenen Rechtsgeschäft oder sind gesetzlich angeordnet (Beispiel: § 666 BGB). **Innerhalb der Nebenpflichten** kann wie folgt **unterschieden** werden:

a) Leistungsbezogene Nebenpflichten

5   Die leistungsbezogenen Nebenpflichten dienen der Erfüllung des spezifisch vertraglichen Leistungsinteresses des Gläubigers. Sie bestehen, um die ordnungsgemäße Erbringung der Hauptleistung zu fördern und dem Gläubiger deren Nutzung zu ermöglichen oder zu erleichtern. Man spricht hier auch von **Nebenleistungspflichten**. Diese Pflichten kann der Gläubiger **selbständig einklagen**. Inhaltlich handelt es sich hierbei meist um Anzeige-, Auskunfts- und Rechenschaftspflichten.

> **BEISPIELE** Der Beauftragte ist nach § 666 BGB u. a. verpflichtet, dem Auftraggeber nach Ausführung des Auftrags Rechenschaft abzulegen. Durch diesen Anspruch wird der Auftraggeber in die Lage versetzt, in Erfahrung zu bringen, was der Beauftragte aus der Geschäftsführung erlangt hat und ihm gem. § 667 BGB herausgeben muss. Der Anspruch auf Rechnungslegung dient dem Auftraggeber also dazu, die sich für die Geltendmachung seines Herausgabeanspruchs aus § 667 BGB erforderliche Kenntnis zu verschaffen. Wenn nötig, kann er seinen Anspruch auf Rechnungslegung auch im Wege der Klage durchsetzen.
>
> Der Verkäufer ist verpflichtet, dem Käufer eine Bedienungsanleitung auszuhändigen, damit dieser die Sache sinnvoll nutzen kann.

b) Schutzpflichten i. S. des § 241 Abs. 2 BGB

6   In § 241 Abs. 2 BGB ist geregelt, dass das Schuldverhältnis nach seinem Inhalt jeden Teil zur Rücksicht auf die Rechte, Rechtsgüter und Interessen des anderen Teils verpflichten kann. Der Sache nach geht es dabei um Schutz-, Obhuts- und Fürsorgepflichten sowie um Aufklärungspflichten. Derartige Pflichten können im Übrigen auch bereits im Stadium der Anbahnung eines Vertrags oder ähnlicher geschäftlicher Kontakte entstehen (hierzu oben § 19). Sie zielen darauf ab, den Gläubiger vor der Beeinträchtigung seiner Rechte, Rechtsgüter und Interessen zu bewahren. Diese Nebenpflichten, die auch Rücksichtnahme- oder Verhaltenspflichten genannt werden, können **nicht selbständig eingeklagt** werden. Die schuldhafte Nichterfüllung von Nebenpflichten zieht aber Schadensersatzansprüche nach sich.

> **BEISPIEL** Der Malermeister, der sich verpflichtet hat, die Wohnung zu streichen, muss nicht nur diese Arbeit ordnungsgemäß ausführen, sondern auch darauf achten, dass er die Möbel nicht mit Farbe bespritzt. Der Auftraggeber kann nicht erfolgreich gegen den Malermeister klagen, seine Arbeit sorgfältig durchzuführen. Bespritzt der Malermeister aber die Möbel aus Unachtsamkeit mit Farbe, dann ist er dem Auftraggeber aus § 280 Abs. 1 BGB zum Schadensersatz verpflichtet.

7   Angemerkt sei noch, dass eine messerscharfe Unterscheidung zwischen leistungsbezogenen Nebenpflichten und Schutzpflichten nicht immer möglich ist. Aus der Begr. des RegE eines Schuldrechtsmodernisierungsgesetzes, BT-Drs. 14/6040, S. 125 hierzu folgendes

> **BEISPIEL** Die Pflicht des Verkäufers einer Motorsäge, eine Bedienungsanleitung zu liefern, kann sowohl dazu dienen, dem Käufer die richtige Benutzung der Säge zu ermöglichen (insoweit also: leistungsbezogene Nebenpflicht), als auch dazu, ihn vor Verletzungen zu bewahren (insoweit Schutzpflicht).

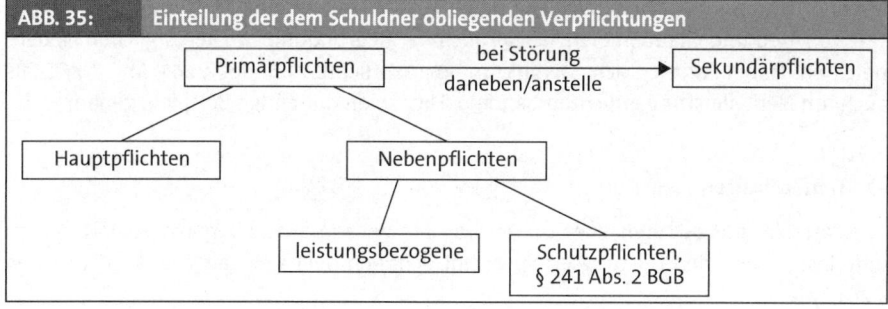

ABB. 35:   Einteilung der dem Schuldner obliegenden Verpflichtungen

II. Bestimmung des Inhalts des Schuldverhältnisses unter Heranziehung von § 242 BGB

Gem. **§ 242 BGB** (lesen!) ist der Schuldner verpflichtet, die Leistung so zu bewirken, wie **Treu und Glauben** mit Rücksicht auf die Verkehrssitte es erfordern. Rechtsprechung und Schrifttum haben aus § 242 BGB (i.V. mit §§ 133 und 157 BGB) den allgemeinen Rechtsgedanken abgeleitet, dass „jeder in der Ausübung seiner Rechte und Erfüllung seiner Pflichten nach Treu und Glauben zu handeln, d.h. auf die berechtigten Interessen des anderen Teils Rücksicht zu nehmen hat" (*Brox/Walker*, Schuldrecht AT, § 7 Rn. 1). Der in § 242 BGB verankerte Grundsatz von Treu und Glauben gebietet also beiden Parteien des Schuldverhältnisses, den jeweils anderen Teil redlich und fair zu behandeln. Weder Schuldner noch Gläubiger dürfen sich treuwidrig verhalten. Wie sich die Bindung der Parteien an den Grundsatz von Treu und Glauben konkret auswirkt, wird deutlich, wenn man sich die Fälle vor Augen führt, in denen § 242 BGB Anwendung findet (siehe hierzu *Brox/Walker*, Schuldrecht AT, § 7 Rn. 7 ff.; *Klunzinger* § 24 I 2). 8

1. Bestimmung der Art und Weise der Leistung

§ 242 BGB ist zunächst maßgeblich für die Bestimmung der Art und Weise der Leistungserbringung. 9

> **BEISPIEL** Der Schuldner ist nicht berechtigt, dem Gläubiger am Sonntagmorgen Kohlen zu liefern. Dies gilt auch dann, wenn keine Leistungszeit vertraglich bestimmt ist.

2. Begründung von vertraglichen Nebenpflichten

Der Grundsatz von Treu und Glauben ist auch bei der Vertragsauslegung zu beachten, vgl. § 157 BGB. Im Rahmen der ergänzenden Auslegung von lückenhaften Verträgen wird die Frage gestellt, welche Vereinbarungen die Parteien bei Beachtung des Grundsatzes von Treu und Glauben getroffen hätten, wenn sie bei Vertragsschluss bestimmte Umstände bedacht hätten, die sie übersehen haben. Wenn die Parteien in diesem Fall weitere vertragliche Nebenpflichten vereinbart hätten, dann wird das Bestehen dieser 10

Nebenpflichten im Wege der Auslegung in den Vertrag hineininterpretiert. Der Grundsatz von Treu und Glauben dient somit auch der Begründung von vertraglichen Nebenpflichten. Dabei kann es sich sowohl um Schutzpflichten i. S. des § 241 Abs. 2 BGB als auch um Nebenleistungspflichten handeln. Hier seien nur einige Beispiele genannt.

a) Treuepflichten

11   Die Parteien sind gehalten, alles zu tun, was den Vertragszweck begünstigt, und alles zu unterlassen, was den Leistungserfolg beeinträchtigen oder vereiteln würde (*Klunzinger*, § 24 I 2 a)).

> **BEISPIELE** ▸ Der Handelsvertreter, der für das Versicherungsunternehmen A arbeitet, darf nicht zusätzlich eine Arbeit für das Konkurrenzunternehmen B aufnehmen.
>
> Der Vermieter einer Arztpraxis verstößt gegen Treu und Glauben, wenn er einem Bestattungsunternehmer erlaubt, unmittelbar neben dem Arztschild sein Firmenschild anzubringen.

b) Schutz- und Obhutspflichten

12   Die Parteien müssen den **Vertrag** so abwickeln, dass die Verletzung der Rechte, Rechtsgüter und Interessen des anderen Teils nach Möglichkeit vermieden wird. Im Falle einer Pflichtverletzung hat der Geschädigte einen Anspruch aus positiver Vertragsverletzung (pFV); Anspruchsgrundlage sind die §§ 280 Abs. 1, 241 Abs. 2 BGB.

> **BEISPIEL** ▸ Der Malermeister M verschrammt bei der Arbeit die Möbel seines Auftraggebers A.

13   Vor allem Schutz- und Obhutspflichten bestehen bereits im **vorvertraglichen** Schuldverhältnis. Ihre Verletzung im Stadium der Vertragsanbahnung begründet eine Haftung aus §§ 280 Abs. 1, 311 Abs. 2, 241 Abs. 2 BGB (culpa in contrahendo = cic).

> **BEISPIEL** ▸ Die kaufwillige A betritt das Kaufhaus des B. Sie rutscht auf einer Bananenschale aus, die ein sorgloser Angestellter des B hat liegen lassen, und verletzt sich (cic).

14   Schließlich können diese Pflichten (ebenso wie die in Rn. 11 angesprochenen Treuepflichten) auch über den Zeitpunkt der Abwicklung des Vertrags hinaus als sog. nachwirkende Pflichten fortbestehen; dann spricht man im Falle einer Pflichtverletzung von culpa post contractum finitum (hierzu *Bodewig*, Jura 2005, 505). Anspruchsgrundlage sind die §§ 280 Abs. 1, 241 Abs. 2 BGB.

> **BEISPIEL** ▸ Rechtsanwalt R will nach dem Umzug in neue Räume für einen Zeitraum von drei Monaten ein Schild am Eingang zu seiner alten Kanzlei anbringen, das auf seine neue Kanzleiadresse hinweist. Sein früherer Vermieter V muss dies dulden.

c) Aufklärungspflichten

15   Die Vertragsparteien sind gehalten, einander über Umstände aufzuklären, die für den anderen Teil erkennbar von wesentlicher Bedeutung sind. Insbesondere solche Aufklärungs- und Hinweispflichten können schon bestehen, wenn es noch nicht zum Vertragsschluss gekommen ist, sondern erst Verhandlungen aufgenommen worden sind.

BEISPIELE Der Mieter muss den Vermieter auf die Gefahr eines Schadens in der Wohnung hinweisen.

Der Gebrauchtwagenhändler ist verpflichtet, den Kunden darauf hinzuweisen, dass der Wagen, für den er sich interessiert, ein Unfallwagen ist. Die Verletzung dieser Aufklärungspflicht stellt ein Verschulden bei Vertragsverhandlungen (cic) dar. Der Kunde, der den Wagen gekauft hat, ohne von dem Händler aufgeklärt worden zu sein, kann gem. §§ 280 Abs. 1, 311 Abs. 2, 241 Abs. 2 BGB die Rückgängigmachung des Vertrags verlangen.

3. Die Störung der Geschäftsgrundlage

LITERATUR

Hirsch, Der Tatbestand der Geschäftsgrundlage im reformierten Schuldrecht, Jura 2007, 81; *Riesenhuber/Domröse*, Der Tatbestand der Geschäftsgrundlagenstörung in § 313 – Dogmatik und Falllösungstechnik, JuS 2006, 208; *Rösler*, Grundfälle zur Störung der Geschäftsgrundlage, JuS 2005, 27 und 120.

Auf dem Grundsatz von Treu und Glauben beruht auch die Lehre von der Störung (d. h. vom Wegfall sowie vom anfänglichen Fehlen) der Geschäftsgrundlage. Eine Regelung dieses Rechtsinstituts findet sich seit dem 1. Januar 2002 in § 313 BGB. Bis daher hat die Rechtsprechung die einschlägigen Fälle unter Anwendung des § 242 BGB gelöst. „Hochkonjunktur" hatte die Lehre von der Geschäftsgrundlage in den Zeiten der galoppierenden Inflation nach dem ersten Weltkrieg.   16

Eine Störung der Geschäftsgrundlage kommt in Betracht, wenn die dem Vertrag zugrunde liegenden äußeren Umstände sich verändert haben (Wegfall der **objektiven Geschäftsgrundlage, § 313 Abs. 1 BGB**) oder wenn die Vertragsparteien von vornherein unrichtige Vorstellungen über diese Umstände gehabt haben (Fehlen der **subjektiven Geschäftsgrundlage, § 313 Abs. 2 BGB**). Kann in diesen Fällen einem der Vertragspartner das Festhalten an dem unveränderten Vertrag nicht zugemutet werden, ist die Geschäftsgrundlage gestört. Eine derartige Unzumutbarkeit darf aber nicht voreilig angenommen werden. Schließlich gilt der Grundsatz: pacta sunt servanda. Bei Dauerschuldverhältnissen wird ein Wegfall der Geschäftsgrundlage häufiger angenommen werden können als bei Verträgen, die auf einen einmaligen Austausch von Leistungen gerichtet sind.   17

Hauptanwendungsfall der Lehre von der Störung der Geschäftsgrundlage ist die sog. **Äquivalenzstörung**, bei der sich im Laufe der Zeit das Verhältnis von Leistung und Gegenleistung so stark verändert hat, dass für eine der Parteien ein Festhalten an dem Vertrag zu unveränderten Bedingungen nicht mehr zumutbar ist.   18

BEISPIEL V liefert dem K Branntwein zu einem festgesetzten Preis. Während der Laufzeit des Vertrags wird die Branntweinsteuer derart erhöht, dass V von dem Kaufpreis nicht einmal mehr die Steuer bezahlen kann. Der Vertrag ist nach den Grundsätzen über die Störung der Geschäftsgrundlage – auf eine entsprechende Klage des V hin – an die veränderten steuerlichen Verhältnisse anzupassen (vgl. *Brox*, Schuldrecht AT, 27. Aufl., Rn. 84).

19   Als **Rechtsfolge** sieht § 313 BGB primär einen **Anspruch** der benachteiligten Partei auf **Anpassung des Vertrags** vor. Sofern eine Vertragsanpassung unmöglich oder unzumutbar ist, tritt an die Stelle der Anpassung die Beendigung des Vertrags, § 313 Abs. 3 BGB. Die von der Störung betroffene Vertragspartei hat also ein Rücktrittsrecht bzw. – bei Dauerschuldverhältnissen – ein Kündigungsrecht.

4. Das Verbot unzulässiger Rechtsausübung

20   Aus dem in § 242 BGB verankerten Grundsatz von Treu und Glauben wird auch das Verbot der unzulässigen Rechtsausübung abgeleitet. Das Verbot der unzulässigen Rechtsausübung richtet sich in erster Linie gegen den Gläubiger, kann aber auch die Geltendmachung von Gegenrechten ausschließen, die dem Schuldner zustehen. Es dient dazu, „eine an sich gegebene formale Rechtsstellung zu begrenzen" (*Brox/Walker*, Schuldrecht AT, § 7 Rn. 14). Das Verbot der unzulässigen Rechtsausübung hat viele Ausprägungen erhalten; nur einige von ihnen seien hier exemplarisch aufgeführt (vgl. *Looschelders*, Schuldrecht AT, § 4 Rn. 79 ff.).

a)   Das Verbot des venire contra factum proprium

21   Dieses Verbot besagt, dass man sich bei der Ausübung eines Rechts nicht mit seinem früheren Verhalten in Widerspruch setzen darf (siehe im Einzelnen *Musielak*, Grundkurs BGB, Rn. 312).

> **BEISPIEL** G meint, dass S ihm 5 000 € aus einem Kaufvertrag schuldet. S möchte aber nur 3 000 € bezahlen, weil die ihm von G gelieferte Sache mangelhaft sei. Nach längerem Streit schließen die beiden einen Vergleich. Dabei verpflichtet sich S, dem G insgesamt 4 000 € zu bezahlen, und zwar in vier Raten i. H. von 1 000 €, die jeweils am ersten Werktag eines jeden Monats, beginnend am 1. 9. 2011, fällig sein sollen. Im Gegenzug verzichtet G auf den Restkaufpreis, allerdings unter der Bedingung, dass S alle seine Raten pünktlich zahlt. Daraufhin zahlt S dem G vier Monate lang 1 000 €. Er bringt dem G das Geld dabei jedes Mal persönlich vorbei. G bedankt sich artig, obwohl S immer drei oder vier Tage zu spät kommt. Nachdem S alle Raten bezahlt hat, verlangt G von ihm die Zahlung der restlichen 1 000 € mit der Begründung, S habe seine Raten nicht pünktlich bezahlt und daher die Bedingung nicht erfüllt. Das Begehren des G ist unbegründet. Er hat nämlich durch die widerspruchslose Entgegennahme der Ratenzahlungen bei S den Eindruck erweckt, er werde aus der geringfügigen Fristüberschreitung keine Rechte herleiten (vgl. BGH NJW 2003, 2448).

b)   Dolo facit, qui petit, guod statim redditurus est

22   Eine unzulässige Rechtsausübung ist auch dann gegeben, wenn der Gläubiger vom Schuldner etwas verlangt, was er ihm sofort wieder zurückgeben müsste.

> **BEISPIEL** Der Vermieter V klagt gegen den Mieter M aufgrund eines Vorvertrags, mit ihm einen Mietvertrag über eine Wohnung abzuschließen. Es steht aber fest, dass M den Mietvertrag infolge des gesundheitsgefährdenden Zustandes der Wohnung sofort wird kündigen können (vgl. § 569 Abs. 1 BGB). Hier begehrt V im Wege der Klage eine Rechtsposition, die er sofort wieder aufgeben müsste (ähnliches Beispiel bei *Brox/Walker*, Schuldrecht AT, § 7 Rn. 18).

§ 21 Der Gegenstand der Leistungspflicht

I. Stückschuld und Gattungsschuld

1. Stückschuld

Eine **Stückschuld** oder Speziesschuld liegt vor, wenn ein individuell bestimmter Gegen-   1
stand geschuldet wird, „wenn die **geschuldete Sache nach individuellen Merkmalen**
(Sondermerkmalen) konkret **bestimmt** ist" (*Brox/Walker*, Schuldrecht AT, § 8 Rn. 2).

BEISPIELE ▸ Geschuldet wird etwa ein bestimmtes Reitpferd, der besichtigte Gebrauchtwagen,
ein berühmtes Gemälde, eine antike Vase usw.

2. Gattungsschuld

a) Begriff

Um eine **Gattungsschuld** handelt es sich demgegenüber, wenn der Leistungsgegen-   2
stand nicht individuell bestimmt ist, sondern lediglich festgelegt ist, dass der Schuldner
aus einer **durch bestimmte Merkmale festgelegten Gattung** zu leisten verpflichtet ist.
Dabei steht es den Parteien frei, die Gattungsmerkmale festzulegen. Je mehr Merkmale
festgelegt sind, desto enger wird die Gattung, aus der die Leistung zu erfolgen hat.

BEISPIELE ▸ Geschuldet werden drei Zentner Kartoffeln aus der Ernte des Jahres 2011; ein Neuwagen VW Golf; 1 000 Schraubenzieher Kreuzschlitz 4,4 x 80 mm verzinkt; fünf Kisten Weiß-
wein, 2011er Oberföhringer Vogelspinne usw.

Wenn der Schuldner nicht aus der gesamten Gattung liefern muss, sondern nur aus   3
einer bestimmten, von den Parteien festgelegten Menge, dann spricht man von einer
beschränkten Gattungsschuld. Regelmäßig handelt es sich bei dieser bestimmten Menge um den Vorrat, den der Schuldner zur Verfügung hat; daher werden die Begriffe **beschränkte Gattungsschuld** und **Vorratsschuld** häufig synonym verwendet. Eine Vorratsschuld ist im Zweifel anzunehmen, wenn der Schuldner Gegenstände aus eigener Herstellung verkauft.

BEISPIEL ▸ K kauft fünf Zentner Kartoffeln aus der Ernte des Jahrgangs 2011 unmittelbar beim
Bauern B. Hier ist anzunehmen, dass lediglich Kartoffeln des B aus eigener Ernte verkauft sind.

b) Bedeutung

Das Gesetz enthält nur wenige Vorschriften über die Gattungsschuld. Von hervorgeho-   4
bener Bedeutung ist in diesem Zusammenhang § 243 BGB (lesen!). Nach § 243 Abs. 1
BGB hat der Schuldner einer nur der Gattung nach bestimmten Sache Sachen „von
mittlerer Art und Güte" zu leisten. Für den handelsrechtlichen Rechtsverkehr findet
sich eine vergleichbare Regelung in § 360 HGB.

> **BEISPIEL** ▶ K kauft bei der Marktfrau V auf dem Markt in Münster aus deren Vorrat 1 kg Äpfel. Er will sich die schönsten Exemplare aus dem Korb aussuchen. Dies darf K nicht: V muss lediglich Äpfel „mittlerer Art und Güte" leisten und kann selbst derartige Äpfel auswählen. Sie darf weder besonders schlechte Äpfel auswählen noch ist sie dazu verpflichtet, die allerbesten Äpfel herauszugeben.

5   Da der Schuldner keinen konkreten Gegenstand schuldet, sondern nur aus der Gattung leisten muss, wird er von seiner Leistungspflicht nicht frei, wenn lediglich die von ihm für den Gläubiger vorgesehenen Gegenstände nicht mehr vorhanden sind. Vielmehr ist dem Schuldner die Leistung erst dann unmöglich, wenn die gesamte Gattung untergegangen ist. Erst dann wird er von seiner Leistungsverpflichtung frei. Solange also noch jemand über Gegenstände „von mittlerer Art und Güte" aus der vereinbarten Gattung verfügt, ist der Schuldner gehalten, diese ggf. zu erwerben, damit er seinen Gläubiger beliefern kann. Man sagt, wer nur aus einer Gattung leisten muss, trägt das **Beschaffungsrisiko** (ein Begriff, der jetzt in § 276 Abs. 1 Satz 1 BGB angesprochen ist). Der Schuldner muss aber keine unzumutbaren Anstrengungen unternehmen, um Gegenstände aus der geschuldeten Gattung zu beschaffen. Welches Maß an Anstrengungen dem Schuldner zugemutet werden kann, ist eine Frage des Einzelfalls.

> **BEISPIELE** ▶ K bestellt im Versandhaus des V 1 000 Schraubenzieher Kreuzschlitz 4,5 x 80 mm verzinkt. In der Nacht zum 31. 1. 2010 brennt das Lagerhaus des V nieder. Handelt es sich in dem Fall um eine unbeschränkte Gattungsschuld, dann ist V verpflichtet, wieder Schraubenzieher der vereinbarten Gattung einzukaufen, um den K beliefern zu können.
>
> K kauft aus dem Warenkorb der V 1 kg Äpfel. V sucht 1 kg Äpfel mittlerer Art und Güte aus und verpackt sie in einer Papiertüte. Als sie die Papiertüte an K weiterreichen will, stößt sie der ungeschickte D. Die Papiertüte fällt der V aus der Hand und alle Äpfel landen im Schmutz. K muss noch einmal liefern. Anders wäre es, wenn D den ganzen Korb mit Äpfeln umgestoßen hätte und damit der Vorrat, aus dem K zu liefern hätte, insgesamt zerstört worden wäre.

6   Die **Gattungsschuld** wird **durch Konkretisierung** zur **Stückschuld**. § 243 Abs. 2 BGB: Hat der Schuldner das zur Leistung einer Sache von mittlerer Art und Güte „seinerseits Erforderliche" getan, dann beschränkt sich seine Schuld auf den betreffenden konkreten Gegenstand (bzw. die betreffenden Gegenstände). Was für den Schuldner das „seinerseits Erforderliche" ist, hängt vom Leistungsort ab (§ 269 BGB), also davon, ob eine Holschuld, Schickschuld oder Bringschuld vorliegt.

> **BEISPIEL (HOLSCHULD)** ▶ K kauft bei V am 5. 1. 2011 fünf Zentner Kartoffeln aus eigener Ernte des V. V und K vereinbaren, dass V die Kartoffeln am 7. 1. bei K abholen soll. K sucht am 7. 1. fünf Zentner Kartoffeln für V aus, ruft den V an und erklärt ihm, dass die Kartoffeln für ihn abholbereit lägen. Damit hat K das „seinerseits Erforderliche" i. S. des § 243 Abs. 1 BGB getan. Wenn jetzt zufällig gerade die für V bestimmten fünf Zentner Kartoffeln verbrennen, ist K von seiner Leistungspflicht frei geworden (§ 275 Abs. 1 BGB).

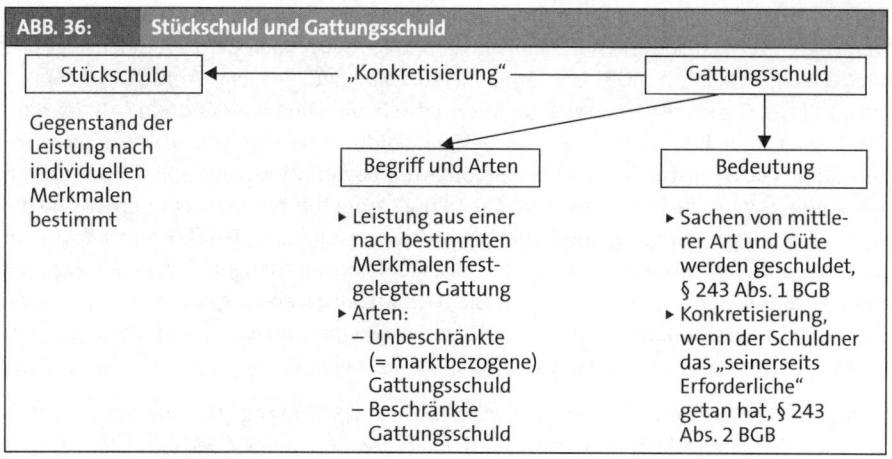

ABB. 36:   Stückschuld und Gattungsschuld

Stückschuld	◄——— „Konkretisierung" ———	Gattungsschuld

Gegenstand der Leistung nach individuellen Merkmalen bestimmt

Begriff und Arten	Bedeutung

▸ Leistung aus einer nach bestimmten Merkmalen festgelegten Gattung
▸ Arten:
  – Unbeschränkte (= marktbezogene) Gattungsschuld
  – Beschränkte Gattungsschuld
	▸ Sachen von mittlerer Art und Güte werden geschuldet, § 243 Abs. 1 BGB
	▸ Konkretisierung, wenn der Schuldner das „seinerseits Erforderliche" getan hat, § 243 Abs. 2 BGB

II. Wahlschuld

Eine Wahlschuld liegt vor, wenn mehrere verschiedene Leistungen in der Weise ge-   7
schuldet werden, dass nur die **eine oder** die **andere Leistung zu bewirken** ist, vgl. § 262
BGB. Man spricht auch von Alternativobligation.

> **BEISPIEL** ▸ Der Käufer einer mangelhaften Sache hat gem. § 439 Abs. 1 BGB die Wahl zwischen
> der Ersatzlieferung einer mangelfreien Sache und der Nachbesserung.

III. Geldschuld

1. Geldsummenschuld und Geldwertschuld

Auch Geld kann Gegenstand einer Schuld sein. **Geld** ist sogar der **häufigste Gegenstand**   8
von Schuldverhältnissen, weil die Gegenleistung meist in Geld zu erbringen ist. Das
BGB enthält allerdings nur wenige Vorschriften über die Geldschuld (§§ 244 – 248, 270,
272, 288, 291, 301 BGB).

Regelmäßig ist ein **bestimmter Geldbetrag** geschuldet. Der Schuldner hat dem Gläubiger Zahlungsmittel i. H. des Nennbetrags zu leisten (sog. Nennwertprinzip). Die Geldschuld ist im Regelfall **Geldsummenschuld**. Das bedeutet, dass die Geldentwertung zu
Lasten des Gläubigers geht.

> **BEISPIEL** ▸ G leiht dem S im Jahr 2008 10 000 € für eine Dauer von vier Jahren. Im Jahr 2012
> kann G von S lediglich den Betrag von 10 000 € zurückverlangen. Dass die Kaufkraft des Be-
> trags vor vier Jahren höher war, geht zu Lasten des G. Hätte er das Risiko des Kaufkraftschwun-
> des nicht tragen wollen, dann hätte er mit S eine Verzinsung des Geldes vereinbaren müssen.

Wollen die Parteien den Kaufkraftschwund ausgleichen, bietet sich die Aufnahme einer   9
Wertsicherungsklausel (= Preisklausel) in den Vertrag an. Ein Bedürfnis hierfür besteht
vor allem bei langfristigen Verträgen. Vorstellbar ist z. B. eine Vereinbarung, der zufolge
die Höhe einer Pacht oder einer Rente an die Änderung des amtlichen Lebenshaltungs-

indexes oder die Durchschnittsentwicklung der Löhne gekoppelt ist. Die Zulässigkeit derartiger Preisklauseln richtet sich seit dem 14.9.2007 nach dem Preisklauselgesetz (PrKlG vom 7.9.2007, BGBl.I S.2246; hierzu *Palandt/Grüneberg*, Anh. zu § 245). § 1 Abs. 1 dieses Gesetzes verbietet zwar automatisch wirkende Preisklauseln (= Indexklauseln), sofern durch sie die Höhe einer Geldschuld durch den Preis oder Wert von anderen Gütern oder Leistungen als den vereinbarten bestimmt werden soll. Dieses Verbot gilt aber nicht für die in § 1 Abs. 2 Nr. 1 – 4 PrKlG aufgeführten Klauseln. Ferner sind die §§ 3 – 7 PrKlG genannten Klauseln von dem Verbot ausgenommen (§ 2 Abs. 1 PrKlG). In weitem Umfang zulässig sind z. B. Preisklauseln in langfristigen Verträgen (vgl. § 3 PrKlG). Sofern der Vertrag keine Wertsicherungsklausel enthält, kann der durch die Preisentwicklung benachteiligten Partei ggf. durch eine Anpassung des Vertrags gem. § 313 BGB (hierzu oben § 20 Rn. 16 ff.) geholfen werden.

10   Von **Geldwertschulden** wird gesprochen, wenn sich der Umfang einer in Geld zu begleichenden Verbindlichkeit nach dem Wert eines Gegenstandes oder eines Vermögens richtet (vgl. die Definition bei *Brox/Walker*, Schuldrecht AT, § 9 Rn. 2). Bei derartigen Wertschulden sind Schwankungen unbedeutend, solange der Geldbetrag noch nicht beziffert ist.

> **BEISPIELE ▶** A schuldet seinem Nachbarn B Schadensersatz, weil er den Maschendrahtzaun zerschnitten hat, der die beiden Grundstücke voneinander abgrenzt. Nach § 249 Abs. 2 Satz 2 BGB kann B von A den zur Herstellung erforderlichen Geldbetrag verlangen. Hier liegt eine Wertschuld vor. Wenn die Errichtung des Zauns vor einem Jahr 1 000 € gekostet hat, heute aber die Errichtung eines gleichwertigen Zaunes 1 200 € kostet, dann muss A dem B 1 200 € bezahlen.
>
> Der Pflichtteilsberechtigte kann vom Erben einen Geldbetrag i. H. der Hälfte des Wertes seines gesetzlichen Erbteils verlangen (vgl. § 2303 Abs. 1 Satz 2 BGB).

2. Abwicklung der Geldschuld

11   § 243 Abs. 1 BGB findet auf Geldschulden keine Anwendung. Der Schuldner muss nicht Geld „mittlerer Art und Güte" bezahlen, sondern ganz einfach den entsprechenden Geldbetrag. Einzelheiten im Hinblick auf die Zahlung sind in den §§ 244, 245 BGB geregelt; wir wollen diese nicht vertiefen. Wer Geld schuldet, muss grundsätzlich Bargeld leisten. In der Praxis ist die Zahlung mit Buchgeld (durch Überweisung) weit verbreitet. Wer auf seiner Korrespondenz eine Bankverbindung angibt, erklärt dadurch, dass er bereit ist, bargeldlose Zahlungen zu akzeptieren. Allgemein wird man darüber hinausgehend den Schuldner immer für befugt halten müssen, mit Buchgeld zu bezahlen, es sei denn, es ist für ihn erkennbar, dass der Gläubiger auf Barzahlung Wert legt.

12   Abschließend sei betont, dass bei Geldschulden ein – auch unverschuldetes – Unvermögen zur Leistungserbringung den Schuldner nicht von seiner Zahlungspflicht befreit: „Geld muss man haben". Der Schuldner wird also auch dann zur Zahlung verurteilt, wenn er kein Geld hat. Das bedeutet aber nicht, dass das Gesetz auf die Bedürftigkeit des Geldschuldners gar keine Rücksicht nimmt. Vielmehr findet diese durchaus Berücksichtigung, allerdings erst in einem späteren Stadium, nämlich bei der Zwangsvollstreckung, in der dem Schuldner das Lebensnotwendige belassen wird (siehe oben § 17 Rn. 7).

IV. Zinsschuld

Nur kurz sei auf die Zinsschuld eingegangen. Zinsen sind das Entgelt für eine Kapital-   13
überlassung, das nach Bruchteilen des überlassenen Kapitals und der Dauer der Überlassung berechnet wird (*Brox/Walker*, Schuldrecht AT, § 9 Rn. 10). Die Entrichtung von
Zinsen kann gesetzlich angeordnet (z. B. §§ 288 und 291 BGB) oder vertraglich vereinbart sein. Der gesetzliche Zinssatz beträgt im bürgerlich-rechtlichen Rechtsverkehr 4 %
(§ 246 BGB), unter Kaufleuten 5 % (§ 352 HGB).

§ 22 Die Art und Weise der Leistungserbringung

LITERATUR

Bernhard, Holschuld, Schickschuld, Bringschuld – Auswirkungen auf Gerichtsstand, Konkretisierung und Gefahrtragung, JuS 2011, 9; *Coester-Waltjen*, Der Erfüllungsort, Jura 2011, 821.

1 Hier gilt der Grundsatz: „Der richtige Schuldner muss dem richtigen Gläubiger die richtige Leistung am richtigen Ort zur richtigen Zeit erbringen" (*Brox/Walker*, Schuldrecht AT, § 12 Rn. 1).

I. Leistungsort
1. Begriff und Bestimmung

2 **Leistungsort** i. S. des § 269 BGB (lesen!) ist der Ort, an dem der Schuldner seine **Leistungshandlung** vornehmen muss. Im Gesetz ist insoweit manchmal auch vom Erfüllungsort die Rede (z. B. §§ 447, 448, 644 Abs. 2 BGB). Dagegen ist **Erfolgsort** der Ort, an dem der **Leistungserfolg** eintritt. Beide Orte können zusammenfallen. In der Praxis ist dies häufig der Fall.

3 Die **Bestimmung** des Leistungsorts hängt nach § 269 Abs. 1 BGB in erster Linie davon ab, was die **Parteien vereinbart** haben. So enthalten z. B. die im internationalen Handelsverkehr verbreiteten Handelsklauseln auch (aber nicht nur!) Regelungen über den Leistungsort. Hingewiesen sei in diesem Zusammenhang auf die International Commercial Terms (Incoterms) der Internationalen Handelskammer (ICC) in Paris. „Berühmt" sind etwa die fob- und die cif-Klausel (fob = free on board; cif = cost, insurance, freight). Wer eine derartige Klausel in den Vertrag aufnimmt, sollte sich über deren Bedeutung im Klaren sein. Für Interessierte: Die Bedeutung der Incoterms ist erklärt in den Regeln der ICC zur Auslegung nationaler und internationaler Handelsklauseln (Incoterms® 2010 Regeln).

4 Fehlt es an einer Vereinbarung, ist der Leistungsort aus den Umständen, insbesondere aus der Natur des Schuldverhältnisses, zu bestimmen.

> **BEISPIEL** ▸ Die Reparatur eines Wasserrohrbruchs kann nur dort stattfinden, wo das Rohr gebrochen ist.

Ist auch eine Bestimmung aus den Umständen des Falls nicht möglich, so ist der Leistungsort beim Schuldner angesiedelt.

2. Insbesondere: Holschulden, Bringschulden und Schickschulden

Von einer **Holschuld** spricht man, wenn der **Leistungsort** und der **Erfolgsort** beim   5
Schuldner liegen. Der Schuldner muss seine Leistungshandlung an seinem Wohnsitz
vornehmen; dort tritt auch der Leistungserfolg ein. Der Begriff der Holschuld sagt uns,
dass der Gläubiger den Gegenstand beim Schuldner abholen muss. Eine Holschuld liegt
vor, wenn die Parteien nichts anderes vereinbart haben und sich auch aus den Umständen nichts anderes ergibt (§ 269 Abs. 1 BGB); es handelt sich also hierbei um den gesetzlichen Regelfall.

Bei der **Bringschuld** liegen dagegen sowohl der **Leistungs-** als auch der **Erfolgsort** beim   6
Gläubiger. Der Schuldner muss beim Gläubiger die Leistungshandlung vornehmen;
dort tritt auch der Leistungserfolg ein. Bringschulden sind die Ausnahme. Auch dann,
wenn vereinbart ist, dass der Schuldner die Kosten für die Versendung übernommen
hat, kann nicht ohne Weiteres vom Vorliegen einer Bringschuld ausgegangen werden
(vgl. § 269 Abs. 3 BGB).

Zwischen beiden liegt die **Schickschuld**: Hier nimmt der **Schuldner** an seinem Wohnsitz   7
die **Leistungshandlung** vor, indem er die Ware versendet. Der **Leistungserfolg** tritt aber
erst beim **Gläubiger** ein, wenn die Ware eintrifft. Auch die Geldschuld ist nach § 270
Abs. 1 BGB (lesen!) eine – qualifizierte – Schickschuld (siehe unten Rn. 10).

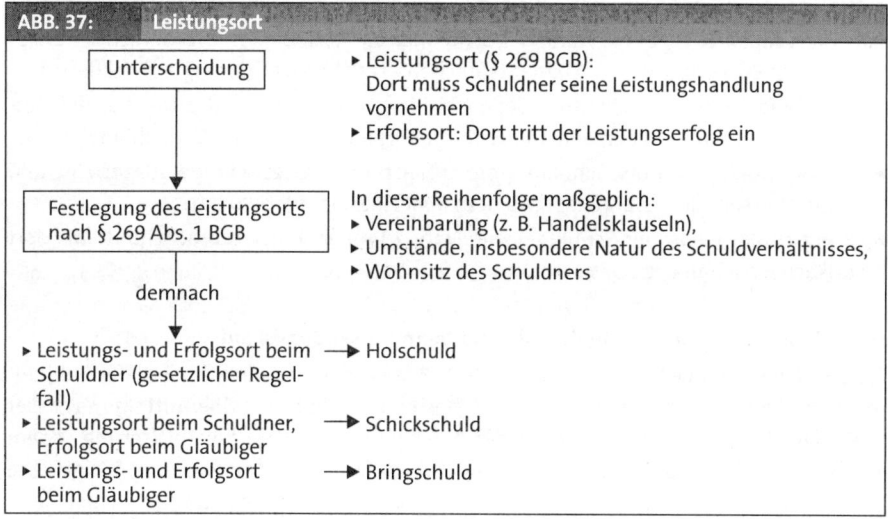

ABB. 37: Leistungsort

227

3. Bedeutung

Der Leistungsort ist in vielerlei Hinsicht von Bedeutung:

a) Eintritt von Schuldner- und Gläubigerverzug

8   Nimmt der Schuldner seine Leistungshandlung am falschen Ort vor, dann kann er – bei Vorliegen von weiteren Voraussetzungen – in Verzug geraten. Der Gläubiger kann die Annahme der Leistung in einem solchen Fall sanktionslos verweigern; insbesondere gerät er nicht in Annahmeverzug.

> **BEISPIEL ▶** K hat bei V zehn Zentner Kohlen gekauft. Dabei ist vereinbart worden, dass V dem K die Kohlen am 7. 2. 2012 liefert. Wenn V den K an diesem Tag lediglich anruft und ihm mitteilt, die Kohlen lägen bei ihm abholbereit, dann gerät er in Schuldnerverzug. Weigert sich K, die Kohlen abzuholen, dann gerät er nicht in Gläubigerverzug (= Annahmeverzug).

> **GEGENBEISPIEL ▶** Wenn K und V keine Vereinbarung über den Leistungsort getroffen hätten, dann wäre gem. § 269 Abs. 1 BGB von einer Holschuld auszugehen. In diesem Fall könnte V nicht mehr in Schuldnerverzug geraten, nachdem er die Kohlen zur Abholung bereitgelegt und den K hierüber informiert hat. Und K geriete in Gläubigerverzug, wenn er die Kohlen nicht abholt.

b) Konkretisierung von Gattungsschulden

9   Der Leistungsort ist darüber hinaus maßgeblich für die Frage der Konkretisierung einer Gattungsschuld. Er sagt uns, wann der Schuldner das „seinerseits Erforderliche" i. S. des § 243 Abs. 2 BGB erbracht hat. Dementsprechend tritt **Konkretisierung** ein **bei** der:

▶ **Holschuld**: wenn der Schuldner Gegenstände „mittlerer Art und Güte" aus der Gattung ausgesucht und dem Gläubiger mitgeteilt hat, dass er die Ware abholen kann;

▶ **Schickschuld**: wenn der Schuldner die zu leistenden Gegenstände ausgesucht und sie zur Versendung gebracht (etwa dem Spediteur übergeben) hat;

▶ **Bringschuld**: wenn der Schuldner die Ware zum Gläubiger gebracht und ihm dort tatsächlich angeboten hat.

c) Gefahrtragung bei der Geldschuld und beim Versendungskauf

10   Für die **Geldschuld** bestimmt § 270 Abs. 1 BGB, dass der **Schuldner** im Zweifel Geld auf seine Kosten und **seine Gefahr** an den Wohnsitz des Gläubigers **übermitteln** muss. Der Leistungsort liegt mithin beim Schuldner. Er erfüllt seine Leistungsverpflichtung, indem er das geschuldete Geld zur Versendung bringt (z. B. eine Überweisung tätigt). Die Geldschuld hat somit den Charakter einer Schickschuld. Allerdings trägt bei einer Geldschuld der Schuldner ausnahmsweise auch die Gefahr des Verlusts bei der Übermittlung. Aufgrund dessen spricht man von einer „qualifizierten" Schickschuld. Die Gefahr der Verzögerung trägt der Schuldner jedoch nicht. Kommt das Geld verspätet beim Gläubiger an, kann der Schuldner dafür nicht über die Regeln des Verzugs zur Verantwortung gezogen werden.

> **BEISPIEL ▶** S schuldet dem G 100 €. Die Schuld ist am 7. 2. 2010 zu begleichen. Am 5. 2. 2010 legt S das Geld in einen ausreichend frankierten Briefumschlag und bringt den Umschlag zur Post. Wenn das Geld unterwegs verloren geht, dann muss S noch einmal bezahlen. Wenn aber das Geld infolge einer Schlamperei bei der Post erst im Juli bei G ankommt, dann ist S gleichwohl nicht in Schuldnerverzug geraten.

Besonderheiten gelten ferner beim **Versendungskauf. § 447 Abs. 1 BGB** bestimmt, dass   11
die Gefahr im Zeitpunkt der Übergabe der Kaufsache an die Transportperson auf den
Käufer übergeht, wenn der Verkäufer die verkaufte Sache auf Verlangen des Käufers an
einen anderen als den Erfüllungsort versendet. Dies bedeutet, dass der Käufer den
Kaufpreis auch dann bezahlen muss, wenn die Sache unterwegs **zufällig** untergeht,
d. h. infolge eines Umstands, für den weder der Verkäufer noch der Käufer verantwortlich ist.

> **BEISPIEL** ▸ K aus Münster kauft bei seinem Freund V aus Osnabrück ein gebrauchtes Fernsehge-
> rät. K und V vereinbaren, dass V dem K das Gerät per Post nach Münster schicken soll. So ge-
> schieht es auch: V übergibt das ordnungsgemäß verpackte Gerät der Post, die es nach Münster
> befördern soll. Der Lastwagen gerät aber unterwegs in einen Auffahrunfall, bei dem der Fern-
> seher völlig zerstört wird.

Hier ist V von seiner Pflicht zur Übereignung und Übergabe der verkauften Sache nach
§ 275 Abs. 1 BGB frei geworden. Die Sache ist nämlich zerstört worden, so dass die Erfüllung der Pflicht aus dem Kaufvertrag für jedermann unmöglich geworden ist. Dies
würde nach § 326 Abs. 1 Satz 1 Hs. 1 BGB an sich dazu führen, dass K auch den Kaufpreis nicht bezahlen muss. Aber hier greift die Ausnahmevorschrift des § 447 Abs. 1
BGB ein: Die Gefahr ist auf K übergegangen. Er muss seine Gegenleistung erbringen,
obwohl er die Leistung nicht erhält. § 447 Abs. 1 BGB meint also mit Gefahr die sog.
„Gegenleistungsgefahr".

Zu beachten ist, dass § 447 BGB gem. § 474 Abs. 2 BGB bei sog. Verbrauchsgüterkäufen
keine Anwendung findet. Ein Verbrauchsgüterkauf liegt dann vor, wenn ein Unternehmer i. S. des § 14 Abs. 1 BGB an einen Verbraucher i. S. des § 13 BGB eine bewegliche Sache verkauft.

ABB. 38:	Bedeutung des Leistungsorts	
Maßgeblich für Eintritt von Schuldner- und Gläubigerverzug	Konkretisierung von Gattungsschulden gem. § 243 Abs. 2 BGB	Gefahrtragung
	▸ Holschuld: Aussuchen erfüllungs-tauglicher (§ 243 Abs. 1 BGB) Ware und Information des Gläubi-gers ▸ Schickschuld: Versendung erfül-lungstauglicher Ware ▸ Bringschuld: Tatsächliches An-bieten erfüllungstauglicher Ware am Wohn- oder Geschäftssitz des Gläubigers	▸ Schuldner von Geld trägt Gefahr des zufälligen Unter-gangs während der Übermitt-lung: „qualifizierte Schick-schuld", § 270 Abs. 1 BGB ▸ Käufer muss beim Versen-dungskauf (Schickschuld) die während des Transports untergegangene Ware be-zahlen, § 447 Abs. 1 BGB (beachte aber: § 474 Abs. 2 BGB)

II. Leistungszeit

1. Begriff und Bestimmung

12   Hinsichtlich der Leistungszeit wird zwischen Fälligkeit und Erfüllbarkeit unterschieden. Der Zeitpunkt der **Fälligkeit** ist der Zeitpunkt, an dem der **Schuldner leisten muss**, der Gläubiger also die Leistung fordern kann. **Erfüllbar** ist die Schuld ab dem Zeitpunkt, zu dem der Schuldner (frühestens) **leisten darf**. In der Rechtswirklichkeit fallen die beiden Zeitpunkte oft zusammen.

13   Die **Fälligkeit** bestimmt sich nach **§ 271 Abs. 1 BGB** in erster Linie nach den Parteivereinbarungen und in zweiter Linie nach den Umständen. Um die Vereinbarung einer Leistungszeit handelt es sich z. B. bei der im Handelsverkehr üblichen Klausel: „Nettokasse gegen Rechnung", die bedeutet, dass der Kaufpreis bereits mit Erhalt der Rechnung fällig wird und nicht erst dann, wenn die Sache ausgeliefert wird. Falls ein Termin für die Fälligkeit weder von den Parteien bestimmt noch aus den Umständen zu entnehmen ist, kann der Gläubiger die Leistung sofort fordern und der Schuldner sie sofort bewirken.

Gelegentlich sieht das Gesetz **Sonderregelungen** für die Leistungszeit vor.

> **BEISPIELE** In § 556b Abs. 1 BGB ist geregelt, dass der Mietzins zu Beginn der einzelnen Zeitabschnitte zu entrichten ist, nach denen sie bemessen ist. Nach § 614 BGB wird der Arbeitslohn erst nach getaner Arbeit fällig. Freilich können die Parteien hiervon abweichende Regelungen treffen.

Wird die Fälligkeit der Leistung durch eine Abrede unter den Parteien hinausgeschoben, dann spricht man von **Stundung**.

14   Im Bezug auf die **Erfüllbarkeit** enthält § 271 Abs. 2 BGB eine Auslegungsregel. Danach kann der Schuldner die Leistung im Zweifel vor der vereinbarten Zeit bewirken, der Gläubiger sie aber nicht vorher fordern. Wenn allerdings die Vereinbarung einer Leistungszeit auch im Interesse des Gläubigers liegt, dann darf der Schuldner nicht vorher leisten (vgl. *Brox/Walker*, Schuldrecht AT, § 12 Rn. 19).

> **BEISPIELE** Bei einem verzinslichen Darlehen ist der Schuldner nicht berechtigt, das Darlehen vor dem Fälligkeitstermin zurückzuzahlen. Denn dies würde dazu führen, dass der Gläubiger einen Teil seiner Zinsen verliert.
>
> Wenn mit dem Handwerker vereinbart ist, dass er am Dienstag, dem 20. 9. 2011 ins Haus kommen soll, dann ist er nicht berechtigt, schon einen Tag vorher zu kommen. Darauf ist der Auftraggeber nicht eingestellt.

2. Bedeutung

15   Die Leistungszeit ist für die Durchführung des Vertrags wichtig. Leistet der Schuldner nicht rechtzeitig zum Fälligkeitstermin, so gerät er – sofern weitere Voraussetzungen vorliegen – in Verzug und muss dem Gläubiger den durch die Verzögerung entstandenen Schaden ersetzen. Die Einzelheiten sind in §§ 280 Abs. 1 und 3, 286 ff. BGB geregelt. Umgekehrt gerät der Gläubiger u.U. in Annahmeverzug, wenn er eine Leistung zu einem Zeitpunkt nicht annimmt, zu dem der Schuldner sie bewirken darf.

3. Besondere Bedeutung der Leistungszeit bei Fixgeschäften

Wenn die Einhaltung der Leistungszeit für den Gläubiger besonders wichtig ist, dann handelt es sich bei dem Rechtsgeschäft möglicherweise um ein **Fixgeschäft**. Dabei wird unterschieden zwischen **absoluten** und **relativen** Fixgeschäften. 　16

Bei einem **absoluten Fixgeschäft** ist der Leistungszeitpunkt nach Sinn und Zweck des Vertrags und nach der Interessenlage der Parteien so wesentlich, dass eine **verspätete Leistung** keine Erfüllung mehr darstellt (BGH NJW 2009, 2743, 2744). Die Nichteinhaltung der Leistungszeit begründet **Unmöglichkeit** der Leistung. Wenn der Schuldner nicht rechtzeitig leistet, kommen daher die für die Unmöglichkeit der Leistung geltenden Vorschriften (§§ 275, 283, 326 BGB) zur Anwendung. 　17

> **SCHULBEISPIELE** ▶ Brautstrauß zur Hochzeit; Trauermusik zur Beerdigung; Balkonmiete anlässlich des Krönungszugs einer Königin usw.

Von einem **relativen Fixgeschäft** spricht man, wenn nach dem Willen der Parteien **die Leistungszeit so wesentlich** ist, **dass das Geschäft** mit ihrer Einhaltung „**steht und fällt**". Dies ist auch gemeint, wenn im Gesetz davon die Rede ist, dass „der Gläubiger im Vertrag den Fortbestand seines Leistungsinteresses an die Rechtzeitigkeit der Leistung gebunden hat" (§ 323 Abs. 2 Nr. 2 BGB). Die Leistung könnte − anders als beim absoluten Fixgeschäft − zwar noch nach Ablauf des Fälligkeitsdatums erbracht werden, ist für den Gläubiger aber nicht mehr von Interesse. Für die Annahme eines relativen Fixgeschäfts ist es keineswegs ausreichend, dass die Parteien einen festen Termin für die Leistung vereinbart haben. Häufig kommt der Charakter eines Rechtsgeschäfts als Fixgeschäft in der Verwendung von Klauseln wie „fix", „prompt", „genau am" oder „spätestens bis" zum Ausdruck. 　18

> **BEISPIELE** ▶ Lieferungen von Saisonartikeln wie Christbaumschmuck, Badekleidung, Kalender (zur Jahreswende), Schokoladenweihnachtsmänner usw.

Hält der Schuldner bei einem relativen Fixgeschäfte die bestimmte Leistungszeit nicht ein, dann ist die **Rechtsfolge** aus **§ 323 Abs. 1 und Abs. 2 Nr. 2 BGB** zu entnehmen: Der Gläubiger ist berechtigt, vom Vertrag zurückzutreten, ohne dass er dem Schuldner zuvor eine Frist zur Erbringung der Leistung setzen muss.

III. Leistung durch Dritte und Leistung an Dritte

1. Leistung durch Dritte

Nur ausnahmsweise muss der Schuldner in Person leisten. So hat etwa der zur Dienstleistung Verpflichtete gem. § 613 Satz 1 BGB die Dienste im Zweifel (d. h. wenn nicht anders vereinbart) in Person zu leisten (ebenso der Beauftragte, vgl. § 664 Abs. 1 Satz 1 BGB). 　19

> **BEISPIELE** ▶ Die angestellte Haushaltshilfe ist verpflichtet, selbst zu erscheinen und die ihr übertragenen Aufgaben zu erfüllen. Der behandelnde Arzt kann sich bei einer Operation nicht einfach durch einen Kollegen vertreten lassen.

Regelmäßig ist dem Gläubiger die Person des Leistenden allerdings gleichgültig. In diesem Fall kann gem. **§ 267 Abs. 1 BGB** (lesen!) auch ein völlig fremder Dritter die Leistung erbringen, ohne dass der Schuldner ein Recht hat, sie zurückzuweisen. Und auch der Gläubiger kann die Erfüllung durch einen Dritten nur ablehnen, wenn der Schuldner widerspricht (§ 267 Abs. 2 BGB). Leistet ein Dritter für den Schuldner, wird der Schuldner von seiner Verpflichtung frei. Unter Umständen hat dann aber der Dritte gegen den Schuldner einen Anspruch aus ungerechtfertigter Bereicherung oder aus Geschäftsführung ohne Auftrag.

2. Leistung an Dritte

20   Grundsätzlich wird der Schuldner nur frei, wenn er die Leistung an den Gläubiger bewirkt, **§ 362 Abs. 1 BGB**. Das bedeutet nicht, dass an den Gläubiger persönlich geleistet werden muss. Regelmäßig genügt auch eine Leistung an den Empfangsboten oder Empfangsvertreter des Gläubigers.

21   Das Schuldverhältnis erlischt aber auch dann, wenn der **Gläubiger** damit **einverstanden** ist, dass der Schuldner an einen Dritten leistet. Dies ist im BGB durch die Bestimmung des **§ 362 Abs. 2 BGB** zum Ausdruck gekommen, der auf **§ 185 BGB** verweist. Das Einverständnis des Gläubigers kann vor oder nach der Leistung erklärt werden.

> **BEISPIEL** ► K kauft beim Juwelier V einen wertvollen Ring, den er seiner Freundin F schenken will. Er bittet den V, den Ring gleich an die F zu übersenden.

22   Ferner wird der Schuldner von seiner Leistungsverpflichtung frei, wenn er an den alten Gläubiger leistet, der inzwischen den Anspruch an einen Dritten abgetreten hat, ohne den Schuldner davon zu unterrichten, **§ 407 BGB**.

> **BEISPIEL** ► S schuldet dem G einen Geldbetrag i. H. von 1 000 €. G seinerseits hat Schulden bei Z. Daher tritt er am 5. 2. 2011 seine Forderung gegen S an den Z ab (§ 398 BGB; lesen!). Wenn S in Unkenntnis der Abtretung seinem − vermeintlichen − Gläubiger G die 1 000 € überweist, dann erlischt gem. § 407 Abs. 1 BGB seine Schuld gegenüber Z (zu den §§ 398 ff. siehe im Übrigen § 50).

IV. Verbot von Teilleistungen

23   Abschließend sei auf **§ 266 BGB** (lesen!) hingewiesen, wonach der Schuldner zu − dem Gläubiger möglicherweise lästigen − Teilleistungen nicht berechtigt ist.

> **BEISPIEL** ► K hat bei V 10 Zentner Kohlen gekauft, die im Laufe des September geliefert werden sollen. Am 2. September erscheint V bei K und erklärt ihm, er bringe ihm erst einmal 5 Zentner. Den Rest werde er demnächst liefern. Dies muss K nicht dulden. Dass hier die Teilleistung für K lästig ist, dürfte offensichtlich sein: K müsste im Falle einer Teilleistung mehrmals anwesend sein und er müsste sich mehrmals die Kellertreppe verschmutzen lassen.

Das Verbot von Teilleistungen gilt selbstverständlich nicht, wenn die Parteien die Zulässigkeit von Teilleistungen vereinbart haben. Dies ist etwa beim Kauf auf Raten der Fall.

§ 23 Die Leistungsverweigerungsrechte des Schuldners aus §§ 320 und 273 BGB

LITERATUR

Kaiser, Unsicherheitseinrede des Vorleistungspflichtigen nach § 321 I BGB, NJW 2010, 1254.

I. Die Einrede des nicht erfüllten Vertrags

1. Begriff und Bedeutung

Ein gegenseitiger Vertrag zeichnet sich dadurch aus, dass sich die eine Partei nur des-   1
wegen zur Erbringung ihrer Leistung verpflichtet hat, weil die andere Partei ihrerseits
versprochen hat, eine Gegenleistung zu erbringen – und umgekehrt. Die enge Verknüpfung von Leistung und Gegenleistung bezeichnet man als Synallagma. Der Gesetzgeber
hat die gegenseitige Abhängigkeit von Leistung und Gegenleistung u. a. in **§ 320 Abs. 1
BGB** (lesen!) berücksichtigt. Nach dieser Vorschrift kann derjenige, der aus einem gegenseitigen Vertrag verpflichtet ist, die ihm obliegende Leistung bis zur Erbringung der
Gegenleistung verweigern. Keine Partei ist somit gehalten, ihre Leistung zu erbringen,
wenn nicht gewährleistet ist, dass sie auch die ihr zustehende Gegenleistung erhält.
Das in § 320 Abs. 1 BGB geregelte Leistungsverweigerungsrecht ermöglicht es den Parteien, **aufeinander Druck auszuüben**, die **jeweils geschuldete Leistung zu erbringen**
(vgl. auch *Musielak*, Grundkurs BGB, Rn. 530).

2. Voraussetzungen

Die Einrede des nicht erfüllten Vertrags ist im Einzelnen von folgenden Voraussetzungen abhängig:

a) Gegenseitiger Vertrag

§ 320 BGB kommt nur zur Anwendung, wenn die Parteien einen gegenseitigen Vertrag   2
geschlossen haben. Beispiele hierfür sind der Kaufvertrag, der Mietvertrag, der Werkvertrag und der Dienstvertrag.

b) Im Gegenseitigkeitsverhältnis stehende Leistungen

Das Leistungsverweigerungsrecht des Schuldners bezieht sich nur auf solche Leistun-   3
gen, die im Gegenseitigkeitsverhältnis zu den Leistungen stehen, die der Schuldner seinerseits vom Gläubiger fordern kann. Nicht alle Pflichten, die aus einem gegenseitigen
Vertrag entspringen, stehen zueinander im Gegenseitigkeitsverhältnis, sondern regelmäßig nur die Hauptleistungspflichten.

> **BEISPIEL** ▸ S ist erfahrener Waldarbeiter und hat bei G eine neue Motorsäge, Marke: „Silber-
> tanne 2012", zu einem Preis von 300 € gekauft, nachdem seine alte „Silbertanne 2006" den
> Geist aufgegeben hat. S kann gegenüber G die Bezahlung des Kaufpreises verweigern, solange
> G ihm die gekaufte Säge nicht übergibt. Bei der Pflicht des Verkäufers zur Übereignung und
> Übergabe der mangelfreien Sache (§ 433 Abs. 1 BGB) und der Pflicht des Käufers zur Kaufpreis-
> zahlung (§ 433 Abs. 2 BGB) handelt es sich um synallagmatische Pflichten. Verzögert G dage-
> gen lediglich die Aushändigung der Gebrauchsanleitung, dann darf S die Kaufpreiszahlung
> nicht gem. § 320 Abs. 1 BGB verweigern, wenn man davon ausgeht, dass S als erfahrener Wald-
> arbeiter mit dem ihm bekannten Modell auch ohne Gebrauchsanleitung umgehen kann.

c) Fälligkeit der Gegenforderung

4   Der Schuldner kann die Einrede des § 320 Abs. 1 BGB nur dann mit Erfolg erheben,
wenn die ihm gegen seinen Gläubiger zustehende Forderung bereits fällig ist.

d) Kein Ausschluss der Einrede

5   Wenn der Schuldner zur Vorleistung verpflichtet ist, kann er die Leistung nicht verweigern (siehe § 320 Abs. 1 Satz 1 a. E. BGB). Vorleistungspflichten können vertraglich vereinbart sein oder sich aus dem Gesetz ergeben. Das Gesetz sieht z. B. eine Vorleistungs-
pflicht des Mieters (§ 556b Abs. 1 BGB), des Dienstverpflichteten (§ 614 BGB) und des
Werkunternehmers (§ 641 BGB) vor.

Auch dem vorleistungspflichtigen Schuldner wird aber nicht zugemutet, seine Leistung
zu erbringen, wenn das Risiko besteht, dass er später die Gegenleistung nicht erhält.
Zeigt sich nach Abschluss des Vertrags, dass der andere Teil angesichts seiner Ver-
mögensverhältnisse seine Leistung möglicherweise nicht erbringen kann, dann kann
der Schuldner die sog. Unsicherheitseinrede erheben, die in § 321 BGB geregelt ist. Er
kann die Leistung verweigern, bis der andere Teil die Gegenleistung bewirkt oder Sicherheit leistet.

3. Rechtsfolgen

6   **Im Prozess** wird die Einrede des nicht erfüllten Vertrags nur berücksichtigt, wenn der
Schuldner sie auch erhebt. Wird die Einrede erhoben, dann führt dies nicht zur Abwei-
sung der Klage. Vielmehr führt die **Geltendmachung des Leistungsverweigerungsrechts**
nur zu einer **Verurteilung** zur Leistung **Zug um Zug (§ 322 Abs. 1 BGB)**. Der Gläubiger
kann aus einem derartigen Urteil die Zwangsvollstreckung gegen den Schuldner nur
betreiben, wenn er diesem zugleich die von ihm geschuldete Gegenleistung anbietet.

> **BEISPIEL** ▸ Weil S dem G den fälligen Kaufpreis i. H. von 300 € für die verkaufte Motorsäge noch
> nicht bezahlt hat, wird er von G verklagt. Im Prozess verweigert S die Bezahlung mit der Be-
> gründung, G habe ihm seinerseits auch die Säge noch nicht geliefert. Das Gericht wird die Kla-
> ge nicht abweisen, sondern den S zur Zahlung der 300 € Zug um Zug gegen Übereignung und
> Übergabe der Säge verurteilen. G kann nur dann im Wege der Zwangsvollstreckung vorgehen,
> wenn er dem S die Lieferung der Säge anbietet.
>
> Wenn S dagegen im Prozess sein Leistungsverweigerungsrecht nicht geltend macht, dann wird
> er ohne die Einschränkung „Zug um Zug" verurteilt.

Materiellrechtlich wirkt sich die enge Verknüpfung von Leistung und Gegenleistung in der Weise aus, dass der **Schuldner nicht in Verzug** gerät, solange er die Einrede aus § 320 BGB erheben könnte. Nicht nötig für die Verhinderung des Verzugseintritts ist es dagegen, dass der Schuldner die Einrede erhebt. Der Schuldner kann nur dann in Verzug geraten, wenn ihm der Gläubiger die Gegenleistung anbietet (vgl. BGHZ 116, 244, 249; Einzelheiten sind strittig, siehe hierzu *Musielak*, Grundkurs BGB, Rn. 532 und 445).

7

> **BEISPIEL** ▶ S und G haben vereinbart, dass S am 1.12. den Kaufpreis i. H. von 300 € bezahlt und G am selben Tag die gekaufte Motorsäge liefert. Wenn S nach Ausbleiben der Lieferung am 1.12. nicht bezahlt, dann gerät er (trotz § 286 Abs. 2 Nr. 1 BGB) nicht in Verzug, weil er ja dem Zahlungsverlangen des G die Einrede aus § 320 Abs. 1 BGB entgegensetzen könnte.

II. Das Zurückbehaltungsrecht nach § 273 BGB

1. Begriff und Bedeutung

§ 273 Abs. 1 BGB bestimmt, dass der Schuldner, der aus demselben rechtlichen Verhältnis, auf dem seine Verpflichtung beruht, einen fälligen Anspruch gegen den Gläubiger hat, die geschuldete Leistung verweigern kann, bis die ihm gebührende Leistung bewirkt wird.

8

Das in **§ 273 BGB** geregelte Zurückbehaltungsrecht verfolgt **nur den Zweck**, den **Schuldner**, der seinerseits von dem Gläubiger etwas verlangen kann, **zu sichern**. Es geht – anders als bei § 320 BGB – nicht darum, dem Schuldner zu ermöglichen, Druck auf den Gläubiger auszuüben (zum Zweck des § 320 siehe oben Rn. 1). Der durch § 273 BGB verfolgte Sicherungszweck ist erreicht, wenn der Gläubiger Sicherheit leistet. Aus diesem Grund eröffnet **§ 273 Abs. 3 BGB** dem Gläubiger die Möglichkeit, die Ausübung des **Zurückbehaltungsrechts durch Sicherheitsleistung abzuwenden**. Mit dem Zweck des § 320 BGB wäre eine derartige Abwendungsbefugnis dagegen nicht zu vereinbaren. Daher ordnet § 320 Abs. 1 Satz 3 BGB an, dass § 273 Abs. 3 BGB keine Anwendung findet.

9

2. Voraussetzungen

a) Gegenseitige Ansprüche

Anders als § 320 BGB verlangt § 273 BGB nicht, dass Schuldner und Gläubiger einen gegenseitigen Vertrag geschlossen haben. Vielmehr ist es ausreichend, dass zwei Personen Ansprüche gegeneinander haben.

10

> **BEISPIEL** ▶ G bittet seine Studienkollegin S, für ihn im Supermarkt Waren einzukaufen. S führt den Auftrag aus. Als G von ihr die besorgten Waren verlangt, entgegnet S, sie würde die Einkäufe nur herausgeben, wenn G ihr die verauslagten 20 € erstatte.
>
> In dem Fall hat G gegen S einen Anspruch aus § 667 BGB auf Herausgabe des aus der Geschäftsführung Erlangten. S hat ihrerseits gegen G einen Anspruch aus § 670 BGB auf Aufwendungsersatz. Sie kann daher gem. § 273 Abs. 1 die Leistung gegenüber G verweigern.

In dem Beispielsfall ergibt sich das Zurückbehaltungsrecht der S aus § 273 BGB (und nicht § 320 BGB), weil das zwischen G und S bestehende Auftragsverhältnis kein gegenseitiger Vertrag ist. Wenn sich dagegen Hauptpflichten aus gegenseitigen Verträgen gegenüberstehen, ist § 320 BGB gegenüber § 273 vorrangig.

b) Durchsetzbarkeit des Anspruchs des Schuldners

11   Der Gegenanspruch des Schuldners gegen den Gläubiger muss durchsetzbar sein. Noch nicht durchsetzbar ist ein noch nicht fälliger Anspruch; daher fordert der Wortlaut des § 273 Abs. 1 BGB einen fälligen Anspruch gegen den Gläubiger. Nicht durchsetzbar ist ferner ein schon verjährter Anspruch (vgl. § 214 Abs. 1 BGB). Der Schuldner kann aber sein Zurückbehaltungsrecht auf einen schon verjährten Anspruch stützen, wenn er das Recht schon zu einem Zeitpunkt hätte geltend machen können, zu dem der Anspruch noch nicht verjährt war (§ 215 Alt. 2 BGB).

c) Konnexität der Ansprüche

12   Schließlich verlangt § 273 Abs. 1 BGB, dass der Anspruch des Gläubigers und der Gegenanspruch des Schuldners auf demselben rechtlichen Verhältnis beruhen. Insofern wird die Vorschrift großzügig ausgelegt. Die Ansprüche sind bereits dann in ausreichender Weise miteinander verknüpft, wenn sie auf einem einheitlichen Lebensverhältnis beruhen (vgl. BGHZ 92, 192, 196; 115, 99, 103). Die für § 273 BGB erforderliche „Konnexität" der Ansprüche ist zu bejahen, wenn zwischen ihnen ein **natürlicher und wirtschaftlicher Zusammenhang** besteht, der es rechtfertigt, dass der eine Anspruch nicht unabhängig vom anderen durchgesetzt werden kann.

> **BEISPIEL** (NACH *BROX/WALKER*, § 13 RN. 1) ▶ S und G haben in einem Lokal ihre Jacken vertauscht. Zwischen den beiden bestehen keinerlei vertragliche Beziehungen. Wenn G von S seine Jacke herausverlangt, kann S die Herausgabe gem. § 273 Abs. 1 BGB verweigern, bis G ihm seine Jacke herausgibt.

d) Kein Ausschluss

13   Das Zurückbehaltungsrecht ist ausgeschlossen, wenn sich dies aus dem zwischen den Parteien bestehenden Vertrag oder aus dem Gesetz (Beispiel: § 175 BGB) ergibt.

3. Rechtsfolgen

14   Ebenso wie die Einrede des nicht erfüllten Vertrags bewirkt die Geltendmachung des Zurückbehaltungsrechts **im Prozess nur** eine **Verurteilung des Schuldners Zug um Zug** gegen Empfang der ihm gebührenden Leistung (**§ 274 Abs. 1 BGB**). Versäumt es der Schuldner, sich auf sein Leistungsverweigerungsrecht zu berufen, wird er ohne Einschränkung verurteilt.

15   Im Rahmen von gegenseitigen Verträgen besteht zwischen den im Synallagma stehenden Verpflichtungen eine so enge Verbindung, dass bereits die Möglichkeit des Schuldners, die Einrede aus § 320 BGB zu erheben, den Eintritt des Schuldnerverzugs verhindert (siehe oben Rn. 7). Bei Ansprüchen, die lediglich auf einem einheitlichen Lebensver-

hältnis beruhen, ist dagegen keine derart enge Verbindung gegeben. Daher hindert das bloße Bestehen eines Zurückbehaltungsrechts aus § 273 BGB den Eintritt des Verzugs nicht, sondern erst dessen Geltendmachung (Einzelheiten bei *Musielak*, Grundkurs BGB, Rn. 532).

ABB. 39:	Unterschiede zwischen den Leistungsverweigerungsrechten des Schuldners
Einrede des nicht erfüllten Vertrags, § 320 BGB	Zurückbehaltungsrecht gem. § 273 BGB
▸ gegenseitiger Vertrag zwischen Schuldner und Gläubiger ▸ im Gegenseitigkeitsverhältnis stehende Leistungen ▸ bloßes Bestehen der Einrede verhindert Eintritt des Schuldnerverzugs ▸ keine Abwendungsbefugnis des Gläubigers (§ 320 Abs. 1 Satz 3 BGB)	▸ Ansprüche von Schuldner und Gläubiger gegeneinander ▸ Konnexität der Ansprüche ▸ Geltendmachung der Einrede zur Vermeidung des Verzugs erforderlich ▸ Abwendungsbefugnis des Gläubigers (§ 273 Abs. 3 BGB)

Kapitel 9: Das Erlöschen von Schuldverhältnissen

§ 24 Das Erlöschen von Schuldverhältnissen im engeren Sinn

LITERATUR

Coester-Waltjen, Die Aufrechnung, Jura 2003, 246; *Illhardt/Lieder*, Grenzen der Aufrechnung, JA 2010, 769; *Lorenz*, Grundwissen – Zivilrecht: Aufrechnung, JuS 2008, 951; *ders.*, Grundwissen – Zivilrecht: Erfüllung (§ 362 BGB), JuS 2009, 109.

Das Schuldverhältnis im engeren Sinne bezeichnet den Anspruch des Gläubigers gegen   1
den Schuldner. Dieser Anspruch kann auf unterschiedliche Weise erlöschen, wie wir im
Folgenden sehen werden.

I. Erfüllung

Die Erfüllung dürfte der in der Praxis am häufigsten vorkommende Grund für das Erlö-   2
schen eines Anspruchs sein. Daher wird auch gesagt: „Die Erfüllung ist der natürliche
Tod des Schuldverhältnisses" (*Klunzinger*, § 32 I 1). Sie führt dazu, dass das Forderungsrecht des Gläubigers erlischt und die Verpflichtung des Schuldners entfällt.

1. Bewirkung der geschuldeten Leistung, § 362 Abs. 1 BGB

§ 362 Abs. 1 BGB (lesen!) bestimmt, dass das Schuldverhältnis erlischt, wenn die ge-   3
schuldete Leistung an den Gläubiger bewirkt wird. „Bewirkt" ist die Leistung erst dann,
wenn der **Leistungserfolg eingetreten** ist. Dass der Schuldner die Leistungshandlung
vorgenommen, also z. B. die verkauften Waren zur Versendung gebracht hat, genügt
dagegen nicht. Sofern der Schuldner nicht in Person leisten muss, kann auch ein Dritter
die Leistung erbringen. Ebenso erlischt das Schuldverhältnis, wenn der Schuldner mit
Einverständnis des Gläubigers an einen Dritten leistet (siehe oben § 22 Rn. 19 ff.). Erfül-
lungswirkung tritt aber nicht ein, wenn dem Gläubiger die Empfangszuständigkeit
fehlt. Dies ist z. B. der Fall, wenn der Gläubiger nicht voll geschäftsfähig ist (vgl. *Looschelders*, Schuldrecht AT, § 19 Rn. 386 und 402). Wird an einen minderjährigen Gläubiger geleistet, dann erlischt die Schuld nur, wenn die Eltern in die Entgegennahme der
Leistung durch den Minderjährigen eingewilligt haben (vgl. Palandt/*Ellenberger* § 107
Rn. 2).

Wenn im Prozess darum gestritten wird, ob die geschuldete Leistung bewirkt worden   4
ist, dann ist der **Schuldner beweispflichtig**. Hat der Gläubiger allerdings eine ihm als
Erfüllung angebotene Leistung als Erfüllung angenommen, dann tritt gem. § 363 BGB
eine Umkehr der Beweislast ein.

2. Leistung an Erfüllungs statt und Leistung erfüllungshalber

5   Unter Umständen kann der Schuldner die geschuldete Leistung nicht erbringen, bietet aber stattdessen eine andere Leistung an. Nimmt der Gläubiger diese Leistung als hinreichende Erfüllung an, dann erlischt das Schuldverhältnis, wie wenn die richtige Leistung erbracht worden wäre. Man spricht von **Leistung an Erfüllungs statt**. Die gesetzliche Regelung findet sich in **§ 364 Abs. 1 BGB** (lesen!).

> **BEISPIEL** ▶ K hat bei V einen Neuwagen zu einem Preis i. H. von 15 000 € gekauft und schuldet dem V daher einen Betrag in dieser Höhe. V ist damit einverstanden, dass K ihm nur 13 000 € bezahlt und darüber hinaus seinen Gebrauchtwagen in Zahlung gibt. K kann seine Kaufpreisschuld hinsichtlich eines Teilbetrags i. H. von 2 000 € durch die Inzahlunggabe seines Gebrauchtwagens tilgen, weil V sich bereit erklärt hat, den Wagen in dieser Höhe an Erfüllungs statt anzunehmen.

6   Wenn sich der Gläubiger nicht damit zufrieden gibt, dass der Schuldner eine andere als die geschuldete Leistung an ihn bewirkt, kommt eine Leistung an Erfüllungs statt nicht in Frage. Möglich bleibt in diesem Fall, dass der Gläubiger die ihm vom Schuldner angebotene Leistung wenigstens **erfüllungshalber** annimmt. Bei der Annahme erfüllungshalber bleibt die ursprüngliche Forderung des Gläubigers gegen den Schuldner bestehen; sie erlischt nicht. Der Gläubiger muss aber, bevor er den Schuldner aus der ursprünglichen Forderung in Anspruch nimmt, versuchen, sich Befriedigung aus dem ihm erfüllungshalber geleisteten Gegenstand zu verschaffen. Gelingt ihm das, dann erlischt die Schuld; ansonsten bleibt sie bestehen.

> **BEISPIEL** ▶ S schuldet dem G 1 000 €. Da S knapp bei Kasse ist, zahlt er dem G nicht die 1 000 €, sondern tritt ihm stattdessen eine ihm zustehende Forderung gegen D i. H. von 1 000 € ab. G ist damit zwar einverstanden, aber er möchte sich weiterhin an S halten können, sofern er von D nichts zu erlangen vermag. Die Forderung gegen D ist hier dem G lediglich erfüllungshalber abgetreten worden. Bezahlt aber D an G 1 000 €, dann ist auch die Forderung des G gegen S erloschen.

7   Ob der Gläubiger eine Leistung an Erfüllungs statt oder lediglich erfüllungshalber angenommen hat, ist im Wege der Auslegung zu ermitteln. § 364 Abs. 2 BGB enthält eine Auslegungsregel für den Fall, dass der Schuldner zum Zwecke der Befriedigung des Gläubigers diesem gegenüber eine weitere Verbindlichkeit übernimmt, also z. B. einen Wechsel akzeptiert. Danach ist im Zweifel davon auszugehen, dass die neue Verbindlichkeit nur erfüllungshalber übernommen wurde.

3. Rechtsfolgen

8   Das Bewirken der Leistung und die Leistung an Erfüllungs statt führen zu **Tilgung der Forderung** (§§ 362 Abs. 1 bzw. 364 Abs. 1 BGB).

9   Wer erfüllt, hat nach § 368 BGB einen Anspruch auf eine Quittung über die erbrachte Leistung. Außerdem muss ihm der Gläubiger, wenn er einen Schuldschein ausgestellt hat, diesen zurückgeben (§ 371 BGB).

II. Erfüllungssurrogate

In zahlreichen Fällen erlaubt das Gesetz statt der Erbringung der geschuldeten Leistung   10
die Vornahme von Ersatzhandlungen, die den Schuldner von seiner Leistungspflicht befreien.

1. Hinterlegung

Der Schuldner kann den geschuldeten Leistungsgegenstand unter Umständen bei einer   11
Hinterlegungsstelle hinterlegen und sich dadurch von seiner Verpflichtung befreien.
Hinterlegt werden können allerdings nur Geld, Wertpapiere und sonstige Urkunden sowie Kostbarkeiten (§ 372 Satz 1 BGB). Voraussetzung ist gem. § 372 BGB, dass der Gläubiger im Verzug der Annahme ist, dass der Schuldner aus einem anderen in der Person
des Gläubigers liegenden Grunde (z. B. Unauffindbarkeit) oder deswegen nicht leisten
kann, weil er – ohne dass ihm Fahrlässigkeit zur Last gelegt werden kann – unsicher
darüber ist, wer überhaupt sein Gläubiger ist (z. B. mehrfache Forderungsabtretung).
Wenn die Rücknahme der hinterlegten Sache durch den Schuldner ausgeschlossen ist
(siehe hierzu § 376 Abs. 2 BGB), dann hat die Hinterlegung gem. § 378 BGB die gleiche
Wirkung wie eine Leistung an den Gläubiger.

2. Aufrechnung

a) Begriff und Bedeutung

In dem Fall, dass sich zwei Personen einander gleichartige Leistungen schulden, erlaubt   12
das Gesetz die **Tilgung** der sich gegenüberstehenden Forderungen durch eine **einseitige
Erklärung**. Wer die Möglichkeit hat aufzurechnen, braucht die geschuldete Leistung
nicht an den Gläubiger zu bewirken, sondern kann sich einfach durch die Abgabe einer
Erklärung von seiner Schuld befreien. Der Aufrechnung kommt daher die Funktion einer
Tilgungserleichterung zu. Darüber hinaus muss sich der Aufrechnungsberechtigte keine
Sorgen darüber machen, dass sein Schuldner nicht zahlen kann: Er kann seine Schuld
im Wege der Aufrechnung „eintreiben". Die Aufrechnung hat damit auch eine **Vollstre-
ckungsfunktion**.

b) Voraussetzung: Vorliegen einer Aufrechnungslage

aa) Gegenseitigkeit

Gem. § 387 BGB (lesen!) müssen zwei Personen einander Leistungen schulden. A kann   13
also nicht mit einer Forderung, die er gegen D hat, gegen eine Schuld gegenüber B aufrechnen. Die **Forderung, mit der aufgerechnet wird**, heißt im Übrigen **Gegenforderung**.
Die **Forderung, gegen die aufgerechnet wird**, wird als **Hauptforderung** bezeichnet.

bb) Gleichartigkeit

Die sich gegenüber stehenden Forderungen müssen weiterhin gleichartig sein. Als   14
Faustregel kann man sich merken: Äpfel gegen Birnen kann man nicht aufrechnen. Ty-

pischerweise ist Gleichartigkeit gegeben, weil beide Parteien einander Geld schulden; eine Aufrechnung ist aber z. B. auch dann denkbar, wenn sich die Parteien Kartoffeln derselben Sorte schulden.

cc) Fälligkeit der Gegenforderung und Erfüllbarkeit der Hauptforderung

15   Dritte Voraussetzung ist, dass die **Forderung, mit der** der Schuldner **aufrechnen** will, schon **fällig** ist. Was man noch nicht fordern kann, kann man auch noch nicht zur Aufrechnung stellen. Die **Forderung, gegen die aufgerechnet** wird, muss jedenfalls schon **erfüllbar** sein (der Gläubiger kann ja Interesse an einer späteren Leistung durch den Schuldner haben; etwa deswegen, weil er für die Zwischenzeit Zinsen beanspruchen kann).

dd) Einredefreiheit der Gegenforderung

16   Ferner muss viertens die Forderung, die man zur Aufrechnung einsetzen will, einredefrei sein, **§ 390 BGB** (lesen!). Wenn der Gläubiger gegen die zur Aufrechnung gestellte Forderung berechtigte Einwendungen hat, kann die Forderung nicht zur Aufrechnung gebracht werden.

17   Eine beschränkte **Ausnahme** wird insoweit in **§ 215 BGB** (lesen!) für die Einrede der Verjährung gemacht: Wenn eine Gegenforderung verjährt ist, dann kann mit ihr gleichwohl aufgerechnet werden, wenn eine Aufrechnung auch bereits zu einem Zeitpunkt möglich gewesen wäre, zu dem diese Forderung noch nicht verjährt gewesen ist.

> **BEISPIEL** ▶ B schuldet dem A aus einem Werkvertrag 5 000 €; die Forderung des A ist mit Ablauf des 31.12.2010 verjährt. Aus einem anderen Vertrag schuldet umgekehrt A dem B 7 000 €; diese Forderung des B gegen A ist erst seit Mitte des Jahres 2010 fällig und auch noch nicht verjährt. Hier kann A mit seiner Forderung i. H. von 5 000 € gegen die Forderung des B i. H. von 7 000 € auch noch z. B. am 7.2.2011 aufrechnen. Dass die Forderung des A bereits am 31.12.2010 verjährt ist, schadet nicht; denn A hätte gegenüber B bereits im Vorjahr aufrechnen können.

d) Kein Ausschluss der Aufrechnung

18   Schließlich darf die Aufrechnung nicht gesetzlich verboten sein. So verbieten z. B. die §§ 393, 394 BGB (lesen!) die Aufrechnung. Nach § 393 BGB kann gegen eine Hauptforderung aus einer vorsätzlich begangenen unerlaubten Handlung nicht aufgerechnet werden.

> **BEISPIEL** ▶ A schuldet dem B 1 000 €. Weil A trotz mehrfacher Aufforderung seitens des B nicht bezahlt, kommt es zwischen den beiden zu einer Auseinandersetzung, in deren Verlauf B den A beleidigt und ins Gesicht schlägt. Aufgrund dessen hat A gegen B einen Schadensersatzanspruch (vgl. §§ 823 Abs. 1, 253 Abs. 2 BGB) i. H. von 1 000 €. B meint, er könne gegen diesen Anspruch aufrechnen. Dies ist ihm aber wegen § 393 BGB verwehrt.

Nach § 394 BGB kann auch gegen eine unpfändbare Forderung nicht aufgerechnet werden. Das Existenzminimum darf dem Schuldner auch nicht im Wege der Aufrechnung streitig gemacht werden. Welche Forderungen unpfändbar sind, ergibt sich aus den §§ 850 ff. ZPO (siehe unten § 50 Rn. 8).

e) Aufrechnungserklärung

Das Bestehen einer Aufrechnungslage führt nicht automatisch zu der in § 389 BGB be- 19
zeichneten Rechtswirkung. Vielmehr ist hierzu gem. **§ 388 BGB** (lesen!) eine **Aufrech-**
nungserklärung erforderlich. Diese ist ein **einseitiges Rechtsgeschäft**. Die Erklärung der
Aufrechnung kann gem. § 388 Satz 2 BGB nicht unter einer Bedingung oder Zeitbestim-
mung erfolgen; der Aufrechnungsgegner soll wissen, woran er ist.

f) Wirkung der Aufrechnung

Die Aufrechnung bewirkt, dass die Forderungen, soweit sie sich decken, als zu dem Zeit- 20
punkt erloschen gelten, zu dem erstmals hätte aufgerechnet werden können, **§ 389**
BGB (lesen!). Das Gesetz stellt also nicht auf die Aufrechnungserklärung, sondern auf
die Aufrechnungslage ab. Die Aufrechnung **wirkt** also **zurück**.

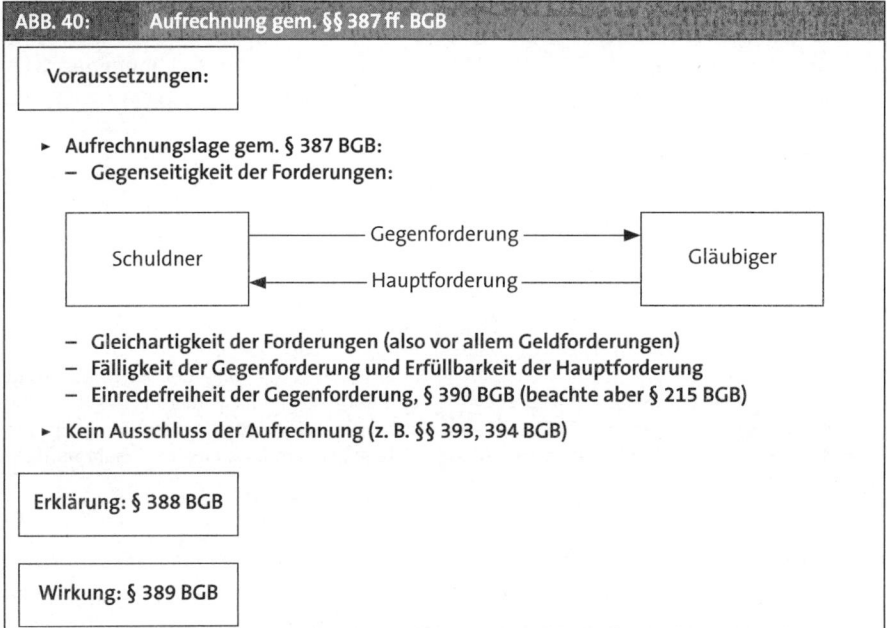

ABB. 40:   Aufrechnung gem. §§ 387 ff. BGB

Voraussetzungen:

- ▸ Aufrechnungslage gem. § 387 BGB:
  - – Gegenseitigkeit der Forderungen:

Schuldner — Gegenforderung → Gläubiger
Schuldner ← Hauptforderung — Gläubiger

  - – Gleichartigkeit der Forderungen (also vor allem Geldforderungen)
  - – Fälligkeit der Gegenforderung und Erfüllbarkeit der Hauptforderung
  - – Einredefreiheit der Gegenforderung, § 390 BGB (beachte aber § 215 BGB)
- ▸ Kein Ausschluss der Aufrechnung (z. B. §§ 393, 394 BGB)

Erklärung: § 388 BGB

Wirkung: § 389 BGB

III. Sonstige Gründe für das Erlöschen des Schuldverhältnisses

1. Erlassvertrag und negatives Schuldanerkenntnis

Die Parteien können das Schuldverhältnis auch dadurch zum Erlöschen bringen, dass 21
sie einen **Vertrag** schließen, in dem der Gläubiger dem Schuldner die Schuld **erlässt**. Die
gesetzliche Regelung findet sich in **§ 397 Abs. 1 BGB**. Ebenso erlischt das Schuldverhältnis, wenn der Gläubiger durch Vertrag mit dem Schuldner anerkennt, dass das Schuldverhältnis nicht besteht (§ 397 Abs. 2 BGB). Ein derartiger Vertrag wird als negatives
Schuldanerkenntnis bezeichnet.

2. Konfusion

22   Ferner erlischt das Schuldverhältnis regelmäßig dann, wenn Gläubiger und Schuldner zusammenfallen.

> **BEISPIEL** S schuldet seinem Vater G 10 000 €. Als G stirbt, wird S Alleinerbe. Die Schuld des S gegenüber G ist durch Konfusion erloschen.

§ 25 Rücktritt und Kündigung

LITERATUR

Annus, Die Folgen des Rücktritts (§§ 346 ff. BGB), JA 2006, 184; *Coester-Waltjen*, Rücktritt und Widerruf – Gemeinsamkeiten und Unterschiede, Jura 2009, 820; *Lorenz*, Grundwissen – Zivilrecht: Rechtsfolgen von Rücktritt und Widerruf, JuS 2011, 871; *Reischl*, Grundfälle zum neuen Schuldrecht: Der Rücktritt, JuS 2003, 667.

Im Gegensatz zu den in § 24 behandelten Erlöschensgründen **betreffen Rücktritt** und **Kündigung** nicht nur den einzelnen Anspruch des Gläubigers gegen den Schuldner, sondern die gesamten Rechtsbeziehungen zwischen den Parteien, also **das Schuldverhältnis im weiteren Sinn.**   1

Der **Rücktritt** bezieht sich dabei auf **einfache Schuldverhältnisse**, die sich in einem Austausch der Leistungen erschöpfen. Ein Rücktritt ist nur möglich, wenn demjenigen, der zurücktreten will, ein vertragliches oder gesetzliches Rücktrittsrecht zusteht. Der Rücktritt wird ausgeübt durch die Abgabe einer einseitigen empfangsbedürftigen Willenserklärung, die das Schuldverhältnis in ein sog. Rückgewährschuldverhältnis umgestaltet. Sofern vor Ausübung des Rücktrittsrechts bereits Leistungen ausgetauscht worden sind, müssen die Parteien **die ausgetauschten Leistungen einander zurückgewähren.** Der Rücktritt ist geregelt in §§ 346 ff. BGB. (Zur Vertiefung: *Musielak*, Grundkurs BGB, Rn. 237 ff.; 519 ff.; *Brox/Walker*, Schuldrecht AT, § 18.)   2

Demgegenüber bezieht sich die **Kündigung** auf **Dauerschuldverhältnisse** (z. B. Mietvertrag, Arbeitsvertrag, Gesellschaftsvertrag). Die Erklärung der Kündigung führt zu einer **Auflösung** des Dauerschuldverhältnisses **für die Zukunft**. Im Gegensatz zum Rücktritt wirkt also die Kündigung nicht ex tunc, sondern lediglich ex nunc (also nur für die Zukunft). Auch wenn das Recht zur Kündigung vertraglich ausgeschlossen ist, ist eine Kündigung aus wichtigem Grund stets möglich (§ 314 BGB; zur Vertiefung: *Musielak*, Grundkurs BGB, Rn. 250 ff.).   3

Kapitel 10: Störungen im Schuldverhältnis

§ 26 Allgemeine Fragen

LITERATUR

Arnold/Gärtner, Übungsklausur – Zivilrecht: Leistungsstörungsrecht – Ein Zelt zu viel, JuS 2009, 526; *Katzenstein*, Der Schadensersatz statt der Leistung nach §§ 280 Abs. 1 und 3, 281 bis 283 BGB, Jura 2005, 217; *Lorenz*, Grundwissen – Zivilrecht: Was ist eine Pflichtverletzung (§ 280 I BGB)?, JuS 2007, 213; derselbe, Grundwissen – Zivilrecht: Vertretenmüssen (§ 276 BGB), JuS 2007, 611; derselbe, Grundwissen – Zivilrecht: Haftung für den Erfüllungsgehilfen (§ 278 BGB), JuS 2007, 983; derselbe, Grundwissen – Zivilrecht: Schadensarten bei der Pflichtverletzung (§ 280 II, III BGB), JuS 2008, 203; derselbe, Grundwissen – Zivilrecht: Aufwendungsersatz (§ 284 BGB), JuS 2008, 673; *Reischl*, Grundfälle zum neuen Schuldrecht, JuS 2003, 40; 250, 453, 667, 865, 1076; *Thümmler/ Blumert*, Anfängerklausur – Zivilrecht: Minderjährigenrecht und allgemeines Leistungsstörungsrecht – Fahrradkauf mit Hindernissen, JuS 2010, 514; *Ziegelmeier*, Die neuen „Spielregeln" des § 280 I 2 BGB, JuS 2007, 701.

I. Überblick über die Arten von Leistungsstörungen

Nicht immer erbringt der Schuldner seine Leistung so, wie sie geschuldet ist. Mal leistet er gar nicht, mal zu spät, mal zwar pünktlich, aber nicht in der vereinbarten Qualität. Oder er beschädigt bei der Erbringung der Leistung das Eigentum des Gläubigers oder verletzt diesen sogar. In derartigen Fällen spricht man von Leistungsstörungen. Für eine Leistungsstörung muss aber nicht unbedingt der Schuldner verantwortlich sein. Die Störung kann auch darauf beruhen, dass der Gläubiger die ihm vom Schuldner ordnungsgemäß angebotene Leistung nicht annimmt. In der Praxis der Gerichte spielt das Recht der Leistungsstörungen eine bedeutende Rolle. Vor Gericht ziehen die Parteien nämlich in aller Regel nur dann, wenn nicht alles „glattgeht", wenn also Leistungsstörungen auftreten. Von geradezu herausragender Bedeutung ist das Leistungsstörungsrecht in der Ausbildung: Fälle, in denen der Schuldner seinen Verpflichtungen ordnungsgemäß nachkommt, sind als Klausurfälle wenig ergiebig. Bevor wir uns etwas näher mit dem Recht der Leistungsstörungen befassen, wollen wir uns einen Überblick über die im Allgemeinen Schuldrecht geregelten Störungstatbestände verschaffen. Dabei kann man wie folgt unterscheiden: 1

1. Unmöglichkeit der Leistung

Der Schuldner erbringt seine Leistung nicht, weil er sie **nicht** erbringen **kann**. Die Leistung ist für ihn oder für jedermann „unmöglich" (vgl. § 275 BGB; lesen!). 2

> **BEISPIEL** V verkauft dem K sein gebrauchtes Auto. Bevor er dem K den Wagen übergeben und übereignen kann, wird das Fahrzeug bei einem Unfall völlig zerstört.

2. Verzögerung der Leistung

3   Der Schuldner leistet zwar, aber **zu spät**. Unter Umständen ist er daher in Schuldnerverzug geraten, (siehe § 286 BGB; lesen!).

> **BEISPIEL** Großhändler V liefert dem Einzelhandelskaufmann K die Schokoladenosterhasen nicht – wie vereinbart – am 15. Februar, sondern erst eine Woche vor Ostern. K kann daher viel weniger Osterhasen verkaufen als im Falle einer pünktlichen Lieferung.

3. Schlechtleistung

4   Der Schuldner erbringt seine Leistung zwar rechtzeitig, aber schlecht. Dies ist gemeint, wenn in § 281 Abs. 1 Satz 1 BGB (lesen!) davon gesprochen wird, dass die Leistung „nicht wie geschuldet" erbracht wird. Die Schlechtleistung ist auch gemeint, wenn in den Vorschriften, die für gegenseitige Verträge gelten, von einer „nicht vertragsgemäßen" Leistung die Rede ist (so z. B. in §§ 323 Abs. 1 und Abs. 5 Satz 2, 326 Abs. 1 Satz 2 BGB).

> **BEISPIELE** Der Verkäufer liefert das gekaufte Viehfutter. Aber das Futter ist vergiftet, so dass das Vieh verendet.
>
> Der Chirurg vergisst bei einer Operation eine Schere im Bauch des Patienten, so dass dieser ständig an Schmerzen leidet.

4. Verletzung von Schutzpflichten i. S. des § 241 Abs. 2 BGB

5   Dass die Schlechterfüllung auch mit der Verletzung von Schutzpflichten verbunden sein kann, zeigen die beiden Beispiele oben, in denen das Eigentum bzw. die Gesundheit des Gläubigers verletzt worden ist. Daneben gibt es auch Fälle, in denen der Schuldner die geschuldete Leistung an sich ordnungsgemäß erbringt, aber dabei die Rechte, Rechtsgüter oder Interessen des Gläubigers verletzt. In dieser Fallgruppe geht die Verletzung von Pflichten i. S. des § 241 Abs. 2 BGB nicht mit einer Schlechtleistung einher. Auch hier ein

> **BEISPIEL** Der Malermeister S streicht die Wände zwar ordnungsgemäß, lässt aber Farbe auf den Teppich des Auftraggebers G tropfen und verkratzt mit seinen Sicherheitsschuhen den Parkettboden.

5. Gläubigerverzug

6   Nicht immer ist der Schuldner für den Eintritt einer Leistungsstörung verantwortlich (siehe auch Rn. 1). Eine Leistungsstörung ist auch dann gegeben, wenn der Gläubiger die ihm vom Schuldner ordnungsgemäß angebotene Leistung nicht annimmt. Man spricht in diesem Fall von Gläubiger- oder Annahmeverzug. Geregelt ist der Verzug des Gläubigers in §§ 293 ff. BGB.

> **BEISPIEL** V und K haben vereinbart, dass die Tiefkühlware am 1. Juni nachmittags um vier angeliefert wird. Als der Verkäufer zur vereinbarten Zeit die Ware übergeben will, ist der Käufer nicht zu Hause. Der Verkäufer muss die Ware wieder mitnehmen, damit sie nicht verdirbt.

II. Überblick über das System der Schadensersatzhaftung

In vielen Fällen wird der Gläubiger der gestörten Leistung vom Schuldner Schadens-   7
ersatz fordern. Die dem BGB diesbezüglich zugrunde liegende Systematik wird im Folgenden im Zusammenhang dargestellt. Die Kenntnis dieser Systematik ist für die Lösung von Fällen unerlässlich.

1. § 280 Abs. 1 BGB als zentrale Anspruchsgrundlage

§ 280 Abs. 1 BGB ist die **zentrale Anspruchsgrundlage für Schadensersatzansprüche**.   8
Wenn der Schuldner eine Pflicht aus dem Schuldverhältnis verletzt, kann der Gläubiger
Ersatz des hierdurch entstehenden Schadens verlangen. Nach der Art der Pflichtverletzung wird nicht differenziert. Es kommt nicht darauf an, „ob der Schuldner eine Haupt-
oder eine Nebenpflicht, eine Leistungs- oder eine Schutzpflicht verletzt hat, ebenso wenig darauf, ob er überhaupt nicht, nicht rechtzeitig oder am falschen Ort geleistet hat
oder ob er eine ganz andere als die geschuldete Leistung oder eine Leistung erbracht
hat, die nach Menge, Qualität und Art oder aus sonstigen Gründen hinter der vertraglich geschuldeten Leistung zurückbleibt" (Begr. RegE BT-Drs. 14/6040, S. 93).

> **BEISPIEL** Der mit Malerarbeiten beauftragte S beschädigt den wertvollen Perserteppich seines
> Auftraggebers G, indem er einen nicht ausreichend gesicherten Kübel mit weißer Farbe um-
> schüttet. S hat eine Schutzpflicht i. S. des § 241 Abs. 2 BGB verletzt. Er ist daher gem. §§ 280
> Abs. 1, 241 Abs. 2 BGB verpflichtet, dem G Schadensersatz zu leisten.

Besonders hingewiesen sei auf die für die Praxis wichtige Bestimmung des **§ 280 Abs. 1**   9
Satz 2 BGB. Dort ist bestimmt, dass der Schuldner nicht zur Leistung von Schadensersatz verpflichtet ist, wenn er die Pflichtverletzung nicht zu vertreten hat. Hinter dieser doppelt negativen Formulierung verbirgt sich eine **Beweislastregel**: Das Vertretenmüssen des Schuldners ist nach dem Gesetzeswortlaut nicht positive Voraussetzung
des Schadensersatzanspruchs. Vielmehr ist das Fehlen des Vertretenmüssens als Ausnahme anzusehen, deren Vorliegen der Schuldner beweisen muss. Im Ergebnis bedeutet dies: Der Gläubiger muss im Prozess nachweisen, dass der Schuldner eine Pflicht
aus dem Schuldverhältnis verletzt hat und dass ihm aufgrund dessen ein Schaden entstanden ist. Gelingt dem Gläubiger dieser Nachweis, ist es Sache des Schuldners, zu beweisen, dass er die Pflichtverletzung nicht zu vertreten hat.

Neben **§ 280 Abs. 1 BGB** gibt es **nur** noch **eine einzige** weitere **Anspruchsgrundlage**, auf-   10
grund derer der Gläubiger Schadensersatz verlangen kann; diese Anspruchsgrundlage
ist **§ 311a Abs. 2 BGB**, auf den wir weiter unten zurückkommen werden.

2. Ergänzung des § 280 Abs. 1 BGB als Anspruchsgrundlage für besondere Arten von Schadensersatzansprüchen

§ 280 Abs. 1 BGB genügt als Anspruchsgrundlage aber **nur für** Ansprüche auf **einfachen**   11
Schadensersatz wegen Verletzung einer Pflicht, also z. B. in dem obigen Fall mit dem
Malermeister. Der einfache Schadensersatz aus § 280 Abs. 1 BGB kann zusätzlich zur
ursprünglich geschuldeten Leistung verlangt werden. Es handelt sich daher um einen
neben der Leistung geschuldeten Schadensersatz (siehe hierzu auch Rn. 13). In zwei

Fallgruppen müssen zusätzlich zu den in § 280 BGB geregelten Voraussetzungen noch weitere Anforderungen hinzutreten; in diesen Fällen wird die Anspruchsgrundlage des § 280 BGB durch die in §§ 281 bis 283 bzw. in § 286 BGB getroffenen Regelungen ergänzt.

a) Schadensersatz statt der Leistung

12 Wenn der Gläubiger **Schadensersatz statt der Leistung** begehrt, also anstelle der ursprünglich geschuldeten Leistung Schadensersatz in Geld verlangt, ist **§ 280 Abs. 1 BGB** als Anspruchsgrundlage **nicht ausreichend**. Wird diese Form des Schadensersatzes geschuldet, dann muss der Schuldner **den Gläubiger** wirtschaftlich **so stellen, wie er stehen würde, wenn der Schuldner ordnungsgemäß erfüllt hätte**. Der Begriff sei verdeutlicht anhand der folgenden

> **BEISPIELE** Der Schuldner muss dem Gläubiger den Gewinn ersetzen, den dieser im Falle der Durchführung des Geschäfts erzielt hätte.
>
> Der Käufer verlangt vom Verkäufer die Differenz zwischen dem Wert der verkauften Sache und dem (niedriger liegenden) Kaufpreis.

13 Schadensersatz statt der Leistung kann der Gläubiger nicht schon dann verlangen, wenn der Schuldner eine Pflicht aus dem Schuldverhältnis verletzt hat, sondern nur unter den zusätzlichen Voraussetzungen der **§§ 281, 282 oder des § 283 BGB**. § 280 Abs. 3 BGB ordnet dies ausdrücklich an. Die in der Praxis am häufigsten vorkommenden Fälle, dass der Schuldner noch gar nicht oder bloß schlecht geleistet hat, eine ordnungsgemäße Leistung aber noch möglich ist, sind in § 281 BGB geregelt. Dort ist bestimmt, dass der Gläubiger Schadensersatz statt der Leistung erst verlangen kann, nachdem er dem Schuldner erfolglos eine angemessene Frist zur Leistung oder – im Falle der Schlechtleistung – zur Nacherfüllung gesetzt hat. Für die Ersatzfähigkeit eines neben der Leistung entstandenen Schadens reicht es also aus, dass der Schuldner eine Pflichtverletzung i. S. des § 280 Abs. 1 BGB begangen hat, während Schadensersatz statt der Leistung grundsätzlich erst dann verlangt werden kann, wenn der Schuldner auch noch eine ihm vom Gläubiger gesetzte Nachfrist nicht genutzt hat. Für die **Abgrenzung** des **Schadensersatzes neben der Leistung** vom **Schadensersatz statt der Leistung** folgt aus den vorstehenden Ausführungen: Bei einem Schaden, der auch dadurch nicht mehr beseitigt werden kann, dass der Schuldner innerhalb einer ihm vom Gläubiger gesetzten angemessenen Frist die Leistung doch noch bewirkt oder die Nacherfüllung vornimmt, handelt es sich um einen neben der Leistung entstandenen Schaden – also um einen Schaden, der ersetzt wird, wenn nur die Voraussetzungen des § 280 Abs. 1 BGB vorliegen. Um Schadensersatz statt der Leistung kann es in diesem Fall dagegen nicht gehen. Schadensersatz statt der Leistung wird ja grundsätzlich nur unter der Voraussetzung gewährt, dass eine angemessene Frist zur Leistung oder Nacherfüllung fruchtlos verstrichen ist. Das Vorliegen dieser Voraussetzung kann sinnvollerweise nicht gefordert werden, wenn der Ersatz eines Schadens verlangt wird, der durch eine fristgerechte Leistung oder Nacherfüllung ohnehin nicht mehr rückgängig gemacht werden könnte (zur Abgrenzung vgl. auch Palandt/*Grüneberg*, § 280 Rn. 18).

Grundlage für einen Anspruch auf Schadensersatz statt der Leistung sind also entwe-   14
der §§ 280 Abs. 1 und 3, 281 BGB oder §§ 280 Abs. 1 und 3, 282 BGB oder §§ 280 Abs. 1
und 3, 283 BGB (eine weitere Anspruchsgrundlage ist § 311a Abs. 2 BGB; hierzu § 27
Rn. 21 f.). In dem folgenden Beispiel beruht der Anspruch des Gläubigers gegen den
Schuldner auf Schadensersatz statt der Leistung auf §§ 280 Abs. 1 und 3, 282 BGB.

BEISPIEL ► Nachdem der Maler S den Farbkübel umgeschüttet und den Perserteppich zerstört
hat, möchte der Auftraggeber G den S nicht mehr in seine Wohnung lassen und die Arbeiten
von einem anderen Maler ausführen lassen. Er will also, dass ein anderer als der ursprüngliche
Schuldner die Leistung erbringt. Daher beauftragt er den Malermeister X, die Malerarbeiten in
seiner Wohnung auszuführen. X verlangt aber für dieselbe Arbeit 50 € mehr, die G von S fordert.

G kann von S den Ersatz des zerstörten Teppichs aus §§ 280 Abs. 1, 241 Abs. 2 BGB verlangen
(siehe das obige Beispiel). Bei dem Verlangen des G nach Zahlung der 50 €, die der Malermeister X teurer ist, handelt es sich um ein Verlangen nach Schadensersatz statt der Leistung: G
beauftragt den X anstelle des S und verlangt von diesem den Ersatz der anfallenden Mehrkosten. Dieses Verlangen ist nur dann gerechtfertigt, wenn dem G die Durchführung der Arbeiten
durch S nicht mehr zugemutet werden kann (§ 282 BGB).

Der Gläubiger, der gegen den Schuldner einen Anspruch auf **Schadensersatz statt der**   15
Leistung hat, kann **anstelle** des Schadensersatzes **Ersatz seiner vergeblichen Aufwen-**
dungen fordern. Er kann also wählen zwischen Aufwendungsersatz und Schadens-
ersatz. Der Aufwendungsersatzanspruch des Gläubigers ist für die Fälle, in denen sein
Schadensersatzanspruch auf § 280 Abs. 1 und 3 i.V. mit den §§ 281 − 283 BGB beruht,
in **§ 284 BGB** geregelt. § 284 BGB ist eine eigenständige **Anspruchsgrundlage.** Auf den
Aufwendungsersatzanspruch werden wir später zurückkommen (siehe unten § 27
Rn. 24 ff.).

b) Schadensersatz wegen Verzögerung der Leistung

Ersatz des Verzögerungsschadens, d. h. des Schadens, der ausschließlich auf der Ver-   16
zögerung der Leistung beruht (Palandt/*Grüneberg*, § 280 Rn. 13), kann der Gläubiger
nur dann verlangen, wenn **neben** den Voraussetzungen des **§ 280 Abs. 1 BGB** zusätzlich
die in **§ 286 BGB** geregelten **Verzugsvoraussetzungen** vorliegen (§ 280 Abs. 2 BGB). Der
Verzögerungsschaden kann − wie der „einfache" Schaden (siehe oben Rn. 11) − neben
der Leistung verlangt werden.

BEISPIEL ► G kauft bei S im April eine Maschine, die S ihm liefern soll. Einen genauen Liefererter-
min habe G und S allerdings nicht vereinbart. Weil G von S bis Mitte Mai nichts hört, beauftragt er den Rechtsanwalt R, den S zu mahnen. R mahnt den S und stellt hierfür dem G Gebühren i. H. von 200 € in Rechnung. G meint, S müsse ihm diese Anwaltsgebühren als Verzögerungsschaden ersetzen. Dies trifft aber nicht zu. Der dem G entstandene Schaden i. H. von
200 € ist nämlich nicht durch den Verzug des S verursacht worden. S ist ja erst durch die Mahnung in Verzug gesetzt worden. Verzögerungsschäden, die vor dem Eintritt des Verzugs auftra-
ten, sind nicht ersatzfähig.

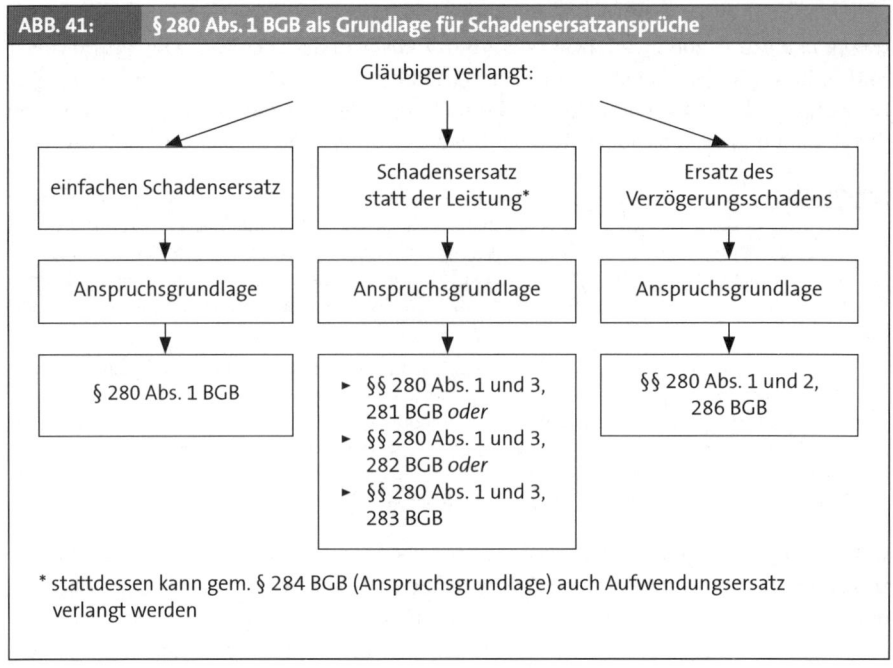

ABB. 41:   § 280 Abs. 1 BGB als Grundlage für Schadensersatzansprüche

Gläubiger verlangt:

einfachen Schadensersatz	Schadensersatz statt der Leistung*	Ersatz des Verzögerungsschadens
Anspruchsgrundlage	Anspruchsgrundlage	Anspruchsgrundlage
§ 280 Abs. 1 BGB	▸ §§ 280 Abs. 1 und 3, 281 BGB *oder* ▸ §§ 280 Abs. 1 und 3, 282 BGB *oder* ▸ §§ 280 Abs. 1 und 3, 283 BGB	§§ 280 Abs. 1 und 2, 286 BGB

* stattdessen kann gem. § 284 BGB (Anspruchsgrundlage) auch Aufwendungsersatz verlangt werden

III. Das Vertretenmüssen des Schuldners

17   Wir wissen bereits, dass der Gläubiger wegen § 280 Abs. 1 Satz 2 BGB vom Schuldner keinen Schadensersatz verlangen kann, wenn dieser die Pflichtverletzung nicht „zu vertreten" hat (siehe oben Rn. 9). Was der Schuldner „zu vertreten" hat, d. h. wofür er verantwortlich ist, ist daher für die Falllösung von großer Bedeutung.

1. Haftung des Schuldners für eigenes Verschulden

18   Grundsätzlich ist der Schuldner für eigenes Verschulden verantwortlich. Das Gesetz unterscheidet dabei in **§ 276 Abs. 1 Satz 1 BGB** (lesen!) zwischen den **Verschuldensformen Vorsatz** und **Fahrlässigkeit**. Für die Haftung des Schuldners ist es allerdings im Grundsatz ohne Bedeutung, ob er seine Pflichten vorsätzlich oder nur leicht fahrlässig verletzt hat. Ein Verschuldensvorwurf kann nur dem gemacht werden, der für sein Handeln **verantwortlich** ist. Insofern gelten kraft der Verweisung in § 276 Abs. 1 Satz 2 BGB die **§§ 827 und 828 BGB**, die innerhalb ihres unmittelbaren Anwendungsbereichs die Verantwortlichkeit für unerlaubte Handlungen regeln (zu §§ 827 f. BGB siehe unten § 43 Rn. 13 ff.).

a) Vorsatz

Vorsätzliches Handeln des Schuldners erfordert **Wissen und Wollen des Erfolgs und** das 19
Bewusstsein der Rechtswidrigkeit (vgl. *Looschelders*, Schuldrecht AT, § 25 Rn. 511; vgl.
auch BGHZ 118, 201, 208). Wenn sich der Schuldner der Widerrechtlichkeit seines Handelns nicht bewusst ist, dann handelt er nicht vorsätzlich i. S. des § 276 BGB. Im Zivilrecht gilt – anders als im Strafrecht – die Vorsatztheorie, der zufolge sich der Vorsatz auch auf die Rechtswidrigkeit beziehen muss. Vorsatz fällt dem Schuldner etwa zur Last in dem folgenden

> **BEISPIEL** A liest das von seinem Studienkollegen B entliehene Buch und wirft es anschließend in den Aasee, obwohl er weiß, dass er zur Rückgabe verpflichtet ist.

b) Fahrlässigkeit

Fahrlässigkeit definiert das Gesetz in **§ 276 Abs. 2 BGB** (lesen!) als **Außerachtlassung** 20
der im Verkehr erforderlichen Sorgfalt. Die Vorschrift stellt nicht auf die tatsächlich vorhandene, sondern auf die **erforderliche** Sorgfalt ab. Es gilt ein objektiver, typisierter Sorgfaltsmaßstab. Das individuelle Unvermögen des Schuldners lässt den Vorwurf des fahrlässigen Handelns nicht entfallen.

> **BEISPIEL** Der Chirurg kann sich nicht dadurch entlasten, dass er nachweist, dass ihm für die Durchführung der missglückten Schönheitsoperation das nötige Geschick gefehlt hat.

Innerhalb der Verschuldensform der **Fahrlässigkeit** kann zwischen **gewöhnlicher** (ein- 21
facher, normaler) **und grober** Fahrlässigkeit **unterschieden** werden. **Grob fahrlässig** handelt derjenige, der die erforderliche Sorgfalt in besonders schwerem Maße verletzt hat, der also das nicht beachtet hat, was jedem hätte einleuchten müssen (z. B. BGH NJW 1986, 1265, 1266).

> **BEISPIEL** S zündet sich trotz entsprechender Verbotsschilder in einem explosionsgefährdeten Chemielabor eine Zigarette an.

2. Milderer oder strengerer Haftungsmaßstab

Dass der Schuldner eigenes Verschulden zu vertreten hat, ist nur der Grundsatz. Dieser 22
Grundsatz ist gem. § 276 Abs. 1 Satz 1 Hs. 2 BGB nicht anwendbar, wenn durch Gesetz oder Vertrag eine abweichende Haftung bestimmt ist. Den Parteien steht es frei, sowohl einen milderen (beachte aber §§ 276 Abs. 3, 309 Nr. 7 BGB) als auch einen strengeren Haftungsmaßstab zu vereinbaren. Ein anderer als der übliche Haftungsmaßstab kann sich auch „aus dem sonstigen Inhalt des Schuldverhältnisses" ergeben.

a) Milderer Maßstab

Wir wollen uns zunächst den Fällen zuwenden, in denen die **Haftung** des Schuldners 23
gemildert ist. **Haftungserleichterungen** sieht das Gesetz vor allem in den Fällen vor, in denen der Schuldner **unentgeltlich** tätig wird. So haben der Schenker (§ 521 BGB) und der Verleiher (§ 599 BGB) **nur Vorsatz** und **grobe Fahrlässigkeit** zu vertreten. Ebenfalls von der Haftung für leichte Fahrlässigkeit befreit ist der Schuldner während des Verzugs des Gläubigers (§ 300 Abs. 1 BGB). Wer eine Sache unentgeltlich in Verwahrung

nimmt, muss diese nicht sorgfältiger behandeln als seine eigenen Sachen; er schuldet daher gem. § 690 BGB nur die **Sorgfalt, die er in eigenen Angelegenheiten anzuwenden pflegt** (vgl. auch §§ 708, 1359 BGB). Der Schuldner, der nur für die eigenübliche Sorgfalt einstehen muss, ist allerdings gem. § 277 BGB von der Haftung wegen grober Fahrlässigkeit nicht befreit.

b) Strengerer Maßstab

24   Für Ausbildung und Praxis wichtiger sind die Fälle, in denen der Schuldner **schärfer haftet**. In diesem Zusammenhang ist zum einen auf § 287 Satz 2 BGB hinzuweisen, der bestimmt, dass der Schuldner sogar für Zufall einstehen muss, wenn er sich im Verzug befindet (hierzu unten § 29 Rn. 23).

25   Zum anderen und vor allem geht es hier um die in § 276 Abs. 1 Satz 1 a. E. BGB angesprochenen Fälle, in denen sich aus dem Inhalt des Schuldverhältnisses eine schärfere Haftung ergibt. So wird z. B. angenommen, dass der Schuldner einer **Geldschuld** sein Unvermögen zu zahlen auch dann zu „vertreten" hat, wenn er schuldlos in Geldnot geraten ist; dies soll sich nach der Vorstellung des Gesetzgebers aus dem Inhalt des Schuldverhältnisses ergeben (vgl. Begr. RegE, BT-Drs. 14/6040, S. 132; siehe auch § 21 Rn. 12). In § 276 Abs. 1 Satz 1 a. E. BGB sind zwei Fälle besonders hervorgehoben, in denen der Schuldner strenger haftet: Die Übernahme einer Garantie sowie die Übernahme eines **Beschaffungsrisikos.**

aa) Übernahme einer Garantie

26   Die Übernahme einer **Garantie** wird uns wieder begegnen, wenn wir uns mit der **Mängelgewährleistung im Kaufrecht** beschäftigen. Bei Kaufverträgen ist die Abgabe von Garantieversprechen durch den Verkäufer weit verbreitet. An dieser Stelle wollen wir uns begnügen mit einem

> **BEISPIEL** ▸ Der Kfz-Händler verkauft einen Pkw als Neuwagen. Damit ist nach Auffassung der Rechtsprechung die Zusicherung verbunden, dass der Wagen die Eigenschaft „fabrikneu" aufweist. Zur Fabrikneuheit eines Kfz gehört es u. a., dass das betreffende Modell noch unverändert weitergebaut wird und dass seine Herstellung zur Zeit des Kaufs nicht mehr als zwölf Monate zurückliegt (vgl. BGH NJW 2005, 1422).

Ob eine Garantie übernommen worden ist, ist eine Frage der Auslegung des Vertrags. Aus den Erklärungen des Verkäufers muss hervorgehen, dass dieser in jedem Fall dafür einstehen möchte, dass eine bestimmte Eigenschaft vorhanden ist. Ergibt die Auslegung, dass eine Garantie übernommen worden ist, dann hat der Verkäufer das Fehlen der garantierten Eigenschaft auch dann „zu vertreten", wenn ihn kein Verschulden trifft.

bb) Übernahme eines Beschaffungsrisikos

27   Eine strengere Haftung des Schuldners kann sich ferner aus der Übernahme eines **Beschaffungsrisikos** ergeben. Anknüpfungspunkt für diese Haftungsverschärfung ist die Übernahme einer Beschaffungspflicht: Wenn sich der Schuldner gegenüber dem

Gläubiger zur Beschaffung des geschuldeten Gegenstands verpflichtet hat, **garantiert** er zugleich dafür, dass er die **der Beschaffung typischerweise entgegenstehenden Hindernisse überwinden** wird (vgl. Begr. RegE BT-Drs. 14/6040, S. 132; Palandt/*Grüneberg*, § 276 Rn. 32).

Kann der Schuldner den geschuldeten Gegenstand dann doch nicht oder jedenfalls   28
nicht rechtzeitig beschaffen, dann ist darin die Verletzung einer Pflicht aus dem Schuldverhältnis i. S. des § 280 Abs. 1 BGB zu sehen. Diese Pflichtverletzung begründet eine Schadensersatzpflicht, wenn sie der Schuldner zu vertreten hat (§ 280 Abs. 1 Satz 2 BGB). In diesem Zusammenhang kommt dann die Übernahme eines Beschaffungsrisikos ins Spiel: Der Schuldner hat die Pflichtverletzung zu vertreten, wenn die (rechtzeitige) Beschaffung des geschuldeten Gegenstands an einem Hindernis gescheitert ist, dessen Überwindung der Schuldner garantiert hat. Welche Hindernisse dies im Einzelfall sind, ist im Wege der Auslegung zu ermitteln. Allgemein kann gesagt werden, dass der **Schuldner** regelmäßig nur **für die Überwindung von** sog. **typischen Beschaffungshindernissen** eine **Garantie übernommen** hat. So trifft den Schuldner z. B. eine verschuldensunabhängige Einstandspflicht, wenn er seinerseits von seinem Lieferanten im Stich gelassen worden ist. Die Verwirklichung von „atypischen" Beschaffungsrisiken hat der Schuldner hingegen nicht zu vertreten. Als Beispiel sei der Fall genannt, dass der Schuldner nach einem Verkehrsunfall ins Krankenhaus eingeliefert worden ist.

Beschaffungspflichten bestehen **vor allem** bei **Gattungsschulden**: Der Schuldner muss   29
sich mit Stücken aus der vereinbarten Gattung eindecken, damit er seiner Leistungspflicht nachkommen kann. Eine Befreiung von der Leistungspflicht infolge objektiver Unmöglichkeit gem. § 275 Abs. 1 BGB setzt voraus, dass die gesamte Gattung untergegangen ist. Dies wird bei unbeschränkten (marktbezogenen) Gattungsschulden nur selten vorkommen. Wenn die Leistung dagegen nicht unmöglich geworden ist, wird der Schuldner von seiner Verpflichtung zur Leistung frei, wenn er den geschuldeten Gegenstand nur unter Anstrengungen beschaffen kann, die ihm nicht zugemutet werden können (siehe § 21 Rn. 5). Welche Anstrengung der Schuldner zur Beschaffung im Einzelfall zu unternehmen hat, ist im Wege der Vertragsauslegung zu ermitteln.

Die bisherigen Ausführungen seien abschließend noch einmal verdeutlicht durch ein   30

BEISPIEL ▸ Schuldner S hat sich vertraglich dazu verpflichtet, den Gläubiger G mit Eiern aus Ostgalizien zu beliefern. Als in Ostgalizien Kriegswirren ausbrechen und russische Truppen einmarschieren, ist die Beschaffung von ostgalizischen Eiern lebensgefährlich geworden (Fall in Anlehnung an RGZ 99, 1).

LÖSUNG ▸ Nach dem Sachverhalt kann dem S aufgrund der Lage in Ostgalizien die Beschaffung von ostgalizischen Eiern nicht zugemutet werden. Er kann sich daher auf § 275 Abs. 3 BGB berufen und die Leistung verweigern. Man kann auch nicht davon ausgehen, dass S verschuldensunabhängig für die Überwindung so außergewöhnlicher Beschaffungshindernisse wie den Ausbruch eines Krieges einstehen wollte. Er hat daher die Unmöglichkeit der Beschaffung auch nicht „zu vertreten" und schuldet dem G daher auch nicht Schadensersatz gem. §§ 280 Abs. 1 und 3, 283 BGB.

3. Haftung des Schuldners für das Verschulden seiner Erfüllungsgehilfen

'31   Der Schuldner hat nicht nur eigenes Verschulden „zu vertreten". Er muss auch für das Verschulden seines gesetzlichen Vertreters einstehen (z. B. Kinder für das Verschulden ihrer Eltern). Wir wollen uns nur mit der 2. Alternative des **§ 278 Satz 1 BGB** (lesen!) beschäftigen. Danach hat der Schuldner auch ein Verschulden derjenigen Personen zu vertreten, deren er sich zur Erfüllung seiner Verbindlichkeit bedient.

32   Die Einstandspflicht für sog. Erfüllungsgehilfen ist von folgenden Voraussetzungen abhängig:

▶ Es muss eine **Verbindlichkeit** aus einem Schuldverhältnis bestehen.

▶ Der Schuldner dieser Verbindlichkeit muss zu deren Erfüllung eine Hilfsperson herangezogen haben. **Erfüllungsgehilfe** ist derjenige, der mit Wissen und Willen des Schuldners in die Erfüllung der Verbindlichkeit eingeschaltet worden ist.

▶ Der **Gehilfe** muss im Zusammenhang mit der ihm übertragenen Tätigkeit eine den Schuldner treffende **Pflicht schuldhaft verletzt** haben.

33   Wenn die Voraussetzungen des § 278 BGB vorliegen, dann muss der Schuldner für **fremdes Verschulden einstehen**, und zwar in dem Umfang, in dem er für eigenes Verschulden einstehen müsste. Wenn der Schuldner selbst also z. B. von der Haftung für leichte Fahrlässigkeit befreit ist, dann hat er auch eine leicht fahrlässige Pflichtverletzung seiner Erfüllungsgehilfen nicht zu vertreten. Besondere Hervorhebung verdient die Tatsache, dass **§ 278 Satz 1 BGB keine** eigenständige **Anspruchsgrundlage** ist. Vielmehr betrifft die Vorschrift nur die Frage nach dem „Vertretenmüssen", auf die bei der Prüfung von Schadensersatzansprüchen eingegangen werden muss. Nach § 280 Abs. 1 Satz 2 BGB trifft den Schuldner nämlich keine Ersatzpflicht, wenn er die Pflichtverletzung nicht zu vertreten hat.

> **BEISPIEL** ▶ Antiquitätenhändler S beauftragt seinen Mitarbeiter E, dem G die Vase aus der Ming-Dynastie vorbeizubringen, die er diesem tags zuvor verkauft hat. E verursacht auf dem Weg zu G infolge einer Unachtsamkeit einen Verkehrsunfall, bei dem die Vase zerbricht und das Auto des D beschädigt wird.
>
> Gegenüber G hat S das Verschulden des E nach § 278 BGB zu vertreten. E ist in die Erfüllung der dem S gegenüber G obliegenden Pflicht zur Übereignung und Übergabe eingeschaltet gewesen. Dabei hat er die Vase schuldhaft zerstört und die Pflichterfüllung unmöglich gemacht. S schuldet dem G daher aus §§ 280 Abs. 1 und 3, 283 Schadensersatz.
>
> Gegenüber D muss S aber nicht nach § 278 BGB einstehen. Zwischen S und D bestand keine Verbindlichkeit; mit D hatte S vorher noch nie etwas zu tun (gegenüber D kommt aber eine Haftung des S aus § 831 Abs. 1 BGB in Betracht; hierzu unten § 44 Rn. 17 ff.).

ABB. 42:   **Vertretenmüssen des Schuldners**

Grundsatz: eigenes Verschulden, § 276 Abs. 1 Satz 1 BGB	Milderer Maßstab, § 276 Abs. 1 Satz 1 a. E. BGB	Strengerer Maßstab, § 276 Abs. 1 Satz 1 a. E. BGB	Fremdes Verschulden, § 278 BGB

▸ Voraussetzung: Verschuldensfähigkeit (§§ 276 Abs. 1 Satz 2, 827 f. BGB)
▸ Verschuldensformen:
  − Vorsatz: Wissen und Wollen des Erfolgs und Wissen um Pflichtwidrigkeit
  − Fahrlässgkeit, § 276 Abs. 2 BGB: objektivierter Maßstab
	▸ leichte Fahrlässigkeit nicht zu vertreten (z. B. §§ 300 Abs. 1, 521, 599 BGB)
	▸ nur „eigenübliche" Sorgfalt wird geschuldet (z. B. § 690 BGB); beachte § 277 BGB
		▸ gesetzlich bestimmt (z. B. § 287 Satz 2 BGB)
		▸ aus Inhalt des Schuldverhältnisses
		  − Geldschuld
		  − Garantie
		  − Beschaffungsrisiko
			Voraussetzungen:
			▸ bestehende Verbindlichkeit;
			▸ Erfüllungshilfe: mit Wissen und Wollen des Schuldners in Erfüllung eingeschaltet;
			▸ schuldhafte Pflichtverletzung durch Gehilfen

§ 27 Die Unmöglichkeit der Leistung

Bernhard, Das grobe Missverhältnis in § 275 Abs. 2 BGB, Jura 2006, 801; *Canaris*, Die Bedeutung des Übergangs der Gegenleistungsgefahr im Rahmen von § 243 II BGB und § 275 II BGB, JuS 2007, 793; *Coester-Waltjen*, Verzögerungsgefahr, Sachgefahr, Leistungsgefahr, Jura 2006, 829; dieselbe, Die Gegenleistungsgefahr, Jura 2007, 110; *Ellers*, Zu Voraussetzungen und Umfang des Aufwendungsersatzanspruchs gem. § 284 BGB, Jura 2006, 201; *Looschelders*, „Unmöglichkeit" und Schadensersatz statt der Leistung, JuS 2010, 849; *Klug/Riechert*, Übungsfall: „Ein unmöglicher Geburtstag", JA 2009, 849; *Kohler*, Probleme der verschuldensunabhängigen Schadensersatzhaftung nach § 311a Abs. 2 BGB, Jura 2006, 241; *Lehmann/Zschache*, Das stellvertretende Commodum, JuS 2006, 502; *Scholl*, Die Unzumutbarkeit der Arbeitsleistung nach § 275 Abs. 3 BGB, Jura 2006, 283; *Stoppel*, Die beiderseits zu vertretende Unmöglichkeit, Jura 2003, 224; *Stürner*, „Faktische Unmöglichkeit" (§ 275 II BGB) und Störung der Geschäftsgrundlage (§ 313 BGB) – unmöglich abzugrenzen?, Jura 2010, 721; siehe auch die Nachweise vor § 26.

I. Arten der Unmöglichkeit

1   Abhängig von dem angelegten Unterscheidungsmerkmal wird zwischen den folgenden Arten der Unmöglichkeit differenziert:

1. Anfängliche (ursprüngliche) und nachträgliche Unmöglichkeit

2   Nach dem **Zeitpunkt**, zu dem die Unmöglichkeit eingetreten ist, unterscheidet man zwischen anfänglicher und nachträglicher Unmöglichkeit. War die Leistung schon **zur Zeit der Begründung des Schuldverhältnisses** unmöglich, spricht man von **anfänglicher Unmöglichkeit**; wurde die Leistung erst **nach Begründung des Schuldverhältnisses** unmöglich, spricht man von **nachträglicher Unmöglichkeit**. In der Fallbearbeitung ist diese Unterscheidung von **Bedeutung** für die Bestimmung der **Anspruchsgrundlage**, wenn der Gläubiger der unmöglichen Leistung Schadensersatz statt der Leistung verlangt; siehe hierzu unten Rn. 19 ff.

2. Objektive Unmöglichkeit und subjektive Unmöglichkeit (= Unvermögen)

3   Ein weiteres Unterscheidungsmerkmal betrifft die Frage, **für wen** die Leistung unmöglich geworden ist. **Kann niemand die Leistung erbringen**, spricht man von **objektiver Unmöglichkeit**. Kann zwar **der Schuldner die Leistung nicht erbringen**, eine dritte Per-

son aber schon, dann spricht man von **subjektiver Unmöglichkeit**. Die subjektive Unmöglichkeit wird auch als **Unvermögen** bezeichnet.

> **BEISPIEL** Studentin S verkauft eine wertvolle Münze, die ihrem Großvater E gehört, zu einem Preis von 500 € an ihren Studienkollegen G. S meint, sie könne dem E die Münze abschwatzen; bisher hat E der S nämlich noch keinen Wunsch ausgeschlagen. Dieses Mal gelingt es der S aber nicht, ihren Großvater zur Herausgabe der Münze zu überreden. Es liegt ein Fall der (anfänglichen) subjektiven Unmöglichkeit vor: E als der Eigentümer der Münze könnte dem G dieselbe übereignen, die Schuldnerin S kann es nicht.

Von den Rechtsfolgen her macht es zwar keinen Unterschied, ob objektive Unmöglichkeit oder Unvermögen gegeben ist. Der Student sollte aber wissen, was gemeint ist, wenn diese Begriffe verwendet werden.

3. Teilweise Unmöglichkeit und qualitative Unmöglichkeit

Wenn dem Schuldner die Erbringung seiner Leistung nicht vollständig unmöglich ist, liegt entweder eine teilweise oder eine sog. qualitative Unmöglichkeit vor. Teilweise (oder quantitative) Unmöglichkeit ist dann gegeben, wenn der Schuldner nur einen Teil der geschuldeten Leistung erbringen kann. Teilweise Unmöglichkeit kommt nur bei einer teilbaren Leistung in Betracht. **4**

> **BEISPIEL** S hat die letzten noch vorhandenen zehn Flaschen eines erlesenen Weins aus dem Jahr 1923 an G verkauft. Noch vor der Übergabe gehen fünf Flaschen zu Bruch.

Von qualitativer Unmöglichkeit kann gesprochen werden, wenn der Schuldner nicht in der Lage ist, die Leistung in der geschuldeten Qualität zu erbringen. **5**

> **BEISPIEL** Der von S an G verkaufte Gebrauchtwagen ist nicht – wie vereinbart – unfallfrei, sondern ein Unfallwagen.

In den Fällen der teilweisen sowie der qualitativen Unmöglichkeit stellt sich die Frage, ob der Gläubiger die quantitativ bzw. qualitativ hinter der geschuldeten Leistung zurückbleibende Leistung annehmen und bezahlen muss oder ob er berechtigt ist, die Leistung insgesamt zurückzuweisen. **6**

4. Vom Schuldner zu vertretende und vom Schuldner nicht zu vertretende Unmöglichkeit

Von großer Bedeutung ist schließlich, **wer die Unmöglichkeit zu vertreten hat**. Verkürzt gesprochen geht es um die Frage, wer schuld daran ist, dass die Leistung unmöglich ist. Insoweit wird danach unterschieden, ob der Schuldner die Unmöglichkeit zu vertreten hat, ob sie der Gläubiger zu vertreten hat oder ob keiner von den beiden für die Unmöglichkeit verantwortlich ist. Vom Vertretenmüssen ist insbesondere die Frage abhängig, ob der Gläubiger der unmöglichen Leistung vom Schuldner **Schadensersatz** statt der Leistung verlangen kann (§ 280 Abs. 1 Satz 2 BGB). **7**

II. Rechtsfolgen der Unmöglichkeit

1. Auswirkungen auf die Primärleistungspflicht des Schuldners

a) Ausschluss des Anspruchs auf die Primärleistung

8   Nach § 275 Abs. 1 BGB ist der **Anspruch auf die primär geschuldete Leistung ausgeschlossen**, soweit diese für den Schuldner oder für jedermann unmöglich ist. Ist dem Schuldner die Erbringung der Leistung nur teilweise unmöglich, bleibt er im Übrigen zur Leistung verpflichtet. Der Schuldner ist ja nur frei, „soweit" die Leistung unmöglich ist. Wenn die Voraussetzungen des § 275 Abs. 1 BGB vorliegen, dann tritt der Ausschluss der Leistungspflicht kraft Gesetzes ein.

9   Der in **§ 275 Abs. 1 BGB** geregelte Ausschluss der Leistungspflicht **betrifft sowohl** die **objektive als auch** die **subjektive Unmöglichkeit** („für den Schuldner oder für jedermann") und **gilt für** die **anfängliche Unmöglichkeit ebenso wie für** die **nachträgliche**. Die Befreiung des Schuldners von seiner Pflicht zur Erbringung der Primärleistung ist ferner unabhängig davon, ob der Schuldner die Unmöglichkeit zu vertreten hat; Unmögliches wird vom Schuldner auch dann nicht verlangt, wenn er für die Unmöglichkeit verantwortlich ist.

10   Der Anwendungsbereich des § 275 Abs. 1 BGB sei anhand von zwei Beispielen verdeutlicht:

> **BEISPIEL 1** ▸ Die von V dem K verkaufte chinesische Vase aus der Ming-Dynastie ist zerbrochen. In derartigen Fällen wird von **physischer Unmöglichkeit** gesprochen.

> **BEISPIEL 2** ▸ V verkauft dem K 100 Tonnen Elefantenfleisch. Der Handel mit Elefantenfleisch ist aber gesetzlich verboten. Die Lieferung von Elefantenfleisch würde zwar keine technischen Probleme aufwerfen. Sie hat aber aus rechtlichen Gründen zu unterbleiben. Es liegt daher **juristische Unmöglichkeit** vor.

11   An dieser Stelle sei daran erinnert, dass beim **absoluten Fixgeschäft** die **Verspätung** der Leistung **Unmöglichkeit** begründet (siehe oben § 22 Rn. 17). Hervorzuheben ist, dass **kein Fall** des § 275 Abs. 1 BGB vorliegt, wenn die Erbringung der Leistung theoretisch möglich ist, wenn auch unter unverhältnismäßig hohem Aufwand oder unter unzumutbaren persönlichen Opfern. **Behebbare Leistungshindernisse** fallen nicht unter § 275 Abs. 1 BGB, sondern haben in § 275 Abs. 2 und 3 BGB eine eigenständige Regelung erfahren.

b) Die in § 275 Abs. 2 und 3 BGB geregelten Leistungsverweigerungsrechte

aa) Die von § 275 Abs. 2 Satz 1 BGB erfassten Fallgestaltungen der „faktischen" oder „praktischen" Unmöglichkeit

12   § 275 Abs. 2 Satz 1 BGB (lesen!) regelt die Fälle, in denen der Schuldner das Leistungshindernis zwar theoretisch beheben kann, ein vernünftiger Gläubiger dies aber nicht ernsthaft von ihm erwartet.

> **BEISPIEL 1** ▸ V verkauft dem K eine größere Maschine, die gerade auf einem Seeschiff von New York nach Hamburg transportiert wird. Das Schiff geht mitten im Atlantik unter. Hier wäre es zwar theoretisch möglich, die Maschine zu bergen. Aber jeder vernünftig denkende Käufer würde dies im Hinblick auf die dadurch entstehenden Kosten vom Verkäufer nicht erwarten.

BEISPIEL 2 ▶ Der auf dem Grund des Stausees liegende Ring, der nach dem Ablassen des Sees geborgen werden könnte (Schulbeispiel).

Der Gläubiger der Maschine bzw. des Ringes wird – wenn er bei Verstand ist – vom Schuldner nicht fordern, dass dieser zur Bergung des geschuldeten Gegenstands schreitet. Man spricht von **faktischer oder praktischer Unmöglichkeit.**

§ 275 Abs. 2 Satz 1 BGB erlaubt dem Schuldner die Verweigerung der Leistung, soweit   13
diese einen Aufwand erfordert, der in einem groben Missverhältnis zum Leistungsinteresse des Gläubigers steht. Um zu ermitteln, ob die Voraussetzungen des § 275 Abs. 2 Satz 1 BGB vorliegen, muss man also zwei in Geld messbare Größen einander gegenüber stellen. Im Beispielsfall 2 sind dies auf der einen Seite der finanzielle Aufwand, den die Bergung des Ringes erfordert, und auf der anderen Seite das Leistungsinteresse des Gläubigers, welches dem Wert des Ringes entspricht.

Nicht in **§ 275 Abs. 2 BGB** geregelt ist die sog. „**wirtschaftliche Unmöglichkeit**". Eine sol-   14
che ist anzunehmen in dem folgenden

BEISPIEL ▶ Importeur V beliefert den K im Rahmen eines langfristigen Kaufvertrags mit Kupfer zu einem fest vereinbarten Kaufpreis. Infolge einer weltweiten Krise steigen die Kupferpreise so stark an, dass V für die Beschaffung des Kupfers das Dreifache des mit K vereinbarten Kaufpreises aufwenden muss.

Die Erfüllung des Kaufvertrags ist in dem Fall für V wirtschaftlich völlig uninteressant,   15
denn er „zahlt drauf". Ein Fall des § 275 Abs. 2 BGB liegt aber nicht vor: Wenn der Kupferpreis z. B. um 15 € pro kg gestiegen ist, dann hat sich zwar der Aufwand des V entsprechend erhöht. Dies begründet aber kein grobes Missverhältnis zwischen dem Aufwand des Schuldners (= des Verkäufers) und dem Leistungsinteresse des Gläubigers (= des Käufers). Denn das Leistungsinteresse des Gläubigers hat sich ebenso um 15 € pro kg Kupfer erhöht. An dem Verhältnis zwischen Aufwand des Schuldners und Leistungsinteresse des Gläubigers hat sich daher nichts geändert. Derartige Fälle der „**wirtschaftlichen Unmöglichkeit**" fallen nach der Vorstellung der Verfasser des Schuldrechtsmodernisierungsgesetzes (Begr. RegE BT-Drs. 14/4060, S. 130, siehe auch S. 176) in den Anwendungsbereich des **§ 313 BGB**, sind also nach den Grundsätzen über die **Störung der Geschäftsgrundlage** zu behandeln (siehe hierzu § 20 Rn. 16 ff.).

bb) Persönliche Unzumutbarkeit i. S. des § 275 Abs. 3 BGB

§ 275 Abs. 3 BGB (lesen!) betrifft die Fälle, in denen der Schuldner die Leistung in Person   16
zu erbringen hat; es geht dabei vor allem um Dienst- oder Werkverträge.

SCHULBEISPIEL ▶ Die Opernsängerin weigert sich, aufzutreten, weil ihr Kind lebensgefährlich erkrankt ist. Sie will lieber bei ihrem Kind bleiben und ihm beistehen.

Die Bestimmung erfasst ferner notwendige Arztbesuche oder die Befolgung einer Ladung zu einem gerichtlichen Termin während der Arbeitszeit. Unter Anwendung von § 275 Abs. 3 BGB könnte heute außerdem ein vom BAG entschiedener Fall gelöst werden: Ein türkischer Arbeitnehmer, der zum Wehrdienst einberufen worden war, erschien nicht zur Arbeit, weil ihm im Falle der Wehrdienstverweigerung eine Bestrafung und der Verlust der Staatsangehörigkeit drohten (BAG NJW 1983, 2782).

cc)   Kein automatisches Entfallen der Primärleistungspflicht

17   Wenn die Voraussetzungen des § 275 Abs. 2 oder 3 BGB vorliegen, entfällt die Primärleistungspflicht des Schuldners nicht schon kraft Gesetzes. Der Schuldner ist lediglich berechtigt, die Leistung zu verweigern. Nur wenn er von diesem Recht auch Gebrauch macht, also die Leistung unter Hinweis auf ein Leistungshindernis gem. Abs. 2 oder 3 verweigert, wird er von seiner Primärleistungspflicht frei. Wenn der Schuldner aber dazu bereit ist, seine Leistung – unter nicht geschuldeten (überobligationsmäßigen) Anstrengungen – zu erbringen, dann soll ihm dies auch möglich sein. Dem Verkäufer des Ringes ist es also nicht verwehrt, diesen vom Grund des Sees zu bergen; ebenso bleibt es der Sängerin unbenommen, trotz der schweren Krankheit ihres Kindes auftreten. Dies ist der Grund, warum in den Fällen des § 275 Abs. 2 und 3 BGB die Verpflichtung des Schuldners zur Leistung nicht schon kraft Gesetzes entfällt.

c)   Der in § 275 Abs. 4 BGB enthaltene Hinweis

18   § 275 Abs. 4 BGB hat lediglich klarstellenden Charakter. Er weist auf die §§ 280, 283 – 285, 311a und 326 BGB hin, in denen geregelt ist, welche Rechte der Gläubiger hat, wenn der Schuldner wegen § 275 Abs. 1, 2 oder 3 BGB nicht zu leisten braucht. Es ist also nicht damit getan, dass der Schuldner seine Primärleistung nicht erbringen muss.

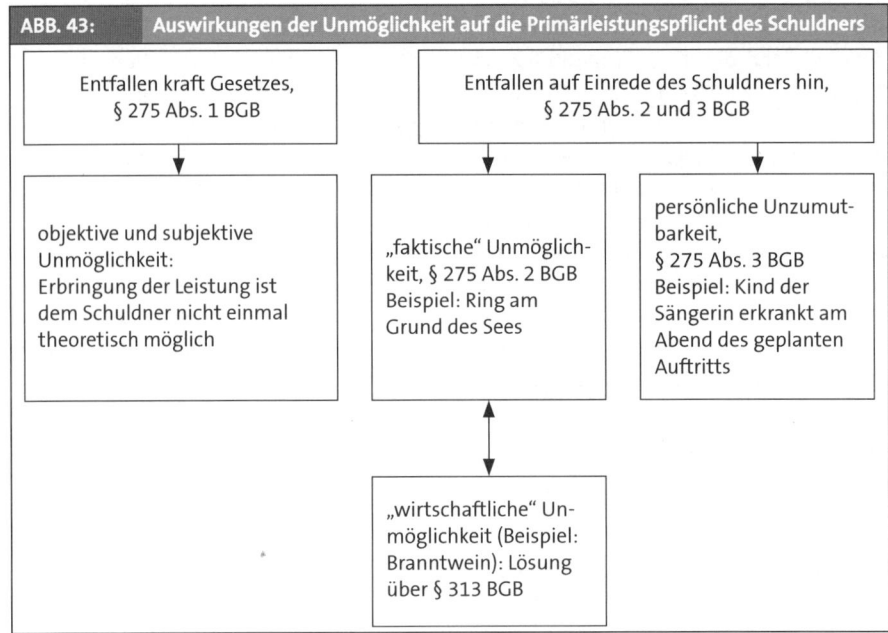

ABB. 43:   **Auswirkungen der Unmöglichkeit auf die Primärleistungspflicht des Schuldners**

2. Schadensersatz statt der Leistung bei Ausschluss der Primärleistungspflicht

Wir wissen bereits, dass der Schuldner auch dann von seiner Leistungspflicht frei wird, wenn er das Leistungshindernis zu vertreten hat. Keinem ist damit gedient, dass vom Schuldner Unmögliches verlangt wird. An die Stelle der unmöglichen **Primärleistung** tritt aber eine **Sekundärleistung**. Der Schuldner ist verpflichtet, Schadensersatz statt der Leistung zu erbringen. D. h., er muss den Gläubiger im wirtschaftlichen Ergebnis so stellen, wie wenn er seine Leistung ordnungsgemäß erbracht hätte. Im Hinblick auf die einschlägige **Anspruchsgrundlage** ist zu **unterscheiden**, je nachdem, ob die Unmöglichkeit eine **anfängliche** oder eine **nachträgliche** ist.

a) Anfängliches Vorliegen des Leistungshindernisses

aa) Wirksamkeit des auf eine anfänglich objektiv unmögliche Leistung gerichteten Vertrags

Gem. **§ 311a Abs. 1 BGB** (lesen!) steht es der Wirksamkeit eines Vertrags nicht entgegen, dass der Schuldner nach § 275 Abs. 1 bis 3 BGB nicht zu leisten braucht und das Leistungshindernis schon bei Vertragsschluss vorliegt. Auch im Falle der anfänglichen Unmöglichkeit kommt also ein Vertrag zustande, bei dem freilich von vornherein keine primäre Leistungspflicht entsteht. Das vom Schuldner gegebene Leistungsversprechen ist aber wirksam und kommt als Grundlage für einen Anspruch des Gläubigers auf Schadensersatz statt der Leistung (§ 311a Abs. 2 BGB) sowie für den Anspruch auf das Surrogat aus § 285 BGB in Betracht.

bb) Anspruch auf Schadensersatz statt der Leistung

Der Gläubiger kann vom Schuldner gem. **§ 311a Abs. 2 Satz 1** BGB (lesen!) Schadensersatz statt der Leistung verlangen, wenn die Leistung anfänglich objektiv oder subjektiv unmöglich ist oder der Schuldner bereits zum Zeitpunkt des Vertragsschlusses die Leistung gem. § 275 Abs. 2 oder 3 BGB verweigern kann. Der Anspruch ist **verschuldensabhängig**. Das **Verschulden** ist **bezogen** auf die **Kenntnis des Leistungshindernisses**. Der Schuldner ist dementsprechend zum Schadensersatz statt der Leistung verpflichtet, wenn er bei Vertragsschluss das Leistungshindernis i. S. des § 275 Abs. 1, 2 oder 3 BGB entweder gekannt hat oder es erkannt hätte, wenn er die im Verkehr erforderliche Sorgfalt angewandt hätte. Das Verschulden wird vermutet (§ 311a Abs. 2 Satz 2 BGB); d. h. der Schuldner muss im Prozess das fehlende Verschulden beweisen.

> **BEISPIEL** V verkauft dem K das Rennpferd Schnellfuß für 20 000 €. Bereits Wochen vor Abschluss des Vertrags war dieses Pferd allerdings schon von Dieben gestohlen und von einem Pferdemetzger zu Wurst verarbeitet worden. V weiß dies nicht, weil er sich schon seit Langem nicht mehr richtig um seinen Betrieb gekümmert hat. K, der den Kaufpreis noch nicht bezahlt hat, verlangt von V 10 000 € Schadensersatz. Das Rennpferd ist nämlich objektiv 30 000 € wert gewesen. Der Anspruch des K gegen V ist gem. § 311a Abs. 2 BGB begründet.

§ 311a Abs. 2 BGB ist eine **eigenständige Anspruchsgrundlage**, die **vom** allgemeinen Pflichtverletzungstatbestand des **§ 280 BGB unabhängig** ist. Dass für den Fall des Vorliegens eines anfänglichen Leistungshindernisses eine eigenständige Norm geschaffen

19

20

21

22

wurde, wird damit erklärt, dass **§ 311a Abs. 2 BGB** Pflichten des Schuldners vor **Vertragsschluss** betrifft. Dabei geht es vor allem um die **Pflicht, sich** über das Vorliegen von anfänglichen Leistungshindernissen **zu informieren**. Im Falle des § 311a BGB hat der Schuldner eine Leistung versprochen, die er nicht erbringen kann, weil schon bei Vertragsschluss ein Leistungshindernis vorgelegen hat. Der Bruch dieses Leistungsversprechens wird gem. § 311a Abs. 2 BGB durch die Verpflichtung zum Schadensersatz statt der Leistung sanktioniert, sofern dem Schuldner vorgeworfen werden kann, dass er sich vor Vertragsschluss nicht ausreichend über das Vorliegen von Leistungshindernissen i. S. des § 275 Abs. 1 – 3 BGB vergewissert hat. Nach Vertragsschluss geht es dagegen um die Pflicht, mit dem Leistungsgegenstand sorgfältig umzugehen. Die Verletzung dieser Pflicht ist durch die in § 280 Abs. 1 BGB geregelten Ersatzansprüche sanktioniert (vgl. auch Begr. RegE, BT-Drs. 14/6040, S. 165 f.).

b) Nachträgliche Unmöglichkeit

23   Im Falle des nachträglichen Auftretens eines Leistungshindernisses i. S. des § 275 Abs. 1 bis 3 BGB kann der Gläubiger gem. **§§ 280 Abs. 1 und 3, 283 BGB** (lesen!) **Schadensersatz statt der Leistung** verlangen, wenn der Schuldner den Umstand, der zum Ausschluss oder zur Hemmung der Primärleistungspflicht geführt hat, zu vertreten hat. Das Vertretenmüssen des Schuldners wird nach § 280 Abs. 1 Satz 2 vermutet.

> **BEISPIEL** ▶ Im obigen Beispiel ist das Pferd „Schnellfuß" nach Vertragsschluss zu Tode gekommen, weil der Verkäufer V es mit vergiftetem Viehfutter gefüttert hat. V hatte die Warnungen des Viehfutterverkäufers, die rechtzeitig bei ihm eingegangen sind, missachtet. Auch hier kann K 10 000 € als Schadensersatz statt der Leistung verlangen. Anspruchsgrundlage sind aber die §§ 280 Abs. 1 und 3, 283 BGB.

ABB. 44:	**Schadensersatz statt der Leistung im Falle der Unmöglichkeit**
Anfängliche: Anspruchsgrundlage § 311a Abs. 2 Satz 1 BGB	Nachträgliche: Anspruchsgrundlage §§ 280 Abs. 1 und 3, 283 BGB
Voraussetzungen: ▶ wirksamer Vertrag (hierzu auch § 311a Abs. 1 BGB); ▶ Vorliegen eines Leistungshindernisses i. S. des § 275 Abs. 1, 2 oder 3 BGB zum Zeitpunkt des Vertragsschlusses; ▶ Kenntnis oder fahrlässige Unkenntnis des Schuldners vom Leistungshindernis (wird gem. § 311a Abs. 2 Satz 2 BGB vermutet).	Voraussetzungen: ▶ Bestehen eines (vertraglichen oder gesetzlichen) Schuldverhältnisses; ▶ Pflichtverletzung i. S. des § 280 Abs. 1 BGB, die darin besteht, dass der Schuldner wegen eines nach Vertragsschluss eingetretenen Leistungshindernisses i. S. des § 275 Abs. 1, 2 oder 3 BGB nicht zu leisten braucht (vgl. §§ 280 Abs. 3, 283 S. 1 BGB); ▶ Schuldner hat nachträgliches Leistungshindernis zu vertreten (wird gem. § 280 Abs. 1 Satz 2 BGB vermutet).

3. Alternative zum Schadensersatz statt der Leistung: Aufwendungsersatz in dem in § 284 BGB bestimmten Umfang

a) Anspruchsgrundlagen

Wir erinnern uns daran, dass der Gläubiger, der gegen den Schuldner aus § 280 Abs. 1   24
und 3 BGB einen Anspruch auf Schadensersatz statt der Leistung hat, anstelle dieses
Schadensersatzes Aufwendungsersatz verlangen kann. Grundlage dieses Aufwendungsersatzanspruchs ist § 284 BGB (siehe oben § 26 Rn. 15). Aufwendungsersatz kann
der Gläubiger auch dann verlangen, wenn er einen auf § 311a Abs. 2 BGB basierenden
Anspruch auf Schadensersatz statt der Leistung hat. In diesem Fall ist aber § 311a
Abs. 2 Satz 1 BGB selbst Grundlage für den Aufwendungsersatzanspruch. Der Umfang
des Anspruchs richtet sich kraft ausdrücklicher Anordnung in § 311a Abs. 2 Satz 1 BGB
auch hier nach § 284 BGB.

Im Ergebnis kann der Gläubiger also immer anstelle des Schadensersatzes statt der   25
Leistung Ersatz der von ihm getätigten Aufwendungen fordern. Die Anspruchsgrundlage für den Aufwendungsersatz hängt von der Anspruchsgrundlage für den Schadensersatz ab. Dies sei verdeutlicht anhand der

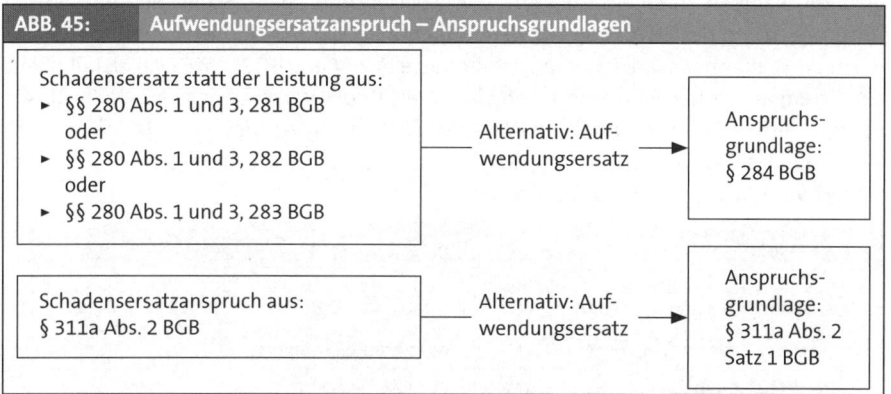

ABB. 45:   Aufwendungsersatzanspruch – Anspruchsgrundlagen

Schadensersatz statt der Leistung aus:
▸ §§ 280 Abs. 1 und 3, 281 BGB
oder
▸ §§ 280 Abs. 1 und 3, 282 BGB
oder
▸ §§ 280 Abs. 1 und 3, 283 BGB

Alternativ: Auf-wendungsersatz →

Anspruchs-grundlage: § 284 BGB

Schadensersatzanspruch aus: § 311a Abs. 2 BGB

Alternativ: Auf-wendungsersatz →

Anspruchs-grundlage: § 311a Abs. 2 Satz 1 BGB

b) Bedeutung und Voraussetzungen des Anspruchs

Der Zweck des Aufwendungsersatzanspruchs soll uns vor Augen geführt werden durch   26
das folgende

BEISPIEL ▸ Die Studentengruppe „Solidarität e.V." hat für den Abend des 6.6. vom Dekanat den
Innenhof des Universitätsgebäudes gemietet. Geplant ist eine Veranstaltung, bei der obdach-
lose Bürger kostenlos mit Essen und Getränken versorgt werden sollen. Hierfür wurden 1 000 €
ausgegeben. Am Vorabend des 6.6. teilt der Dekan den Studenten mit, „die Penner sollten bleiben, wo sie sind". Er habe beschlossen, den Innenhof doch nicht zur Verfügung zu stellen. Die
Veranstaltung muss daher abgesagt werden. Als die empörten Studenten Schadensersatz statt
der Leistung fordern, wendet der Dekan ein, die 1 000 € wären so oder so angefallen. Und weil
mit der Veranstaltung kein wirtschaftlicher Zweck verfolgt worden sei, hätte der Verein auch
nichts eingenommen. Weil der Verein nur so zu stellen sei, wie er stehen würde, wenn ordnungsgemäß erfüllt worden wäre (d. h. in diesem Fall, wie wenn der Innenhof tatsächlich zur
Verfügung gestellt worden wäre), könne der Verein die 1 000 € nicht verlangen. Hier beläuft
sich der Schadensersatz statt der Leistung tatsächlich auf Null. Aber es greift § 284 BGB ein, so
dass der Verein die 1 000 € als Ersatz der getätigten Aufwendungen erhält.

27 Das Beispiel zeigt, dass der **Aufwendungsersatzanspruch vor allem** dann von Bedeutung ist, **wenn** der **Gläubiger nicht** die **Absicht** gehabt hat, durch das Geschäft einen
Gewinn zu erzielen. In derartigen Fällen ist dem Gläubiger mit der Zubilligung eines
Anspruchs auf Schadensersatz statt der Leistung nicht gedient: Wenn der Gläubiger
von vornherein an dem Geschäft nichts verdienen wollte, dann kann ihm durch das Unterbleiben des Geschäfts auch kein Schaden entstehen. Der Gläubiger wird in einem
solchen Fall auf den Aufwendungsersatzanspruch zurückgreifen. Aufwendungen sind
freiwillige Vermögensopfer. Als Beispiele seien die Kosten für die Beurkundung des Vertrags oder die dem Gläubiger entstandenen Fahrt- oder Portokosten genannt. Ersatzfähig sind nur die Aufwendungen, die der Gläubiger im Vertrauen auf den Erhalt der
Leistung gemacht hat und billigerweise machen durfte. Z. B. darf der Gläubiger „billigerweise" keine Aufwendungen mehr machen, wenn er weiß, dass der Schuldner den
Vertrag nicht erfüllen wird. Im Beispielsfall könnte der Verein „Solidarität e. V." nichts
verlangen, wenn die 1 000 € erst nach der Ankündigung des Dekans aufgewendet worden wären. „Billigerweise" getätigt sind die Aufwendungen ferner dann nicht, wenn sie
völlig außer Verhältnis zur Bedeutung der nicht erbrachten Leistung stehen (für ein
Bild, das 5 € gekostet hat und auch nur so viel wert ist, lässt der Gläubiger einen ver-
goldeten Rahmen zu einem Preis i. H. von 2 000 € anfertigen). Schließlich entfällt der
Anspruch, wenn der Zweck der Aufwendungen auch dann nicht erreicht worden wäre,
wenn der Schuldner seine Pflichten erfüllt hätte (§ 284 a. E. BGB). Im Beispielsfall bliebe
der Verein auf seinen Aufwendungen sitzen, wenn die Verköstigung der Obdachlosen
mangels Interesse in jedem Fall hätte unterbleiben müssen (obwohl das skandalöse
Verhalten des Dekans nicht nach außen bekannt geworden ist, findet sich kein einziger
Obdachloser im Innenhof der Fakultät ein).

ABB. 46:	**Voraussetzungen des Aufwendungsersatzanspruchs**

- ► Bestehen eines Anspruchs auf Schadensersatz statt der Leistung (aus § 280 Abs. 1 und 3 oder § 311a Abs. 2 BGB);
- ► freiwilliges Vermögensopfer (= Aufwendungen) des Gläubigers;
- ► im Vertrauen auf Erhalt der Leistung billigerweise gemacht;
- ► kein Fehlschlagen der Aufwendungen aus anderen Gründen als der Pflichtverletzung des Schuldners.

4. Der Anspruch auf das Surrogat

28 Gem. **§ 285 Abs. 1 BGB** (lesen!) steht dem Gläubiger ein Ersatz oder Ersatzanspruch zu,
den der Schuldner infolge des Umstands erlangt, der dazu geführt hat, dass der Schuldner nicht leisten muss. Dieser Ersatz(anspruch) wird auch „Surrogat" oder „stellvertre-
tendes commodum" genannt.

BEISPIEL ► V hat dem K das Rennpferd Schnellfuß, das 30 000 € wert ist, für 20 000 € verkauft.
Noch bevor V dem K das Pferd übergeben kann, bricht sich Schnellfuß ein Bein und muss ein-
geschläfert werden. Glücklicherweise war Schnellfuß für 35 000 € versichert. K kann von V
gem. § 285 Abs. 1 BGB die Abtretung des Anspruchs gegen die Versicherung verlangen. Tut er
dies, dann bleibt er gegenüber V zur Erbringung der Gegenleistung i. H. von 20 000 € verpflichtet (vgl. § 326 Abs. 3 BGB).

Wir sehen, dass die Bestimmung des § 285 Abs. 1 BGB auf der Vorstellung beruht, dass   29
dem Gläubiger (im Beispielsfall dem K) die wirtschaftlichen Vorteile (im Beispielsfall
die Versicherungssumme) der unmöglich gewordenen Leistung schon ab dem Zeitpunkt des Vertragsschlusses gebühren. Der Anspruch aus § 285 Abs. 1 BGB setzt nicht
voraus, dass der Schuldner die Unmöglichkeit zu vertreten hat.

Der Anspruch auf das Surrogat aus § 285 Abs. 1 BGB kann neben einem Anspruch auf   30
Schadensersatz statt der Leistung bestehen. Der Ersatzanspruch ist dann gem. § 285
Abs. 2 BGB um den Wert des Surrogats zu kürzen.

> **BEISPIEL** ▶ V hat das Pferd „Schnellfuß" zuerst an den K und dann nochmals an den reichen Öl-
> scheich D zu einem Kaufpreis i. H. von 25 000 € verkauft und diesem das Tier übergeben und
> übereignet. D ist nicht zur Rückgabe des Pferdes bereit, so dass V außerstande ist, seinen Ver-
> trag mit K zu erfüllen. K, der den Kaufpreis i. H. von 20 000 € bereits an V abgeführt hat, ist
> stocksauer. Sein Anspruch gegen V auf Schadensersatz statt der Leistung beläuft sich auf den
> Wert des Pferdes, also auf 30 000 €. Weil K an der Solvenz des V zweifelt, verlangt er von die-
> sem die Abtretung des Kaufpreisanspruchs gegen D i. H. von 25 000 €. Um diesen Betrag ist
> sein Schadensersatzanspruch gem. § 285 Abs. 2 BGB zu kürzen; mithin kann K von V noch
> 5 000 € als Schadensersatz statt der Leistung verlangen.

5. Besondere Regeln für gegenseitige Verträge

Wenn die Parteien einen **gegenseitigen Vertrag** (hierzu § 4 Rn. 76 f.) geschlossen haben,   31
ist zudem die **Frage nach dem Schicksal der Gegenleistung** zu beantworten. Was pas-
siert mit der Gegenleistung, zu deren Erbringung der Gläubiger der unmöglichen Leistung sich verpflichtet hat? Die einschlägige Regelung findet sich in § 326 BGB (lesen!).
Zu beachten ist, dass die in **§ 326 BGB** geregelten Rechtsfolgen **nicht voraussetzen**,
dass der **Schuldner** die Pflichtverletzung **zu vertreten** hat. Der Gläubiger wird also z. B.
auch dann gem. § 326 Abs. 1 Satz 1 Hs. 1 BGB von seiner Pflicht zur Erbringung der Gegenleistung frei, wenn der Leistungsgegenstand infolge eines Umstands untergegangen ist, den der Schuldner nicht zu vertreten hat. Abgesehen davon, dass bei § 326 BGB
ein Vertretenmüssen des Schuldners nicht vorausgesetzt ist, entsprechen die Voraussetzungen des § 326 BGB denen der §§ 280 Abs. 1 und 3, 283 BGB (bzw. – bei anfäng-
lichem Vorliegen des Leistungshindernisses – denen des § 311a BGB).

Wenn der Schuldner die nachträgliche Unmöglichkeit zu vertreten hat (bzw. die an-   32
fängliche Unmöglichkeit bei Abschluss des Vertrags wenigstens hätte kennen müssen),
dann stehen dem Gläubiger nicht nur die Rechte aus § 326 BGB zu. Er hat in diesem
Fall gegen den Schuldner zusätzlich einen Anspruch auf Schadensersatz statt der Leistung aus §§ 280 Abs. 1 und 3, 283 BGB (bzw. aus § 311a Abs. 2 BGB). Dieser Schadensersatzanspruch bleibt auch dann bestehen, wenn der Gläubiger vom Vertrag zurücktritt (**§ 325 BGB**; lesen!). Im Einzelnen ist das Schicksal der Gegenleistungspflicht in
§ 326 BGB wie folgt geregelt:

a) Befreiung von der Gegenleistungspflicht bei Ausschluss der Leistungspflicht

Die **Pflicht** des Gläubigers zur Erbringung der **Gegenleistung erlischt** gem. **§ 326 Abs. 1**   33
Satz 1 Hs. 1 BGB kraft Gesetzes, wenn der Schuldner nach § 275 Abs. 1 – 3 BGB nicht zu
leisten braucht. Ist der Schuldner von seiner Leistungspflicht nur teilweise frei geworden, dann entfällt auch die Pflicht des Gläubigers zur Erbringung der Gegenleistung
nur zum Teil.

> **BEISPIEL** K hat bei V die letzten zehn Flaschen eines erlesenen Weines gekauft. Gehen alle Flaschen zu Bruch, dann wird V gem. § 275 Abs. 1 BGB von seiner Pflicht aus § 433 Abs. 1 BGB zur Übereignung und Übergabe des Weines frei. Die Gegenleistungspflicht des K aus § 433 Abs. 2 zur Bezahlung des Weines entfällt gem. § 326 Abs. 1 Satz 1 1. Hs. BGB.
>
> Gehen nur fünf Flaschen zu Bruch, dann bleibt V grundsätzlich zur Übereignung dieser fünf Flaschen verpflichtet. Die Gegenleistungspflicht des K entfällt gem. § 326 Abs. 1 Satz 1 1. HS. BGB zur Hälfte.

34 Wenn in § 326 Abs. 1 Satz 2 BGB davon die Rede ist, dass „der Schuldner im Falle der nicht vertragsgemäßen Leistung die Nacherfüllung … nicht zu erbringen braucht", so ist damit die **qualitative Unmöglichkeit** gemeint (siehe oben Rn. 5). Im Falle der qualitativen Unmöglichkeit erlischt die **Gegenleistungspflicht nicht kraft Gesetzes** (§ 326 Abs. 1 Satz 2 BGB). Allerdings kann der Gläubiger vom Vertrag gem. § 326 Abs. 5 BGB zurücktreten. Zum Verständnis der Vorschrift diene das folgende

> **BEISPIEL** Die verkaufte Vase aus der Ming-Dynastie wird angestoßen und bekommt einen Sprung. Der Verkäufer kann dem Käufer die Vase nicht mehr in der geschuldeten Qualität übereignen. Die Gegenleistungspflicht des Käufers entfällt in diesem Falle nicht teilweise gem. § 326 Abs. 1 Satz 1 2. Hs. BGB; diese Bestimmung findet ja nach Abs. 1 Satz 2 keine Anwendung. Der Käufer kann aber nach § 326 Abs. 5 BGB vom Vertrag zurücktreten, weil dem Verkäufer die Erfüllung seiner Pflicht qualitativ unmöglich ist. Er braucht gem. § 275 Abs. 1 BGB nicht in der geschuldeten Qualität zu leisten.

35 Für die Ausbildung besonders wichtig sind die in **§ 326 Abs. 2 BGB** geregelten Fälle, in denen der **Gläubiger zur Erbringung der Gegenleistung verpflichtet bleibt**, obwohl der Schuldner nach § 275 Abs. 1 bis 3 BGB nicht zu leisten braucht. Der Gläubiger der unmöglichen Leistung bleibt zur Gegenleistung verpflichtet, wenn

► er für den Umstand, aufgrund dessen der Schuldner nach § 275 Abs. 1 – 3 BGB nicht zu leisten braucht, allein oder weit überwiegend **verantwortlich** ist oder

► der zur Unmöglichkeit führende Umstand zu einem Zeitpunkt eintritt, zu dem er sich im **Verzug der Annahme** befindet, und der Schuldner diesen Umstand nicht zu vertreten hat.

Ferner bleibt der Gläubiger nach Maßgabe des § 326 Abs. 3 BGB zur Gegenleistung verpflichtet, wenn er gem. § 285 BGB das stellvertretende commodum verlangt (hierzu oben Rn. 28).

b) Rücktrittsrecht des Gläubigers bei Ausschluss der Leistungspflicht des Schuldners

36 Der Gläubiger der unmöglichen Leistung hat ferner gem. § 326 Abs. 5 BGB das Recht, vom Vertrag zurückzutreten. Auf den Rücktritt findet § 323 BGB Anwendung. Der Gläubiger muss dem Schuldner aber nicht gem. § 323 Abs. 1 BGB eine Frist zur Leistung oder Nacherfüllung setzen: Das Setzen einer derartigen Frist wäre bei dem in § 326 BGB geregelten Fall der Unmöglichkeit offensichtlich sinnlos und ist daher gem. § 326 Abs. 5 Hs. 2 BGB nicht erforderlich.

ABB. 47:	Das Schicksal der Gegenleistung bei unmöglicher Leistung

Grundsatz:	▸ (teilweises) Entfallen der Gegenleistungspflicht bei (Teil-) Unmöglichkeit, § 326 Abs. 1 Satz 1 BGB ▸ Rücktrittsrecht des Gläubigers gem. § 326 Abs. 5 BGB

Ausnahmen:	▸ Bei qualitativer Unmöglichkeit:
	  – § 326 Abs. 1 Satz 2 BGB: Gegenleistungspflicht entfällt nicht kraft Gesetzes
	  – Nur Rücktrittsrecht gem. § 326 Abs. 5 BGB
	
	▸ Gegenleistungspflicht bleibt bestehen:
	  – Verantwortlichkeit des Gläubigers für Unmöglichkeit der Leistung, § 326 Abs. 2 Satz 1 Alt. 1 BGB
	  – Annahmeverzug, § 326 Abs. 2 Satz 1 Alt. 2 BGB
	  – Gläubiger verlangt Surrogat, § 326 Abs. 3 BGB

§ 28 Nichtleistung und Schlechtleistung bei fortbestehender Möglichkeit der ordnungsgemäßen Leistungserbringung

LITERATUR

Greiner/Hossenfelder, Aufforderung zur „unverzüglichen", „umgehenden" oder „sofortigen" Nacherfüllung als hinreichende Nachfristsetzung i. S. d. § 281 Abs. 1 S. 1 BGB? – zugleich Anmerkung zu BGH, Urteil v. 12. 8. 2009 – VIII ZR 254/08, JA 2010, 412; *Herresthal*, Der Ersatz des Verzugsschadens beim Rücktritt vom Vertrag, JuS 2007, 983; *Krause*, Die Leistungsverzögerung im neuen Schuldrecht, Jura 2002, 217, 299; *Münch*, Die „nicht wie geschuldet" erbrachte Leistung und sonstige Pflichtverletzungen, Jura 2002, 361; *Skamel*, Die angemessene Frist zur Leistung oder Nacherfüllung, JuS 2010, 671; *Tetenberg*, Der Bezugspunkt des Vertretenmüssens beim Schadensersatz statt der Leistung, JA 2009, 1; *Timme*, Die Neuregelung des Schuldnerverzugs gem. § 286 BGB, JA 2002, 656.

I. Allgemeines

1. Überblick über die Tatbestände der Nichtleistung und der Schlechtleistung

1   In § 27 haben wir uns mit der Frage beschäftigt, welche Rechtsfolgen eintreten, wenn der Schuldner ganz oder teilweise nicht leisten oder wenn er die Leistung nicht in der geschuldeten Qualität erbringen kann. Auch in den hier zu erörternden Fällen leistet der Schuldner zum Fälligkeitszeitpunkt nicht, nicht vollständig oder nicht in der richtigen Qualität. Anders als bei der Unmöglichkeit ist der **Schuldner** hier aber **noch in der Lage**, die **Leistung ordnungsgemäß zu erbringen**. Zur Verdeutlichung folgendes

> **BEISPIEL** G kauft beim Landwirt S aus dessen Lager am 1. Juni zehn Zentner Weizen. G und S haben vereinbart, dass S dem G das Getreide am 5. Juni vorbeibringen soll.

> **VARIANTE 1** Am 5. Juni passiert nichts, weil S den Termin ganz einfach vergessen hat.

> **VARIANTE 2** S erscheint am 5. Juni bei G, hat aber nur fünf Zentner Weizen dabei, weil er irrtümlicherweise davon ausgegangen ist, dass er dem G nur fünf Zentner Weizen verkauft hat.

> **VARIANTE 3** S erscheint am 5. Juni bei G und hat auch zehn Zentner Weizen dabei. Aber bei dem gelieferten Weizen handelt es sich um solchen, der unmittelbar an der Wand gelagert war und der daher Feuchtigkeit gezogen hat und verschimmelt ist.

Den drei Fallvarianten ist gemeinsam, dass der Schuldner seine **Leistung** zum Fälligkeitszeitpunkt zwar **nicht ordnungsgemäß erbracht** hat, dass **aber** die geschuldete Leistung noch **nachgeholt** werden kann.

2. Regelung in den §§ 281 und 323 BGB

Nichtleistung und **Schlechtleistung** sind die in der Praxis am häufigsten vorkommenden Leistungsstörungen (vgl. die Materialien zur Schuldrechtsreform, BT-Drs. 14/4060,
S. 138) Der Gesetzgeber hat sich dieser Störungstatbestände in **§ 281 BGB** (lesen!) angenommen. Bei gegenseitigen Verträgen ist zusätzlich die in **§ 323 BGB** (lesen!) getroffene Regelung zu beachten. Sowohl § 281 BGB als auch § 323 BGB setzen voraus, dass
der Schuldner seine Leistung nicht oder nur schlecht erbringt. Dabei wird die Schlechtleistung in § 281 Abs. 1 BGB als „nicht wie geschuldet" erbrachte Leistung bezeichnet;
in § 323 Abs. 1 BGB ist dagegen von einer „nicht vertragsgemäßen" Leistung die Rede.
Der Grund für die unterschiedlichen Formulierungen liegt darin, dass der Anwendungsbereich des § 281 BGB nicht auf vertragliche Schuldverhältnisse beschränkt ist, sondern
alle Schuldverhältnisse erfasst. Der Anwendungsbereich des § 281 BGB ist somit etwas
weiter als derjenige des § 323 BGB, der nur bei gegenseitigen Verträgen gilt. Beide Vorschriften regeln aber denselben Störungstatbestand. Die folgenden Ausführungen, die
der Abgrenzung des Anwendungsbereichs des § 281 BGB gewidmet sind, gelten daher
in gleicher Weise für § 323 BGB.

2

3. Die Abgrenzungen zu anderen Störungstatbeständen

a) Unmöglichkeit

§ 281 BGB regelt die Frage, unter welchen Voraussetzungen im Falle der Leistungsverzögerung und der Schlechtleistung Schadensersatz statt der Leistung verlangt werden
kann. Gem. § 281 Abs. 1 Satz 1 BGB kann der Gläubiger Schadensersatz statt der Leistung erst verlangen, nachdem er dem Schuldner erfolglos eine Frist zur ordnungsgemäßen Leistungserbringung gesetzt hat. Dieses **Fristsetzungserfordernis verdeutlicht, dass
in § 281 BGB** die **Unmöglichkeit** der Leistung **nicht geregelt** ist, auch wenn der Wortlaut
des § 281 Abs. 1 Satz 1 BGB sie erfasst: Wenn Unmöglichkeit vorliegt, dann erbringt der
Schuldner die fällige Leistung nicht; im Falle der qualitativen Unmöglichkeit wird die
Leistung nicht „wie geschuldet" erbracht. Gleichwohl kann die Unmöglichkeit nicht gemeint sein. Ansonsten wäre das in § 281 Abs. 1 Satz 1 BGB angeordnete Erfordernis der
Fristsetzung nämlich sinnlos: Wozu soll es dienen, dem Schuldner, der nicht leisten
kann, eine Frist zur Leistung oder Nacherfüllung zu setzen? § 281 BGB erfasst daher nur
die Fälle, in denen die Leistung noch nachgeholt werden kann. Die **fortbestehende
Möglichkeit der** ordnungsgemäßen **Leistungserbringung** ist somit in den **Tatbestand
des § 281 BGB** als ungeschriebenes Merkmal **hineinzulesen**. § 281 BGB und der Tatbestand der Unmöglichkeit überschneiden sich also nicht.

3

b) Verzug

Anders gestaltet sich das **Verhältnis** zu dem in § 286 BGB (lesen!) geregelten **Schuldnerverzug**. Der Gläubiger wird im Falle einer Nichtleistung i. S. des § 281 BGB vom Schuldner in aller Regel nur dann Schadensersatz statt der Leistung verlangen können, wenn
sich der Schuldner auch im Verzug befindet: Sowohl § 281 BGB als auch § 286 BGB setzen voraus, dass der Schuldner seine Leistung zum Fälligkeitszeitpunkt nicht erbringt.
Schuldnerverzug i. S. des § 286 BGB tritt zwar grundsätzlich erst ein, nachdem der

4

Schuldner gemahnt worden ist, während eine Mahnung in § 281 BGB nicht als Voraussetzung des Schadensersatzanspruchs genannt ist. Es ist aber davon auszugehen, dass die Fristsetzung des § 281 Abs. 1 Satz 1 BGB stets auch eine Mahnung i. S. des § 286 BGB zum Inhalt hat. Und sofern eine Fristsetzung gem. § 281 Abs. 2 BGB entbehrlich ist, werden regelmäßig zugleich die Voraussetzungen des § 286 Abs. 2 Nr. 3 oder 4 BGB vorliegen, so dass der Schuldner in diesen Fällen auch ohne Mahnung in Verzug gerät. Wenn also die Voraussetzungen des § 281 BGB vorliegen, sind auch die Voraussetzungen des § 286 BGB gegeben (zum Verhältnis von § 281 BGB zu § 286 BGB siehe auch Palandt/*Grüneberg*, § 281 Rn. 7). **§ 281 BGB regelt** somit im Ergebnis den **Anspruch** des Gläubigers **auf Schadensersatz statt der Leistung gegen** den sich **im Verzug befindenden Schuldner**. Es wäre daher vertretbar, den Schuldnerverzug bereits an dieser Stelle zu behandeln. Dies würde aber zu einer sehr unübersichtlichen Darstellung führen; § 281 BGB erfasst nämlich nicht nur die Leistungsverzögerung, sondern auch die Schlechtleistung. Die folgenden Ausführungen beschränken sich daher auf die in §§ 281 und 323 BGB getroffenen Regelungen. (Zum Schuldnerverzug siehe unten § 29.)

II. Schadensersatz statt der Leistung (§§ 280 Abs. 1 und 3, 281 BGB)

1. Voraussetzungen des Schadensersatzanspruchs

5   Wenn der Schuldner seine Leistung nicht oder schlecht erbringt, hat der Gläubiger unter den im Folgenden dargestellten Voraussetzungen einen Anspruch auf Schadensersatz statt der Leistung. Anspruchsgrundlage sind die §§ 280 Abs. 1 und 3, 281 BGB.

a) Verletzung einer fälligen und durchsetzbaren Leistungspflicht aus einem bestehenden Schuldverhältnis

6   Die gem. § 280 Abs. 1 BGB erforderliche Pflichtverletzung besteht darin, dass der Schuldner die fällige Leistung nicht oder nicht wie geschuldet erbringt (§ 281 Abs. 1 Satz 1 BGB). Ein Ersatzanspruch besteht nicht, wenn die Leistung zwar fällig ist, aber nicht durchgesetzt werden kann, weil der Schuldner eine Einrede erheben kann. Dies ist z. B. der Fall, wenn der Schuldner bei einem gegenseitigen Vertrag gem. § 320 BGB die Leistung verweigern kann (weitere Beispiele bei Palandt/*Grüneberg*, § 281 Rn. 8 f.).

7   Der Fall der **Nichterbringung** der Leistung muss nicht näher erläutert werden: Der Schuldner erbringt ganz einfach zum Fälligkeitszeitpunkt seine Leistung nicht oder nur unvollständig. Eine **Schlechtleistung** liegt im Übrigen nicht nur dann vor, wenn der Schuldner seine Hauptleistungspflicht schlecht erfüllt, also z. B. Äpfel liefert, die verfault sind. Die Schlechterfüllung kann auch darauf beruhen, dass der Schuldner eine leistungsbezogene Nebenpflicht verletzt, z. B. eine Bedienungsanleitung nicht aushändigt. Eine Schlechtleistung i. S. des § 281 BGB liegt aber nicht vor, wenn der Schuldner seine Leistung an sich zwar ordnungsgemäß erbracht, dabei aber eine Schutzpflicht i. S. des § 241 Abs. 2 BGB verletzt hat. Die Frage, ob der Gläubiger in derartigen Fällen einer Schutzpflichtverletzung Schadensersatz statt der Leistung verlangen kann, ist in §§ 280 Abs. 1 und 3, 282 BGB eigens geregelt.

b) Fortbestehende Möglichkeit der ordnungsgemäßen Leistungserbringung

Es wurde bereits angesprochen, dass §§ 280 Abs. 1 und 3, 281 BGB nur dann die richti- 8
ge Anspruchsgrundlage sind, wenn eine **ordnungsgemäße Leistung** noch **möglich** ist.
Das Nachholen der geschuldeten Leistung wird als „Nacherfüllung" bezeichnet, wenn
der Schuldner schon einen Versuch unternommen hat, seine Leistung zu erbringen,
aber lediglich eine Schlecht- oder eine Teilleistung zustande gebracht hat. Hat der
Schuldner schlecht erfüllt und ist eine Nacherfüllung nicht möglich (der als unfallfrei
verkaufte Wagen ist doch ein Unfallwagen), dann liegt qualitative Unmöglichkeit vor
und § 281 BGB ist nicht anwendbar.

c) Fruchtloser Ablauf einer angemessenen Frist zur Leistung oder Nacherfüllung

Des Weiteren setzt der Anspruch des Gläubigers auf Schadensersatz statt der Leistung 9
aus §§ 280 Abs. 1 und 3, 281 BGB voraus, dass die dem Schuldner gesetzte angemessene **Frist** zur **Leistung** oder **Nacherfüllung** fruchtlos verstrichen ist. Wenn der Schuldner
noch gar nicht geleistet hat, dann muss ihm der Gläubiger eine Frist zur Leistung setzen. Wenn der Schuldner teilweise oder schlecht geleistet hat, dann muss ihm der
Gläubiger eine Frist zur Nacherfüllung setzen, binnen derer der Schuldner den noch
ausstehenden „Leistungsrest" beibringen kann.

Angemessen ist die Frist dann, wenn sie so lang ist, dass der Schuldner seine Leistung 10
auch tatsächlich erbringen kann. Wenn der Schuldner aber zum Fälligkeitszeitpunkt
noch gar nichts unternommen hat, um die Leistung zu erbringen, dann muss die Frist
nicht so lang sein, dass er die noch nicht begonnene Leistung bis zum Fristende vollständig erbringen kann. Das Setzen einer zu kurz bemessenen Frist setzt eine angemessene Frist in Lauf. Dem Fristsetzungserfordernis ist nach Ansicht des BGH (NJW 2009,
3153) sogar schon dann Genüge getan, wenn der Gläubiger dem Schuldner deutlich
macht, dass ihm für die (Nach-) Erfüllung nur ein begrenzter Zeitraum zur Verfügung
steht. Demnach reicht es aus, wenn der Gläubiger vom Schuldner „sofortige, unverzüg-
liche oder umgehende" Leistung oder Nacherfüllung verlangt.

Entbehrlich ist die Fristsetzung unter den in § 281 Abs. 2 BGB geregelten Voraussetzun- 11
gen. So muss eine Frist nicht gesetzt werden

► im Falle der ernsthaften und endgültigen Erfüllungsverweigerung von Seiten des
Schuldners (§ 281 Abs. 2 Alt. 1 BGB); eine Fristsetzung kann hier nichts bewirken;

► sofern besondere Umstände vorliegen, die unter Abwägung der beiderseitigen Interessen die sofortige Geltendmachung des Schadensersatzanspruchs rechtfertigen
(§ 281 Abs. 2 Alt. 2 BGB). Als **Beispiel** sind in den Gesetzesmaterialien (Begr. RegE,
BT-Drs. 14/6040, S. 140) sog. **Just-in-time-Verträge** genannt, bei denen zu einem bestimmten Zeitpunkt geliefert werden muss, damit der Gläubiger seine Produktion
ordnungsgemäß betreiben kann. Auch beim **relativen Fixgeschäft** wird die Abwägung der beiderseitigen Interessen regelmäßig die sofortige Geltendmachung des
Schadensersatzanspruchs rechtfertigen.

In den Fällen, in denen nach der Art der Pflichtverletzung eine Fristsetzung nicht in Be- 12
tracht kommt, tritt an deren Stelle eine Abmahnung (§ 281 Abs. 3 BGB). Die Vorschrift
ist als Regelung für Unterlassungspflichten gedacht.

d) Vertretenmüssen des Schuldners

13   Der Gläubiger kann vom Schuldner nur dann Schadensersatz statt der Leistung verlangen, wenn dieser die Pflichtverletzung zu vertreten hat. Diese Voraussetzung ergibt sich aus § 280 Abs. 1 Satz 2 BGB. Wenn der Schuldner einwendet, es fehle am Vertretenmüssen, dann ist er hierfür im Prozess beweispflichtig. Fraglich ist bei dem Anspruch aus §§ 280 Abs. 1 und 3, 281 BGB der Bezugspunkt des Vertretenmüssens: Muss es der Schuldner zu vertreten haben, dass er bei Fälligkeit seine Leistung nicht oder nicht wie geschuldet erbringt? Oder ist es nötig, dass er schuldhaft die Frist nicht nutzt, die ihm der Gläubiger nach § 281 Abs. 1 Satz 1 BGB bestimmt hat? Richtigerweise wird man es ausreichen lassen müssen, wenn der Schuldner entweder die Nicht- oder Schlechtleistung zum Fälligkeitszeitpunkt oder den Umstand zu vertreten hat, dass er auch innerhalb der Nachfrist nicht (ordnungsgemäß) leistet. Beides kann als Pflichtverletzung angesehen werden. Und für die Haftung muss es ausreichen, wenn der Schuldner eine der beiden Pflichtverletzungen zu vertreten hat (wie hier *Looschelders*, Schuldrecht AT, § 29 Rn. 621; a. A. Palandt/*Grüneberg*, § 281 Rn. 16).

2. Umfang des Ersatzes: „Großer" und „kleiner" Schadensersatz

14   Schadensersatz statt der Leistung kann nach § 281 Abs. 1 Satz 1 BGB nur verlangt werden, „soweit" der Schuldner die fällige Leistung nicht oder nicht wie geschuldet erbringt. Hat der Schuldner eine Teilleistung erbracht oder hat er schlecht („nicht wie geschuldet") geleistet, dann stellt sich die Frage, unter welchen Voraussetzungen der Gläubiger **Schadensersatz statt der ganzen Leistung** (= großer Schadensersatz) verlangen kann. Im Ergebnis geht es darum, ob der Gläubiger die bereits erhaltene Teil- bzw. Schlechtleistung behalten muss und der ihm zustehende **Schadensersatz** statt der Leistung **auf** die noch ausstehende **Restleistung beschränkt** ist (= kleiner Schadensersatz) oder ob er die erhaltene (nicht ordnungsgemäße) Leistung zurückgeben und Schadensersatz statt der ganzen Leistung verlangen darf.

15   Diese Frage ist geregelt in § 281 Abs. 1 Satz 2 und 3 BGB. Die dort getroffenen Regelungen kommen im Übrigen auch in den Fällen der Unmöglichkeit zur Anwendung, da die §§ 283 Satz 2 und 311a Abs. 2 Satz 3 BGB hierauf verweisen. Auch bei der Unmöglichkeit ist nämlich vorstellbar, dass der Schuldner nur den „kleinen Schadensersatz" schuldet, nämlich dann, wenn die Leistung nur teilweise oder nur „qualitativ" unmöglich ist. Im Einzelnen gilt Folgendes:

16   Der Gläubiger, an den eine **Teilleistung** erbracht wurde, kann nur dann **Schadensersatz statt der ganzen Leistung** verlangen, wenn er **an der Teilleistung kein Interesse** hat (§ 281 Abs. 2 Satz 2 BGB). Dies ist dann der Fall, wenn das Leistungsinteresse des Gläubigers durch die Addition von bereits erbrachter Leistung und Schadenersatz in Geld nicht voll abgedeckt ist.

> **BEISPIEL▸** Student G hat im dritten Versuch die Klausur im Privatrecht bestanden und will daher ein rauschendes Fest feiern. Daher kauft er bei S 1 100 Flaschen einer erlesenen Weinsorte. Als S 1 zwei Wochen vor dem Fest nur 50 Flaschen liefert, setzt ihm G eine angemessene Frist zur Lieferung des noch ausstehenden Weins, die fruchtlos verstreicht. Daraufhin deckt sich G bei S 2 mit 100 Flaschen derselben Weinsorte ein. Allerdings kostet die Flasche bei S 2 1 € mehr. G will dem S 1 die gelieferten 50 Flaschen zurückgeben und verlangt von ihm 100 € Schadensersatz, die er an S 2 mehr bezahlen musste.

Das Verlangen des G nach Schadensersatz statt der ganzen Leistung ist nicht gerechtfertigt. Auch wenn man davon ausgeht, dass G ein berechtigtes Interesse hat, bei seiner Festveranstaltung nur Wein derselben Sorte zu liefern, wäre es ihm ohne Weiteres zumutbar gewesen, die 50 Flaschen des S 1 zu behalten und einfach noch 50 Flaschen zuzukaufen. Er hätte dann von S 1 Schadensersatz i. H. von 50 € verlangen können.

Demgegenüber kann im Falle einer **Schlechtleistung „großer" Schadensersatz** dann verlangt werden, wenn die dem Schuldner zur Last zu legende **Pflichtverletzung nicht unerheblich** ist (§ 281 Abs. 3 Satz 3 BGB). Aus der Formulierung der Bestimmung geht hervor, dass der **Schuldner** die **Beweislast** für die **Unerheblichkeit** der Pflichtverletzung trägt. Wenn der Gläubiger Schadensersatz statt der ganzen Leistung verlangt, kann der Schuldner die von ihm bereits erbrachte Leistung gem. § 281 Abs. 5 BGB nach Rücktrittsregeln zurückfordern.   17

3. Verhältnis des Schadensersatzanspruchs zum Erfüllungsanspruch

Der Gläubiger kann auch noch nach Ablauf der gesetzten Frist Erfüllung verlangen. Der **Anspruch auf Erfüllung** ist erst **ausgeschlossen, sobald** der **Gläubiger** statt der Leistung **Schadensersatz verlangt** hat (§ 281 Abs. 4 BGB). Für ein derartiges Verlangen genügt selbstverständlich die Erhebung einer Klage. Ausreichend sind aber auch vorprozessuale Erklärungen des Gläubigers, sofern dort der eindeutige Wille zum Ausdruck kommt, sich auf das Schadensersatzbegehren beschränken zu wollen.   18

Die Ausführungen oben unter 1. und 2. wollen wir uns noch einmal vor Augen führen. Betrachten Sie hierzu die folgende Abbildung: 19

ABB. 48:	Schadensersatz statt der Leistung nach §§ 280 Abs. 1 und 3, 281 BGB
Voraussetzungen:	▸ Bestehendes Schuldverhältnis
	▸ Verletzung einer fälligen und durchsetzbaren Leistungspflicht hieraus: – Nichtleistung oder – Schlechtleistung
	▸ Fortbestehende Möglichkeit der Leistung bzw. Nacherfüllung
	▸ Fruchtloses Verstreichen einer angemessenen Frist zur – Leistung (im Falle der Nichtleistung) – Nacherfüllung (im Falle der teilweisen und der Schlechtleistung)
	▸ Entbehrlichkeit der Fristsetzung (§ 281 Abs. 2 BGB): – ernsthafte und endgültige Leistungsverweigerung; – besondere Umstände (z. B. relatives Fixgeschäft)
	▸ Vertretenmüssen der Pflichtverletzung, § 280 Abs. 1 Satz 2 BGB
Rechtsfolge:	▸ Schadensersatz statt der Leistung: Vom Anspruch erfasst sind Schäden, die durch eine Leistung bzw. Nacherfüllung innerhalb der Frist des § 281 Abs. 1 Satz 1 BGB hätten rückgängig gemacht werden können
	▸ Großer und kleiner Schadensersatz: – Teilleistung: grundsätzlich nur kleiner Schadensersatz (§ 281 Abs. 1 Satz 2 BGB verlangt Interessenwegfall) – Schlechtleistung: grundsätzlich großer Schadensersatz (kleiner nur dann, wenn Schuldner Unerheblichkeit der Pflichtverletzung beweist, § 281 Abs. 1 Satz 3 BGB)

III. Besondere Regeln für gegenseitige Verträge

1. Rücktrittsrecht des Gläubigers gem. § 323 Abs. 1 BGB

20   Wenn der Schuldner bei einem gegenseitigen Vertrag nicht oder nicht ordnungsgemäß leistet, dann kann der Gläubiger unter den Voraussetzungen des **§ 323 BGB** (lesen!) vom Vertrag zurücktreten. Die Voraussetzungen dieser Vorschrift sind mit denjenigen des § 281 BGB weitgehend identisch. Das in § 323 BGB geregelte **Rücktrittsrecht** ist allerdings – im Gegensatz zu dem Schadensersatzanspruch der §§ 280 Abs. 1 und 3, 281 BGB – **von** einem **Vertretenmüssen des Schuldners unabhängig.**

2. Die Voraussetzungen des Rücktrittsrechts im Einzelnen

21   § 323 Abs. 1 BGB setzt voraus, dass der Schuldner eine **fällige Leistungspflicht** aus einem **gegenseitigen Vertrag verletzt.** In den Anwendungsbereich des § 323 BGB fallen die Leistungsverzögerung sowie die Schlechtleistung („nicht vertragsgemäß"). Ausreichend ist auch die Verletzung einer Nebenleistungspflicht. Auch § 323 BGB kommt nur zur Anwendung, wenn die **Leistung nachholbar** bzw. die **Nacherfüllung möglich** ist; ansonsten wäre die nach dieser Bestimmung grundsätzlich erforderliche Fristsetzung sinnlos.

Ferner muss der Gläubiger dem Schuldner eine angemessene Frist setzen und diese   22
Frist muss **ergebnislos abgelaufen** sein. Die Ausführungen zu § 281 BGB gelten insoweit entsprechend.

Die **Fristsetzung** ist **entbehrlich**, wenn sie trotz der Nachholbarkeit der Leistung **keinen**   23
Sinn macht. Die diesbezügliche Regelung findet sich in **§ 323 Abs. 2 BGB**, der im Wesentlichen dem § 281 Abs. 2 BGB entspricht. Lediglich eine dem § 323 Abs. 2 Nr. 2 BGB
entsprechende Regelung enthält § 281 Abs. 2 BGB nicht. **§ 323 Abs. 2 Nr. 2 BGB** betrifft
das **einfache Fixgeschäft**. Wenn der Gläubiger im Vertrag das Fortbestehen seines Leistungsinteresses an die Rechtzeitigkeit der Leistung gebunden hat (mit anderen Worten:
wenn der Vertrag mit der Einhaltung des Leistungstermins „stehen oder fallen" soll),
dann hat der Gläubiger ein von einer Fristsetzung unabhängiges gesetzliches Rücktrittsrecht. Bei der Verletzung von Unterlassungspflichten tritt an die Stelle der Fristsetzung eine Abmahnung (§ 323 Abs. 3 BGB).

ABB. 49:	Voraussetzungen des Rücktrittsrechts aus § 323 BGB

- ▸ Gegenseitiger Vertrag
- ▸ Verletzung einer fälligen und durchsetzbaren Leistungspflicht:
  - – Nichtleistung oder
  - – Schlechtleistung
- ▸ Fortbestehende Möglichkeit der Leistung bzw. Nacherfüllung
- ▸ Fruchtloses Verstreichen einer angemessenen Frist zur
  - – Leistung (im Falle der Nichtleistung)
  - – Nacherfüllung (im Falle der teilweisen und der Schlechtleistung)
- ▸ Entbehrlichkeit der Fristsetzung (§ 323 Abs. 2 Nr. 1 – 3 BGB):
  - – ernsthafte und endgültige Leistungsverweigerung;
  - – relatives Fixgeschäft
  - – besondere Umstände
  - – Sonderfall: § 324 Abs. 4 BGB
- ▸ **Kein** Vertretenmüssen der Pflichtverletzung

3. Rücktrittsrecht in den Fällen der Teilleistung und Schlechtleistung

Beim Schadensersatz statt der Leistung stellt sich unter bestimmten Voraussetzungen   24
die Frage, ob der Gläubiger den „großen" oder nur den „kleinen" Schadensersatz verlangen kann. Die Frage ist – wie wir bereits wissen – in § 281 Abs. 1 Satz 2 und 3 BGB geregelt. Für den Rücktritt von einem gegenseitigen Vertrag ist in § 323 Abs. 5 BGB eine
entsprechende Regelung getroffen. **§ 323 Abs. 5 Satz 1** BGB regelt den **Grundsatz**, dass
bei einer **Teilleistung** auch **nur** ein **Teilrücktritt** möglich ist. Vom ganzen Vertrag kann
der Gläubiger nur dann zurücktreten, wenn er nachweisen kann, dass er an der erbrachten Teilleistung infolge der Störung der restlichen Leistung kein Interesse hat (siehe das Beispiel oben Rn. 16).

25   § 323 Abs. 5 Satz 2 BGB betrifft den Fall der **Schlechtleistung**. Hier gilt der umgekehrte **Grundsatz**, dass der Gläubiger nach fruchtlosem Ablauf der Frist zum **Rücktritt vom ganzen Vertrag** berechtigt ist. Lediglich in dem Fall einer unerheblichen Pflichtverletzung ist der Rücktritt (vollständig) ausgeschlossen.

4. Ausschluss des Rücktrittsrechts

26   Der **Rücktritt** ist – außer in dem soeben angesprochenen Fall des § 323 Abs. 5 Satz 2 BGB – gem. **§ 323 Abs. 6 BGB ausgeschlossen**,

► wenn der **Gläubiger** für den **Rücktrittsgrund** allein oder weit überwiegend **verantwortlich** ist, und

► wenn der **Schuldner** den zum Rücktritt berechtigenden Umstand **nicht zu vertreten** hat **und** dieser Umstand zu einem Zeitpunkt eintritt, zu dem sich der **Gläubiger im Annahmeverzug** befindet.

5. Schadensersatz und Rücktritt

27   § 325 BGB (lesen!) stellt klar, dass der Gläubiger nicht vor der Alternative Schadensersatz oder Rücktritt steht. Vielmehr kann er Schadensersatz statt der Leistung auch noch verlangen, nachdem er zurückgetreten ist.

28   Die in §§ 281 und 323 BGB geregelten Rechte des Gläubiger seien abschließend in der folgenden Abbildung noch einmal vereinfacht dargestellt.

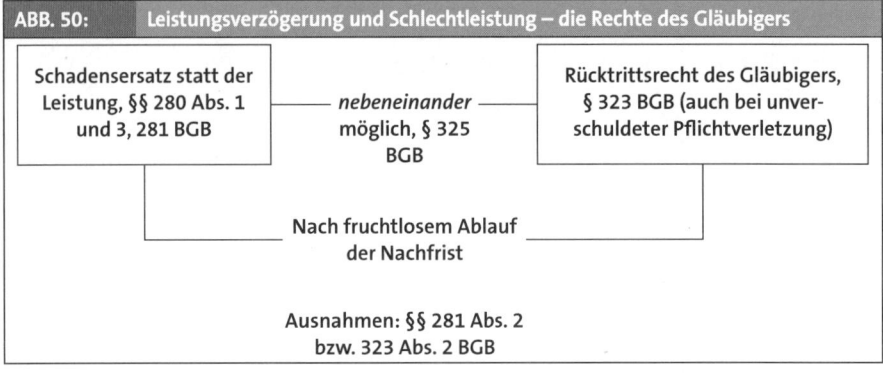

ABB. 50:   Leistungsverzögerung und Schlechtleistung – die Rechte des Gläubigers

| Schadensersatz statt der Leistung, §§ 280 Abs. 1 und 3, 281 BGB | — *nebeneinander* — möglich, § 325 BGB | Rücktrittsrecht des Gläubigers, § 323 BGB (auch bei unverschuldeter Pflichtverletzung) |

Nach fruchtlosem Ablauf der Nachfrist

Ausnahmen: §§ 281 Abs. 2 bzw. 323 Abs. 2 BGB

§ 29 Verzug des Schuldners

LITERATUR

Siehe oben vor § 28.

I. Verzugsvoraussetzungen

Die Voraussetzungen des Schuldnerverzugs sind in **§ 286 BGB** (lesen!) geregelt. In § 286   1
Abs. 1 Satz 1 BGB ist der Grundsatz niedergelegt, dass der Schuldner in Verzug gerät,
wenn er auf eine Mahnung des Gläubigers hin, die nach Fälligkeit erfolgt ist, nicht leistet. Der Verzug tritt gem. § 286 Abs. 4 BGB nicht ein, wenn der Schuldner die Verzögerung der Leistung nicht zu vertreten hat. Ferner kann der Schuldner nur dann in Verzug
geraten, wenn er auch leisten muss, wenn also die gegen ihn gerichtete Forderung
auch durchsetzbar ist. Demnach kann der Schuldnerverzug faustregelartig definiert
werden als **schuldhafte Nichterfüllung** eines **durchsetzbaren und fälligen Anspruchs
trotz Mahnung** durch den Gläubiger. Im Einzelnen müssen folgende Voraussetzungen
vorliegen:

1. Nichterfüllung einer durchsetzbaren Leistungspflicht zum Zeitpunkt der Fälligkeit

Es muss ein Schuldverhältnis bestehen, aufgrund dessen der **Schuldner zu** einer **Leis-**   2
tung i. S. des § 241 Abs. 1 BGB **verpflichtet** ist. Die Forderung muss **fällig** sein; der Gläubiger muss die Leistung vom Schuldner also schon verlangen können. Der Fälligkeitszeitpunkt ist geregelt in § 271 BGB (siehe hierzu § 22 Rn. 13). Des Weiteren kann der
Schuldner nur in Verzug geraten, wenn er auch tatsächlich leisten muss. An der **Durchsetzbarkeit** fehlt es z. B., wenn der Anspruch gegen den Schuldner schon verjährt ist
und der Schuldner daher gem. § 214 Abs. 1 BGB zur Verweigerung der Leistung berechtigt ist. Allein die Tatsache, dass eine Einrede besteht, verhindert den Verzugseintritt.
Es ist also nicht nötig, dass der Schuldner die ihm zustehende Einrede auch sofort geltend macht. So ist z. B. der Schuldner, der erst im Prozess die Leistung gem. § 214 Abs. 1
BGB verweigert, zu keinem Zeitpunkt im Verzug gewesen (zu § 320 BGB siehe oben
§ 23 Rn. 7; zu Streitfragen Musielak, Grundkurs BGB, Rn. 445, 528 ff.). Schließlich ist es
nötig, dass der Schuldner zum Fälligkeitszeitpunkt **nicht leistet**. Der Schuldner, der den
gegen ihn gerichteten fälligen und durchsetzbaren Anspruch nicht rechtzeitig erfüllt,
begeht im Übrigen auch eine Pflichtverletzung i. S. des § 280 Abs. 1 Satz 1 BGB.

2. Möglichkeit der Leistung

Verzug setzt voraus, dass dem Schuldner die Erbringung der Leistung überhaupt (noch)   3
möglich ist. **Unmöglichkeit und Verzug schließen sich gegenseitig aus** (Palandt/*Grüne-*

berg, § 286 Rn. 12). Ist die Leistung schon zum Zeitpunkt der Fälligkeit unmöglich, dann kann der Schuldner nicht mehr in Verzug geraten. Tritt während des Schuldnerverzugs Unmöglichkeit ein, dann wird der Verzug dadurch beendet. Der Schuldner kann folglich nur in Verzug sein, solange er die geschuldete Leistung noch nachholen kann.

4   Erinnert sei daran, dass beim **absoluten Fixgeschäft** der Schuldner im Falle einer verspäteten Leistung „nicht nur" in Verzug gerät, sondern dass ihm die Leistung **unmöglich** wird, wenn er sie nicht rechtzeitig erbringt.

> **BEISPIEL** ► Die für das JuWi-Fest am 26. 5. 2011 engagierte Band tritt an diesem Tag nicht auf. Oder: Der bestellte Fotograf, der Bilder von der Trauung machen soll, erscheint erst zum Abendessen. Die Rechtsfolgen sind dem Recht der Unmöglichkeit zu entnehmen.

3. Mahnung von Seiten des Gläubigers

a) Grundsatz: Mahnung erforderlich

5   Nicht bereits die Fälligkeit der Forderung, sondern erst die **nach** dem Eintritt der **Fälligkeit erfolgte Mahnung** löst den Verzug aus (vgl. § 286 Abs. 1 Satz 1 BGB). Eine Mahnung ist jede eindeutige und bestimmte Aufforderung an den Schuldner, mit der der Gläubiger unzweideutig zum Ausdruck bringt, dass er die geschuldete Leistung verlangt (BGH NJW 1998, 2132, 2133; NJW 2009, 1813, 1816; Palandt/*Grüneberg*, § 286 Rn. 17). Eine übertrieben höfliche Bitte des Gläubigers um die Leistung („wäre sehr dankbar, wenn...") ist keine Mahnung. Eine Fristsetzung gem. § 281 Abs. 1 Satz 1 BGB ist als Mahnung stets ausreichend (siehe oben § 28 Rn. 4). Die Mahnung ist zwar keine Willenserklärung, aber eine rechtsgeschäftsähnliche Handlung, auf die die Vorschriften über Willenserklärungen analog anwendbar sind. Auch ein Minderjähriger kann eine rechtswirksame Mahnung aussprechen, da ihm die Mahnung lediglich einen rechtlichen Vorteil bringt (§ 107 BGB wird hier analog angewendet). Besonders nachdrückliche Formen der Mahnung sind die Erhebung einer Klage auf Leistung sowie die Zustellung eines Mahnbescheids (siehe § 286 Abs. 1 Satz 2 BGB).

b) Ausnahmen: Entbehrlichkeit der Mahnung

6   Die Fälle, in denen der Schuldner **ohne Mahnung** in Verzug gerät, sind in **§ 286 Abs. 2 BGB** geregelt. Als Faustregel kann man sich merken, dass eine **Mahnung** zum einen **entbehrlich** ist, wenn sie **überflüssig** ist, weil der Schuldner ohnehin genau weiß, zu welchem Zeitpunkt er leisten muss (§ 286 Abs. 2 Nr. 1 und 2 BGB), zum anderen, wenn nach den Grundsätzen von **Treu und Glauben** auf sie **verzichtet** werden kann (§ 286 Abs. 2 Nr. 3 und 4 BGB). Im Einzelnen gilt Folgendes:

7   ► Ohne Mahnung kommt der Schuldner in Verzug, wenn der **Leistungszeitpunkt** durch Vereinbarung der Parteien **nach** dem **Kalender** fest **bestimmt** ist (§ 286 Abs. 2 **Nr. 1** BGB).

BEISPIELE ► Es wurde Lieferung am „3. Mai", „im Monat April" oder „Mitte Juli" vereinbart. Der Schuldner gerät ohne Mahnung mit Ablauf des festgelegten Termins in Verzug, also am 4. Mai, am 1. Mai bzw. am 16. Juli.

► Auf eine Mahnung kann gem. § 286 Abs. 2 Nr. 2 BGB ferner verzichtet werden, wenn   8
die Parteien vereinbart haben, dass der Leistung ein Ereignis vorauszugehen hat und die **Zeit** für die Leistung von dem Eintritt des Ereignisses an nach dem **Kalender berechnet werden kann**. Zwischen dem Ereignis und dem Leistungszeitpunkt muss aber eine „angemessene" Zeitspanne liegen. Ereignisse i. S. des § 286 Abs. 2 **Nr. 2** BGB sind z. B. Lieferung oder Rechnungserteilung.

BEISPIEL ► Die Parteien haben vereinbart, dass der Schuldner zwei Wochen nach dem Zugang Rechnung leisten muss. Geht die Rechnung also etwa am 16. Mai 2011 zu, dann muss der Schuldner spätestens am 30. Mai 2011 leisten, wenn er nicht in Verzug geraten will.

Liegt zwischen dem Ereignis und dem Zeitpunkt für die Leistung keine angemessene Zeitspanne, dann ist die Mahnung nicht entbehrlich.

BEISPIEL ► Es ist Zahlung sofort nach Lieferung vereinbart worden.

► Wenn der Schuldner die **Leistung ernsthaft und endgültig verweigert**, ist eine Mah-   9
nung zwecklos und braucht gem. § 286 Abs. 2 Nr. 3 BGB nicht zu erfolgen.

BEISPIEL ► Der Verkäufer eines Autos erklärt dem Käufer, er werde ihm das verkaufte Auto doch nicht überlassen, weil er einen anderen Käufer gefunden habe, der ihm mehr bezahle.

► Auf eine Mahnung kann gem. § 286 Abs. 2 **Nr. 4** BGB schließlich dann verzichtet   10
werden, wenn der sofortige Verzugseintritt **aus besonderen Gründen** unter Abwä-gung der beiderseitigen Interessen **gerechtfertigt** ist. Die Bestimmung ist z. B. an-wendbar in dem Fall, dass der Schuldner einer Mahnung zuvorgekommen ist, indem er seine Leistung zu einem bestimmten Zeitpunkt angekündigt hat.

BEISPIEL ► V erklärt dem K, sein Zulieferer habe Probleme; deswegen könne er nicht sofort lie-fern. Er verspricht dem K aber felsenfest Lieferung binnen zwei Wochen.

Ferner kommt die Vorschrift zur Anwendung bei besonderer Eilbedürftigkeit der betref-fenden Pflicht, z. B. dann, wenn die Reparatur eines Wasserrohrbruchs geschuldet wird.

c) Besonderheiten bei Entgeltforderungen

Nach **§ 286 Abs. 3** Satz 1 BGB kommt der Schuldner einer Entgeltforderung **spätestens**   11
in Verzug, wenn er nicht binnen **30 Tagen** nach der Fälligkeit der ihm obliegenden Leis-tung und **nach Zugang einer Rechnung** oder gleichwertigen Zahlungsaufstellung leis-tet. Unter Entgeltforderung ist dabei jede **Geldforderung** zu verstehen, die als Gegen-leistung für eine Leistung des Gläubigers geschuldet wird. Entgeltforderungen sind z. B. Kaufpreisforderungen, nicht aber Schadensersatzforderungen. Der Gläubiger kann den Schuldner aber schon vorher in Verzug setzen, indem er ihn mahnt. Einen Verbraucher trifft die in § 286 Abs. 3 Satz 1 BGB angeordnete Rechtsfolge nur, wenn er in der Rech-nung darauf hingewiesen worden ist (§ 286 Abs. 2 Satz 1 2. Hs. BGB).

4. Kein Verzug ohne Verschulden

12 **§ 286 Abs. 4 BGB** stellt klar, dass der Schuldner nur dann in Verzug gerät, wenn er die Verzögerung zu vertreten hat. Durch die negative Formulierung hat der Gesetzgeber zum Ausdruck gebracht, dass er es als Regelfall ansieht, dass der Schuldner die Verzögerung zu vertreten hat. Behauptet der Schuldner, an der nicht rechtzeitigen Leistung treffe ihn kein Verschulden, dann beruft er sich auf eine Abweichung von der Regel, auf eine Ausnahme, die er im Prozess zu beweisen hat. Diese Beweislastverteilung findet ihre Rechtfertigung darin, dass der Gläubiger nicht wissen kann, warum der Schuldner nicht rechtzeitig leistet; er überblickt den Machtbereich des Schuldners nicht.

ABB. 51:	Voraussetzungen des Schuldnerverzugs (§ 286 BGB)

- ▶ Bestehen eines Schuldverhältnisses
- ▶ Nichterfüllung einer Leistungspflicht trotz
  - – Fälligkeit und
  - – Durchsetzbarkeit des Anspruchs = Pflichtverletzung i. S. des § 280 Abs. 1 BGB
- ▶ Möglichkeit der Leistung
- ▶ Mahnung von Seiten des Gläubigers
  - – Mahnung: eindeutige und bestimmte Aufforderung, mit der der Gläubiger unzweideutig zum Ausdruck bringt, dass er geschuldete Leistung verlangt
  - – Entbehrlich
    - – § 286 Abs. 2 Nr. 1 und 2 BGB: überflüssig
    - – § 286 Abs. 2 Nr. 3 und 4 BGB: Treu und Glauben
  - – Sonderfall: Verzugseintritt bei Entgeltforderungen, § 286 Abs. 3 BGB
  - – Schuldner hat die in der Leistungsverzögerung liegende Pflichtverletzung zu vertreten, § 286 Abs. 4 BGB

13 Das oben stehende Prüfungsschema ähnelt stark der Abbildung zu § 281 BGB (siehe oben § 28 Rn. 19). Dies ist nicht überraschend, weil ja der Anspruch auf Schadensersatz statt der Leistung gegen den Schuldner im Verzug in §§ 280 Abs. 1 und 3, 281 BGB geregelt ist (siehe oben § 28 Rn. 4). Der Schuldner, der seine Leistung nicht erbracht hat, wird sich immer auch im Verzug befinden, sobald der Gläubiger von ihm gem. §§ 280 Abs. 1 und 3, 281 BGB Schadensersatz statt der Leistung verlangen kann: Schadensersatz kann nämlich grundsätzlich erst verlangt werden, nachdem eine dem Schuldner gesetzte Frist zur Leistung abgelaufen ist. Zu diesem Zeitpunkt befindet sich der Schuldner bereits in Verzug, weil die Fristsetzung i. S. des § 281 BGB auch den Anforderungen an eine Mahnung i. S. des § 286 BGB genügt (siehe oben Rn. 5). Und in den Fällen, in denen der Schuldner ohne Mahnung in Verzug gerät (§ 286 Abs. 2 BGB), ist gem. § 281 Abs. 2 BGB auch eine Fristsetzung entbehrlich.

II. Rechtsfolgen

Der Verzug des Schuldners löst unterschiedliche Rechtsfolgen aus. Zum einen muss der   14
Schuldner Schadensersatz leisten und Verzugszinsen entrichten; zum anderen trifft ihn
während des Verzugs eine verschärfte Haftung.

1. Ersatz des Verzögerungsschadens

Der Schuldner hat dem Gläubiger den durch den Verzug entstandenen Schaden zu er-   15
setzen; **Anspruchsgrundlage** sind **§§ 280 Abs. 1 und 2, 286 BGB**. Hierzu folgendes

> **BEISPIEL** V verkauft dem K ein Auto. Vereinbarter Liefertermin ist der 3. Mai 2011. Am
> 3. Mai 2011 wird nicht geliefert. Der Käufer ist aufgrund eines geschäftlichen Termins am
> 4. Mai 2011 auf das Auto angewiesen und muss nun, um sein Ziel zu erreichen, ein Auto mie-
> ten. Dafür fallen Mietkosten i. H. von 600 € an.

> **LÖSUNG** Es kommt ein Schadensersatzanspruch des K aus §§ 280 Abs. 1 und 2, 286 BGB in Be-
> tracht. Die gem. § 280 Abs. 1 BGB erforderliche Pflichtverletzung des V ist darin zu sehen, dass
> V am 3. Mai 2011 den Anspruch des K nicht erfüllt hat. V befindet sich seit dem 4. Mai mit der
> Leistung in Verzug. Eine Mahnung seitens des K war gem. § 286 Abs. 2 Nr. 1 BGB entbehrlich;
> die Zeit für die Leistung des V war nämlich nach dem Kalender bestimmt. Dafür, dass V die
> Leistungsverzögerung nicht zu vertreten hat, bestehen keine Anhaltspunkte (vgl. § 286 Abs. 4
> BGB). Hätte V rechtzeitig geleistet, dann hätte K am 4. Mai 2011 keinen Ersatzwagen mieten
> müssen und die Mietwagenkosten i. H. von 600 € wären nicht angefallen. V muss dem K daher
> die 600 € erstatten; er muss den K so stellen, wie dieser stehen würde, wenn er rechtzeitig
> geliefert hätte.

16

HINWEIS

Auch wenn es § 286 Abs. 4 BGB nicht gäbe, müsste der Schuldner den Verzögerungsschaden nur dann ersetzen, wenn er die Leistungsverzögerung zu vertreten hat. Schadensersatz wird nämlich schon wegen § 280 Abs. 1 Satz 2 BGB nur dann geschuldet,
wenn der Schuldner die Pflichtverletzung zu vertreten hat. § 286 Abs. 4 BGB ist aber
nicht überflüssig; denn der Verzug löst auch noch andere Rechtsfolgen aus als Schadensersatzansprüche (hierzu Rn. 18 ff.). Auch diese Rechtsfolgen sollen nur dann eintreten, wenn der Schuldner die Verzögerung zu vertreten hat.

Zu beachten ist, dass nach §§ 280 Abs. 1 und 2, 286 Abs. 1 BGB nur der Verzögerungs-   17
schaden, d. h. der durch den Verzug entstandene Schaden zu ersetzen ist. Wenn der
Schuldner noch nicht in Verzug ist, dann kann der Verzug selbstverständlich noch keinen Schaden verursacht haben. Kosten, die dem Gläubiger dadurch entstehen, dass er
den Schuldner in Verzug setzt, sind mithin nicht ersatzfähig.

> **BEISPIEL 1** K hat bei V ein Auto gekauft und bereits bezahlt. Weil K von V länger nichts mehr
> gehört hat, beauftragt er den Anwalt A, den V anzumahnen. Hierfür verlangt A von K ein Ho-
> norar i. H. von 200 €. Die 200 € muss V dem K nicht erstatten, weil er sich zu dem Zeitpunkt,
> zu dem A eingeschaltet worden ist, noch nicht im Verzug befunden hat.

> **BEISPIEL 2** Im obigen Beispiel war als Liefertermin für das Auto der 9. Mai vereinbart. K beauf-
> tragt am 10. Mai den Rechtsanwalt A mit der Geltendmachung seiner Rechte. Hier sind die An-
> waltskosten durch den Verzug des V verursacht; V muss sie dem K daher nach §§ 280 Abs. 1
> und 2, 286 Abs. 1 BGB ersetzen.

2. Verzugszinsen

18   Während des Verzugs hat der Schuldner eine Geldschuld zu verzinsen (§ 288 Abs. 1 Satz 1 BGB; lesen!). Die Höhe der Verzugszinsen ist abhängig vom sog. Basiszinssatz (§ 288 Abs. 1 Satz 2 BGB). Dieser ist in § 247 BGB geregelt und orientiert sich an der in § 247 Abs. 1 Satz 3 BGB definierten Bezugsgröße. Er verändert sich halbjährlich jeweils zum 1. Januar und zum 1. Juli nach Maßgabe der in § 247 Abs. 1 Satz 2 BGB getroffenen Regelung. Der jeweils gültige Basiszinssatz kann unter der Internetadresse www.bundesbank.de abgerufen werden. Derzeit beläuft sich der Basiszinssatz auf 0,37 %. (Stand: 1. Juli 2011)

19   Der Verzugszinssatz liegt gem. § 288 Abs. 1 Satz 2 BGB fünf Prozentpunkte über dem Basiszinssatz und beläuft sich dementsprechend derzeit auf 5,37 %. Bei Rechtsgeschäften, an denen kein Verbraucher beteiligt ist, fallen nach § 288 Abs. 2 BGB für Entgeltforderungen Verzugszinsen i. H. von acht Prozentpunkten über dem Basiszinssatz an, gegenwärtig also 8,37 %. Diese Zinsen fallen an, ohne dass der Gläubiger nachweisen müsste, dass ihm ein Zinsschaden entstanden ist.

20   Ist dem Gläubiger nachweislich ein **über** den **gesetzlichen Zinssatz hinausgehender Schaden** entstanden, z. B. weil er einen Zinsausfall hatte oder seinerseits für ein Darlehen Zinsen zahlen musste, dann kann er diesen Schaden als Verzögerungsschaden geltend machen. Die Geltendmachung eines weiteren Schadens ist in § 288 Abs. 4 BGB ausdrücklich zugelassen. **Anspruchsgrundlage** für diesen Schaden sind **§§ 280 Abs. 1 und 2, 286 Abs. 1 BGB.**

> **BEISPIEL** V verkauft dem K ein Auto zu einem Kaufpreis i. H. von 10 000 €. Zahlungstermin ist der 30. 6. 2011. Die Zahlung erfolgt erst am 1. 9. 2011. V hat Bankkredite i. H. von insgesamt 100 000 € aufgenommen, für die er Zinsen i. H. von 7,37 % bezahlen muss.
>
> Hier ist K seit dem 1. Juli in Verzug; er hätte spätestens am 30. Juli zahlen müssen (siehe § 286 Abs. 2 Nr. 1 BGB). Nach § 288 Abs. 1 Satz 2 BGB muss K dem V für den Zeitraum vom 1. Juli bis zum 31. August 5,37 % Verzugszinsen aus 10 000 € bezahlen. Die Differenz zwischen dem von V gegenüber seiner Bank zu entrichtenden Zinssatz und dem gesetzlichen Zinssatz, also 2,00 %, kann V nach §§ 280 Abs. 1 und 2, 286 BGB von K beanspruchen.

21   Höhere Zinsen müssen schließlich auch dann entrichtet werden, wenn die Parteien dies vereinbart haben (vgl. § 288 Abs. 3 BGB).

3. Haftungsverschärfung

22   Während des Verzugs ist die Haftung des Schuldners verschärft. Nach **§ 287 Satz 1 BGB** (lesen!) hat der Schuldner **während des Verzugs jede Fahrlässigkeit zu vertreten**. § 287 Satz 1 BGB ist in den Fällen von Bedeutung, in denen zugunsten des Schuldners Erleichterungen der Haftung geregelt sind (z. B. §§ 521, 599 BGB: Haftung nur für Vorsatz und grobe Fahrlässigkeit; § 690 BGB: Haftung nur für die eigenübliche Sorgfalt). Ist der Schuldner mit der Erfüllung seiner Pflicht in Verzug geraten, dann kommen diese Haftungserleichterungen nicht zur Anwendung.

Grundsätzlich muss der Schuldner wegen der Leistung sogar **für Zufall** einstehen, es sei   23
denn, der Schaden wäre auch bei rechtzeitiger Leistung eingetreten (**§ 287 Satz 2 BGB**;
lesen!).

BEISPIEL ▸ S bringt dem G das gebrauchte Rad, das er diesem für 100 € verkauft hat, nicht wie
vereinbart am 20. Mai vorbei. In der Nacht vom 20. auf den 21. Mai schlägt ein Blitz in den
Geräteschuppen des S, in dem sich das Rad befindet. Der Schuppen brennt ab. G verlangt von
S Schadensersatz i. H. von 20 €, weil das Rad einen Wert i. H. von 120 € hatte.

LÖSUNG ▸ G will von S wirtschaftlich so gestellt werden, wie er gestanden hätte, wenn S ordnungsgemäß erfüllt hätte. Er verlangt Schadensersatz statt der Leistung. Da das Rad zerstört
worden ist, kommen als Anspruchsgrundlage §§ 280 Abs. 1 und 3, 283 BGB in Betracht. Fraglich
ist allein, ob S hier das Leistungshindernis zu vertreten hat (§ 280 Abs. 1 Satz 2 BGB). An dem
Blitzschlag trifft den S zwar kein Verschulden, so dass ein Vertretenmüssen nach § 276 Abs. 1
BGB ausscheidet. S hat sich aber zum Zeitpunkt der Zerstörung des Rades im Verzug befunden,
so dass er gem. § 287 Satz 2 BGB wegen der Leistung auch für Zufall haftet. Der Anspruch ist
also begründet.

ABB. 52:	Rechtsfolgen des Verzugs

- ▸ Ersatz des Verzögerungsschadens gem. §§ 280 Abs. 1 und 2, 286 BGB
- ▸ Verpflichtung des Schuldners zur Zahlung von Zinsen:
  - – Anspruch aus § 288 Abs. 1 BGB auf Zahlung von Verzugszinsen in Höhe von
    5 % über Basiszinssatz (§ 288 Abs. 1 Satz 2 BGB)
    8 % über Basiszinssatz (§ 288 Abs. 2 BGB)
  - – Anspruch auf Ersatz eines darüber hinausgehenden Zinsschadens aus §§ 280
    Abs. 1 und 2, 286 BGB
- ▸ Haftungsverschärfung, § 287 BGB
  - – § 287 Satz 1 BGB: sämtliche Privilegierungen entfallen
  - – § 287 Satz 2 BGB: Zufallshaftung

§ 30 Schutzpflichtverletzung

1   Die bisherigen Ausführungen beziehen sich auf die Verletzung von Hauptpflichten oder leistungsbezogenen Nebenpflichten durch den Schuldner. Im Folgenden geht es um die Verletzung von Schutzpflichten (= Verhaltenspflichten). Gemeint sind damit die in § 241 Abs. 2 BGB angesprochenen Pflichten des Schuldners zur Rücksichtnahme auf die Rechte, Rechtsgüter und Interessen des Gläubigers. Zur Einteilung der Pflichten siehe im Übrigen oben § 20 Rn. 1 – 7.

2   Innerhalb vorvertraglicher Schuldverhältnisse bestehen zwischen den Parteien keine Leistungs-, sondern nur Schutzpflichten. Die Entstehung von vorvertraglichen Schuldverhältnissen ist in § 311 Abs. 2 und 3 BGB geregelt (siehe hierzu oben § 19).

1. Die Verletzung von Schutzpflichten innerhalb vorvertraglicher Schuldverhältnisse

3   Folge einer Verletzung von vorvertraglichen Pflichten ist eine Haftung des Schuldners aus **§§ 280 Abs. 1, 311 Abs. 2, 241 Abs. 2 BGB**. Man spricht hier auch von einem Anspruch aus **Verschulden bei Vertragsverhandlungen** (= **culpa in contrahendo** = cic).

ABB. 53:	Voraussetzungen des Anspruchs aus cic

▸ Bestehen eines vorvertraglichen Schuldverhältnisses

– zwischen den Parteien des beabsichtigten Vertrags (vgl. § 311 Abs. 2 BGB)

– ggf. auch zwischen einer Partei des beabsichtigten Vertrags und einem Dritten (dann gehört auch § 311 Abs. 3 BGB zur Anspruchsgrundlage)

▸ Verletzung einer Schutzpflicht i. S. des § 241 Abs. 2 BGB aus dem vorvertraglichen Schuldverhältnis

▸ Vertreten müssen der Pflichtverletzung (vgl. § 280 Abs. 1 Satz 2 BGB)

▸ Gläubiger hat einen Schaden erlitten, vor dessen Eintritt die verletzte Pflicht hätte schützen sollen

4   Die Voraussetzungen der Entstehung eines vorvertraglichen Schuldverhältnisses wurden oben bereits dargelegt (siehe oben § 19). An dieser Stelle wollen wir uns anhand von Beispielen zwei Anwendungsfälle der Haftung aus cic vor Augen führen.

> **BEISPIEL** ▸ Frau Kundig (K) betritt den Supermarkt des S, um Waren einzukaufen und rutscht dort auf einem Gemüseblatt aus, das der sorglose Angestellte E nicht beseitigt hat. Bei dem Unfall bricht sie sich ein Bein (vgl. oben § 19 Rn. 6).

> **LÖSUNG** ▸ Hier kann K von S den Ersatz ihrer Behandlungskosten gem. §§ 280 Abs. 1, 311 Abs. 2 Nr. 2, 241 Abs. 2 BGB verlangen. Das Verschulden des E hat S gem. § 278 BGB wie eigenes Verschulden zu vertreten. Anders wäre der Fall im Übrigen zu entscheiden, wenn sich die K nur deswegen in den Supermarkt begeben hätte, um sich aufzuwärmen oder um sich vor Regen zu schützen; in diesem Fall hätte sie den Markt nämlich nicht „zum Zwecke der Vertragsanbahnung" betreten.

Eine Haftung aus culpa in contrahendo ist auch noch möglich, wenn es zwischen den   5
Parteien des vorvertraglichen Schuldverhältnisses zu einem Vertragsschluss gekommen
ist. Häufig beruht in diesen Fällen die Haftung aus cic auf der Verletzung einer Aufklärungspflicht. Hierzu folgendes

> **BEISPIEL** ▶ G hat das Einfamilienhaus des S gekauft. Bei den Verkaufsverhandlungen hat G dem
> S mitgeteilt, dass er besonderen Wert darauf lege, das Dachgeschoss ausbauen und vermieten
> zu können. Gleichwohl hat S dem G bei den Verhandlungen verschwiegen, dass ihm die Baube-
> hörde erst kürzlich auf seine Anfrage hin mitgeteilt hat, dass ein Dachgeschossausbau keines-
> falls genehmigt werden könne.

> **LÖSUNG** ▶ In dem Fall hat S eine vorvertragliche Aufklärungspflicht verletzt. Diese Pflichtverlet-
> zung zieht eine Haftung des S gegenüber G aus cic nach sich. S muss den G so stellen wie er
> stehen würde, wenn eine ordnungsgemäße Aufklärung stattgefunden hätte. In diesem Fall
> hätte G das Haus nicht gekauft. G kann gem. §§ 280 Abs. 1, 311 Abs. 2, 241 Abs. 2 die Rückgän-
> gigmachung des Vertrags verlangen.

Die beiden Beispielsfälle umschreiben den Anwendungsbereich der cic keineswegs ab-   6
schließend. Sie dienen nur dazu, dem Leser eine ungefähre Vorstellung davon zu vermitteln, was unter Verschulden bei Vertragsverhandlungen zu verstehen ist.

2. Die Verletzung von Schutzpflichten innerhalb sonstiger Schuldverhältnisse

Vorvertragliche Schuldverhältnisse haben *nur* **Schutzpflichten** zum Inhalt. Bei anderen   7
Schuldverhältnissen, die auf die Erbringung einer Leistung gerichtet sind, also vor allem
bei **vertraglichen Schuldverhältnissen**, existieren neben den Leistungspflichten auch
Schutzpflichten. Auch nach Abschluss des Vertrags sind die Parteien gem. § 241 Abs. 2
BGB dazu verpflichtet, auf die Rechte, Rechtsgüter und Interessen des anderen Teils
Rücksicht zu nehmen. Der Vertragsschluss führt also nicht zum Erlöschen der vorvertraglichen Schutzpflichten, sondern nur dazu, dass diese zu vertraglichen Pflichten werden. Die Verletzung von Schutzpflichten innerhalb bestehender Schuldverhältnisse
zieht im Einzelnen folgende Rechtsfolgen nach sich:

a) Schadensersatzanspruch aus §§ 280 Abs. 1, 241 Abs. 2 BGB

Der Schuldner, der eine Pflicht aus § 241 Abs. 2 BGB verletzt, ist dem Gläubiger aus   8
§ 280 Abs. 1 BGB zum Schadensersatz verpflichtet. Eine Schutzpflichtverletzung liegt
z. B. vor, wenn der Schuldner bei der Durchführung des Vertrags das Eigentum des
Gläubigers beschädigt oder diesen selbst verletzt. **Anspruchsgrundlage** für den Ersatz
derartiger Schäden ist **allein § 280 Abs. 1 BGB**. Ebenso können die §§ 280 Abs. 1, 241
Abs. 2 BGB als Anspruchsgrundlage genannt werden, um sogleich klarzustellen, dass
der Anspruch auf der Verletzung einer Schutzpflicht beruht. Zur Systematik der Schadensersatzhaftung siehe im Übrigen oben § 26 Rn. 7 ff.

Die Erscheinungsformen von Ansprüchen aus §§ 280 Abs. 1, 241 Abs. 2 BGB seien an-   9
hand von einigen Beispielsfällen verdeutlicht:

BEISPIEL 1 Frau Kundig geht zum Friseur, um sich eine Dauerwelle legen zu lassen. Der Friseur stellt die Trockenhaube zu heiß ein, so dass Frau Kundig Verbrennungen erleidet und ihr die Haare ausfallen.

Der Friseur hat seine Aufgabe schlecht erfüllt und dabei die Kundin verletzt. Er hat sich daher der Verletzung einer Schutzpflicht i. S. des § 241 Abs. 2 BGB schuldig gemacht und muss Schadensersatz leisten.

BEISPIEL 2 V verkauft dem K eine Kreissäge. Er liefert diese jedoch ohne ausreichende Gebrauchsanweisung, so dass K bei Inbetriebnahme der Maschine eine Verletzung erleidet.

Auch hier besteht ein Anspruch aus § 280 Abs. 1 BGB; V hat nämlich eine Aufklärungspflicht verletzt.

BEISPIEL 3 G nimmt bei der S-Bank einen Kredit auf. Der Bankangestellte Müller verbreitet in der ganzen Stadt das Ergebnis der Anfrage bei der Schufa, die mit Einverständnis des G durchgeführt wurde.

Hier wurde seitens der Bank eine Geheimhaltungspflicht verletzt. Das Verschulden des Bankangestellten hat die S-Bank gem. § 278 BGB zu vertreten.

b) Schadensersatz statt der Leistung, §§ 280 Abs. 1 und 3, 282 BGB

10   § 282 BGB regelt die Voraussetzungen, die – neben einer Pflichtverletzung i. S. des § 280 Abs. 1 BGB – vorliegen müssen, damit der Gläubiger vom Schuldner, der eine Schutzpflicht i. S. des § 241 Abs. 2 BGB verletzt hat, Schadensersatz statt der Leistung verlangen kann. **Anspruchsgrundlage** für den Schadensersatz statt der Leistung sind bei Verletzung einer Schutzpflicht die **§§ 280 Abs. 1 und 3, 282 BGB** (lesen!).

11   Dass der Schuldner, der „nur" eine Schutzpflicht i. S. des § 241 Abs. 2 BGB verletzt hat, dem Gläubiger nicht ohne Weiteres Schadensersatz statt der Leistung schuldet, entspricht auf Anhieb dem allgemeinen Gerechtigkeitsgefühl. Hierzu folgendes

BEISPIEL Der mit länger dauernden Arbeiten beauftragte Maler S führt die von ihm übernommenen Arbeiten an sich ordnungsgemäß aus. Er beschädigt aber bei der Durchführung des Auftrags die Einrichtungsgegenstände seines Auftraggebers G. Infolge mangelnder Abdeckung tropft Farbe auf den Teppichboden und die Möbel.

Es ist für jeden unmittelbar einleuchtend, dass der Maler S im Beispielsfall dem G den Schaden ersetzen muss, den dieser dadurch erlitten hat, dass Farbe auf Teppich und Möbel getropft ist (Anspruchsgrundlage ist allein § 280 Abs. 1 BGB; siehe oben Rn. 8 f.).

12   Dagegen erscheint es keineswegs selbstverständlich, dass G von S wegen der Schutzpflichtverletzung **Schadensersatz statt der Leistung** verlangen kann, indem er z. B. dem sorglosen Maler S den Auftrag entzieht und ihm die Mehrkosten für die Beauftragung eines anderen Handwerkers in Rechnung stellt. Im Falle einer Schutzpflichtverletzung kann der Gläubiger wegen **§ 282 BGB** nur dann Schadensersatz statt der Leistung verlangen, **wenn** ihm **die Leistung durch den Schuldner nicht** mehr **zugemutet** werden kann. Wann dies der Fall ist, ist eine Wertungsfrage, die unter Berücksichtigung der Interessen beider Teile zu beantworten ist. Dabei spielt z. B. die Schwere der Pflichtverletzung eine Rolle; ferner kann etwa das Maß des Verschuldens berücksichtigt werden (hat der Schuldner seine Pflichten nur leicht fahrlässig oder gar vorsätzlich verletzt?). Im Beispielsfall dürfte ein Anspruch aus §§ 280 Abs. 1 und 3, 282 BGB jedenfalls dann

gegeben sein, wenn sich die Beschädigung der Einrichtungsgegenstände über längere Zeit hingezogen und sich sogar trotz einer **Abmahnung** von Seiten des Gläubigers wiederholt hat. Eine Abmahnung ist freilich keine unverzichtbare Voraussetzung für die Annahme der in § 282 BGB geforderten Unzumutbarkeit. Im Beispielsfall ist eine Abmahnung z. B. entbehrlich, wenn der Maler S auch noch die Ehefrau des Auftraggebers sexuell belästigt und seine Kinder angebrüllt hat.

Anstelle des Schadensersatzes statt der Leistung kann der Gläubiger auch Aufwendungsersatz gem. § 284 BGB verlangen.   13

c) Besondere Regeln für gegenseitige Verträge

Liegen die in § 282 BGB beschriebenen Voraussetzungen bei einem gegenseitigen Vertrag vor, dann kann der Gläubiger **nach § 324 BGB** (lesen!) **zurücktreten**. Die Voraussetzung dieser Vorschrift entsprechen denjenigen des § 282 BGB, abgesehen davon, dass ein **Vertretenmüssen** des Schuldners **nicht erforderlich** ist. Das Vertretenmüssen des Schuldners ist aber im Rahmen der für die Feststellung der Unzumutbarkeit erforderlichen Abwägung zu berücksichtigen und ist daher auch bei § 324 BGB – wenn auch nur mittelbar – von Bedeutung.   14

§ 31 Die Rechtsfolgen der Leistungsstörungen im Überblick

1 An dieser Stelle sollen die vorstehenden Ausführungen stichpunktartig zusammengefasst werden. Ausgangspunkt dieser Zusammenfassung sind **nicht** die einzelnen **Störungstatbestände**. Diese sind oben in §§ 27 – 30 der Reihe nach erläutert. Die nachfolgende Betrachtung setzt **vielmehr** bei den **Rechtsfolgen** an und fragt nach den Auswirkungen von Leistungsstörungen auf den Inhalt des Schuldverhältnisses. Wir nähern uns also dem Leistungsstörungsrecht an dieser Stelle sozusagen von der anderen Seite her, nämlich von der Rechtsfolgenseite. Dabei wird auf die Wiederholung von Einzelheiten verzichtet; Vereinfachungen werden bewusst in Kauf genommen.

I. Auswirkungen auf die Primärleistungspflicht

2 Zunächst soll der Frage nach den **Auswirkungen von Leistungsstörungen auf** die **primäre Leistungspflicht des Schuldners** nachgegangen werden. Nicht immer, aber sehr häufig führt das Vorliegen einer Leistungsstörung dazu, dass die Leistungspflicht des Schuldners erlischt. Im Einzelnen ergibt sich dabei folgendes Bild:

► **Erlöschen** der Primärleistungspflicht **kraft Gesetzes** gem. **§ 275 Abs. 1 BGB** in den Fällen der objektiven und subjektiven Unmöglichkeit;

► **Erlöschen** der Primärleistungspflicht, nachdem der **Schuldner** in den Fällen der „faktischen" Unmöglichkeit und der persönlichen Unzumutbarkeit gem. **§ 275 Abs. 2 oder 3 BGB** seine Leistung **verweigert** hat;

► **Erlöschen** der Primärleistungspflicht, weil der **Gläubiger** die **Leistung nicht** mehr **annimmt** und auch nicht mehr annehmen muss:

– Der Anspruch auf die Leistung ist gem. **§ 281 Abs. 4 BGB** ausgeschlossen, wenn der Gläubiger vom Schuldner, nachdem dieser eine Frist zur Leistung oder Nacherfüllung hat verstreichen lassen, gem. §§ 280 Abs. 1 und 3, 281 BGB **Schadensersatz statt der Leistung** verlangt. Der Anspruch auf die Leistung ist in analoger Anwendung des § 281 Abs. 4 BGB ausgeschlossen, wenn der Gläubiger vom Schuldner, der eine Schutzpflicht verletzt hat, gem. §§ 280 Abs. 1 und 3, 282 Schadensersatz statt der Leistung verlangt. (Sofern der Gläubiger dagegen einen Schadensersatzanspruch statt der Leistung aus §§ 280 Abs. 1 und 3, 283 BGB hat, braucht der Schuldner schon gem. § 275 Abs. 1 bis 3 BGB nicht zu leisten.)

– Die primären Leistungspflichten erlöschen ferner, wenn der **Gläubiger von** einem **gegenseitigen Vertrag** wirksam **zurückgetreten** ist. Das Rücktrittsrecht ist im Gegensatz zum Schadensersatzanspruch statt der Leistung nicht davon abhängig, dass der Schuldner die – den Gläubiger zum Rücktritt berechtigende – Pflichtverletzung zu vertreten hat. Dass nach einem wirksamen Rücktritt keine primären Leistungspflichten mehr bestehen, ergibt sich aus **§ 346 Abs. 1 BGB**. Dort ist zwar unmittelbar nur geregelt, dass sich die Parteien im Falle eines Rücktritts die empfangenen Leistungen zurückgewähren müssen. Aus dieser Regelung kann aber die Schlussfolgerung gezogen werden, dass nach einem Rücktritt keine Leistungspflichten mehr bestehen. Denn es wäre völlig sinnlos, wenn die Parteien zur Erbringung von Leistungen verpflichtet wären, die sie gem. § 346 Abs. 1 BGB sofort wieder zurückverlangen könnten.

II. Schadensersatzansprüche

Die zweite Frage, die sich stellt, ist die nach **Schadensersatzansprüchen des Gläubigers**   3
der gestörten Leistung: Kann der Gläubiger vom Schuldner statt oder neben der Leistung Schadensersatz verlangen? Hierzu zunächst die

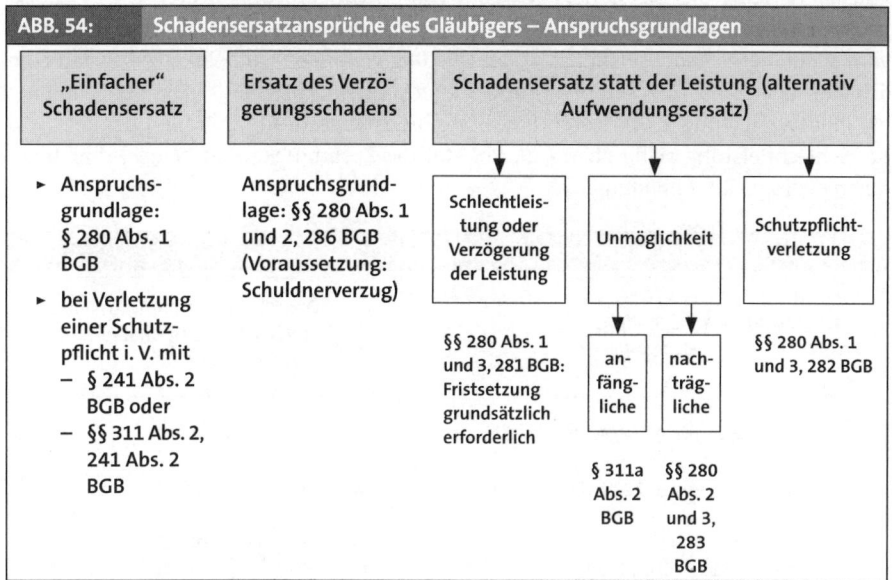

ABB. 54:   Schadensersatzansprüche des Gläubigers – Anspruchsgrundlagen

Im Falle einer **teilweisen Leistungsverzögerung** kann der Gläubiger Schadensersatz   4
statt der ganzen Leistung nur verlangen, wenn er an der Teilleistung kein Interesse hat (§ 281 Abs. 1 Satz 2 BGB), ebenso bei der teilweisen Unmöglichkeit (vgl. §§ 283 Satz 2, 311a Abs. 2 Satz 3 BGB). Dagegen kann der Gläubiger bei einer **Schlechtleistung** des Schuldners grundsätzlich Schadensersatz statt der ganzen Leistung verlangen. Mit dem „kleinen" Schadensersatz muss er sich nur dann begnügen, wenn die in der Schlechtleistung liegende Pflichtverletzung unerheblich ist (§ 281 Abs. 1 Satz 3 BGB). Dies gilt auch bei der qualitativen Unmöglichkeit (§§ 283 Satz 2 und 311a Abs. 2 Satz 2 BGB verweisen auch auf § 281 Abs. 1 Satz 3).

III. Besonderheiten bei gegenseitigen Verträgen

Schließlich ist auf die **Besonderheiten** einzugehen, die zu beachten sind, wenn Leis-   5
tungsstörungen im Rahmen **von gegenseitigen** Verträgen auftreten. Hier ist auch die Frage nach dem Schicksal der **Gegenleistung** zu beantworten, die der Gläubiger der gestörten Leistung schuldet.

Kraft Gesetzes entfällt die **Gegenleistungspflicht** des Gläubigers in den Fällen der Un-   6
möglichkeit der Leistung des Schuldners (**§ 326 Abs. 1 BGB**). Dies gilt aber **nicht** bei der **qualitativen Unmöglichkeit**: Wenn der Schuldner nicht in der vereinbarten Qualität

leisten kann, bleibt die Gegenleistungspflicht des Gläubigers wegen § 326 Abs. 1 Satz 2 BGB zunächst bestehen; der Gläubiger kann aber gem. § 323 Abs. 5 BGB vom Vertrag zurücktreten.

7   Ferner **entfällt** die **Gegenleistungspflicht** des Gläubigers, nachdem dieser wegen der Pflichtverletzung des Schuldners wirksam vom Vertrag **zurückgetreten** ist. Ein Rücktrittsrecht steht dem Gläubiger unter denselben Voraussetzungen zu, unter denen er vom Schuldner Schadensersatz statt der Leistung verlangen kann. Im Unterschied zum Schadensersatzanspruch setzt das Rücktrittsrecht aber nicht voraus, dass der Schuldner die Pflichtverletzung zu vertreten hat. Zum Rücktrittsrecht in den Fällen der Teil- und der Schlechtleistung siehe oben § 28 Rn. 24 f. Die Zusammenhänge seien verdeutlicht durch die folgende Abbildung:

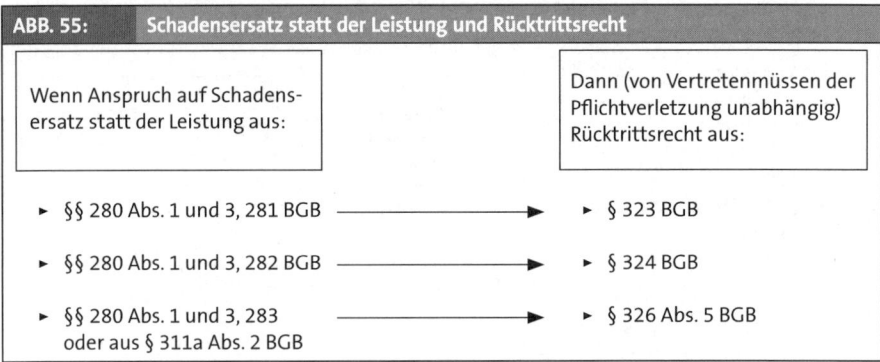

ABB. 55:   Schadensersatz statt der Leistung und Rücktrittsrecht

Wenn Anspruch auf Schadensersatz statt der Leistung aus:	Dann (von Vertretenmüssen der Pflichtverletzung unabhängig) Rücktrittsrecht aus:
▸ §§ 280 Abs. 1 und 3, 281 BGB ⟶	▸ § 323 BGB
▸ §§ 280 Abs. 1 und 3, 282 BGB ⟶	▸ § 324 BGB
▸ §§ 280 Abs. 1 und 3, 283 oder aus § 311a Abs. 2 BGB ⟶	▸ § 326 Abs. 5 BGB

8   Der **Rücktritt** ist gem. **§§ 323 Abs. 6, 326 Abs. 5 Hs. 2 BGB ausgeschlossen,**

▸ wenn der Gläubiger für den Umstand, der ihn zum Rücktritt berechtigen würde, allein oder weit überwiegend verantwortlich ist und

▸ wenn der Umstand, der den Gläubiger zum Rücktritt berechtigt, zu einem Zeitpunkt eintritt, zu dem er sich im Annahmeverzug befindet.

9   Unter vergleichbaren Voraussetzungen bleibt auch die Gegenleistungspflicht des Gläubigers bestehen, wenn die Leistung des Schuldners unmöglich ist (§ 326 Abs. 2 Satz 1 BGB).

§ 32   Der Gläubigerverzug

Die Leistungsstörung muss nicht zwingend im Verantwortungsbereich des Schuldners   1
liegen, sie kann auch vom Gläubiger zu verantworten sein, nämlich dann, wenn dieser
die ihm ordnungsgemäß angebotene Leistung nicht annimmt oder eine Mitwirkungshandlung, ohne deren Vornahme der Schuldner die Leistung nicht bewirken kann, unterlässt. In derartigen Fällen spricht man von **Gläubiger- oder Annahmeverzug**. Hervorzuheben ist, dass der Gläubiger auch dann in Verzug gerät, wenn er schuldlos zur Annahme der Leistung außerstande ist. **Verschulden** ist **keine Voraussetzung** für den Eintritt des Gläubigerverzugs.

I. Voraussetzungen des Gläubigerverzugs

Die Voraussetzungen für den Verzug des Gläubigers sind in § 293 BGB (lesen!) geregelt   2
(hierzu etwa *Brox/Walker*, Schuldrecht AT, § 26 Rn. 3 ff.; *Musielak*, Grundkurs BGB,
Rn. 461 ff.).

1. Leistungsberechtigung des Schuldners

Der Gläubiger kann nur in Annahmeverzug geraten, wenn der Schuldner bereits be-   3
rechtigt ist, seine Leistung zu erbringen. Die Schuld muss erfüllbar sein (vgl. hierzu
§ 271 BGB).

2. Leistungsvermögen des Schuldners

Der Schuldner muss zur Leistung bereit und imstande sein. Nicht nur Unmöglichkeit   4
und Schuldnerverzug, sondern auch Unmöglichkeit und Gläubigerverzug schließen also
einander aus. Wenn also dem Schuldner die Erbringung der Leistung unmöglich ist,
kann er den Gläubiger nicht dadurch in Verzug setzen, dass er ihm die Leistung (zu der
er ja gar nicht in der Lage ist!) anbietet.

Wenn der Schuldner nur vorübergehend nicht leistungsfähig ist, liegt zwar keine Un-   5
möglichkeit vor; der Gläubiger gerät aber wegen § 297 BGB nicht in Annahmeverzug.

> **BEISPIEL** ▶ Siegfried (S) möchte sich bei Gerda (G) die Haare schneiden lassen. Die beiden haben
> vereinbart, dass S am 27. Mai um 16.00 Uhr bei G vorbeikommt. Wenn S zum vereinbarten Ter-
> min nicht bei G erscheint, dann kommt er gem. § 296 Satz 1 BGB in Annahmeverzug, ohne
> dass G ihm die Leistung überhaupt anbieten muss. Könnte G dem S allerdings infolge einer
> Erkrankung die Haare am 27. 5. ohnehin nicht scheiden, dann gerät er wegen § 297 BGB nicht
> in Gläubigerverzug, auch wenn er den Termin vergisst.

3. Angebot der Leistung

a) Grundsatz: Tatsächliches Angebot

Nach **§ 294 BGB** (lesen!) muss dem Gläubiger die Leistung so, wie sie nach der Verein-   6
barung der Parteien zu bewirken ist, tatsächlich angeboten werden. Der Schuldner

muss also dem Gläubiger die Leistung zur rechten Zeit, am rechten Ort und in der richtigen Menge und Beschaffenheit anbieten (hierzu oben § 22 Rn. 1). Das Angebot muss so beschaffen sein, „dass der Gläubiger nichts weiter zu tun braucht, als zuzugreifen und die angebotene Leistung anzunehmen" (RGZ 109, 324, 328). Wird dem Gläubiger die Leistung nicht in rechter Weise angeboten, dann gerät er nicht in Annahmeverzug; dies kommt z. B. in § 299 BGB zum Ausdruck.

b) Ausnahmen

7   **Ausnahmsweise**, nämlich in den in **§ 295 BGB** (lesen!) geregelten Fällen, genügt auch ein **wörtliches Angebot**, also dann, wenn der Gläubiger bereits erklärt hat, dass er die Leistung nicht annehmen werde, und dann, wenn der Gläubiger eine ihm obliegende Mitwirkungshandlung nicht vornimmt.

> **BEISPIEL (IN ANLEHNUNG AN *BROX/WALKER*, SCHULDRECHT AT, RN. 6)** ▶ Der Kunde kommt der Aufforderung des Schneiders, zur Anprobe zu erscheinen, nicht nach (vgl. hierzu auch § 295 Satz 2 BGB).

8   **Überflüssig** ist ein Angebot schließlich unter den in **§ 296 BGB** (lesen!) geregelten Voraussetzungen, also z. B. dann, wenn für die erforderliche Mitwirkungshandlung des Gläubigers eine Zeit nach dem Kalender bestimmt ist und der Gläubiger die Handlung nicht rechtzeitig vornimmt (§ 296 Satz 1 BGB; § 296 BGB entspricht in der Formulierung im Übrigen dem § 286 Abs. 2 Nr. 1 und 2 BGB).

> **BEISPIEL** ▶ V und K haben vereinbart, dass K das gekaufte Fahrrad bei V am 2. Mai 2011 um 14.00 Uhr abholen soll. V wartet zu dem genannten Zeitpunkt vergebens auf V.

4. Nichtannahme der angebotenen Leistung

9   Schließlich setzt der Gläubigerverzug gem. § 293 BGB voraus, dass der Gläubiger die ihm ordnungsgemäß angebotene Leistung nicht angenommen hat. Auf ein Verschulden des Gläubigers kommt es nicht an (siehe oben Rn. 1). Ebenso kommt der Gläubiger in Annahmeverzug, wenn er zwar bereit ist, die ihm angebotene Leistung anzunehmen, die geforderte und fällige Gegenleistung aber nicht erbringen will (vgl. auch § 298 BGB).

> **BEISPIEL** ▶ V bringt dem K vereinbarungsgemäß am 2. Mai die gekauften 20 Flaschen Wein vorbei. K ist zwar bereit, die Flaschen entgegenzunehmen, will aber den Kaufpreis erst später überweisen. Darauf lässt V sich nicht ein.

II. Rechtsfolgen

1. Keine Befreiung des Schuldners von seiner Leistungspflicht

10   Der Gläubigerverzug führt nicht dazu, dass der Schuldner von seiner Leistungspflicht befreit wird.

2. Haftungserleichterung für den Schuldner

Während des Verzugs des Gläubigers hat der Schuldner gem. **§ 300 Abs. 1 BGB** (lesen!)   11
nur Vorsatz und grobe Fahrlässigkeit zu vertreten. Wenn er also in diesem Zeitraum
den Leistungsgegenstand leicht fahrlässig zerstört oder beschädigt, ist er nicht schadensersatzpflichtig; es fehlt an dem für eine Ersatzpflicht nach § 280 Abs. 1 Satz 2 BGB
erforderlichen „Vertretenmüssen".

3. Übergang der Leistungsgefahr auf den Gläubiger bei Gattungsschulden

Auf den Gläubiger einer Gattungsschuld geht nach **§ 300 Abs. 2 BGB** (lesen!) die sog.   12
Leistungsgefahr über, sobald und solange er sich im Verzug der Annahme befindet.

Die allgemeine für Stückschulden geltende Regelung der Leistungsgefahr (§ 275 BGB)   13
ist uns bereits bekannt: Wenn die Leistung aufgrund eines Umstandes unmöglich ist,
den weder der Schuldner noch der Gläubiger zu vertreten haben, dann wird der Schuldner von seiner Pflicht zur Leistung frei und muss wegen § 280 Abs. 1 Satz 2 BGB auch
keinen Schadensersatz leisten. Das Risiko eines „zufälligen" (d. h. von keiner Partei zu
vertretenden) Untergangs (und einer zufälligen Verschlechterung) des Leistungsgegen-
stands trägt also nach § 275 BGB der Gläubiger: Er bekommt weder den Leistungsgegenstand noch Schadensersatz (ist allerdings im Gegenzug von seiner Pflicht zur Erbringung der Gegenleistung gem. § 326 Abs. 1 BGB frei).

Bei **Gattungsschulden** trifft den Schuldner allerdings eine Beschaffungspflicht: Er wird   14
nicht von seiner Leistungspflicht frei, wenn das Stück aus der Gattung, das er zur Erfüllung seiner Schuld vorgesehen hat, zufällig zerstört oder beschädigt wird. Vielmehr
muss er seine Verbindlichkeit mit einem anderen Gegenstand aus der Gattung erfüllen.
§ 275 BGB kommt erst dann zur Anwendung, wenn sich die Gattungsschuld zur Stückschuld konkretisiert hat, wenn also der Schuldner gem. § 243 Abs. 2 BGB das „seinerseits Erforderliche" getan hat (hierzu § 21 Rn. 6). In diesem Zusammenhang ist nun
§ 300 Abs. 2 BGB von Bedeutung: Die Leistungsgefahr geht auf den Gläubiger der Gattungsschuld über, sobald dieser in Annahmeverzug geraten ist: Wenn der vom Schuldner für den Gläubiger ausgesuchte Gegenstand untergeht, wird der Schuldner wegen
§ 300 Abs. 2 BGB von seiner Leistungspflicht frei. Er muss sich nicht anderweitig eindecken, um leisten zu können.

Der Anwendungsbereich des § 300 Abs. 2 BGB ist nicht besonders weit, weil der Schuld-   15
ner durch die Abgabe eines ordnungsgemäßen Angebots i. S. des § 294 BGB regelmäßig
auch das „seinerseits Erforderliche" i. S. des § 243 Abs. 2 BGB getan haben wird. Mit Eintritt des Annahmeverzugs ist die Gattungsschuld in aller Regel also schon zur Stückschuld konkretisiert worden mit der Folge der Anwendbarkeit des § 275 Abs. 1 BGB. Für
eine Anwendung des § 300 Abs. 2 BGB ist daher nur dann Raum bei Geldschulden (wegen § 270 Abs. 1 BGB) sowie in den Fällen, in denen der Gläubiger in Annahmeverzug
geraten ist, ohne dass Konkretisierung i. S. des § 243 Abs. 2 BGB eingetreten ist. Wir
wollen diese Feinheiten nicht vertiefen (für Interessierte: *Brox/Walker*, Schuldrecht AT,
§ 26 Rn. 13 f.; ferner *Musielak*, Grundkurs BGB, Rn. 475).

4. Übergang der Gegenleistungsgefahr auf den Gläubiger

16 Die in **§ 326 Abs. 2 Satz 1 Alt. 2 BGB** getroffene Regelung kennen wir bereits. Sie soll an dieser Stelle nochmals in Erinnerung gerufen werden. Wenn die Leistung des Schuldners während des Annahmeverzugs des Gläubigers „zufällig" unmöglich wird, dann bleibt die Gegenleistungspflicht des Gläubigers bestehen. Er muss seine Gegenleistung erbringen, obwohl er (wegen § 275 BGB oder wegen § 300 Abs. 2 BGB) vom Schuldner die Leistung nicht verlangen kann. Man sagt, dass der Gläubiger während des Annahmeverzugs die Gegenleistungsgefahr trägt. Für den **Kaufvertrag** ist in **§ 446 Satz 3 BGB** eine **Sonderregelung** im Hinblick auf den Gefahrübergang getroffen, die inhaltlich mit der in § 326 Abs. 2 Satz 1 Alt. 2 BGB getroffenen Regelung übereinstimmt.

5. Sonstige Wirkungen des Gläubigerverzugs

17 Weitere Wirkungen des Gläubigerverzugs sind in §§ 301 – 304 BGB sowie in § 371 Satz 1 BGB geregelt. Diese Vorschriften werden zur Lektüre empfohlen. **Besondere Beachtung** verdient **§ 323 Abs. 6 Alt. 2 BGB**: Wenn während des Annahmeverzugs ein Umstand eintritt, der den Gläubiger an sich zum Rücktritt berechtigen würde, ist der **Rücktritt ausgeschlossen**, sofern der **Schuldner** den **Rücktrittsgrund nicht zu vertreten** hat. Wenn sich der Gläubiger nicht im Annahmeverzug befindet, kann er dagegen auch dann zurücktreten, wenn der Schuldner für den Grund des Rücktritts nicht verantwortlich ist.

ABB. 56:	**Voraussetzungen und Rechtsfolgen des Gläubigerverzugs**
Voraussetzungen, § 293 BGB:	Rechtsfolgen:

▸ Erfüllbarkeit der Schuld (vgl. hierzu § 271 BGB);
 	
▸ Leistungsvermögen des Schuldners (§ 297 BGB);
 	
▸ Angebot
  – Grundsatz: tatsächliches Angebot (zur rechten Zeit, am rechten Ort, in der richtigen Qualität und Menge) nötig, § 294 BGB
  – Ausnahmen:
    • wörtliches Angebot reicht, wenn Gläubiger Mitwirkungshandlung vornehmen muss, § 295 BGB
    • Angebot überflüssig in den in § 296 BGB geregelten Fällen
 	
▸ Nichtannahme der angebotenen Leistung
	▸ **Keine** Befreiung von der Leistungspflicht;
	
	▸ Haftungserleichterung für den Schuldner, § 300 Abs. 1 BGB
	
	▸ Übergang der Leistungsgefahr bei Gattungsschulden auf den Gläubiger, § 300 Abs. 2 BGB
	
	▸ Übergang der Gegenleistungsgefahr auf den Gläubiger, § 326 Abs. 2 Satz 1 Alt. 1 BGB
	im Kaufrecht: Sonderregelung des § 446 Satz 3 BGB
	
	▸ Ausschluss des Rücktrittsrechts gem. § 323 Abs. 6 BGB

Kapitel 11: Vertragliche Schuldverhältnisse: Kaufrecht

§ 33 Der Kaufvertrag – Allgemeines

LITERATUR

Coester-Waltjen, Der Kaufvertrag, Jura 2002, 534; *Musielak*, Grundkurs BGB, Rn. 542 ff.; *Lettl*, Übungsklausur – Bürgerliches Recht: Schwierigkeiten beim Versendungskauf, JuS 2004, 314; *Wertenbruch*, Die Gefahrtragung beim Versendungskauf nach neuem Schuldrecht, JuS 2003, 625.

I. Begriff, Merkmale und gesetzliche Regelung

1. Begriff und Merkmale

Im Kaufvertrag **verpflichtet** sich der **Verkäufer zur Übertragung** eines **Vermögensge-**   1
genstands an den **Käufer**, welcher sich im Gegenzug **zur Zahlung** einer Geldsumme an den Verkäufer verpflichtet (vgl. § 433 BGB; lesen!). Der Vertrag ist zustande gekommen, wenn sich die Parteien über die wesentlichen Vertragsbestandteile, d. h. über den Kaufgegenstand und den Kaufpreis, geeinigt haben. Eine Form muss nur dann eingehalten werden, wenn das Gesetz dies anordnet. Als Beispiel für einen formbedürftigen Kaufvertrag sei der Grundstückskaufvertrag angeführt, der gem. § 311b Abs. 1 BGB der notariellen Beurkundung bedarf.

Der **Kaufvertrag** zielt darauf ab, dass ein Vermögensgegenstand endgültig aus dem   2
Vermögen einer Person ausscheidet und in das Vermögen einer anderen Person übergeht. Er **gehört** daher **zur Gruppe der Veräußerungsverträge**, zu der ferner der Tauschvertrag und der Schenkungsvertrag zählen. Der **Tauschvertrag** unterscheidet sich vom Kaufvertrag dadurch, dass bei ihm als **Gegenleistung nicht Geld** geschuldet wird, sondern ein anderer Vermögensgegenstand. Bei der **Schenkung** erfolgt die **Zuwendung unentgeltlich**, der Beschenkte schuldet keine Gegenleistung.

Der Kaufvertrag ist ein **gegenseitiger Vertrag**, um nicht zu sagen, der klassische Fall des   3
gegenseitigen Vertrags. Der eine Teil verpflichtet sich zur Erbringung der ihm obliegenden Leistung nur deswegen, weil sich der andere Teil zur Bewirkung einer Gegenleistung verpflichtet, und umgekehrt. Die von den Parteien einander geschuldeten Leistungen stehen also im Gegenseitigkeitsverhältnis (Synallagma). Sofern bei der Abwicklung eines Kaufvertrags Probleme auftreten, sind die auf gegenseitige Verträge zugeschnittenen Bestimmungen der §§ 320 – 326 BGB anwendbar, es sei denn, das Kaufrecht enthält Spezialregelungen, die den allgemeinen Vorschriften der §§ 320 ff. BGB vorgehen.

4   Durch den Abschluss eines Kaufvertrags verpflichten sich die Parteien lediglich zur Erbringung der jeweils geschuldeten Leistung. Der Kaufvertrag ist ein **Verpflichtungsgeschäft**. Er bewirkt nicht, dass das Eigentum an dem verkauften Gegenstand vom Verkäufer auf den Käufer übergeht. Für den Eigentumsübergang ist vielmehr die Vornahme eines weiteren Rechtsgeschäfts erforderlich, eines Verfügungsgeschäfts, das in Vollzug des Kaufvertrags getätigt wird, um die durch den Kaufvertrag begründeten Pflichten zu erfüllen.

> **BEISPIEL** ▶ K kauft bei V am 16. 10. einen gebrauchten Pkw zu einem Kaufpreis i. H. von 5 000 €.
> Es wird vereinbart, dass K das Auto bei V am 21. 10. abholt. Der Kaufvertrag hat nicht zur Folge,
> dass K Eigentümer des Pkw wird. Erst wenn V dem K das Auto am 21. 10. übergibt und sich
> beide darüber einig sind, dass das Eigentum an K übergehen soll, wird K Eigentümer (vgl. § 929
> Satz 1 BGB). Durch den Kaufvertrag wurde lediglich die Verpflichtung zur Übereignung begrün
> det.

5   Wir wissen, dass Verpflichtungsgeschäft und Verfügungsgeschäft rechtlich zu trennen und im Hinblick auf ihre Wirksamkeit unabhängig voneinander zu beurteilen sind (zum Abstraktionsprinzip siehe oben § 4 Rn. 43 ff.). Dies bedeutet allerdings nicht, dass Verpflichtungs- und Verfügungsgeschäft völlig beziehungslos nebeneinander stehen. Eine Verfügung muss nämlich auf einer wirksamen Verpflichtung beruhen, damit derjenige, der durch die Verfügung etwas erlangt hat, das Erlangte auch behalten darf.

> **BEISPIEL** ▶ Der 17jährige K kauft bei V am 16. 10. ein Kleinkraftrad zu einem Kaufpreis i. H. von
> 500 €. V übereignet dem K das Fahrzeug vereinbarungsgemäß am 21. 10. Als die Eltern des K
> von dem Geschäft erfahren, verweigern sie die Genehmigung des Kaufvertrags. Damit steht
> fest, dass der Kaufvertrag endgültig unwirksam ist (vgl. § 108 Abs. 1 BGB). Gleichwohl ist K Ei
> gentümer des Kleinkraftrads geworden; die Übereignung an ihn ist ein für ihn rechtlich ledig
> lich vorteilhaftes Rechtsgeschäft gewesen, das er ohne Zustimmung seiner Eltern tätigen
> konnte (vgl. § 107 BGB). Die Übereignung ist aber in Vollzug eines unwirksamen Kaufvertrags
> und daher ohne Rechtsgrund erfolgt. V hat daher gegen K einen Anspruch auf Rückübereig
> nung des Kleinkraftrads; Anspruchsgrundlage ist § 812 Abs. 1 Satz 1 Alt. 1 BGB.

2. Gesetzliche Regelung

6   Der Kaufvertrag hat – entsprechend seiner überragenden wirtschaftlichen Bedeutung – in den **§§ 433 ff. BGB** eine ausführliche gesetzliche Regelung erfahren. Tausch und Schenkung sind im BGB dagegen nur spärlich geregelt. Für den Tausch findet sich nur eine einzige Bestimmung, nämlich § 480 BGB, der die kaufrechtlichen Regelungen für entsprechend anwendbar erklärt. Auch die Regelung der Schenkung, die sich in §§ 516 ff. BGB findet, ist nicht besonders umfangreich.

7   Das **Kaufrecht** ist weitgehend **dispositives Recht**. Der Gesetzgeber hat den Parteien in den §§ 433 ff. BGB lediglich ein Regelungsmodell zur Verfügung gestellt. Von diesem können sie abweichen, indem sie von ihrer Vertragsfreiheit Gebrauch machen und vertraglich getroffene Vereinbarungen an die Stelle der gesetzlichen Bestimmungen setzen.

8   Es existieren aber auch **Vorschriften**, die zum Schutz der Vertragspartei erlassen worden sind, die sich typischerweise in der schwächeren Verhandlungsposition befindet und daher als besonders schutzbedürftig angesehen wird. Von diesen Bestimmungen

können die Parteien nicht zum Nachteil der schwächeren Partei abweichen (wohl aber zu deren Vorteil; es wird daher von „halb zwingendem Recht" gesprochen). So hat der Gesetzgeber **zum Schutz des Verbrauchers** in den **§§ 474 ff.** BGB besondere Regelungen erlassen, von denen grundsätzlich (vgl. im Einzelnen § 475 BGB) **nicht zu Lasten des Verbrauchers abgewichen** werden kann. Wir werden die Vorschriften über den Verbrauchsgüterkauf nicht in einem gesonderten Gliederungspunkt erörtern, auf einzelne Bestimmungen aber an geeigneter Stelle hinweisen (zusammenfassend hierzu die Abbildung unten § 37 Rn. 18).

Die §§ 474 ff. BGB basieren im Übrigen auf einer Vorgabe der Europäischen Union,   9
nämlich der **Verbrauchsgüterkaufrichtlinie** (Richtlinie 1999/44/EG des Europäischen Parlaments und des Rates vom 25. 5. 1999), die von den Mitgliedsstaaten bis zum 31. 12. 2000 in nationales Recht umgesetzt werden musste. Durch die Richtlinie hat der Europäische Gesetzgeber dafür gesorgt, dass unionsweit einheitliche Mindeststandards für Verbrauchsgüterkäufe geschaffen wurden. Ein Verbrauchsgüterkauf liegt nach der in § 474 Abs. 1 Satz 1 BGB enthaltenen Definition dann vor, wenn ein Verbraucher (§ 13 BGB) von einem Unternehmer (§ 14 Abs. 1 BGB) eine bewegliche Sache kauft. Der deutsche Gesetzgeber hat sich nicht damit begnügt, einige Sonderregelungen für Verbrauchsgüterkäufe in das Gesetz aufzunehmen und dadurch seiner Verpflichtung zur Umsetzung der Richtlinie nachzukommen. Vielmehr hat er das Mängelgewährleistungsrecht insgesamt nach dem Vorbild der Richtline umgestaltet und darüber hinaus lediglich eine Reihe von Vorschriften in das BGB eingefügt, die nur für Verbrauchsgüterkäufe gelten, nämlich die §§ 474 – 479 BGB. Das den Vorgaben der Richtlinie folgende Gewährleistungsrecht gilt daher nicht nur für Verbrauchsgüterkäufe, sondern z. B. auch für Kaufverträge unter Unternehmern oder in dem Fall, dass ein Verbraucher als Verkäufer beteiligt ist.

Ob die Mitgliedstaaten eine **Richtlinie ordnungsgemäß umgesetzt** haben, **überprüft**   10
der **EuGH** im sog. Vorabentscheidungsverfahren (vgl. Art. 267 AEUV), wenn ihm ein Gericht eines Mitgliedstaates die Frage vorlegt, ob sein nationales Recht mit den in der betreffenden Richtlinie enthaltenen Vorgaben zu vereinbaren ist. Im Hinblick auf das deutsche Kaufrecht sind bereits mehrere Entscheidungen des EuGH ergangen, in denen der Gerichtshof entschieden hat, dass einzelne Vorschriften des deutschen Kaufrechts (bzw. dessen Auslegung) nicht richtlinienkonform sind. Freilich betreffen diese Entscheidungen nur die Anwendung des deutschen Kaufrechts auf Verbrauchsgüterkäufe; nur auf diese ist die Richtlinie ja anwendbar. Wenn also um Kaufverträge gestritten wird, die keine Verbrauchsgüterkäufe sind, könnten die Gerichte das deutsche Recht an sich ohne Rücksicht auf seine Richtlinienkonformität anwenden. Dagegen wären sie bei Streitigkeiten um Verbrauchsgüterkäufe zu einer richtlinienkonformen Auslegung verpflichtet. Eine derartige „gespaltene" Auslegung verkompliziert aber nicht nur die Rechtslage, sondern widerspricht auch dem Willen des Gesetzgebers, der die Absicht gehabt hat, ein auf alle Kaufverträge einheitlich anwendbares (und den Vorgaben der Richtlinie folgendes) Gewährleistungsrecht zu schaffen. Nur die in den §§ 474 – 479 BGB getroffenen Sonderregelungen sollen ausschließlich für Verbrauchsgüterkäufe gelten.

II. Mögliche Gegenstände eines Kaufvertrags, Anwendbarkeit des Kaufrechts auf Werklieferungsverträge

11   Das Gesetz sieht als mögliche Kaufgegenstände **Sachen** (§ 433 Abs. 1 BGB) sowie **Rechte** und **sonstige Gegenstände** vor (§ 453 Abs. 1 BGB).

12   Im Hinblick auf die **Sachen** kann unterschieden werden zwischen **beweglichen Sachen** und **Grundstücken**. Ist der Kaufgegenstand nach individuellen Merkmalen konkret bestimmt, handelt es sich um einen Stück- oder **Spezieskauf**. Dagegen liegt ein **Gattungskauf** vor, wenn lediglich festgelegt ist, welche allgemeinen Merkmale die gekaufte Sache aufweisen muss (siehe hierzu § 21 Rn. 2 ff mit Beispielen).

13   Des Weiteren können alle **übertragbaren Rechte** verkauft werden, z. B. Forderungen, Grundpfandrechte wie die Hypothek und die Grundschuld oder gewerbliche Schutzrechte wie z. B. das Patent.

14   **Sonstige Gegenstände** i. S. des § 453 Abs. 1 BGB sind alle umlauffähigen **Güter**, die **weder** eine **Sache noch** ein **Recht** darstellen (vgl. *Musielak*, Grundkurs BGB, Rn. 543). Taugliche Gegenstände eines Kaufvertrags sind dementsprechend Elektrizität, Fernwärme und Standardsoftware (siehe hierzu *Brox/Walker*, Schuldrecht BT, § 1 Rn. 1), aber auch ganze Unternehmen oder freiberufliche Praxen wie diejenigen von Steuerberatern oder Rechtsanwälten (vgl. auch die Begr. RegE BT-Drs. 14/6040, S. 242).

15   Darüber hinaus unterliegen auch sog. **Werklieferungsverträge dem Kaufrecht** (siehe im Einzelnen § 651 BGB; für Interessierte: *Brox/Walker*, Schuldrecht BT, § 22 Rn. 10). Dies sind Verträge, in denen sich der Veräußerer zur Übereignung von beweglichen Sachen verpflichtet, die erst noch hergestellt oder erzeugt werden müssen.

> **BEISPIEL** K bestellt beim Schreiner V eine Kommode, die genau den von K vorgegebenen Maßstäben entsprechen soll, damit sie in das Wohnzimmer des K passt. V fertigt die gewünschte Kommode unter Verwendung von Kirschbaumholz an, das er in seiner Werkstatt eingelagert hat. Anschließend übereignet der die fertige Kommode an K.

III. Die Pflichten der Vertragsparteien

1. Pflichten des Verkäufers

a) Hauptpflichten beim Sachkauf

16   Der Verkäufer einer Sache ist verpflichtet, dem Käufer das **Eigentum** an der Sache zu **verschaffen** und ihm die Sache zu **übergeben** (**§ 433 Abs. 1 Satz 1 BGB**). Er muss dem Käufer die Sache **frei von Sach- und Rechtmängeln** verschaffen (**§ 433 Abs. 1 Satz 2 BGB**). Im Einzelnen gilt Folgendes:

17   Die Frage, auf welche Weise der Verkäufer seiner Pflicht zur Eigentumsverschaffung nachkommt, ist nicht in den §§ 433 ff. BGB geregelt. Je nachdem, ob eine bewegliche Sache oder ein Grundstück verkauft worden ist, richtet sich die Übereignung nach §§ 929 ff. BGB oder nach §§ 873 Abs. 1, 925 BGB.

BEISPIEL ▶ V verkauft an K am 17.10. seinen gebrauchten Pkw zu einem Kaufpreis von 10 000 €
und ein im Grundbuch näher bezeichnetes Grundstück zu einem Kaufpreis i. H. von 100 000 €.
K hat gegen V einen Anspruch auf Übereignung des Pkw sowie einen Anspruch auf Übereignung des Grundstücks; Anspruchsgrundlage ist in beiden Fällen § 433 Abs. 1 Satz 1 BGB.

Seiner Pflicht zur Übereignung des Pkw kommt V dadurch nach, dass er dem K das Auto übergibt und sich mit K darüber einigt, dass das Eigentum an dem Pkw auf K übergehen soll (§ 929
Satz 1 BGB). Eigentümer des verkauften Grundstücks wird K dadurch, dass er sich vor einem
Notar mit V über den Eigentumsübergang einigt (diese Einigung wird als Auflassung bezeichnet, § 925 BGB) und als neuer Eigentümer im Grundbuch eingetragen wird (§ 873 Abs. 1 BGB).

Übergabe bedeutet **Einräumung des unmittelbaren Besitzes**, d. h. der tatsächlichen Gewalt über die Sache (§ 854 Abs. 1 BGB). Wenn eine bewegliche Sache verkauft worden
ist, dann ist die Übergabe bereits Teil der Übereignung.   18

Schließlich muss der Verkäufer dem Käufer gem. § 433 Abs. 1 Satz 2 BGB die Sache frei
von Sachmängeln (§ 434 BGB) und Rechtsmängeln (§ 435 BGB) verschaffen. Mit der
Pflicht des Verkäufers zur Lieferung einer mangelfreien Sache und den Folgen ihrer Verletzung werden wir uns später ausführlich befassen (siehe §§ 34 ff.).   19

b) Hauptpflichten beim Rechtskauf

Der Verkäufer eines Rechts ist verpflichtet, dem Käufer das Recht frei von Rechtsmängeln zu verschaffen (§§ 453 Abs. 1, 433 Abs. 1 Satz 2 BGB). Die Frage, wie ein Recht
übertragen wird, ist im Kaufrecht ebenso wenig geregelt wie die Übereignung. Sie richtet sich nach der Art des verkauften Rechts. Wir wollen hierauf nicht näher eingehen,
uns aber wenigstens in Erinnerung rufen, wie die Übertragung einer Forderung von-
statten geht.   20

BEISPIEL ▶ V verkauft dem K am 17.10. eine Forderung gegen D i. H. von 2 000 €. V erfüllt seine
Verpflichtung, dem K das verkaufte Recht zu verschaffen, dadurch, dass er sie gem. § 398 Satz 1
BGB an K abtritt.

c) Nebenpflichten

Neben den genannten Hauptpflichten bestehen regelmäßig Schutzpflichten (§ 241
Abs. 2 BGB) und Nebenleistungspflichten, die gesetzlich normiert sind (z. B. §§ 448
Abs. 1, 453 Abs. 2 BGB) oder sich aus einer Auslegung des zwischen den Parteien ge-
schlossenen Vertrags ergeben.   21

BEISPIELE ▶ Verpacken und Versenden der Ware; Aushändigung einer Gebrauchsanweisung;
Wartung; Unterlassung von Wettbewerb beim Verkauf eines Unternehmens (weitere Beispiele
bei *Brox/Walker*, Schuldrecht BT, § 2 Rn. 15).

2. Pflichten des Käufers

a) Pflicht zur Bezahlung des Kaufpreises und zur Abnahme der Sache

Der Käufer ist gem. **§ 433 Abs. 2 BGB** verpflichtet, dem Verkäufer den vereinbarten
Kaufpreis zu bezahlen und ihm die gekaufte Sache abzunehmen. Seiner **Hauptpflicht**
zur **Bezahlung des Kaufpreises** kommt der Käufer nach, indem er Geldscheine und
Geldstücke an den Verkäufer übereignet (§ 929 Satz 1 BGB). Wenn der Verkäufer auf
der Rechnung seine Bankverbindung angibt, dann bringt er dadurch zum Ausdruck,   22

dass er auch mit einer Überweisung des Kaufpreises einverstanden ist. Bei größeren Summen wird dies regelmäßig der Fall sein. Die Pflicht des Käufers zur **Abnahme** der Sache ist dagegen – wenn dies nicht anders vereinbart wurde – nur eine **Nebenpflicht**. Der Verkäufer kann die Erfüllung dieser Pflicht aber selbstständig einklagen. Der Käufer kann die ihm angebotene Sache zurückweisen, wenn sie mit einem Mangel behaftet ist.

b) Weitere Pflichten

23   Auch den Käufer können Schutzpflichten i. S. des § 241 Abs. 2 BGB sowie Nebenleistungspflichten treffen. So ist es etwa denkbar, dass die Parteien vereinbart haben, dass der Käufer das Verpackungsmaterial zurückgeben muss (Beispiel aus *Brox/Walker*, § 2 Rn. 22). Gesetzliche Nebenleistungspflichten des Käufers sind beispielsweise in § 448 BGB festgelegt.

IV. Die Gefahrtragungsregelungen der §§ 446 und 447 BGB

1. Begriff und Bedeutung

24   Die Gegenleistungsgefahr, die auch als **Preisgefahr** bezeichnet wird, betrifft die Frage, ob die Gegenleistung erbracht werden muss, auch wenn der Gegenstand der Leistung infolge eines Umstands, denn keine der beiden Parteien „zu vertreten" hat, zerstört oder beschädigt worden ist (siehe oben § 22 Rn. 11). Die allgemeine Regelung der Gegenleistungsgefahr findet sich in **§ 326 Abs. 1 Satz 1 BGB**; danach **trägt der Schuldner der** gestörten **Leistung** die **Gegenleistungsgefahr**. Die dort getroffene Regelung ist unmittelbar einleuchtend: Wer nicht in der Lage und daher auch nicht verpflichtet ist, seine Leistung zu bringen, soll von seinem Vertragspartner auch nicht die Gegenleistung verlangen können. Und wer seine Leistung nicht ordnungsgemäß erbringen kann, dem soll jedenfalls die Gegenleistung nicht in voller Höhe zustehen. Bei den im Folgenden zu besprechenden **Gefahrtragungsregelungen** handelt es sich um **Ausnahmebestimmungen zu § 326 Abs. 1 Satz 1 BGB**.

2. Übergang der Gegenleistungsgefahr auf den Käufer

a) § 446 Satz 1 BGB

25   Gem. **§ 446 Satz 1 BGB** (lesen!) geht die Gefahr des zufälligen Untergangs und der zufälligen Verschlechterung bereits mit der **Übergabe** der verkauften Sache auf den Käufer über. Von diesem Zeitpunkt an befindet sich die Sache im Einflussbereich des Käufers und der Käufer kann sie nutzen (vgl. auch § 446 Satz 2 BGB). Daher ist es gerechtfertigt, wenn § 446 Satz 1 BGB dem Käufer die genannten Risiken aufbürdet. § 446 Satz 1 BGB meint selbstverständlich nur den Fall, dass der Verkäufer dem Käufer die Sache erst übergeben, ihm aber noch kein Eigentum verschafft hat. Ist der Käufer auch schon Eigentümer der (mangelfreien) Sache, dann hat der Verkäufer seine Leistung vollständig erbracht; der Verkäufer kann seine Leistungspflicht gar nicht mehr verletzen und die Frage, wer die Gefahr zu tragen hat, stellt sich nicht mehr. Anwendbar ist § 446 Satz 1 BGB etwa in dem folgenden

BEISPIEL ► V verkauft dem K am 17.10. durch notariellen Vertrag ein Grundstück, das mit einem Einfamilienhaus bebaut ist. Noch am selben Tag einigen sich V und K vor einem Notar darüber, dass das Eigentum an dem Hausgrundstück auf K übergehen soll (vgl. § 925 BGB). Es wird der Antrag gestellt, den K als neuen Eigentümer in das Grundbuch einzutragen (vgl. § 873 Abs. 1 BGB), der vom Grundbuchamt bearbeitet wird. V überlässt dem K sofort die Hausschlüssel, damit dieser gleich einziehen kann. Nach dem Einzug des K, aber noch vor dessen Eintragung in das Grundbuch, richtet ein Hochwasser erhebliche Schäden an dem gekauften Haus an. K muss wegen § 446 Satz 1 BGB den vollen Kaufpreis entrichten.

b) § 446 Satz 3 BGB

Der Übergabe steht es nach **§ 446 Satz 3 BGB** (lesen!) gleich, wenn der Käufer im Ver-   26
zug der Annahme ist. Die Gegenleistungsgefahr geht also auch dann auf den Käufer
über, wenn dieser in **Annahmeverzug** gerät.

BEISPIEL ► V verkauft dem K am 17.10. eine wertvolle Vase. Es wird vereinbart, dass V dem K am 18.10. um 17.00 Uhr vorbeibringt. Als V zu dem genannten Termin die Vase bei K abliefern will, ist dieser nicht zu Hause. Auf dem Rückweg wird die Vase bei einem von D verschuldeten Unfall völlig zerstört. K ist von seiner Kaufpreiszahlungspflicht aus § 433 Abs. 2 BGB nicht gem. § 326 Abs. 1 Satz 1 BGB frei geworden, weil die Vase zu einem Zeitpunkt zerstört worden ist, zu dem er sich im Verzug der Annahme befunden hat (§§ 293 ff. BGB). Gäbe es den § 446 Satz 3 BGB nicht, könnte man auf § 326 Abs. 2 Satz 1 Alt. 2 BGB zurückgreifen und würde zu demselben Ergebnis gelangen.

c) Versendungskauf, § 447 Abs. 1 BGB

Die wichtigste hier zu besprechende Gefahrtragungsregelung enthält **§ 447 Abs. 1 BGB**   27
(lesen!). Danach geht die Gefahr bereits mit der **Übergabe** der verkauften Sache **an die
Transportperson** auf den Käufer über, wenn der Verkäufer sie auf Verlangen des Käufers an einen anderen als den Erfüllungsort versendet. Einen besonderen Hinweis verdient die Tatsache, dass § 447 BGB beim Verbrauchsgüterkauf keine Anwendung findet
(§ 474 Abs. 2 BGB). Die Vorschrift hat dadurch an praktischer Bedeutung verloren.

aa) Voraussetzungen

Im Einzelnen ist die Anwendung des § 447 Abs. 1 BGB von folgenden Voraussetzungen   28
abhängig:

Die Sache muss an einen anderen Ort als den **Erfüllungsort** versendet werden. Wo der   29
Erfüllungsort liegt, ist in **§ 269 BGB** geregelt (hierzu § 22 Rn. 2). Eine Anwendung des
§ 447 Abs. 1 BGB wird vor allem dann in Betracht kommen, wenn der Erfüllungsort
beim Verkäufer als dem Schuldner der verkauften Sache liegt; dies ist der Fall bei der
Holschuld und bei der Schickschuld. Haben die Parteien allerdings eine Bringschuld vereinbart, dann liegt der Erfüllungsort beim Käufer. In diesem Fall liegt kein Versendungskauf i. S. des § 447 BGB vor, wenn der Verkäufer die Sache an den Wohnsitz des Käufers
sendet. § 447 Abs. 1 BGB kommt im Übrigen auch dann zur Anwendung, wenn die Sache innerhalb derselben Stadt versendet wird (sog. Platzgeschäft).

Ein **Verlangen** des Käufers ist bereits dann gegeben, wenn dieser den Wunsch äußert,   30
dass der Verkäufer die Ware an einen anderen als den Erfüllungsort versendet. Handelt

der Verkäufer allerdings eigenmächtig, dann liegen die Voraussetzungen des § 447 Abs. 1 BGB nicht vor.

31   Weitere Voraussetzung für den Gefahrübergang ist die **Auslieferung** (d. h. Übergabe) der verkauften Sache **an** die **Transportperson** (z. B. Spediteur, Frachtführer, Post). Der Verkäufer muss alles getan haben, damit die Transportperson die Sache zum Käufer befördern kann. Daran fehlt es z. B., wenn der Verkäufer dem Spediteur die Anschrift des Käufers noch nicht genannt hat (*Brox/Walker*, Schuldrecht BT, § 3 Rn. 26).

ABB. 57:	Voraussetzungen des § 447 Abs. 1 BGB

- Versendung der verkauften Sache durch den Verkäufer an einen anderen als den Erfüllungsort (§ 269 BGB);
- auf Verlangen des Käufers;
- Auslieferung der verkauften Sache an die zum Transport bestimmte Person.

bb) Rechtsfolge

32   Liegen die genannten Voraussetzungen vor, dann hat dies (nur) zur **Folge**, dass die **Gefahr des zufälligen Untergangs** und der zufälligen Verschlechterung **auf** den **Käufer übergeht** (siehe oben Rn. 22). Der Fall, dass die verkaufte Sache aufgrund eines **Verschuldens des Verkäufers** zerstört oder beschädigt wird, ist in **§ 447 Abs. 1 BGB** nicht geregelt. Ein Verschulden kann etwa in der unsachgemäßen Verpackung oder der nachlässigen Auswahl der Transportperson liegen (der Verkäufer übergibt die verkaufte Sache an den völlig betrunkenen Lastwagenfahrer D, damit dieser sie zum Käufer bringt). Verwendet der Verkäufer eigene Leute zum Transport, dann muss er sich deren Verschulden gem. § 278 BGB zurechnen lassen (strittig; siehe etwa *Musielak*, Grundkurs BGB, Rn. 512; *Brox/Walker*, Schuldrecht BT, § 3 Rn. 29).

ABB. 58:	Zahlungspflicht des Käufers nach Übergang der Preisgefahr (Prüfungsschema)

- Anspruchsgrundlage: § 433 Abs. 2 BGB
- Untergang des Anspruchs gem. § 326 Abs. 1 Satz 1 BGB
- Vorliegen der Voraussetzungen des § 326 Abs. 1 Satz 1 BGB
  - Verkäufer braucht seine Pflichten aus § 433 Abs. 1 BGB gem. § 275 Abs. 1, 2 oder 3 BGB nicht zu erfüllen,
  - aufgrund eines Umstandes, für den der Käufer nicht allein oder weit überwiegend verantwortlich ist (§ 326 Abs. 1 Satz 2 Alt. 1 BGB)
  - Gefahrtragungsregeln als Ausnahmen von § 326 Abs. 1 Satz 1 BGB:
  - § 446 Satz 1 BGB: Zufälliger Untergang der verkauften Sache nach Übergabe;
  - § 446 Satz 3 BGB: Zufälliger Untergang der verkauften Sache, während sich der Käufer im Annahmeverzug befindet (entspricht § 326 Abs. 1 Satz 2 Alt. 2 BGB);
  - § 447 Abs. 1 BGB: Versendungskauf
- Ergebnis: Bestehenbleiben der Kaufpreiszahlungspflicht trotz § 326 Abs. 1 Satz 1 BGB

§ 34 Mängelgewährleistung: Überblick

LITERATUR

Alexander, Anfängerklausur – Zivilrecht: Kaufrecht – Der defekte Kühlschrank, JuS 2010, 609; *Augenhofer/Appenzeller/Holm*, Nacherfüllungsort und Aus- und Einbaukosten, JuS 2011, 680; *Bauerschmidt/Harnos*, Fortgeschrittenenklausur – Zivilrecht: Kaufrecht – Die bewegte Spülmaschine, JuS 2011, 810; *Bayerle*, Übungsklausur – Zivilrecht: Gebrauchtwagenkauf mit Gewährleistungsausschluss, JuS 2009, 619; *Ebers/Henninger*, Mangelhafte Montageanleitung und Verpackungsmängel im neuen Kaufrecht, Jura 2006, 58; *Gsell*, Grenzen der Nutzungsentschädigung bei Rückgabe der mangelhaften Kaufsache, JuS 2006, 203; dies., Beschaffungsnotwendigkeit und Ersatzlieferung beim Stück- und beim Vorratskauf, JuS 2007, 97; *Jaensch*, Die Störung der Nacherfüllung im Kaufrecht, Jura 2005, 649; ders., Übungsklausur – Zivilrecht: Gewährleistungsrecht – Ein- und Ausbaukosten mangelhafter Fliesen, JuS 2009, 131; *Heßeler/Kleinhenz*, Der kaufrechtliche Anspruch auf Schadensersatz für Weiterfresserschäden, JuS 2007, 706; *Jost*, Klassiker in neuem Licht – Besonderheiten der kaufrechtlichen Mängelgewährleistung, Jura 2005, 750; *Klinck*, Der Anspruch des Käufers auf Ersatz mangelbedingt nutzloser Aufwendungen, Jura 2006, 481; *Koch*, Die Fristsetzung zur Leistung oder Nacherfüllung – Mehr Schein als Sein?, NJW 2010, 1636; *Looschelders*, Die neuere Rechtsprechung zur kaufrechtlichen Gewährleistung, JA 2007, 673; *Mankowski*, Die Anspruchsgrundlage für den Ersatz von „Mangelfolgeschäden" (Integritätsschäden), JuS 2006, 481; *Omlor*, Anfängerklausur – Zivilrecht: Ersatz des Betriebsausfallschadens – Die Erfindung des Tobias Knopp, JuS 2011, 897; *Pahlow*, Der Rechtsmangel beim Sachkauf, JuS 2006, 289; ders., Grundfragen der Gewährleistung beim Rechtskauf, JA 2006, 385; *Pilz*, Der Ort der Nacherfüllung im Kaufrecht, JuS 2008, 767; *Schollmeyer/Utlu*, Die Nacherfüllung im Kauf, Jura 2009, 721; *Schur*, Schadensersatz wegen Verzögerung der Leistung und Schlechterfüllung im Kaufrecht, JA 2006, 223; *Sutschet*, Probleme des kaufrechtlichen Gewährleistungsrechts, JA 2007, 161; *Stodolkowitz*, Die Reichweite der Leistungspflicht des Verkäufers im Rahmen der Nacherfüllung, JA 2010, 492; *Tröger*, Grundfälle zum Sachmangel nach neuem Kaufrecht, JuS 2005, 503; *Warga*, Übungsfall: „Zweimal Ärger beim Autokauf", JA 2009, 505.

I. Die Rechte des Käufers vor und nach der Übergabe der Sache

Der Verkäufer ist gem. § 433 Abs. 1 Satz 2 BGB verpflichtet, dem Käufer die Sache frei   1
von Sach- und Rechtsmängeln zu verschaffen. Die vom Verkäufer zu erfüllende Leistungspflicht umfasst also die Mangelfreiheit der verkauften Sache. Der Käufer gerät daher **nicht** in **Annahmeverzug**, wenn er eine ihm vom Verkäufer angebotene **mangelhafte Sache zurückweist**. Die Sache ist ihm ja nicht in der geschuldeten Beschaffenheit angeboten worden, so dass ein ordnungsgemäßes Angebot (und damit eine Voraussetzung des Gläubigerverzugs, siehe oben § 32 Rn. 6) fehlt.

2   Daneben ist der **Käufer gem. § 320 BGB berechtigt**, die **Leistung zu verweigern**, wenn der Verkäufer Zahlung verlangt, obwohl der Käufer die Annahme der Sache wegen eines Mangels ablehnt. Der Käufer kann die Zahlung auch dann noch unter Berufung auf § 320 BGB verweigern, wenn er die mangelhafte Sache angenommen hat. Dadurch kann er Druck auf den Verkäufer ausüben, dass dieser die Nacherfüllung vornimmt, zu der er nach der Lieferung einer nur mangelhaften Sache verpflichtet ist (siehe unten § 36 Rn. 1 ff.). Wenn der Käufer die Sache angenommen hat, dann trägt er aber die Beweislast für das Vorliegen des von ihm behaupteten Mangels (siehe oben § 24 Rn. 4; zum Leistungsverweigerungsrecht des Käufers nach Annahme der Sache vgl. ferner Palandt/*Grüneberg*, § 320 Rn. 9 und 14).

3   **Ab** dem Zeitpunkt der **Übergabe** der Sache an den Käufer sind die **Vorschriften über** die kaufrechtliche **Mängelgewährleistung anwendbar**. Die Haftung des Verkäufers nach diesen Vorschriften knüpft an die Lieferung einer mangelhaften Sache an. Was unter einem **Sachmangel** zu verstehen ist, ist in **§ 434 BGB** geregelt. Der Begriff: **Rechtsmangel** ist in **§ 435 BGB** definiert. Die **Rechte**, die dem **Käufer** zustehen, wenn ihm eine mangelhafte Sache geliefert worden ist, sind in **§ 437 BGB aufgezählt**: Der Käufer kann Nacherfüllung verlangen, vom Kaufvertrag zurücktreten oder den Kaufpreis mindern und Schadensersatz – oder alternativ: Ersatz seiner Aufwendungen – verlangen.

II.   Kaufrechtliche Gewährleistung und allgemeine Vorschriften

4   Die kaufrechtlichen Sonderregelungen über die **Mängelgewährleistung** stehen **nicht unverbunden neben** dem bereits erörterten **allgemeinen Leistungsstörungsrecht**. Die Verzahnung des Gewährleistungsrechts mit den allgemeinen Vorschriften über Leistungsstörungen wird durch die in **§ 433 Abs. 1 Satz 2 BGB** geregelte Verpflichtung des Verkäufers zur Lieferung einer sach- und rechtsmangelfreien Sache erreicht. Durch die Aufnahme der Mangelfreiheit der Sache in das Pflichtenprogramm des Verkäufers hat der Gesetzgeber die Tür zur Anwendung der allgemeinen Vorschriften aufgestoßen:

5   ► Der Verkäufer, der dem Käufer entgegen § 433 Abs. 1 Satz 2 BGB eine mit einem Sach- oder Rechtsmangel behaftete Sache verschafft hat, hat die ihm obliegende Leistung weder „wie geschuldet" i. S. des § 281 Abs. 1 Satz 1 BGB noch „vertragsgemäß" i. S. des § 323 Abs. 1 BGB erbracht. Sowohl **§ 281 BGB** als auch **§ 323 BGB** setzen voraus, dass eine ordnungsgemäße Leistung noch möglich ist (siehe § 28 Rn. 4 und 28). Eine Anwendung dieser Vorschriften kommt daher nur in Betracht, wenn der der Sache anhaftende **Mangel behoben werden kann**. Nutzt der Verkäufer eine ihm zur Behebung des Mangels gesetzte Frist nicht, dann muss er damit rechnen, dass der Käufer nach §§ 280 Abs. 1 und 3, 281 BGB Schadensersatz statt der Leistung verlangt und/oder gem. § 323 BGB vom Vertrag zurücktritt.

6   ► Wenn dagegen der Verkäufer dem Käufer eine Sache geliefert hat, die mit einem **nicht behebbaren Mangel** behaftet ist, dann liegt ein Fall der **qualitativen Unmöglichkeit** vor. Der Verkäufer ist in diesem Fall zwar gem. § 275 BGB nicht zur Lieferung einer mangelfreien Sache verpflichtet. Er schuldet aber dem Käufer gem. § 311a Abs. 2 BGB Schadensersatz statt der Leistung, sofern der nicht behebbare Mangel schon bei Vertragsschluss vorgelegen hat und der Verkäufer dies erkennen konnte

(vgl. § 311a Abs. 2 Satz 2 BGB). In dem – wohl weniger häufigen – Fall, dass in dem Zeitraum zwischen Vertragsschluss und Übergabe ein nicht behebbarer Mangel entsteht, kann der Käufer Schadensersatz statt der Leistung aus §§ 280 Abs. 1 und 3, 283 BGB verlangen – vorausgesetzt, der Verkäufer hat die Mangelhaftigkeit zu vertreten (§ 280 Abs. 1 Satz 2 BGB). Daneben hat der Käufer ein (von einem Vertretenmüssen des Verkäufers unabhängiges) Rücktrittsrecht aus § 326 Abs. 5 BGB.

Wir halten fest, dass die **Voraussetzungen** von Bestimmungen des **allgemeinen Leistungsstörungsrechts vorliegen, sofern** der **Verkäufer** dem Käufer eine **mangelhafte Sache liefert**. Daher kann § 437 BGB bezüglich der Rechtsfolgen, die die Schlechterfüllung eines Kaufvertrags in Form der Lieferung einer mangelhaften Sache nach sich zieht, auf die allgemeinen Vorschriften verweisen: Im Hinblick auf das Recht des Käufers zum Rücktritt vom Vertrag verweist § 437 Nr. 2 BGB auf die §§ 323 und 326 Abs. 5 BGB. In Bezug auf Schadensersatzansprüche verweist § 437 Nr. 3 BGB auf die §§ 280, 281, 283 und 311a BGB. Der **einzige speziell** im Gewährleistungsrecht **geregelte Rechtsbehelf** ist die in § 437 Nr. 2 BGB angesprochene **Minderung** des Kaufpreises. Im Übrigen sind die Rechte des Käufers einer mangelhaften Sache im allgemeinen Leistungsstörungsrecht geregelt. Dieses wird durch das kaufrechtliche **Mängelgewährleistungsrecht** lediglich **ergänzt** und **modifiziert**. Die Kenntnis des allgemeinen Leistungsstörungsrechts ist daher für das Verständnis der folgenden Ausführungen unerlässlich.

7

§ 35   Mängelgewährleistung: Allgemeine Voraussetzungen der Haftung des Verkäufers

LITERATUR

Siehe vor § 34.

1   Alle Mängelgewährleistungsrechte des Käufers setzen voraus, dass die im Folgenden dargestellten allgemeinen Voraussetzungen vorliegen. Die speziellen Voraussetzungen, die sich nur auf einzelne der in § 437 BGB aufgezählten Rechte beziehen, werden in § 36 erläutert.

I.   Wirksamer Kaufvertrag

2   Die Mängelgewährleistungsansprüche sind vertragliche Ansprüche; sie setzen daher einen wirksamen Kaufvertrag voraus.

II.   Das Vorliegen eines Mangels

1.   Der Sachmangelbegriff

a)   Fehlen der Sollbeschaffenheit zum Zeitpunkt des Gefahrübergangs

aa)   Die vom Verkäufer geschuldete Beschaffenheit: Die in § 434 Abs. 1 BGB geregelte Reihenfolge

3   Gem. § 434 Abs. 1 BGB (aufmerksam lesen!) ist die Sache **mangelfrei**, wenn sie die geschuldete Beschaffenheit (Sollbeschaffenheit) aufweist – mit anderen Worten: wenn ihre **tatsächliche Beschaffenheit** (Istbeschaffenheit) **mit der Sollbeschaffenheit übereinstimmt**. Zur Beurteilung dieser Frage ist es erforderlich, sich Klarheit über die Begriffe: Beschaffenheit (Rn. 4 f.) und: geschuldete Beschaffenheit (Rn. 6 – 11) zu verschaffen.

4   Auf eine Definition des Begriffs **Beschaffenheit** hat der Gesetzgeber bewusst verzichtet (Begr. RegE BT-Drs. 14/6040, S. 213). Fest steht jedenfalls, dass zur Beschaffenheit einer Sache die ihr unmittelbar anhaftenden **physischen Eigenschaften** gehören.

> **BEISPIELE ►** Der Ring ist nicht aus Gold, sondern nur vergoldet. Die verkauften Lebensmittel sind verdorben. Der Stoff ist nicht reißfest.

5   Darüber hinaus gehören zur **Beschaffenheit** die (rechtlichen, tatsächlichen, wirtschaftlichen) **Beziehungen** der Sache **zur Umwelt**, sofern sie einen **Bezug** zu den physischen Eigenschaften der **Kaufsache** aufweisen (*Bamberger/Roth/Faust*, § 434 Rn. 22; großzügiger *Looschelders*, Schuldrecht BT, § 3 Rn. 38).

> **BEISPIELE ►** Das Grundstück ist wegen öffentlich rechtlicher Beschränkungen nicht bebaubar. Das Bild stammt – anders als im Auktionskatalog beschrieben – nicht von Jawlensky, sondern von einem unbekannten Maler (vgl. BGHZ 63, 369). Die Erträge des mit einem Miethaus bebauten Grundstücks sind niedriger als vom Verkäufer angegeben, die Betriebskosten dagegen höher (BGH NJW 2011, 1217, 1218 Tz. 13).

Bei Prüfung der Frage, welche **Beschaffenheit** vom Verkäufer **geschuldet** ist, ist die in   6
§ 434 Abs. 1 BGB vorgegeben **Reihenfolge** einzuhalten:

▶ In **erster Linie** kommt es gem. **§ 434 Abs. 1 Satz 1 BGB** darauf an, welche Beschaffenheit die Parteien als Sollbeschaffenheit vereinbart haben: Die Sache ist frei von
Sachmängeln, wenn sie zum Zeitpunkt des Gefahrübergangs die vertraglich vereinbarte Beschaffenheit aufweist. Somit entscheidet die von den Parteien getroffene
Beschaffenheitsvereinbarung – also letztlich der Parteiwille – darüber, ob die Sache
fehlerhaft oder fehlerfrei ist. Man sagt daher, dass dem BGB ein **subjektiver Fehler-
begriff** zugrunde liegt. Eine Beschaffenheitsvereinbarung kann ausdrücklich oder
durch konkludentes Verhalten getroffen werden. Letzteres ist etwa anzunehmen,
wenn der Käufer erklärt, welchen Anforderungen die Sache nach seinen Vorstellungen genügen muss, und der Verkäufer darauf in irgendeiner Form zustimmend rea-
giert (BGH NJW 2009, 2807 Tz. 9). Anhaltspunkt für eine entsprechende Parteivereinbarung kann auch der Kaufpreis sein.

███ BEISPIEL ▶ Wenn K von V eine Perlenkette zu einem Preis i. H. von 8 € kauft, ist davon auszugehen, dass die Perlen nicht echt sind.

▶ Erst in **zweiter Linie** (also in dem Fall, dass im Vertrag keine Beschaffenheitsverein-   7
barung getroffen wurde) ist gem. **§ 434 Abs. 1 Satz 2 Nr. 1 BGB** auf die **Eignung für
die nach dem Vertrag vorausgesetzte Verwendung** abzustellen. Die Vorschrift zielt
auf die – vor allem bei alltäglichen Geschäften häufigen – Fälle ab, in denen sich die
Vorstellungen der Parteien nicht auf einzelne Beschaffenheitsmerkmale richten, die
Vertragspartner sich aber darüber einig sind, dass die Sache für einen bestimmten
Verwendungszweck tauglich sein soll (vgl. Begr. RegE BT-Drs. 14/6040, S. 213).

███ BEISPIEL ▶ K hat bei V einen Wäschetrockner gekauft. Es ist vorgesehen, dass der Wäschetrockner in dem vorher von V besichtigten Kellerraum des K aufgestellt werden soll. Der Wäschetrockner kann aber nicht in Betrieb genommen werden, weil sich in dem Raum keine Abluft-
anlage befindet.

▶ **Subsidiär** kann auf das **objektive Kriterium** der **gewöhnlichen Verwendung** zurück-   8
gegriffen werden (**§ 434 Abs. 1 Satz 2 Nr. 2 BGB**). Demnach ist die Sache frei von
Sachmängeln, wenn sie sich zur gewöhnlichen Verwendung eignet und eine Beschaffenheit aufweist, die bei Sachen der gleichen Art üblich ist und die der Käufer
nach der Art der Sache erwarten kann.

███ BEISPIELE ▶ Die Gummistiefel sind nicht wasserdicht. Das Glas hat einen Sprung. Der Pkw hat
einen Lackschaden.

Nach dem Gesetzeswortlaut kommt es nicht darauf an, was der Käufer tatsächlich er-   9
wartet, sondern darauf, was er erwarten kann. Im Rahmen des § 434 Abs. 1 Satz 2 Nr. 2
BGB wird daher nicht auf die tatsächlichen Erwartungen des konkreten Käufers abgestellt, sondern auf den Erwartungshorizont eines Durchschnittskäufers. Dieser orientiert sich regelmäßig an der üblichen Beschaffenheit gleichartiger Sachen.

███ BEISPIEL ▶ Bei einem Gebrauchtwagen erwartet der Durchschnittskäufer nicht, dass sich alle Teile noch im Originalzustand befinden. Ein gebrauchtes Fahrzeug weist daher auch dann die übliche Beschaffenheit auf, wenn es neu lackiert worden ist, um es technisch und optisch wieder
in einen tadellosen Zustand zu versetzen (vgl. BGH NJW 2009, 2807; vgl. auch BGH NJW 2007,
1351: Tierkauf).

10   Zu den Umständen, die die Erwartungen des Käufers beeinflussen und damit einen Mangel i. S. des § 434 Abs. 1 Satz 2 Nr. 2 BGB begründen können, gehören nach § 434 Abs. 1 Satz 3 BGB u. a. auch die **öffentlichen Äußerungen des Herstellers**, z. B. in der Werbung. Die angesprochenen öffentlichen Äußerungen dürfen sich nicht in Anpreisungen ohne Aussagegehalt erschöpfen.

> **BEISPIEL** ▸ Die längste Praline der Welt.

11   Es muss sich schon um Äußerungen über konkrete Eigenschaften der Kaufsache handeln.

> **BEISPIEL** ▸ Der Autohersteller gibt an, das von ihm neu auf den Markt gebrachte Modell verbrauche im Stadtverkehr 4 l Dieselkraftstoff auf 100 km. In Wirklichkeit liegt der Verbrauch im Stadtverkehr bei 7 l.

bb)   Der maßgebliche Zeitpunkt

12   Der Verkäufer haftet dafür, dass die Sache zum **Zeitpunkt des Gefahrübergangs** die geschuldete Beschaffenheit aufweist. Wann die Gefahr übergeht, ist in §§ 446 f. BGB geregelt. **Grundsätzlich** geht die Gefahr gem. **§ 446 Satz 1 BGB** mit der **Übergabe** der Sache an den Käufer über. In den in §§ 446 Satz 3 und 447 Abs. 1 BGB geregelten Fällen (Annahmeverzug und Versendungskauf) findet der Gefahrübergang schon vorher statt; hierzu oben § 33 Rn. 24 ff. Wenn der Verkäufer eine **Haltbarkeitsgarantie** übernommen hat, dann **haftet** er nicht nur für die Mangelfreiheit bei Gefahrübergang, sondern auch dafür, dass die Sache während der Garantiezeit mangelfrei bleibt (vgl. § 443 Abs. 1 BGB; siehe unten § 37 Rn. 3).

b)   Unsachgemäße Montage und mangelhafte Montageanleitung als Sachmängel

aa)   Unsachgemäße Montage

13   Hat der Verkäufer die Montage der Kaufsache als zusätzliche Pflicht übernommen, dann ist ein Sachmangel anzunehmen, wenn die **Montage fehlerhaft** durchgeführt wird (**§ 434 Abs. 2 Satz 1 BGB**; lesen!). Der Kauf mit Montageverpflichtung unterliegt also dem kaufrechtlichen, nicht dem werkvertragsrechtlichen Gewährleistungsrecht. Häufig wird die unsachgemäße Montage dazu führen, dass die Sache beschädigt wird. In diesem Fall ist nur ein Sachmangel gem. § 434 Abs. 2 Satz 1 BGB gegeben, wenn die zur Mangelhaftigkeit führende Montage erst nach dem – für § 434 Abs. 1 BGB maßgeblichen – Zeitpunkt des Gefahrübergangs stattgefunden hat. Eine unsachgemäße Montage begründet einen Mangel aber auch dann, wenn sie keine Beeinträchtigung der Beschaffenheit der verkauften Sache bewirkt. In den Materialien ist insofern als Beispiel der Fall angeführt, dass Küchenschränke unsachgemäß, nämlich schief, montiert werden; ein Sachmangel liegt auch dann vor, wenn die Schränke ohne Weiteres benutzt werden können und bei der Montage auch nicht beschädigt worden sind (vgl. Begr. RegE BT-Drs. 14/6040, S. 215).

bb) Mangelhafte Montageanleitung

Nach der als **IKEA-Klausel** bezeichneten Bestimmung des **§ 434 Abs. 2 Satz 2 BGB** (lesen!) liegt ein Sachmangel ferner dann vor, wenn bei einer zur Montage bestimmten Sache lediglich die **Montageanleitung mangelhaft** ist. Ein Mangel liegt aber wiederum nicht vor, wenn die Sache – egal, ob durch den Käufer selbst oder durch einen Dritten – trotz der unbrauchbaren Anleitung fehlerfrei montiert worden ist. Für die fehlerfreie Montage trotz mangelhafter Anleitung trägt der Verkäufer die Beweislast.   14

c) Falschlieferung und Zuweniglieferung

aa) Falschlieferung

Gem. § 434 Abs. 3 BGB (lesen!) steht es der Lieferung einer mangelhaften Sache gleich, wenn der Verkäufer eine andere Sache (= aliud) oder eine zu geringe Menge liefert. **Zweck der** in § 434 Abs. 3 BGB enthaltenen **Gleichstellung** von **Falschlieferung** (= Aliudlieferung) und **Schlechtlieferung** (= Lieferung einer mangelhaften Sache) ist es, die beim Gattungskauf bisweilen ausgesprochen schwierige Abgrenzung zwischen Falsch- und Schlechtlieferung entbehrlich zu machen. Die Abgrenzungsschwierigkeiten seien deutlich gemacht anhand der folgenden   15

BEISPIELE ▸ Es wird Sommerweizen anstatt Winterweizen geliefert. Es werden ungarische anstelle von polnischen Mastgänsen geliefert. Es wird Inlandsschrott anstelle von Auslandsschrott geliefert. Der gelieferte Wein ist mit Glykol versetzt.

Im ersten Beispiel ist die Abgrenzung problemlos möglich, wenn die Parteien eine exakte Abrede über die Gattung getroffen haben, aus der zu leisten ist: Haben sich die Parteien bloß über die Gattung Weizen geeinigt, dann kann der vom Verkäufer gelieferte Sommerweizen als mangelhafter Winterweizen angesehen werden. Haben sich die Parteien aber über die Gattung Winterweizen geeinigt, dann ist die Lieferung von Sommerweizen eine Aliudlieferung. In der Praxis werden die Parteien freilich kaum je eine Vereinbarung über die Gattung treffen, aus der der Verkäufer zu leisten hat, sondern sich ganz einfach über den Kauf einer bestimmten Ware – z. B. Winterweizen, polnische Mastgänse usw. – einigen. In diesen Fällen erscheint die Antwort auf die Frage, ob eine Schlechtlieferung (Sommerweizen = mangelhafter Winterweizen) oder eine Falschlieferung (Sommerweizen = aliud) vorliegt, als willkürlich und ist rational nicht begründbar. Von dieser Frage dürfen daher keine wichtigen Rechtsfolgen abhängig sein.   16

Der Gesetzgeber hat daher den Knoten durchgehauen und in § 434 Abs. 3 BGB die Lieferung einer anderen als der verkauften Sache der Lieferung einer mangelhaften gleichgestellt. In beiden Fällen soll Mängelgewährleistungsrecht Anwendung finden. Obwohl sich die geschilderten Abgrenzungsprobleme nur beim Gattungskauf stellen (wenn der Verkäufer z. B. nicht das Pferd „Schnellfuß", sondern das Pferd „Fußlahm" geliefert hat, ist vollkommen klar, dass eine Aliudlieferung vorliegt), soll § 434 Abs. 3 BGB auch beim Stückkauf anwendbar sein. Die Gleichstellung von Falsch- und Schlechtlieferung setzt lediglich voraus, „dass der Verkäufer die Leistung als Erfüllung seiner Pflicht erbringt. Für den Käufer muss ein erkennbarer Zusammenhang zwischen Leistung und Verpflichtung bestehen, und es darf sich nicht um ... eine Leistung aufgrund einer anderen Verbindlichkeit handeln" (Begr. RegE BT-Drs. 14/6040, S. 216).   17

> **BEISPIEL** ▸ V, der dem K ein Pferd verkauft hat, liefert diesem eine Katze. In diesem Fall besteht für den Käufer K kein erkennbarer Zusammenhang mehr zwischen der Verpflichtung des V und dessen Leistung. Es liegt daher kein Sachmangel i. S. des § 434 Abs. 3 BGB vor, sondern V hat seine Pflicht ganz einfach nicht erfüllt.

18   Probleme können auftreten, wenn der Verkäufer dem Käufer nicht eine schlechtere andere Sache als die geschuldete liefert, sondern eine bessere, also z. B. statt des gebrauchten BMW aus der 3er-Reihe einen aus der 7er, der in gleichem Zustand ist und die gleiche Laufleistung hat (sog. melius-Lieferung). In derartigen Fällen stellt sich die Frage, ob der Verkäufer berechtigt ist, vom Käufer die bessere Sache zurückzufordern und die verkaufte Sache zu liefern, wenn der Käufer sich mit dem melius „zufriedengibt" und keine Gewährleistungsrecht geltend macht (siehe hierzu etwa *Looschelders*, Schuldrecht BT, § 3 Rn. 74; *Musielak*, Grundkurs BGB, Rn. 585).

bb) Zuweniglieferung

19   Ferner steht es gem. § 434 Abs. 3 BGB einem Sachmangel gleich, wenn der Verkäufer eine zu geringe Menge liefert. Man spricht in diesem Fall von einer **Mankolieferung** oder von einem **Quantitätsaliud**. Die Gleichstellung von Mankolieferung und Schlechtleistung betrifft nur den Fall, dass der Verkäufer durch die Zuweniglieferung seine gesamte Verpflichtung erfüllen möchte. Sie findet nicht statt in den Fällen der sog. „offenen" Zuweniglieferung (*Brox/Walker*, Schuldrecht BT, § 4 Rn. 26). Wenn der Käufer eine ihm vom Verkäufer als Teilleistung angebotene Lieferung annimmt – wozu er wegen § 266 BGB nicht verpflichtet ist –, dann ist der Vertrag ganz einfach teilweise noch nicht erfüllt. Das Gewährleistungsrecht kommt nicht zur Anwendung. Ebenso, wenn der Käufer bei der Lieferung von sich aus erkennt, dass eine zu geringe Menge geliefert wurde, und dem Verkäufer sofort erklärt, dass er bereit sei, die Lieferung als Teilleistung zu akzeptieren. Schließlich findet § 434 Abs. 3 BGB keine Anwendung, wenn zuviel geliefert worden ist.

Was ein Sachmangel ist, ist zusammen gefasst in der   20

ABB. 59: **Sachmangelbegriff**

Ein Sachmangel liegt vor:

▶ Gemäß § 434 Abs. 1 BGB:
  – wenn die geschuldete Beschaffenheit (Sollbeschaffenheit) von der tatsächlichen Beschaffenheit (Istbeschaffenheit) abweicht. Die Sollbeschaffenheit bestimmt sich
    • in erster Linie nach der Vereinbarung der Parteien (Beschaffenheitsvereinbarung), § 434 Abs. 1 Satz 1 BGB,
    • sodann nach der vertraglich vorausgesetzten Verwendung, § 434 Abs. 1 Satz 2 Nr. 1 BGB,
    • hilfsweise nach der gewöhnlichen Verwendung, § 434 Abs. 1 Satz 2 Nr. 2 BGB; diese wird gemäß § 434 Abs. 1 Satz 1 auch durch Werbeaussagen des Verkäufers oder des Herstellers beeinflusst.
  – Die Abweichung muss vorliegen bei Gefahrübergang, d. h.
    • zum Zeitpunkt der Übergabe, § 446 Satz 1 BGB
    • oder vorher,
      ○ wenn Käufer in Annahmeverzug gerät, § 446 Satz 3 BGB oder
      ○ mit Übergabe an die Transportperson beim Versendungskauf, § 447 Abs. 1 BGB.

▶ Gemäß § 434 Abs. 2 BGB:
  – im Falle der Übernahme einer Montageverpflichtung durch den Verkäufer: bei unsachgemäßer Montage durch den Verkäufer oder seine Erfüllungsgehilfen, § 434 Abs. 2 Satz 1 BGB;
  – bei mangelhafter Montageanleitung, es sei denn, die Sache ist fehlerfrei montiert worden, § 434 Abs. 2 Satz 2 BGB.

▶ Gemäß § 434 Abs. 3 BGB:
  – bei Lieferung einer anderen Sache, sofern der Verkäufer – für den Käufer erkennbar – dadurch seine Pflicht erfüllen wollte;
  – bei „verdeckter" Mankolieferung.

---

2. Der Rechtsmangelbegriff

Die Sache ist gem. **§ 435 Satz 1 BGB** frei von Rechtsmängeln, wenn in Bezug auf die ver-   21
kaufte Sache keine Rechte Dritter bestehen oder nur solche Rechte, die der Käufer im
Kaufvertrag übernommen hat (§ 435 Satz 1 BGB). Wir wollen dies nicht vertiefen, uns
den Begriff des Rechtsmangels aber anhand von zwei Beispielsfällen vor Augen führen:

BEISPIEL 1 ▶ V hat dem K eine Eigentumswohnung verkauft. Er hat dem K dabei verheimlicht, dass die Wohnung an D vermietet ist. Als sich D im Urlaub befunden hat, hat V mit dem Zweitschlüssel die Wohnung betreten, um sie dem K zu zeigen. Dabei hat er behauptet, die Wohnung sei von ihm selbst bewohnt. Weil D seine Rechte aus dem Mietvertrag mit V gem. § 566 Abs. 1 BGB gegenüber dem Erwerber K geltend machen kann, liegt ein Rechtsmangel vor.

BEISPIEL 2 ▶ V hat dem K ein Grundstück zu einem Kaufpreis i. H. von 150 000 € verkauft. Weil das Grundstück zugunsten des D mit einer Hypothek i. H. von 50 000 € belastet ist, musste K nur 150 000 € bezahlen und nicht 200 000 €. Es liegt kein Rechtsmangel vor.

3. Die Beweislast für das Vorliegen eines Sachmangels

22   Die im Prozess oft entscheidende Frage nach der **Beweislast** für das Vorliegen eines Mangels beurteilt sich nach **§ 363 BGB**. Danach trägt der Käufer die Beweislast für die Mangelhaftigkeit der Sache, sobald er sie als Erfüllung angenommen hat. Bis zur Annahme als Erfüllung durch den Käufer muss dagegen der Verkäufer beweisen, dass die Sache mangelfrei ist (vgl. *Bamberger/Roth/Faust*, § 434 Rn. 119). Zur Beweislastverteilung bei Übernahme einer Haltbarkeitsgarantie siehe unten § 37 Rn. 3.

23   Beim **Verbrauchsgüterkauf** gilt die für den Käufer günstige Beweislastregel des **§ 476 BGB**: Zeigt sich innerhalb von sechs Monaten seit Gefahrübergang ein Sachmangel, so wird vermutet, dass die Sache bereits bei Gefahrübergang mangelhaft war. Die Vorschrift befreit den Käufer nach Auffassung des BGH nicht von dem Nachweis der einen Mangel begründenden Tatsachen, sondern begründet nur eine in zeitlicher Hinsicht wirkende Vermutung: Es wird lediglich vermutet, dass der – feststehende – Mangel schon bei Gefahrübergang vorgelegen hat. Diese Rechtsprechung ist freilich keineswegs unumstritten, was angesichts der im Folgenden angeführten Beispielsfälle nicht überrascht.

> **BEISPIEL 1** ▸ Der gekaufte Gebrauchtwagen erlitt fünf Monate nach der Übergabe an den Käufer einen Motorschaden. Der Schaden war eingetreten, weil der Zahnriemen zu locker gewesen und daher übergesprungen war. Ob für die Lockerung des Zahnriemens ein Materialfehler oder die Fahrweise des Käufers ursächlich gewesen war, ließ sich im Nachhinein nicht mehr klären (vgl. BGH NJW 2004, 2299).
>
> Die Vermutung des § 476 BGB nützte dem Käufer in diesem Fall nichts. Dass der geltend gemachte Mangel, nämlich der Motorschaden, bei der Übergabe noch nicht eingetreten war, stand fest. Und dass dieser Mangel auf einem Materialfehler des Zahnriemens zurückging und daher bei Gefahrübergang schon angelegt war, war nicht Inhalt der Vermutung des § 476 BGB.

> **BEISPIEL 2** ▸ Vier Wochen nach Übergabe des gebrauchten Kfz wurde festgestellt, dass die Zylinderkopfdichtung defekt war. Nach Aussage des vom Gericht beauftragten Sachverständigen war es möglich, dass die Zylinderkopfdichtung schon bei der Übergabe defekt gewesen war. Er hielt es aber ebenso für denkbar, dass die Zylinderkopfdichtung erst später beschädigt wurde, nämlich durch die Überhitzung des Motors infolge Fahrens mit zu wenig Kühlwasser (vgl. BGH NJW 2007, 2621).
>
> Hier hat der BGH dem Käufer – anders im obigen Zahnriemenfall – mit § 476 BGB geholfen. Dass überhaupt ein Mangel vorlag, stand im Zylinderkopffall nämlich fest: Der Zylinderkopf war defekt. Fraglich war nur, ob der Schaden schon bei Übergabe des Pkw vorgelegen hatte oder erst später eingetreten war.

24   Die Vermutung gilt nicht, wenn sie mit der Art der Sache oder des Mangels unvereinbar ist (§ 476 2. Hs. BGB). Mit der **Art der Sache** ist die Vermutung z. B. beim Kauf von verderblichen Waren nicht vereinbar. Wenn sich etwa der Käufer von Bananen drei Wochen nach der Übergabe beim Verkäufer darüber beschwert, dass die Bananen verfault sind, dann kann er sich nicht mit Erfolg auf § 476 BGB berufen. Dagegen ist eine Anwendung von § 476 BGB beim Kauf von gebrauchten Sachen nicht von vornherein ausgeschlossen. Allerdings wird beim Kauf von gebrauchten Gegenständen die Vermutung nicht selten mit der **Art des Mangels** nicht zu vereinbaren sein, etwa dann, wenn sich binnen sechs Monaten seit der Übergabe Verschleißerscheinungen zeigen (vgl. *Musie-*

lak, Grundkurs BGB, Rn. 645; aus der Rechtsprechung siehe BGH NJW 2005, 3490, 3492; NJW 2006, 434; zum Tierkauf: BGH NJW 2007, 2619). Mit der Art des Mangels ist die Vermutung ferner bei ganz offensichtlichen Mängeln unvereinbar, die der Käufer bei der Übergabe gar nicht hätte übersehen können, wären sie zu diesem Zeitpunkt schon vorhanden gewesen (vgl. BGH NJW 2006, 1195, 1196 Tz. 16). Als Beispiel sei der Fall genannt, dass das gekaufte Auto eine deutlich sichtbare Schramme an der Fahrertür aufweist.

III. Kein Ausschluss der Haftung

Die Frage, ob die Haftung des Verkäufers wegen Mängeln ausgeschlossen ist, muss in einer Klausur nur dann angesprochen werden, wenn der Sachverhalt hierfür Anlass bietet. Im Einzelnen ist die Haftung in folgenden Fällen ausgeschlossen: 25

▶ **Kraft Gesetzes** ist die Haftung des Verkäufers ausgeschlossen, wenn der **Käufer** den **Mangel bei Vertragsschluss gekannt** hat (**§ 442 Abs. 1 Satz 1 BGB**; lesen!). In dem Fall, dass dem Käufer der Mangel infolge grober Fahrlässigkeit unbekannt geblieben ist, haftet der Verkäufer nur dann, wenn er den ihm bekannten Mangel arglistig verschwiegen hat oder eine Garantie für die Beschaffenheit der Sache übernommen hat (§ 442 Abs. 1 Satz 2 BGB). Im Falle einer öffentlichen Versteigerung gilt dasselbe (nicht aber zu Lasten eines Käufers, der Verbraucher ist, § 474 Abs. 2 BGB).   26

▶ Des Weiteren ist die **Haftung ausgeschlossen**, wenn der Verkäufer sich im **Vertrag** von der Gewährleistung frei gezeichnet hat.   27

BEISPIEL ▶ Die Parteien haben folgende Klausel in den Vertrag aufgenommen: „Gekauft wie besichtigt unter Ausschluss der kaufrechtlichen Gewährleistungsrechte".

Auf die Vereinbarung eines **Haftungsausschlusses** kann sich der Verkäufer aber gem. **§ 444 BGB nicht berufen**, soweit er den Mangel arglistig verschwiegen oder eine Garantie für die Beschaffenheit der Sache übernommen hat. Beim **Verbrauchsgüterkauf** ist ein **Haftungsausschluss** grundsätzlich überhaupt **nicht möglich**. Von den Vorschriften des Kaufrechts kann dort nämlich nicht zum Nachteil des Käufers abgewichen werden (**§ 475 Abs. 1 BGB**; lesen!). Nur das Recht des Käufers, Schadensersatz zu verlangen, kann ausgeschlossen oder beschränkt werden (§ 475 Abs. 3 BGB). Ist eine Haftungsausschlussvereinbarung in **Allgemeinen Geschäftsbedingungen** enthalten (sog. formularmäßiger Haftungsausschluss), dann ist zu untersuchen, ob sie gegen **§ 309 Nr. 8b BGB** verstößt und deswegen unwirksam ist.   28

§ 36 Mängelgewährleistung: Die Rechte des Käufers

LITERATUR

Siehe vor § 34.

1   Wenn die § 35 erläuterten Voraussetzungen vorliegen, dann stehen dem Käufer die in § 437 BGB (lesen!) aufgezählten Rechte zu:

I. Der Anspruch auf Nacherfüllung

1. Systematik: Recht auf Nacherfüllung als primäres Recht des Käufers

2   Der Verkäufer ist gem. § 433 Abs. 1 Satz 2 BGB zur Lieferung einer mangelfreien Sache verpflichtet. Die Lieferung einer mangelhaften Sache stellt daher keine ordnungsgemä-ße Erfüllung dar, so dass der ursprüngliche **Erfüllungsanspruch** des Käufers **in Form** eines Anspruchs **auf** Rest- oder **Nacherfüllung fortbesteht**. Im Gegensatz zum Erfüllungs-anspruch in seiner ursprünglichen Form ist der in **§ 437 Nr. 1 BGB** angesprochene und in **§ 439 BGB** (lesen!) näher geregelte Nacherfüllungsanspruch aber ein **Gewährleis-tungsanspruch**, auf den daher die besonderen Vorschriften des kaufrechtlichen Ge-währleistungsrechts Anwendung finden. Insbesondere verjährt dieser Anspruch inner-halb der kurzen Frist des § 438 BGB (siehe hierzu unten § 37 Rn. 5 ff.; zu weiteren Be-sonderheiten siehe sogleich).

3   Der Anspruch auf **Nacherfüllung** ist das **vorrangige Recht des Käufers**, dem eine man-gelhafte Sache geliefert worden ist. Dies steht nicht ausdrücklich so im Gesetz. Der Vor-rang der Nacherfüllung ergibt sich vielmehr daraus, dass dem **Käufer** die **weiteren** in § 437 BGB aufgezählten **Rechte**, d. h. Rücktritt oder Minderung (§ 437 Nr. 2 BGB) und Schadensersatz (§ 437 Nr. 3 BGB), **grundsätzlich erst zustehen, nachdem** er dem Ver-käufer eine **Frist zur Nacherfüllung** gesetzt hat und diese Frist erfolglos **abgelaufen ist**. Der Käufer einer mangelhaften Sache kann gem. §§ 437 Nr. 2, 323 BGB vom Vertrag erst zurücktreten (bzw. den Kaufpreis mindern, hierzu sogleich unten Rn. 20 ff.), nach-dem der Verkäufer eine ihm nach § 323 Abs. 1 BGB gesetzte Frist zur Nacherfüllung un-genutzt hat verstreichen lassen. Ebenso setzt der Anspruch auf Schadensersatz statt der Leistung aus §§ 437 Nr. 3, 281 BGB den fruchtlosen Ablauf einer Frist zur Nacherfül-lung voraus. Wenn der Verkäufer die Nacherfüllung fristgemäß vornimmt, kann der Käufer weder zurücktreten noch mindern noch Schadensersatz statt der Leistung ver-langen. Man sagt daher, dass der **Verkäufer** ein **„Recht zur zweiten Andienung"** habe. Nimmt der **Käufer** die **Nacherfüllung selbst** vor, ohne vorher dem Verkäufer hierzu Ge-legenheit zu geben, dann kann er vom Verkäufer nicht verlangen, dass dieser ihm die Aufwendungen erstattet, die er (der Verkäufer) erspart hat, weil die Nacherfüllung be-reits erfolgt ist (BGH NJW 2005, 1348; *Looschelders*, Schuldrecht BT, Rn. 98).

2. Der Inhalt des Nacherfüllungsanspruchs: Mangelbeseitigung oder Neulieferung einer mangelfreien Sache nach Wahl des Käufers

Der Anspruch des Käufers auf Nacherfüllung ist unabhängig davon, ob ein Stückkauf   4
oder ein Gattungskauf vorliegt. Es kommt auch nicht darauf an, ob der Sache ein Sach-
oder ein Rechtsmangel anhaftet. Einzelheiten der Nacherfüllung sind in § 439 BGB geregelt. Die **Nacherfüllung** kann durch Beseitigung des Mangels (**Nachbesserung**) oder
durch Lieferung einer mangelfreien Sache (**Ersatzlieferung**) erfolgen. Gem. **§ 439 Abs. 1
BGB** kann der **Käufer** zwischen den beiden Arten der Nacherfüllung **wählen**. Für den
Erfüllungsort der Nacherfüllung (also den Ort, an dem der Verkäufer seine Leistungshandlung vornehmen muss, siehe oben § 23 Rn. 2) gilt nach Auffassung des BGH die
allgemeine Regelung des § 269 BGB (BGH NJW 2011, 2278 = JuS 2011, 748 [*Faust*]).

§ 439 Abs. 2 BGB erlegt dem **Verkäufer** die **Kosten der Nacherfüllung** auf. Dieser hat   5
also sämtliche Transport-, Wege-, Arbeits- und Materialkosten zu tragen, die zum Zwecke der Nacherfüllung erforderlich sind. Wegen § 475 Abs. 1 BGB kann beim Verbrauchsgüterkauf auch von dieser Bestimmung nicht zu Lasten des Käufers abgewichen werden. Durch die erfolgreiche Nacherfüllung erlischt der in Form der Nacherfüllung bestehen gebliebene Erfüllungsanspruch (siehe oben Rn. 2) des Käufers gem.
§ 362 Abs. 1 BGB.

Ist die Nacherfüllung in Form der **Ersatzlieferung** vorzunehmen, dann hat der Käufer   6
womöglich die ihm ursprünglich gelieferte mangelhafte Sache eingebaut, bevor er den
Mangel bemerkt hat.

> **BEISPIELE** ▶ Die Parkettstäbe sind bereits verlegt, als sich zeigt, dass die obere Lamelle nicht aus-
> reichend verklebt ist und sich daher ablöst (vgl. BGH NJW 2008, 2837). Nachdem ³/₄ der ge-
> kauften Bodenfliesen verlegt sind, zeigen sich mit bloßem Auge erkennbare Schattierungen,
> die nicht beseitigt werden können (vgl. BGH NJW 2009, 1660). Nach dem Einbau der gekauften
> Spülmaschine stellt sich heraus, dass diese mit einem irreparablen Mangel behaftet ist (vgl.
> AG Schorndorf BeckRS 2009, 88603).

In Fällen wie den angeführten stellt sich die Frage, ob der Verkäufer seiner Pflicht zur
Nacherfüllung schon dadurch genügt, dass er eine mangelfreie Sache liefert, oder ob er
darüber hinaus zum **Ausbau** der ursprünglich gelieferten mangelhaften und zum **Einbau** einer mangelfreien Sache verpflichtet ist. Insoweit hat der BGH im Parkettstäbefall
eine Einbaupflicht des Verkäufers abgelehnt, da die Nacherfüllungspflicht nicht weiter
reichen könne als die ursprüngliche Pflicht des Verkäufers. In einem neueren Urteil hat
der EuGH (NJW 2011, 2269 = JuS 2011, 744 [*Faust*]) allerdings klargestellt, dass die Auffassung des BGH mit den Vorgaben der **Verbrauchgüterkaufrichtlinie** nicht zu vereinbaren ist. Daher kann der Käufer eines Verbrauchsguts, der die Sache vor Auftreten des
Mangels eingebaut hat, im Falle einer Ersatzlieferung vom Verkäufer verlangen, dass
dieser entweder selbst den Aus- und den Einbau vornimmt oder die hierfür erforderlichen Kosten trägt.

Wenn die Nacherfüllung in Form der Ersatzlieferung durchgeführt wird, dann muss der   7
Käufer dem Verkäufer die mangelhafte Sache nach Maßgabe der für den Rücktritt geltenden Regeln der §§ 346 – 348 BGB zurückgeben (§ 439 Abs. 4 BGB). Für den Zeitraum,
in dem der Käufer die mangelhafte Sache in Gebrauch gehabt hat, muss er dem Verkäufer Wertersatz leisten; dies folgt aus der Verweisung auf das Rücktrittsrecht. Dies

gilt aber nicht beim Verbrauchsgüterkauf. Nach § 474 Abs. 2 S. 2 BGB muss der Käufer weder die Nutzungen herausgeben noch Wertersatz leisten. Die Bestimmung geht i. Ü. auf eine Entscheidung des EuGH zurück (für Interessierte: EuGH NJW 2008, 1433; Vorlagebeschluss: BGH NJW 2006, 3200).

3. Ausschluss und Verweigerung der Nacherfüllung

a) Unmöglichkeit der Nacherfüllung

8   Nicht nur der Anspruch auf Erfüllung, auch der Anspruch auf Nacherfüllung kann nach **§ 275 Abs. 1 BGB ausgeschlossen** sein. Der Ausschluss nach § 275 Abs. 1 BGB kann sich dabei selbstverständlich auch nur auf eine Art der Nacherfüllung beziehen (siehe den Wortlaut des § 275 Abs. 1 und 2 BGB: „soweit...“). In diesem Fall beschränkt sich der Anspruch des Käufers auf die mögliche Art der Nacherfüllung. Beide Formen der Nacherfüllung sind dagegen ausgeschlossen in dem folgenden

> **BEISPIEL** Der als unfallfrei verkaufte Gebrauchtwagen ist ein Unfallwagen. Hier ist die Nacherfüllung sowohl in Form der Nachbesserung als auch Form der Neulieferung einer mangelfreien Sache (Stückkauf!) unmöglich. Es liegt ein Fall der qualitativen Unmöglichkeit vor.

9   Der Beispielsfall zeigt, dass die Nacherfüllung in Gestalt der Ersatzlieferung einer mangelfreien Sache beim Stückkauf häufig unmöglich ist. Es ist aber keineswegs so, dass eine Nachlieferung beim Stückkauf immer ausscheidet. Problemlos möglich ist eine Nachlieferung auch beim Stückkauf in dem Fall, dass der Verkäufer einen anderen als den verkauften Gegenstand geliefert hat (dazu, dass die Lieferung eines aliud gem. § 434 Abs. 3 BGB der Lieferung einer mangelhaften Sache gleich steht, siehe oben § 35 Rn. 15 ff.).

> **BEISPIEL** V hat dem K anstelle der verkauften Briefmarke aus Versehen eine andere Briefmarke geliefert. Eine Nachlieferung ist hier ganz einfach dadurch möglich, dass V dem K die „richtige“ Briefmarke übereignet.

10   Aber auch dann, wenn beim Stückkauf die verkaufte Sache geliefert wurde, diese aber mangelhaft ist, ist eine Nachlieferung nicht völlig ausgeschlossen. Wenn die Sache durch eine gleichartige und gleichwertige andere Sache ersetzt werden kann, durch deren Lieferung das Leistungsinteresse des Gläubigers ebenso befriedigt werden kann, dann ist auch hier eine Ersatzlieferung möglich.

> **BEISPIEL (VGL. OLG BRAUNSCHWEIG NJW 2003, 1053)** Der verkauft Pkw, der eine Tageszulassung hat und eine Laufleistung von nur 10 km aufweist, ist – anders als vereinbart – nicht mit ABS ausgestattet und hat auch keine Seitenairbags. Hier ist eine Nacherfüllung durch Lieferung eines ebenfalls fast neuen Pkw derselben Marke, der die vereinbarten Eigenschaften aufweist, möglich.

b) Verweigerung der Nacherfüllung gem. § 439 Abs. 3 BGB

11   Zur Verweigerung der ursprünglichen Erfüllung ist der Verkäufer nur unter den strengen Voraussetzungen des § 275 Abs. 2 BGB berechtigt (die in § 275 Abs. 3 BGB geregelte persönliche Unzumutbarkeit dürfte beim Kaufvertrag kaum eine Rolle spielen, da der Verkäufer die Leistung nicht persönlich erbringen muss). Für die *Nach*erfüllung, die –

nach der Annahme der mangelhaften Sache durch den Käufer – an die Stelle der Erfüllung getreten ist, regelt **§ 439 Abs. 3 BGB** (lesen!) ein **zusätzliches Leistungsverweigerungsrecht**, dessen Voraussetzungen weniger streng sind als die des in § 275 Abs. 2 BGB geregelten. Der Verkäufer kann die vom Käufer gewählte Art der Nacherfüllung gem. § 439 Abs. 3 Satz 1 BGB schon dann verweigern, wenn diese nur unter unverhältnismäßigen Kosten möglich ist. § 439 Abs. 3 BGB setzt also – anders als § 275 Abs. 2 BGB (siehe oben § 27 Rn. 13) – kein grobes Missverhältnis zwischen dem Aufwand des Verkäufers und dem Leistungsinteresse des Käufers voraus, sondern begnügt sich mit unverhältnismäßigen Kosten.

Bei der Beurteilung der Frage, ob die mit der Nachbesserung verbundenen **Kosten un-**   12
verhältnismäßig sind, sind insbesondere die in **§ 439 Abs. 3 Satz 2 BGB** beispielhaft **genannten Umstände** zu berücksichtigen, nämlich der **Wert der Sache in mangelfreiem Zustand**, die **Bedeutung des Mangels** sowie die Frage, ob auf die vom Käufer **nicht gewählte Art der Nacherfüllung zurückgegriffen** werden kann, **ohne** dass dies mit **erheblichen Nachteilen** für den Käufer verbunden ist. Hierzu zwei Beispiele aus den Gesetzesmaterialien zur Schuldrechtsreform (Begr. RegE BT-Drs. 14/6040, S. 232):

BEISPIEL 1 Bei einer Schraube ist das Gewinde fehlerhaft. Der Käufer verlangt Mangelbeseitigung. Hier ist der Verkäufer angesichts des Werts der Sache berechtigt, die Nacherfüllung in Form der Nachbesserung zu verweigern. Die Kosten dieser Form der Nacherfüllung sind im Vergleich zu dem Wert der Schraube in mangelfreien Zustand unverhältnismäßig hoch. Der Verkäufer darf den Käufer auf die Möglichkeit der Neulieferung einer mangelfreien Sache verweisen.

BEISPIEL 2 Dem Käufer ist eine Waschmaschine geliefert worden, die deswegen mangelhaft ist, weil eine Schraube ausgewechselt werden muss. Entscheidet sich der Käufer in diesem Fall für die Ersatzlieferung, dann kann der Verkäufer einwenden, dass der (ohnehin nur geringfügige) Mangel durch die Auswechslung der betreffenden Schraube restlos beseitigt werden könne und dass daher ohne erhebliche Nachteile für den Käufer auf die Reparatur der Waschmaschine zurückgegriffen werden könne. Der Käufer kann in diesem Fall also auf sein Mängelbeseitigungsrecht verwiesen werden.

Wenn der Verkäufer die vom Käufer gewählte Art der Nacherfüllung gem. § 439 Abs. 3   13
Satz 1 BGB verweigert, dann beschränkt sich der Anspruch des Käufers auf die andere Art der Nacherfüllung (§ 439 Abs. 3 Satz 3 Hs. 1 BGB). Wenn auch diese Art der Nacherfüllung dem Verkäufer unverhältnismäßig hohe Kosten abverlangt, kann er sie auch verweigern (§ 439 Abs. 3 Satz 3 Hs. 2 BGB). Beim **Verbrauchsgüterkauf** gilt die zuletzt genannte Vorschrift aber nicht. Dort ist nämlich gem. den Vorgaben der Richtlinie die Unverhältnismäßigkeit immer mit Bezug auf die jeweils andere Art der Nacherfüllung zu ermitteln (EuGH NJW 2011, 2269, 2273 f. = JuS 2011, 744 [*Faust*]). Der Verkäufer kann dort also nicht auch noch die verbleibende Art der Nacherfüllung unter Hinweis darauf verweigern, dass die hierfür aufzuwendenden Kosten angesichts des Werts der Sache in mangelfreiem Zustand oder im Hinblick auf die Bedeutung des Mangels unverhältnismäßig hoch seien.

II.   Rücktritt und Minderung

1.   Allgemeines

14   Die Rechtsbehelfe des **Rücktritts** und der **Minderung** stehen dem Käufer **alternativ** zur Verfügung. Dies ergibt sich eindeutig aus dem **Wortlaut des § 437 Nr. 2 BGB**, wonach der Käufer im Falle der Lieferung einer mangelhaften Sache vom Vertrag zurücktreten oder den Kaufpreis mindern kann. Sowohl Rücktritt als auch Minderung werden durch eine Erklärung des Käufers ausgeübt (§§ 349 und 441 Abs. 1 BGB; lesen!). Der erfolgte Rücktritt führt dazu, dass der Kaufvertrag nach Maßgabe der §§ 346 ff. BGB rückabgewickelt werden muss; die Minderung bewirkt eine Herabsetzung des Kaufpreises. Rücktritt und Minderung räumen dem Käufer somit das Recht ein, den Kaufvertrag im Wege einer einseitigen Erklärung umzugestalten; sie sind daher **Gestaltungsrechte**.

15   Die beiden Rechtsbehelfe hängen von **den gleichen Voraussetzungen** ab. Dies ergibt sich aus § 441 Abs. 1 Satz 1 BGB: „Statt zurückzutreten, kann der Käufer den Kaufpreis ... mindern." Mindern kann der Käufer daher nur dann, wenn er auch zurücktreten könnte, wenn also die Voraussetzungen des Rücktritts gegeben sind. Ein Unterschied besteht aber insofern, als der Rücktritt gem. § 323 Abs. 5 Satz 2 BGB ausgeschlossen ist, wenn die Pflichtverletzung unerheblich ist, der Wert oder die Tauglichkeit der Sache aufgrund des Mangels also nur unerheblich gemindert ist. § 323 Abs. 5 Satz 2 BGB ist nach § 441 Abs. 1 Satz 1 BGB bei der Minderung nicht anzuwenden. Im Falle eines **unerheblichen Mangels kann** der **Käufer** daher zwar **nicht** vom Vertrag **zurücktreten**, wohl **aber** den Kaufpreis **mindern**.

16   Die **Minderung** ist im Übrigen der **einzige spezielle** gewährleistungsrechtliche **Rechtsbehelf**. Im allgemeinen Leistungsstörungsrecht ist eine Minderung nicht vorgesehen. Nach dem Willen des Gesetzgebers soll eine Minderung nur im Kauf- und im Werkvertragsrecht möglich sein – und zwar in dem Fall, dass eine mangelhafte Sache verkauft bzw. ein mangelhaftes Werk hergestellt worden ist.

2.   Rücktritt

17   Das in § 437 Nr. 2 Alt. 1 BGB angesprochene Rücktrittsrecht des Käufers setzt voraus, dass der Verkäufer eine mangelhafte Sache geliefert und daher seine Leistung nicht vertragsgemäß erbracht hat (vgl. die Formulierungen in §§ 323 Abs. 1 Satz 1 und 326 Abs. 1 Satz 2 BGB). Ob sich das Rücktrittsrecht aus §§ 323, 440 BGB oder aus § 326 Abs. 5 BGB ergibt, hängt davon ab, ob der Mangel behoben werden kann oder nicht. Im Einzelnen gilt:

a)   Behebbarer Mangel

18   Wenn der Sache ein **Mangel** anhaftet, der im Wege der Nacherfüllung **behoben werden kann**, beurteilt sich das Recht des Käufers, vom Vertrag zurückzutreten, nach **§ 323 BGB**. Diese Bestimmung ist auch dann einschlägig, wenn die Nacherfüllung nur in einer ihrer beiden Erscheinungsformen möglich ist. Nach § 323 Abs. 1 BGB ist der Käufer **grundsätzlich erst** zum **Rücktritt** berechtigt, nachdem er dem Verkäufer **erfolglos** eine angemessene **Frist** zur ordnungsgemäßen Erbringung der Leistung **gesetzt** hat. **Gegen-**

stand der Fristsetzung ist die **Nacherfüllung**. Dass auf eine **Fristsetzung verzichtet** werden kann, wenn die Voraussetzungen **des § 323 Abs. 2 BGB** vorliegen, ist bereits bekannt. In den **hier** in Frage stehenden Fällen der Lieferung einer mangelhaften Sache, für die § 437 Nr. 2 Alt. 1 BGB auf § 323 BGB verweist, kann eine **Fristsetzung darüber hinaus gem. § 440 BGB** (lesen!) **entbehrlich** sein. Nach dieser Vorschrift kann der Käufer sofort zurücktreten, wenn

▶ der **Verkäufer gem. § 439 Abs. 3 BGB** beide Arten der **Nacherfüllung verweigert** (§ 440 Satz 1 Fall 1 BGB);

▶ die dem Käufer zustehende Art der **Nacherfüllung fehlgeschlagen** ist (§ 440 Satz 1 Fall 2 BGB). Die „dem Käufer zustehende Art der Nacherfüllung" ist diejenige, für die er sich nach § 439 Abs. 1 BGB entschieden hat. Bei einer **Ersatzlieferung** kann etwa ein Fehlschlagen angenommen werden, wenn der Verkäufer nochmals eine mangelhafte Sache liefert. Fehlgeschlagen ist die Nacherfüllung des Weiteren dann, wenn der Verkäufer (ohne Fristsetzung) zur Nacherfüllung aufgefordert worden ist, sie aber nicht innerhalb eines angemessenen Zeitraums nach der Aufforderung vorgenommen hat. Eine **Nachbesserung** gilt gem. **§ 440 Satz 2 BGB** in der Regel **nach** dem **erfolglosen zweiten Versuch** als **fehlgeschlagen**;

▶ die **dem Käufer** zustehende Art der **Nacherfüllung** diesem **unzumutbar** ist (§ 440 Satz 1 Fall 3 BGB), etwa deswegen, weil die Abhilfe mit erheblichen Unannehmlichkeiten für den Käufer verbunden ist (vgl. Begr. RegE BT-Drs. 14/6040, S. 233 f.).

Wenn der Käufer eine Frist gesetzt hat, obwohl dies gar nicht nötig gewesen wäre, dann erlischt sein Rücktrittsrecht, wenn der Verkäufer den Mangel innerhalb der ihm gesetzten Frist behebt (vgl. BGH NJW 2010, 1805).

b) Nicht behebbarer Mangel

Ein Rücktrittsrecht aus **§§ 437 Nr. 2 Alt. 1, 326 Abs. 5 BGB** hat der Käufer dann, wenn   19
der Verkäufer die Nacherfüllung nach § 275 Abs. 1 bis 3 BGB nicht vorzunehmen braucht. Es liegt ein Fall der qualitativen Unmöglichkeit vor; der **Mangel** ist **nicht behebbar**. § 326 Abs. 5 BGB setzt die **Unmöglichkeit der Nacherfüllung insgesamt**, also in ihren beiden Erscheinungsformen, voraus. Ist also z. B. nur die Nachbesserung unmöglich, dann ist der Käufer erst dann zum Rücktritt berechtigt, nachdem der Verkäufer eine angemessen Frist zur Ersatzlieferung hat verstreichen lassen; das Rücktrittsrecht ist für diesen Fall in § 323 BGB geregelt. Ist dagegen das als echt verkaufte Gemälde gefälscht, dann kann der Käufer sofort nach § 326 Abs. 5 BGB zurücktreten.

3. Minderung

Wenn die **Voraussetzungen** vorliegen, unter denen er zum **Rücktritt** berechtigt ist, hat   20
der **Käufer** auch das Recht, den **Kaufpreis durch Erklärung** gegenüber dem Verkäufer **herabzusetzen** (**§§ 437 Nr. 2 Alt. 2, 441 Abs. 1 BGB**). Dieses Recht des Käufers wird als Minderungsrecht bezeichnet. Anders als der Rücktritt ist die Minderung bei unerheblichen Mängeln nicht ausgeschlossen (siehe oben Rn. 16). Rücktritt und Minderung schließen sich gegenseitig aus.

21   Die **Berechnung der Minderung** ist in § 441 Abs. 3 BGB geregelt. Die Minderung wird nicht einfach in der Weise berechnet, dass von dem Kaufpreis der Betrag abgezogen wird, um den die Sache wegen des Mangels weniger wert ist. Vielmehr ist nach § 441 Abs. 1 Satz 1 BGB der Kaufpreis in dem Verhältnis herabzusetzen, in welchem zur Zeit des Vertragsschlusses der Wert der Sache in mangelfreiem Zustand zu dem wirklichen Wert gestanden haben würde. Diese Berechnungsmethode führt dazu, dem Vertragsteil, der ein gutes Geschäft gemacht hat, der durch dieses Geschäft erzielte **Gewinn anteilig erhalten bleibt**. Dies sei verdeutlicht anhand eines

BEISPIELS ▸ K kauft bei V einen Ring zum Preis von 500 €. Beide gehen davon aus, dass der Ring aus purem Gold ist. Aber der Ring ist nur vergoldet. Wenn der Ring tatsächlich aus Gold gewesen wäre, hätte er einen Wert von 400 € gehabt. So ist der Ring aber nur 300 € wert. Dem K gefällt der Ring gut. Er möchte ihn behalten, aber weniger dafür bezahlen.

Die Berechnung der Minderung richtet sich nach § 441 Abs. 3 Satz 1 BGB. Folgende Werte sind vorgegeben:

Wert der Sache mit Mangel: 300 €

Wert der Sache ohne Mangel: 400 €

Kaufpreis: 500 €

Der Kaufpreis ist im Verhältnis 300/400 = $^3/_4$ herabzusetzen. K muss also für den Ring noch 375 € bezahlen.

22   Der Beispielsfall zeigt, dass die Minderung des Kaufpreises die Gewinnspanne des Verkäufers unberührt lässt. Diese beträgt auch nach der Minderung 25 % des Werts der verkauften Sache. Die Minderung ist gem. § 441 Abs. 3 Satz 2 BGB, soweit erforderlich, durch Schätzung zu ermitteln. Diese Bestimmung soll die praktische Rechtsanwendung erleichtern.

23   Der Käufer, der mehr als den gemindert Kaufpreis bezahlt hat, kann gem. § 441 Abs. 4 BGB den Mehrbetrag zurückfordern. § 441 Abs. 4 BGB ist eine eigenständige Anspruchsgrundlage.

III. Schadensersatz

1. Überblick

a) Anspruchsgrundlagen

24   Die **Voraussetzungen**, unter denen der Käufer einer mangelhaften Sache **Schadensersatz** verlangen kann, ergeben sich aus dem **allgemeinen Leistungsstörungsrecht**, auf dessen Anspruchsgrundlagen § 437 Nr. 3 BGB verweist. Die für das **Kaufrecht** zu beachtenden **Besonderheiten** im Hinblick auf die Anspruchsvoraussetzungen sind in **§ 440 BGB** geregelt.

25   Um die **richtige Anspruchsgrundlage** zu finden, muss der Schaden, den die Lieferung der mangelhaften Sache nach sich gezogen hat, in eine der Kategorien eingeordnet werden, die wir aus dem allgemeinen Leistungsstörungsrecht kennen. Demnach gilt Folgendes:

▶ Wenn der Käufer vom Verkäufer **Schadensersatz statt der Leistung** verlangt, weil   26
die Sache mangelhaft ist, spricht man von der Geltendmachung eines **Mangelschadens**. Richtige **Anspruchsgrundlage** sind in diesem Fall:

– §§ 437 Nr. 3, 280 Abs. 1 und 3, 281, 440 BGB oder

– §§ 437 Nr. 3, 280 Abs. 1 und 3, 283 oder

– §§ 437 Nr. 3, 311a Abs. 2 BGB.

Anstelle des Schadensersatzes statt der Leistung kann der Käufer auch **Aufwendungsersatz gem. § 284 BGB** verlangen. Hierunter fallen etwa die Vertragskosten
wie Notar- oder Maklergebühren (zum Aufwendungsersatzanspruch siehe im Übrigen oben § 27 Rn. 24 ff.; vgl. ferner *Brox/Walker*, Schuldrecht BT, § 4 Rn. 112 – 114).

▶ Möglich ist des Weiteren, dass der Verkäufer, der dem Käufer nur eine mangelhafte   27
Sache geliefert hat, auch noch die Nacherfüllung verzögert. Ein derartiger **Verzögerungsschaden** ist ersatzfähig unter der Voraussetzungen der §§ 437 Nr. 3, 280 Abs. 1
und 2, 286 BGB.

▶ Schließlich ist denkbar, dass der Käufer eine Einbuße an seinen schon bei Vertrags-   28
schluss vorhandenen Rechten oder Rechtsgütern erlitten hat (z. B.: der Käufer erleidet
eine Salmonellenvergiftung, weil er verdorbene Eier gegessen hat). Derartigen Schäden werden als **Mangelfolgeschäden** bezeichnet. Die Ersatzfähigkeit derartiger
Schäden richtet sich nach §§ 437 Nr. 3, 280 Abs. 1 BGB.

b) Vertretenmüssen

Gemeinsame Voraussetzung für alle Schadensersatzansprüche ist (neben den oben in   29
§ 35 dargelegten) das **Vertretenmüssen des Verkäufers**. Die Erforderlichkeit des Vertretenmüssens ergibt sich – je nachdem, welche der oben genannten Anspruchsgrundlagen einschlägig ist – aus § 280 Abs. 1 Satz 2 BGB oder aus § 311a Abs. 2 Satz 2 BGB.
Auch die Frage, worauf sich das Vertretenmüssen beziehen muss, hängt von der einschlägigen Anspruchsgrundlage ab. Während also der Käufer unabhängig von einem
Vertretenmüssen des Verkäufers Nacherfüllung verlangen, vom Vertrag zurücktreten
oder mindern kann, ist ein Schadensersatzanspruch **grundsätzlich** nur dann gegeben,
wenn dem Verkäufer **Verschulden** in Form von mindestens einfacher Fahrlässigkeit zur
Last gelegt werden kann (siehe § 276 Abs. 1 und 2 BGB).

Eine **schärfere Haftung** des Verkäufer kann sich aus der **Übernahme einer Garantie** er-   30
geben (siehe § 276 Abs. 1 Satz 1 a. E. BGB). Eine solche liegt vor, wenn der **Verkäufer
erklärt**, dass er **ohne Verschulden für** das **Vorhandensein** (oder Fehlen) eines **bestimmten Beschaffenheitsmerkmals einstehen wird**, verbunden mit dem Versprechen, für
alle Folgen des Fehlens (oder Vorhandenseins) des betreffenden Merkmals aufzukom-
men (vgl. auch Begr. RegE BT-Drs. 14/6040, S. 132). Der Verkäufer **sichert** also eine bestimmte **Beschaffenheit** der Sache zu. Man kann daher von einer **Zusicherungsgarantie**
sprechen (*Looschelders*, Schuldrecht BT § 7 Rn. 166; siehe auch unten § 37 Rn. 2). Garantiert werden kann nur die Existenz bestimmter konkreter Merkmale; allgemeine, rekla-
mehafte Anpreisungen („garantiert einwandfreie Qualität", „unverwüstlich", „äußerst
effektiv" etc.) reichen daher nicht aus, um eine verschuldensunabhängige Schadensersatzhaftung des Verkäufers zu begründen.

31   Ob der Verkäufer eine **Garantie übernommen** hat, beurteilt sich danach, **wie** der **Käufer** das **Erklärungsverhalten** des Verkäufers **auffassen durfte**. Maßgeblich ist also die Sicht des Käufers. Anhaltspunkte für eine Zusicherung sind etwa eine besondere Sachkunde des Verkäufers einerseits und eine besondere Schutzbedürftigkeit des Käufers andererseits. Eine Garantie muss nicht unbedingt ausdrücklich erklärt werden, das Vorliegen einer Garantie kann sich auch aus den Umständen ergeben. Allerdings ist die Rechtsprechung mit der Annahme einer durch schlüssiges Verhalten abgegebenen Garantieerklärung sehr zurückhaltend. Wenn etwa der Verkäufer auf eine DIN-Norm lediglich Bezug nimmt, garantiert er dadurch noch nicht, dass er für deren Einhaltung verschuldensunabhängig einstehen möchte (z. B. BGH ZIP 1996, 280). Lediglich beim Kauf eines Gebrauchtwagens vom Händler ist die Rechtsprechung bisher recht großzügig gewesen (vgl. *Looschelders*, Schuldrecht BT, § 4 Rn. 130; siehe auch oben § 26 Rn. 26).

32   Die Funktionsweise einer Garantieübernahme soll verdeutlicht werden durch das folgende

> **BEISPIEL** ► Großhändler K deckt sich bei dem landwirtschaftlichen Großbetrieb des V mit Obst und Gemüse ein, das aus „garantiert ökologischem Anbau" stammen soll. Bei Abschluss des Kaufvertrags erklärt K dem V, dass die Ware zum Weiterverkauf an kleinere Ökoläden vorgesehen sei und es sich daher wirklich um Ökogemüse handeln müsse. V meint, darauf könne K Gift nehmen. Auf den Feldern des V ist aber derzeit ein ökologischer Anbau gar nicht möglich. V hat den Betrieb erst kürzlich vom Vorbesitzer übernommen, der nicht ökologisch gewirtschaftet hat. Bevor V seine Produkte als Ökoprodukte verkaufen darf, muss er drei Jahre warten. So lange dauert es, bis sämtliche Rückstände an Düngemitteln und Pestiziden abgebaut sind. Nachdem bekannt wird, dass die Ware des V nicht aus ökologischem Anbau stammt, kann K sie nicht absetzen.
>
> K kann in dem Fall den ihm entgangenen Gewinn als Mangelschaden gem. §§ 437 Nr. 3, 311a Abs. 2 BGB geltend machen. Die Ware sollte nach dem Vertrag eine bestimmte Eigenschaft (aus ökologischem Anbau stammend) aufweisen. Allein die Verwendung des Wortes „garantiert" reicht zwar noch nicht aus für die Annahme einer Beschaffenheitszusicherung; V hat aber gewusst, dass K auf die ökologische Herkunft der Produkte angewiesen ist und ihm erklärt, er könnte darauf Gift nehmen. Eine Garantie kann daher angenommen werden. V haftet daher gem. § 276 Abs. 1 Satz 1 a. E. BGB auch dann, wenn er – z. B. weil er vom Vorbesitzer geschickt getäuscht wurde – gar nicht wissen konnte, dass auf seinen Feldern über Jahre hinaus ein ökologischer Anbau nicht möglich ist.

2. Anspruch auf Schadensersatz statt der Leistung

a) Anspruchsgrundlagen und -voraussetzungen

33   Der Käufer ist berechtigt, vom Verkäufer Schadensersatz statt der Leistung zu verlangen, sofern die Voraussetzungen einer der entsprechenden Anspruchsgrundlagen aus dem allgemeinen Leistungsstörungsrecht vorliegen. Welche Anspruchsgrundlage die „richtige" ist, hängt dabei zum einen davon ab, ob der Mangel behoben werde kann oder nicht, und zum anderen von dem Zeitpunkt, zu dem der Mangel aufgetreten ist. Im Einzelnen gilt:

34   ► Ist die Sache bereits **bei Abschluss** des **Kaufvertrags** mit einem **nicht behebbaren Mangel** behaftet, kommt ein Anspruch des Käufers aus **§§ 437 Nr. 3, 311a Abs. 2 BGB** in Betracht. Es liegt ein Fall der anfänglichen qualitativen Unmöglichkeit vor.

Der Verkäufer schuldet Schadensersatz, wenn er den Mangel bei Vertragsschluss ge-kannt oder aufgrund von Fahrlässigkeit nicht gekannt hat (§ 311a Abs. 2 Satz 2 BGB). Im Falle der Zusicherung einer Beschaffenheit haftet der Verkäufer auch bei schuld-loser Unkenntnis des Mangels.

BEISPIELE ▶ Das als echt verkaufte Gemälde ist in Wirklichkeit gefälscht. Bei dem als unfallfrei verkauften Pkw handelt es sich um einen Unfallwagen. Der verkaufte Neuwagen verbraucht mehr Treibstoff als vom Hersteller angegeben (vgl. § 434 Abs. 1 Satz 3 BGB).

▶ Tritt ein **nicht behebbarer Mangel nach Vertragsschluss**, aber noch vor der Übergabe 35 auf, dann liegt ein Fall der nachträglichen qualitativen Unmöglichkeit vor. Ein Scha-densersatzanspruch des Käufers kann sich aus **§§ 437 Nr. 3, 280 Abs. 1 und 3, 283 BGB** ergeben. Der Verkäufer schuldet Schadensersatz statt der Leistung, wenn er die Umstände, die den Mangel verursacht haben, zu vertreten hat. Sofern der Verkäufer eine Garantie dafür übernommen hat, dass die Sache bei der Übergabe mangelfrei ist, haftet er auch dann, wenn die Sache ohne sein Verschulden irreparabel beschä-digt worden ist.

BEISPIELE ▶ Die verkaufte chinesische Vase aus der Ming-Dynastie wird nach Vertragsschluss umgestoßen und bekommt einen Sprung. Auf die verkaufte gebrauchte Polstergarnitur wird nach Vertragsschluss Rotwein verschüttet; die Flecken können nicht mehr vollständig entfernt werden.

▶ Wenn der **Mangel behoben werden kann**, dann **kommt** es **nicht darauf an, ob** er 36 schon **bei Vertragsschluss** vorgelegen hat **oder** erst **später** aufgetreten ist. Einschlä-gige Anspruchsgrundlage sind in beiden Fällen die **§§ 437 Nr. 3, 280 Abs. 1 und 3, 281 BGB.**

BEISPIELE ▶ Die gelieferte Waschmaschine funktioniert nicht, kann aber durch Auswechslung ei-ner Schraube repariert werden. Das austauschbare CD-Rom-Laufwerk des Computers ist de-fekt. Das Mobiltelefon der Marke Siemens M55 funktioniert nicht.

Der Schadensersatzanspruch setzt grundsätzlich voraus, dass der Käufer dem Verkäufer 37 eine **angemessene Frist zur Nacherfüllung** gesetzt hat, die **fruchtlos abgelaufen** ist. Der Verkäufer erhält also die Chance, den Ersatzanspruch durch eine rechtzeitige Nach-erfüllung abzuwenden. Auf eine **Fristsetzung** kann **verzichtet** werden, wenn die Voraus-setzungen des **§ 281 Abs. 2 BGB** (hierzu oben § 28 Rn. 11) vorliegen; darüber hinaus ist eine Fristsetzung unter den Voraussetzungen des **§ 440 BGB** entbehrlich (hierzu oben Rn. 18). Auch hier setzt der Anspruch voraus, dass der Verkäufer die Pflichtverletzung zu vertreten hat. Der Verkäufer muss also (sofern er keine Garantie abgegeben hat und daher schärfer haftet; hierzu oben Rn. 30 ff.) dem Käufer **schuldhaft** (§ 276 BGB) eine **mangelhafte Sache** geliefert haben. Das Vertretenmüssen des Schuldners wird gem. § 280 Abs. 1 Satz 2 BGB vermutet. Im Prozess muss daher der Verkäufer beweisen, dass er den Mangel nicht gekannt hat und ihn auch nicht erkennen konnte. Dieser Beweis dürfte z. B. einem Zwischenhändler gelingen, der nicht über eine besondere Sachkunde verfügt und der die vom Großhändler oder unmittelbar vom Hersteller bezogene Ware gutgläubig weiterverkauft hat. Sofern keine besonderen Umstände gegeben sind, han-delt der Verkäufer nämlich nicht pflichtwidrig, wenn er die Sache vor dem Weiterver-kauf nicht untersucht (vgl. BGH NJW 2009, 2674, 2676 Tz. 19). Auch wenn der Verkäufer den Mangel bei der Lieferung nicht erkennen konnte, schuldet er Schadensersatz statt der Leistung, wenn er die mögliche Nacherfüllung aus Gründen, die er zu vertreten hat, nicht fristgemäß vornimmt (vgl. *Looschelders*, Schuldrecht BT, § 4 Rn. 124).

38 In der nachfolgenden Abbildung sind die Voraussetzungen der einzelnen Anspruchsgrundlagen zusammengefasst. Die Besonderheiten in Bezug auf das Vertretenmüssen bei Übernahme einer Garantie sind in die Abbildung nicht aufgenommen.

ABB. 60:	Anspruch auf Schadensersatz statt der Leistung

Gemeinsame Voraussetzungen aller Anspruchsgrundlagen:

▸ Verletzung der Pflicht aus § 433 Abs. 1 Satz 2 BGB zur Verschaffung einer sach- und rechtsmangelfreien Sache durch Lieferung einer mangelhaften Sache

▸ Kein Haftungsausschluss (in Klausur nur zu prüfen bei Vorliegen von Anhaltspunkten)

Anspruch aus §§ 437 Nr. 3, 311a Abs. 2 BGB	Anspruch aus §§ 437 Nr. 3, 280 Abs. 1 und 3, 283 BGB	Anspruch aus §§ 437 Nr. 3, 280 Abs. 1 und 2, 281 BGB
▸ Verkäufer ist von seiner Nacherfüllungspflicht gem. § 275 Abs. 1 – 3 BGB wegen eines anfänglichen Mangels frei ▸ Verkäufer konnte anfänglich unbehebbaren Mangel zumindest erkennen, § 311a Abs. 2 Satz 2 BGB	▸ Verkäufer ist von seiner Nacherfüllungspflicht gem. § 275 Abs. 1 – 3 BGB wegen eines nachträglichen Mangels frei, § 283 BGB ▸ Verkäufer hat nachträglichen Mangel zu vertreten, § 280 Abs. 1 Satz 2 BGB	▸ Mangel kann im Wege der Nacherfüllung behoben werden ▸ Käufer setzt angemessene Frist zur Nacherfüllung, § 281 Abs. 1 BGB; Fristsetzung entbehrlich gem. – § 281 Abs. 2 BGB oder – § 440 BGB ▸ Verkäufer nimmt Nacherfüllung nicht fristgemäß vor ▸ Verkäufer hat Lieferung der mangelhaften Sache bzw. nicht fristgerechte Nacherfüllung zu vertreten, § 280 Abs. 1 Satz 2 BGB

b) Inhalt und Umfang des Anspruchs

39 Der Käufer kann Ersatz des ihm entstandenen **Mangelschadens** verlangen. Dies ist der Schaden, den er erlitten hat, weil er infolge der Mangelhaftigkeit der Sache für seinen Kaufpreis nicht die Gegenleistung erhalten hat, die ihm laut Vertrag zugestanden hätte. Man sagt, das Interesse des Käufers am Erhalt einer (nach Vorstellung der Parteien) gleichwertigen Gegenleistung (= Äquivalenzinteresse) sei verletzt. Ersatzfähig ist z. B. der Schaden, der darauf zurückgeht, dass die Sache wegen des Mangels **minderwertig**

oder unbrauchbar ist. Zu ersetzen ist ferner der Gewinn, der dem Käufer **entgeht**, weil
er die Sache nicht weiterverkaufen kann.

> **BEISPIEL** ▸ Die für 100 € verkaufte Sache, die ohne Mangel 90 € wert wäre, hat des Mangels we-
> gen nur einen Wert von 70 €. Ein Anspruch des Käufers auf Schadensersatz statt der Leistung
> umfasst den mangelbedingten Minderwert i. H. von 20 €.

In dem Beispielsfall behält der Käufer die Sache und verlangt lediglich zusätzlich Scha-   40
densersatz. Denkbar ist auch, dass der Käufer unter Rückgabe der Sache Schadensersatz
statt der ganzen Leistung verlangt.

> **BEISPIEL** ▸ Der Käufer möchte im obigen Fall die Sache gegen Rückzahlung des Kaufpreises zu-
> rückgeben und verlangt zusätzlich vom Verkäufer 20 €, weil er die Sache in ordnungsgemä-
> ßem Zustand für 120 € hätte weiterverkaufen können.

Der Käufer kann Schadensersatz statt der ganzen Leistung (= großen Schadensersatz)   41
gem. § 281 Abs. 1 Satz 3 BGB allerdings nur geltend machen, wenn der Mangel nicht
nur unerheblich ist (siehe auch oben § 28 Rn. 14 ff.).

3. Anspruch auf Ersatz des Verzögerungsschadens und des Produktionsausfallschadens

a) Schadensersatz wegen Verzögerung der Nacherfüllung

Ist dem Käufer eine mit einem behebbaren Mangel behaftete Sache geliefert worden,   42
dann kann er dem Verkäufer gem. § 281 Abs. 1 BGB eine Frist zur Nacherfüllung setzen.
Wenn der Verkäufer die ihm gesetzte Frist ungenutzt verstreichen lässt, dann schuldet
er dem Käufer nach §§ 437 Nr. 3, 440, 280 Abs. 1 und 3, 281 BGB Schadensersatz statt
der Leistung (siehe oben Rn. 36 f.). Der Käufer ist dann in finanzieller Hinsicht so zu stellen, wie er stehen würde, wenn ihm der Verkäufer sogleich eine mangelfreie Sache geliefert hätte.

Dem Käufer kann aber auch dadurch ein Schaden entstehen, dass der Verkäufer die   43
Nacherfüllung verspätet vornimmt.

> **BEISPIEL 1** ▸ Der Käufer setzt dem Verkäufer eine Frist zur Nacherfüllung. Nachdem der Verkäu-
> fer nichts unternimmt, schaltet er einen Rechtsanwalt ein, um den Verkäufer zu verklagen. Da-
> durch entstehen ihm Rechtsverfolgungskosten.

> **BEISPIEL 2** ▸ V liefert dem K – wie vereinbart – Anfang Juni eine Fräsmaschine, mit der Qualitäts-
> werkzeuge hergestellt werden sollen. Nach den Probeläufen, für die er mehrere Tage benötigt,
> bemerkt K, dass die Maschine defekt ist und er deswegen nicht produzieren kann. Er setzt da-
> her dem V sogleich eine angemessene Frist zur Nacherfüllung bis zum 15. Juni. Dem V gelingt
> die Reparatur erst am 20. Juni. Weil K in dem Zeitraum zwischen Fristablauf und erfolgreicher
> Reparatur keine Werkzeuge herstellen konnte, ist ihm ein Schaden i. H. von 5 000 € entstan-
> den.

Derartige Schäden, die aus der Verzögerung der Nacherfüllung resultieren, sind nach   44
§ 280 Abs. 2 BGB nur **zu ersetzen**, wenn der Verkäufer mit der **Nacherfüllung** in **Verzug**
geraten ist. Anspruchsgrundlage sind die §§ 437 Nr. 3, 280 Abs. 1 und 2, 286 BGB. Die
für den Verzugseintritt grundsätzlich erforderliche Mahnung bereitet in Fällen wie den
oben geschilderten keine Probleme. Wenn nämlich der Käufer dem Verkäufer eine Frist
zur Nacherfüllung setzt, dann mahnt er ihn dadurch auch (siehe oben § 29 Rn. 5).

b) Ersatz des Nutzungsausfallschadens

45   Einen Schaden in Form eines Nutzungsausfallschadens kann der Käufer schließlich unabhängig davon erleiden, ob der Verkäufer die Nacherfüllung innerhalb der ihm gesetzten Frist vornimmt.

> **BEISPIEL** Im obigen Beispiel 2 gelingt dem V die Reparatur der Fräsmaschine bereits am 10. Juni, also innerhalb der ihm von K gesetzten Frist. Zu diesem Zeitpunkt ist dem K aber schon ein Schaden i. H. von 10 000 € entstanden, weil er in dem Zeitraum zwischen dem vereinbarten Liefertermin und der Reparatur der Maschine nicht produzieren konnte.

46   In dem obigen Beispielsfall ist dem K ein Produktions- oder Betriebsausfallschaden entstanden, weil ihm V zunächst nur eine mangelhafte Sache geliefert hat. Der Wortlaut des Gesetzes steht einer Einordnung dieses Schadens als Verzögerungsschaden nicht entgegen. Der Schaden des K – so könnte man argumentieren – beruht schließlich darauf, dass V die Erfüllung seiner Pflicht aus § 433 Abs. 1 Satz 2 BGB, dem K die Sache frei von Mängeln zu verschaffen, verzögert hat. Gem. § 280 Abs. 2 BGB (auf den § 437 Nr. 3 BGB verweist) kann der Gläubiger Schadensersatz wegen Verzögerung der Leistung allerdings nur unter den zusätzlichen Voraussetzungen des § 286 BGB verlangen, d. h. wenn sich der Schuldner im Verzug befindet. Im Beispielsfall befindet sich der V aber mit seiner Verpflichtung zur Lieferung einer mangelfreien Sache nicht in Verzug, solange ihm K keine Frist zur Nacherfüllung gesetzt und ihn dadurch gemahnt hat. K kann daher jedenfalls den Teil seines Produktionsausfallschadens, der im Zeitraum zwischen Lieferung und Fristsetzung angefallen ist, nicht ersetzt verlangen, wenn man diesen Schaden als Verzögerungsschaden qualifiziert.

47   Die Ausführungen in Rn. 46 zeigen, dass der Käufer seinen mangelbedingten Nutzungsausfallschaden teilweise selbst tragen muss, wenn man der Auffassung folgt, dieser Schaden sei ein – unter §§ 437 Nr. 3, 280 Abs. 1 und 2, 286 BGB fallender – Verzögerungsschaden. Dieses Ergebnis wird aber allgemein als ungerecht empfunden: Solange der Käufer den Fehler nicht bemerkt hat, besteht für ihn überhaupt kein Anlass, den Verkäufer durch Setzen einer Frist zur Nacherfüllung anzumahnen und ihn dadurch in Verzug zu setzen. Vielmehr wird es als sachgerecht angesehen, dass die Verpflichtung zum Ersatz des gesamten mangelbedingten Nutzungsausfallschadens nicht davon abhängt, dass der Verkäufer mit seiner Pflicht zur Lieferung einer mangelfreien Sache in Verzug geraten ist. Als **Grundlage** für den **Anspruch** auf Ersatz des **Nutzungsausfallschadens** sind daher die **§§ 437 Nr. 3, 280 Abs. 1 BGB** anzusehen (BGH NJW 2009, 2674; *Looschelders*, Schuldrecht BT, § 4 Rn. 142). Diese Bestimmungen setzen nicht voraus, dass der Verkäufer in Verzug geraten ist.

4.   Anspruch auf Ersatz von Mangelfolgeschäden

48   Schließlich ist denkbar, dass der Käufer durch den Mangel einen **Schaden an** den **Rechtsgütern** oder **Rechten** erleidet, **die** schon **vor** der **Lieferung** der mangelhaften Sache bei ihm unversehrt vorhanden gewesen sind. Derartige Schäden werden als **Mangelfolgeschäden** bezeichnet. Das Interesse des Käufers an der Unversehrtheit seiner vorhandenen Rechtsgüter und Rechte bezeichnet man als **Integritätsinteresse**. Mangelfolgeschäden können nicht dadurch beseitigt werden, dass der Verkäufer eine mangel-

freie Ersatzsache liefert oder die Sache repariert. Aufgrund dessen sind derartige Schäden unabhängig davon, ob dem Verkäufer eine Frist zur Nacherfüllung gesetzt worden ist, ersatzfähig. Eine Nacherfüllung könnte ja ohnehin nichts bewirken. **Anspruchsgrundlage** sind die **§§ 437 Nr. 3, 280 Abs. 1 BGB.**

BEISPIEL Fahrradhändler V verkauft dem K ein Fahrrad, das er selbst zuvor gebraucht erworben und wieder hergerichtet hat. Dabei hat er aber das Hinterrad, bei dem ein Reifen gewechselt werden musste, nicht wieder richtig angeschraubt. Als K mit dem Rad eine Bergtour macht, löst sich beim Bergabfahren das Hinterrad. K stürzt und wird am Knie verletzt. Wegen dieser Verletzung begehrt er von V Ersatz der Behandlungskosten.

V hat seine Pflicht aus § 433 Abs. 1 Satz 2 BGB zur Verschaffung einer mangelfreien Sache schuldhaft verletzt. Infolgedessen ist dem K ein Schaden an einem vorher unversehrten Rechtsgut, nämlich an seiner Gesundheit, entstanden. Dieser Schaden ist ein Mangelfolgeschaden, für den V gem. §§ 437 Nr. 3, 280 Abs. 1 BGB aufkommen muss.

§ 37 Mängelgewährleistung: Beschaffenheits- und Haltbarkeitsgarantie; Verjährung; Besonderheiten des Verbrauchsgüterkaufs

I. Beschaffenheits- und Haltbarkeitsgarantie

1   In § 443 BGB (lesen!) findet sich eine Regelung betreffend die **Beschaffenheits- und Haltbarkeitsgarantie**. In Abs. 1 Satz 1 dieser Bestimmung ist geregelt, dass dem Käufer die Rechte aus einer Garantie „unbeschadet der gesetzlichen Ansprüche" zustehen. Dies bedeutet, dass die Übernahme einer Garantie nicht dazu führen darf, dass die dem Käufer schon kraft Gesetzes zustehenden Mängelrechte eingeschränkt oder gar ausgeschlossen werden (Einzelheiten bei *Erman/Grunewald*, § 443 Rn. 15). Vielmehr bestehen die **Rechte aus** der **Garantie neben** den **gesetzlichen Mängelrechten**. Welche Rechte der Käufer aus der Garantie im Einzelnen hat, richtet sich nach dem Inhalt der Garantieerklärung. § 443 Abs. 1 BGB spricht auch die Möglichkeit der Übernahme einer Garantie durch einen Dritten (d. h. durch jemand anderen als den Verkäufer) an. Wenn ein „Dritter" eine Garantie übernimmt, dann ist dies regelmäßig der Hersteller. Man spricht dann von einer Herstellergarantie.

2   Ein Unterfall der **Beschaffenheitsgarantie** wurde schon behandelt, nämlich die Zusicherung einer Beschaffenheit durch den Verkäufer. Die Voraussetzungen und Rechtsfolgen dieser Form der Garantie sind oben in § 36 Rn. 30 f. erläutert. Wir erinnern uns daran, dass der **Verkäufer**, der eine bestimmte Beschaffenheit garantiert hat, **ohne Verschulden** für das Vorliegen der betreffenden Beschaffenheit **einstehen** muss. Eine Beschaffenheitsgarantie i. S. des § 443 Abs. 1 BGB ist ferner dann gegeben, wenn der Verkäufer dem Käufer für den Fall, dass die Sache eine bestimmte Beschaffenheit nicht aufweist, Rechte gewährt, die ihm nach dem Gesetz nicht zustünden (*Erman/Grunewald*, § 443 Rn. 2). Als Beispiel sei der Fall genannt, dass der Verkäufer dem Käufer verspricht, ihm ein Ersatzfahrzeug zur Verfügung zu stellen, sofern eine Nacherfüllung nötig sein sollte (*Looschelders*, Schuldrecht BT, § 7 Rn. 165).

3   Möglich ist auch, dass der **Verkäufer** die Garantie dafür übernimmt, dass die Sache für eine bestimmte Dauer eine bestimmte Beschaffenheit behält. Diese Form der Garantie wird in § 443 BGB als **Haltbarkeitsgarantie** bezeichnet. Dem Käufer stehen in diesem Fall die Rechte aus der Garantie unter Voraussetzungen zu, die für ihn in zweierlei Hinsicht günstiger sind als die der gesetzlichen Mängelrechte: Zum einen muss der Verkäufer nicht – wie sonst üblich (siehe oben § 35 Rn. 12) – nur für die Mangelfreiheit der Sache zum Zeitpunkt des Gefahrübergangs einstehen; vielmehr stehen ihm die **Mängelrechte** auch dann zu, wenn die Sache **nach** der **Übergabe**, aber noch **innerhalb** des **Garantiezeitraums** die **garantierte Beschaffenheit verliert** und dadurch mangelhaft wird. Zum anderen kommt die **für** den **Käufer günstige Beweislastregel des § 443 Abs. 2 BGB** zur Anwendung: Wenn ein von der Garantie erfasster Mangel innerhalb der Garantiefrist auftritt, dann muss der Verkäufer beweisen, dass dieser Mangel auf Ursachen beruht, für die er nicht verantwortlich ist.

BEISPIEL ➤ Der Verkäufer behauptet, die verkaufte Kaffeemaschine sei innerhalb der Garantiefrist von einem Jahr defekt geworden, weil der Käufer sie nicht richtig entkalkt habe. Wenn der Käufer seine Ansprüche aus der Garantie vor Gericht geltend macht, dann trifft den Verkäufer die Beweislast dafür, dass der Käufer nicht sachgemäß mit der Kaffeemaschine umgegangen ist.

Für den **Verbrauchsgüterkauf** sind in **§ 477 BGB** (lesen!) Sonderbestimmungen im Hin-   4
blick auf Garantien i. S. des § 443 BGB getroffen. Dort ist z. B. geregelt, dass eine Garantie bestimmte Mindestangaben enthalten muss, damit sie für den Verbraucher auch verständlich ist.

II. Verjährung

1. Allgemeines

Aus den obigen Ausführungen ergibt sich, dass dem Käufer einer mangelhaften Sache   5
– abgesehen von der Minderung – sämtliche Mängelrechte auch ohne die Verweisungsnorm des **§ 437 BGB** zustünden. Daraus folgt aber keineswegs, dass § 437 BGB nahezu ohne praktische Bedeutung ist. Vielmehr kommt es für die Verjährung der Ansprüche des Käufers maßgeblich darauf an, ob das allgemeine Leistungsstörungsrecht unmittelbar oder aufgrund der Verweisung in § 437 BGB Anwendung findet. Die speziell für die Mängelrechte des Käufers geltende Verjährungsvorschrift des § 438 BGB knüpft nämlich an § 437 BGB an: Nur die Verjährung der in § 437 Nr. 1 und 3 BGB bezeichneten Ansprüche ist dort geregelt. Für andere als die in § 437 BGB genannten Ansprüche des Käufers gilt die Regelverjährungsvorschrift des § 195 BGB. Die **Bedeutung** der Verweisungsvorschrift § 437 BGB liegt somit darin, dass sie den **Anwendungsbereich** der Verjährungsvorschrift **des § 438 BGB** (lesen!) **eröffnet**.

Gegenstand der Verjährung sind gem. **§ 438 Abs. 1 BGB** die in § 437 Nr. 1 und 3 BGB   6
bezeichneten Ansprüche, also der **Nacherfüllungs-** sowie der **Schadens- bzw.** der **Aufwendungsersatzanspruch**. **Rücktritt** und **Minderung** berechtigen den Käufer, den Kaufvertrag durch einseitige Erklärung umzugestalten; sie sind daher **Gestaltungsrechte** (siehe oben § 36 Rn. 14). Der Verjährung unterliegen aber gem. § 194 Abs. 1 BGB (lesen!) nur Ansprüche. Rücktritt und Minderung **verjähren** daher **nicht**. Für sie ist darum in § 438 Abs. 4 und 5 BGB eine besondere Regelung getroffen.

Vertragliche Vereinbarungen über die Verjährung sind nach Maßgabe der Vorschriften   7
des Allgemeinen Teils möglich (siehe oben § 3 Rn. 54 ff.). Bei **Verbrauchsgüterkäufen** gilt die für den Verbraucher günstige Regelung des **§ 475 Abs. 2 BGB**. Danach sind zwar rechtsgeschäftliche Vereinbarungen über eine Erleichterung der Verjährung nicht völlig ausgeschlossen. Eine nennenswerte Verkürzung der Verjährungsfrist ist im Voraus aber nur beim Kauf von **gebrauchten Sachen** möglich. Hier kann die Gewährleistungsfrist vertraglich auf **(mindestens) ein Jahr** verkürzt werden.

2. Verjährungsfristen

a) Die Verjährungsfristen des § 438 Abs. 1 BGB

8   Die in § 438 Abs. 1 BGB geregelten **Fristen beginnen** bei beweglichen Sachen mit der **Ablieferung**, bei Grundstücken mit der Übergabe zu laufen (**§ 438 Abs. 2 BGB**). Der Beginn der Verjährungsfrist hängt also vom Eintritt objektiver Ereignisse ab; subjektive Gesichtspunkte – wie z. B. die Kenntnis des Käufers vom Mangel – spielen keine Rolle. Man sagt daher, dass die Fristen des § 438 Abs. 1 BGB dem **objektiven System** folgen. Im Einzelnen sind folgende Verjährungsfristen maßgebend:

9   ▶ An erster Stelle ist die in **§ 438 Abs. 1 Nr. 3 BGB** geregelte Frist von **zwei Jahren** zu nennen. Die Zweijahresfrist ist zwar nur maßgeblich, wenn keine der in § 438 Abs. 1 Nr. 1 und 2 BGB getroffenen Sonderregelungen eingreift (§ 438 Abs. 1 Nr. 3 BGB: „im Übrigen …"). Dies ändert aber nichts daran, dass die Mängelansprüche des Käufers in der **überwiegenden Mehrzahl der Kaufverträge** binnen zwei Jahren verjähren.

10   ▶ In **30 Jahren** verjähren die Ansprüche des Käufers, wenn der Mangel in einem **dinglichen Recht** besteht, aufgrund dessen ein Dritter die Herausgabe der Sache verlangen kann (**§ 438 Abs. 1 Nr. 2 a) BGB**). Die lange Frist erklärt sich daraus, dass der Käufer wegen § 197 Abs. 1 Nr. 1 BGB (lesen!) 30 Jahre lang damit rechnen muss, dass er die Sache an denjenigen herausgeben muss, der Inhaber des dinglichen Rechts ist. So lange soll sich der Käufer auch an den Verkäufer halten können. Die Verjährungsfrist beträgt ebenfalls 30 Jahre, wenn der Mangel in einem sonstigen Recht besteht, das im Grundbuch eingetragen ist (§ 438 Abs. 1 Nr. 2 b) BGB).

11   ▶ In **fünf Jahren** verjähren die Ansprüche des Käufers bei einem Bauwerk (**§ 438 Abs. Nr. 2 a) BGB**). Diese Frist gilt gem. **§ 438 Abs. 1 Nr. 2 b) BGB** auch dann, wenn eine **Sache** verkauft worden ist, die entsprechend ihrer üblichen Verwendungsweise **für ein Bauwerk verwendet** worden ist **und dessen Mangelhaftigkeit verursacht** hat. § 438 Abs. 1 Nr. 2 b) BGB dient vor allem dem Schutz kleinerer Bauhandwerker, die eine mangelhafte Sache bezogen und in ein Bauwerk eingefügt haben und die dann fünf Jahre lang den werkvertraglichen Mängelansprüchen des Bestellers ausgesetzt sind (siehe § 634a Abs. 1 Nr. 2 BGB; siehe unten § 39 Rn. 26). Hierzu folgendes

BEISPIEL ▶ Dachdeckermeister U hat beim Großhändler V 100 t Dachplatten bezogen. Die Platten werden am 1. Juli 2009 geliefert. Am 1. Juni 2011 deckt U mit den Dachplatten des V das Dach des Bauherrn B ein. Weil die Platten einen Materialfehler aufweisen, werden sie porös. U muss die Platten daher am 1. November 2011 austauschen. Auch wenn zu diesem Zeitpunkt seit der Lieferung der Dachplatten an U bereits mehr als zwei Jahre verstrichen sind, sind die Mängelansprüche des U gegen V wegen § 438 Abs. 1 Nr. 2 b) BGB noch nicht verjährt.

12   Eine leichte Abwandlung des Beispielsfalls zeigt, dass der durch die fünfjährige Verjährung bewirkte Schutz der Handwerker nicht lückenlos ist.

BEISPIEL ▶ In dem obigen Beispielsfall wirkt sich der Materialfehler an den Dachplatten erst im August 2014 aus. Hier sind seit der Lieferung der Platten an U (am 1. Juli 2009) bereits mehr als fünf Jahre verstrichen; die Ansprüche des U gegen V sind daher gem. § 438 Abs. 1 Nr. 2 b) BGB bereits verjährt. Für die Ansprüche des B gegen U ist zwar gem. § 634a Abs. 1 Nr. 2 BGB ebenfalls eine Verjährungsfrist von fünf Jahren einschlägig; diese Frist hat aber nicht vor dem 1. Juni 2011 zu laufen begonnen und ist daher im August 2014 noch nicht abgelaufen.

Die Fünfjahresfrist des § 438 Abs. 1 Nr. 2 b) BGB nützt dem Handwerker schließlich   13
auch dann nichts, wenn er schadhafte Materialien erst nach Ablauf von mehr als zwei
Jahren seit der Lieferung verwendet hat. Zu diesem Zeitpunkt sind seine Ansprüche gegen den Lieferanten bereits gem. § 438 Abs. 1 Nr. 3 BGB verjährt. Daran ändert auch die
spätere Verwendung für ein Bauwerk nichts mehr.

b) Verjährung bei Arglist von Seiten des Verkäufers

Die **Verjährung** der Ansprüche **gegen** den Verkäufer, der einen Mangel **arglistig** ver-   14
schwiegen hat, ist in **§ 438 Abs. 3 BGB** geregelt. Dem arglistigen Verschweigen ist das
arglistige Vorspiegeln einer nicht vorhandenen Eigenschaft gleichzustellen.

In den Fällen der Arglist gilt – abweichend von § 438 Abs. 1 Nr. 2 und 3 BGB – gem.   15
§ 438 Abs. 3 Satz 1 BGB die **regelmäßige Verjährungsfrist**. Diese ist in **§ 195 BGB** geregelt. Sie beträgt **drei Jahre** und ist damit im Vergleich zur Zweijahresfrist des § 438
Abs. 1 Nr. 3 BGB immerhin ein Jahr länger. Viel wichtiger als die Verlängerung der Frist
um ein Jahr ist aber der Umstand, dass die Regelverjährungsfrist nicht – wie die in
§ 438 Abs. 1 BGB geregelten Fristen – schon mit der Ablieferung der Sache beginnt. Der
Beginn der Regelverjährungsfrist richtet sich nämlich nach **§ 199 Abs. 1 BGB** (lesen!).
Vereinfacht kann gesagt werden, dass die Verjährung erst am Schluss des Jahres beginnt, in dem der Käufer **Kenntnis von dem Mangel** erlangt oder ihm der Mangel infolge grober Fahrlässigkeit verborgen geblieben ist (siehe oben § 3 Rn. 61).

§ 438 Abs. 3 Satz 2 BGB stellt sicher, dass die Ansprüche gegen den arglistigen Verkäu-   16
fer keinesfalls vor Ablauf der in § 438 Abs. 1 BGB geregelten Fristen verjähren. Es soll
ausgeschlossen werden, dass der **arglistige Verkäufer** in Bezug auf die Verjährung im
Einzelfall **besser steht als** der **redliche Verkäufer**. Ohne die Existenz des § 438 Abs. 3
Satz 2 BGB wäre dies möglich, weil die bei Arglist anwendbare Regelverjährungsfrist
um zwei Jahre kürzer ist als die Fünfjahresfrist des § 438 Abs. 1 Nr. 2 BGB.

3. Unwirksamkeit von Rücktritt und Minderung nach Verjährung des Anspruchs auf Nacherfüllung

Rücktritt und Minderung verjähren nicht (siehe oben Rn. 6). Der Gesetzgeber hat aber   17
durch die Verweisungen in § 438 Abs. 4 und 5 BGB auf **§ 218 BGB** (lesen!) dafür gesorgt,
dass auch diese Rechte **nicht zeitlich unbeschränkt ausgeübt** werden können: Wenn
der Käufer einer mangelhaften Sache **zurücktritt, nachdem** sein **Nacherfüllungsanspruch verjährt** ist, ist der **Rücktritt** gem. § 218 Abs. 1 Satz 1 BGB **unwirksam** – vorausgesetzt, der Verkäufer beruft sich auf die Verjährung des Nacherfüllungsanspruchs.
Wenn der Mangel der Sache nicht behoben werden kann, dann hat der Käufer von
Vornherein keinen Anspruch auf Nacherfüllung; der Rücktritt ist in diesem Fall auf Berufung des Verkäufers hin dann unwirksam, wenn der Nacherfüllungsanspruch – wäre
er entstanden – verjährt wäre (§ 218 Abs. 1 Satz 2 BGB). Sofern der Rücktritt des Käufers
zu spät erfolgt und gem. § 218 BGB unwirksam ist, ist es für den Käufer von Vorteil,
wenn er den Kaufpreis noch nicht (voll) bezahlt hat. Dem Käufer bleibt nämlich gem.

§ 438 Abs. 4 Satz 2 BGB die sog. **Rücktrittseinrede** erhalten: Er kann die Zahlung des Kaufpreises insoweit verweigern, als er aufgrund eines wirksamen Rücktritts hierzu berechtigt sein würde. Das soeben zum Rücktritt Gesagte gilt auch für die Minderung (siehe hierzu § 437 Abs. 5 BGB).

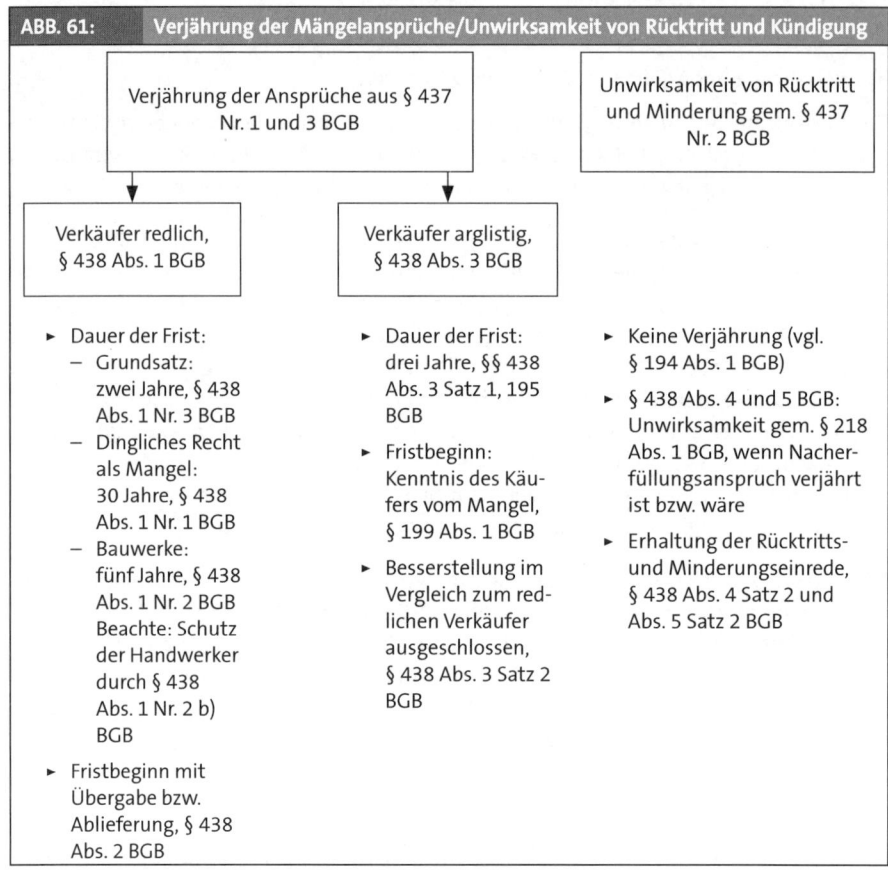

ABB. 61:	Verjährung der Mängelansprüche/Unwirksamkeit von Rücktritt und Kündigung

Verjährung der Ansprüche aus § 437 Nr. 1 und 3 BGB

Unwirksamkeit von Rücktritt und Minderung gem. § 437 Nr. 2 BGB

Verkäufer redlich, § 438 Abs. 1 BGB

Verkäufer arglistig, § 438 Abs. 3 BGB

- ▸ Dauer der Frist:
  - – Grundsatz: zwei Jahre, § 438 Abs. 1 Nr. 3 BGB
  - – Dingliches Recht als Mangel: 30 Jahre, § 438 Abs. 1 Nr. 1 BGB
  - – Bauwerke: fünf Jahre, § 438 Abs. 1 Nr. 2 BGB Beachte: Schutz der Handwerker durch § 438 Abs. 1 Nr. 2 b) BGB
- ▸ Fristbeginn mit Übergabe bzw. Ablieferung, § 438 Abs. 2 BGB

- ▸ Dauer der Frist: drei Jahre, §§ 438 Abs. 3 Satz 1, 195 BGB
- ▸ Fristbeginn: Kenntnis des Käufers vom Mangel, § 199 Abs. 1 BGB
- ▸ Besserstellung im Vergleich zum redlichen Verkäufer ausgeschlossen, § 438 Abs. 3 Satz 2 BGB

- ▸ Keine Verjährung (vgl. § 194 Abs. 1 BGB)
- ▸ § 438 Abs. 4 und 5 BGB: Unwirksamkeit gem. § 218 Abs. 1 BGB, wenn Nacherfüllungsanspruch verjährt ist bzw. wäre
- ▸ Erhaltung der Rücktritts- und Minderungseinrede, § 438 Abs. 4 Satz 2 und Abs. 5 Satz 2 BGB

III. Anhang: Besonderheiten des Verbrauchsgüterkaufs

18   An dieser Stelle seien die oben im Text angesprochenen besonderen Regelungen für Verbrauchsgüterkäufe in Form einer Abbildung zusammengefasst. Wir erinnern uns daran, dass gem. § 474 Abs. 1 BGB ein Verbrauchsgüterkauf vorliegt, wenn ein Verbraucher i. S. des § 13 BGB von einem Unternehmer i. S. des § 14 Abs. 1 BGB eine bewegliche Sache kauft.

ABB. 62:	Besonderheiten des Verbrauchsgüterkaufs, §§ 474 ff. BGB

- ▶ Gefahrtragungsregelung des § 447 BGB findet keine Anwendung, § 474 Abs. 2 BGB;

- ▶ Beweislastumkehr zugunsten des Käufers, sofern sich ein Mangel innerhalb von sechs Monaten zeigt, § 476 BGB;

- ▶ Kein Haftungsausschluss bei öffentlicher Versteigerung, § 474 Abs. 2 BGB;

- ▶ Vertragliche Einschränkungen der Haftung des Verkäufers sind grundsätzlich ausgeschlossen, § 475 Abs. 1 BGB;

- ▶ Nur Beschränkung des Schadenersatzanspruchs ist möglich, § 475 Abs. 3 BGB;

- ▶ Garantien müssen verständlich abgefasst sein und bestimmte Mindestangaben aufweisen, § 477 BGB;

- ▶ Verjährung kann beim Kauf gebrauchter Sachen verkürzt werden, aber nicht auf eine Frist von weniger als einem Jahr, § 475 Abs. 2 BGB.

Kapitel 12: Vertragliche Schuldverhältnisse: Grundzüge des Dienst- und Werkvertragsrechts

§ 38 Der Dienstvertrag

Adomeit, Der Dienstvertrag des BGB und die Entwicklung zum Arbeitsrecht, NJW 1996, 1710; *Brox/Walker*, Schuldrecht BT, §§ 19 – 21; *Lingemann/Winkel*, Der Rechtsanwalt als freier Mitarbeiter (Teil 1), NJW 2010, 38; *dies.*, Der Rechtsanwalt als freier Mitarbeiter (Teil 2), NJW 2010, 208; *Musielak*, Grundkurs BGB, Rn. 647 ff.; *Schnabl*, Das Rechtsverhältnis zwischen Anwalt und Mandant, JA 2005, 896; *Servatius*, Die Haftung des Arbeitnehmers für Nicht- und Schlechtleistung, Jura 2005, 838.

I. Begriff und Bedeutung

Der Dienstvertrag ist gem. § 611 Abs. 1 BGB (lesen!) ein **gegenseitiger Vertrag**: Derjenige, welcher Dienste zusagt, ist zur Leistung der versprochenen Dienste verpflichtet, der andere Teil zur Gewährung der versprochenen Vergütung. Gegenstand eines Dienstvertrags ist damit die **Leistung von Diensten gegen eine Vergütung**. Das Gesetz nennt denjenigen, der die Dienste zu leisten hat, den zur Dienstleistung Verpflichteten oder – kürzer – den **Dienstverpflichteten** oder **Dienstnehmer**. Sein Vertragspartner ist der **Dienstberechtigte**.   1

Gegenstand des Dienstvertrags können gem. § 611 Abs. 2 BGB „Dienste jeder Art" sein.   2

> **BEISPIEL** ▸ Beratung und Prozessvertretung durch einen Rechtsanwalt; Beratung durch einen Steuerberater oder Wirtschaftsprüfer; Bauleitung und Bauaufsicht durch einen Architekten; medizinische Behandlung durch einen Arzt; Anstellung eines GmbH-Geschäftsführers; Arbeitsleistung durch einen Arbeitnehmer.

Einschränkungen ergeben sich insoweit nur aus den allgemeinen Grenzen, also vor allem aus § 134 BGB und § 138 BGB. Die Erbringung der versprochenen Dienste darf weder gegen ein gesetzliches Verbot verstoßen noch sittenwidrig sein (vgl. zu diesen Grenzen § 6 Rn. 27 ff.).   3

> **BEISPIEL** ▸ Dienstvertrag über das Fahren des Fluchtfahrzeugs bei einem Bankraub (§ 134 BGB) oder über das Austragen eines Kindes als Leihmutter (§ 138 BGB)

II. Abgrenzung zum Werkvertrag

Während der Dienstverpflichtete gem. § 611 BGB die Erbringung einer **Dienstleistung** und damit nur ein Tätigwerden schuldet, verpflichtet sich der Werkunternehmer gem. § 631 BGB zur **Herstellung des versprochenen Werks** und damit zur Herbeiführung ei-   4 nes bestimmten Erfolgs. Beide schulden also zwar eine Tätigkeit, nur der Werkunternehmer aber auch ein bestimmtes Ergebnis dieser Tätigkeit. Der Dienstverpflichtete schuldet den Arbeitseinsatz, der Werkunternehmer den Arbeitserfolg (näher zu dieser Abgrenzung § 39 Rn. 4).

III. Freie Dienstverträge und Arbeitsverträge

5   Der Überblick über die §§ 611 ff. BGB zeigt, dass der Gesetzgeber zwei verschiedene Arten von Dienstverträgen regelt, den **(freien) Dienstvertrag** und den **Arbeitsvertrag**. Die Vorschriften zum Dienstvertrag sind grundsätzlich auf beide Vertragstypen anwendbar, soweit sie für Arbeitsverträge nicht durch speziellere Regelungen verdrängt werden. Die Vorschriften zu Arbeitsverträgen sind immer Spezialregelungen.

> **BEISPIELE** Die §§ 612 Abs. 1 und 2, 613 oder 626 BGB finden auf alle Dienstverträge Anwendung, also sowohl auf freie Dienstverträge als auch auf Arbeitsverträge. Die §§ 621 und 622 BGB regeln unterschiedliche Kündigungsfristen für freie Dienstverträge und für Arbeitsverträge. § 630 BGB statuiert die Pflicht zur Erteilung eines Zeugnisses zwar für alle Arten dauernder Dienstverhältnisse, stellt in Satz 4 aber klar, dass bei Arbeitsverhältnissen die Spezialvorschrift des § 109 GewO Anwendung findet.

6   Um einen **freien oder selbständigen Dienstvertrag** handelt es sich, wenn der Dienstverpflichtete die Tätigkeit **selbständig und eigenverantwortlich** erbringt.

> **BEISPIELE** Frei praktizierender Arzt, Wirtschaftsprüfer, Steuerberater oder Rechtsanwalt

7   Ein **Arbeitsvertrag** liegt dagegen vor, wenn der Dienstverpflichtete Dienste von gewisser Dauer **weisungsabhängig** erbringt **und in die Organisation des Berechtigten (= Arbeitgebers) eingegliedert** ist.

> **BEISPIELE** Assistenzarzt im Krankenhaus; angestellter Rechtsanwalt in einer Kanzlei oder bei einem Unternehmen (Syndikusanwalt)

8   Das von der arbeitsgerichtlichen Rechtsprechung entwickelte entscheidende Abgrenzungsmerkmal der **Weisungsabhängigkeit** wird im Umkehrschluss aus § 84 Abs. 1 Satz 2 HGB entnommen, der unmittelbar nur den Begriff des selbständigen Handelsvertreters regelt. Danach ist unselbständiger Dienstnehmer, also **Arbeitnehmer**, wer dem Weisungsrecht des Dienstberechtigten, also des **Arbeitgebers**, in Bezug auf Inhalt, Ort und Zeit der Arbeitsleistung unterliegt; dieses Weisungsrecht ist in § 106 GewO ausdrücklich geregelt. Wie weit im konkreten Fall ein Weisungsrecht reicht und ob deshalb ein Arbeitsvertrag vorliegt, kann sehr schwierig zu bestimmen sein. Das **Bestehen des Weisungsrechts** wird aber regelmäßig durch die **Eingliederung in die betriebliche Organisation** indiziert (vgl. etwa BAG NJW 2002, 2411, 2412; NZA 2007, 321, 322).

9   Das **Arbeitsrecht** hat immense praktische und wirtschaftliche Bedeutung. Arbeitgeberverbände, Gewerkschaften und Politiker betonen stets und vor allem in Wahlkämpfen die Bedeutung des Arbeitsrechts oder seiner Flexibilisierung für den „Wirtschaftsstandort Deutschland". An diesem Gebiet des **Sonderprivatrechts** (vgl. dazu § 1 Rn. 40) Interessierte seien auf die einschlägigen Lehrbücher und Kommentare zum Arbeitsrecht verwiesen.

IV. Rechte und Pflichten der Parteien des freien Dienstvertrags

Der hier im Überblick nur zu behandelnde freie Dienstvertrag kommt nach den all-   10
gemeinen Regeln durch **Angebot und Annahme** zustande. Wegen § 612 BGB gehört die
Vergütungspflicht allerdings nicht zu den essentialia negotii (dazu Rn. 13).

1. Pflichten des Dienstnehmers

Die **Hauptpflicht** des Dienstnehmers besteht gem. § 611 Abs. 1 BGB darin, die verspro-   11
chene Dienstleistung zu erbringen. Da ein Dienstverhältnis häufig einen gewissen persönlichen Einschlag hat – man sucht sich den Arzt, Steuerberater oder Rechtsanwalt
seines Vertrauens aus –, muss der Dienstnehmer die Dienstleistung grundsätzlich **in
Person** erbringen (§ 613 Satz 1 BGB). Er darf sich nicht durch einen anderen vertreten
lassen, wenn das vertraglich nicht vorgesehen ist. Aus dem gleichen Grund ist der Anspruch auf die Dienste, vorbehaltlich einer anderen Regelung, **nicht übertragbar** (§ 613
Satz 2 BGB). Der Dienstberechtigte kann den Anspruch grundsätzlich nicht an einen
Dritten abtreten.

Die vielfältigen **Nebenpflichten** des freien Dienstnehmers sind nur teilweise für be-   12
stimmte Berufe gesetzlich geregelt. Allgemein gilt, dass der Dienstnehmer bei der Erbringung seiner Dienstleistung die im Verkehr erforderliche Sorgfalt zu beachten hat.
Das Maß der geschuldeten Sorgfalt richtet sich danach, welche Fähigkeiten und Kennt-
nisse ein gewissenhafter Vertreter der Berufsgruppe hat, der auch der konkrete Dienstnehmer angehört. Der Dienstnehmer schuldet zwar kein bestimmtes Ergebnis seiner
Tätigkeit, muss diese aber „lege artis" ausführen.

BEISPIELE ▸ Berufsübliche Sorgfalt eines Wirtschaftsprüfers, Steuerberaters, Rechtsanwalts oder
Facharztes

2. Pflichten des Dienstberechtigten

Als **Hauptpflicht** schuldet der Dienstberechtigte die Zahlung der versprochenen Ver-   13
gütung (§ 611 Abs. 1 BGB). Diese Pflicht trifft ihn auch, wenn bei Vertragsschluss zwar
nicht über eine Vergütung gesprochen wurde, die Dienstleistung den Umständen nach
aber nur gegen eine Vergütung zu erwarten ist (§ 612 Abs. 1 BGB). Dann gilt die tax-
mäßige oder die **übliche Vergütung** als vereinbart (§ 612 Abs. 2 BGB). Der Dienstnehmer muss allerdings vorleisten, wenn nichts anderes vereinbart ist; denn gemäß § 614
BGB wird die Vergütung erst **nach der Leistung** der Dienste fällig.

Auch die **Nebenpflichten** des Dienstberechtigten sind nur teilweise gesetzlich geregelt.   14
Hier gelten ebenfalls die allgemeinen Maßstäbe der §§ 241 Abs. 2, 242 BGB, aus denen
sich im konkreten Fall Hinweis-, Kontroll- und Anzeigepflichten ergeben können.

V. Leistungsstörungen

Da der Dienstnehmer nur eine Tätigkeit und kein Ergebnis schuldet, enthalten die   15
§§ 611 ff. BGB **keine besonderen Gewährleistungsvorschriften**. Deshalb gelten grund-

sätzlich die Vorschriften des Allgemeinen Schuldrechts (§§ 275 ff. BGB; vgl. dazu §§ 26 ff.). Gewisse **Modifizierungen** ergeben sich allerdings durch die §§ 615 und 616 BGB.

16   Kommt der Dienstberechtigte mit der Annahme der Dienste in **Gläubigerverzug** (§§ 293 ff, BGB; vgl. dazu § 32), behält der Dienstnehmer den Vergütungsanspruch (§ 615 Satz 1 BGB). Er muss sich nur anrechnen lassen, was er erspart oder durch die anderweitige Verwendung seiner Dienste erworben oder zu erwerben böswillig unterlassen hat (§ 615 Satz 2 BGB).

17   Außerdem behält der Dienstnehmer seinen Vergütungsanspruch bei einer **unverschuldeten persönlichen Verhinderung** i. S. des § 616 Satz 1 BGB. Auch hier gibt es eine Anrechnungsklausel (§ 616 Satz 2 BGB).

> **BEISPIELE** Unfälle, außerordentliche Vorkommnisse in der Familie, Vorladung als Zeuge bei einer Gerichtsverhandlung

VI.   Beendigung des freien Dienstvertrags

18   Der freie Dienstvertrag kann aus verschiedenen Gründen enden:

► durch Zeitablauf oder Zweckerreichung bei der Vereinbarung einer **Befristung** (§ 620 Abs. 1, 2 BGB);

► durch den Eintritt der auflösenden Bedingung bei der Vereinbarung einer solchen **Bedingung** (§ 620 Abs. 2 BGB);

► durch eine **ordentliche, fristgemäße Kündigung**, bei der die Kündigungsfristen des § 621 BGB zu beachten sind;

► durch eine **außerordentliche, fristlose Kündigung** aus wichtigem Grund gem. § 626 BGB, die innerhalb von zwei Wochen erklärt werden muss und die den Rücktritt nach den §§ 323, 324 BGB verdrängt;

► durch den **Tod des Dienstnehmers** wegen der Höchstpersönlichkeit der Dienstleistung (vgl. § 613 Satz 1 BGB);

► durch einen **Aufhebungsvertrag** der Parteien (vgl. § 311 Abs. 1 BGB).

§ 39 Der Werkvertrag

LITERATUR

Leistner, Die „richtige" Auslegung des § 651 BGB im Grenzbereich vom Kaufrecht und Werkvertragsrecht, JA 2007, 81; *Reinkenhof*, Das neue Werkvertragsrecht, Jura 2002, 433; *Reischl*, Grundfälle zum neuen Schuldrecht – 4. Teil: Neuerungen im Kauf- und Werkvertragsrecht, JuS 2003, 865, 1076; *Teichmann*, Schuldrechtsmodernisierung 2001/2002 – Das neue Werkvertragsrecht, JuS 2002, 417.

I. Begriff und Abgrenzung

1. Begriff und Bedeutung

Der Werkvertrag ist ein **gegenseitiger Vertrag**, in dem sich der eine Teil (**Unternehmer**) zur **Herstellung des** versprochenen **Werks** und der andere Teil (**Besteller**) zur **Entrichtung** der vereinbarten **Vergütung** verpflichtet, **§ 631 Abs. 1 BGB** (lesen!). Gegenstand des Werkvertrags kann gem. § 631 Abs. 2 BGB sowohl die Herstellung oder Veränderung einer Sache als auch ein anderer durch Arbeit oder Dienstleistung herbeizuführender Erfolg sein.   1

> **BEISPIELE** Anfertigung eines Maßanzugs; Reparatur eines Autos; Errichtung eines Bauwerks; Planung und Bauaufsicht durch Architekten (vgl. BGHZ 31, 224, 227); Sicherung von Daten; Erstellung eines Gutachtens; Beförderung von Personen und Gütern.

Wie jeder andere Vertrag kommt auch der Werkvertrag durch übereinstimmende, aufeinander bezogene Willenserklärungen zustande. Sofern die Parteien über die Vergütung keine ausdrückliche Vereinbarung getroffen haben, gilt gem. der in **§ 632 Abs. 1 BGB** (lesen!) getroffenen **Auslegungsregel** eine **Vergütung** als **stillschweigend vereinbart**, wenn die Herstellung des Werks den Umständen nach nur gegen eine Vergütung zu erwarten ist. Die Höhe der Vergütung ist in diesem Fall nach § 632 Abs. 2 BGB zu bemessen. Einen Kostenvoranschlag muss der Besteller nur dann bezahlen, wenn dies die Parteien eindeutig vereinbart haben (§ 632 Abs. 3 BGB).   2

Der Werkvertrag ist in den **§§ 631 – 651 BGB** geregelt. Da sog. Werklieferungsverträge überwiegend dem Kaufrecht unterliegen (siehe hierzu sogleich Rn. 5), beschränkt sich der **Anwendungsbereich** des Werkvertragsrechts des BGB im Wesentlichen auf **Reparaturarbeiten**, die **Herstellung** von **nicht körperlichen Werken** und von **Bauwerken** (*Brox/ Walker*, Schuldrecht BT, § 22 Rn. 11). Beim Bauvertrag vereinbaren die Parteien regelmäßig die Geltung der VOB (Vergabe- und Vertragsordnung für Bauleistungen), die vom Werkvertragsrecht des BGB abweichende Regelungen enthält.   3

2. Abgrenzung zum Dienstvertrag und zum Kaufvertrag

a) Abgrenzung zum Dienstvertrag

4   Während der Dienstverpflichtete (nur) die sorgfältige Verrichtung der vereinbarten Tätigkeiten schuldet, ist der Werkunternehmer zur Herbeiführung eines bestimmten Erfolgs verpflichtet. Kurz gesagt: Der **Dienstverpflichtete** schuldet den **Arbeitseinsatz**, der **Werkunternehmer** ein **Arbeitsergebnis** als Erfolg seines Einsatzes (siehe z. B. BGH NJW 2002, 1571: Ausführung von Buchhaltungsarbeiten; NJW 2002, 3323: Forschungs- und Entwicklungsarbeiten). Die auf den ersten Blick einfache Unterscheidung kann im Einzelfall Schwierigkeiten bereiten. In Zweifelsfällen ist der Vertrag unter Berücksichtigung aller Umstände des Einzelfalls auszulegen (vgl. BGH NJW 1999, 3138; NJW 2002, 3323). Ergibt die Auslegung, dass der Schuldner für die Herbeiführung eines Erfolgs einzustehen hat, dann liegt ein Werkvertrag vor, ansonsten ein Dienstvertrag.

> **BEISPIEL** ▶ Der Arztvertrag wird in der Regel ein Dienstvertrag sein, da der Erfolg der ärztlichen Bemühungen üblicherweise nicht allein von den Fähigkeiten des Arztes abhängt. Aber auch Werkverträge mit Ärzten sind vorstellbar; man denke etwa an das Einsetzen einer Zahnprothese.

b) Abgrenzung zum Kaufvertrag

5   Die Frage nach der Abgrenzung zwischen Werk- und Kaufvertrag stellt sich bei Verträgen, deren Gegenstand die Übereignung einer noch nicht hergestellten oder erzeugten beweglichen Sache ist. Derartige Verträge nennt man **Werklieferungsverträge**. Diese Verträge unterliegen gem. **§ 651 Satz 1 BGB** (lesen!) dem **Kaufrecht** (vgl. BGH NJW 2009, 2877, 2878 f.). Wird die Lieferung von nicht vertretbaren Sachen (z. B. maßgeschneiderte Kleidung oder Schuhe) geschuldet, dann ist zwar auch Kaufrecht anwendbar; zusätzlich kommen aber die in § 651 Satz 3 BGB genannten werkvertraglichen Vorschriften zur Anwendung.

II. Die Pflichten der Vertragsparteien

1. Die Pflichten des Werkunternehmers

6   Die **Hauptpflicht** des Unternehmers besteht in der **Herstellung des** versprochenen **Werks (§ 631 Abs. 1 BGB)**. Ebenso wie der Verkäufer dem Käufer die verkaufte Sache frei von Sach- und Rechtsmängeln zu übergeben hat (§ 433 Abs. 1 Satz 2 BGB) ist auch der Werkunternehmer gem. **§ 633 Abs. 1 BGB** (lesen!) verpflichtet, das **Werk frei von Sach- und Rechtsmängeln** zu verschaffen.

7   Neben dieser Hauptpflicht treffen den Unternehmer Schutzpflichten i. S. des § 241 Abs. 2 BGB. Vorstellbar ist etwa eine Pflicht des Unternehmers, den Besteller sachkundig zu beraten, damit dieser das Werk optimal nutzen kann und vor Gefahren bewahrt wird, die bei der Ingebrauchnahme des Werks drohen. Ist ein Kostenvoranschlag erstellt worden, dann muss der Unternehmer dem Besteller eine voraussichtliche Überschreitung unverzüglich anzeigen (§ 650 Abs. 2 BGB).

2. Die Pflichten des Bestellers

a) Pflicht zur Entrichtung der vereinbarten Vergütung

Den Besteller treffen zwei Hauptpflichten. Eine davon ist die Pflicht zur Entrichtung der   8
vereinbarten Vergütung. **Fällig** ist der Werklohn gem. **§ 641 Abs. 1 BGB** (lesen!) grundsätzlich mit der **Abnahme** des Werks, zu der der Besteller nach Maßgabe des § 640
Abs. 1 BGB verpflichtet ist. Der **Unternehmer** ist damit **vorleistungspflichtig**; er bekommt sein Geld erst, nachdem das Werk fertiggestellt und abgenommen ist. Um die
hiermit verbundenen wirtschaftlichen Nachteile auszugleichen, ist durch das Gesetz
zur Beschleunigung fälliger Zahlungen vom 30. 3. 2000 (BGBl. I 2000, S. 330) **§ 632a** in
das BGB eingefügt worden. Danach kann der Unternehmer schon vor der Abnahme **Ab-
schlagszahlungen** auf die letztendlich geschuldete Vergütung verlangen, u. a. für in
sich geschlossene Teile des Werks, die der Besteller bereits eigenständig nutzen kann
(z. B. die Dachdeckerarbeiten an einem von mehreren Gebäuden sind abgeschlossen;
Palandt/*Sprau*, § 632a Rn. 6, dort auch zu den weiteren Voraussetzungen).

b) Pflicht zur Abnahme des mangelfreien Werks

Die **Abnahme** ist einer der **zentralen Begriffe** aus dem Werkvertragsrecht. Unter **Abnah-**   9
me versteht man die **körperliche Entgegennahme des Werks** durch den Besteller sowie
die damit − meist konkludent − verbundene Erklärung, dass das **Werk in der Haupt-**
sache vertragsgemäß ist (vgl. BGHZ 48, 257, 262; BGH NJW 1993, 1972, 1974). An die
Abnahme sind **wichtige Rechtsfolgen** geknüpft, die wir uns anhand der folgenden Abbildung vor Augen führen wollen:

ABB. 63:	Rechtsfolgen der Abnahme

- ▶ Fälligkeit des Werklohns, § 641 Abs. 1 BGB;
- ▶ Beginn der Verjährung der Mängelansprüche, § 634a Abs. 2 BGB;
- ▶ Verlust der Rechte wegen eines Mangels aus § 634 Nr. 1 − 3 BGB bei vorbehaltloser
  Abnahme trotz Kenntnis des Mangels, § 640 Abs. 2 BGB;
- ▶ Übergang der Preisgefahr auf den Besteller, § 644 Abs. 1 Satz 1 BGB.

Vor allem weil der Werklohn erst mit der Abnahme fällig wird, hat der Unternehmer   10
ein großes Interesse daran, dass der Besteller das fertige Werk auch abnimmt. Aus diesem Grund ist die in **§ 640 Abs. 1 Satz 1 BGB** (lesen!) normierte Pflicht des Bestellers zur
Abnahme auch eine **Hauptleistungspflicht**, mit der der Besteller z. B. auch in Schuldnerverzug geraten kann. Freilich muss der Besteller nur das „vertragsmäßig hergestellte",
also mangelfreie Werk abnehmen; wegen eines unwesentlichen Mangels kann er die
Abnahme aber nicht verweigern (§ 640 Abs. 1 Satz 2 BGB).

Der **Abnahme gleichgestellt** sind: 11

- ▶ Gem. § 646 BGB die Vollendung des Werks, wenn eine Abnahme nach der Beschaffenheit des Werks ausgeschlossen (und der Besteller daher gem. § 640 Abs. 1 Satz 1
  a. E. BGB nicht zur Abnahme verpflichtet) ist.

BEISPIELE Theater- und Filmvorführungen, Beförderungsleistungen;

▶ Gem. § 640 Abs. 1 Satz 3 BGB die pflichtwidrig unterbliebene Abnahme, nachdem eine vom Unternehmer gesetzte angemessene Frist verstrichen ist.

III. Besonderheiten der Gefahrtragung

12 Ebenso wie im Kaufrecht gibt es im Werkvertragsrecht besondere Gefahrtragungsregelungen, die wir uns im Folgenden ansehen möchten. Wir wissen, dass der Gläubiger gem. **§ 326 Abs. 1 Satz 1 BGB** die von ihm geschuldete Gegenleistung nicht erbringen muss, wenn der Schuldner gem. § 275 Abs. 1 bis 3 BGB infolge eines Umstandes von seiner Leistungspflicht befreit ist, den keine der beiden Parteien zu vertreten hat. Der Besteller muss also nicht zahlen, wenn der Unternehmer das Werk nicht herstellen muss.

13 Von diesem **Grundsatz** gibt es im **Werkvertragsrecht** folgende **Ausnahmen**:

▶ Mit der **Abnahme** geht die Gegenleistungsgefahr auf den Besteller über (**§ 644 Abs. 1 Satz 1 BGB**). Wird also das Werk z. B. nach der Abnahme zerstört, dann ist der Besteller zur Zahlung des vollen Werklohns verpflichtet, ohne dass der Unternehmer das Werk neu herstellen müsste.

▶ Dasselbe gilt gem. **§ 644 Abs. 1 Satz 2 BGB** in dem Fall, dass der **Besteller** in **Annahmeverzug** geraten ist.

▶ **§ 644 Abs. 2 BGB** verweist auf den im Kaufrecht geltenden § 447 Abs. 1 BGB: Die Gefahr geht auf den Besteller über, wenn der Werkunternehmer das **Werk** auf Verlangen des Bestellers an einen anderen als den Erfüllungsort **versendet**.

▶ Eine spezifisch werkvertragliche Regelung enthält **§ 645 Abs. 1 Satz 1 BGB**. Danach kann der Unternehmer einen der geleisteten Arbeit entsprechenden Teil der Vergütung verlangen, wenn das **Werk** vor der Abnahme **infolge** eines **Mangels des vom Besteller gelieferten Stoffs** oder infolge einer von dem Besteller für die Ausführung erteilten Anweisung **untergegangen**, verschlechtert oder unausführbar geworden **ist**.

BEISPIEL Auf dem Grundstück des B soll ein Hochhaus errichtet werden. Erst nachdem U die Baugrube ausgehoben hat, wird erkennbar, dass das Grundstück das geplante Hochhaus nicht trägt.

14 Als **besondere Gefahrtragungsregelung** ist schließlich **§ 644 Abs. 1 Satz 3 BGB** zu qualifizieren (man spricht hier von **Sachgefahr**, vgl. etwa *Erman/Schwenker*, § 644 Rn. 5). Dort ist geregelt, dass der Unternehmer für den zufälligen Untergang oder die zufällige Verschlechterung des vom Besteller gelieferten Stoffs nicht verantwortlich ist. Was es mit dieser Bestimmung auf sich hat, wollen wir uns verdeutlichen durch das folgende

BEISPIEL U soll aus dem ihm von B gelieferten Stoff einen Maßanzug schneidern. Nachdem der Stoff zugeschnitten ist und U den Anzug schon zum Teil fertig gestellt hat, brennt die Werkstatt des U bis auf die Grundmauern nieder. Aus § 644 Abs. 1 Satz 3 BGB folgt, dass U dem B den Stoff nicht ersetzen muss. U kann allerdings auch nicht einen der geleisteten Arbeit entsprechenden Teil der Vergütung verlangen. Die Voraussetzungen des § 645 BGB liegen nämlich nicht vor. Und vom Sachverhalt her kann auch nicht davon ausgegangen werden, dass B den – noch nicht fertigen – Anzug bereits abgenommen hat; mithin liegen auch die Voraussetzungen des § 644 Abs. 1 Satz 1 BGB nicht vor.

IV. Die Haftung des Werkunternehmers für die Freiheit von Sach- und Rechtsmängeln

Das werkvertragliche Mängelgewährleistungsrecht gleicht zum großen Teil dem bereits   15
erörterten Gewährleistungsrecht beim Kaufvertrag. Wir werden uns daher im Folgenden auf die Grundzüge beschränken und dabei unser Augenmerk vor allem auf die Unterschiede zum Kaufrecht richten.

1. Allgemeine Voraussetzungen der Gewährleistung

Neben dem **Vorliegen** eines wirksamen **Werkvertrags** setzt das **Mängelgewährleis-**   16
tungsrecht eine **Verletzung** der in **§ 633 Abs. 1 BGB** (lesen!) geregelten **Pflicht** des Unternehmers voraus, das Werk frei von Sach- und Rechtsmängeln zu verschaffen. Die Begriffe des Sach- und des Rechtsmangels sind im Werkvertragsrecht und im Kaufrecht in nahezu identischer Weise geregelt, wie die folgende Gegenüberstellung zeigt:

ABB. 64:	Mangelbegriff im Werkvertrags- und Kaufrecht	
Mangelbegriff:	Werkvertragsrecht	Kaufrecht
Sachmangel liegt vor bei:		
► Fehlen der vereinbarten Beschaffenheit	§ 633 Abs. 2 Satz 1 BGB	§ 434 Abs. 1 Satz 1 BGB
► *hilfsweise:* fehlender Eignung zur vertraglich vorausgesetzten Verwendung	§ 633 Abs. 2 Satz 2 Nr. 1 BGB	§ 434 Abs. 1 Satz 2 Nr. 1 BGB
► *hilfsweise:* fehlender Eignung zur gewöhnlichen Verwendung,	§ 633 Abs. 2 Satz 2 Nr. 2 BGB	§ 434 Abs. 1 Satz 2 Nr. 2 BGB
die auch durch Werbeaussagen des Herstellers oder Verkäufers beeinflusst wird	**keine Regelung**	§ 434 Abs. 1 Satz 3 BGB
► Aliud- oder Mankoleistung	§ 633 Abs. 2 Satz 3 BGB	§ 434 Abs. 3 BGB
Rechtsmangel:		
► Dritte können in Bezug auf das Werk bzw. auf die verkaufte Sache Rechte geltend machen, die nicht im Vertrag übernommen wurden	§ 633 Abs. 3 BGB	§ 435 Satz 1 BGB

Ebenso wie beim Kaufvertrag bestimmt sich die Sollbeschaffenheit des Werks in erster   17
Linie nach den Vereinbarungen der Parteien (vgl. BGH NJW 2002, 3543, 3544), sodann nach der im Vertrag vorausgesetzten Verwendung und erst ganz zuletzt nach der gewöhnlichen Verwendung. Der **einzige Unterschied** zum Kaufvertrag besteht darin, dass im **Werkvertragsrecht** eine dem § 434 Abs. 1 Satz 3 BGB entsprechende Regelung fehlt, so dass **Äußerungen des Herstellers** über die Eigenschaften des Werks **nicht** zur **Bestimmung der üblichen Beschaffenheit** des Werks herangezogen werden können. Eine derartige Regelung ist beim Werkvertragsrecht auch gar nicht nötig: Während es beim Kaufvertrag regelmäßig einen vom Verkäufer zu unterscheidenden Hersteller gibt, stellt der Werkunternehmer das versprochene Werk selbst her. Er wird eventuelle Werbeaussagen unmittelbar an den Besteller richten, so dass derartige Aussagen bereits im Rahmen des § 633 Abs. 1 Satz 1 BGB, also bei der Bestimmung der vereinbarten Beschaffenheit, berücksichtigt werden können (vgl. Begr. RegE, BT-Drs. 14/6040, S. 261).

18   Zu betonen ist, dass die **Gewährleistungsvorschriften (§§ 634 ff. BGB) erst** zur **Anwendung** kommen, nachdem die Gefahr auf den Besteller übergegangen ist, also regelmäßig mit der **Abnahme** (vgl. Palandt/*Sprau*, Vorb. v. § 633 Rn. 6 f.). Dies ist vor allem
von Bedeutung, weil die in § 634 BGB genannten Ansprüche der besonderen Verjährung des § 634a BGB unterliegen. Wenn der Besteller also z. B. die Abnahme des mangelhaften Werks (zu Recht: vgl. § 640 Abs. 1 Satz 2 BGB) verweigert, dann unterliegt
sein Anspruch auf Herstellung des versprochenen Werks der dreijährigen Regelverjährungsfrist des § 195 BGB.

2.   Die Rechte des Bestellers im Einzelnen

a)   Überblick

19   Ist das Werk mangelhaft, dann stehen dem **Besteller** die **in § 634 BGB** (lesen!) **aufgezählten Rechte** zu. Er kann also

▶ Nacherfüllung verlangen (§ 635 BGB),

▶ den Mangel selbst beseitigen und Ersatz der erforderlichen Aufwendungen verlangen (§ 637 BGB),

▶ vom Vertrag zurücktreten oder den Werklohn mindern (§ 638 BGB) und

▶ Schadensersatz oder – anstelle des Schadensersatzes statt der Leistung – Ersatz ver-
geblicher Aufwendungen verlangen.

20   Wie im Kaufrecht ist der **Nacherfüllungsanspruch vorrangig**; auch der Werkunternehmer hat also ein Recht zur zweiten Andienung. Der **Vorrang der Nacherfüllung** ist zwar
auch im Werkvertragsrecht nicht ausdrücklich geregelt. Er folgt aber daraus, dass alle
anderen Rechte des Bestellers regelmäßig davon abhängig sind, dass der **Werkunternehmer** eine ihm gesetzte **Frist** zur **Nacherfüllung** hat **verstreichen** lassen.

21   Das **Fristsetzungserfordernis** ist nur im Hinblick auf das Recht des Bestellers zur **Selbstvornahme** (hierzu sogleich Rn. 23) im Werkvertragsrecht selbst, und zwar in **§ 637
Abs. 1 BGB** (lesen!) geregelt. Was das Recht des Bestellers zum **Rücktritt** (alternativ: zur
Minderung) und seinen Anspruch auf **Schadensersatz statt der Leistung** (alternativ: auf
Aufwendungsersatz) betrifft, ergibt sich die **Notwendigkeit** einer **Fristsetzung aus** dem
allgemeinen Leistungsstörungsrecht. Für das Rücktrittsrecht gilt § 323 Abs. 1 BGB, für
den Schadensersatzanspruch § 281 Abs. 1 Satz 1 BGB.

22   Außer in den bereits im allgemeinen Leistungsstörungsrecht geregelten Fällen ist eine
Fristsetzung entbehrlich, wenn

▶ der Unternehmer die Nacherfüllung gem. § 635 Abs. 3 BGB (also zu Recht) verweigert,

▶ die Nacherfüllung fehlgeschlagen ist, oder

▶ die Nacherfüllung dem Besteller nicht zumutbar ist.

Dies alles ist **in § 636 BGB** (lesen!) geregelt, der dem für das Kaufrecht geltenden § 440
BGB funktional entspricht. Wir wollen uns im Folgenden lediglich mit den Eigenheiten
des Werkvertragsrechts etwas näher befassen.

b) Besonderheiten der Nacherfüllung

Der Nacherfüllungsanspruch des Bestellers ist in **§§ 634 Nr. 1, 635 BGB** (lesen!) gere-   23
gelt. Nacherfüllung bedeutet **Beseitigung des Mangels oder Herstellung eines neuen,
mangelfreien Werks**. Während im Kaufrecht dem Käufer das Wahlrecht zwischen den
beiden Arten der Nacherfüllung zusteht (§ 439 Abs. 1 BGB), kann im Werkvertragsrecht
der **Unternehmer** zwischen Mangelbeseitigung und Neuherstellung **wählen (§ 635
Abs. 1 BGB)**. Begründet wird dies damit, dass der Werkunternehmer viel enger mit dem
Produktionsprozess befasst ist als der Verkäufer, und aufgrund seiner Sachkunde leich-
ter entscheiden kann, ob der Mangel behoben werden kann oder eine Neuherstellung
erforderlich ist (Begr. RegE, BT-Drs. 14/6040, S. 265).

c) Das Recht zur Selbstvornahme und der Anspruch auf Aufwendungsersatz

Anders als der Käufer hat der **Besteller** die Möglichkeit, den **Mangel selbst** zu **beseitigen**   24
und von dem Unternehmer **Ersatz der** erforderlichen **Aufwendungen zu verlangen**
(§ 637 Abs. 1 BGB; lesen!). **Voraussetzung** hierfür ist nur, dass eine vom Besteller gesetzte **Frist zur Nacherfüllung** erfolglos **abgelaufen** ist. **Nicht nötig** ist es dagegen, dass
den **Unternehmer** an der Verzögerung der Nacherfüllung ein **Verschulden** trifft. Mit anderen Worten: Der Unternehmer muss mit der Nacherfüllung nicht im Verzug geraten
sein.

> **BEISPIEL** ▶ B hat sich von U einen Tisch aus einem seltenen tropischen Holz zimmern lassen. Als
> sich herausstellt, dass die Tischplatte infolge unsachgemäßer Behandlung Risse aufweist, setzt
> B dem U eine Frist von zwei Wochen zur Nacherfüllung. U würde die Tischplatte gern ersetzen,
> ist aber trotz größter Anstrengungen nicht in der Lage, das geeignete Holz binnen der gesetz-
> ten Frist aufzutreiben. B kann nach Ablauf der Frist einen anderen Tischler beauftragen und
> von U Ersatz der hierfür anfallenden Kosten verlangen.

Auf die Fristsetzung kann verzichtet werden, wenn die Voraussetzungen des § 323   25
Abs. 2 BGB vorliegen (§ 637 Abs. 2 Satz 1 BGB), wenn die Nacherfüllung fehlgeschlagen
ist oder dem Besteller die Nacherfüllung durch den von ihm zunächst beauftragten Unternehmer nicht zugemutet werden kann (§ 637 Abs. 2 Satz 2 BGB). Gem. **§ 637 Abs. 3
BGB** (lesen!) kann der Besteller einen **Vorschuss** auf die zur Beseitigung des Mangels
erforderlichen Aufwendungen verlangen. Der Aufwendungsersatzanspruch besteht
nicht, wenn der Unternehmer die Nacherfüllung zu Recht verweigert (z. B. deswegen,
weil sie mit unverhältnismäßig hohen Kosten verbunden ist, § 635 Abs. 3 BGB).

3. Verjährung

a) Überblick

Die Verjährung der dem Besteller wegen eines Mangels zustehenden Ansprüche ist in   26
§ 634a BGB (lesen!) geregelt, der mit § 438 BGB vergleichbar ist. **Gegenstand der Verjährung** sind **nur** die **Ansprüche** (vgl. § 194 Abs. 1 BGB) des Bestellers auf Nacherfüllung,
auf Ersatz der für die Selbstvornahme erforderlichen Aufwendungen sowie auf Schadensersatz (§ 634a Abs. 1 BGB). Rücktritt und Minderung unterliegen zwar nicht der
Verjährung, können aber wegen § 218 BGB nicht zeitlich unbegrenzt ausgeübt werden;
auf diese Bestimmung ist in § 634a Abs. 4 und Abs. 5 BGB verwiesen.

b) Die Verjährungsfristen des § 634a Abs. 1 BGB

aa) Ansprüche wegen einer mangelhaften auf einen körperlichen Gegenstand bezogenen Werkleistung

27 Ist **Gegenstand** des Werkvertrags die Herstellung, Wartung oder Veränderung einer **Sache** oder die Erbringung von Planungs- oder Überwachungsleistungen hierfür, dann gelten die in § 634a Abs. 1 Nr. 1 und 2 BGB geregelten Verjährungsfristen. Handelt es sich bei der Sache um ein **Bauwerk**, dann beträgt die Verjährungsfrist fünf Jahre (§ 634a Abs. 1 Nr. 2 BGB), **sonst zwei Jahre** (§ 634a Abs. 1 Nr. 1 BGB). Die **Verjährung beginnt** gem. § 634a Abs. 2 BGB mit der **Abnahme** zu laufen.

> **BEISPIEL** Wenn der Bauherr B den Architekten U mit der Erstellung eines Bauplans für ein Einfamilienhaus und mit der Bauaufsicht beauftragt, dann handelt es sich um einen Werkvertrag, dessen Erfolg in der Planungs- und Überwachungsleistung für das Bauwerk besteht. Die Ansprüche des Bestellers verjähren in diesem Fall daher binnen fünf Jahren nach Abnahme des Bauwerks (sofern nicht – wie üblich – die Geltung der VOB/Teil B vereinbart wurde).

28 Ebenso wie im Kaufrecht (§ 438 Abs. 3 BGB) verjähren auch im Werkvertragsrecht die Mängelansprüche in der regelmäßigen Verjährungsfrist, wenn der Unternehmer den Mangel arglistig verschwiegen hat (**§ 634a Abs. 3 BGB**). Auf die obigen Ausführungen zu § 438 Abs. 3 BGB, die hier entsprechend gelten, wird verwiesen (siehe oben § 37 Rn. 14 ff.).

bb) Ansprüche wegen einer mangelhaften rein geistigen Werkleistung

29 „Im Übrigen" verjähren die Ansprüche wegen eines Werkmangels gem. **§ 634a Abs. 1 Nr. 3 BGB** in der regelmäßigen Verjährungsfrist. „Übrig" bleiben rein **geistige Werkleistungen**.

> **BEISPIELE** Erstellung eines Rechtsgutachtens; Anfertigung einer Übersetzung; Beratung eines Unternehmens.

30 Der **Unternehmer**, der eine rein **geistige Werkleistung** zu erbringen hat, ist damit verjährungsrechtlich **schlechter gestellt**. Die regelmäßige Verjährungsfrist des § 195 BGB beträgt zwar nur **drei Jahre** und ist damit sogar kürzer als die in § 634a Abs. 1 Nr. 2 BGB geregelte Fünfjahresfrist. Die Regelverjährung **beginnt** aber gem. **§ 199 Abs. 1 BGB** u. a. erst mit dem Schluss des Jahres, in dem der Gläubiger von den anspruchsbegründenden Umständen Kenntnis erlangt hat oder diese ihm infolge grober Fahrlässigkeit verborgen geblieben sind. Als Faustregel kann man sich merken: Die Verjährung beginnt erst dann zu laufen, **wenn** der **Besteller** den **Mangel entdeckt** hat oder wenn er ihm aus grober Nachlässigkeit verborgen geblieben ist.

31 Abschließend wollen wir uns die wichtigsten Unterschiede zwischen kauf- und werkvertraglicher Gewährleistung noch einmal anhand einer Abbildung vor Augen führen.

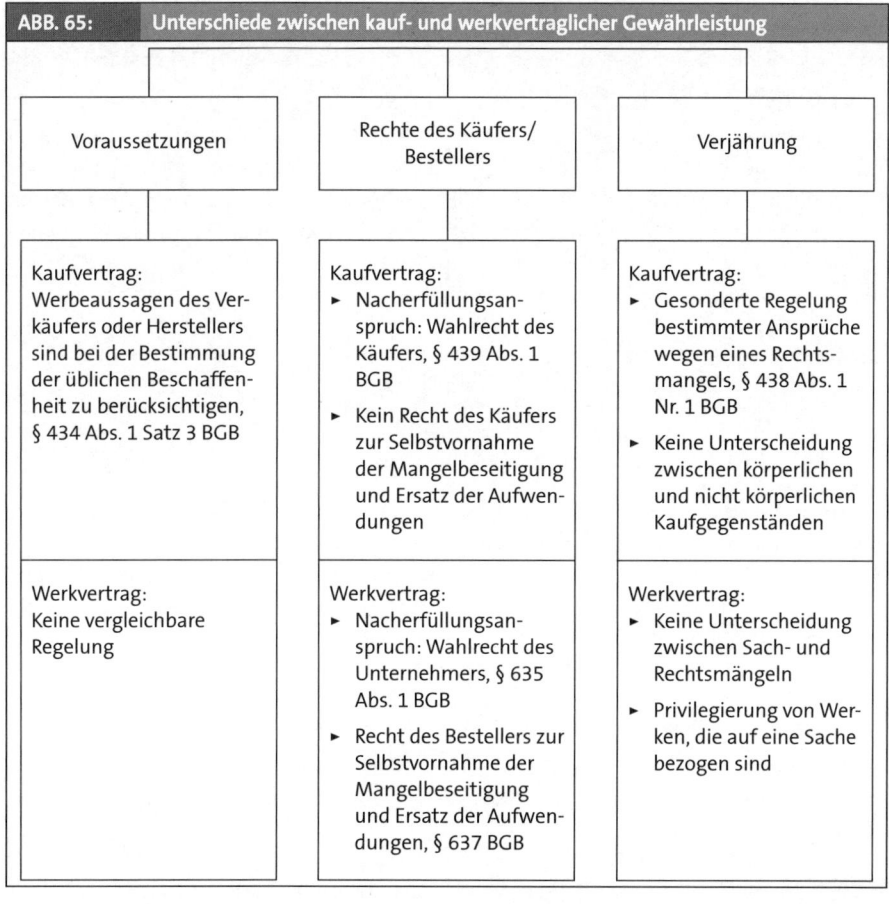

ABB. 65:   **Unterschiede zwischen kauf- und werkvertraglicher Gewährleistung**

Voraussetzungen

Kaufvertrag:
Werbeaussagen des Ver-
käufers oder Herstellers
sind bei der Bestimmung
der üblichen Beschaffen-
heit zu berücksichtigen,
§ 434 Abs. 1 Satz 3 BGB

Werkvertrag:
Keine vergleichbare
Regelung

**Rechte des Käufers/
Bestellers**

Kaufvertrag:
► Nacherfüllungsan-
  spruch: Wahlrecht des
  Käufers, § 439 Abs. 1
  BGB
► Kein Recht des Käufers
  zur Selbstvornahme
  der Mangelbeseitigung
  und Ersatz der Aufwen-
  dungen

Werkvertrag:
► Nacherfüllungsan-
  spruch: Wahlrecht des
  Unternehmers, § 635
  Abs. 1 BGB
► Recht des Bestellers zur
  Selbstvornahme der
  Mangelbeseitigung
  und Ersatz der Aufwen-
  dungen, § 637 BGB

Verjährung

Kaufvertrag:
► Gesonderte Regelung
  bestimmter Ansprüche
  wegen eines Rechts-
  mangels, § 438 Abs. 1
  Nr. 1 BGB
► Keine Unterscheidung
  zwischen körperlichen
  und nicht körperlichen
  Kaufgegenständen

Werkvertrag:
► Keine Unterscheidung
  zwischen Sach- und
  Rechtsmängeln
► Privilegierung von Wer-
  ken, die auf eine Sache
  bezogen sind

Kapitel 13: Gesetzliche Schuldverhältnisse

§ 40 Geschäftsführung ohne Auftrag

LITERATUR

Hey, Die Geschäftsführung ohne Auftrag, JuS 2009, 400; *Martinek/Theobald*, Grundfälle zum Recht der Geschäftsführung ohne Auftrag, JuS 1997, 612, 805 und 992; 1998, 27; *Thole*, Die Geschäftsführung ohne Auftrag auf dem Rückzug – Das Ende des „auch fremden" Geschäfts?, NJW 2010, 1243.

I. Überblick

Das Recht der Geschäftsführung ohne Auftrag (GoA) ist in den §§ 677 – 687 BGB geregelt. Grob gesagt geht es dort um Fälle, in denen sich jemand (Geschäftsführer) um die Angelegenheiten eines anderen (Geschäftsherrn) kümmert, ohne dass dieser ihn darum gebeten hat.   1

1. „Echte" Geschäftsführung ohne Auftrag

Bei der sog. „**echten**" GoA handelt der **Geschäftsführer** mit **Fremdgeschäftsführungs-** **willen**. Er ist sich darüber im Klaren, dass er ein fremdes Geschäft besorgt, und er handelt auch mit dem Willen, das betreffende Geschäft für denjenigen zu besorgen, in dessen Rechtssphäre das Geschäft fällt. Je nachdem, ob die Übernahme der Geschäftsführung zu Recht oder zu Unrecht erfolgt ist, wird **unterschieden** zwischen **berechtigter** und **unberechtigter GoA**. Zur Einführung in diese Unterscheidung folgendes   2

> **BEISPIEL** G aus Münster macht in der Zeit vom 1.–15. September mit seiner Familie Urlaub auf Gran Canaria. Am 3. September wütet ein Sturm über Münster, der das Dach des Hauses des G schwer beschädigt und die Bäume im Garten entlaubt. N, der Nachbar des G, beauftragt einen Dachdecker mit der Beseitigung der Schäden am Hausdach (berechtigte GoA). Ferner erteilt N einer Gärtnerei den Auftrag, das Laub im Garten des G zu beseitigen (unberechtigte GoA).

Berechtigte und unberechtigte GoA ziehen völlig unterschiedliche Rechtsfolgen nach sich. In dem Beispielsfall kann N von G gem. §§ 683 Satz 1, 670 BGB (lesen!) die Kosten für die Beauftragung des Dachdeckers verlangen. Auf dem ihm von der Gärtnerei in Rechnung gestellten Betrag bleibt er dagegen sitzen. Es gilt der Grundsatz, dass sich jeder nur um seine eigenen Angelegenheiten kümmern soll.   3

2. „Unechte" Geschäftsführung ohne Auftrag

Führt jemand ein für ihn fremdes Geschäft ohne **Fremdgeschäftsführungswillen** aus, so wird von **„unechter"** GoA gesprochen. Diesbezüglich wird weiter **unterschieden** zwi-   4 schen **irrtümlicher Eigengeschäftsführung** und **Geschäftsanmaßung**. Im Hinblick auf die irrtümliche Eigengeschäftsführung, bei der der Geschäftsführer zu Unrecht annimmt, das von ihm ausgeführte Geschäft sei sein eigenes, stellt § 687 Abs. 1 BGB (lesen!) klar, dass die §§ 677 – 686 BGB keine Anwendung finden. Die Geschäftsanmaßung, bei der der Geschäftsführer wider besseres Wissen ein fremdes Geschäft als eigenes behandelt, ist in § 687 Abs. 2 BGB (lesen!) geregelt. Zu dieser Unterscheidung folgendes

> **BEISPIEL** ▶ G veräußert ein Buch, das er vor Jahren bei E entliehen hat. Hat G vergessen, dass er das Buch entliehen hat, und glaubt er daher, dass es ihm gehört, dann liegt ein Fall der irrtümlichen Eigengeschäftsführung vor. Weiß G dagegen noch, dass es sich um das Buch des E handelt, ist eine Geschäftsanmaßung gegeben.

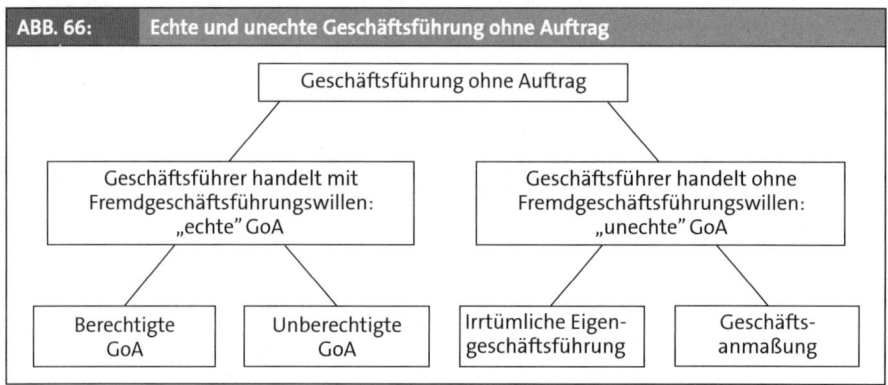

ABB. 66:   Echte und unechte Geschäftsführung ohne Auftrag

II. Die berechtigte Geschäftsführung ohne Auftrag

1. Voraussetzungen

5   Eine berechtigte GoA liegt vor, wenn folgende Voraussetzungen gegeben sind:

▶ Geschäftsbesorgung,

▶ Fremdheit des besorgten Geschäfts,

▶ Fremdgeschäftsführungswille,

▶ Fehlen eines Auftrags zur Geschäftsbesorgung oder einer sonstigen Berechtigung hierzu,

▶ Berechtigung zur Übernahme der Geschäftsführung.

Zu diesen Voraussetzungen ist im Einzelnen Folgendes zu bemerken:

a) Geschäftsbesorgung

6   Der Begriff der Geschäftsbesorgung umfasst jedes Tätigwerden. Gemeint ist nicht nur der Abschluss von Rechtsgeschäften; auch rein tatsächliche Handlungen fallen unter diesen Begriff.

BEISPIELE ▶ G verkauft das Buch des E an D (rechtsgeschäftliches Handeln); G fängt den dem E entlaufenen Hund ein (tatsächliche Handlung).

b) Fremdheit des besorgten Geschäfts

Das von dem Geschäftsführer besorgte Geschäft muss ein für ihn fremdes sein. Die Fra-   7
ge nach der Fremdheit ist eindeutig zu beantworten bei den sog. **objektiv fremden Ge-
schäften**, die von der Rechtsordnung dem Interessenkreis einer mit dem Geschäftsführer nicht identischen Person zugewiesen sind.

BEISPIELE ▶ G vermietet das Ferienhaus des E an D; G räumt die Garage des E von Schnee frei.

Neben den objektiv fremden Geschäften gibt es auch **neutrale Geschäfte**, die nicht   8
dem Rechtskreis einer bestimmten Person zugeordnet sind. Paradebeispiel ist der Er-
werb einer Sache. Neutrale Geschäfte unterfallen nur dann dem Anwendungsbereich der GoA, wenn der Geschäftsführer mit Fremdgeschäftsführungswillen tätig geworden ist. Da hier die Fremdheit des Geschäfts vom Willen des Geschäftsführers abhängt, wird von **subjektiv fremden Geschäften** gesprochen.

BEISPIEL ▶ G ersteigert für seinen Freund, den Philatelisten E, auf einer Auktion eine seltene Briefmarke, ohne dass E ihn darum gebeten hat. G weiß aber, dass E die besagte Marke schon seit Jahren sucht.

Schließlich sind noch die sog. **„auch-fremden" Geschäfte** anzusprechen, die objektiv so-   9
wohl im eigenen Interesse des Geschäftsführers liegen als auch einem anderen zugute-
kommen (vgl. BGH NJW 2009, 2590, 2591 Tz. 18). Hier verfolgt der Geschäftsführer gleichzeitig eigene und fremde Interessen. Im Hinblick auf die „auch-fremden" Ge-
schäfte bestehen einige Streitfragen, die hier nicht erörtert werden sollen (siehe hierzu *Musielak*, Grundkurs BGB, Rn. 702 ff.; *Looschelders*, Schuldrecht BT, § 41 Rn. 849 ff.; aus der Rechtsprechung BGHZ 40, 28; 63, 167). Wir wollen uns aber lediglich vor Augen führen, was unter einem „auch-fremden" Geschäft zu verstehen ist. Hierzu das folgende

BEISPIEL ▶ Student G wohnt in dem Haus des E zur Miete. Er löscht einen Brand, der infolge einer defekten elektrischen Leitung im Wohnzimmer ausgebrochen ist. Die von G vorgenommenen Löscharbeiten liegen sowohl im Interesse des E als auch in seinem eigenen.

c) Fremdgeschäftsführungswille

Die GoA setzt weiter voraus, dass der Geschäftsführer mit Fremdgeschäftsführungswil-   10
len tätig geworden ist. Darunter versteht man das Bewusstsein, ein fremdes Geschäft zu führen, sowie den Willen, das Geschäft für einen anderen zu besorgen. Nicht nötig ist es, dass sich der Geschäftsführer Vorstellungen über die Person des Geschäftsherrn macht.

Im Hinblick auf den **Nachweis** des Fremdgeschäftsführungswillens im Prozess ist an die   11
Unterscheidung zwischen objektiv fremden, subjektiv fremden und „auch-fremden" Geschäften anzuknüpfen. Hat der Geschäftsführer ein objektiv fremdes oder wenigstens ein „auch-fremdes" Geschäft besorgt, so wird das Vorliegen des Fremdgeschäfts-
führungswillens vermutet (BGH NJW 2000, 72 f.; NJW 2009, 2590, 2591 Tz. 18). Bei neu-
tralen Geschäften existiert dagegen keine derartige Vermutung; der Geschäftsführer ist im Prozess beweispflichtig dafür, dass er für einen anderen gehandelt, also ein sub-

jektiv fremdes Geschäft geführt hat. Dieser Beweis wird ihm nur gelingen, wenn sein Fremdgeschäftswille äußerlich erkennbar in Erscheinung getreten ist (vgl. BGH NJW 2000, 72, 73).

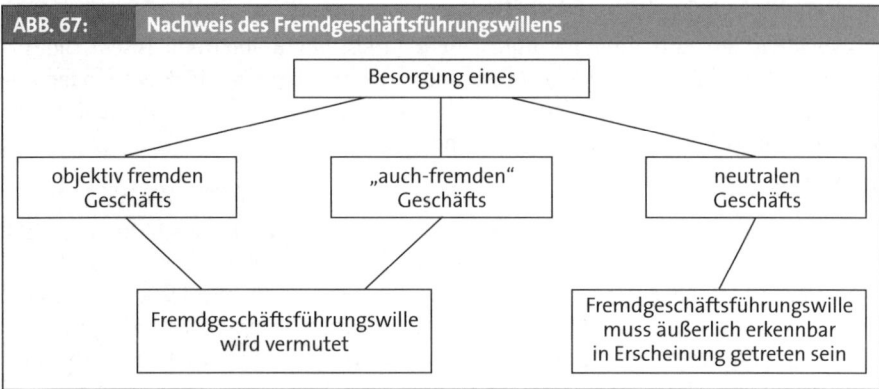

ABB. 67:   **Nachweis des Fremdgeschäftsführungswillens**

Besorgung eines

- objektiv fremden Geschäfts
- „auch-fremden" Geschäfts
- neutralen Geschäfts

Fremdgeschäftsführungswille wird vermutet

Fremdgeschäftsführungswille muss äußerlich erkennbar in Erscheinung getreten sein

d) Fehlen eines Auftrags zur Geschäftsbesorgung oder einer sonstigen Berechtigung hierzu

12   Die §§ 677 ff. BGB sind nur anwendbar, wenn der Geschäftsführer vom Geschäftsherrn weder beauftragt noch ihm gegenüber sonst zur Geschäftsführung berechtigt ist (§ 677 BGB). Eine derartige Berechtigung kann auf einem Rechtsgeschäft oder einer gesetzlichen Bestimmung (Beispiel: § 1626 BGB) beruhen.

e) Berechtigung zur Übernahme der Geschäftsführung

13   Schließlich muss der Geschäftsführer zur Übernahme der Geschäftsführung berechtigt gewesen sein. Dies ist dann der Fall, wenn

- ▶ die Übernahme der Geschäftsführung dem Interesse und dem wirklichen oder mutmaßlichen Willen des Geschäftsherrn entspricht (§ 683 Satz 1 BGB) oder

- ▶ ein entgegenstehender Wille des Geschäftsherrn wegen § 679 BGB unbeachtlich ist (§ 683 Satz 2 BGB) oder

- ▶ der Geschäftsherr die zunächst unberechtigte GoA genehmigt und dadurch zur berechtigten macht (§ 684 Satz 2 BGB).

14   Dem **Interesse** des Geschäftsherrn entspricht die Übernahme der Geschäftsführung dann, wenn sie ihm **objektiv nützlich** ist. Der **wirkliche Wille** des Geschäftsherrn ist der von ihm **geäußerte Wille**. Auf den mutmaßlichen Willen ist abzustellen, wenn der wirkliche Wille nicht festgestellt werden kann. Um den **mutmaßlichen Willen** festzustellen, ist danach zu fragen, ob ein **vernünftiger Geschäftsherr** bei Kenntnis aller Umstände der Übernahme **der Geschäftsführung zugestimmt** hätte. Dies wird dann der Fall sein, wenn die Geschäftsführung dem Geschäftsherrn nützlich ist. Daher deckt sich der mutmaßliche Wille regelmäßig mit dem Interesse des Geschäftsherrn. Vom Gesetzeswortlaut her ist es erforderlich, dass die Übernahme dem Interesse und dem Willen des Geschäftsherrn entspricht (vgl. § 683 Satz 1 BGB). In Wirklichkeit ist es aber so, dass der **wirkliche Wille vorrangig** ist. Die GoA ist daher berechtigt, wenn sie dem geäußerten

Willen des Geschäftsherrn entspricht, auch wenn dieser Wille dem objektiv verstandenen Interesse des Geschäftsherrn zuwider läuft (vgl. z. B. *Musielak*, Grundkurs BGB, Rn. 708; *Medicus/Petersen*, Bürgerliches Recht, Rn. 422).

> **BEISPIEL** G ersteigert für seinen Freund, den Philatelisten E, auf einer Auktion eine seltene Briefmarke zu einem Kaufpreis i. H. von 1 000 €, ohne dass E ihn darum gebeten hat. E ist schon seit Jahren auf der Suche nach dieser Marke und hat gegenüber dem G mehrfach ernsthaft geäußert, dass ohne Weiteres bereit wäre, für die Marke 2 000 € hinzulegen. G weiß zwar, dass sich E eine derartige Ausgabe eigentlich nicht leisten kann. Gleichwohl ist die Geschäftsführung eine berechtigte, weil G in Übereinstimmung mit dem wirklichen Willen des E handelt.

Die GoA ist ferner dann berechtigt, wenn der Geschäftsherr mit der Geschäftsführung   15
zwar nicht einverstanden ist, sein entgegenstehender Wille aber gem. § 679 BGB unbeachtlich ist. Dies ist dann der Fall, wenn ohne die Geschäftsführung eine Pflicht des Geschäftsherrn, deren Erfüllung im öffentlichen Interesse liegt (z. B. Räumpflicht im Winter), oder eine gesetzliche Unterhaltspflicht nicht rechtzeitig erfüllt werden würde (Einzelheiten bei *Brox/Walker*, Schuldrecht BT, § 35 Rn. 27 ff.).

Schließlich steht es dem Geschäftsführer frei, sich mit einer ursprünglich unberechtig-   16
ten Geschäftsführung nachträglich einverstanden zu erklären und sie dadurch zur berechtigten zu machen (§ 684 Satz 2 BGB).

2. Rechtsfolgen

Das gesetzliche Schuldverhältnis der berechtigten GoA begründet Rechte und Pflichten   17
sowohl für den Geschäftsführer als auch für den Geschäftsherrn.

a) Pflichten des Geschäftsführers

Der Geschäftsführer ist gem. § 677 BGB verpflichtet, das (zu Recht übernommene) Ge-   18
schäft so auszuführen, wie es das Interesse des Geschäftsherrn mit Rücksicht auf dessen wirklichen oder mutmaßlichen Willen erfordert.

Weitere Pflichten des Geschäftsführers sind in § 681 BGB geregelt, dessen Satz 2 in das   19
Auftragsrecht verweist. Nach § 681 Satz 1 BGB besteht die Verpflichtung, dem Geschäftsherrn die Übernahme der Geschäftsführung anzuzeigen. Ferner ist der Geschäftsführer gem. §§ 681 Satz 2, 666 BGB zur Auskunftserteilung und Rechenschaftslegung verpflichtet. Von besonderer Bedeutung ist die sich aus **§§ 681 Satz 2, 667 BGB** ergebende **Pflicht** des Geschäftsführers, **dem Geschäftsherrn alles herauszugeben**, was er **durch** die **Geschäftsführung erlangt** hat.

> **BEISPIEL** G hat für E in berechtigter GoA eine Briefmarke zu einem Preis i. H. von 1 000 € ersteigert. Er muss dem E die Briefmarke gem. §§ 681 Satz 2, 667 BGB herausgeben. E ist seinerseits aus §§ 683 Satz 1, 670 BGB verpflichtet, die Aufwendungen des G i. H. von 1 000 € zu erstatten (hierzu unten 22).

Verletzt der Geschäftsführer eine seiner Pflichten, so schuldet er dem Geschäftsherrn   20
Schadensersatz aus § 280 Abs. 1 BGB. Voraussetzung für einen Schadensersatzanspruch ist, dass der Geschäftsführer die Pflichtverletzung zu vertreten hat. Insofern bestimmt § 680 BGB, dass der Geschäftsführer nur für Vorsatz und grobe Fahrlässigkeit einstehen

muss, wenn die Geschäftsführung die Abwendung einer dem Geschäftsherrn drohenden dringenden Gefahr bezweckt.

> **BEISPIEL** ▶ G dringt in das Haus seines abwesenden Nachbarn E ein, um einen Brand zu löschen. In der Eile stößt er infolge eines kleinen Versehens die im Flur stehende wertvolle Vase des E um. Hier muss G nicht gem. §§ 280 Abs. 1, 677 BGB Schadensersatz leisten; die ihm zur Last zu legende leichte Fahrlässigkeit hat er wegen § 680 BGB nicht zu vertreten.

b) Pflichten des Geschäftsherrn

21   Für den Geschäftsherrn besteht gem. **§§ 683 Satz 1, 670 BGB** die **Pflicht**, dem Geschäftsführer die **Aufwendungen zu ersetzen**, die dieser den Umständen nach für erforderlich halten durfte. Unter Aufwendungen sind freiwillige Vermögensopfer zu verstehen. Für den Einsatz seiner Arbeitskraft kann der Geschäftsführer nur dann eine Vergütung verlangen, wenn die von ihm ausgeführte Tätigkeit zu seinem Gewerbe oder zu seinem Beruf gehört (vgl. BGHZ 69, 34, 36). Schäden sind keine Aufwendungen i. S. des § 670 BGB, weil sie nicht freiwillig erlitten werden. Gleichwohl sind Schäden vom dem Ersatzanspruch aus §§ 683 Satz 1, 670 BGB umfasst, sofern sie auf einer mit der Geschäftsführung verbundenen erhöhten Gefahrenlage und nicht lediglich auf dem allgemeinen Lebensrisiko beruhen.

> **BEISPIEL** ▶ Als sich der Landarzt G auf dem Weg zu einem Hausbesuch befindet, sieht er den Motorradfahrer E verletzt im Straßengraben liegen. Er versorgt den E fachmännisch unter Verwendung von Verbandsmaterial, das er mit sich führt, und bringt ihn ins Krankenhaus. Die Polster seines Pkw werden unterwegs mit dem Blut des E beschmutzt. G kann von E gem. §§ 683 Satz 1, 670 BGB verlangen:
> - die Kosten für das Verbandsmaterial,
> - eine Vergütung für die ärztliche Versorgung (G ist Arzt!) und
> - die Kosten für die Reinigung der Polster.

III. Die unberechtigte Geschäftsführung ohne Auftrag

1. Voraussetzungen

22   Die unberechtigten GoA unterscheidet sich von der berechtigten nur dadurch, dass keiner der oben in Rn. 14 ff. dargestellten Berechtigungsgründe vorliegt. Im Übrigen sind die Voraussetzungen von berechtigter und unberechtigter GoA dieselben.

2. Rechtsfolgen

23   Die **Rechtsfolgen** der unberechtigten GoA sind zum größten Teil **nicht** in den **§§ 677 ff. BGB** geregelt. Maßgeblich sind vielmehr die Vorschriften über die Pflicht zur Herausgabe einer ungerechtfertigten Bereicherung (§§ 812 ff. BGB) und die Regelungen über Schadensersatzansprüche aus unerlaubter Handlung (§§ 823 ff. BGB).

24   Im Falle der unberechtigten GoA treffen den **Geschäftsführer** die oben Rn. 19 ff. dargestellten Pflichten nicht (vgl. *Brox/Walker*, Schuldrecht BT, § 36 Rn. 3 f.). Vielmehr treten die in §§ 812 ff. und 823 ff. BGB geregelten Rechtsfolgen ein. Darüber hinaus ge-

währt **§ 678 BGB** (lesen!) dem Geschäftsherrn einen speziellen Schadensersatzanspruch gegen den Geschäftsführer. Danach ist der Geschäftsführer, der die fehlende Berechtigung zur GoA erkennen konnte, zum Ersatz des dem Geschäftsherrn aus der Geschäftsführung entstehenden Schadens auch dann verpflichtet, wenn er bei der Durchführung des Geschäfts nicht schuldhaft gehandelt hat. § 678 BGB unterwirft denjenigen einer besonders scharfen Schadensersatzhaftung, der erkennen konnte, dass er sich zu Unrecht in fremde Angelegenheiten einmischt. Hierzu folgendes

> **BEISPIEL** ► G ist unsterblich in seine Nachbarin E verliebt. Um auf sich aufmerksam zu machen, putzt er das Auto der E, das auf der Straße geparkt ist. Die von G verwendete neuartige Autopolitur weist einen für ihn nicht erkennbaren Konstruktionsfehler auf, der dazu führt, dass sich der Lack am Auto der E verfärbt. G muss der E den entstandenen Schaden gem. § 678 BGB ersetzen, obwohl er die Fehlerhaftigkeit der Politur nicht erkennen konnte.

Da der **Geschäftsherr** bei der unberechtigten GoA dem Geschäftsführer seine Aufwendungen nicht ersetzen muss, wäre es ungerecht, wenn er die Vorteile aus der Geschäftsführung behalten dürfte. Daher bestimmt **§ 684 BGB** (lesen!), dass der Geschäftsherr dem Geschäftsführer alles, was er aus der Geschäftsführung erlangt, nach den Vorschriften über die Herausgabe einer ungerechtfertigten Bereicherung herauszugeben hat.   25

> **BEISPIEL** ► G möchte seinem Nachbarn N eine Freude machen und kauft daher sieben Gartenzwerge, die er im Garten des N aufstellt, als dieser gerade nicht zu Hause ist. N verabscheut Gartenzwerge und ist nicht bereit, das Handeln des G nachträglich zu billigen (vgl. § 684 Satz 2 BGB) und die Gartenzwerge zu bezahlen. Hierzu ist er auch nicht verpflichtet, er muss dem G lediglich die Zwerge gem. § 684 Satz 1 BGB herausgeben.

IV. Die Eigengeschäftsführung („unechte" Geschäftsführung ohne Auftrag)

Den Fällen der Eigengeschäftsführung ist gemeinsam, dass jemand ein **objektiv fremdes Geschäft ohne Fremdgeschäftsführungswillen** führt. Wegen des Fehlens des Fremdgeschäftsführungswillens kommt auch eine nachträgliche Genehmigung durch den Geschäftsherrn nicht in Betracht.   26

1. Irrtümliche Eigengeschäftsführung

Im Hinblick auf die irrtümliche Eigengeschäftsführung bestimmt **§ 687 Abs. 1 BGB**, dass die Vorschriften über die Geschäftsführung ohne Auftrag keine Anwendung finden. Die Rechtsfolgen richten sich ausschließlich nach den bereicherungs- und deliktsrechtlichen Bestimmungen. Wir wollen dies nicht vertiefen (siehe hierzu etwa *Klunzinger*, § 55 IV. 2.).   27

2. Geschäftsanmaßung

Auch bei der Geschäftsanmaßung sind die Vorschriften über die ungerechtfertigte Bereicherung und über die unerlaubten Handlungen einschlägig. Darüber hinaus be-   28 stimmt **§ 687 Abs. 2 Satz 1 BGB**, dass der Geschäftsherr die Ansprüche geltend machen kann, die ihm im Falle einer berechtigten GoA zustehen würden. Insbesondere kann er gem. §§ 687 Abs. 2 Satz 1, 681 Satz 2, 667 BGB vom Geschäftsführer alles herausverlangen, was dieser aus der Geschäftsführung erlangt hat. Tut er dies, dann – so § 687 Abs. 2 Satz 2 BGB – ist er seinerseits dem Geschäftsführer aus § 684 Satz 1 BGB verpflichtet. Diese Verweisung auf § 684 Satz 1 BGB ist so zu verstehen, dass der Geschäftsherr dem Geschäftsführer zum Aufwendungsersatz verpflichtet ist, wenn er von diesem das aus der Geschäftsführung Erlangte herausverlangt (für Interessierte: *Medicus/Petersen*, Bürgerliches Recht, Rn. 419; *Musielak*, Grundkurs BGB, Rn. 723). Was dies bedeutet, wollen wir uns abschließend klar machen durch ein

BEISPIEL ▶ G stiehlt das Auto des E, das 2 000 € wert ist, und verkauft es für 2 100 € an den gutgläubigen D, nachdem er die Zulassungsbescheinigung gefälscht hat. Für die Zeitungsannonce, auf die hin D sich gemeldet hat, hat G 50 € bezahlt.

G hat durch die Geschäftsführung (die Veräußerung des ihm nicht gehörenden Autos) 2 100 € erlangt, die er auf Verlangen des E gem. §§ 687 Abs. 2 Satz 1, 681 Satz 2, 667 BGB an diesen herausgeben muss. Macht E seinen Anspruch geltend, dann muss er dem G nach §§ 687 Abs. 2 Satz 2, 684 Satz 1 BGB die Aufwendungen i. H. von 50 € ersetzen.

§ 41 Ungerechtfertigte Bereicherung

LITERATUR

Bayreuther/Arnold, Der praktische Fall – Bürgerliches Recht: Rückabwicklung einer rechtsgrundlosen Verfügung durch einen minderjährigen Nichtberechtigten, JuS 2003, 769; *Conrad*, Die bereicherungsrechtliche Rückabwicklung nach Anfechtung wegen arglistiger Täuschung (§ 123 I Var. 1 BGB), JuS 2009, 397; *Lorenz*, Bereicherungsrechtliche Drittbeziehungen, JuS 2003, 729, 839; *Medicus*, Die verschärfte Haftung des Bereicherungsschuldners, JuS 1993, 705.

I. Überblick

Das in §§ 812 ff. BGB geregelte Bereicherungsrecht ist eine äußerst komplexe Materie, die im Folgenden stark vereinfacht dargestellt ist. Den Studierenden soll lediglich ein Einblick in die Grundstrukturen dieses schwierigen Rechtsgebiets vermittelt werden.   1

Die in §§ 812 ff. BGB enthaltenen Regelungen verfolgen den **Zweck, Vermögensverschiebungen rückgängig** zu machen, **die** materiell **nicht gerechtfertigt** sind. Die beim „Bereicherten" eingetretene Vermögensvermehrung soll zugunsten des „Entreicherten" wieder beseitigt werden (*Brox/Walker*, Schuldrecht BT, § 39 Rn. 1).   2

> **BEISPIEL ►** V hat dem K seine gebrauchte Stereoanlage verkauft und ihm übergeben und übereignet. Anschließend ficht V den Kaufvertrag wegen Irrtums an. Dies hat zur Folge, dass der Kaufvertrag nichtig ist (vgl. § 142 Abs. 1 BGB), ändert aber nichts an der Tatsache, dass K Eigentümer der Stereoanlage geworden ist. Wegen des Wegfalls des Kaufvertrags ist aber der Eigentumserwerb durch K nicht mehr gerechtfertigt; der rechtliche Grund für den Erwerb des Eigentums ist entfallen. K ist daher gem. § 812 Abs. 1 Satz 2 BGB verpflichtet, dem V die Anlage zurückzuübereignen.

Die §§ 812 ff. BGB gehen zurück auf römischrechtliche Vorbilder. Die einzelnen Ansprüche werden heute noch als Kondiktionen bezeichnet. Wenn die Bereicherung – wie im obigen Beispiel – auf einer Leistung des Entreicherten beruht, spricht man von **Leistungskondiktion**. Die verbleibenden, recht unterschiedlichen Fallgestaltungen werden unter dem Oberbegriff der **Bereicherung in sonstiger Weise** zusammengefasst. In allen Fällen ist Voraussetzung, dass der Bereicherungsschuldner **etwas ohne rechtlichen Grund erlangt** hat.   3

II. Die Leistungskondiktion

1. Voraussetzungen

a) Etwas erlangt

Ein Bereicherungsanspruch setzt zunächst voraus, dass der Bereicherungsschuldner „etwas erlangt" hat, vgl. den Wortlaut des **§ 812 Abs. 1 Satz 1 BGB** (lesen!). Gemeint ist   4 damit ein Vermögensvorteil. Etwas erlangt hat der Bereicherungsschuldner also dann, wenn sich seine **Vermögenslage verbessert** hat. Worin diese Verbesserung besteht, ist unerheblich. Eine Verbesserung der Vermögenslage kann in einer Vermehrung der Aktiva (z. B. Übereignung einer Sache oder Begründung einer Forderung) oder in der Verminderung der Passiva (z. B. Erlass einer Schuld) bestehen. Etwas erlangt hat der Bereicherungsschuldner ferner dann, wenn ihm Dienstleistungen oder Gebrauchsvorteile zugewendet worden sind (siehe *Brox/Walker*, Schuldrecht BT, § 40 Rn. 5).

b) Durch Leistung des Bereicherungsgläubigers

5   Ferner muss der Schuldner den Vermögensvorteil **durch Leistung** des Bereicherungsgläubigers erlangt haben. Unter Leistung versteht man die **bewusste und zweckgerichtete Mehrung fremden Vermögens** (BGH NJW 1972, 864, 865; BGHZ 185, 341 Tz. 25).

6   Eine **Leistung** liegt daher **nicht** vor, wenn der **Zuwendende** sich dessen gar **nicht bewusst** ist, dass er **fremdes Vermögen vermehrt** (*Musielak*, Grundkurs BGB, Rn. 726).

> **SCHULBEISPIEL** ▸ Gläubig (G) füttert den Papagei des Schuldig (S), mit dem er in einer Wohngemeinschaft zusammenlebt. Er verwendet dabei Futter, das ihm gehört, in der irrigen Annahme, das Futter gehöre dem S. G hat dem S das Futter nicht geleistet, weil er sich dessen nicht bewusst gewesen ist, dass er eigenes Futter verwendet. G kann daher gegen S wegen des Futters nicht aufgrund einer Leistungskondiktion vorgehen (in Betracht kommt aber eine Bereicherung des S in sonstiger Weise; hierzu unten Rn. 26).

7   Ferner muss die Leistung **zweckgerichtet** sein. **Von Bedeutung** ist das Merkmal der Zweckrichtung der Leistung **vor allem** dann, wenn **drei Personen** beteiligt sind. Es dient in diesen Fällen zur **Bestimmung der Parteien des Bereicherungsanspruchs**: Wenn der Zuwendende gegenüber dem Empfänger der Zuwendung gar keinen Leistungszweck verfolgt und der Zuwendungsempfänger dies auch erkennen kann, dann liegt jedenfalls im Verhältnis zwischen dem Zuwendenden und dem Empfänger der Zuwendung keine Leistung vor. Eine Leistungskondiktion des Zuwendenden gegen den Empfänger der Zuwendung scheidet in diesem Fall aus.

> **BEISPIEL 1** ▸ A verkauft dem B ein Gemälde und B verkauft dieses Gemälde an C weiter. B bittet den A, das Gemälde gleich unmittelbar an C zu übereignen.
>
> Wenn hier A das Bild – der Weisung des B folgend – unmittelbar an C übereignet, dann vermehrt er zwar bewusst das Vermögen des C. Aber er verfolgt gegenüber dem C keinen Leistungszweck. Denn er will durch die Übereignung des Bildes an C von seiner Schuld gegenüber B frei werden. Daher liegt in der Übereignung des Bildes von A an C keine Leistung des A an C i. S. des Bereicherungsrechts. Vielmehr liegt eine Leistung des B an C vor; B bedient sich des A, um von seiner Verpflichtung gegenüber C frei zu werden. Leistungsbeziehungen liegen also nur vor im Verhältnis zwischen A und B und im Verhältnis zwischen B und C.
>
> Dies spielt eine Rolle für den Fall, dass eine Rückabwicklung der Verträge erforderlich wird. Eine derartige Rückabwicklung darf nur innerhalb der einzelnen Leistungsbeziehungen erfolgen, also im Verhältnis von C zu B und von B zu A. Auch dann, wenn sowohl der Kaufvertrag zwischen A und B als auch der Kaufvertrag zwischen B und C nichtig ist, kann A nicht unmittelbar von C die Rückübereignung des Gemäldes verlangen: A hat nur einen Bereicherungsanspruch gegen B und dieser einen Bereicherungsanspruch gegen C.

BEISPIEL 2 ▶ B weist seine Bank A an, einen Geldbetrag unmittelbar an seinen Gläubiger C aus-
zuzahlen. Wenn die Bank auf die Anweisung des B hin an C zahlt, dann liegt eine Leistung der
Bank an B (im Rahmen des Bankvertrags) sowie eine Leistung des B an den Gläubiger C vor,
durch die die Schuld des B gegenüber C getilgt werden soll. Die Bank A hat dagegen keine Leistung an den C erbracht.

Wir sehen, dass sich hier schwierige Rechtsfragen stellen, die wir jedoch nicht weiter   8
vertiefen wollen (für Interessierte: *Brox/Walker*, Schuldrecht BT, § 40 Rn. 10 ff.; *Musielak*,
Grundkurs BGB, Rn. 726).

c) Ohne rechtlichen Grund

Schließlich ist die durch Leistung verursachte Vermögensmehrung nur dann rückgängig   9
zu machen, wenn sie ohne Rechtsgrund erfolgt ist. Insofern sind **vier Fallgruppen** zu
unterscheiden, für die das Gesetz **unterschiedliche Anspruchsgrundlagen** bereithält.

aa) Fehlen des rechtlichen Grundes

Wenn ein die Leistung rechtfertigender Grund von vornherein nicht vorhanden gewe-   10
sen ist, spricht man von **condictio indebiti**. Der Bereicherungsgläubiger hat geleistet,
obwohl gar keine Verbindlichkeit bestanden hat. **Anspruchsgrundlage** ist in diesem Fall
§ 812 Abs. 1 Satz 1 Alt. 1 BGB.

BEISPIEL ▶ A hat dem minderjährigen B seine gebrauchte Digitalkamera verkauft und sogleich
übereignet. Der Kaufvertrag ist unwirksam, weil ihn die Eltern des B nicht genehmigen (vgl.
§ 108 BGB). Die Übereignung (vgl. § 929 BGB) der Kamera von A an B ist aber wirksam, weil sie
für den B nur rechtliche Vorteile mit sich bringt (vgl. § 107 BGB). Die Übereignung ist aber
ohne Rechtsgrund erfolgt, weil der Kaufvertrag, zu dessen Erfüllung sie vorgenommen wurde,
unwirksam ist. Daher muss B dem A die Kamera nach § 812 Abs. 1 Satz 1 Alt. 1 BGB rücküber-
eignen.

Ein Bereicherungsanspruch besteht nach § 813 Abs. 1 Satz 1 BGB auch dann, wenn die   11
Verbindlichkeit, die der Leistende erfüllen wollte, zwar bestand, aber mit einer dauernden Einrede behaftet gewesen ist. Wird allerdings ein verjährter Anspruch erfüllt, dann
kann das zur Erfüllung dieses Anspruchs Geleistete nicht zurückgefordert werden
(§§ 813 Abs. 1 Satz 2, 214 Abs. 2 BGB).

bb) Späterer Wegfall des rechtlichen Grundes

Ist der rechtliche Grund später weggefallen, spricht man von **condictio ob causam fini-**   12
tam; Anspruchsgrundlage ist **§ 812 Abs. 1 Satz 2 Alt. 1 BGB**.

BEISPIEL ▶ Der Kaufvertrag, aufgrund dessen A dem B die Sache übereignet hat, wird angefochten.

cc) Nichteintritt des bezweckten Erfolgs

Anspruchsgrundlage bei Nichteintritt des bezweckten Erfolgs ist **§ 812 Abs. 1 Satz 2**   13
Alt. 2 BGB; man spricht auch von **condictio ob rem**. Dieser Bereicherungsanspruch ist
recht kompliziert. Er ist von folgenden Voraussetzungen abhängig:

14   Der **Leistende** muss durch die Leistung einen **Erfolg bezweckt** haben. Hierbei muss es sich um einen Erfolg handeln, **der über** die bloße **Tilgung der Schuld hinausgeht** (wird der Zweck der Schuldtilgung verfehlt, dann liegen ohnehin die Voraussetzungen der condictio indebiti vor). Ferner müssen sich der Leistende und der Leistungsempfänger irgendwie über diesen Erfolg verständigt haben; eine einseitige – dem Empfänger nicht bekannte – Erwartung der Leistenden genügt nicht. Kurz: Der Leistende versucht, den Empfänger der Leistung zu einem Verhalten zu bewegen, das er von ihm nicht beanspruchen kann; der Empfänger kennt den Leistungszweck und gibt durch die Annahme der Leistung zu verstehen, dass er diesen Zweck billigt. Tritt der mit der Leistung bezweckte Erfolg nicht ein, dann besteht der Bereicherungsanspruch aus § 812 Abs. 1 Satz 2 Alt. 2 BGB.

> **BEISPIEL** ▶ G lebt als Mieter im Haus seiner Großtante S. Er kommt auch für den Unterhalt der S auf, da diese ihm versprochen hat, ihm das „Häuschen" einmal zu vererben. Für den Unterhalt der S wendet G im Laufe der Jahre 30 000 € auf. Als S verstirbt, muss G feststellen, dass S kurz vor ihrem Tod ihr Testament geändert und den D zum Alleinerben eingesetzt hat. G kann von D den aufgewendeten Unterhalt gem. § 812 Abs. 1 Satz 2 Alt. 2 BGB zurückfordern.

dd)   Sonderfall: § 817 Satz 1 BGB

15   Schließlich kann das Geleistete zurückgefordert werden, wenn der Zweck der Leistung in der Art bestimmt ist, dass der Empfänger mit der Annahme der Leistung gegen die guten Sitten oder gegen ein gesetzliches Verbot verstößt (**condictio ob turpem vel iniustam causam**). Die praktische Bedeutung des § 817 Satz 1 BGB ist sehr gering. Denn wenn der Empfänger durch die Annahme der Leistung gegen die guten Sitten oder gegen ein gesetzliches Verbot verstößt, dann wird regelmäßig schon das der Leistung zugrunde liegende Verpflichtungsgeschäft nichtig sein (§§ 134, 138 BGB), so dass ohnehin ein Bereicherungsanspruch nach § 812 Abs. 1 Satz 1 Alt. 1 BGB besteht (siehe *Brox/Walker*, Schuldrecht BT, § 41 Rn. 2).

> **BEISPIEL** ▶ G schenkt dem Finanzbeamten S eine wertvolle Goldmünze, weil S ihn bei der Anfertigung seiner Steuererklärung mehrfach telefonisch beraten hat. Hier ist bereits der (schuldrechtliche) Schenkungsvertrag zwischen G und S gem. § 134 BGB nichtig: Sowohl G (wegen Vorteilsgewährung, § 333 StGB) als auch S (wegen Vorteilsannahme, § 331 StGB) haben sich strafbar gemacht und gegen ein gesetzliches Verbot verstoßen. Die Übereignung der Goldmünze von G an S ist daher ohne Rechtsgrund erfolgt. G könnte daher die Rückübereignung von S schon gem. § 812 Abs. 1 Satz 1 Alt. 1 BGB verlangen (wenn nicht § 817 Satz 2 BGB zum Zug käme!).

2.   Ausschluss des Anspruchs

16   Unter bestimmten Voraussetzungen ist der Bereicherungsanspruch ausgeschlossen. Maßgeblich ist insoweit, auf welche der oben dargestellten Anspruchsgrundlagen der Bereicherungsanspruch gestützt wird. Im Einzelnen gilt Folgendes:

a)   Ausschluss des Anspruchs aus § 812 Abs. 1 Satz 1 Alt. 1 BGB: § 814 BGB

17   Der Anspruch wegen Fehlens des rechtlichen Grundes ist ausgeschlossen, wenn der Leistende zum Zeitpunkt der Leistung gewusst hat, dass er zu der Leistung nicht ver-

pflichtet gewesen ist. Ferner ist der Anspruch ausgeschlossen, wenn sich der Leistende irrtümlich zur Leistung verpflichtet gehalten hat, die Leistung aber einer sittlichen Pflicht oder einer auf den Anstand zu nehmenden Rücksicht entsprochen hat (**§ 814 BGB**; lesen!).

BEISPIEL ▶ G gewährt seiner verarmten Schwester S Unterhalt in der irrigen Annahme, hierzu rechtlich verpflichtet zu sein. Er kann den Unterhalt nicht zurückfordern, weil er durch die Leistung einer sittlichen Pflicht entsprochen hat (*Brox/Walker*, Schuldrecht BT, § 41 Rn. 27).

b) Ausschluss des Anspruchs aus § 812 Abs. 1 Satz 2 Alt. 2 BGB: § 815 BGB

Der Bereicherungsanspruch wegen Nichteintritts des mit der Leistung bezweckten Erfolgs ist ausgeschlossen, wenn der Erfolgseintritt von vornherein unmöglich gewesen ist und der Leistende dies gewusst hat. Ferner ist der Anspruch ausgeschlossen, wenn der Leistende den Eintritt des Erfolgs wider Treu und Glauben verhindert hat (**§ 815 BGB**; lesen!).   18

c) § 817 Satz 2 BGB

Der Bereicherungsanspruch wegen verwerflicher Annahme der Leistung ist dann ausgeschlossen, wenn sich auch der Leistende einen Verstoß gegen ein gesetzliches Verbot oder gegen die guten Sitten hat zuschulden kommen lassen.   19

BEISPIEL ▶ In dem obigen Fall, in dem der Finanzbeamte S die wertvolle Goldmünze erhalten hat, ist der Bereicherungsanspruch des G wegen § 817 Satz 2 BGB ausgeschlossen. Denn auch G hat gegen ein gesetzliches Verbot verstoßen (§ 333 StGB).

Zu § 817 Satz 2 BGB (lesen!) sei noch Folgendes bemerkt: Die Bestimmung gilt entgegen ihrem Wortlaut („gleichfalls") auch dann, wenn nur dem Leistenden ein Verstoß gegen die guten Sitten oder gegen ein gesetzliches Verbot zur Last gelegt werden kann. Und schließlich regelt **§ 817 Satz 2 BGB** nicht nur einen **Ausschlussgrund** für den Anspruch aus § 817 Satz 1 BGB; vielmehr gilt § 817 Satz 2 BGB **für alle Formen der Leistungskondiktion** (siehe *Musielak*, Grundkurs BGB, Rn. 731).   20

Die Vorschrift ist im Übrigen rechtspolitisch umstritten. Es geht hier nicht darum, den Leistenden zu bestrafen, indem ihm der Anspruch versagt wird. Die Vorschrift hat **keinen Strafcharakter** (*Brox/Walker*, Schuldrecht BT, § 41 Rn. 7). Die Rechtsordnung will sich ganz einfach heraushalten, will mit dem beiderseits gesetz- oder sittenwidrigen Verhalten nichts zu tun haben. Dass diese Vorgehensweise nicht zweifelsfrei ist, zeigt uns das obige Beispiel: Der Beamte, der die Goldmünze angenommen hat, hat sich ohne Zweifel mehr zuschulden kommen lassen als der andere Teil; gleichwohl darf er die Münze wegen § 817 Satz 2 BGB behalten.   21

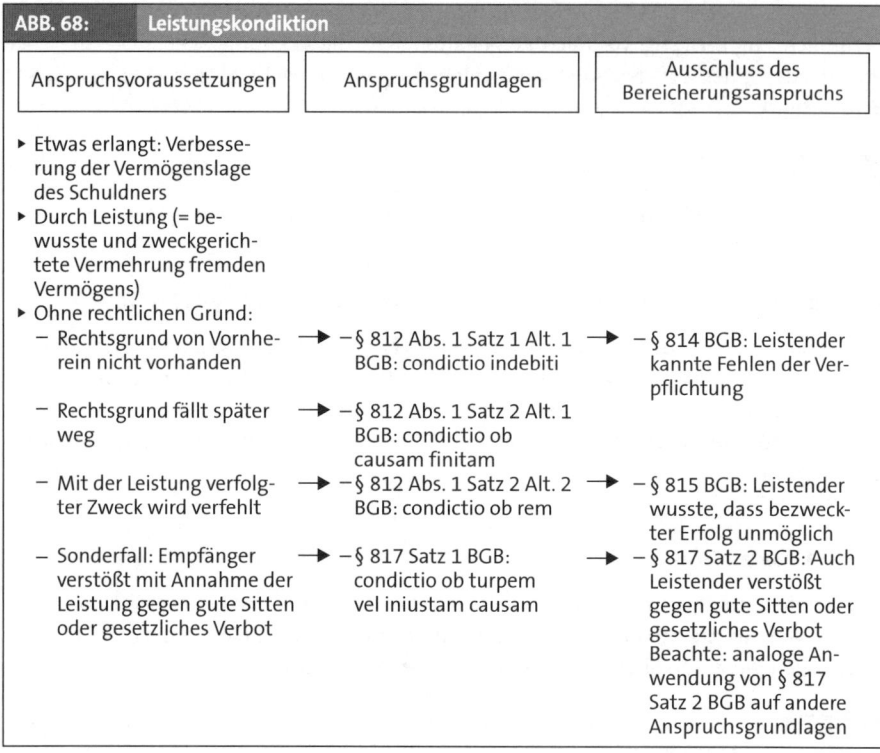

ABB. 68: Leistungskondiktion

Anspruchsvoraussetzungen	Anspruchsgrundlagen	Ausschluss des Bereicherungsanspruchs
▸ Etwas erlangt: Verbesserung der Vermögenslage des Schuldners ▸ Durch Leistung (= bewusste und zweckgerichtete Vermehrung fremden Vermögens) ▸ Ohne rechtlichen Grund:		
– Rechtsgrund von Vornherein nicht vorhanden	➤ – § 812 Abs. 1 Satz 1 Alt. 1 BGB: condictio indebiti	➤ – § 814 BGB: Leistender kannte Fehlen der Verpflichtung
– Rechtsgrund fällt später weg	➤ – § 812 Abs. 1 Satz 2 Alt. 1 BGB: condictio ob causam finitam	
– Mit der Leistung verfolgter Zweck wird verfehlt	➤ – § 812 Abs. 1 Satz 2 Alt. 2 BGB: condictio ob rem	➤ – § 815 BGB: Leistender wusste, dass bezweckter Erfolg unmöglich
– Sonderfall: Empfänger verstößt mit Annahme der Leistung gegen gute Sitten oder gesetzliches Verbot	➤ – § 817 Satz 1 BGB: condictio ob turpem vel iniustam causam	➤ – § 817 Satz 2 BGB: Auch Leistender verstößt gegen gute Sitten oder gesetzliches Verbot Beachte: analoge Anwendung von § 817 Satz 2 BGB auf andere Anspruchsgrundlagen

III. Die Bereicherung in sonstiger Weise (Nichtleistungskondiktion)

1. Allgemeines

22   Auch eine Bereicherung in sonstiger Weise setzt voraus, dass der Bereicherungsschuldner etwas ohne rechtlichen Grund erlangt hat. Wenn er dieses Etwas allerdings durch Leistung erlangt hat, dann scheidet ein Anspruch aus Bereicherung in sonstiger Weise aus: Die **Leistungskondiktion** ist **vorrangig**.

2. Ansprüche aus § 812 Abs. 1 Satz 1 Alt. 2 BGB

23   Drei Fallgruppen der Nichtleistungskondiktion sind bereits in **§ 812 Abs. 1 Satz 1 Alt. 2 BGB** (lesen!) selbst geregelt: Vorausgesetzt ist dort, dass jemand etwas in sonstiger Weise auf Kosten eines anderen erlangt hat. Wir möchten uns im Wesentlichen darauf beschränken, die Fallgruppen zu nennen und jeweils anhand eines Beispiels klarzustellen, was überhaupt gemeint ist.

a) Eingriffskondiktion

24   Von einer Eingriffskondiktion wird gesprochen, wenn jemand durch eigenes Handeln oder auch durch ein Naturereignis etwas erlangt hat, was ihm nicht gebührt. Objekt

des Eingriffs ist eine Rechtsposition, deren wirtschaftliche Verwertung dem Gläubiger zugewiesen ist (auf „dessen Kosten" der Eingriff daher erfolgt ist). Es wird daher auch gesagt, die Bereicherung sei ungerechtfertigt, wenn sie im **Widerspruch zum Zuweisungsgehalt des verletzten Rechts** steht (*Medicus/Petersen*, Bürgerliches Recht, Rn. 706).

> **BEISPIELE** S wohnt mit G in einer Wohngemeinschaft und verbraucht dessen Lebensmittel in der irrigen Annahme, es seien seine eigenen (Eingriff durch eigenes Handeln des S).
>
> Die Kühe des S brechen aus, dringen auf die dem G gehörende Weide vor und grasen sie ab (Eingriff durch ein Naturereignis).

In beiden Fällen ist in das Eigentum des G eingegriffen worden, und es ist klar, dass der Gebrauch und Verbrauch der Sache dem Eigentümer zugewiesen ist.

b) Rückgriffskondiktion

Bei der Rückgriffskondiktion geht es darum, dass jemand (G) die Schuld eines anderen (S) gegenüber einem Dritten begleicht, ohne an den anderen (S) eine Leistung zu erbringen. Der Anwendungsbereich dieses Bereicherungsanspruchs ist recht schmal. 25

c) Verwendungskondiktion

Jemand macht Verwendungen auf eine fremde Sache, ohne dass er dem Eigentümer eine Leistung erbringt. 26

> **BEISPIEL** In dem obigen Beispiel, in dem G den Papagei des S irrtümlich mit eigenem Futter versorgt, liegt eine Verwendungskondiktion vor (siehe oben Rn. 6).

3. Die in § 816 BGB geregelten Ansprüche

In § 816 BGB (lesen!) sind weitere Fälle einer Bereicherung in sonstiger Weise geregelt. 27

a) Entgeltliche Verfügung eines Nichtberechtigten

Wenn ein Nichtberechtigter über einen Gegenstand eine Verfügung trifft, die dem Berechtigten gegenüber wirksam ist, dann muss er das durch die Verfügung Erlangte herausgeben (§ 816 Abs. 1 Satz 1 BGB). Was hiermit gemeint ist, wollen wir uns anhand eines einfachen Beispielsfalls verdeutlichen. 28

> **BEISPIEL** G leiht dem S sein Fahrrad für einige Wochen. Weil S Geld braucht, veräußert er das Fahrrad des G an seinen Studienkollegen D, der nicht weiß, dass S gar nicht Eigentümer des Fahrrads gewesen ist. G verlangt von S den erzielten Kaufpreis i. H. von 200 €.
>
> Die Voraussetzungen des § 816 Abs. 1 Satz 1 BGB liegen hier vor. S ist Nichtberechtigter, da er nicht Eigentümer des Fahrrads ist. S hat aber wirksam über das Fahrrad verfügt: Der Erwerber D konnte nach §§ 929 Satz 1, 932 BGB Eigentum an dem Fahrrad erwerben. Als Folge muss S dem G den Verkaufserlös herausgeben; diesen hat er durch die Verfügung erlangt.

Voraussetzung für einen Anspruch aus § 816 Abs. 1 Satz 1 BGB ist, dass die Verfügung wirksam ist. Wenn dies nicht der Fall ist, dann hat der Berechtigte die Möglichkeit, die Wirksamkeit der Verfügung durch eine nachträgliche Genehmigung (vgl. § 185 Abs. 2 29

Satz 1 Alt. 1 BGB) herbeizuführen und sich dadurch den Anspruch aus § 816 Abs. 1 Satz 1 BGB zu verschaffen.

> **BEISPIEL** ► Wie oben, aber S hat dem G das Fahrrad gestohlen. G möchte das Fahrrad gar nicht mehr zurück; vielmehr will er von S den recht günstigen Kaufpreis i. H. von 200 € kassieren.
>
> Hier liegen die Voraussetzungen des § 816 Abs. 1 Satz 1 BGB zunächst nicht vor. Denn S konnte dem D kein Eigentum an dem gestohlenen Rad verschaffen (vgl. § 935 Abs. 1 BGB); die Verfügung des S war gegenüber dem G nicht wirksam. G kann aber diese Verfügung genehmigen, so dass sie wirksam wird. Die Voraussetzungen des § 816 Abs. 1 Satz 1 BGB liegen dann vor, und G kann von S die 200 € verlangen.

b) Unentgeltliche Verfügung eines Nichtberechtigten

30   In dem Fall, dass ein Nichtberechtigter unentgeltlich an einen Dritten wirksam verfügt, kann der Berechtigte den Gegenstand unmittelbar von dem Dritten herausverlangen (§ 816 Abs. 1 Satz 2 BGB).

> **BEISPIEL** ► S schenkt seinem gutgläubigen Freund D das Fahrrad, das er sich von G ausgeliehen hat. G kann von D gem. § 816 Abs. 1 Satz 2 BGB Rückübereignung des Fahrrads verlangen.

c) Leistung an einen Nichtberechtigten

31   Schließlich ist **§ 816 Abs. 2 BGB** anzusprechen: Wurde an einen Nichtberechtigten eine Leistung erbracht, die dem Berechtigten gegenüber wirksam ist, dann muss der Nichtberechtigte das Geleistete an den Berechtigten herausgeben.

> **BEISPIEL** ► Dritt (D) schuldet dem Schuldig (S) 1 000 €. Am 2. Mai tritt S seine Forderung gegen D an Gläubig (G) ab. D, der hiervon nichts erfahren hat, überweist am 3. Mai die 1 000 € an S.
>
> Gläubiger der Forderung gegen D ist seit dem 2. Mai nicht mehr S, sondern G, dem die Forderung abgetreten worden ist (vgl. § 398 BGB). S war also Nichtberechtigter. Weil aber D zum Zeitpunkt der Leistung davon nichts wusste, musste der (jetzt) berechtigte G gem. § 407 Abs. 1 BGB die Leistung des D an S gegen sich gelten lassen. Es liegt also eine Leistung an einen Nichtberechtigten (S) vor, die dem Berechtigten (G) gegenüber wirksam ist. Die Voraussetzungen des § 816 Abs. 2 BGB liegen vor, und G kann von S die Herausgabe der 1 000 € verlangen.

IV.   Der Umfang der Bereicherungsansprüche

1.   Herausgabe des Erlangten oder Wertersatz

32   Wie sich bereits aus den einzelnen Bereicherungstatbeständen ergibt, ist der Schuldner in erster Linie zur **Herausgabe des Erlangten** verpflichtet (vgl. §§ 812 Abs. 1 Satz 1, 816, 817 Satz 1, 822 BGB). Das bedeutet z. B., dass ein Gegenstand rückzuübereignen oder eine Forderung rückabzutreten ist. Was zu dem Erlangten gehört, wird durch § 818 Abs. 1 Alt. 1 BGB präzisiert. Die Herausgabepflicht erstreckt sich demnach **auch** auf gezogene **Nutzungen**.

> **BEISPIEL 1** ► S hat das von G ohne Rechtsgrund erhaltene Geld auf der Bank angelegt und hierfür Zinsen kassiert. Wegen § 818 Abs. 1 BGB (lesen!) schuldet er dem G nicht nur die Rückgabe des Geldes, sondern auch die Herausgabe der Zinsen.

> **BEISPIEL 2** ► Die herauszugebende Kuh hat ein Kalb bekommen.

Ferner erstreckt sich die Herausgabepflicht auch auf **Surrogate**, also Gegenstände, die   33
an die Stelle des Erlangten getreten sind (§ 818 Abs. 1 Alt. 2 BGB).

> **BEISPIEL 1** Der Bereicherungsschuldner zieht die rechtsgrundlos erlangte Forderung ein. Das Geld hat er „aufgrund des erlangten Rechts" erworben; er muss es dem Bereicherungsgläubiger herausgeben.

> **BEISPIEL 2** Der Pkw, den der Bereicherungsschuldner herauszugeben hat, wird bei einem Verkehrsunfall völlig zerstört. Die Versicherung zahlt. Die Versicherungssumme wurde als „Ersatz für die Zerstörung des erlangten Gegenstands" erworben.

Wenn die Herausgabe des Erlangten nicht möglich ist, dann hat der Schuldner **Wert-**   34
ersatz zu leisten (**§ 818 Abs. 2 BGB**).

> **BEISPIEL 1** G hat aufgrund eines nichtigen Vertrags den Rasen des S gemäht. Hier hat S rechtsgrundlos eine Arbeitsleistung des G erlangt; die Herausgabe ist nach der „Beschaffenheit des Erlangten" nicht möglich. S schuldet daher Wertersatz.

> **BEISPIEL 2** S hat die von G ohne Rechtsgrund erlangten Lebensmittel verbraucht. Da er zur Herausgabe außerstande ist, schuldet er Wertersatz.

2. Wegfall der Bereicherung

Sowohl die Pflicht zur Herausgabe des Erlangten als auch die Pflicht zum Wertersatz   35
stehen unter dem **Vorbehalt**, dass die **Bereicherung noch vorhanden** ist (**§ 818 Abs. 3**
BGB; lesen!). Ist die Bereicherung nachträglich weggefallen, dann werden weder Herausgabe noch Wertersatz geschuldet. Der Zweck des Bereicherungsrechts besteht ja
nur darin, eine nicht gerechtfertigte Vermögensmehrung des Bereicherungsschuldners
rückgängig zu machen; nicht beabsichtigt ist es dagegen, das Vermögen des Bereicherten über den Betrag der Bereicherung hinaus zu mindern (siehe auch *Brox/Walker*,
Schuldrecht BT, § 43 Rn. 6).

Ob die Bereicherung wirklich nicht mehr im Vermögen des Bereicherungsschuldners   36
vorhanden ist, ist dabei anhand einer wirtschaftlichen Betrachtungsweise zu entscheiden. So ist es denkbar, dass die Bereicherung deswegen nicht weggefallen ist, weil sich
der Bereicherte Aufwendungen erspart hat, die er gemacht hätte, wenn er den Gegenstand der Bereicherung nicht erhalten hätte (BGH NJW 2003, 3271; vgl. auch *Musielak*,
Grundkurs BGB, Rn. 748 a. E.).

> **BEISPIEL** In dem obigen Fall, in dem der Bereicherungsschuldner S die Lebensmittel verbraucht hat, schuldet er Wertersatz, sofern die Bereicherung nicht weggefallen ist.
>
> Dies ist dann der Fall, wenn das Vermögen des S trotz des Verbrauchs der Lebensmittel größer ist als es wäre, wenn S die Lebensmittel von vornherein nicht erlangt hätte. Hätte S in diesem Fall die betreffenden Lebensmittel mit eigenen Mitteln angeschafft, dann ist er trotz des Verbrauchs noch bereichert. Die Bereicherung befindet sich in Form der ersparten Aufwendungen noch in seinem Vermögen. Handelt es sich um Luxusgüter, die S sich ansonsten nie geleistet hätte, dann ist mit deren Verbrauch die Bereicherung weggefallen.

Im Rahmen des § 818 Abs. 3 BGB kann der Bereicherungsschuldner auch **vermögens-**   37
mäßige Einbußen geltend machen. Voraussetzung ist, dass der Bereicherungsschuldner
Aufwendungen im Vertrauen auf die Endgültigkeit des Erwerbes gemacht hat (siehe
hierzu *Brox/Walker*, Schuldrecht BT, § 43 Rn. 9; *Musielak*, Grundkurs BGB, Rn. 749).

> **BEISPIEL** Schuldig (S) ist mit dem Pkw, den er dem Gläubig (G) herausgeben muss, beim Kundendienst gewesen. Die Kosten hierfür kann er bereicherungsmindernd geltend machen.

38   Im Zusammenhang mit dem Wegfall der Bereicherung sei noch auf § 822 BGB (lesen!) hingewiesen; bei dieser Vorschrift handelt es sich um eine Anspruchsgrundlage. § 822 BGB setzt voraus, dass der Bereicherungsschuldner den Gegenstand der Bereicherung unentgeltlich einem Dritten zuwendet und er sich deswegen auf den Wegfall der Bereicherung berufen kann. In diesem Fall kann sich der Bereicherungsgläubiger unmittelbar an den Dritten halten und von ihm den Gegenstand herausverlangen. Die Vorschrift erinnert an § 816 Abs. 1 Satz 2 BGB und bringt – ebenso wie diese – die Schwäche des unentgeltlichen Erwerbs zum Ausdruck. Im Unterschied zu § 816 Abs. 1 Satz 2 BGB ist es aber bei § 822 BGB so, dass der (ursprüngliche) Bereicherungsschuldner als Berechtigter über das Erlangte verfügt (*Brox/Walker*, Schuldrecht BT, § 42 Rn. 25).

> **BEISPIEL** Schuldig (S) kauft bei Gläubig (G) einen Ring, den er seiner Freundin Dorothee (D) schenkt. Nachher stellt sich heraus, dass der zwischen S und G abgeschlossene Kaufvertrag nichtig ist und G dem S daher gem. § 812 Abs. 1 Satz 1 Alt. 1 BGB den Kaufpreis zurückerstatten muss. G kann von D den Ring nach § 822 BGB herausverlangen (Beispiel aus *Musielak*, Rn. 753).

3. Besonderheiten bei der Rückabwicklung gegenseitiger Verträge: Die Saldotheorie

39   In dem Fall, dass ein gegenseitiger Vertrag nach Bereicherungsrecht rückabzuwickeln ist, werden sich regelmäßig zwei Bereicherungsansprüche gegenüberstehen.

> **BEISPIEL** V hat dem K einen goldenen Ring zu einem Preis i. H. von 1 000 € verkauft. Nachdem das Geld bezahlt und der Ring übereignet ist, stellt sich heraus, dass der Kaufvertrag nichtig ist. Hier ist K gem. § 812 Abs. 1 Satz 1 Alt. 1 BGB (condictio indebiti) verpflichtet, dem V den Ring rückzuübereignen; und V ist nach derselben Vorschrift verpflichtet, dem K die 1 000 € zurückzuzahlen.

40   In derartigen Fällen kann aber die Anwendung des § 818 Abs. 3 BGB zu unbefriedigenden Ergebnissen führen:

> **BEISPIEL** Im obigen Beispielsfall hat K den ihm übereigneten Ring verloren. Bei wortgetreuer Anwendung des Gesetzes wäre der Fall dann wie folgt zu lösen:
>
> V muss dem K die 1 000 € zurückbezahlen. Demgegenüber ist die Bereicherung des K nachträglich weggefallen, er muss dem V daher nichts herausgeben (§ 818 Abs. 3 BGB).

41   Dieses Ergebnis wird allgemein als ungerecht empfunden. Es wird gesagt, auch im Rahmen der bereicherungsrechtlichen Rückabwicklung müsse berücksichtigt werden, dass die Leistungen von V und K durch den von ihnen geschlossenen (wenn auch nichtigen) gegenseitigen Vertrag miteinander verknüpft gewesen seien (vgl. *Brox/Walker*, Schuldrecht BT, § 43 Rn. 12). Hierzu ist von der Rechtsprechung die **Saldotheorie** entwickelt worden: Danach kann der **Bereicherungsschuldner von dem** gegen ihn gerichteten **Bereicherungsanspruch** den **Wert** der von ihm erbrachten **Gegenleistung abziehen**, wenn der andere Teil sich auf den Wegfall der Bereicherung berufen kann und die Gegenleistung daher nicht herausgeben muss (siehe etwa BGHZ 145, 52, 55; BGH NJW 2007, 3425, 3427 Tz. 20). Der obige Beispielsfall ist demnach wie folgt zu lösen:

V kann von dem gegen ihn gerichteten Bereicherungsanspruch des K den Wert des von ihm geleisteten Rings abziehen. Wenn also der Ring tatsächlich 1 000 € wert gewesen ist, dann muss V dem K gar nichts zurückerstatten. Wenn der Ring nur 800 € wert gewesen ist, dann kann K von V nur die Zahlung von 200 € (= 1 000 € minus Wert des Rings) verlangen.

Zu beachten ist, dass die **Saldotheorie nicht** dazu dient, **Ansprüche** zu **begründen.**   42
Wenn also im Beispielsfall K ein gutes Geschäft gemacht hätte und der Ring 1 200 € wert ist, dann kann V nicht auch noch 200 € von K verlangen.

Abschließend ist darauf hinzuweisen, dass die **Saldotheorie** zu Lasten von besonders   43
schutzwürdigen Personen nicht angewendet wird. Besonders schutzwürdig sind vor allem geschäftsunfähige und **beschränkt geschäftsfähige** Personen (BGH NJW 1994, 2021; 2000, 3562).

> **BEISPIEL** Wenn K im obigen Beispielsfall unerkannt geisteskrank und daher geschäftsunfähig gewesen ist, dann wird zu seinen Lasten die Saldotheorie nicht zur Anwendung gebracht. V muss ihm die vollen 1 000 € zurückerstatten.

Besonders **schutzwürdig** ist ferner derjenige, der von seinem Vertragspartner arglistig   44
getäuscht oder widerrechtlich **bedroht** worden ist. Hat der Getäuschte oder Bedrohte den Vertrag nach § 123 BGB angefochten, dann wird bei der bereicherungsrechtlichen Rückabwicklung die Saldotheorie nicht zu seinen Lasten angewandt (BGH NJW 1972, 36, 39, zur Täuschung). Eine Anwendung der Saldotheorie zu Lasten dessen, der getäuscht oder gedroht hat, ist selbstverständlich nicht ausgeschlossen. Wer täuscht oder droht, ist nicht schutzwürdig (vgl. – wiederum zur Täuschung – BGH NJW 2009, 1266, 1269 Tz. 48).

4. Verschärfte Haftung des Bereicherungsschuldners

Der Bereicherungsschuldner ist weniger schutzwürdig, wenn er damit rechnen muss,   45
dass er das Erlangte herausgeben muss. Das Gesetz kennt mehrere Fälle der verschärften Haftung (hierzu *Musielak*, Grundkurs BGB, Rn. 751 f.). Wir möchten hiervon nur zwei erwähnen: Zum einen **haftet** der **Bereicherungsschuldner verschärft**, wenn er vom Gläubiger bereits auf **Herausgabe** des Erlangten **verklagt** worden ist (**§ 818 Abs. 4 BGB**). Denn in diesem Fall muss er mit einer Verurteilung zur Herausgabe rechnen. Ferner haftet der Schuldner verschärft, wenn er den **Mangel des rechtlichen Grundes gekannt** oder ihn später erfahren hat (**§ 819 Abs. 1 BGB**). Auch in diesem Fall darf der Schuldner nicht darauf vertrauen, das Erlangte behalten zu dürfen.

Verschärfte Haftung bedeutet, dass der Bereicherungsschuldner „nach den allgemei-   46
nen Vorschriften" haftet. Im Ergebnis führt dies insbesondere dazu, dass sich der Schuldner nicht auf den **Wegfall der Bereicherung berufen** kann, wenn die Sache infolge seines Verschuldens untergegangen oder verschlechtert worden ist (für Interessierte: Dieses Ergebnis ergibt sich aus §§ 292 Abs. 1, 989 BGB). Im Übrigen ist umstritten, welche Vorschriften zu den „allgemeinen" i. S. des § 818 Abs. 4 BGB gehören; wir wollen diese Frage nicht vertiefen.

§ 42   Unerlaubte Handlungen: Allgemeine Fragen

LITERATUR

Deckert, Grundprobleme und Einzelfragen zum Delikts- und Schadensrecht, JuS 1998, L1, 17, 25 und 33; *Weber*, Anfängerklausur – Zivilrecht: Vertragliche und deliktische Schadensersatzansprüche – Die falsch angeschlossene Spülmaschine, JuS 2010, 132.

I. Bedeutung

1   Das Recht der unerlaubten Handlungen dient dem **Ausgleich von Schäden**, die einer Person durch eine andere zugefügt werden. Ein Schadensersatz aus unerlaubter Handlung (sog. deliktischer Anspruch) setzt nicht das Bestehen eines Schuldverhältnisses voraus; vielmehr **entsteht** erst ein **gesetzliches Schuldverhältnis**, sobald die im Gesetz geregelten Tatbestandsvoraussetzungen vorliegen.

2   Es ist aber nicht ausgeschlossen, dass ein und derselbe Tatbestand sowohl eine Haftung aus unerlaubter Handlung als auch einen vertraglichen Schadensersatzanspruch auslöst. So liegt z.B. in der Lieferung von vergiftetem Viehfutter sowohl eine Schlechterfüllung des Kaufvertrags als auch eine widerrechtliche Schädigung des Eigentums an den Tieren, die infolge der Verfütterung mit dem giftigen Futter erkranken oder sogar eingehen. Die Lieferung des vergifteten Futters zieht daher sowohl einen Anspruch aus §§ 280 Abs. 1, 241 Abs. 2 BGB als auch einen Anspruch aus § 823 Abs. 1 BGB nach sich.

II. Verschuldenshaftung und Gefährdungshaftung

1. Haftung aus verschuldetem Unrecht

3   Anknüpfungspunkt für die deliktische Haftung einer Person ist **grundsätzlich** eine **schuldhaft begangene Handlung** des Deliktstäters, durch die ein anderer geschädigt worden ist. Man spricht von einer **Haftung** aus **verschuldetem Unrecht**. Hierher gehört die wichtigste deliktische **Anspruchsgrundlage (§ 823 Abs. 1 BGB**; lesen!), der voraussetzt, dass der Täter vorsätzlich oder fahrlässig (also schuldhaft) eines der dort genannten Rechte oder Rechtsgüter verletzt hat. Ein Verschulden des Täters ist ferner Tatbestandsvoraussetzung bei den Ansprüchen aus § 823 Abs. 2 BGB i.V. mit der Verletzung eines Schutzgesetzes sowie aus § 826 BGB. Wer einen ihm zugefügten Schaden vom Täter ersetzt verlangt und sich dabei auf eine der genannten Anspruchsgrundlagen stützt, muss dem Täter **nachweisen** können, dass er schuldhaft gehandelt hat. Ansonsten wird er vor Gericht keinen Erfolg haben.

4   Nicht selten ist es für den Geschädigten äußerst schwierig, wenn nicht gar unmöglich, dem Deliktstäter ein schuldhaftes Verhalten nachzuweisen. So etwa in dem folgenden

BEISPIEL ► Der Lehrling L des Malermeisters M schüttet bei Malerarbeiten einen Kübel Farbe auf den Perserteppich des Geschädigten G. G will sich an M halten, weil bei L nichts zu holen ist.

In dem Fall ist es durchaus vorstellbar, dass der Schaden letztendlich auf ein schuldhaf-   5
tes Verhalten des M zurückgeht; man muss nur daran denken, dass M den unerfahrenen L nicht richtig eingewiesen hat. G könnte dem M ein Verschulden aber nur dann
nachweisen, wenn er die Verhältnisse bei M kennen würde, wenn er Einblick in dessen
Sphäre hätte. Da dies aber nicht der Fall ist, wäre eine Klage des G praktisch aussichts-
los, müsste er vor Gericht ein Verschulden des M beweisen. Daher ist es in diesem Fall
gerechtfertigt, dem G den Nachweis zu ersparen, dass den M ein Verschulden trifft.
Vielmehr ist es an M zu beweisen, dass er nicht schuldhaft gehandelt, den L also z. B.
umfassend in die ihm übertragene Arbeit eingewiesen hat. M muss also zur Vermeidung einer Haftung sein fehlendes Verschulden nachweisen. Man spricht von einer
Haftung für **vermutetes Verschulden**. Die Verschuldensvermutung ist widerlegbar, da
dem Deliktstäter die Möglichkeit eröffnet ist, zu beweisen, dass er nicht schuldhaft gehandelt hat. Er kann sich exkulpieren, indem er den sog. **Entlastungsbeweis** führt. Auf
den durch das Beispiel angesprochenen **§ 831 Abs. 1 BGB** werden wir später noch näher
eingehen (siehe § 44 Rn. 17 ff.). Auch der Hersteller gefährlicher Produkte muss nachweisen, dass ihn an dem Produktfehler, durch den jemand beim bestimmungsgemäßen
Gebrauch des Produkts geschädigt worden ist, kein Verschulden trifft (zu der von
Rechtsprechung entwickelten sog. Produzentenhaftung aus § 823 Abs. 1 BGB siehe § 43
Rn. 26 ff.).

2. Gefährdungshaftung

Neben der Haftung aus verschuldetem Unrecht gibt es auch sog. **Gefährdungshaf-**   6
tungstatbestände. Hier ist ein **schuldhaftes** und **rechtswidriges Handeln nicht erforder-**
lich. Vielmehr knüpft die Gefährdungshaftung daran an, dass jemand eine erlaubte,
aber gefährliche Anlage betreibt oder dass jemand eine erlaubte, aber gefährliche Tätigkeit ausübt. Der Haftpflichtige tut zwar nichts Verbotenes. Wenn aber durch seine
Betätigung andere einen Schaden erleiden, dann muss er diesen Schaden ersetzen,
auch wenn er nicht rechtswidrig gehandelt hat und ihm kein Verschuldensvorwurf gemacht werden kann. Tatbestände der Gefährdungshaftung sind in vielen Gesetzen geregelt. So haften etwa der Halter eines Kraftfahrzeugs (§ 7 Straßenverkehrsgesetz
[StVG]) sowie eines Luftfahrzeugs (Luftverkehrsgesetz [LuftVG]), der Tierhalter (§ 833
BGB), der Inhaber einer Atomenergieanlage (§ 25 Atomgesetz [AtomG]) oder einer Ei-
senbahn (§ 1 Haftpflichtgesetz [HaftPflG]), ebenso der Hersteller eines Produkts (§ 1
Produkthaftungsgesetz [ProdHaftG]). **Kennzeichnend** für die Gefährdungshaftung sind
regelmäßig **Haftungshöchstgrenzen**, über die hinaus nicht gehaftet wird.

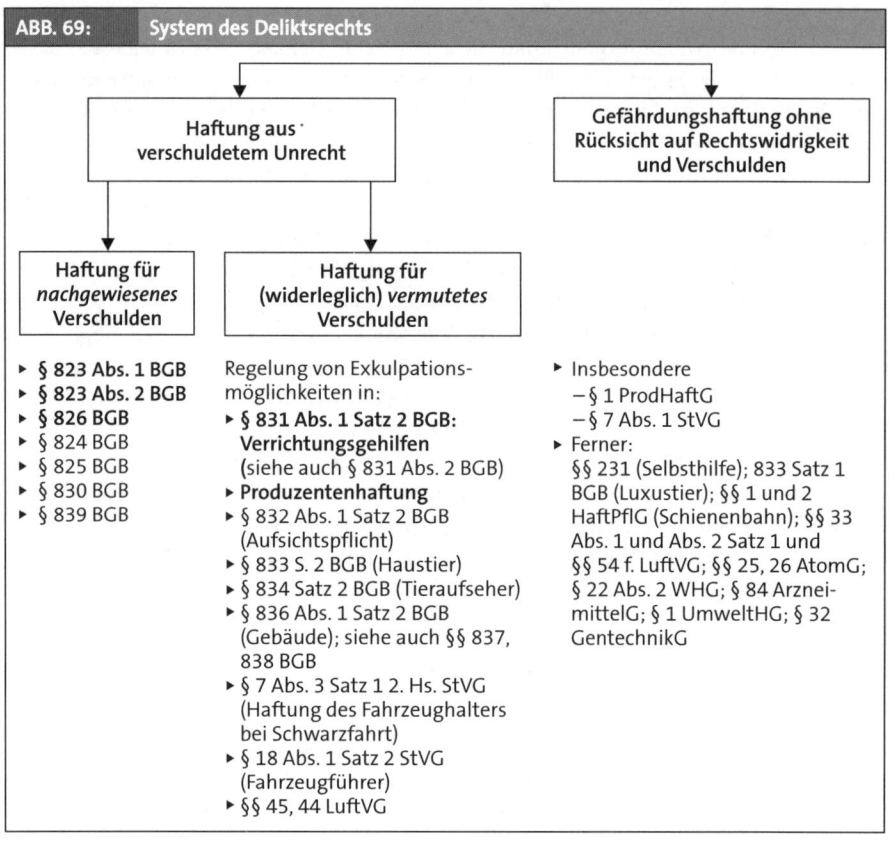

ABB. 69:   System des Deliktsrechts

Haftung aus verschuldetem Unrecht

Gefährdungshaftung ohne Rücksicht auf Rechtswidrigkeit und Verschulden

Haftung für *nachgewiesenes* Verschulden

Haftung für (widerleglich) *vermutetes* Verschulden

- ▸ **§ 823 Abs. 1 BGB**
- ▸ **§ 823 Abs. 2 BGB**
- ▸ **§ 826 BGB**
- ▸ § 824 BGB
- ▸ § 825 BGB
- ▸ § 830 BGB
- ▸ § 839 BGB

Regelung von Exkulpations-möglichkeiten in:
- ▸ **§ 831 Abs. 1 Satz 2 BGB: Verrichtungsgehilfen** (siehe auch § 831 Abs. 2 BGB)
- ▸ **Produzentenhaftung**
- ▸ § 832 Abs. 1 Satz 2 BGB (Aufsichtspflicht)
- ▸ § 833 S. 2 BGB (Haustier)
- ▸ § 834 Satz 2 BGB (Tieraufseher)
- ▸ § 836 Abs. 1 Satz 2 BGB (Gebäude); siehe auch §§ 837, 838 BGB
- ▸ § 7 Abs. 3 Satz 1 2. Hs. StVG (Haftung des Fahrzeughalters bei Schwarzfahrt)
- ▸ § 18 Abs. 1 Satz 2 StVG (Fahrzeugführer)
- ▸ §§ 45, 44 LuftVG

- ▸ Insbesondere
  - – § 1 ProdHaftG
  - – § 7 Abs. 1 StVG
- ▸ Ferner:
  §§ 231 (Selbsthilfe); 833 Satz 1 BGB (Luxustier); §§ 1 und 2 HaftPflG (Schienenbahn); §§ 33 Abs. 1 und Abs. 2 Satz 1 und §§ 54 f. LuftVG; §§ 25, 26 AtomG; § 22 Abs. 2 WHG; § 84 Arznei-mittelG; § 1 UmweltHG; § 32 GentechnikG

7   Wir werden im Folgenden nicht alle in der Abbildung aufgeführten Deliktstatbestände behandeln, sondern nur die fett gedruckten. Die restlichen Tatbestände sind nur erwähnt, um dem Leser einen Überblick über das Deliktsrecht zu geben.

III. Keine deliktische Generalklausel im deutschen Recht

8   Im Gegensatz zu anderen Rechtsordnungen (z. B. der französischen) kennt das deutsche Recht **keine Generalklausel** für die deliktische Verschuldenshaftung. Eine derartige Generalklausel könnte etwa wie folgt lauten: „Wer einem anderen rechtswidrig und schuldhaft einen Schaden zufügt, ist diesem zum Ersatz verpflichtet." Der Grundtatbestand des deutschen Deliktsrechts (**§ 823 Abs. 1 BGB**), ist nicht als Generalklausel konzipiert. Vielmehr ist dort die Haftung an die **Verletzung bestimmter Rechtsgüter und absoluter Rechte** geknüpft; nur dann, wenn Leben, Körper, Gesundheit oder Freiheit (Rechtsgüter) bzw. das Eigentum oder ein sonstiges Recht (absolute Rechte) verletzt werden, ist der Schädiger zum Ersatz des daraus entstehenden Schadens verpflichtet. Das **Vermögen als solches** ist **kein durch § 823 Abs. 1 BGB geschütztes Recht**. Das Vermögen des Geschädigten wird durch § 823 Abs. 1 BGB nur dann geschützt, wenn die Vermögensschädigung Folge der Verletzung eines Rechts oder Rechtsguts ist.

BEISPIEL ▶ Autofahrer Opfinger (O) fragt den Passanten Schädinger (S) nach dem Weg zum Flughafen *Münster/Osnabrück*, weil er dringend ein bestimmtes Flugzeug erreichen muss, um zu einem geschäftlichen Termin in Köln zu kommen. S erklärt dem O den Weg so ungeschickt, dass O das Flugzeug verpasst und daher den Termin versäumt. Dem O entgeht ein gutes Geschäft und er erleidet einen Verdienstausfall. S muss dem O den Schaden nicht ersetzen; bei dem Verdienstausfall des O handelt es sich um einen reinen Vermögensschaden, der von § 823 Abs. 1 BGB nicht erfasst ist.

GEGENBEISPIEL ▶ Derselbe Fall, nur dass O das Flugzeug deswegen verpasst, weil S sein Auto angefahren und den O dabei so schwer verletzt hat, dass O für mehrere Tage ins Krankenhaus eingeliefert werden muss. Hier umfasst der Schadensersatz auch den Verdienstausfall, den O erlitten hat, weil er den geschäftlichen Termin in Köln verpasst hat. Dieser Schaden ist nämlich eine Folge davon, dass O an seiner Gesundheit geschädigt worden ist.

§ 43   Unerlaubte Handlungen: Ansprüche aus § 823 Abs. 1 BGB

I.   Die unmittelbare Verletzung eines Rechtsguts oder absoluten Rechts durch positives Tun

1.   Überblick

1   Bevor wir uns die Voraussetzungen des Anspruchs aus § 823 Abs. 1 BGB genauer ansehen, möchten wir uns einen Überblick verschaffen, der uns bei der Prüfung von Fällen als Merkposten dienen kann. Wir lassen dabei die „Problemfälle" zunächst außer Acht und konzentrieren uns auf den Fall, dass jemand durch positives Tun unmittelbar die Verletzung eines der in § 823 Abs. 1 BGB genannten Rechte oder Rechtsgüter verursacht.

ABB. 70:	Aufbau des Anspruchs aus § 823 Abs. 1 BGB

I.   Tatbestand
 1. Verletzung eines der in § 823 Abs. 1 BGB genannten Rechte oder Rechtsgüter
 2. Haftungsbegründende Kausalität: Zurechnung des Verletzungserfolgs zu der Person, durch deren Verhalten der Verletzungserfolg adäquat kausal verursacht worden ist
II. Rechtswidrigkeit
 Die Verwirklichung des Tatbestands indiziert die Rechtswidrigkeit. Diese entfällt nur, wenn ein Rechtfertigungsgrund vorliegt
III. Verschulden
 1. Verschuldensfähigkeit: §§ 827, 828 BGB
 2. Verschuldensformen: Vorsatz und Fahrlässigkeit
  Beachte: Bezugspunkte des Verschuldens sind nur Tatbestandsmäßigkeit und Rechtswidrigkeit (nicht der letztendlich zu ersetzende Schaden!)
IV. Schaden
V.   Haftungsausfüllende Kausalität zwischen Rechts- bzw. Rechtsgutverletzung und Schaden

2.   Die Voraussetzungen des Anspruchs aus § 823 Abs. 1 BGB

a)   Tatbestand

aa)   Verletzung eines absoluten Rechts oder eines Rechtsguts

LITERATUR

Coester-Waltjen, Rechtsgüter und Rechte i. S. d. § 823 Abs. 1 BGB, Jura 1992, 209.

2   Der **Tatbestand** einer unerlaubten Handlung setzt zunächst voraus, dass ein **Rechtsgut** (Leben, Körper, Gesundheit oder Freiheit) **oder** ein **absolutes Recht verletzt** worden ist. Absolute Rechte sind solche, die von jedermann zu beachten sind. Paradebeispiel für ein absolutes Recht ist das in § 823 Abs. 1 BGB ausdrücklich genannte Eigentum. Dass das Eigentumsrecht von jedermann zu respektieren ist, zeigt die in § 903 Satz 1 BGB

getroffene Regelung, der zufolge der Eigentümer andere von jeder Einwirkung auf seine Sache ausschließen kann. Das Gegenstück zu absoluten Rechten sind relative Rechte. Diese bestehen nur im Verhältnis zwischen bestimmten Personen. So kann z. B. der Gläubiger einer schuldrechtlichen Forderung nur von seinem Schuldner die Erfüllung der Verbindlichkeit verlangen. Forderungen sind daher nur relative Rechte, die nicht durch § 823 Abs. 1 BGB geschützt sind. Die folgenden Ausführungen werden uns eine Vorstellung davon vermitteln, was unter der Verletzung eines Rechtsguts oder absoluten Rechts zu verstehen ist.

▶ **Verletzung eines Rechtsguts**   3

Eine **Verletzung des Lebens** liegt dann vor, wenn ein Mensch getötet wird. Ersatzberechtigt sind in diesem Fall die in §§ 844 f. BGB genannten Personen. Als **Körperverletzung** ist jede **Beeinträchtigung der körperlichen Integrität** anzusehen. Rippenstöße oder Ohrfeigen sind z. B. Körperverletzungen. Unter **Gesundheitsverletzung** wird eine **Störung der physischen, psychischen** oder **mentalen Befindlichkeit** eines Menschen mit Krankheitscharakter verstanden (vgl. BGHZ 56, 163, 165). Die **Behandlungsbedürftigkeit** ist ein wichtiges Indiz dafür, dass eine Krankheit vorliegt. Selbstverständlich stellen auch **psychische Erkrankungen** (Neurosen, Depressionen usw.) eine **Gesundheitsbeeinträchtigung** dar. Eine Verletzung der Freiheit liegt vor, wenn die körperliche Fortbewegungsfreiheit eingeschränkt wird.

▶ **Verletzung des Eigentums**   4

Nach dem oben bereits erwähnten **§ 903 Satz 1 BGB** kann der Eigentümer mit der Sache nach Belieben verfahren und andere von der Einwirkung auf die Sache ausschließen. Eine Verletzung des Eigentums liegt dann vor, wenn die dem Eigentümer **zugewiesenen Befugnisse beeinträchtigt** werden. Eine Eigentumsverletzung ist z. B. anzunehmen, wenn jemand eine fremde Sache wirksam an einen Gutgläubigen übereignet. Ein Eingriff in das Eigentum kann ferner in einer unberechtigten Zwangsvollstreckungsmaßnahme liegen. Ferner ist die tatsächliche Einwirkung auf die Sache als Eigentumsverletzung zu qualifizieren, wie z. B. die Zerstörung, Beschädigung, Wegnahme oder Vorenthaltung der Sache oder das Abladen von Schutt auf einem fremden Grundstück.

Nicht immer ist die Frage, ob das Eigentum verletzt worden ist, leicht zu beantworten.   5
Um dies zu verdeutlichen, wollen wir uns die sog. „**weiter fressenden Mängel**" kurz ansehen, mit denen sich die Rechtsprechung seit Jahrzehnten herumplagt, ohne, dass es ihr bisher gelungen ist, eine überzeugende Lösung zu finden. Hierzu folgendes

BEISPIEL ▶ G hat dem S eine Maschine für 300 000 € verkauft. Die dem S von G gelieferte Maschine funktioniert zunächst einwandfrei. Infolge eines defekten Schwimmschalters (Wert: 50 Cent) kommt es nach einigen Jahren zu einem Brand, durch den die gesamte Maschine völlig zerstört wird. S verlangt von G aus § 823 Abs. 1 BGB Schadensersatz, weil sein Eigentum an der Maschine verletzt worden sei (vgl. BGHZ 67, 359 – „Schwimmschalterfall").

In dem Beispielsfall kann nicht ohne Weiteres davon ausgegangen werden, dass durch   6
die Lieferung der Maschine mit dem defekten Schwimmschalter das Eigentum des S an der wertvollen Maschine verletzt worden sei. Man kann ja sagen, eine Eigentumsverletzung scheitere schon daran, dass S niemals Eigentümer einer einwandfreien Maschine gewesen sei. Der in dem schadhaften Schwimmschalter verkörperte Mangel habe zwar erst nach Jahren zu dem Brand und damit zur Zerstörung der Maschine geführt; mit

diesem Mangel sei die Maschine aber schon zum Zeitpunkt des Erwerbs des Eigentums durch S behaftet gewesen. Gleichwohl hat der BGH dem Geschädigten geholfen, indem er ihm einen Ersatzanspruch aus § 823 Abs. 1 BGB zugebilligt hat (vertragliche Ansprüche waren schon verjährt). Zur Begründung einer Eigentumsverletzung in Fällen wie dem geschilderten hat die Rechtsprechung in späteren Entscheidungen das Kriterium der „Stoffgleichheit" entwickelt. Wenn sich der geltend gemachte Schaden mit dem Unwert deckt, welcher der Sache wegen ihrer Mangelhaftigkeit von Anfang an anhaftet, dann ist für eine Eigentumsverletzung und damit auch für deliktische Schadensersatzansprüche kein Raum. In einem solchen Fall besteht zwischen dem Schaden und der im Mangel verkörperten Entwertung der Sache „Stoffgleichheit" (vgl. BGH NJW 2011, 594, 596 Tz. 26; BGHZ 117, 183 – „Kondensatorenfall"; BGHZ 86, 256 – „Gaszugfall"). Grob gesagt muss man sich überlegen, ob ein abgrenzbares fehlerhaftes Einzelteil innerhalb einer ansonsten fehlerfreien Gesamtsache zu deren Beschädigung oder Zerstörung geführt hat; dann ist eine Eigentumsverletzung vorstellbar. Wenn dagegen infolge des fehlerhaften Teils die gesamte gelieferte Sache mangelhaft ist, dann liegt „Stoffgleichheit" zwischen dem der Sache von Vornherein anhaftenden Mangel und dem später geltend gemachten Schaden vor und eine Eigentumsverletzung scheidet aus.

7   ▶ **Verletzung sonstiger Rechte**

Sonstige Rechte i. S. des § 823 Abs. 1 BGB sind solche, die dem **Eigentum ähnlich** sind, weil sie – wie das Eigentum – von jedermann beachtet werden müssen. Beispiele sind Immaterialgüterrechte wie Urheber-, Patent-, Gebrauchsmuster- und Markenrechte. Zu nennen sind des Weiteren die sog. beschränkten dinglichen Rechte wie Hypotheken, Grundschulden und Pfandrechte (man spricht hier von „beschränkten" dinglichen Rechten, um den Gegensatz zu dem unbeschränkten dinglichen Recht Eigentum zum Ausdruck zu bringen).

bb) Verursachung der Rechts- bzw. Rechtsgutverletzung durch eine Handlung des Deliktstäters

8   Die **Rechts-** bzw. **Rechtsgutverletzung** muss adäquat kausal **durch** eine **Handlung** des Täters **verursacht** worden sein. Der ursächliche Zusammenhang zwischen Rechts(gut)verletzung und Handlung wird als **haftungsbegründende Kausalität** bezeichnet. Auf den Begriff der „adäquat kausalen" Verursachung werden wir später im Rahmen der Darlegungen zu den Schadensersatzansprüchen zurückkommen (siehe hierzu daher § 46 Rn. 17). Eine Handlung setzt die Möglichkeit einer bewussten Willenslenkung voraus. Eine menschliche Handlung liegt daher nicht vor in den Schulfällen, in denen eine Person unter Hypnose oder im Schlaf „handelt".

b) Rechtswidrigkeit

9   § 823 Abs. 1 BGB verlangt weiter, dass eines der dort genannten Rechte oder Rechtsgüter **widerrechtlich** verletzt worden ist. Insofern gilt der Grundsatz, dass Rechtswidrigkeit ohne Weiteres angenommen werden kann, wenn die Handlung des Deliktstäters eine Rechts- oder Rechtsgutverletzung unmittelbar herbeigeführt hat. Man sagt, die **Rechtswidrigkeit wird indiziert**, wenn der Tatbestand gegeben ist. Die Rechtswidrigkeit

entfällt nur dann, wenn ein Rechtfertigungsgrund gegeben ist. Aus der Vielzahl der Rechtfertigungsgründe seien genannt:

▶ Notwehr (§ 227 BGB), Verteidigungsnotstand (§ 228 BGB), Angriffsnotstand (§ 904 BGB), Selbsthilfe (§ 229 BGB),

▶ Einwilligung bzw. mutmaßliche Einwilligung des Verletzten,

▶ gesetzliche Ermächtigung: § 127 StPO (vorläufige Festnahme),

▶ Wahrnehmung berechtigter Interessen, §§ 824 Abs. 2 BGB, 193 StGB.

Der rechtswidrige „Erfolg" (d. h. die Verletzung eines Rechts oder Rechtsguts) ist also ausschlaggebend dafür, dass die Verletzungshandlung als rechtswidrig zu qualifizieren ist. Die oben dargestellte Auffassung wird daher als Lehre vom **Erfolgsunrecht** bezeichnet. Dieser Ansicht steht die Lehre vom **Handlungsunrecht** gegenüber, der der BGH in einer älteren Entscheidung gefolgt ist. Hierzu folgendes   10

> **BEISPIEL** ▶ Der Autofahrer S fährt mit angemessener Geschwindigkeit und hoch konzentriert, als plötzlich der Passant O auf die Fahrbahn tritt, vom Auto des S erfasst und erheblich verletzt wird (Beispiel in Anlehnung an BGHZ 29, 21).

In dem Fall hat der BGH die Auffassung vertreten, dass jemandem, der sich völlig richtig verhalten hat und der den Verletzungserfolg unter keinen Umständen vermeiden konnte, nicht vorgeworfen werden kann, er habe rechtswidrig gehandelt. Wer sich „verkehrsrichtig" verhält, tut kein Unrecht (vgl. BGHZ 29, 21, 26). Indem der BGH das verkehrsrichtige Verhalten als Rechtfertigungsgrund angesehen hat, ist er der Lehre vom Handlungsunrecht gefolgt. Für den Laien ist diese Betrachtungsweise unmittelbar einleuchtend. Gleichwohl hat sich die Lehre vom Handlungsunrecht nicht durchsetzen können. Es wird daran festgehalten, dass die Verletzung eines Rechts oder Rechtsguts jedenfalls dann Unrecht ist, wenn sie durch eine Handlung des Täters unmittelbar herbeigeführt worden ist (zu Handlungen, durch die der Verletzungserfolg lediglich mittelbar verursacht worden ist, siehe Rn. 18 ff.). Dies bedeutet jedoch nicht, dass in dem Beispielsfall S dem O Schadensersatz leisten muss: Rechtswidrigkeit ist zwar zu bejahen, ein Ersatzanspruch scheitert aber am fehlenden Verschulden des S. Wenn S die Verletzung des O auch unter Anwendung der gebotenen Sorgfalt nicht vermeiden konnte, dann kann ihm kein Schuldvorwurf gemacht werden (siehe zum Ganzen auch *Musielak*, Grundkurs BGB, Rn. 787 – 793).   11

c) Verschulden

Der Schädiger muss das betreffende Recht oder Rechtsgut schuldhaft verletzt haben. Insoweit gilt der in § 276 Abs. 1 Satz 1 BGB bestimmte Maßstab; der Täter muss also vorsätzlich oder fahrlässig gehandelt haben.   12

Verschulden setzt auch voraus, dass der Täter für sein Tun verantwortlich ist. Die deliktische Verantwortlichkeit (**Deliktsfähigkeit**) ist in **§§ 827, 828 BGB** (lesen!) geregelt, die aufgrund der in § 276 Abs. 1 Satz 2 BGB ausgesprochenen Verweisung auch für Pflichtverletzungen innerhalb bestehender Schuldverhältnisse gelten.   13

Wir möchten unsere Ausführungen zur Verantwortlichkeit auf § 828 BGB beschränken.   14

▶ Nach **Abs. 1** dieser Vorschrift sind Minderjährige bis zu sieben Jahren für den von ihnen angerichteten Schaden nicht verantwortlich.

▶ Darüber hinaus bestimmt **§ 828 Abs. 2 BGB**, dass im Straßen-, Schienen- und Schwebebahnverkehr Minderjährige, die bereits das siebente, aber noch nicht das zehnte Lebensjahr vollendet haben, für den von ihnen angerichteten Schaden nur dann verantwortlich sind, wenn sie vorsätzlich gehandelt haben. Die in § 828 Abs. 2 BGB getroffene Regelung beruht auf der Erkenntnis, dass Kinder unter zehn Jahren im Straßenverkehr typischerweise überfordert sind, z. B. weil sie Geschwindigkeiten und Entfernungen nicht richtig einschätzen können (zur Anwendung der Vorschrift durch die Rspr. siehe BGH NJW 2009, 3231). Dass ein Kind unter zehn Jahren im Straßenverkehr nicht verantwortlich ist, hat auf der anderen Seite zur Folge, dass ein Kraftfahrer, der ein solches Kind verletzt hat, den vollen Schaden auch dann ersetzen muss, wenn sich das Kind – wäre es schon deliktsfähig – ein erhebliches Mitverschulden anrechnen lassen müsste. Die Ersatzpflicht des Kraftfahrers ist gem. § 7 Abs. 2 StVG nur dann (und zwar vollständig) ausgeschlossen, wenn der Unfall auf „höherer Gewalt" beruht. Höhere Gewalt wird definiert als „ein betriebsfremdes, von außen durch elementare Naturkräfte oder durch Handlungen dritter Personen herbeigeführtes Ereignis…, das nach menschlicher Einsicht und Erfahrung unvorhersehbar ist, mit wirtschaftlich erträglichen Mitteln auch durch die äußerste nach der Sachlage vernünftigerweise zu erwartende Sorgfalt nicht verhütet oder unschädlich gemacht werden kann und auch nicht wegen seiner Häufigkeit in Kauf zu nehmen ist" (BT-Drs. 14/7752, S. 30; vgl. auch schon BGHZ 7, 338). Höhere Gewalt ist demnach z. B. anzunehmen bei Naturereignissen wie Blitzschlägen oder bei Terroranschlägen von Dritten.

▶ Ein Minderjähriger, dessen Verantwortlichkeit nicht schon nach § 828 Abs. 1 oder 2 BGB ausgeschlossen ist, ist für den von ihm einem anderen zugefügten Schaden dann nicht verantwortlich, wenn er bei der Begehung der schädigenden Handlung nicht die zur Erkenntnis der Verantwortlichkeit erforderliche Einsicht hat (**§ 828 Abs. 3 BGB**).

15   Erwähnt sei schließlich, dass in den Fällen, in denen eine Schadensersatzpflicht an der fehlenden Verantwortlichkeit des Täters scheitert, gem. § 829 BGB eine Haftung aus Billigkeitsgründen in Betracht kommt. Bei der Beurteilung der Frage, ob eine Ersatzpflicht trotz fehlender Verantwortlichkeit des Täters der Billigkeit entspricht, spielen z. B. auch die wirtschaftlichen Verhältnisse der Beteiligten eine Rolle.

d) Schaden und haftungsausfüllende Kausalität

16   Zwischen der Verletzung des betreffenden Rechtsguts oder Rechts und dem daraus erwachsenen Schaden muss ein adäquater Kausalzusammenhang bestehen (haftungsausfüllende Kausalität).

> **BEISPIEL** ▶ S fährt den O mit dem Auto an. Dem O muss infolge des Unfalls ein Bein abgenommen werden. Zwei Jahre später stürzt O wegen seines Handicaps und bricht sich dabei den Arm. S muss dem O nicht nur den unmittelbaren Verletzungsschaden ersetzen, also die Behandlungskosten. Er hat auch den durch die Verletzung verursachten Verdienstausfall zu ersetzen sowie ein angemessenes Schmerzensgeld zu bezahlen. Zu ersetzen hat S ferner den weiteren Schaden, der auf der Gehbehinderung des O beruht (Behandlungskosten wegen des Armbruchs, darauf beruhender Verdienstausfall und Schmerzensgeld hierfür).

Das Verschulden des Schädigers muss sich nur auf die Rechts- bzw. Rechtsgutverlet-   17
zung beziehen, nicht aber auf den Schaden, der weiter aus der Rechts(gut)verletzung
erwächst.

> **BEISPIEL** ▶ S hat bei einem Autounfall den Beamten B verletzt, der anschließend zwar an einer
> Gehbehinderung leidet, aber nach einiger Zeit seinen Beruf wieder ausüben kann. Der Schaden
> hält sich also in Grenzen.
>
> Wenn S dagegen den hoch bezahlten Tänzer T verletzt hätte, der infolge der Gehbehinderung
> seinen Beruf nicht mehr ausüben kann und der einen dauerhaften hohen Verdienstausfall hat,
> dann ist dies das Pech des S. Für die Haftung des S spielt es keine Rolle, ob ihn an dem im
> Einzelnen aus der Rechtsgutverletzung erwachsenen Schaden ein Verschulden trifft. Es reicht
> aus, dass S den Körper des T schuldhaft verletzt hat. Das Verschulden muss sich nur auf die
> Rechtsgutverletzung beziehen.

Mit Fragen des Schadensrechts werden wir uns später noch ausführlicher befassen (siehe unten §§ 46 – 48).

II. Unterlassen und mittelbare Schädigung: Die Verletzung von Verkehrspflichten

LITERATUR

Raab, Die Bedeutung der Verkehrspflichten und ihre systematische Stellung im Deliktsrecht, JuS 2002, 1041; *Rothe*, Verkehrssicherung um jeden Preis? – Keine Haftung für
explodierende Limonadenflasche, NJW 2007, 740.

1. Die Verkehrspflichten im Anspruchsaufbau

Wir haben uns bisher nur mit den Fällen befasst, in denen ein positives Tun des Delikts-   18
täters unmittelbar zu einem Verletzungserfolg geführt hat.

Schwieriger gestaltet sich die Beurteilung der Fälle, in denen die Haftung des Täters   19
nicht an eine positive Handlung, sondern lediglich an ein Unterlassen angeknüpft werden kann.

> **BEISPIEL** ▶ Passant O rutscht auf dem vereisten Bürgersteig vor dem Kaufhaus des S aus und
> bricht sich ein Bein. Hier kann dem S kein positives Tun vorgeworfen werden. S hat es lediglich
> unterlassen, den Bürgersteig zu streuen. Dieses Unterlassen kann ihm aber nur dann vor-
> geworfen werden, wenn er eine Pflicht zum Handeln nicht beachtet hat. Wenn dies nicht so
> wäre, dann könnte man sagen, dass sich jeder haftbar gemacht hat, der die Möglichkeit zu
> streuen hatte und dies nicht getan hat. Eine sinnvolle Abgrenzung des haftpflichtigen Per-
> sonenkreis wäre nicht möglich.

Eine ähnliche Schwierigkeit begegnet uns dann, wenn der **Schaden** nur eine **mittelbare**   20
Folge der entsprechenden **Handlung** ist.

BEISPIEL ▶ Der Autohersteller A fabriziert im Jahr 100 000 Autos. In den von A hergestellten Autos verunglücken jährlich 200 Personen tödlich; 3 000 Menschen werden verletzt. Die Verletzung des Lebens und der Gesundheit ist damit eine statistisch gesicherte Folge der Herstellung und des Inverkehrbringens der Kraftfahrzeuge. Es wäre aber Unsinn, den Autohersteller haftbar zu machen, wenn die jeweiligen Unfälle nicht darauf beruhen, dass der Hersteller eine Pflicht verletzt hat (also z. B. die Bremsen schadhaft gewesen sind). Eine Haftung des A kommt daher nur dann in Betracht, wenn er seine Pflicht verletzt hat, verkehrssichere Autos auszuliefern.

21   Die anhand der beiden Beispiele dargestellten Fälle des Unterlassens und der mittelbaren Schädigung unterscheiden sich in einem Punkt wesentlich von den soeben erörterten Fällen der unmittelbaren Herbeiführung des Verletzungserfolgs durch positives Tun: Die adäquate Verursachung der Rechts- bzw. Rechtsgutverletzung reicht nicht aus, um den Verletzungserfolg einer bestimmten Person als Schädiger zuzurechnen (vgl. *Medicus/Petersen*, Bürgerliches Recht, Rn. 646 f.). **Deliktstäter** ist **nur derjenige, der** – im Falle des Unterlassens – eine **Pflicht zum Handeln** verletzt hat **bzw.** derjenige, der – im Falle der mittelbaren Schädigung – eine ihn treffende Pflicht **zur Gefahrvermeidung verletzt** hat. Die hiermit angesprochenen Pflichten werden als Verkehrspflichten bezeichnet. Besonders wichtig sind die **Verkehrspflichten** u. a. im Bereich der **Produzentenhaftung nach § 823 Abs. 1 BGB**, die wir weiter unten erörtern werden (siehe Rn. 26 ff.). Sofern der Bearbeiter eines Falls feststellt, dass dem potentiellen Deliktstäter nur ein Unterlassen vorgeworfen werden kann oder dass der Verletzungserfolg nur eine mittelbare Folge seines Handelns ist, bietet sich ein Aufbau des Falls nach folgendem Prüfungsschema an:

ABB. 71:   **Aufbau des Anspruchs aus § 823 Abs. 1 BGB (Verletzung von Verkehrspflichten)**
I.   Tatbestand
1.   Verletzung eines der in § 823 Abs. 1 BGB genannten Rechte oder Rechtsgüter
2.   Haftungsbegründende Kausalität: Zurechnung des Verletzungserfolgs zu einer bestimmten Person
a)   Feststellung, dass
▶   dem potentiellen Täter nur ein Unterlassen vorgeworfen werden kann bzw.
▶   der Verletzungserfolg nur mittelbar auf einem Handeln des potentiellen Täters beruht
b)   Zurechnung nur bei adäquater Verursachung und bei Verletzung einer Verkehrspflicht
▶   Unterlassen: Pflicht zur Erfolgsabwendung
▶   Mittelbare Verletzung: Pflicht zur Vermeidung der Verletzungsgefahr
II.   Rechtswidrigkeit: wie oben
III.   Verschulden: wie oben
IV.   Schaden: wie oben
V.   Haftungsausfüllende Kausalität: wie oben

2. Entstehungsgründe für Verkehrspflichten

22   Bisher ist offen geblieben, welche **Voraussetzungen** vorliegen müssen, damit **Verkehrspflichten begründet** werden. Allgemein kann hierzu gesagt werden, dass derjenige, der

eine **Gefahrenquelle schafft** oder andauern lässt, die erforderlichen **Sicherungsmaß-nahmen** zum Schutze anderer Personen **zu treffen hat**. Im Einzelnen ist eine Dreitei-lung der Entstehungsgründe für Verkehrspflichten möglich (siehe *Larenz/Canaris*, Schuldrecht BT II/2 § 76 III). Anhand einiger Beispiele wollen wir uns einen groben Über-blick über die einzelnen Fallgruppen verschaffen:

a) Eröffnung oder Duldung eines Verkehrs

Hierbei handelt es sich um den klassischen Anwendungsfall von Verkehrspflichtverlet-   23
zungen. Wer auf seinem zu seinem **Herrschaftsbereich** gehörenden Grundstück einen Verkehr eröffnet oder zulässt, muss dafür sorgen, dass die hiervon **ausgehenden Gefah-ren** für das Publikum so gering wie möglich gehalten werden. Paradebeispiel hierfür ist eine bereits aus dem Jahr 1902 stammende Entscheidung des RG (RGZ 52, 373). Das RG hatte einen Fall zu entscheiden, in dem eine Person durch einen umstürzenden mor-schen Baum auf einem öffentlichen Weg verletzt worden war. Das RG hat in dem Urteil ausgesprochen, dass § 823 Abs. 1 BGB auch bei einem rechtswidrigen Unterlassen (hier: Unterlassen des Fällens des morschen Baumes) eingreifen könne. Gefahren können nicht nur von Grundstücken ausgehen, sondern auch von beweglichen Sachen, mit de-nen Dritte in Berührung kommen. Wer etwa gefährliche Gegenstände wie Waffen, Sprengstoff oder Gifte in seinem Besitz hat, muss dafür Sorge tragen, dass Dritte nicht durch sie zu Schaden kommen. Ein weiteres Beispiel für diese Fallgruppe ist die Pro-duzentenhaftung, deren Grund das Inverkehrbringen gefährlicher Güter ist (hierzu so-gleich Rn. 26 ff.). Freilich dürfen **keine übertriebenen Anforderungen** gestellt werden. Vielmehr muss der Adressat der Verkehrspflicht nur die Maßnahmen treffen, „die ein umsichtiger und verständiger, in vernünftigen Grenzen vorsichtiger Mensch für not-wendig und ausreichend hält, um andere vor Schäden zu bewahren" (BGH NJW 2007, 762, 764 Tz. 11). So wurde z. B. die Klage eines Kunden abgewiesen, der im Markt des beklagten Einzelhändlers durch eine berstende Limonadenflasche erheblich verletzt worden war. Der BGH hatte den Einzelhändler nicht als verpflichtet angesehen, der Ge-fahr explodierender Flaschen durch eine Kühlung vorzubeugen (BGH NJW 2007, 762).

b) Übernahme einer Tätigkeit

Als Beispiel hierfür sei der ebenfalls vom RG entschiedene Milzbrandfall genannt   24
(RGZ 102, 372). In dem Fall war ein Rind an Milzbrand erkrankt; zur Behandlung wurde ein Tierarzt hinzugezogen. Dieser desinfizierte die Wundnarbe nicht, die sich der Metz-ger zugezogen hatte, der die Notschlachtung des Tieres durchführte. Der Metzger ver-starb daher nach langer Krankheit. Das RG hat den Tierarzt für schadensersatzpflichtig gehalten, weil er eine Tätigkeit übernommen hatte, die sorgfältig auszuführen er ver-pflichtet war. Die Intensität der Pflicht war dadurch noch verstärkt, dass die von dem Tierarzt übernommene Tätigkeit zu dessen beruflichem Tätigkeitsfeld gehört hatte. Fer-ner treffen Architekten und Bauleiter Verkehrspflichten zum Schutz von Leben, Leib und Eigentum Dritter; an der Baustelle müssen also die notwendigen Sicherheitsvorkehrun-gen getroffen und ggf. Warnschilder aufgestellt werden. Die übernommene Tätigkeit

muss im Übrigen nicht aus dem beruflichen Tätigkeitsfeld des Verkehrspflichtigen stammen; freilich kann dies die Intensität der Pflichten steigern. Als Beispiel sei der Fall genannt, in dem sich der erfahrene Bergsteiger als Bergführer zur Verfügung stellt.

c) Vorangegangenes Tun

25 Zur Verdeutlichung dieser Fallgruppe wollen wir uns mit einem Beispiel begnügen (BGH VersR 1954, 118): Wer einem Kind den Umgang mit einem Gewehr erklärt, an dessen Schießübungen teilnimmt und es anschließend unbeaufsichtigt lässt, kann schadensersatzpflichtig werden, wenn das Kind durch unsachgemäßen Umgang mit dem Gewehr ein anderes Kind verletzt.

3. Die Produzentenhaftung gem. § 823 Abs. 1 BGB

LITERATUR

Fischer/Schmehl, Die Gesichtscreme der Schauspielerin oder „Wer schön sein will, ...", JA 2008, 498; *Katzenmeier*, Die Entwicklung des Produkthaftungsrechts, JuS 2003, 943; *Landrock*, Das Produkthaftungsrecht im Lichte neuerer Gesetzgebung und Rechtsprechung, JA 2003, 981; *Schlinker*, Anfängerklausur – Zivilrecht: Deliktsrecht – Produzentenhaftung, JuS 2010, 224; *Staudinger/Czaplinski*, Rückruf- und Kostentragungspflicht bei In- wie Auslandssachverhalten, JA 2008, 401.

a) Allgemeines

26 Wenn **fehlerhafte Produkte** in den Verkehr geraten, dann besteht die Gefahr, dass diejenigen einen **Schaden** erleiden, die mit diesen Produkten in Berührung kommen. Die Verwendung eines schadhaften Produkts kann z. B. Eigentumsverletzungen oder gar Gesundheitsbeeinträchtigungen nach sich ziehen. Geschädigt sind häufig die Endverbraucher, die sich dann beim Hersteller des fehlerhaften Produkts schadlos halten möchten. **Vertragliche Ansprüche** kommen indes **nur** ganz **ausnahmsweise** in Betracht: Der Endverbraucher bezieht das Produkt in aller Regel nämlich nicht unmittelbar vom Hersteller. Zwischen dem Endverbraucher und dem Hersteller bestehen daher keine vertraglichen Beziehungen. Der Geschädigte ist daher auf außervertragliche Schadensersatzansprüche angewiesen. Denkbar ist z. B. eine Haftung des Herstellers aus § 823 Abs. 2 BGB i. V. mit der Verletzung eines Schutzgesetzes.

27 In der Praxis steht allerdings nicht § 823 Abs. 2 BGB im Vordergrund, sondern die auf **§ 823 Abs. 1 BGB** gestützte **Produzentenhaftung** des Herstellers. Anknüpfungspunkt für diese Haftung ist das Inverkehrbringen des Produkts. Die Verletzung eines der durch § 823 Abs. 1 BGB geschützten Rechtsgüter oder Rechte ist aber nur mittelbare Folge davon, dass der Hersteller sein Produkt in den Verkehr gebracht hat. Der Verletzungserfolg kann dem Hersteller daher nur dann als Deliktstäter zugerechnet werden, wenn er eine Verkehrspflicht verletzt hat (siehe oben Rn. 20 f.). Bei der Produzentenhaftung handelt es sich somit um einen besonderen Fall der **Verletzung von Verkehrspflichten** (siehe auch oben Rn. 23). Welche Verkehrspflichten den Hersteller im Einzelnen treffen,

werden wir weiter unten (siehe Rn. 30 ff.) sehen. An dieser Stelle sei lediglich festgehalten, dass der Hersteller nicht haftbar ist, wenn er alle ihm zumutbaren Maßnahmen ergriffen hat, um die Verletzung von Rechten und Rechtsgütern Dritter zu vermeiden.

Das Verschulden des Täters gehört zu den Voraussetzungen des Anspruchs aus § 823   28
Abs. 1 BGB (siehe oben Rn. 12 ff). Dem Geschädigten obliegt daher grundsätzlich der Beweis dafür, dass der Täter schuldhaft, d. h. vorsätzlich oder fahrlässig, gehandelt hat. Für den durch ein fehlerhaftes Produkt Geschädigten ist allerdings der Nachweis, dass der Hersteller eine Verkehrspflicht schuldhaft verletzt hat, nur schwer oder gar nicht zu erbringen. Der Geschädigte hat nämlich – anders als der Hersteller – keinen Einblick in den Produktionsbereich und in die Produktionsabläufe. Die Rechtsprechung ist dem Geschädigten daher durch eine **Beweislastumkehr** zu Hilfe gekommen (grundlegend BGHZ 51, 91 – Hühnerpestfall). Wenn feststeht, dass das vom Hersteller in den Verkehr gebrachte **Produkt fehlerhaft** ist, dann muss der **Hersteller beweisen**, dass ihn an dieser Fehlerhaftigkeit **kein Verschulden** trifft. Der Hersteller des schadhaften Produkts muss sich also entlasten. An die Führung dieses Entlastungsbeweises werden hohe Anforderungen gestellt.

Nur an dieser Stelle sei auf das am 1. 1. 1990 in Kraft getretene **ProdHaftG** hingewiesen   29
(Gesetz vom 15. 12. 1989, BGBl. I, S. 2198), durch dessen Erlass der deutsche Gesetzgeber seiner Verpflichtung zur Umsetzung der Produkthaftungsrichtlinie (Richtlinie vom 25. 7. 1985, ABl. EG 1985 Nr. L 210, 29) nachgekommen ist. Die Richtlinie hat bewirkt, dass in der **Europäischen Union** ein **einheitlicher Mindeststandard** im Hinblick auf die Haftung für fehlerhafte Produkte existiert. Das ProdHaftG sieht eine verschuldensunabhängige **Gefährdungshaftung** des Herstellers vor. Die Haftung nach dem ProdHaftG ist deswegen aber nicht wesentlich schärfer als die Produzentenhaftung aus § 823 Abs. 1 BGB. Die Anforderungen an den vom Hersteller zu führenden Entlastungsbeweis (siehe oben Rn. 28) sind nämlich so hoch, dass die Haftung aus § 823 Abs. 1 BGB einer Gefährdungshaftung angenähert ist. Die Produzentenhaftung ist durch das ProdHaftG nicht bedeutungslos geworden. Ansprüche aus § 823 Abs. 1 BGB sind nämlich aus Sicht des Geschädigten in mehrfacher Hinsicht günstiger als Ansprüche aus dem ProdHaftG. Wir wollen dies nicht vertiefen (für Interessierte: 1. Auflage § 36 IV.).

b) Fallgruppen

Im Hinblick auf die dem Hersteller zur Last gelegte Verletzung einer Verkehrspflicht   30
werden folgende Fallgruppen unterschieden:

aa) Konstruktionsfehler

Ein Konstruktionsfehler liegt vor, wenn das Produkt nicht so konstruiert ist, dass es die   31
Sicherheit bietet, die nach dem Stand der Technik erwartet werden kann (vgl. auch BGH NJW 2009, 2952, 2953 Tz. 15). Da bereits der **Plan**, nach dem die Produkte hergestellt werden, **fehlerhaft** ist, weisen **alle Produkte** einen **Fehler** auf. Zur Verdeutlichung das folgende

> **BEISPIEL** Die Holzschutz-AG (H) bringt das neue Pflanzenschutzmittel „Chemol" auf den Markt. Es soll wirkungsvoll gegen Apfelschorf schützen. Bauer Vogeler (V) kauft im Ackerbau-Center Münster Chemol und spritzt seine Apfelplantagen regelmäßig damit.
>
> (1) Das Mittel wirkt gut. Aber es bewirkt zugleich, dass die Bäume eingehen. Außerdem werden durch die Dämpfe Reizungen der Atemwege hervorgerufen.
>
> (2) Das Mittel ist wirkungslos. Daher werden die Bäume von Apfelschorf befallen.
>
> V verlangt von H Schadensersatz.

In beiden Alternativen liegt ein Konstruktionsfehler des Mittels vor. In der Fallalternative (1) ist das Mittel so konzipiert, dass die Bäume eingehen und Menschen, die mit dem Mittel in Berührung kommen, Reizungen der Atemwege erleiden. Das Produkt weist daher nicht die Sicherheit auf, die seine Benutzer erwarten dürfen. Auch die Wirkungslosigkeit (Fallalternative (2)) des Mittels kann als Fehler qualifiziert werden. Denn aufgrund dieser Wirkungslosigkeit ist ein Schaden entstanden (Apfelschorf an den Bäumen), weil V vom Kauf wirksamer Mittel abgehalten worden ist (vgl. BGHZ 80, 186; 80, 199). Als weiteres Beispiel sei ein vom BGH entschiedener Fall angeführt, in dem der Seitenairbag beim Überfahren eines Schlaglochs ausgelöst worden war. Durch diese Fehlauslösung war der Fahrer verletzt worden (BGH NJW 2009, 2952).

32   Für sog. **Entwicklungsfehler** trifft den Hersteller **keine Haftung**. Dies sind solche Fehler, die zum Zeitpunkt des Inverkehrbringens des fehlerhaften Produkts nach dem Stand von Wissenschaft und Technik **nicht voraussehbar** waren. Dem Hersteller kann daher nicht vorgeworfen werden, dass er objektiv pflichtwidrig gehandelt hat. Eine Haftung für Entwicklungsfehler würde zudem die technische Entwicklung behindern. Wenn der Hersteller auch für nicht vorhersehbare Mängel neuer Produkte einstehen müsste, würde dies seine Motivation, neue Produkte zu entwickeln und auf den Markt zu bringen, wohl spürbar verringern.

bb)   Fabrikationsfehler

33   Auch der Produktionsablauf muss nach dem Stand der Technik eingerichtet sein. Beispielsweise müssen Endkontrollen für vorhersehbares menschliches oder Maschinenversagen vorgesehen sein und durchgeführt werden. Weisen einzelne Stücke eines fehlerfrei konstruierten Produkts Mängel auf, dann spricht man von einem **Fabrikationsfehler** (= Herstellungs- oder Fertigungsfehler). Der Hersteller haftet, wenn ein Schaden entsteht, weil jemand mit dem fehlerhaft hergestellten Produkt in Berührung kommt.

> **BEISPIEL** Das Chemol wirkt an sich gut. Aber V hat ausgerechnet Chemol erwischt, das in der 25. Kalenderwoche hergestellt worden ist. In dieser Woche kam es aufgrund einer Umstellung der maschinellen Produktion bei H dazu, dass das Mittel zu stark verdünnt wurde und daher wirkungslos geworden ist.

34   Der **Hersteller haftet nicht**, wenn er alle zumutbaren Sicherheitsvorkehrungen getroffen hat und trotzdem einzelne Produkte innerhalb einer ansonsten fehlerfreien Serie fehlerhaft sind. Eine Einstandspflicht für derartige **Ausreißer** scheitert am **fehlenden Verschulden** des Herstellers (zum Begriff des Ausreißers siehe BGHZ 129, 53).

cc) Instruktionsfehler

Von einem **Instruktionsfehler** (= Anleitungsfehler) spricht man, wenn es der Hersteller   35
unterlässt, die Verwender des (fehlerfreien) Produkts vor denjenigen Gefahren zu warnen, die bei bestimmungsgemäßem Gebrauch oder nahe liegendem Fehlgebrauch drohen und die nicht zum allgemeinen Gefahrenwissen des Benutzerkreises gehören (BGH
NJW 2009, 2952, 2954 Tz. 23). Gewarnt werden muss also ggf. vor Verletzungsgefahren,
Gefahren für Benutzer mit besonderer Empfindlichkeit, Unverträglichkeit mit anderen
Stoffen etc.

> **BEISPIEL** Das von V gekaufte Chemol wirkt hervorragend. Jedoch bekommt der Bauer einen
> schmerzhaften Hautausschlag an Gesicht und Händen, weil in der Packungsbeilage nicht da-
> rauf hingewiesen wurde, dass vor der Anwendung des Mittels Schutzkleidung angelegt wer-
> den muss.

Inhalt und Umfang der Instruktionspflichten werden im Einzelfall wesentlich durch die
Größe der Gefahr und durch das gefährdete Rechtsgut bestimmt (BGH a. a. O.). Die Anforderungen an die Instruktion hängen ferner davon ab, von wem das betreffende Produkt bestimmungsgemäß gebraucht wird. Bei Produkten, die ausschließlich von Fach-
personal verwendet werden, sind die Anforderungen z. B. niedriger.

dd) Produktbeobachtung

Der Hersteller muss das in den Verkehr gebrachte Produkt weiter beobachten im Hin-   36
blick auf Risiken, die zum Zeitpunkt des Inverkehrbringens noch nicht erkennbar waren.
Er muss z. B. Fachliteratur auswerten und bei begründeten Hinweisen auf Risiken die
Benutzer warnen, ggf. auch Rückrufaktionen starten. Tut er dies nicht, hat er seine
Pflicht zur **Produktbeobachtung** verletzt (siehe wiederum BGHZ 80, 186; 80, 199).

> **BEISPIEL** Das Mittel wirkt gut. Aber nach einiger Zeit wird der Apfelschorf dagegen resistent.
> Hätte H die Entwicklung beobachtet, hätte sie die Bauern warnen und darauf hinweisen kön-
> nen, dass nach einiger Zeit auf die Verwendung eines anderen Mittels übergegangen werden
> muss.

Im Milupa-Fall (BGHZ 116, 60; vgl. auch BGH NJW 1995, 1286 – Kindertee und Kinder-
fruchtsäfte) hat der BGH die **Anforderungen** an die aus der Produktbeobachtungs-
pflicht folgende **Warnpflicht** konkretisiert. Ein Kind hatte jahrelang gesüßten Kindertee
aus Nuckelflaschen getrunken, Karies bekommen und deswegen Zähne verloren. Der
BGH hat den Hersteller verurteilt, weil die Warnung vor den Gesundheitsgefahren nicht
deutlich genug erfolgt sei. Die Warnung war nur in den Zubereitungshinweisen enthalten, die von Müttern, die über die Zubereitung bereits informiert sind, nicht gelesen
werden.

37 Bei der Prüfung eines Schadensersatzanspruchs des Herstellers eines fehlerhaften Produkts aus § 823 Abs. 1 BGB kann man wie folgt vorgehen:

ABB. 72:	Aufbau des Anspruchs aus § 823 Abs. 1 BGB (Produzentenhaftung)

I. Tatbestand
   1. Verletzung eines der in § 823 Abs. 1 BGB genannten Rechte oder Rechtsgüter
   2. Haftungsbegründende Kausalität: Zurechnung des Verletzungserfolgs an eine bestimmte Person
      a) Feststellung, dass der Verletzungserfolg nur mittelbar auf der Schaden stiftenden Handlung des Herstellers (= Inverkehrbringen des Produkts) beruht
      b) Zurechnung nur bei adäquater Verursachung und bei Verletzung einer Verkehrspflicht

      ► Konstruktionsfehler

      ► Fabrikationsfehler

      ► Instruktionsfehler (= Anleitungsfehler)

      ► Verletzung der aus Produktbeobachtungspflicht folgenden Warnpflicht

II. Rechtswidrigkeit
III. Verschulden
   1. Wird vermutet
   2. Entlastung gelingt bei
      a) Entwicklungsfehlern (bezogen auf Konstruktionsfehler)
      b) Ausreißern (bezogen auf Fabrikationsfehler)
IV. Schaden
V. Haftungsausfüllende Kausalität

III. Das Recht am eingerichteten und ausgeübten Gewerbebetrieb und das allgemeine Persönlichkeitsrecht als sonstiges Recht i. S. des § 823 Abs. 1 BGB

1. Das Recht am eingerichteten und ausgeübten Gewerbebetrieb

LITERATUR

K. Schmidt, Integritätsschutz von Unternehmen nach § 823 BGB – Zum „Recht am eingerichteten und ausgeübten Gewerbebetrieb", JuS 1993, 985; *Zwickel*, Übungsfall: Der etwas andere Stromkabelfall, ZJS 2010, 491.

38 Seit Langem ist von der Rechtsprechung das Recht am eingerichteten und ausgeübten Gewerbebetrieb als sonstiges Recht i. S. des § 823 Abs. 1 BGB anerkannt. Ohne die Anerkennung dieses Rechts als sonstiges Recht wäre der Unternehmer vor Störungen seiner Betätigung durch Dritte zu wenig geschützt. Das Recht am eingerichteten und ausgeübten Gewerbebetrieb umfasst den gesamten gewerblichen Tätigkeitsbereich des Unternehmers; **geschützt** sind **z. B.** die **Produktionsfähigkeit**, der **Kundenstamm**, die **Geschäftsbeziehungen** und die **Warenbezeichnungen** des Gewerbetreibenden. Um einer Ausuferung dieses Rechts vorzubeugen, wird aber eine Verletzung nur dann ange-

nommen, wenn bestimmte Voraussetzungen vorliegen (weitere Beispiele bei *Klunzinger*, § 57 II 2 b ee). Im Einzelnen gilt Folgendes (hierzu etwa *Musielak*, Grundkurs BGB, Rn. 766 f.):

a) Subsidiarität

Auf das Recht am eingerichteten und ausgeübten Gewerbebetrieb darf nur dann zu-　39
rückgegriffen werden, wenn eine Haftung aus anderen gesetzlichen Vorschriften nicht in Betracht kommt. Andere gesetzliche Vorschriften sind vor allem das Gesetz gegen unlauteren Wettbewerb (UWG), ferner etwa §§ 823 Abs. 2 BGB (i.V. mit der Verletzung eines Schutzgesetzes) und 824 BGB.

> **BEISPIEL (VGL. BGHZ 41, 123)** ▸ Der Straßenbauunternehmer S beschädigt beim Straßenbau ein Stromkabel des Elektrizitätswerks E. Das Betriebsgrundstück des Unternehmers U ist an dieses Stromkabel angeschlossen. Da der Strom ausfällt, verderben 1 000 Bruteier in einer Brutmaschine. Außerdem kann U die Brutmaschine für längere Zeit nicht benutzen, so dass ihm weiterer Gewinn entgeht. Muss S diesen Schaden ersetzen?

Hinsichtlich der Eier liegt eine Eigentumsverletzung vor. Insoweit ist ein Schadensersatzanspruch aus § 823 Abs. 1 BGB begründet, so dass auf das Recht am eingerichteten und ausgeübten Gewerbebetrieb nicht zurückgegriffen werden muss (und darf!). Das Recht am eingerichteten und ausgeübten Gewerbebetrieb muss hier nur insoweit bemüht werden, als der Unternehmer Schadensersatz wegen seines Produktionsausfalls begehrt.

b) Gewerbebetrieb

Es muss in einen Gewerbebetrieb eingegriffen werden. Als solcher wird ein auf Dauer　40
angelegter, auf Gewinnerzielung gerichteter Betrieb verstanden (*Brox/Walker*, Schuldrecht BT, § 45 Rn. 19).

c) Unmittelbarer Eingriff

Der Gewerbetreibende wird nach § 823 Abs. 1 BGB nur vor unmittelbaren, sog. **be-**　41
triebsbezogenen Eingriffen in seine Tätigkeit geschützt. Der Eingriff muss sich „nach seiner objektiven Stoßrichtung gegen den betrieblichen Organismus als solchen oder die unternehmerische Entscheidungsfreiheit" richten (BGH NJW 2001, 3115, 3117; vgl. auch BGHZ 86, 152, 156); er darf nicht lediglich von dem Gewerbebetrieb ohne Weiteres ablösbare Rechte oder Rechtsgüter betreffen. Die Abgrenzung zwischen betriebsbezogenen und lediglich mittelbaren Störungen ist naturgemäß schwierig. Sie soll anhand einiger Beispiele verdeutlicht werden.

In dem oben in Rn. 40 referierten Fall etwa hat der BGH dem Unternehmer U Schadens-　42
ersatz wegen des infolge des Produktionsausfalls entgangenen Gewinns versagt, weil durch die Beschädigung des Stromkabels der Gewerbebetrieb nur mittelbar beeinträchtigt worden sei. In einem anderen Fall ging es um den Verdienstausfall einer Eiskunstläuferin, deren Partner bei einem Verkehrsunfall verletzt wurde, so dass das Paar für längere Zeit nicht auftreten konnte. Der BGH hat die Klage der Eiskunstläuferin abge-

wiesen, weil die Verletzung des Partners nicht als unmittelbarer, gegen den Gewerbebetrieb als solchen gerichteter Eingriff zu werten sei (BGH NJW 2003, 1040).

43   Ein betriebsbezogener Eingriff liegt dagegen z. B. dann vor, wenn im Falle eines rechtswidrigen Streiks die Streikposten arbeitswillige Mitarbeiter vom Betrieb fernhalten. Ein betriebsbezogener Eingriff kann auch in unzulässigen Boykottaufrufen gesehen werden.

2. Das allgemeine Persönlichkeitsrecht

LITERATUR

Diederichsen, Der deliktsrechtliche Schutz des Persönlichkeitsrechts, Jura 2008, 1; *Ehmann*, Das allgemeine Persönlichkeitsrecht, Jura 2011, 437; *Germann*, Das allgemeine Persönlichkeitsrecht, Jura 2010, 734; *Lettmaier*, Das allgemeine Persönlichkeitsrecht in der zivilrechtlichen Fallbearbeitung – zugleich ein Spiegel der neuen Rechtsprechung, JA 2008, 566; *Petersen*, Postmortaler Persönlichkeitsschutz, Jura 2008, 271; *Pils*, Ein neues Kapitel bei der Abwägung zwischen Pressfreiheit und Persönlichkeitsrecht?, JA 2008, 852.

a) Allgemeines

44   **Einzelne Aspekte** der **Persönlichkeit** des Einzelnen sind zwar schon seit Langem gesetzlich **geschützt**, wie z. B. das Namensrecht durch § 12 BGB oder das Recht am eigenen Bild durch die §§ 22 ff. Kunsturhebergesetz (hierzu BGH NJW 2007, 1981; BVerfG NJW 2008, 1793). Der **Schutz** ist aber **keineswegs ausreichend**. Insbesondere die moderne Technik ermöglicht Persönlichkeitsrechtsverletzungen, an die der Gesetzgeber des ausgehenden 19. Jahrhunderts noch gar nicht denken konnte. Zu nennen sind diesbezüglich z. B. das Abhören privater Gespräche mit Abhöranlagen, die Anfertigung heimlicher Tonbandaufnahmen, die Aufnahme von Fotos mit Spezialkameras, die Verwertung von Tagebuchaufzeichnungen oder die Publizierung von Informationen aus Krankenunterlagen. Mit Rücksicht auf den verfassungsrechtlich garantierten Schutz der Menschenwürde und der freien Entfaltung der Persönlichkeit in Art. 1 und 2 Grundgesetz hat die **Rechtsprechung** daher ein **allgemeines Persönlichkeitsrecht** entwickelt und als sonstiges Recht i. S. v. 823 Abs. 1 BGB anerkannt.

b) Fallgruppen

45   Eine Verletzung des Persönlichkeitsrechts kommt in vielen Erscheinungsformen in Betracht. Eine Strukturierung dieses Rechts kann durch die Bildung von einzelnen (nicht abschließenden) Fallgruppen erreicht werden. So wurde etwa eine Verletzung des allgemeinen Persönlichkeitsrechts von der Rechtsprechung bejaht in folgenden Fallgestaltungen (hierzu *Brox/Walker*, Schuldrecht BT, § 45 Rn. 23 ff.; *Musielak*, Grundkurs BGB, Rn. 769):

► **Ehrverletzungen**   46

- Von einem Anwalt wird in der Presse behauptet, er bagatellisiere NS-Verbrechen und stehe den Gedankengängen des Nationalsozialismus noch heute nahe (BGHZ 31, 308).

- Über eine Fernsehansagerin wird in einer Zeitschrift geschrieben, sie passe in einen zweitklassigen Tingeltangel auf der Reeperbahn und sehe aus wie eine ausgemolkene Ziege, bei deren Anblick den Zuschauern die Milch sauer werde (BGHZ 39, 124).

- Ein Rollstuhlfahrer wird in einer satirischen Zeitschrift als Krüppel bezeichnet (BVerfG NJW 1992, 2073).

- Ein früherer Sportarzt der DDR wird als „Mengele des DDR-Dopingsystems" bezeichnet (BVerfG NJW 2006, 3266).

► **Verfälschte Darstellung des Lebensbildes in den Medien**   47

- Ein Anwalt, der den früheren Präsidenten der Reichsbank Hjalmar Schacht vertritt, verlangt in einem Schriftsatz an eine Zeitung die Richtigstellung eines Artikels betreffend seinen Mandanten. Die Zeitung druckt den Schriftsatz als Leserbrief des Anwalts ab (BGHZ 13, 334 – Schachtbrief-Fall).

- Verletzung des Rechts auf Selbstbestimmung über das eigene Erscheinungsbild durch Abdruck eines erfundenen Interviews in einer Zeitschrift (BGHZ 128, 1 – Prinzessin Caroline; siehe auch BGHZ 131, 332 sowie BVerfG NJW 2000, 1021).

► **Unbefugte Verwendung von Bildern und Namen zu Werbezwecken**   48

- Schauspieler D. auf X-Autoroller (BGHZ 20, 345 – Paul Dahlke-Fall).

- Foto des Turnierreiters Josef Neckermann wird zu Werbung für ein Stärkungsmittel verwendet (BGHZ 26, 349 – Herrenreiter-Fall).

- Der Hersteller von Präparaten zur Befestigung von Zahnprothesen erwähnt im Werbetext den Namen einer berühmten Sängerin (BGHZ 30, 7 – Catarina Valente-Fall).

- BGH NJW 2000, 2195 (Marlene Dietrich). Diese Entscheidung ist auch deswegen interessant, weil dort das Persönlichkeitsrecht der Betroffenen auch noch nach deren Tod geschützt wurde. Man spricht hier von einem postmortalen Persönlichkeitsschutz (hierzu auch BVerfG NJW 2006, 3409).

► **Weitergabe von Angelegenheiten aus fremder Privat- oder Intimsphäre**   49

- Veröffentlichung von Privatbriefen oder Tagebuchaufzeichnungen (BGHZ 13, 334).

- Bekanntgabe einer ärztlichen Bescheinigung über den Gesundheitszustand einer Person an einen Dritten, für den sie nicht bestimmt sind (BGHZ 24, 72).

- Veröffentlichung eines für ein Biologiebuch vorgesehenen Nacktfotos im Fernsehen (BGH NJW 1985, 1617).

- Berichterstattung über eine Straftat unter Nennung des Namens des Straftäters (BGH NJW 2010, 2432 Tz. 13).

50 ► **Eindringen in die Privat- oder Intimsphäre**

- Heimliche Bildaufnahmen im privaten Bereich (BGHZ 24, 200). Eine Privatsphäre, innerhalb derer sich auch Prominente vor Fotografen sicher fühlen dürfen, existiert auch außerhalb des häuslichen Bereichs (BVerfG NJW 2000, 1021; vgl. auch EGMR NJW 2004, 2647 – Caroline von Hannover; BGH NJW 2007, 1981 – Ernst August von Hannover).

- Unbefugtes Öffnen fremder Post (BGH NJW-RR 1990, 764).

- Tonbandaufnahme ohne Zustimmung des Betroffenen (BGHZ 27, 284; 33, 20).

- Mithören eines Telefongesprächs (BGH NJW 2003, 1727).

- Heimliches Einholen einer DNA-Analyse (BGH NJW 2005, 497). Hinweis für Interessierte: Durch die Einfügung des § 1598a in das BGB ist die Problematik entschärft worden.

c) Geldentschädigung wegen Verletzung des Persönlichkeitsrechts

51 Im Fall der Verletzung des allgemeinen Persönlichkeitsrechts hat die Rechtsprechung erstmals im Herrenreiter-Fall (BGHZ 26, 349) dem Betroffenen eine Geldentschädigung zugesprochen. Die Problematik dieser Rechtsprechung liegt darin, dass bei Schäden, die nicht Vermögensschäden sind, Geldersatz nur in den gesetzlich bestimmten Fällen geschuldet wird (§ 253 Abs. 1 BGB). Bis heute existiert keine Vorschrift im BGB, in der ausgesprochen ist, dass bei Verletzungen des allgemeinen Persönlichkeitsrechts eine „billige Entschädigung in Geld" gefordert werden kann. In § 253 Abs. 2 BGB, nach dem der Geschädigte im Falle der Verletzung bestimmter Rechtsgüter eine Geldentschädigung fordern kann, ist das Persönlichkeitsrecht nicht erwähnt.

52 Gleichwohl gewähren die Zivilgerichte Geldersatz auch bei Verletzungen des Persönlichkeitsrechts. **Anspruchsgrundlage** sind **§ 823 Abs. 1 BGB** i.V. mit **Art. 1 GG** (Menschenwürde) und **Art. 2 Abs. 1 GG** (Recht auf freie Entfaltung der Persönlichkeit). Wenn keine Geldentschädigung zugebilligt würde, dann blieben Verletzungen der Würde und Ehre des Menschen häufig ohne Sanktion mit der Folge, dass der Rechtsschutz der Persönlichkeit verkümmern würde (BGHZ 128, 1, 15; BGH NJW 2005, 215, 216). Die Verletzung des allgemeinen Persönlichkeitsrechts begründet aber **nur** „einen Anspruch auf eine **Geldentschädigung**, wenn es sich um einen **schwerwiegenden Eingriff** handelt und die **Beeinträchtigung nicht in anderer Weise** befriedigend **aufgefangen** werden kann. Ob eine schwerwiegende Verletzung des Persönlichkeitsrechts vorliegt, die die Zahlung einer Geldentschädigung erfordert, hängt insbesondere von der Bedeutung und Tragweite des Eingriffs, ferner von Anlass und Beweggrund des Handelnden sowie von dem Grad seines Verschuldens ab" (BGH NJW 2010, 763 Tz. 11 m.w.N.; Hervorhebungen nur hier). Eine Geldentschädigung kommt demnach z.B. nicht in Frage, wenn ein Widerruf ausreicht, um die Persönlichkeitsrechtsverletzung auszugleichen.

3. Rechtswidrigkeit von Eingriffen in das Recht am eingerichteten und ausgeübten Gewerbebetrieb und in das allgemeine Persönlichkeitsrecht

Bei Eingriffen in diese beiden sonstigen Rechte wird die **Rechtswidrigkeit nicht indiziert**. Die Rechtswidrigkeit ist vielmehr durch eine **Abwägung** der betroffenen **Interessen im Einzelfall** gesondert **festzustellen**.   53

> **BEISPIEL** ▶ Wenn jemand ein Konkurrenzunternehmen eröffnet, dann kann darin ein betriebsbezogener Eingriff in den Gewerbebetrieb des Konkurrenten gesehen werden. Es ist aber jedermanns Recht, einen Betrieb zu eröffnen und bereits bestehenden Betrieben Konkurrenz zu machen. Ansonsten wäre der freie Wettbewerb gefährdet. Ebenso wenig liegt ein rechtswidriger Eingriff in den eingerichteten und ausgeübten Gewerbebetrieb vor, wenn jemand Kritik äußert, die zwar geschäftsschädigend ist, aber auf einer sorgfältigen Prüfung beruht (z. B. Warentests).

Noch schwieriger dürfte die Interessenabwägung bei Eingriffen in das allgemeine Persönlichkeitsrecht sein. Hier ist zugunsten des Schädigers regelmäßig die verfassungsrechtlich geschützte Meinungs- und Pressefreiheit (Art. 5 GG) zu berücksichtigen; ebenso das Interesse der Allgemeinheit an Information, wobei es hier wieder darauf ankommt, ob die Veröffentlichung eher Unterhaltungszwecken oder tatsächlich Informationszwecken dient. Auf der anderen Seite steht das Interesse des Betroffenen auf Wahrung seiner Privatsphäre, wobei die Intimsphäre besonderen Schutz genießt. Dabei dürfte man allgemein sagen können, dass Prominente, die von den Medien auch profitieren, eher Eingriffe in ihre Privatsphäre dulden müssen als „Otto Normalverbraucher". Andererseits müssen auch Prominente nicht jeden Eingriff – etwa eine nicht wahrheitsgemäße Berichterstattung – dulden. Ferner müssen es sich auch Prominente nicht gefallen lassen, sich bei jeder Gelegenheit – z. B. im Restaurant oder beim Einkaufen – fotografieren zu lassen (vgl. nur EGMR NJW 2004, 2647; BGH NJW 2007, 1981). Ein rechtswidriger Eingriff kann im Übrigen auch in der Form der Darstellung liegen (sog. Formalbeleidigung); dies ist insbesondere von Bedeutung bei Berichten, die der Wahrheit entsprechen.   54

Da bei Eingriffen in das Recht am eingerichteten und ausgeübten Gewerbebetrieb und in das Persönlichkeitsrecht die Rechtswidrigkeit nicht indiziert wird, werden diese Rechte auch als **offene Deliktstatbestände** oder als **Rahmenrechte** bezeichnet. Bei der Prüfung von Fällen kann man sich an das folgende Schema halten: 55

ABB. 73:	Aufbau des Anspruchs aus § 823 Abs. 1 BGB (Verletzung von „Rahmenrechten")
I.	Tatbestand: wie oben
II.	Rechtswidrigkeit: Muss durch Vornahme einer Güterabwägung festgestellt werden
III.	Verschulden: wie oben
IV.	Schaden: wie oben
V.	Haftungsausfüllende Kausalität: wie oben

§ 44 Unerlaubte Handlungen: Weitere Haftungstatbestände

LITERATUR

Coester-Waltjen, Die Haftung aus § 823 Abs. 2 BGB, Jura 2002, 102; *Fleck/Arnold*, Übungsklausur – Zivilrecht: Schadensersatz im gesetzlichen Schuldverhältnis – Die Stoßstange, JuS 2009, 823; *Kupisch*, Die Haftung für Verrichtungsgehilfen (§ 831 BGB), JuS 1984, 250; *Leßmann*, Besondere Deliktstatbestände, JA 1988, 585; *Meier-Reimer*, Schutzgesetze – Verhaltensnormen, Sanktionen und ihr Adressat, NJW 2007, 3157; *Schreiber*, Die Haftung für Hilfspersonen, Jura 1987, 647.

I. Die Verletzung eines Schutzgesetzes, § 823 Abs. 2 BGB

1   Schadensersatzpflichtig ist nach § 823 Abs. 2 BGB (lesen!) auch derjenige, der widerrechtlich und schuldhaft gegen ein den Schutz eines anderen bezweckendes Gesetz verstößt und dadurch dem anderen Schaden zufügt. Anders als bei § 823 Abs. 1 BGB wird hier **auch das Vermögen** einer Person **geschützt, soweit** das verletzte **Schutzgesetz** auch den **Schutz des Vermögens** des Einzelnen **bezweckt** (dies ist z. B. bei der Körperverletzung nicht der Fall).

1. Schutzgesetz

2   Unter „Gesetz" i. S. des § 823 Abs. 2 BGB ist jede Rechtsnorm zu verstehen (siehe Art. 2 EGBGB). Auch eine Bestimmung, die nicht in einem formellen Gesetz, sondern in einer Rechtsverordnung oder Gemeindesatzung enthalten ist, kann ein **Schutzgesetz** sein. Eine Rechtsnorm ist dann ein Schutzgesetz, wenn sie – zumindest neben allgemeinen Belangen – auch dazu dient, **dem Einzelnen Schutz** vor der Verletzung seiner Rechte, Rechtsgüter oder rechtlich geschützten Interessen zu gewähren. Zu den Schutzgesetzen gehören **vor allem Strafvorschriften**.

> **BEISPIELE** Unerlaubtes Entfernen vom Unfallort (§ 142 StGB), Körperverletzungen (§§ 223 ff. StGB), Diebstahl (§ 242 StGB), Betrug (§ 263 StGB).

2. Verstoß gegen ein Schutzgesetz

3   Der Täter muss gegen ein Schutzgesetz verstoßen haben. Da der Verstoß gegen ein Schutzgesetz regelmäßig Rechtswidrigkeit und Schuld voraussetzt, sind diese beiden Tatbestandsmerkmale bereits bei der Prüfung des Verstoßes gegen ein Schutzgesetz zu prüfen. Eine nochmalige Prüfung erübrigt sich daher.

4   Zu achten ist auf zwei Besonderheiten. Ein Verstoß gegen ein Schutzgesetz liegt nur dann vor, wenn dem Täter auch der Verschuldensvorwurf gemacht werden kann, den

das Schutzgesetz voraussetzt. So ist z. B. eine fahrlässige Sachbeschädigung nicht strafbar (vgl. § 303 StGB). Wenn jemand daher eine Sache fahrlässig beschädigt, dann haftet er dem Eigentümer nur aus § 823 Abs. 1 BGB und nicht auch aus § 823 Abs. 2 BGB i.V. mit § 303 StGB. Zum anderen führt ein Verstoß gegen ein Schutzgesetz nur dann zur Schadensersatzpflicht aus § 823 Abs. 2 BGB, wenn der Täter schuldhaft, also mindestens fahrlässig, gehandelt hat; dies ergibt sich aus § 823 Abs. 2 Satz 2 BGB.

3. Schaden des Opfers

Ersetzt werden die **Schäden**, die in den **sachlichen und persönlichen Schutzbereich** der   5
verletzten Bestimmung fallen. So schützt z. B. § 319 StGB (Baugefährdung durch Verstoß gegen anerkannte Regeln der Technik) Leben und Gesundheit des Bauherrn, nicht aber dessen Eigentum und Vermögen (vgl. BGHZ 39, 366 Tz. 8). Und wenn jemand mit einem Fahrrad, das sich der Täter unter Verstoß gegen § 248b StGB „ausgeliehen" hat, verletzt wird, dann kann er nur Schadensersatz nach § 823 Abs. 1 BGB, nicht aber auch nach § 823 Abs. 2 BGB i.V. mit § 248b StGB verlangen. § 248b StGB schützt nämlich nur denjenigen, der zum Gebrauch des Fahrrads berechtigt ist, nicht aber andere Verkehrsteilnehmer (BGHZ 22, 293 Tz. 12 f.).

Bei der Prüfung eines Schadensersatzanspruchs aus § 823 Abs. 2 BGB i.V. mit der Verlet-   6
zung eines Schutzgesetzes kann man wie folgt vorgehen:

ABB. 74:	§ 823 Abs. 2 BGB i.V. mit Schutzgesetzverletzung

I.   Tatbestand
   1.   Schutzgesetz
      a)   Gesetz = jede Rechtsnorm (Art. 2 EGBGB)
      b)   Schutzgesetz: Zumindest auch der Individualschutz ist bezweckt
   2.   Verstoß gegen das Schutzgesetz
      a)   Tatbestand der Schutzgesetzverletzung muss erfüllt sein
      b)   Gesetzesverstoß ist rechtswidrig, falls kein Rechtfertigungsgrund
      c)   Verschulden:
        –   Das Verschulden muss sich nur auf den Verstoß gegen das Schutzgesetz beziehen, nicht auf den durch die Schutzgesetzverletzung verursachten Schaden
        –   Ein Verstoß liegt nur vor, wenn dem Täter der Verschuldensvorwurf gemacht werden kann, den das betreffende Schutzgesetz fordert; häufig ist daher Vorsatz erforderlich, weil viele Schutzgesetze aus dem Strafrecht stammen.
   3.   Schaden des Opfers
      a)   Fällt das Opfer in den persönlichen Schutzbereich des verletzten Gesetzes?
      b)   Fällt der Schaden in den sachlichen Schutzbereich des verletzten Gesetzes?
II. Rechtswidrigkeit und Verschulden
   1.   Rechtswidrigkeit
      Prüfung entfällt, da bereits oben I. 2 erfolgt
   2.   Verschulden
      Nur in den Fällen des § 823 Abs. 2 Satz 2 BGB eigenständig zu prüfen

II. Die vorsätzliche sittenwidrige Schädigung, § 826 BGB

1. Allgemeines

7   Zum Schadensersatz ist ferner derjenige verpflichtet, der einem anderen in einer gegen die guten Sitten verstoßenden Weise einen Schaden zufügt. Diese Bestimmung **reicht von** der **Rechtsfolge her** sehr **weit**, weil jeder Schaden ersatzfähig ist. Auf die Art des verletzten Rechts kommt es nicht an; auch **bloße Vermögensschäden** werden nach § 826 BGB (lesen!) ersetzt.

8   Auf der anderen Seite sind die **Tatbestandsvoraussetzungen** sehr **eng gefasst**. § 826 BGB verlangt eine **sittenwidrige Handlung**, also eine Handlung, die gegen das Anstandsgefühl aller billig und gerecht Denkenden verstößt. Maßgebend sind dabei Anschauungen des „anständigen Durchschnittsmenschen" (so die Formulierung bei *Brox/Walker*, Schuldrecht BT, § 47 Rn. 3). Maßgebend sind also weder die Moralvorstellungen der Klosterfrau noch diejenigen des Zuhälters.

9   Der **Vorsatz** muss sich **auf** die **Umstände** beziehen, **die** die **Sittenwidrigkeit begründen**. Der Täter muss aber sein Handeln nicht selbst als sittenwidrig einschätzen; ansonsten wären besonders rücksichtslose Personen privilegiert. Außerdem muss sich der **Vorsatz auf** den eingetretenen **Schaden** beziehen, wobei aber keine genaue Kenntnis der Höhe des Schadens verlangt wird.

10   Bei der Prüfung von Ansprüchen aus § 826 BGB kann man wie folgt vorgehen:

ABB. 75:	Vorsätzliche sittenwidrige Schädigung, § 826 BGB

1. Verursachung eines Schadens durch eine Handlung des Inanspruchgenommenen
2. Sittenwidrigkeit der Schädigung
3. Die subjektiven Voraussetzungen
   a) Schädigungsvorsatz
   b) Vorsatz im Hinblick auf die Umstände, die die Sittenwidrigkeit begründen

2. Fallgruppen

11   § 826 BGB gewinnt schärfere Konturen, wenn man sich die Fallgruppen vor Augen führt, in denen die Rechtsprechung eine sittenwidrige Schädigung angenommen hat (siehe hierzu etwa auch *Brox/Walker*, Schuldrecht BT, § 47 Rn. 5 ff.; *Looschelders*, Schuldrecht BT, § 63 Rn. 1296 ff; *Musielak*, Grundkurs BGB, Rn. 800; *Klunzinger* § 57 IV 2). Die im Anschluss genannten Fallgruppen sind nicht abschließend.

a) Arglistige Täuschung

12   Wer einen anderen durch eine Täuschung veranlasst, einen für ihn nachteiligen Vertrag abzuschließen, ist nach § 826 BGB zum Schadensersatz verpflichtet. Der Geschädigte kann verlangen, von der durch den Vertrag entstanden Verbindlichkeit freigestellt zu werden. Dieser Anspruch aus § 826 BGB besteht neben dem Anfechtungsrecht aus § 123 BGB, was vor allem im Hinblick auf die Verjährung von Bedeutung sein kann (zur Anfechtung siehe § 124 BGB; zum Anspruch aus § 826 BGB siehe § 195 BGB). Daneben kann der Getäuschte auch den Schaden ersetzt verlangen, der ihm dadurch entstanden

ist, dass er eine andere günstige Gelegenheit nicht genutzt hat. In derartigen Fällen wird auch regelmäßig ein Anspruch aus § 823 Abs. 2 BGB i.V. mit § 263 StGB (Betrug) bestehen.

b) Verleitung zum Vertragsbruch

Wenn jemand einen anderen dazu überredet, einen mit einem Dritten geschlossenen Vertrag nicht zu erfüllen, dann kann ihm nicht schon allein deswegen sittenwidriges Verhalten vorgeworfen werden. Die Pflichten aus einem Vertrag bestehen ja nur zwischen den Vertragsparteien, Dritte müssen sich darum grundsätzlich nicht kümmern. Eine sittenwidrige Verleitung zum Vertragsbruch liegt nach der Rechtsprechung des BGH daher nicht schon dann vor, wenn jemand den fremden Vertragsbruch lediglich für seine Zweck nutzt (an ihm „mitwirkt"); nötig ist vielmehr ein „Hinwirken" auf den Bruch des Vertrags (vgl. BGH NJW 1969, 1293). Hierzu folgendes

BEISPIEL ▶ X hat ein Gemälde zu einem Preis i.H. von 10 000 € an O verkauft, aber noch nicht übereignet. S, der dies weiß, drängt den X, das Gemälde für 12 000 € ihm zu überlassen; dabei droht S dem X mit dem Abbruch der Geschäftsbeziehungen, wenn X seinen mit O geschlossenen Vertrag erfülle. X gibt dem Drängen des S nach und übereignet ihm das Gemälde.

S hat in dem Beispielsfall den X nicht nur zum Vertragsbruch überredet. Er hat darüber hinaus auf den Vertragsbruch „hingewirkt", indem er dem X mit dem Abbruch der Geschäftsbeziehungen gedroht hat.

c) Wissentliche Erteilung einer unrichtigen Auskunft

BEISPIEL ▶ Ein Arbeitgeber stellt seinem Arbeitnehmer bei Beendigung des Vertrags ein Zeugnis aus, das den Arbeitnehmer als besonders sorgfältigen und fleißigen Menschen darstellt. In Wirklichkeit war der Arbeitnehmer nachlässig und faul. Ein anderer Arbeitgeber stellt diesen Arbeitnehmer aufgrund des guten Zeugnisses ein und erleidet deswegen einen Schaden. Der neue Arbeitgeber hat gegen den alter Arbeitgeber einen Schadensersatzanspruch aus § 826 BGB (vgl. BGH NJW 1979, 1882).

d) Gläubigerbenachteiligung und Gläubigergefährdung

Eine vorsätzliche sittenwidrige Schädigung kann ferner darin liegen, dass ein Schuldner seine Gläubiger benachteiligt, indem er einen Insolvenzantrag nicht rechtzeitig stellt oder indem er bestimmte Gläubiger zu Unrecht bevorzugt (z. B. durch die Stellung von Sicherheiten). In diesen Fällen kann sich der Anspruch aus § 826 BGB auch gegen die Gläubiger richten, die den Schuldner aus eigensüchtigen Motiven zur Insolvenzverschleppung gedrängt haben bzw. die grundlos den anderen Gläubigern vorgezogen worden sind.

e) Ausnutzung einer formalen Rechtsstellung

Nach § 826 BGB schadensersatzpflichtig macht sich schließlich derjenige, der eine ihm formal zustehende Rechtsposition missbräuchlich ausnutzt.

BEISPIEL ▶ Der alleinstehende S hat drei Monate unbezahlten Urlaub genommen, um eine Weltreise zu unternehmen. G, der dies ganz genau weiß, nutzt diese Gelegenheit, um gegen S zunächst einen Mahnbescheid und sodann einen Vollstreckungsbescheid i. H. von 10 000 € zu erwirken. G weiß auch ganz genau, dass er in einem normalen Verfahren gegen S keine Chance gehabt hätte, weil sein Anspruch schon lange verjährt ist.

13

14

15

16

In diesem Fall handelt G sittenwidrig, wenn er den Vollstreckungsbescheid nutzt, um nach der Rückkehr des S in dessen Vermögen zu vollstrecken. S kann von G aus § 826 BGB die Unterlassung der Vollstreckung sowie die Herausgabe des Vollstreckungsbescheids verlangen. Darüber hinaus muss G dem S aus § 826 BGB den Schaden ersetzen, den er ihm durch die unberechtigte Vollstreckung zugefügt hat.

Zu betonen ist, dass die Vollstreckung aus einem rechtskräftigen „Vollstreckungstitel" nur ganz ausnahmsweise als sittenwidrige Schädigung i. S. des § 826 BGB gewertet werden darf. Die Rechtskraft darf nämlich nicht ausgehöhlt werden. Sie muss nur dann zurücktreten, „wenn es mit dem Gerechtigkeitsgedanken schlechthin unvereinbar wäre, dass der Titelgläubiger seine formelle Rechtsstellung unter Missachtung der materiellen Rechtslage zu Lasten des Schuldners ausnutzt" (BGH NJW 2005, 2991, 2994).

III. Die Haftung des Geschäftsherrn für die Tätigkeit von Verrichtungsgehilfen, § 831 BGB

1. Interessenlage

17   In einer arbeitsteilig organisierten Gesellschaft wird es nicht selten vorkommen, dass derjenige, den der Geschädigte als Täter in Anspruch nehmen will, die schädigende Handlung gar nicht selbst vorgenommen hat, sondern dass ein Gehilfe des potentiellen Deliktstäters gehandelt hat. Wir wollen uns die in derartigen Fällen typischerweise bestehende Interessenlage vor Augen führen anhand des folgenden

> **EINFÜHRUNGSFALLS** ► Malermeister Gustav Geher (G) schickt den bei ihm beschäftigten Hans Hilf (H) zu seinem Kunden Kuno Kundig (K). H fährt mit seinem Privatauto zu K. Unterwegs fährt er, der schon viele Jahre ohne Unfall gefahren ist, aus Nachlässigkeit den Oskar Opfer (O) an und verletzt ihn. Als H dann zu K kommt, stößt er versehentlich den Farbeimer um, so dass der wertvolle Teppich des K beschädigt wird. Außerdem rutscht K auf der Farbe aus und bricht sich ein Bein. O und K möchten wissen, ob sie sich wegen ihrer Schäden nur an H halten können oder ob sie auch den Meister G in Anspruch nehmen können.

18   Dass O in dem Beispielsfall gegen H einen Anspruch aus § 823 Abs. 1 BGB hat, ist klar. Ebenso klar ist, dass K nach § 823 Abs. 1 BGB von H Schadensersatz verlangen kann.

Schwieriger ist es mit einem Anspruch des O gegen G. Ein Anspruch gegen G ist für O von entscheidender Bedeutung, sofern H – der ja lediglich Gehilfe des G ist – vermögenslos ist. Vertragliche Ansprüche hat O nicht, weil er keinen Vertrag mit G geschlossen hat. Und auch § 823 BGB hilft dem O auch nicht, weil G ihn nicht verletzt hat.

Auch die Ansprüche des K gegen G sind nicht ganz einfach. K hat zwar mit G einen Vertrag geschlossen; G hat diesen Vertrag aber nicht selbst verletzt. Allerding muss sich G nach § 278 BGB die schuldhafte Handlung seines Erfüllungsgehilfen H zurechnen lassen.

19   In derartigen Fällen kann **§ 831 BGB** (lesen!) weiterhelfen. Diese Bestimmung regelt eine **Haftung des Geschäftsherrn für eigenes Verschulden**. Voraussetzung für diese Haftung ist, dass ein Gehilfe in Ausführung einer ihm von seinem Geschäftsherrn übertragenen Tätigkeit einen Dritten widerrechtlich schädigt. Die Vorschrift bietet **dem Ge-**

schädigten insoweit eine **Erleichterung**, als das **Verschulden** des Geschäftsherrn bei der Auswahl und Überwachung des Gehilfen **vermutet wird** (**§ 831 Abs. 1 Satz 2 BGB**; lesen!). Vermutet wird darüber hinaus, dass dieses Verschulden des Geschäftsherrn ursächlich für den später eingetretenen Schaden gewesen ist. In § 831 BGB ist somit eine **Verschuldens- und eine Kausalitätsvermutung** geregelt. Liegen die Voraussetzungen des § 831 Abs. 1 Satz 1 BGB vor, dann ist der Geschäftsherr gehalten, sich zu entlasten. Dies ist dadurch möglich, dass er eine der beiden in § 831 Abs. 1 Satz 2 BGB aufgestellten Vermutungen widerlegt.

2. Anspruchsvoraussetzungen

a) Zu einer Verrichtung bestellte Person (Verrichtungsgehilfe)

Derjenige, der den Schaden unmittelbar verursacht hat, muss Verrichtungsgehilfe eines anderen (des Geschäftsherrn) sein. **Verrichtungsgehilfe ist, wer vom Geschäftsherrn in dessen Interesse eine Tätigkeit übertragen** bekommen hat **und** wer dabei den **Weisungen des Geschäftsherrn untersteht**. Im Einzelnen gilt Folgendes: 20

Die Art der **Tätigkeit**, die dem Gehilfen übertragen worden ist, ist gleichgültig. Es kann sich um tatsächliche Handlungen oder um Rechtsgeschäfte handeln, um einmalige oder um dauerhafte Tätigkeiten, um einfache (z. B. Rasenmähen) oder um höhere (z. B. Durchführung einer Operation) Dienste.   21

Eine mangelhafte Überwachung des Gehilfen kann dem Geschäftsherrn nur dann vorgeworfen werden, wenn ihm eine Überwachung auch möglich ist. Dies ist nur der Fall, wenn eine gewisse **Weisungsabhängigkeit** des Gehilfen gegeben ist. Der Geschäftsherr muss in der Lage sein, die Tätigkeit des Gehilfen jederzeit zu beschränken, zu untersagen oder nach Zeit und Umfang zu bestimmen (vgl. BGHZ 45, 311, 313). Selbständige Vertragspartner des Geschäftsherrn, z. B. Handwerker, sind danach nicht Verrichtungsgehilfen (vgl. BGH NJW 1994, 2756).   22

b) Widerrechtliche Schadenszufügung durch den Verrichtungsgehilfen

§ 831 BGB setzt eine widerrechtliche Schadenszufügung durch den Verrichtungsgehilfen voraus. Der Gehilfe muss eine rechtswidrige unerlaubte Handlung i. S. der §§ 823 ff. BGB begangen haben. Ein **Verschulden des Verrichtungsgehilfen** ist **nicht erforderlich**. Denn die Haftung nach § 831 BGB ist nicht Haftung für fremdes Verschulden, sondern Haftung für eigenes – wenn auch vermutetes – Verschulden des Geschäftsherrn. Jedoch wird die unterlassene Sorgfalt des Geschäftsherrn in dem Fall, dass der Gehilfe nicht schuldhaft gehandelt hat, regelmäßig nicht ursächlich für den eingetretenen Schaden sein, so dass sich der Geschäftsherr wird entlasten können (vgl. auch *Medicus/Petersen*, Bürgerliches Recht, Rn. 782; *Musielak*, Grundkurs BGB Rn. 872 a. E.).   23

c) In Ausführung der Verrichtung

Die Schadensverursachung durch den Gehilfen muss „**in Ausführung der Verrichtung**" erfolgt sein. Das bedeutet, dass ein **innerer Zusammenhang** zwischen der aufgetragenen **Verrichtung** und der **Schadenszufügung** bestehen muss (vgl. etwa BGHZ 11, 151;   24

BGH NJW-RR 1989, 723). Dabei muss nicht gerade die Ausführung der aufgetragenen Tätigkeit den Schaden verursacht haben. Es genügt, wenn die Schädigung bei der Durchführung von Tätigkeiten eintritt, die im Rahmen der übertragenen Tätigkeiten liegen.

> **BEISPIEL** Der beim Krankenhausträger Geher (G) angestellte Assistenzart Hilf (H) amputiert dem Patienten Opfer (O) anstatt des linken das rechte Bein. Hier hat H im Rahmen der ihm aufgetragenen Tätigkeit, nämlich der Operation gehandelt, und damit in Ausführung der Verrichtung, so dass ein Schadensersatzanspruch gegen den G aus § 831 Abs. 1 BGB in Betracht kommt (ähnliches Beispiel bei *Brox/Walker*, Schuldrecht BT, § 48 Rn. 5).

25 Ausgeschlossen sind aber solche Schädigungen, die bloß „bei Gelegenheit" der übertragenen Tätigkeiten zugefügt werden. Dies ist regelmäßig der Fall, wenn der Gehilfe vorsätzliche Straftaten begeht.

> **BEISPIEL** Der Arzt H stiehlt dem Patienten O auch noch seine goldene Taschenuhr. G haftet nicht nach § 831 Abs. 1 BGB, weil H nur „bei Gelegenheit" der ihm übertragenen Tätigkeit den Diebstahl begangen hat.

26 Anders ist es wiederum, wenn der Gehilfe durch Begehung der Straftat gerade die Pflichten verletzt, zu deren Erfüllung er eingesetzt wird. Dann handelt er in Ausführung der Verrichtung.

> **BEISPIEL** Der von G angestellte Wachmann H stiehlt dem O ausgerechnet die Gegenstände, die er eigentlich bewachen soll. Hier kommt eine Haftung des G aus § 831 Abs. 1 BGB in Betracht.

d) Keine Widerlegung der Verschuldensvermutung

aa) Auswahlverschulden und Überwachungsverschulden

27 Die Ersatzpflicht des Geschäftsherrn ist nach § 831 Abs. 1 Satz 2 BGB ausgeschlossen, wenn er nachweisen kann, dass er bei der Auswahl und Überwachung des Gehilfen die erforderliche Sorgfalt beachtet hat. Das Verschulden des Geschäftsherrn kann also sowohl in der mangelhaften Auswahl (**Auswahlverschulden**) als auch in der nachlässigen Überwachung (**Überwachungsverschulden**) liegen.

28 Das Maß der anzuwendenden Sorgfalt bestimmt sich nach den Umständen des Einzelfalls. Zu berücksichtigen sind insbesondere die Gefährlichkeit der übertragenen Tätigkeit, die Persönlichkeit des Gehilfen, sein Alter, seine Vorbildung und Erfahrung und seine bisherige Bewährung im Verhältnis zu der von ihm zu erfüllenden Aufgabe (BGH NJW 2003, 288, 290). Z. B. muss der Geschäftsherr bei der Auswahl und Überwachung eines Arztes höhere Sorgfalt walten lassen als bei der Auswahl und Überwachung eines Gärtners. Wenn der Gehilfe seit längerer Zeit Tätigkeiten für den Geschäftsherrn zuverlässig verrichtet hat, dann sind die Anforderungen an die Überwachung zwar eingeschränkt. Der Geschäftsherr bleibt aber zur Durchführung von Stichproben verpflichtet und muss Hinweisen, dass der Gehilfe nicht mehr zuverlässig arbeitet, nachgehen.

bb) Sog. dezentralisierter Entlastungsbeweis

29 Vor allem bei Großbetrieben ist es nicht möglich, dass der Geschäftsherr die erforderliche Auswahl und Überwachung aller in dem Betrieb tätigen Gehilfen selbst vornimmt. Hier reicht es aus, wenn der Geschäftsherr seinen Betrieb sorgfältig organisiert und

Zwischenpersonen einschaltet, die er mit der Auswahl und Überwachung betraut. Solche Zwischenpersonen können etwa Abteilungsleiter und Meister sein, die dann für die Überwachung der Ebene unter ihnen zuständig sind. Der Geschäftsherr bleibt aber zur Auswahl und Überwachung der ihm unmittelbar unterstehenden Zwischenpersonen verpflichtet. Kommt er seiner Pflicht nach, dann wird ihm der Entlastungsbeweis gem. § 831 Abs. 1 Satz 2 BGB gelingen. Man spricht in derartigen Fällen von einem **dezentralisierten Entlastungsbeweis**. Der BGH hat diese Form des Entlastungsbeweises erstmals in der sog. Gutsverwalterentscheidung (BGHZ 4, 1) zugelassen:

> **BEISPIEL** ▶ Ein landwirtschaftlicher Arbeiter hat die Verletzung eines Dritten durch ein Pferd verschuldet. Der BGH hat es ausreichen lassen, dass sich der Gutsbesitzer für den Verwalter exkulpierte, der den betreffenden Arbeiter eingestellt hatte und für dessen Überwachung zuständig gewesen ist. Keine Rolle spielte es, ob der Verwalter selbst pflichtwidrig gehandelt hatte. Die Klage hätte im Übrigen auch dann abgewiesen werden müssen, wenn zwar der Gutsbesitzer pflichtwidrig, der Verwalter aber pflichtgemäß gehandelt hätte. In diesem Fall würde es nämlich an der Ursächlichkeit der mangelhaften Überwachung des Verwalters für den eingetretenen Schaden fehlen (siehe auch oben Rn. 23).

Zwischenpersonen können auch auf mehreren Ebenen eingeschaltet sein. Der Entlastungsbeweis gelingt, wenn entweder der Geschäftsherr selbst oder eine der dazwischen geschalteten Personen die erforderliche Sorgfalt hat walten lassen. Die Funktionsweise des dezentralisierten Entlastungsbeweises soll verdeutlicht werden durch die   30

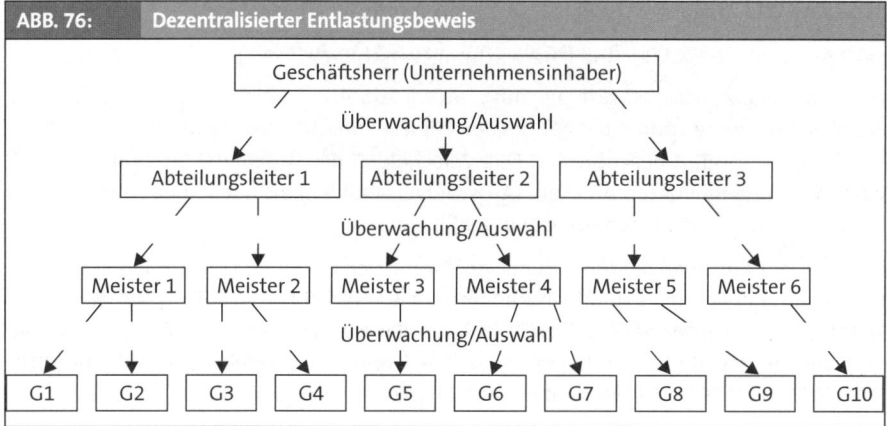

ABB. 76: Dezentralisierter Entlastungsbeweis

Wenn also der Gehilfe G 5 einem Dritten widerrechtlich einen Schaden zugefügt hat, dann haftet der Geschäftsherr nicht aus § 831 Abs. 1 Satz 1 BGB, wenn   31

▶ er selbst den Abteilungsleiter 2 ordnungsgemäß ausgewählt und überwacht hat *oder*

▶ der Abteilungsleiter 2 den Meister 3 ordnungsgemäß ausgewählt und überwacht hat *oder*

▶ der Meister 3 den Gehilfen G 5 ordnungsgemäß ausgewählt und überwacht hat.

e) Keine Widerlegung der Ursächlichkeitsvermutung

32   Der Geschäftsherr ist auch dann nicht ersatzpflichtig, wenn es ihm gelingt, die Ursäch-
lichkeitsvermutung zu widerlegen. Nach § 831 Abs. 1 Satz 2 a. E. BGB tritt die Haftung
auch dann nicht ein, „wenn der Schaden auch bei Anwendung dieser Sorgfalt entstanden sein würde". Für das Gelingen des Entlastungsbeweises ist in diesem Fall der Nachweis erforderlich, dass der Schaden auch von einem sorgfältig ausgewählten und über-
wachten Gehilfen verursacht worden wäre (BGHZ 12, 96). Mangelnde Auswahl oder
Überwachung sind für den eingetretenen Schaden z. B. dann nicht ursächlich, wenn der
Verrichtungsgehilfe bei der Schadenszufügung nicht schuldhaft gehandelt hat (siehe
auch Rn. 23).

33   Folgendes Schema mag bei der Prüfung von Ansprüchen aus § 831 Abs. 1 BGB behilflich
sein:

ABB. 77:	Einstandspflicht für Verrichtungsgehilfen, § 831 Abs. 1 BGB

1. Zu einer Verrichtung bestellte Person (Verrichtungsgehilfe)
    Wer vom Geschäftsherrn in dessen Interesse eine Tätigkeit übertragen bekommen hat
    und dabei den Weisungen des Geschäftsherrn untersteht
2. Widerrechtliche Schadenszufügung durch den Verrichtungsgehilfen
    Verwirklichung einer rechtswidrigen unerlaubten Handlung durch den Gehilfen
3. Schadenszufügung in Ausführung der Verrichtung (nicht bloß „bei Gelegenheit")
    Innerer Zusammenhang zwischen der aufgetragenen Verrichtung und der Schadenszu-
    fügung
4. Keine Exkulpation, § 831 Abs. 1 Satz 2 BGB
    a) Widerlegung der Verschuldensvermutung
        (1) Auswahl- und Überwachungspflichten des Geschäftsherrn
        (2) Gegebenenfalls dezentralisierter Entlastungsbeweis
    b) Keine Widerlegung der Ursächlichkeitsvermutung
        Kommt vor allem in Betracht bei schuldlosem Handeln des Gehilfen

3. Kritik

34   An der Vorschrift des § 831 Abs. 1 BGB wird seit Langem rechtspolitische Kritik geübt.
Die Haftung des Geschäftsherrn wird nämlich als zu eng angesehen. Vor allem wird die
den Großbetrieben offen stehende Möglichkeit kritisiert, mittels des dezentralisierten
Entlastungsbeweises die Haftung auszuschließen.

35   Abhilfe bietet zum Teil das Rechtsinstitut der culpa in contrahendo (§§ 280 Abs. 1, 311
Abs. 2 und 3, 241 Abs. 2 BGB) i. V. mit § 278 BGB, wo ein Entlastungsbeweis nicht möglich ist. Hier wird nämlich fremdes Verschulden zugerechnet; dem Geschäftsherrn
nützt es daher nichts, wenn er nachweist, dass ihm selbst kein Verschuldensvorwurf
gemacht werden kann. Voraussetzung für einen Anspruch aus cic i. V. mit § 278 BGB ist
aber zum einen, dass der unmittelbare Schädiger (jedenfalls auch) Erfüllungsgehilfe
ist. Zum anderen setzt ein derartiger Anspruch voraus, dass dem Opfer der Schaden zugefügt worden ist, nachdem bereits ein vorvertragliches Vertrauensverhältnis zwischen
dem Geschäftsherrn und dem Geschädigten zustande gekommen ist (siehe oben § 19
Rn. 4 ff.; § 26 Rn. 31 ff.; § 30 Rn. 3 ff.).

4. Exkurs: Die Haftung nach Deliktsrecht im Vergleich zur Einstandspflicht des Schuldners innerhalb bestehender Schuldverhältnisse

Die Erörterungen zu § 831 BGB haben uns vor Augen geführt, dass bei einer Schadens-   36
zufügung durch dritte Personen ein Anspruch aus cic i.V. mit § 278 BGB für den Gläubiger günstiger ist als ein Anspruch aus § 831 BGB (oben Rn. 34 f.). Darüber hinaus ist die
Haftung des Schuldners, der eine Pflicht aus einem bereits bestehenden Schuldverhältnis verletzt, in verschiedener Hinsicht schärfer als die Haftung desjenigen, der „nur"
eine unerlaubte Handlung i. S. der §§ 823 ff. BGB begangen hat. Die Unterschiede zwischen der Haftung innerhalb bestehender Schuldverhältnisse und der deliktischen Haftung wollen wir anhand von zwei Abbildungen zusammenfassen. Die Haftung innerhalb bestehender Schuldverhältnisse wird dabei aus Vereinfachungsgründen als vertragliche Haftung bezeichnet.

ABB. 78:	Unterschiede zwischen deliktischer und vertraglicher Haftung	
	Einstandspflicht nach Vertrags-grundsätzen	Deliktische Haftung
Einstandspflicht für „primäre" Vermögensschäden	Pflichtverletzung des Schuldners begründet Haftung für die Verletzung von Rechten, Rechtsgütern und Interessen (siehe § 241 Abs. 2 BGB). Der Schuldner ist damit im Falle einer (auch nur fahrlässigen) Pflichtverletzung) auch zum Ersatz von unmittelbaren Vermögensschäden verpflichtet.	Keine generelle Haftung für primäre Vermögensschäden, vielmehr: ▸ § 823 Abs. 1 BGB: nur Ersatz der durch eine Rechts- oder Rechtsgutverletzung vermittelten Vermögensschäden, ▸ § 823 Abs. 2 BGB: Umfang der Ersatzpflicht hängt vom persönlichen und sachlichen Schutzbereich des konkret verletzten Schutzgesetzes ab, ▸ § 826 BGB: Vorsatz und Sittenwidrigkeit erforderlich.
Einstandspflicht für Gehilfen	Zurechnung von fremdem Verschulden gem. § 278 BGB	Haftung für eigenes (vermutetes) Verschulden gem. § 831 BGB
Beweislast	§ 280 Abs. 1 Satz 2 BGB: Schuldner muss nachweisen, dass ihn an der Pflichtverletzung kein Verschulden trifft.	Grundsatz: Gläubiger muss vor Gericht alle Tatbestandsvoraussetzungen einschließlich des Verschuldens des Deliktstäters nachweisen (Ausnahme z. B.: § 831 Abs. 1 Satz 2 BGB).

37   Etwas genauer ansehen wollen wir uns schließlich die Unterschiede zwischen der vertraglichen und der deliktischen Haftung im Hinblick auf die Einstandspflicht für das Handeln von Gehilfen. Hierzu die

ABB. 79:	Unterschiede zwischen § 278 BGB und § 831 BGB
§ 278 BGB	§ 831 BGB
Anwendung setzt bestehendes Schuldverhältnis voraus	Kein bestehendes Schuldverhältnis erforderlich
Erfüllungsgehilfe: wer mit Wissen und Wollen des Schuldners in die Erfüllung von dessen Verbindlichkeit eingeschaltet ist	Verrichtungsgehilfe: wer vom Geschäftsherrn in dessen Interesse eine Tätigkeit übertragen bekommen hat und dabei den Weisungen des Geschäftsherrn untersteht
Zurechnung fremden Verschuldens: kein Entlastungsbeweis möglich	Haftung für vermutetes eigenes Verschulden: Widerlegung der Vermutung (Entlastungsbeweis) möglich
Keine Anspruchsgrundlage (Prüfung beim Tatbestandsmerkmal „vertreten müssen" der Pflichtverletzung)	Eigenständige Anspruchsgrundlage

Kapitel 14: Verpflichtung zum Schadensersatz

LITERATUR

Armbrüster, Grundfälle zum Schadensrecht, JuS 2007, 411, 508, 605; *Benecke/Pils*, Der Ersatz des Nutzungsinteresses – Nutzungsersatz für eigenwirtschaftlich genutzte Gegenstände als Schwäche der Differenzmethode, JA 2007, 241; *Hirsch*, Schadensersatz nach Verkehrsunfall – Reparaturkosten oder Wiederbeschaffungsaufwand?, JuS 2009, 299; *Mohr*, Grundlagen des Schadensersatzrechts, Jura 2010, 168; *ders.*, Berechnung des Schadens nach der Differenzhypothese, Jura 2010, 327; *ders.*, Zurechnung von mittelbaren Verletzungsfolgeschäden, Jura 2010, 567; *ders.*, Normativer Schadensbegriff und Berechnung des Schadensersatzes nach den Grundsätzen der Naturalrestitution, Jura 2010, 645; *ders.*, Berechnung des Schadensersatzes im Wege der Kompensation und Anrechnung eines Mitverschuldens, Jura 2010, 808: *Pöschke*, Art und Umfang des Schadensersatzes – die Systematik der §§ 249 ff. BGB, JA 2010, 257; *Zschieschack*, Probleme der Abrechnung des Fahrzeugschadens nach einem Verkehrsunfall in der Rechtsprechung des Bundesgerichtshofs, Jura 2008, 801.

§ 45 Bedeutung und Struktur des Schadensersatzes

I. Zweck der Gewährung von Schadensersatzansprüchen

Sehr oft besteht der Inhalt eines Schuldverhältnisses in der Verpflichtung zur Leistung von Schadensersatz. Nach *Klunzinger*, § 31 (vor I.), sind Schadensersatzforderungen sogar der „mit Abstand häufigste Gegenstand von Zivilprozessen". Bevor wir uns mit einer Auswahl aus den vielfältigen rechtlichen Problemen befassen, die im Zusammenhang mit Schadensersatzansprüchen auftreten können, wollen wir uns kurz vor Augen führen, wozu die Gewährung von Schadensersatzansprüchen eigentlich dient. Es geht hierbei **nicht** darum, den Täter zu **bestrafen**, z. B. weil er die Gesundheit des Opfers beschädigt oder einen Vertrag nicht ordnungsgemäß erfüllt hat. Zweck der Gewährung von Schadensersatzansprüchen ist es vielmehr, den angerichteten **Schaden wieder gutzumachen**. Das **Zivilrecht** hat **keinen Strafcharakter**; es geht dort nur um den **Ausgleich des** dem Opfer zugefügten **Schadens**. Natürlich ist es nicht ausgeschlossen, dass jemand, der einem anderen einen Schaden zugefügt hat, auch bestraft wird (etwa wegen Körperverletzung). Damit befasst sich aber nicht das Zivilrecht, sondern das Strafrecht, das den Zweck verfolgt, jeden Täter nach dem Maß seiner persönlichen Schuld zu bestrafen. 1

Nur in **Ausnahmefällen**, in denen ein Ausgleich des Schadens nicht möglich oder eine Wiedergutmachung in Form der sog. Naturalrestitution (siehe unten § 47 Rn. 2) nicht ausreichend ist, wird ein Schadensersatzanspruch **auch** deswegen gewährt, um dem Opfer **Genugtuung** zu verschaffen (vgl. *Looschelders*, Schuldrecht AT, § 49 Rn. 973 f.). So können z. B. weder erlittene Schmerzen noch eine Freiheitsentziehung rückgängig ge- 2 macht werden. Für derartige Fälle macht **§ 253 Abs. 2 BGB** daher eine Ausnahme von dem in § 253 Abs. 1 BGB (lesen!) niedergelegten Grundsatz: Keine Geldentschädigung wegen eines immateriellen Schadens (hierzu § 46 Rn. 10) und bestimmt: „Ist wegen einer Verletzung des Körpers, der Gesundheit, der Freiheit oder der sexuellen Selbstbestimmung Schadensersatz zu leisten, kann auch wegen des Schadens, der nicht Vermögensschaden ist, eine billige Entschädigung in Geld gefordert werden." Darüber hinaus ist auch in dem – in § 253 Abs. 2 BGB nicht genannten – Fall der Ehrverletzung unter bestimmten Voraussetzungen ein Anspruch auf Geldersatz gegeben (siehe oben § 43 Rn. 51 f.).

II. Die Struktur von Schadensersatzansprüchen

3   Im Allgemeinen weisen alle Schadensersatzansprüche dieselbe Struktur auf. Dies gilt unabhängig davon, ob es sich um Ansprüche handelt, die auf der Verletzung einer vertraglichen oder vorvertraglichen Pflicht beruhen (z. B. aus § 280 Abs. 1 BGB), oder um gesetzliche Ansprüche (z. B. aus §§ 823 ff. BGB). Besonderheiten gelten allerdings für die oben (§ 42 Rn. 6) im Rahmen des Deliktsrechts angesprochenen Gefährdungshaftungstatbestände, in denen ein erlaubtes (also nicht rechtswidriges) Tun zur Begründung eines Schadensersatzanspruchs führen kann. Im Übrigen weisen alle Schadensersatzansprüche die folgenden Merkmale auf:

1. Tatbestand

4   ▶ Es muss ein menschliches Verhalten vorliegen. Davon kann im Falle einer Handlung in Form eines positiven Tuns ohne Weiteres ausgegangen werden. Ein Unterlassen steht einer Handlung nur gleich, wenn eine Pflicht zum Tätigwerden besteht.

> **BEISPIEL** ▶ Das Opfer O rutscht auf einer Bananenschale aus, die im Kaufhaus des T auf dem Boden liegt. O kann sich nicht an jeden halten, der die Bananenschale nicht weggeräumt hat, sondern nur an denjenigen, der für die Beseitigung von Gefahren verantwortlich ist, mit andern Worten: für den eine Pflicht zum Handeln bestand. Dies ist in dem Beispielsfall der Kaufhausbetreiber T.

5   ▶ Das menschliche **Verhalten** muss einen **Verletzungserfolg verursacht** haben. Dieser Erfolg besteht bei vertraglichen Ansprüchen in der **Verletzung einer Pflicht** aus dem Vertrag, bei Ansprüchen aus § 823 Abs. 1 BGB in der **Verletzung** eines der dort genannten **Rechte** oder **Rechtsgüter**. Von einer Ursächlichkeit des menschlichen Verhaltens für den Verletzungserfolg wird dann ausgegangen, **wenn** das **Verhalten nicht hinweg gedacht** werden könnte, **ohne dass** der **Erfolg entfiele** (bei einem Unterlassen wird dagegen darauf abgestellt, ob der Verletzungserfolg entfiele, wenn man sich das pflichtgemäße Handeln hinzudenkt). Da alle Ursachen nach dieser Betrachtung gleichwertig sind, wird die soeben dargestellte Kausalitätslehre auch **Äquivalenztheorie** genannt. Der Kausalzusammenhang zwischen menschlichem Verhalten und Verletzungserfolg wird im Übrigen als **haftungsbegründende Kausalität** bezeichnet. Dass allein die Anwendung der Äquivalenztheorie nicht zu einer sinnvollen Begrenzung der Haftung führen kann, zeigt das folgende einfache

BEISPIEL ▶ Der Täter T erschießt das Opfer O. Unter Zugrundelegung der Äquivalenztheorie hat nicht nur der Täter T den Verletzungserfolg verursacht, sondern auch dessen Eltern, die durch die Zeugung des T einen Beitrag geleistet haben, der nicht hinweg gedacht werden könnte, ohne dass der Erfolg entfiele. Ebenso die Großeltern des T, die ihrerseits durch die Zeugung der Eltern des T ihren Tatbeitrag geleistet haben.

Weil eine „unerträgliche Ausweitung der Schadensersatzpflicht" (BGH NJW 2005, 1420, 1421) droht, wenn man jeden äquivalent kausalen Beitrag für eine Haftung ausreichen lässt, hat die Rechtsprechung die Zurechnung des Verletzungserfolgs an weitere Kriterien geknüpft. Angesprochen sind damit die Adäquanz des Kausalverlaufs sowie die Lehre vom Schutzzweck der Norm (vgl. BGH, a.a.O.). Diese Zurechnungslehren werden wir weiter unter erläutern (§ 46 Rn. 15 ff.) – freilich nur bezogen auf die sog. haftungsausfüllende Kausalität. Dort stellt sich das Bedürfnis nach einer Begrenzung der Ersatzpflicht nämlich noch dringender als im Bereich der haftungsbegründenden Kausalität (siehe sogleich Rn. 9).

2. Rechtswidrigkeit

Ferner müssen die Pflichtverletzung bzw. die Rechts- oder Rechtsgutverletzung **wider-** **rechtlich** erfolgt sein. Rechtswidrigkeit ist ohne Weiteres anzunehmen, wenn ein menschliches Handeln unmittelbar den Verletzungserfolg herbeigeführt hat. Nur wenn in derartigen Fällen Anhaltspunkte für das Vorliegen eines Rechtfertigungsgrundes vorhanden sind, ist auf die Frage der Widerrechtlichkeit näher einzugehen.   6

BEISPIEL ▶ Wenn im obigen Beispielsfall O den T mit einem Messer angegriffen hat, ist zu prüfen, ob die Tat des T durch Notwehr (§ 227 BGB) gerechtfertigt ist.

3. Vertretenmüssen

Des Weiteren ist erforderlich, dass der Schuldner (bei Verletzung einer vertraglichen Pflicht) bzw. der Täter (bei §§ 823 ff. BGB) ihr **rechtswidriges Tun**, das zu dem Verletzungserfolg geführt hat, auch **zu vertreten** haben. Der **Maßstab** des Vertretenmüssens ist in **§ 276 Abs. 1 Satz 1 BGB** geregelt, der bereits besprochen worden ist. Die in §§ 827, 828 BGB genannten Personen sind für ihr Handeln nicht verantwortlich und müssen es daher auch nicht „vertreten". Die genannten Vorschriften aus dem Deliktsrecht gelten wegen § 276 Abs. 1 Satz 2 BGB auch im Rahmen der Verletzung von vertraglichen Pflichten.   7

BEISPIELE ▶ Der Schuldner S kann wegen überraschend angebrochenen „arabischen Frühlings" nicht rechtzeitig liefern (Folge: keine Haftung des S aus Verzug gem. §§ 280 Abs. 1 und 3, 286 BGB). Der volljährige Fußgänger O tritt völlig unerwartet auf den Radweg und wird von dem dort ordnungsgemäß fahrenden Radfahrer T angefahren und verletzt.

4. Schaden

Schließlich müssen die **Pflichtverletzung** bzw. die Rechts- oder **Rechtsgutverletzung** zu einem **Schaden** des Opfers **geführt** haben. Die Ursächlichkeit des Verletzungserfolgs für den Schaden wird **haftungsausfüllende Kausalität** genannt.   8

> **BEISPIELE** ► Der bei einem Verkehrsunfall verletzte Handelsvertreter O fällt für mehrere Wochen aus und erleidet daher einen Verdienstausfall; die Verletzungshandlung hat also zu einem Vermögensschaden geführt.
>
> Weil der Schuldner S die verkauften Osterhasen nicht – wie versprochen – bereits am 1. Februar, sondern erst eine Woche vor Ostern liefert, kann der Einzelhändler G nur noch einen kleinen Teil davon absetzen. Dem G ist dadurch Gewinn entgangen.

9   Es ist hervorzuheben, dass der **durch** den **Verletzungserfolg** (= Pflichtverletzung bzw. Rechts- bzw. Rechtsgutverletzung) **verursachte Schaden nicht schuldhaft** herbeigeführt worden sein muss. Das Verschulden muss sich nämlich nur auf den die Haftung begründenden Tatbestand, nicht auch auf die konkreten Schadensfolgen beziehen (vgl. BGH NJW 2009, 681, 684 Tz. 32). Nur im Rahmen der haftungsbegründenden Kausalität übernimmt also das Verschuldenserfordernis mit dem Erfordernis der Vorhersehbarkeit der Gefahr die Filterfunktion (so nahezu wörtlich BGH NJW 1993, 2234). Im Bereich der haftungsausfüllenden Kausalität steht das Verschuldenserfordernis dagegen nicht als Korrektiv zur Verfügung, um eine Haftung in den Fällen auszuschließen, in denen der Kausalverlauf so außergewöhnlich ist, dass er dem Verantwortlichen billigerweise nicht mehr zugerechnet werden kann (BGH a. a. O.). Da also das Verschuldenserfordernis als „Filter" ausfällt, stellt sich im Bereich der haftungsausfüllenden Kausalität die Frage nach anderweitigen Möglichkeiten zu einer sinnvollen Begrenzung der Haftung noch dringender als bei der haftungsbegründenden Kausalität (schon dort bewirkt die Äquivalenztheorie keine ausreichende Eingrenzung der Haftung; siehe das Beispiel oben in Rn. 5). Darauf werden wir weiter unten zurückkommen (siehe unten § 46 Rn. 15 ff.). An dieser Stelle reicht zur Verdeutlichung der Problematik ein

> **BEISPIEL** ► T stößt den O leicht fahrlässig an, der sich deswegen die Hand an einem scharfkantigen Gegenstand aufritzt. Weil O Bluter ist und die Blutung mangels rechtzeitiger ärztlicher Hilfe nicht gestillt werden kann, stirbt O an der – an sich harmlosen – Verletzung. Hier hat T die Verletzung des Körpers des O schuldhaft und widerrechtlich verursacht. Es fragt sich aber, ob T auch für den Tod des O verantwortlich gemacht werden kann. I. S. der Äquivalenztheorie ist die Handverletzung jedenfalls ursächlich für den Tod des O: Sie kann nicht hinweg gedacht werden kann, ohne dass der weiter gehende Schaden, der Tod des O, entfiele. Da sich das Verschulden des T nicht auf diesen weiter gehenden Schaden beziehen muss, kann dem Verschulden nicht die Funktion zukommen, solche Schäden herauszufiltern, für die man den T sinnvollerweise nicht zur Verantwortung ziehen kann. Es muss daher im Hinblick auf die haftungsausfüllende Kausalität nach anderen Korrektiven gesucht werden.

Wir wollen uns die Struktur der Schadensersatzansprüche nochmals vor Augen führen   10
anhand der

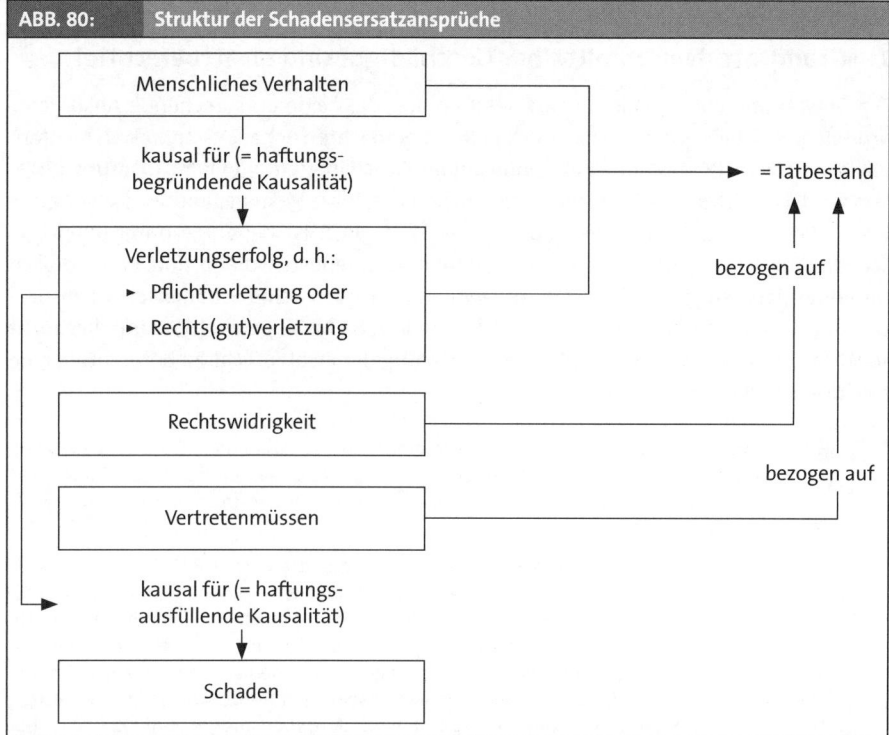

ABB. 80:   Struktur der Schadensersatzansprüche

§ 46   Ersatzberechtigte und Schaden

I.   Der Kreis der Ersatzberechtigten

1.   Grundsatz: Nur unmittelbar Geschädigte sind ersatzberechtigt

1   Die Gewährung von Schadensersatz setzt voraus, dass eine entsprechende Anspruchs-grundlage existiert, die den Ersatz des geltend gemachten Schadens anordnet. Insofern gilt der Grundsatz, dass **nur dem unmittelbar Geschädigten** ein **Ersatzanspruch** gege-ben wird. Dies ist bei vertraglichen Ansprüchen derjenige, dem gegenüber die verletzte Pflicht besteht; bei Ansprüchen aus den §§ 823 ff. BGB ist derjenige unmittelbar ge-schädigt, dessen Eigentum, Körper, Gesundheit usw. verletzt worden sind. Wer lediglich **mittelbar geschädigt** ist, dem stehen dagegen prinzipiell **keine Schadensersatzansprü-che** zu (Ausnahmen hiervon sind z. B. in §§ 844 und 845 BGB geregelt). Wenn dies nicht so wäre, dann wäre eine unabsehbare **Ausuferung der Ersatzpflicht** zu befürchten; eine solche **soll verhindert werden**.

> **BEISPIEL** Steve (S) und Mandy (M) sind ein erfolgreiches Eiskunstlaufpaar. Da S bei einem von Xaver (X) verursachten Verkehrsunfall verletzt wird, kann das Paar ein halbes Jahr lang nicht auftreten. Sowohl S als auch M erleiden daher einen Verdienstausfall i. H. von jeweils 100 000 € (vgl. BGH NJW 2003, 1040).
>
> Im Beispielsfall hat nur S eine Gesundheitsbeschädigung erlitten (vgl. § 823 Abs. 1 BGB). X ist gegenüber dem S zum Ausgleich aller Schäden verpflichtet, die die Beschädigung der Gesund-heit des S nach sich gezogen hat; er muss also auch für den Verdienstausfall aufkommen. Ein Schaden ist allerdings auch der M entstanden. Für diesen Schaden existiert aber keine An-spruchsgrundlage: Vertragliche Ansprüche der M gegen X scheiden aus. X kann keine ihm ge-genüber M bestehende vertragliche Pflicht verletzt haben, weil M und X gar keinen Vertrag geschlossen haben. Ebenso wenig hat M gegen X einen Anspruch aus § 823 Abs. 1 BGB. X hat nämlich keines der in § 823 Abs. 1 BGB aufgezählten Rechte oder Rechtsgüter der M verletzt. M ist nur mittelbar geschädigt und kann von X nichts verlangen.

2.   Ausnahme: Drittschadensliquidation

2   In manchen Fällen wird der Grundsatz, dass nur der unmittelbar Geschädigte Ersatz des ihm zugefügten Schadens verlangen kann, als ungerecht empfunden, nämlich dann, wenn der Schaden – aus Sicht des Schädigers zufällig – nicht beim Anspruchs-berechtigten eingetreten ist, sondern bei einer dritten Person, die keinen Anspruch hat, weil sie nur mittelbar geschädigt ist. Um klarzustellen, was hiermit gemeint ist, folgen-des

> **BEISPIEL** Anton (A) hat seinem Bekannten Dieter (D) aus Münster seine Sammlung von Vasen aus der Ming Dynastie zu einem Freundschaftspreis i. H. von 10 000 € verkauft. Da A in Osna-brück wohnt, beauftragt er auf Bitte des D hin den Transportunternehmer Siegfried (S), die Va-sen nach Münster zu bringen. Auf der Fahrt nach Münster ist S für einen Augenblick unauf-merksam und wird daher in einen Auffahrunfall verwickelt, bei dem die von D gekauften Va-sen völlig zerstört werden.

Hier sind an sich die Voraussetzungen für einen Anspruch des A gegen S aus §§ 280 Abs. 1, 241 Abs. 2 BGB gegeben, weil S seine Pflicht, die ihm anvertrauten Gegenstände nach Münster zu transportieren, nicht ordnungsgemäß erfüllt hat. Dem A ist aber gar kein Schaden entstanden: Wegen § 447 Abs. 1 BGB bleibt D (entgegen der Regel des § 326 Abs. 1 Satz 1 BGB) nämlich zur Zahlung des Kaufpreises verpflichtet. Geschädigt ist vielmehr D; er muss nämlich den Kaufpreis bezahlen, ohne dass er die Vasen erhält. Das Dilemma besteht nun darin, dass für einen Anspruch des D gegen S keine Grundlage gegeben ist: Mit D hat S gar keinen Vertrag geschlossen. Ein vertraglicher Anspruch des D gegen S aus § 280 Abs. 1 BGB scheidet daher aus. D hat aber auch keinen Anspruch gegen S aus § 823 Abs. 1 BGB. Zum Zeitpunkt ihrer Zerstörung befanden sich die Vasen nämlich noch im Eigentum des A. Eigentum des D wurde bei dem Unfall nicht verletzt.

Der Beispielsfall steht stellvertretend für die Fälle, in denen ein **Schaden typischerweise** **beim Ersatzberechtigten** (hier: A) eintreten müsste, **aber** aufgrund eines Rechtsverhältnisses zwischen dem Ersatzberechtigten und einem Dritten (hier: aufgrund des zwischen A und D vereinbarten Versendungskaufs) **auf** diesen **Dritten** (hier also auf D) **verlagert** wird. Man spricht hier von einer **zufälligen Schadensverlagerung**. Die Drittschadensliquidation soll verhindern, dass der Schädiger durch einen derartigen Zufall ungerechtfertigt entlastet wird (vgl. BGH WM 2009, 1128, 1133 Tz. 45). Dies geschieht in der Weise, dass dem – wegen der zufälligen Schadensverlagerung nicht geschädigten – **Anspruchsinhaber** die Berechtigung eingeräumt wird, den **Schaden des** – nicht ersatzberechtigten – **Dritten geltend zu machen** (vgl. BGHZ 40, 91, 100; BGH NJW 1996, 2735). Man spricht deswegen von Drittschadensliquidation. Es wird so getan, als ob dem Anspruchsinhaber ein **Schaden** entstanden wäre. Der Schaden wird sozusagen **zum Anspruch gezogen**. Dies bedeutet aber nicht, dass der Anspruchsinhaber, der ja gar keinen Schaden erlitten hat, nun Leistung von Schadensersatz an sich selbst fordern könnte. Er kann vom Schädiger nur verlangen, dass er dem geschädigten Dritten Ersatz leistet. Möglich ist auch eine Abtretung des Anspruchs an den geschädigten Dritten, der dann selbst gegen den Schädiger vorgehen kann; unter den Voraussetzungen des § 285 BGB besteht sogar eine Verpflichtung zur Abtretung.

3

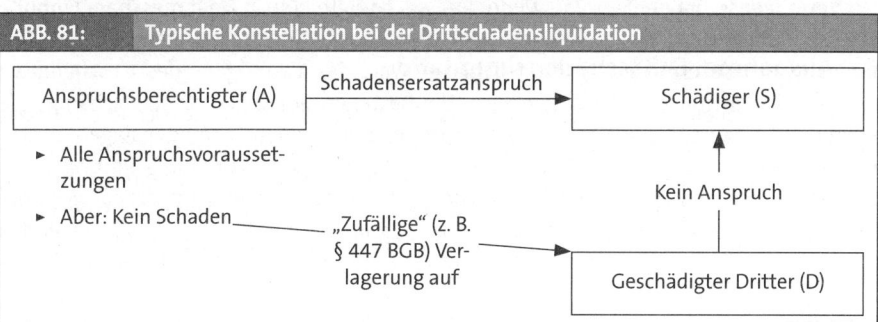

ABB. 81:   Typische Konstellation bei der Drittschadensliquidation

Anspruchsberechtigter (A) — Schadensersatzanspruch → Schädiger (S)

- Alle Anspruchsvoraussetzungen
- Aber: Kein Schaden — „Zufällige" (z. B. § 447 BGB) Verlagerung auf —

Kein Anspruch

Geschädigter Dritter (D)

Abschließend ist zu betonen, das oben nur **eine von mehreren** anerkannten **Fallgruppen** der Drittschadensliquidation dargestellt worden ist – nämlich die Fallgruppe der obligatorischen Gefahrentlastung (für Interessierte: die weiteren Fallgruppen können nachgelesen werden bei Palandt/*Grüneberg*, Vorb v § 249 Rn. 108 – 111; vgl. auch die Aufzählung in BGH WM 2009, 1128, 1133 Tz. 43).

4

II. Begriff und Arten des Schadens

1. Begriff

5   Unter Schaden versteht man jede **unfreiwillige Einbuße an Rechten oder Rechtsgütern**. Ob ein Schaden eingetreten ist, wird festgestellt anhand einer vergleichenden Betrachtung: Verglichen wird die tatsächlich bestehende Situation mit dem Zustand, der bestehen würde, wenn das schädigende Ereignis nicht eingetreten wäre (vgl. auch § 249 Abs. 1 BGB).

> **BEISPIEL ▶** Wenn der Verkehrsunfall nicht passiert wäre, dann wäre der Oberschenkel des Verletzten nicht gebrochen; er hätte keine Behandlungskosten aufwenden müssen und es wäre ihm während der Zeit seines Krankenhausaufenthaltes kein Verdienstausfall entstanden. Die Stoßstange des Autos wäre nicht beschädigt und der Rahmen nicht verzogen; es wären keine Reparaturkosten entstanden.

2. Arten

6   Der Umfang des zu ersetzenden Schadens hängt maßgeblich davon ab, welche Art von Schaden entstanden ist.

a) Vermögensschaden und immaterieller Schaden

7   Wichtig ist zunächst die Unterscheidung zwischen Vermögensschaden (materiellem Schaden) und Nichtvermögensschaden (immateriellem Schaden). Die Unterscheidung ist vor allem deswegen von Bedeutung, weil bei **immateriellen Schäden** gem. **§ 253 Abs. 2 BGB** Schadensersatz in **Geld nur in** den vom **Gesetz bestimmten Fällen geschuldet** wird.

aa) Vermögensschaden

8   Ein **Vermögensschaden** liegt vor, wenn der Geschädigte eine **in Geld messbare Einbuße** erlitten hat. Ob ein Vermögensschaden entstanden ist, wird dabei anhand der sog. **Differenzhypothese** ermittelt: Der tatsächliche Wert des Vermögens des Geschädigten wird verglichen mit der Vermögenslage, die bestehen würde, wenn das schädigende Ereignis nicht eingetreten wäre. Aus der Differenz der beiden Vermögenslagen errechnet sich der zu ersetzende Schaden. Selbstverständlich wird zur Durchführung des – vom theoretischen Ansatz her erforderlichen – Vermögensvergleichs nicht das gesamte Vermögen des Geschädigten ermittelt. Vielmehr werden nur die von dem schädigenden Ereignis betroffenen Vermögensposten miteinander verglichen (vgl. *Musielak*, Grundkurs BGB, Rn. 774).

9   Bei der Durchführung dieses Vergleichs können Zweifel auftreten im Hinblick darauf, was überhaupt zum Vermögen des Geschädigten gehört. Angesprochen ist damit die Problematik der **entgangenen Gebrauchs- oder Nutzungsvorteile**: Liegt **allein darin** eine zu ersetzende **Vermögenseinbuße**, dass der Geschädigte sein **Kfz** eine Woche lang **nicht nutzen** kann, weil es sich in der Werkstatt befindet? Dass es sich dabei um eine Vermögenseinbuße handelt, ist von Rechtsprechung und Schrifttum allgemein anerkannt. Für die Möglichkeit, ein Kfz zu nutzen, wird schließlich Geld bezahlt (Autover-

mietung). Entgeht dem Geschädigten diese Möglichkeit, dann ist er in Geld zu entschädigen. Die Höhe dieser Nutzungsausfallentschädigung wird dabei in der Praxis anhand von Tabellen ermittelt. Bei neuwertigen Fahrzeugen bewegen sich die Entschädigungssätze derzeit – je nach Pkw – zwischen 23 € (Gruppe A) und 175 € (Gruppe L) pro Tag (Palandt/*Grüneberg*, § 249 Rn. 44). **Schwieriger** wird es, wenn dem Geschädigten die Nutzung von **anderen Gegenständen** als einem Kfz vorübergehend entzogen wird. Hier sagt der Große Senat des BGH (BGH NJW 1987, 50, 52 f.), dass eine Entschädigung für den Nutzungsausfall immer dann in Betracht kommt, wenn es sich um ein Wirtschaftsgut von allgemeiner, zentraler Bedeutung handelt, auf dessen ständige Verfügbarkeit die eigenwirtschaftliche Lebenshaltung typischerweise angewiesen ist. Bei einem Pelzmantel (BGHZ 63, 393), einem privaten Schwimmbad (BGHZ 76, 179), einem Motorsportboot (BGHZ 89, 60) und einem Reitpferd (OLG Hamm VersR 2010, 1047) wurde eine Entschädigung für entgangene Gebrauchsvorteile z. B. abgelehnt. Eigens gesetzlich geregelt ist, dass der Pauschalreisende wegen nutzlos aufgewendeter Urlaubszeit vom Reiseveranstalter eine angemessene Geldentschädigung verlangen kann (§ 651f Abs. 2 BGB).

bb) Immaterieller Schaden

Ein **immaterieller Schaden** liegt dann vor, wenn jemand Einbußen an immateriellen Gütern wie Körper, Gesundheit, Freiheit oder Ehre erleidet. Eine Entschädigung in Geld kann für derartige Einbußen **nur** dann verlangt werden, wenn dies **im Gesetz** ausdrücklich **bestimmt** ist (§ 253 Abs. 1 BGB). Eine derartige ausdrückliche Bestimmung enthält § 253 Abs. 2 BGB (siehe auch oben § 45 Rn. 2). Der historische Gesetzgeber des Jahres 1896 hat die in § 253 Abs. 1 BGB getroffene Grundsatzentscheidung damit begründet, dass es dem deutschen Rechts- und Sittlichkeitsbewusstsein widerspreche, die immateriellen Lebensgüter auf die gleiche Linie mit den Vermögensgütern zu stellen und einen immateriellen Schaden mit Geld aufzuwiegen. 10

Zu beachten ist, dass § 253 Abs. 1 BGB einem Schadensersatz in Geld nicht entgegensteht, wenn ein immaterieller Schaden einen Vermögensschaden nach sich zieht. 11

> **BEISPIEL** Der von S angefahrene O muss ärztlich behandelt werden. Die Kosten für die Heilbehandlung kann O selbstverständlich von S ersetzt verlangen; § 253 Abs. 1 BGB steht nicht entgegen.

Zu betonen ist ferner, dass **§ 253 Abs. 1 BGB** nur **Schadensersatz in Geld ausschließt**. Soweit eine Beseitigung von immateriellen Schäden im Wege der sog. **Naturalrestitution** (hierzu unten Rn. § 47 Rn. 2) möglich ist, **steht § 253 Abs. 1 BGB nicht entgegen**. 12

> **BEISPIEL** S hat über O in einem Zeitungsartikel unwahre Behauptungen verbreitet. O verlangt von S Widerruf dieser Behauptungen.

b) Normativer Schaden

Manchmal ergibt der Vergleich der Vermögenslagen vor und nach dem schädigenden Ereignis, dass der Geschädigte keine Einbuße an seinem Vermögen erlitten hat, weil der Schaden nicht vom Schädiger, sondern anderweitig ausgeglichen worden ist. Unter 13

Zugrundelegung der Differenzhypothese müsste hier bereits die Entstehung eines Vermögensschadens verneint werden.

> **BEISPIEL** ► O wird bei einem von S verschuldeten Verkehrsunfall verletzt. Er muss im Krankenhaus behandelt werden und fällt für zwei Wochen im Betrieb aus. Die gesetzliche Krankenkasse bezahlt die Behandlungskosten und der Arbeitgeber des O zahlt den Lohn auch während der zwei Wochen, in denen O nicht arbeiten kann, weiter.

14 Berechnet man hier den Vermögensschaden nach der Differenzhypothese, dann kann O von S weder die Behandlungskosten noch den Verdienstausfall ersetzt verlangen. Denn dem O ist ja insoweit gar kein Schaden entstanden, weil seine Krankenversicherung bzw. sein Arbeitgeber eingesprungen sind. Dieses Ergebnis ist aber unerwünscht, weil die Leistungen der Krankenversicherung und die Entgeltfortzahlung durch den Arbeitgeber nicht den Zweck verfolgen, den Schädiger S zu entlasten. Hier hilft die Lehre vom **normativen Schaden**: Im Verhältnis zwischen O und S wird so getan, als ob weder die Krankenversicherung noch der Arbeitgeber Leistungen erbracht hätten. O hat also gegen S einen Anspruch auf Ersatz der Heilungskosten und des Verdienstausfalls. O soll allerdings auch nicht doppelt abkassieren können. Vielmehr gehen die ihm gegenüber S zustehenden Ansprüche kraft Gesetzes auf die Krankenversicherung bzw. auf den Arbeitgeber über (siehe §§ 116, 117 SGB X und § 6 EntgeltsfortzahlungsG). Krankversicherung und Arbeitgeber können sich daher wegen der von ihnen zugunsten des O erbrachten Leistungen an den Schädiger S halten.

c) Mittelbarer und unmittelbarer Schaden: Adäquanztheorie und Lehre vom Schutzzweck der Norm

15 Um Missverständnissen vorzubeugen, sei zunächst darauf hingewiesen, dass es hier nicht um die Frage geht, ob jemand **unmittelbar** oder **mittelbar Geschädigter** ist. Dass grundsätzlich nur der unmittelbar Geschädigte ersatzberechtigt ist, wissen wir bereits (siehe oben Rn. 1).

16 Die **Unterscheidung** zwischen unmittelbarem und mittelbarem Schaden wird überhaupt **erst** dann **relevant**, wenn **feststeht, dass jemand unmittelbar geschädigt** und daher ersatzberechtigt ist. Als **unmittelbarer Schaden** wird dabei der Schaden bezeichnet, der an dem geschützten Recht- oder Rechtsgut selbst eingetreten ist (sog. **Verletzungsschaden**). **Mittelbarer Schaden** ist der **Folgeschaden**, den der Verletzungsschaden nach sich zieht.

> **BEISPIEL** ► Unmittelbarer Schaden ist der bei dem Verkehrsunfall erlittene Beinbruch. Mittelbare Schäden sind der durch den Beinbruch verursachte Verdienstausfall sowie die Behandlungskosten.

17 Von der Rechtsfolge her spielt die Unterscheidung zwischen unmittelbarem und mittelbarem Schaden für gewöhnlich keine Rolle; denn auch der mittelbare Schaden ist zu ersetzen. Nur in Ausnahmefällen muss der Folgeschaden nicht ersetzt werden. Hierbei geht es um schwierige Fragen der Schadenszurechnung, die nur kurz anhand von zwei Beispielsfällen gestreift werden sollen (für Interessierte: *Brox/Walker*, Schuldrecht AT, § 30 Rn. 7 ff.; *Musielak*, Grundkurs BGB, Rn. 481 ff.).

BEISPIEL 1 ▶ S verletzt den O bei einem Verkehrsunfall. O wird daher ins Krankenhaus eingeliefert, wo er einige Wochen behandelt werden muss. Im Krankenhaus wird er mit einem Grippevirus infiziert. Deswegen verlängert sich sein Aufenthalt, so dass die Krankenschwester X dem O auch noch dessen Geldbörse entwenden kann. O verlangt von S die Heilungskosten wegen des Unfalls und wegen der Grippe sowie den Wert der ihm entwendeten Geldbörse (ähnliches Beispiel bei *Brox/Walker*, Schuldrecht AT, § 30 Rn. 11).

Damit der Ersatzpflichtige nicht für Schäden einstehen muss, die man ihm berechtig-   18
terweise nicht mehr anlasten kann, ist die **Adäquanztheorie** entwickelt worden. Nach dieser Theorie haftet der Schädiger nur für solche mittelbaren Schäden, die durch den – auf sein Verhalten zurückgehenden – Verletzungserfolg (siehe § 45 Rn. 5 f.) **adäquat kausal** herbeigeführt worden sind. Das zum Schaden führende Ereignis muss danach „im Allgemeinen und nicht nur unter besonders eigenartigen, unwahrscheinlichen und nach dem gewöhnlichen Verlauf der Dinge außer Betracht zu lassenden Umständen geeignet sein, einen Erfolg der eingetretenen Art herbeizuführen" (BGH NJW 2002, 2232, 2233). Adäquat kausal für den eingetretenen Schaden ist ein Verhalten, durch das „eine gesteigerte Gefahrenlage geschaffen worden ist, die generell geeignet ist, Schädigungen der eingetretenen Art herbeizuführen" (BGH, a. a. O.). Das Erfordernis der Adäquanz dient dazu, ganz entfernt liegende, völlig unwahrscheinliche Schadensfolgen auszuscheiden. Im obigen Beispielsfall ist es nicht ganz unwahrscheinlich, dass sich jemand, der im Krankenhaus liegt, mit einem Virus infiziert. S muss daher auch die Kosten für die Heilbehandlung der Grippe ersetzen. Der Diebstahl der Geldbörse wird dem S aber nicht mehr zugerechnet; die Gefahr, dass die Geldbörse gestohlen wird, ist durch den Krankenhausaufenthalt nicht erhöht worden. Es ist allerdings nicht zu verkennen, dass die Adäquanz nur ein „grober Filter zur Beschränkung der Zurechenbarkeit" (BGH NJW 2005, 1420, 1421) ist, der nur praktisch unvorhersehbare Schadensfolgen aussortiert.

Dass die Adäquanztheorie nicht immer ausreicht, um eine Ausuferung der Ersatzpflicht   19
zu verhindern, zeigt uns das folgende

BEISPIEL 2 ▶ S nimmt den O auf der Ladefläche seines Lkw mit, obwohl die Beförderung von Personen auf der Ladefläche nach § 21 Abs. 2 StVO verboten ist. O erleidet daher eine schwere Erkältung und verlangt von S Ersatz der Arztkosten (Beispiel in Anlehnung an *Musielak*, Grundkurs BGB, Rn. 485).

Hier ist es keineswegs ganz und gar unwahrscheinlich, dass das Mitnehmen auf der   20
Ladefläche zu einer Erkältung der mitgenommenen Person führt; die Adäquanztheorie führt also hier nicht zu einer Einschränkung der Ersatzpflicht des S. Allerdings soll § 21 Abs. 2 StVO nicht vor Erkältungen schützen, sondern davor, dass Personen von der Ladefläche herunterstürzen. Der Schaden, den O erlitten hat, ist daher nicht vom **Schutzzweck der** verletzten **Norm** erfasst; er wird dem S nicht zugerechnet. Außerhalb des Schutzzwecks der Norm liegt z. B. auch ein Schaden, den ein Beamter dadurch erleidet, dass wegen einer vorzeitigen Pensionierung seine Bezüge gemindert sind, nachdem anlässlich einer verletzungsbedingten Untersuchung seine (nicht auf der Verletzung beruhende!) Dienstunfähigkeit festgestellt worden ist (vgl. BGH NJW 1968, 2287). Der

Schutzzweck der Norm ist auch zu berücksichtigen, wenn der Schaden durch die Verletzung einer vertraglichen Pflicht verursacht worden ist (BGHZ 116, 209, 212). Die Lehre vom Schutzzweck der Norm dient ebenso wie die Adäquanztheorie dazu, die Schadensersatzpflicht nicht auf allzu weit entfernte Schadensfolgen zu erstrecken.

d) Erfüllungsschaden und Vertrauensschaden

21   Im rechtsgeschäftlichen Bereich wird schließlich zwischen Erfüllungsschaden und Vertrauensschaden unterschieden. Der auf das Erfüllungsinteresse (= das positive Interesse) des Gläubigers gerichtete Ersatzanspruch wird im Gesetz (z. B. in § 280 Abs. 3 BGB) als Schadensersatz statt der Leistung bezeichnet. Wer **Schadensersatz statt der Leistung** schuldet, muss den Gläubiger so stellen, **wie** er stünde, **wenn ordnungsgemäß erfüllt worden wäre**.

> **BEISPIEL** ▶ G hätte die von S gekaufte chinesische Ming-Vase, die S nach Vertragsschluss fahrlässig zerstört hat, mit einem Gewinn i. H. von 1 000 € weiterverkaufen können. Das positive Interesse des G beläuft sich auf 1 000 €.

22   **Vertrauensschaden** ist dagegen der Schaden, den der Geschädigte dadurch erleidet, dass er auf die Gültigkeit eines Rechtsgeschäfts vertraut hat. Ist der Ersatz des Vertrauensschadens angeordnet, dann schuldet der Ersatzpflichtige das negative Interesse. Der Geschädigte ist so zu stellen, wie er stünde, wenn er auf die Gültigkeit des Rechtsgeschäfts nicht vertraut hätte oder – anders ausgedrückt – **wenn er von dem** betreffenden **Geschäft nie etwas gehört hätte**.

> **BEISPIEL** ▶ G mietet Lagerräume an, um die von S gekauften Waren einlagern zu können. S ficht das Geschäft mit G wegen Irrtums wirksam an. Der Vertrauensschaden des G, den S nach § 122 Abs. 1 BGB zu ersetzen hat, erfasst die sinnlos aufgewendeten Kosten für die Miete der Lagerräume.

23   Meist wird das negative Interesse geringer sein als das positive Interesse. Es sind aber auch Fälle denkbar, in denen der Geschädigte besser stünde, wenn er nie etwas von dem Geschäft gehört hätte, als er stünde, wenn das Geschäft ordnungsgemäß erfüllt worden wäre. In derartigen Fällen ist die Pflicht zum Ersatz des negativen Interesses manchmal nach oben hin auf den Betrag des positiven Interesses begrenzt (siehe etwa §§ 122 Abs. 1, 179 Abs. 2 BGB).

> **BEISPIEL** ▶ Antiquitätenhändler G verkauft dem S 1 eine Vase zu einem Preis i. H. von 1 000 €. Der von G mit dem Verkauf erzielte Gewinn beläuft sich auf 200 €. Tags darauf bietet ihm S 2 für dieselbe Vase (die noch im Laden des G steht) 1 100 €. G lehnt das Geschäft ab, weil er die Vase bereits an S 1 verkauft hat. Als S 1 den Vertrag wegen Irrtums anficht, verlangt G von ihm gem. § 122 Abs. 1 BGB den Ersatz seines Vertrauensschadens.
>
> Hier hätte G einen Gewinn i. H. von 300 € gemacht, wenn er von dem Geschäft mit S 1 nie etwas gehört hätte; er hätte die Vase dann nämlich an S 2 verkauft. Hätte S 1 nicht angefochten, sondern den Vertrag erfüllt, dann hätte G aber nur 200 € verdient. Das negative Interesse (= 300 €) des G übersteigt also sein positives (= 200 €). Daher kommt hier die höhenmäßige Begrenzung auf den Betrag des positiven Interesses zum Tragen (§ 122 Abs. 1 a. E. BGB), so dass S 1 dem G nur 200 € schuldet.

ABB. 82:   **Schadensarten**

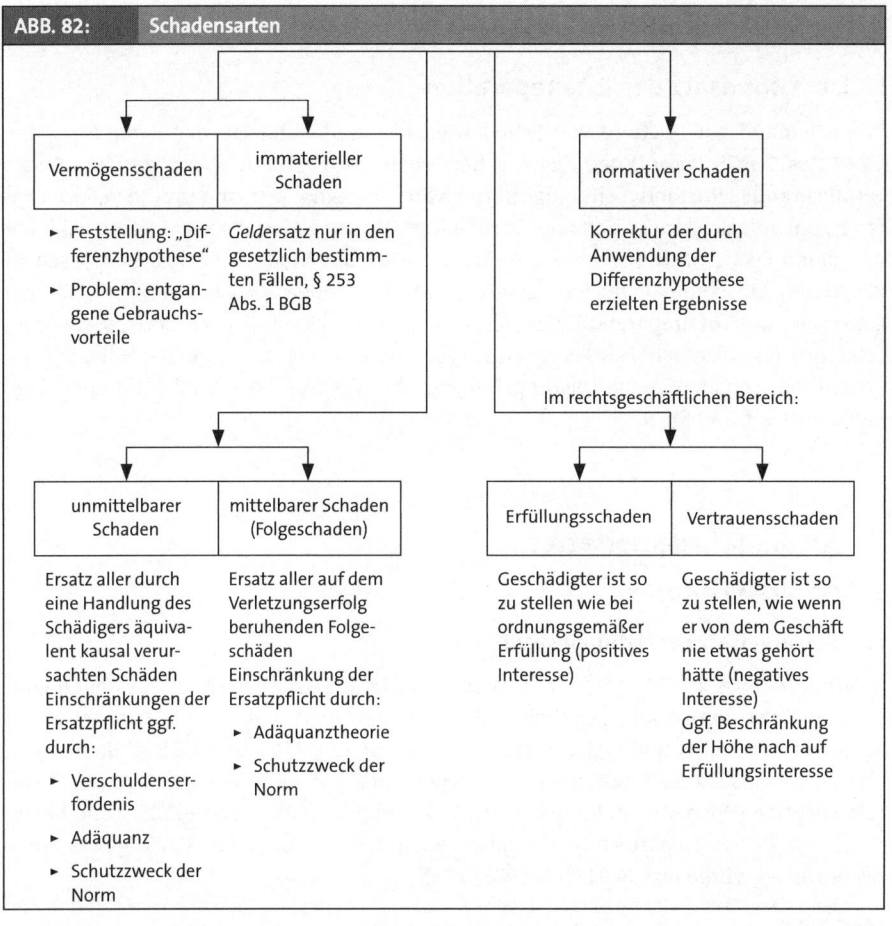

Vermögensschaden	immaterieller Schaden		normativer Schaden
▸ Feststellung: „Differenzhypothese" ▸ Problem: entgangene Gebrauchsvorteile	*Geld*ersatz nur in den gesetzlich bestimmten Fällen, § 253 Abs. 1 BGB		Korrektur der durch Anwendung der Differenzhypothese erzielten Ergebnisse

Im rechtsgeschäftlichen Bereich:

unmittelbarer Schaden	mittelbarer Schaden (Folgeschaden)	Erfüllungsschaden	Vertrauensschaden
Ersatz aller durch eine Handlung des Schädigers äquivalent kausal verursachten Schäden Einschränkungen der Ersatzpflicht ggf. durch: ▸ Verschuldenserfordenis ▸ Adäquanz ▸ Schutzzweck der Norm	Ersatz aller auf dem Verletzungserfolg beruhenden Folgeschäden Einschränkung der Ersatzpflicht durch: ▸ Adäquanztheorie ▸ Schutzzweck der Norm	Geschädigter ist so zu stellen wie bei ordnungsgemäßer Erfüllung (positives Interesse)	Geschädigter ist so zu stellen, wie wenn er von dem Geschäft nie etwas gehört hätte (negatives Interesse) Ggf. Beschränkung der Höhe nach auf Erfüllungsinteresse

§ 47 Umfang und Art des Schadensersatzes

I. Der Grundsatz der Totalreparation

1   Wenn jemand zur Leistung von Schadensersatz verpflichtet ist, dann muss er gem. **§ 249 Abs. 1 BGB** (lesen!) den Zustand herstellen, der bestünde, wenn der zum Ersatz verpflichtende Umstand nicht eingetreten wäre. Der Schädiger ist damit in vollem Umfang zum Ausgleich aller Schäden verpflichtet, die er adäquat kausal verursacht hat und deren Ersatz nach der Lehre vom Schutzzweck der Norm nicht ausgeschlossen ist (zu diesen Einschränkungen der Ersatzpflicht siehe oben § 46 Rn. 15 ff.). Es gilt der Grundsatz der **Totalreparation**. Bei diesem Grundsatz bleibt es auch dann, wenn dem Schädiger nur leichteste Fahrlässigkeit vorgeworfen werden kann und die Höhe des angerichteten Schadens seine Leistungsfähigkeit bei Weitem übersteigt (Palandt/*Grüneberg*, Vorb. v. § 249 Rn. 3).

II. Art des Schadensersatzes

1. Naturalrestitution

a) Der Grundsatz der Naturalrestitution

2   Indem § 249 Abs. 1 BGB anordnet, dass der Zustand herzustellen ist, der bestehen würde, wenn der zum Ersatz verpflichtende Umstand nicht eingetreten wäre, regelt er auch, auf welche Art und Weise Ersatz zu leisten ist. In **§ 249 Abs. 1 BGB** ist daher nicht nur der Grundsatz der Totalreparation geregelt, sondern auch der Grundsatz der **Naturalrestitution** (Wiederherstellung in Natur). Gemeint ist damit, dass ein Zustand herzustellen ist, der wirtschaftlich der Situation entspricht, die ohne das schädigende Ereignis bestehen würde (vgl. BGH NJW 1985, 793).

> **BEISPIELE** ▶ Reparatur der beschädigten Sache; Lieferung von Sachen gleicher Art und Güte im Falle der Zerstörung von vertretbaren Sachen (siehe § 91 BGB); Widerruf von ehrverletzenden Behauptungen.

b) Der zur Herstellung erforderliche Geldbetrag

3   Im Falle der Verletzung einer Person oder der Beschädigung einer Sache kann der Geschädigte gem. **§ 249 Abs. 2 Satz 1 BGB** statt der Herstellung den hierzu erforderlichen Geldbetrag verlangen. Auch in § 249 Abs. 2 BGB geht es um Schadensersatz in Form der Naturalrestitution (vgl. *Erman/I. Ebert*, § 249 Rn. 3). Die Bestimmung räumt dem Geschädigten die Befugnis ein, die Restitution selbst in die Hand zu nehmen; er ist „Herr des Restitutionsgeschehens" (BGH NJW 2003, 2085). Das Gesetz mutet es dem Geschädigten also nicht zu, sich auf Reparaturversuche durch den Schädiger einzulassen.

> **BEISPIEL** ▶ Bei einem Verkehrsunfall wird der Kotflügel am Auto des O beschädigt. Der für den Unfall verantwortliche S ist Bastler und will den Schaden selbst beheben. Darauf muss sich O nicht einlassen; er kann gem. § 249 Abs. 2 Satz 1 BGB den zur Reparatur in einer Werkstatt erforderlichen Geldbetrag verlangen.

Da der Wortlaut des § 249 Abs. 2 Satz 1 BGB keine entsprechende Einschränkung ent- 4
hält, kann der Geschädigte den zur Herstellung erforderlichen Geldbetrag auch dann
verlangen, wenn er zugegebenermaßen gar nicht die Absicht hat, die beschädigte Sache zu reparieren oder reparieren zu lassen. Umsatzsteuer wird aber nur insoweit geschuldet, als sie tatsächlich angefallen ist (§ 249 Abs. 2 Satz 2 BGB).

BEISPIEL ▶ Im obigen Fall macht es dem O nichts aus, mit einem beschädigten Kotflügel herum-
zufahren, weil sein Auto sowieso schon 10 Jahre auf dem Buckel hat. Er verlangt daher von S
gem. § 249 Abs. 2 BGB einen Geldbetrag i. H. von 357 € (= 300 € zuzüglich 19 % Umsatzsteuer).
Die Forderung des O ist nur i. H. von 300 € berechtigt, weil die Umsatzsteuer nur anfallen würde, wenn O den Pkw in eine Werkstatt zur Reparatur geben würde.

c) Insbesondere: Schadensersatz bei der Beschädigung eines Kfz

Wegen ihrer großen praktischen Bedeutung seien die Fälle, in denen ein Kfz beschädigt 5
worden ist, einer etwas näheren Betrachtung unterzogen. Wenn kein technischer Totalschaden vorliegt, kann in diesen Fällen die **Naturalrestitution** auf zweierlei Weise erfolgen, nämlich entweder durch die **Reparatur** des beschädigten Fahrzeugs **oder** durch die
Beschaffung eines gleichwertigen **Ersatzfahrzeugs** (BGH NJW 1992, 305, 306). Dementsprechend kann der Geschädigte nach § 249 Abs. 2 Satz 1 BGB entweder den zur Reparatur oder aber den zur Ersatzbeschaffung erforderlichen Geldbetrag verlangen. Insoweit ist er aber in seiner Wahl nicht frei. Zur Wiederherstellung „erforderlich" ist nämlich nur der Geldbetrag, der für die wirtschaftlichere Form der Naturalrestitution aufgewendet werden muss. Der Geschädigte kann daher grundsätzlich nur den Betrag verlangen, der für die günstigere Alternative – sei es die Reparatur, sei es die Ersatzbeschaffung – benötigt wird (sog. Wirtschaftlichkeitspostulat). Diese Betrachtungsweise entspricht auch dem schadensrechtlichen Bereicherungsverbot, dem zufolge das
Schadensrecht nicht den Zweck verfolgt, dass der Ersatzberechtigte nicht nur vollen
Ausgleich erhält, sondern an dem Schadensfall auch noch verdient (siehe BGH
NJW 2005, 1108 f.). Die Rechtsprechung nimmt allerdings Rücksicht darauf, dass die Reparatur dem Wiederherstellungsinteresse des Geschädigten regelmäßig besser gerecht
wird als die Beschaffung eines Ersatzfahrzeugs. Denn im Falle einer Reparatur kann der
Geschädigte das ihm vertraute Fahrzeug weiternutzen. Daher **darf** der **Geschädigte**
sein Fahrzeug auch dann **reparieren lassen**, wenn die **Reparaturkosten** bis zu **130 % der
Kosten** für die **Wiederbeschaffung** eines gleichwertigen Ersatzfahrzeugs ausmachen.
Dies gilt aber nur dann, wenn der Geschädigte sein Fahrzeug auch sachgerecht repariert und reparieren lässt und wenn er das Fahrzeug noch sechs Monate nach dem Unfall nutzt. Wenn er es gleich verkauft, dann zeigt er nämlich, dass er gar kein Interesse
an der weiteren Nutzung seines Fahrzeugs hat, so dass der „Zuschlag" i. H. von 30 %
nicht gerechtfertigt ist (vgl. BGH NJW 2008, 437, 438 Tz. 9). Weitere Einzelheiten dieser
komplizierten Rechtsprechung möchten wir nicht vertiefen (für Interessierte: In BGH
NJW 2009, 3022, 3023 f. Tz. 15 ist die Rechtsprechung zur 130 %-Grenze übersichtlich
zusammengefasst; in der Entscheidung ging es übrigens um den spiegelbildlichen Fall,
dass der Geschädigte, dessen neuwertiger BMW beschädigt worden war, den für eine
Ersatzbeschaffung erforderlichen Betrag verlangte, obwohl die Reparatur erheblich bil-
liger gewesen wäre).

2. Geldersatz

6   In den in § 251 Abs. 1 BGB (lesen!) geregelten Fällen ist der **Geschädigte berechtigt**, vom Ersatzpflichtigen **Geldersatz** zu verlangen. Demgegenüber **darf** der **Ersatzpflichtige** unter den Voraussetzungen des § 251 Abs. 2 BGB den Geschädigten **in Geld entschädigen**. Anders als im Falle des § 249 Abs. 2 BGB bemisst sich der zu zahlende Geldbetrag bei § 251 BGB nicht nach den Kosten der Naturalrestitution. Zu ersetzen ist nach § 251 BGB vielmehr das Wertinteresse, das nach der oben in § 46 Rn. 8 beschriebenen Differenzhypothese ermittelt wird. Ersetzt wird dementsprechend der Betrag, der sich ergibt, wenn man die bestehende Vermögenslage der Geschädigten mit der Lage vergleicht, die ohne das schädigende Ereignis bestehen würde (vgl. *Looschelders*, BGB AT, § 48 Rn. 958). In § 251 BGB geht es also um den wertmäßigen Ausgleich des Schadens, um Schadenskompensation (vgl. auch BGH NJW 1992, 302, 303).

a) Schadensersatz in Geld infolge unmöglicher oder unzureichender Naturalrestitution

7   Geld kann der Geschädigte nach **§ 251 Abs. 1 BGB** verlangen, soweit die Herstellung nicht möglich oder nicht genügend ist. So kann z. B. ein Kfz, an dem ein technischer Totalschaden entstanden ist, nicht mehr repariert werden. Dem Geschädigten ist hier der **Wiederbeschaffungsaufwand** (= Wiederbeschaffungskosten abzüglich Restwert des beschädigten Fahrzeugs) zu ersetzen.

8   **Geld** wird im Übrigen nur **insoweit** geschuldet, **als** eine **Herstellung nicht möglich** oder nicht ausreichend ist (beachte den Wortlaut des § 251 Abs. 1 BGB: „soweit").

> **BEISPIEL** ▸ Das Auto des O wird bei einem von S verschuldeten Verkehrsunfall schwer beschädigt. S ist zufällig Inhaber einer Reparaturwerkstatt. Er bietet dem O an, das Auto in seiner Werkstatt zu reparieren. Da S sich darauf einlässt (was er nicht müsste, siehe § 249 Abs. 2 Satz 1 BGB), wird auch so verfahren. Im Hinblick auf die Reparatur des Kfz hat O Schadensersatz in Form von Naturalrestitution geleistet. Nach der Reparatur ist das Auto aber als Unfallwagen 500 € weniger wert. Im Hinblick auf diesen Schaden ist einer Wiederherstellung in Natur nicht möglich; insoweit schuldet S daher gem. § 251 Abs. 1 BGB Schadensersatz in Geld.

Neben die Naturalrestitution tritt in dem Beispielsfall also eine Geldersatzpflicht aus § 251 Abs. 1 BGB, weil die durch den Unfall verursachte Wertminderung (sog. merkantiler Minderwert) auch bei einwandfreier Reparatur des Pkw bestehen bleibt.

b) Schadensersatz in Geld bei unverhältnismäßiger Wiederherstellung

9   **§ 251 Abs. 2 BGB** regelt die Frage, unter welchen Voraussetzungen der **Ersatzpflichtige Geldersatz** leisten **darf** (siehe bereits Rn. 6). Ist die Wiederherstellung nur unter unverhältnismäßigen Aufwendungen möglich, dann ist der Ersatzpflichtige berechtigt, den Geschädigten in Geld zu entschädigen. Ob die Voraussetzungen des § 251 Abs. 2 BGB vorliegen, ist dabei im Wege einer Abwägung der Interessen des Gläubigers und des Schuldners zu ermitteln. Die Wiederherstellung ist nicht schon dann unzumutbar, wenn die Wiederherstellungskosten den Wert des beeinträchtigten Rechtsguts übersteigen. Im Hinblick auf Aufwendungen für die Heilbehandlung eines verletzten Tieres ist in § 251 Abs. 2 Satz 2 BGB eine besondere Regelung getroffen.

III.   Einige Einzelheiten zur Schadensberechnung

1.   Gemeiner Wert, subjektiver Wert und Affektionsinteresse

Der Gläubiger des Schadensersatzanspruchs kann in jedem Fall Ersatz i. H. des gemei-   10
nen Werts verlangen, also des Werts, den der zu ersetzende Gegenstand für jeden hat.
Der **gemeine Wert** ist sozusagen die **Untergrenze**.

Hat der zu ersetzende Gegenstand gerade für den Geschädigten einen besonderen   11
Wert, dann ist dieser subjektive Wert (pretium singulare) zu ersetzen; denn der Geschädigte ist so zu stellen, wie er individuell stehen würde, wenn das schädigende Ereignis
nicht eingetreten wäre.

> **BEISPIEL** ▸ O sammelt Ming-Vasen. Seine Sammlung ist insgesamt 1 Mio. € wert. S stößt eine
> Vase im Wert von 5 000 € um. Infolgedessen ist die Sammlung des O unvollständig und hat
> nur noch einen Wert i. H. von 950 000 €. Der dem O zu ersetzende Schaden beläuft sich nicht
> nur auf 5 000 €, sondern auf 50 000 €; denn der Wert der ihm gehörenden Sammlung wurde
> um 50 000 € gemindert.

Nicht ersatzfähig ist aber der vom subjektiven Wert zu unterscheidende Liebhaber-   12
oder Erinnerungswert. Das sog. **Affektionsinteresse** muss der Schädiger nicht ausgleichen.

> **BEISPIEL** ▸ O leiht ihrer Freundin S eine Goldbrosche, die bereits die Urgroßmutter der O getra-
> gen hat. S verliert die Brosche. Der objektive Wert des Schmuckstücks beläuft sich auf 1 000 €;
> für O ist das Stück aber „unbezahlbar". S muss nur Ersatz i. H. von 1 000 € leisten.

2.   Entgangener Gewinn, § 252 BGB

Da der Geschädigte so zu stellen ist, wie er stehen würde, wenn das schädigende Ereig-   13
nis nicht eingetreten wäre, muss auch ermittelt werden, um wieviel das Vermögen
des Geschädigten vermehrt worden wäre, wenn das schädigende Ereignis nicht stattgefunden hätte. Dass der zu ersetzende Schaden auch den entgangenen Gewinn (lu-
crum cessans) umfasst, ist in § 252 Satz 1 BGB ausdrücklich festgestellt. Dem Geschädigten ist daher also z. B. der Verdienstausfall zu ersetzen; Entsprechendes gilt, wenn
er die gekaufte Sache mit Gewinn hätte weiterverkaufen können.

Weil es dem Geschädigten häufig schwer möglich sein wird, nachzuweisen, dass der   14
Wert seines Vermögens ohne das schädigende Ereignis gestiegen wäre, ist in **§ 252
Satz 2 BGB** (lesen!) eine **Beweiserleichterung** geregelt: Es reicht aus, wenn der Geschädigte im Prozess Tatsachen nachweist, aus denen hervorgeht, dass der geltend gemachte Gewinn „mit Wahrscheinlichkeit erwartet werden konnte".

Nach dem Wortlaut des § 252 Satz 2 BGB könnte man meinen, es sei *nur* der Gewinn   15
als entgangener Gewinn ersatzfähig, der zum Zeitpunkt des Schadensereignisses zu erwarten war. Dem ist aber nicht so. Wenn der Geschädigte im Prozess nachweisen kann,
dass er mit Sicherheit einen Gewinn gemacht hätte, der zum Zeitpunkt des schädigenden Ereignisses in keiner Weise erwartet werden konnte, dann kann der Geschädigte
auch den Ersatz dieses Gewinns verlangen. Schulbeispiel ist der Fall, dass gerade auf
das gestohlene Lotterielos der Hauptgewinn entfallen ist *(Brox/Walker*, Schuldrecht AT,
§ 31 Rn 17).

§ 48 Mitverschulden, § 254 BGB

I. Allgemeines

1 Es entspricht der Gerechtigkeit, wenn der Schädiger den Schaden nicht in vollem Umfang ausgleichen muss, sofern ein Verhalten des Geschädigten bei der Entstehung oder auch nur Vergrößerung des Schadens mitgewirkt hat. Daher ordnet **§ 254 BGB** (lesen!) die **Berücksichtigung** eines **mitwirkenden Verschuldens** von Seiten **des Geschädigten** an.

2 Wenn im Übrigen § 254 BGB von Verschulden spricht, dann ist damit nicht gemeint, dass der Geschädigte eine einem anderen gegenüber bestehende Rechtspflicht verletzt, wenn er nicht das Erforderliche tut, um die Entstehung oder Vergrößerung des Schadens zu verhindern. Keiner ist verpflichtet, einen ihm drohenden Schaden abzuwenden. Wenn er dies aber nicht tut, dann drohen ihm Nachteile: Der Schaden muss nur teilweise oder möglicherweise sogar überhaupt nicht ersetzt werden. Aus diesem Grund wird gesagt, dass es sich bei dem in **§ 254 BGB** bezeichneten Verschulden **nicht** um ein **Verschulden im technischen Sinne** handelt; man spricht vielmehr von der **Verletzung einer Obliegenheit** (sog. Verschulden gegen sich selbst).

3 Betont sei schließlich, dass es sich bei **§ 254 Abs. 1 BGB** nicht um eine **Anspruchsgrundlage** handelt. Wenn Mitverschulden vorliegt, dann führt dies lediglich dazu, dass ein Anspruch des Geschädigten gegen den Schädiger ganz oder teilweise nicht zur Entstehung gelangt.

II. Voraussetzungen

4 § 254 BGB setzt zunächst ein **Mitverschulden** des Geschädigten voraus. Der Geschädigte hat es z. B. an der im Verkehr erforderlichen Sorgfalt fehlen lassen und dadurch den bereits entstandenen Schaden vergrößert oder die Entstehung eines Schadens erst möglich gemacht. Ggf. kann dem Schädiger auch ein bloßes Unterlassen als Mitverschulden angerechnet werden; zwei Beispiele für ein derartiges Unterlassungsverschulden sind in § 254 Abs. 2 BGB aufgeführt. Ein Mitverschulden ist z. B. anzunehmen, wenn der Geschädigte es versäumt hat, den Sicherheitsgurt anzulegen (BGH NJW 2001, 1485) oder einen Schutzhelm aufzusetzen (BGB NJW 1965, 1075).

5 Die Anrechnung eines Mitverschuldens setzt voraus, dass der **Geschädigte** für sein Handeln auch verantwortlich, also **zurechnungsfähig** ist. Insoweit werden die §§ 827, 828 BGB analog angewendet. Daher ist z. B. eine auf § 254 BGB gestützte Minderung des Ersatzanspruchs eines noch sieben Jahre alten Kindes ausgeschlossen (vgl. § 828 Abs. 1 BGB).

6 Auch im Rahmen des **§ 254 BGB** muss der Geschädigte für das Verschulden seines gesetzlichen Vertreters und seiner **Erfüllungsgehilfen** einstehen. § 254 Abs. 2 Satz 2 BGB verweist nämlich auf § 278 BGB. Im Hinblick auf diese Verweisung ist Einiges streitig (hierzu *Looschelders*, Schuldrecht AT, § 51 Rn. 1033 ff.; *Musielak*, Grundkurs BGB, Rn. 785).

Wir wollen uns auf einen Hinweis betreffend die Formulierung der Bestimmung be-   7
schränken: Da die Verweisung auf § 278 BGB in § 254 Abs. 2 Satz 2 BGB enthalten ist,
liegt die Annahme nahe, dass sich der Geschädigte ein mitwirkendes Verschulden seines Erfüllungsgehilfen nur dann entgegenhalten lassen muss, wenn dieser einen der in
§ 254 Abs. 2 Satz 1 BGB genannten Fehler gemacht hat. Von ihrer systematischen Stellung in § 254 Abs. 2 BGB her bezieht sich die Verweisung auf § 278 BGB ja nur auf den
Abs. 2 Satz 1, nicht aber auch auf den Abs. 1 des § 254 BGB. Eine derartige Annahme
wäre allerdings voreilig. Dem Gesetzgeber ist nämlich bei der Einfügung der Verweisung ein Redaktionsfehler unterlaufen. Richtigerweise ist die Verweisung des Abs. 2
Satz 2 auch auf Abs. 1 zu beziehen. Der Geschädigte muss es sich daher auch anrechnen lassen, wenn bei der Entstehung des Schadens (§ 254 Abs. 1 BGB) ein Verschulden
seines Erfüllungsgehilfen mitgewirkt hat. **§ 254 Abs. 2 Satz 2 BGB** ist also so **zu verstehen**, **wie** wenn er in einem **eigenständigen Absatz 3** des § 254 BGB stünde.

Kapitel 15: Sonderfragen

§ 49 Beteiligung Dritter am Schuldverhältnis

LITERATUR

Brox/Walker, Schuldrecht AT, §§ 32 und 33; *Musielak*, Grundkurs BGB, Rn. 804 ff.; zum Vertrag mit Schutzwirkung zugunsten Dritter siehe auch *Assmann*, Grundfälle zum Vertrag mit Schutzwirkung zugunsten Dritter, JuS 1986, 885; *Frassek*, Umfang der Haftung eines vertraglichen Ratgebers und Einbeziehung Dritter in den Schutzbereich vorvertraglicher Pflichten – BGH, NJW-RR 2003, 1035, JuS 2004, 285; *Schwab*, Grundfälle zur culpa in contrahendo, zur Sachwalterhaftung und zum Vertrag mit Schutzwirkung für Dritte nach neuem Schuldrecht, JuS 2002, 773, 872; *Zenner*, Der Vertrag mit Schutzwirkung zugunsten Dritter, NJW 2009, 1030.

I. Vertrag zugunsten Dritter

1. Begriff und Arten

Die Parteien können vereinbaren, dass der Schuldner die Leistung nicht an den Gläubiger, sondern an eine von diesem verschiedene dritte Person zu erbringen hat. In derartigen Fällen handelt es sich um Verträge zugunsten Dritter. 1

Von einem **unechten Vertrag zugunsten Dritter** wird gesprochen, wenn der Gläubiger den Schuldner lediglich gem. §§ 362 Abs. 2, 185 BGB (siehe oben § 22 Rn. 23) ermächtigt hat, an einen Dritten zu leisten. Der **Dritte** hat in diesem Fall **keinen Anspruch gegen** den **Schuldner**, er kann von diesem die Leistung nicht fordern. 2

> **BEISPIEL** ▸ G und D sind verheiratet und führen eine Wochenendbeziehung, weil G in Münster und D in Augsburg wohnt. Weil G an einem Wochenende aus beruflichen Gründen seine Frau D nicht in Augsburg besuchen kann, ruft er bei der Gärtnerei S in Augsburg an, bestellt dort einen Blumenstrauß zu einem Preis i. H. von 30 € und vereinbart mit S, dass der Blumenstrauß unmittelbar bei D abgeliefert werden soll. In diesem Fall ist davon auszugehen, dass D keinen Anspruch gegen S auf Lieferung des Blumenstraußes hat. Vielmehr wird S von seiner gegenüber G bestehenden Leistungspflicht dadurch frei, dass er den Blumenstrauß bei D abliefert (vgl. §§ 362 Abs. 2, 185 BGB).

Ein **echter Vertrag zugunsten Dritter** liegt demgegenüber vor, wenn die Parteien eine Leistung an einen Dritten in der Weise vereinbart haben, dass der Dritte unmittelbar das Recht erwirbt, von dem Schuldner die Leistung zu fordern (**§ 328 Abs. 1 BGB**). Der **Dritte** hat einen eigenen **Anspruch gegen** den **Schuldner**. 3

> **BEISPIEL** ▸ G hat zugunsten seiner Ehefrau D bei der Versicherung S eine Lebensversicherung abgeschlossen. Zwischen G und S ist vereinbart, dass die Versicherungssumme i. H. von 50 000 € zuzüglich Überschussbeteiligung fällig werden soll, sobald G das 60. Lebensjahr vollendet hat. Am 60. Geburtstag des G erwirbt D aus dem zwischen G und S geschlossenen Vertrag einen Anspruch gegen S.

4   Ob ein echter oder unechter Vertrag zugunsten Dritter geschlossen wurde, ist eine Frage der Auslegung des zwischen Gläubiger und Schuldner zugunsten des Dritten geschlossen Vertrags. Sofern keine ausdrückliche Vereinbarung getroffen worden ist, muss auf die gesamten Umstände des Einzelfalls abgestellt werden; insbesondere der Vertragszweck ist zu berücksichtigen (§ 328 Abs. 2 BGB).

5   Daneben sind im Gesetz **Auslegungsregeln** enthalten, auf die der Rechtsanwender in Zweifelsfällen zurückgreifen kann:

▶ So ist bei den in **§ 330 BGB** angesprochenen Verträgen, die regelmäßig die Versorgung oder Abfindung des Dritten bezwecken, im Zweifel von einem echten Vertrag zugunsten Dritter auszugehen (vgl. das obige Beispiel).

▶ Anders ist bei der in **§ 329 BGB** angesprochenen sog. **Erfüllungsübernahme** zu entscheiden. Hier liegt im Zweifel lediglich ein unechter Vertrag zugunsten Dritter vor.

BEISPIEL ▶ S und D gehen im Lokal des G essen. Als D seine Rechnung begleichen möchte, fällt ihm auf, dass er seine Brieftasche vergessen hat und daher die von ihm bestellten und verzehrten Speisen und Getränke nicht bezahlen kann. S erklärt sich großzügig bereit, die Rechnung des D zu übernehmen, falls D ihm das Geld später erstattet. Hier kann G von S nicht Bezahlung der von D bestellten Speisen und Getränke fordern. S wollte nur dem D einen Gefallen tun, nicht aber dem G ein Forderungsrecht gegen sich zuwenden.

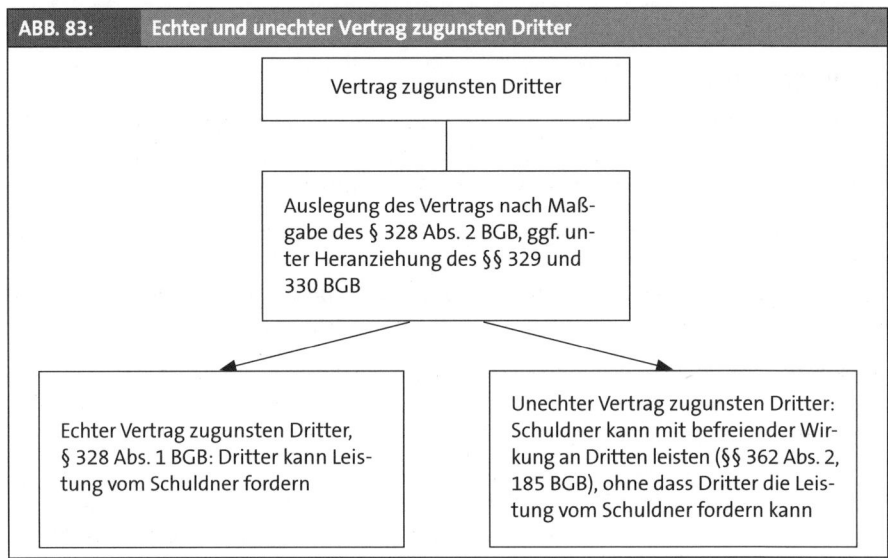

ABB. 83:   Echter und unechter Vertrag zugunsten Dritter

Vertrag zugunsten Dritter

Auslegung des Vertrags nach Maßgabe des § 328 Abs. 2 BGB, ggf. unter Heranziehung des §§ 329 und 330 BGB

Echter Vertrag zugunsten Dritter, § 328 Abs. 1 BGB: Dritter kann Leistung vom Schuldner fordern

Unechter Vertrag zugunsten Dritter: Schuldner kann mit befreiender Wirkung an Dritten leisten (§§ 362 Abs. 2, 185 BGB), ohne dass Dritter die Leistung vom Schuldner fordern kann

6   Die nachfolgenden Ausführungen handeln nur vom echten Vertrag zugunsten Dritter. Der Vertrag zugunsten Dritter ist im Übrigen kein eigener Vertragstypus wie z. B. der Kauf-, Werk-, Miet- oder Dienstvertrag; die entsprechenden Regelungen finden sich daher im Allgemeinen und nicht Besonderen Schuldrecht. Vielmehr können grundsätzlich alle möglichen Arten von Verträgen als Verträge zugunsten Dritter ausgestaltet sein. **§ 328 Abs. 1 BGB** ist daher **niemals alleinige Anspruchsgrundlage**. Vielmehr sind z. B. bei einem Kaufvertrag zugunsten eines Dritten die §§ 433 Abs. 1, 328 Abs. 1 Anspruchsgrundlage (vgl. auch *Brox/Walker*, Schuldrecht AT, § 32 Rn. 8; *Musielak*, Grundkurs BGB, Rn. 885).

2. Die Rechtsbeziehungen zwischen den beteiligten Personen

Da der **Schuldner** dem Gläubiger verspricht, an einen Dritten eine Leistung zu erbringen, wird er als **Versprechender** bezeichnet. Der **Gläubiger** als Adressat dieses Versprechens wird **Versprechensempfänger** genannt. Im Folgenden gilt es, die Rechtsbeziehungen zwischen den Beteiligten, also dem Versprechenden, dem Versprechensempfänger und dem Dritten darzustellen.
  7

a) Rechtsverhältnis zwischen Versprechendem und Versprechensempfänger: Deckungsverhältnis

Die zwischen dem Versprechenden und dem Versprechensempfänger bestehenden Rechtsbeziehungen werden als Deckungsverhältnis bezeichnet. Der Versprechende verpflichtet sich gegenüber dem Versprechensempfänger, eine Leistung an einen Dritten zu erbringen. Auf der anderen Seite verpflichtet sich der Versprechensempfänger gegenüber dem Versprechenden, für die Leistung an den Dritten „Deckung" zu gewähren.
  8

> **BEISPIEL** ▸ G mietet für seine Tochter D, die zum Wintersemester 2011 in Münster ein Studium aufnimmt, bei S eine Wohnung. G und S vereinbaren, dass G die Miete bezahlt und dass D von S zum vereinbarten Zeitpunkt die Überlassung der Mietwohnung verlangen kann (echter Vertrag zugunsten Dritter). S ist gegenüber D gem. §§ 535 Abs. 1, 328 Abs. 1 BGB zur Überlassung der Wohnung verpflichtet. Hierfür erhält er Deckung von G, der ihm gegenüber aus § 535 Abs. 2 BGB zur Entrichtung des vereinbarten Mietzinses verpflichtet ist.

In dem Beispielsfall ist das Deckungsverhältnis ein Mietvertrag. Selbstverständlich kommen auch andere Verträge – wie etwa ein Kaufvertrag, aber auch eine Schenkung – als Deckungsverhältnis in Betracht.
  9

b) Rechtsverhältnis zwischen dem Versprechensempfänger und dem Dritten: Valuta- oder Zuwendungsverhältnis

Der Versprechende möchte durch die Leistung an den Dritten diesem nichts zuwenden. Ihm geht es lediglich darum, seine Verpflichtung zu erfüllen, die er gegenüber dem Versprechensempfänger eingegangen ist. Daher wendet nur der Versprechensempfänger dem Dritten etwas zu. Aus diesem Grund wird die Rechtsbeziehung zwischen dem Versprechenden und dem Dritten als Zuwendungs- oder Valutaverhältnis bezeichnet. Im obigen Beispielsfall ist eine Schenkung (möglicherweise auch eine gesetzliche Unterhaltspflicht) der Grund dafür, dass G dafür sorgt, dass seine Tochter die Mietwohnung des S nutzen kann, ohne selbst die Miete entrichten zu müssen. Häufig wird freilich das Valutaverhältnis in einem gegenseitigen Vertrag bestehen. Hierzu folgendes
  10

> **BEISPIEL** ▸ D sucht eine Gefriertruhe für seine demnächst bezugsfertige Wohnung. Sein Bekannter G hat aus einer Zeitungsannonce erfahren, dass S seine gebrauchte Gefriertruhe zu einem Preis i. H. von 100 € veräußern möchte. Er erklärt dem D, er könne ihm eine gebrauchte Gefriertruhe zu einem Preis i. H. von 100 € besorgen. D ist damit einverstanden. Daraufhin kauft G telefonisch die Gefriertruhe von S und vereinbart mit ihm, dass er das Gerät dem D auf dessen Verlangen hin unmittelbar ausliefert. Bei dem zwischen D und G bestehenden Valutaverhältnis handelt es sich um einen Kaufvertrag i. S. des § 433 BGB.

c) Beziehung zwischen dem Versprechenden und dem Dritten

11   Die Beziehung zwischen dem Versprechenden und dem Dritten ist dadurch gekennzeichnet, dass der **Dritte gegen** den **Versprechenden** einen **Anspruch** auf die Leistung hat. Entstehung und Inhalt dieses Anspruchs werden durch den zwischen dem Versprechensempfänger und dem Versprechenden geschlossenen Vertrag, also das Deckungsverhältnis, bestimmt. Daher wird das zwischen dem Dritten und dem Versprechenden bestehende Verhältnis meist gar nicht mit einem eigenen Begriff gekennzeichnet. Zum Teil wird – etwas farblos – von „Drittverhältnis" oder „Vollzugsverhältnis" gesprochen (*Musielak*, Grundkurs BGB, Rn. 881).

12   Der Dritte muss sich von dem Versprechensempfänger nichts aufdrängen lassen. § 333 BGB bestimmt daher, dass der Dritte das Recht, das er ohne sein Zutun erworben hat, zurückweisen kann. Es gilt dann als nicht erworben.

13   Dem Versprechenden soll dadurch kein Nachteil entstehen, dass er nicht an den Versprechensempfänger, seinen Vertragspartner, sondern an einen Dritten zu leisten hat. Er kann daher dem Dritten gem. § 334 BGB alle Einwendungen aus dem Deckungsverhältnis entgegenhalten, auf dem ja auch seine Verpflichtung beruht.

> **BEISPIEL** Solange G im obigen Beispiel dem S noch nicht die 100 € für die Gefriertruhe bezahlt hat, muss S die Gefriertruhe nicht an D ausliefern. Er kann gegenüber D gem. §§ 334, 320 Abs. 1 BGB (Einrede des nicht erfüllten Vertrags) seine Leistung verweigern, solange er von G die Gegenleistung, eben die 100 €, nicht erhalten hat.

14   Abschließend seien die soeben umrissenen Rechtsbeziehungen anhand einer Abbildung verdeutlicht.

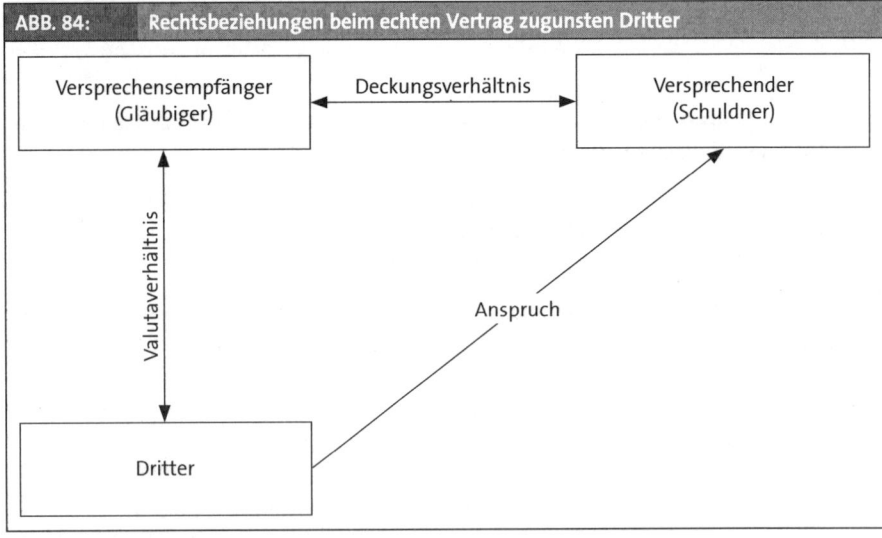

ABB. 84: Rechtsbeziehungen beim echten Vertrag zugunsten Dritter

II. Vertrag mit Schutzwirkung für Dritte

1. Einführung in die Problematik

Wir wissen bereits, dass ein Schuldverhältnis seinem Inhalt nach den Schuldner auch   15
dazu verpflichten kann, auf die Rechte, Rechtsgüter und Interessen des Gläubigers
Rücksicht zu nehmen (vgl. § 241 Abs. 2 BGB). Verletzt der Schuldner diese Pflicht, muss
er dem Gläubiger gem. § 280 Abs. 1 BGB den hieraus resultierenden Schaden ersetzen.

> **BEISPIEL** ▶ Malermeister S ist von G beauftragt worden, das Wohnzimmer zu tapezieren. S be-
> traut seinen Gesellen L mit dieser Aufgabe. L ist seit Jahren bei S beschäftigt und hat stets ein-
> wandfrei gearbeitet. L begibt sich in die Wohnung des G und beginnt mit der Arbeit. Als er
> gerade die Staffelei in das Wohnzimmer des G trägt, ist er für einen Moment nicht ganz bei
> der Sache und stößt daher die Staffelei dem G, der den Fortgang der Arbeiten beobachte will,
> an den Kopf. G erleidet eine Platzwunde, die von einem Arzt genäht werden muss. G kann von
> S gem. §§ 280 Abs. 1, 241 Abs. 2 BGB Schadensersatz verlangen. Dass S nicht selbst tätig ge-
> worden ist, spielt keine Rolle, er muss sich das Verschulden seines Gehilfen L gem. § 278 BGB
> zurechnen lassen. Der dem G zustehende Schadensersatzanspruch umfasst den Ersatz der Be-
> handlungskosten (vgl. § 249 Abs. 2 Satz 1 BGB) und ein angemessenes Schmerzensgeld (vgl.
> § 253 Abs. 2 BGB).

Bisweilen erscheint es angemessen, auch andere Personen als den Gläubiger in den   16
Schutzbereich der Pflichten i. S. des § 241 Abs. 2 BGB mit einzubeziehen.

> **BEISPIEL** ▶ In dem obigen Beispielsfall verletzt L nicht den G selbst, sondern dessen Ehefrau F am
> Kopf. Hier hat F zwar einen Schadensersatzanspruch gegen L selbst aus § 823 Abs. 1 BGB. F hat
> aber auch ein Interesse daran, sich an S halten zu können. Es ist ja denkbar, dass L, der nur
> Geselle ist, finanziell gar nicht in der Lage ist, den Anspruch der F zu erfüllen. In Betracht
> kommt ein Anspruch der F gegen S aus § 831 Abs. 1 BGB. Da aber L stets zuverlässig gearbeitet
> hat, wird dem S der in § 831 Abs. 1 Satz 2 BGB geregelte Entlastungsbeweis gelingen (siehe
> oben § 44 Rn. 27 ff.), so dass ein Anspruch der F gegen S aus § 831 Abs. 1 BGB ausscheidet. Ver-
> tragliche Ansprüche scheinen der F gegen S nicht zuzustehen, da S ja nur mit G einen Vertrag
> geschlossen hat. Daher scheint auch ein Anspruch der F gegen S aus §§ 280 Abs. 1, 241 Abs. 2
> BGB i.V. mit § 278 BGB auszuscheiden. Dieses Ergebnis erscheint aber nicht gerecht. Daher ist
> in dem Beispielsfall davon auszugehen, dass die Ehefrau des G in den Schutzbereich der dem S
> obliegenden vertraglichen Pflichten i. S. des § 241 Abs. 2 BGB einbezogen ist. F hat gegen S ei-
> nen Schadensersatzanspruch aus §§ 280 Abs. 1, 241 Abs. 2 BGB i.V. mit den Grundsätzen über
> den Vertrag mit Schutzwirkung für Dritte und i.V. mit § 278 BGB.

Der Beispielsfall macht deutlich, dass ein Bedürfnis danach bestehen kann, auch vom   17
Gläubiger verschiedene Dritte in den Schutzbereich eines Vertrags mit einzubeziehen.
Der in den Schutzbereich eines Vertrags mit einbezogene Dritte profitiert vor allem davon, dass sich der Schuldner das Verschulden seiner Gehilfen nach § 278 BGB zurechnen lassen muss, ohne dass ihm die Möglichkeit eröffnet ist, einen Entlastungsbeweis
zu führen (siehe demgegenüber § 831 Abs. 1 Satz 2 BGB). **Rechtsgrundlage** des Institu-
tes **Vertrag mit Schutzwirkung für Dritte** ist eine **ergänzende Auslegung** des zwischen
dem Gläubiger und dem Schuldner geschlossenen **Vertrags** (vgl. z. B. *Brox/Walker*,
Schuldrecht AT, § Rn. 6; vgl. auch BGHZ 56, 269, 273; BGH NJW 2001, 3115, 3116); andere führen dieses Rechtsinstitut auf eine Rechtsfortbildung zurück (z. B. *Musielak*, Grundkurs BGB, Rn. 889).

18   Der Schutzbereich eines Vertrags darf aber auf der anderen Seite nicht auf alle möglichen Personen erstreckt werden, die im Zusammenhang mit der Durchführung eines Vertrags geschädigt werden. Ansonsten würde jeder Vertrag unabsehbare Risiken für den Schuldner in sich bergen. Hierzu folgendes

> **BEISPIEL** In dem obigen Beispiel wird nicht die Ehefrau des G verletzt, sondern ein Besucher D, der sich zufällig in der Wohnung des G aufhält, als L dort tätig ist. Hier erscheint es zu weitgehend, dem S auch noch für den Schaden des D eine vertragliche Haftung aufzuerlegen. Wenn S jeder zufällig anwesenden Person gegenüber Pflichten i. S. des § 241 Abs. 2 BGB hätte, dann wäre für ihn nicht mehr absehbar, welches Risiko er mit dem Abschluss eines Vertrags eingeht.

19   Man ist sich daher einig darüber, dass die **Einbeziehung von Dritten in** den **Schutzbereich eines Vertrags** von einschränkenden Voraussetzungen abhängig gemacht werden muss. Diese Voraussetzungen wollen wir uns im Folgenden näher ansehen.

2. Die Voraussetzungen für die Einbeziehung Dritter in der Schutzbereich eines Vertrags

20   Die erste Voraussetzung für die Einbeziehung einer dritten Person in den Schutzbereich eines zwischen Gläubiger und Schuldner geschlossenen Vertrags wird als **Leistungsnähe** bezeichnet. Leistungsnähe bedeutet, dass die betreffende dritte **Person nach** dem **Inhalt des Vertrags mit** der **Leistung** des Schuldners **in Berührung kommt** (vgl. BGH NJW 1996, 2927, 2928 f.). Der Dritte muss bestimmungsgemäß den Gefahren einer Schlechtleistung von Seiten des Schuldners in gleicher Weise ausgesetzt sein wie der Gläubiger selbst, und der einbezogene Personenkreis muss eng und überschaubar sein (*Brox/Walker*, Schuldrecht AT, § 33 Rn. 8; vgl. auch BGH NJW 2004, 3630, 3632).

21   Des Weiteren wird verlangt, dass der **Gläubiger** ein **berechtigtes Interesse am Schutz des Dritten** hat. Man spricht hier von **Gläubigernähe** oder **Einbeziehungsinteresse**. Diese ist vor allem dann gegeben, wenn der Gläubiger dem Dritten aufgrund eines Rechtsverhältnisses mit personenrechtlichem Einschlag Schutz und Fürsorge schuldet, für das „Wohl und Wehe" des Dritten verantwortlich ist (vgl. BGHZ 56, 269, 273; BGH NJW 2002, 3625, 3626; BGH NJW 2010, 3152, 3153 Tz. 19).

> **BEISPIEL** Die Kinder sind in den Schutzbereich des von den Eltern mit dem Vermieter abgeschlossenen Mietvertrags einbezogen, weil die Kinder mit der Leistung des Vermieters bestimmungsgemäß in Berührung kommen und die Eltern für das „Wohl und Wehe" der Kinder verantwortlich sind.

22   Die beiden soeben genannten Voraussetzungen, also „Leistungsnähe" und „Gläubigernähe" müssen **für den Schuldner erkennbar** sein (vgl. BGH NJW 1985, 2411 f.). Der Schuldner muss das Risiko überschauen können, auf das er sich bei Abschluss des Vertrags einlässt.

23   Schließlich besteht für eine Erstreckung des Schutzbereichs eines Vertrags auf einen Dritten nur dann ein Bedürfnis, wenn dieser **Dritte** auch **schutzbedürftig** ist. An der Schutzbedürftigkeit fehlt es, wenn der Dritte einen eigenen vertraglichen Anspruch auf Ersatz des ihm entstandenen Schadens hat (vgl. BGH NJW-RR 2011, 462, 463 Tz. 11).

BEISPIEL (VGL. BGHZ 70, 327, 329 F.) ► Es ist nötig, den Untermieter in den Schutzbereich des zwischen dem Hauptvermieter und dem Mieter (= Untervermieter) geschlossenen Vertrags einzubeziehen, weil der Untermieter ggf. vertragliche Ansprüche gegen den Untervermieter (= Mieter) geltend machen kann.

ABB. 85:	Voraussetzungen der Schutzwirkung für Dritte

▸ Leistungsnähe: Der Dritte ist der Gefahr einer Schlechterfüllung durch den Schuldner in gleicher Weise ausgesetzt wie der Gläubiger;

▸ Gläubigernähe (Einbeziehungsinteresse): Der Gläubiger hat ein berechtigtes Interesse am Schutz des Dritten;

▸ Leistungsnähe und Gläubigernähe sind für den Schuldner erkennbar;

▸ Der Dritte ist schutzbedürftig, weil er keinen eigenen vertraglichen Anspruch auf Ersatz des ihm entstandenen Schadens hat.

Wir wissen, dass Schutz- und Obhutspflichten i. S. des § 241 Abs. 2 BGB auch schon vor Abschluss eines Vertrags entstehen können (vgl. § 311 Abs. 2 BGB). Die Verletzung derartiger Pflichten zieht Ansprüche aus cic nach sich (Anspruchsgrundlage: §§ 280 Abs. 1, 241 Abs. 2, 311 Abs. 2 BGB). **Möglich** ist auch die **Einbeziehung** von dritten Personen in den **Schutzbereich** von **vorvertraglichen Pflichten**.   24

BEISPIEL (VGL. BGHZ 66, 51) ► Das Kind D begleitet seine Mutter G zum Einkaufen in einen Selbstbedienungsladen des S. Noch bevor G die ausgesuchten Waren an der Kasse bezahlt hat, rutscht D auf einem Gemüseblatt aus, das auf dem Boden liegt, und erleidet schwere Verletzungen. Der BGH hat hier einen Anspruch des Kindes gegen S aus culpa in contrahendo i.V. mit den Grundsätzen über den Vertrag mit Schutzwirkung für Dritte bejaht.

3. Rechtsfolgen

Der in den Schutzbereich des Vertrags einbezogene Dritte kann zwar – anders als beim Vertrag zugunsten Dritter – von dem Schuldner nicht die vertraglich geschuldete Leistung verlangen. Wenn der Schuldner aber eine – auch ihm als Dritten gegenüber bestehende – Schutzpflicht gem. § 241 Abs. 2 BGB verletzt, dann hat der Dritte gegen ihn einen **Schadensersatzanspruch** aus §§ 280 Abs. 1, 241 Abs. 2 BGB i.V. mit den Grundsätzen über den Vertrag mit Schutzwirkung für Dritte (und ggf. i.V. mit § 278 BGB).   25

§ 50 Forderungsabtretung

Ahcin/Armbrüster, Grundfälle zum Zessionsrecht, JuS 2000, 450, 549, 658, 768, 865, 965; *Coester-Waltjen*, Aufrechnung bei der Abtretung, Jura 2004, 391; *Lorenz*, Grundwissen – Zivilrecht: Abtretung, JuS 2009, 891; *Schreiber*, Die Forderungsabtretung, Jura 2007, 266.

I. Begriff und Bedeutung

1   Jede Forderung ist einer bestimmten Person zugeordnet. Dies ist der Gläubiger, der Inhaber der Forderung, an den der Schuldner leisten muss, will er von seiner Verpflichtung frei werden (vgl. § 362 Abs. 1 BGB). Die Forderung muss aber – abgesehen von Ausnahmen, die wir nicht erörtern wollen – nicht „für alle Zeiten" bei ein und derselben Person verbleiben. Vielmehr ist es möglich, dass die Inhaberschaft wechselt; eine mit dem ursprünglichen Gläubiger nicht identische Person rückt in die Stellung als Gläubiger ein, wird neuer Forderungsinhaber. Das Gesetz kennt drei Gründe, auf denen ein Gläubigerwechsel beruhen kann, nämlich auf einer gesetzlichen Anordnung (gesetzlicher Forderungsübergang = cessio legis), auf einem staatlichen Hoheitsakt sowie auf einem Rechtsgeschäft (vgl. *Brox/Walker*, Schuldrecht AT, § 34 Rn. 1). Wir werden uns im Folgenden lediglich mit den Grundzügen der rechtsgeschäftlichen Übertragung von Forderungen befassen, die in §§ 398 ff. BGB geregelt ist. Hingewiesen sei aber auf § 412 BGB, wonach auf die cessio legis die §§ 399 bis 404 BGB sowie die §§ 406 bis 410 BGB entsprechende Anwendung finden.

2   Nach § 398 Satz 1 BGB (lesen!) kann **eine Forderung** von einem Gläubiger **durch Vertrag** mit einem anderen auf diesen **übertragen** werden. Dieser Vertrag wird als **Abtretung** oder **Zession** bezeichnet. **Parteien** dieses Vertrags sind der bisherige Gläubiger (**Zedent**) und der andere, der neuer Inhaber der Forderung werden soll (**Zessionar**). Durch die Abtretung wird die Forderung unmittelbar vom Zedenten auf den Zessionar übertragen; es handelt sich daher um ein **Verfügungsgeschäft**. Dieses ist – wie alle Verfügungsgeschäfte – von dem zugrunde liegenden Verpflichtungsgeschäft (Kausalgeschäft) getrennt und in seiner Wirksamkeit unabhängig von diesem zu beurteilen. Eine Forderungsabtretung kann z. B. auf einem Kaufvertrag oder einer Schenkung basieren.

> **BEISPIEL** G 1 ist Inhaber einer Forderung gegen S, die auf 1 000 € lautet und zum Ende des Jahres fällig wird. Weil G 1 dringend Geld benötigt, verkauft er im Juli seine Forderung gegen S an den 17jährigen G 2 zu einem Kaufpreis i. H. von 900 € und tritt sie an G 2 ab. Als die Eltern nachträglich von dem Geschäft erfahren, verweigern sie die Zustimmung, weil ihnen die Sache zu unsicher ist.
>
> In dem Fall ist der zwischen G 1 und G 2 abgeschlossene Kaufvertrag zunächst gem. § 108 Abs. 1 BGB schwebend unwirksam gewesen und nach der Verweigerung der Genehmigung durch die Eltern endgültig unwirksam geworden. Dies ändert aber nichts daran, dass G 2 infolge der für ihn lediglich rechtlich vorteilhaften (vgl. § 107 BGB) Abtretung Inhaber der Forderung gegen S geworden ist. Freilich hat G 2 diese Forderung aufgrund eines unwirksamen Kaufvertrags und damit ohne rechtlichen Grund erlangt und ist daher gem. § 812 Abs. 1 Satz 1 Alt. 1 BGB zur Rückabtretung der Forderung an G 1 verpflichtet.

Die **Forderungsabtretung** ist im Rechts- und Wirtschaftsleben von großer **praktischer**   3
Bedeutung, vor allem als **Grundlage für** die **Gewährung eines Kredits**. Der Gläubiger
von noch nicht fälligen Forderungen, der zur Fortsetzung seiner wirtschaftlichen Tätigkeit liquide Mittel benötigt, wird seiner Bank anbieten, ihr seine Forderungen zur
Sicherheit abzutreten, wenn sie ihm im Gegenzug ein Darlehen gewährt.

> **BEISPIEL** ▸ G 1 ist Lederwarengroßhändler in Münster. Er bezieht seine Waren vom Hersteller H
> in Telgte und liefert sie an die Einzelhandelsgeschäfte von S 1, S 2 und S 3, denen er eine Zah-
> lungsfrist von einem halben Jahr einräumt. Da H nicht bereit ist, dem G 1 seinerseits den Kauf-
> preis zu stunden, benötigt G 1 Liquidität, um sein Geschäft fortführen zu können. Er wendet
> sich an die Bank G 2 und bittet sie um ein Darlehen. Die Bank wird das gewünschte Darlehen
> nur gewähren, wenn G 1 ihr Sicherheiten anbieten kann. Als solche kommen die Forderungen
> des G 1 gegen S 1, S 2 und S 3 in Betracht. Wenn G 1 diese Forderungen an G 2 zur Sicherheit
> abtritt, werden S 1, S 2 und S 3 hiervon zunächst nichts erfahren; eine Offenlegung der Zession
> könnte sich für G 1 nämlich rufschädigend auswirken. G 1 wird das Geld, das von S 1, S 2 und
> S 3 eingeht, dazu verwenden, den ihm von G 2 gewährten Kredit zu tilgen. Nur wenn G 1 das
> Darlehen nicht ordnungsgemäß bedient, wird G 2 die Abtretung gegenüber S 1, S 2 und S 3 of-
> fen legen und die entsprechenden Geldbeträge unmittelbar von ihnen einfordern.

II. Voraussetzungen

1. Vertrag zwischen Zedent und Zessionar

Erste Voraussetzung einer wirksamen Forderungsabtretung ist ein **Vertrag** zwischen   4
dem alten und dem neuen Gläubiger, in dem sich die Parteien über den Übergang der
Forderung auf den **neuen Gläubiger einigen** (§ 398 Satz 1 BGB). Eine **Beteiligung des**
Schuldners ist **nicht vorgesehen**. Es ist nicht einmal erforderlich, dass der Schuldner
von der Abtretung der gegen ihn gerichteten Forderung Kenntnis erlangt. Wird der
Schuldner – wie im obigen Beispielsfall – von der Abtretung nicht informiert, spricht
man von einer stillen Zession.

2. Bestehen der Forderung

Die abgetretene **Forderung** muss **tatsächlich bestehen** und der **Zedent** muss auch **Inha-**   5
ber der Forderung sein. Dem Zessionar nützt es nichts, wenn er nur annimmt, sein Vertragspartner sei Forderungsinhaber. Ein **gutgläubiger Erwerb von Forderungen** findet
grundsätzlich (Ausnahme: § 405 BGB) nicht statt.

> **BEISPIEL** ▸ Lederwarenhändler G 1 ist in Geldnot. Um von der Bank G 2 einen Kredit i. H. von
> 35 000 € zu erhalten, tritt er ihr am 10.10. eine Forderung gegen S i. H. von 50 000 € zur
> Sicherheit ab. Da G 1 auch noch Schulden bei seinem Lieferanten H hat, weigert sich dieser,
> den G 1 weiter mit Waren zu beliefern. Daher tritt G 1 am 17.10. dieselbe Forderung noch ein-
> mal an H ab, der ihm daraufhin Waren im Wert von 40 000 € liefert.
>
> In dem Beispielsfall ist G 1 zu dem Zeitpunkt, zu dem er die Forderung gegen S an H abtritt,
> nicht mehr Forderungsinhaber. Vielmehr ist die Bank G 2 seit dem 10.10. Gläubigerin der For-
> derung. H konnte daher von G 1 die Forderung gegen S nicht erwerben.

Allgemein kann gesagt werden, dass im Fall einer **mehrfachen Abtretung** ein und derselben Forderung **nur** die **zuerst erfolgte Abtretung wirksam** ist. Es gilt das **Prioritäts-**
prinzip.

3. Übertragbarkeit der Forderung

6 Als weitere Voraussetzung ist die Übertragbarkeit der Forderung zu nennen. Diese ist im Regelfall gegeben. Der **Grundsatz**, dass jede **Forderung übertragen werden kann**, ist z. B. in folgenden Fällen **durchbrochen**:

7 ▶ Die **Abtretbarkeit** ist durch eine Vereinbarung zwischen Gläubiger und Schuldner **ausgeschlossen** (§ 399 Alt. 2 BGB).

▶ **Unpfändbare Forderungen** können gem. § 400 BGB nicht abgetreten werden. Die Vorschrift beruht – ebenso wie § 394 BGB (siehe oben § 24 Rn. 18) – auf der Erwägung, dass dem Gläubiger der Forderung das Existenzminimum verbleiben soll. Anderenfalls würde der Gläubiger ja der Allgemeinheit zur Last fallen. Welche Forderungen unpfändbar sind, ergibt sich aus den §§ 850 ff. ZPO. Arbeitseinkommen ist z. B. nicht pfändbar, wenn es nicht mehr als 930 € monatlich beträgt (vgl. im Einzelnen § 850 c ZPO).

▶ Die Übertragbarkeit ist durch eine **spezielle** gesetzliche **Vorschrift** ausgeschlossen (Beispiel: § 613 S. 2 BGB).

4. Bestimmbarkeit der Forderung

8 Die Abtretung einer Forderung führt zu einem unmittelbaren Wechsel der Rechtsinhaberschaft. Im Interesse der Rechtssicherheit muss Klarheit darüber bestehen, welche Person Gläubiger welcher Forderung ist. Daher muss die abgetretene **Forderung nach Inhalt, Höhe und Person des Schuldners bestimmt** sein. **Ausreichend** ist es, wenn die Bestimmtheit zu dem Zeitpunkt vorliegt, zu dem die Forderung auf den neuen Gläubiger übergehen soll, wenn die Forderung also **bestimmbar** ist. Daher können auch künftige Forderungen abgetreten werden. **Fehlt** es an der erforderlichen **Bestimmtheit** und ist die Forderung nicht einmal bestimmbar, dann ist die **Abtretung unwirksam**.

> **BEISPIEL** ▶ Der Großhändler G 1 beliefert u. a. den Einzelhändler S mit Waren. Am 10. 10. 2010 tritt G 1 an die Bank G 2 sämtliche Forderungen gegen S ab, die ihm in dem Zeitraum vom 1. 11. 2010 bis 31. 3. 2011 aus der Lieferung von Waren erwachsen. Zum Zeitpunkt der Abtretung, also am 10. 10. 2010, sind die abgetretenen Forderungen noch nicht bestimmt. Es ist noch nicht klar, in welcher Höhe und Anzahl G 1 Forderungen gegen S erwerben wird. Zu dem Zeitpunkt, zu dem die einzelnen Forderungen zur Entstehung gelangen und auf G 2 übergehen sollen, steht aber fest, ob sie von der Abtretung erfasst sind. Die Vorausabtretung der Forderungen ist daher wirksam.

9 Nicht einmal Bestimmbarkeit liegt dagegen vor in dem folgenden

> **BEISPIEL** ▶ G 1 tritt an G 2 aller künftigen Forderungen aus Warenlieferung an S ab, bis ein Gesamtbetrag von höchstens 50 000 € erreicht ist.

ABB. 86:	Voraussetzungen der Forderungsabtretung
▶ Abtretungsvertrag zwischen altem und neuem Gläubiger i. S. des § 398 Satz 1 BGB;	
▶ Bestehen der Forderung (kein gutgläubiger Erwerb von Forderungen);	
▶ Übertragbarkeit der Forderung;	
▶ Bestimmbarkeit der Forderung.	

III. Rechtsfolgen

1. Übergang der Forderung auf den Zessionar mit Neben- und Vorzugsrechten

Rechtsfolge der Zession ist, dass der neue Gläubiger an die Stelle des alten tritt (§ 398   10
Satz 2 BGB; lesen!). Mit der Forderung gehen gem. § 401 Abs. 1 BGB die für sie bestehenden unselbstständigen Sicherheiten (sog. akzessorische Sicherheiten) auf den neu-
en Gläubiger über. Akzessorische Sicherheiten sind solche, die untrennbar mit der Forderung verknüpft sind und deren Schicksal teilen. Ist also z. B. für die abgetretene Forderung ein Pfandrecht, eine Hypothek oder eine Bürgschaft bestellt gewesen, dann profitiert hiervon auch der neue Gläubiger.

2. Einwendungen des Schuldners

Die Forderung geht in dem Zustand auf den Zessionar über, in dem sie vorher beim   11
Zedenten gewesen ist. Dem entspricht es, dass in **§ 404 BGB** (lesen!) geregelt ist, dass
der Schuldner dem neuen Gläubiger alle Einwendungen entgegensetzen kann, die zur
Zeit der Abtretung gegen den bisherigen Gläubiger begründet waren. Die Rechtsstellung des Schuldners verschlechtert sich also durch die Abtretung nicht. Nach § 404 BGB
reicht es **aus**, dass **Einwendungen** gegen den bisherigen Gläubiger **begründet** gewesen
sind, also dass sie ihrem Rechtsgrund nach in dem zwischen dem alten Gläubiger und
dem Schuldner bestehenden Rechtsverhältnis angelegt waren. Nicht nötig ist es dagegen, dass alle Tatbestandsvoraussetzungen zum Zeitpunkt der Abtretung bereits vorliegen.

> **BEISPIEL** ▶ Gebrauchtwagenhändler G 1 hat dem S am 1. 7. einen Pkw zu einem Preis i. H. von
> 6 000 € verkauft und ihm den Kaufpreis bis zum 31. 12. gestundet. Am 2. 7. verkauft G 1 seine
> Kaufpreisforderung gegen S für 5 500 € an das Inkassobüro G 2 und tritt die Forderung an G 2
> ab. Am 10. 7. stellt S fest, dass der Wagen – anders als mit G 1 vereinbart – nicht erst
> 30 000 km, sondern bereits 130 000 km gelaufen ist. Er tritt daher nach §§ 437 Nr. 2, 434 Abs. 1
> Satz 1, 326 Abs. 5 BGB von dem mit G 1 geschlossenen Kaufvertrag zurück.
>
> Infolge der Ausübung des Rücktrittsrechts könnte S gegenüber G 1 einwenden, die Kaufpreis-
> forderung sei erloschen, wenn G 1 noch sein Gläubiger wäre. Wegen § 404 BGB kann S diesen
> Einwand auch gegenüber G 2 erheben. Dass S am 2. 7., als G 1 die Forderung an G 2 abgetreten
> hat, noch zur Zahlung verpflichtet gewesen ist, spielt keine Rolle. Denn das durch den Rücktritt
> bewirkte Erlöschen der Kaufpreisforderung war bereits in dem zwischen G 1 und S bestehen-
> den Kaufvertrag begründet.

IV. Schuldnerschutz

Wir wissen, dass sich die Forderungsabtretung ohne Zutun des Schuldners vollzieht,   12
der Schuldner von ihr nicht einmal Kenntnis erlangen muss. Das Gesetz sorgt daher
durch mehrere Vorschriften dafür, dass sich die Abtretung für den Schuldner nicht
nachteilig auswirkt. Neben § 404 BGB, den wir bereits kennen gelernt haben, existieren
weitere Schuldnerschutzvorschriften. Die wichtigsten von ihnen werden wir uns im Folgenden ansehen.

1. Schutz des Schuldners in Unkenntnis von der Abtretung

13   Da der Schuldner über den Forderungsübergang nicht informiert werden muss, besteht die Gefahr, dass er in Unkenntnis der Abtretung an den alten Gläubiger leistet. Aus diesem Grund ordnet **§ 407 Abs. 1 BGB** (lesen!) an, dass der **neue Gläubiger** eine **Leistung**, die der Schuldner nach der Abtretung **an** den **bisherigen Gläubiger** bewirkt, **gegen sich gelten lassen muss**. Dasselbe gilt für jedes Rechtsgeschäft, das nach der Abtretung zwischen dem Schuldner und dem bisherigen Gläubiger im Hinblick auf die Forderung vorgenommen wird, z. B. einen Erlass, eine Stundung oder eine Aufrechnung. Der **Schutz** des § 407 Abs. 1 BGB **entfällt nur** dann, **wenn** der **Schuldner** die **Abtretung bei** der **Leistung** oder der Vornahme des Rechtsgeschäft **kennt**; fahrlässige, sogar grob fahrlässige Unkenntnis schadet dem Schuldner dagegen nicht. Beruft sich der Schuldner auf § 407 Abs. 1 BGB, dann muss sich der neue Gläubiger mit dem bisherigen Gläubiger auseinandersetzen.

> **BEISPIEL** G 1 hat am 10.10. eine Forderung gegen S i. H. von 1 000 € an G 2 abgetreten. Am 11.10. überweist S in Unkenntnis von der Abtretung den Betrag auf das Konto des G 1. Die Leistung an G 1 führt gem. §§ 407 Abs. 1, 362 Abs. 1 BGB zum Erlöschen der Forderung. G 2 kann von G 1 aber die 1 000 € herausverlangen. Anspruchsgrundlage hierfür ist § 816 Abs. 2 BGB: An G 1 als Nichtberechtigten (G 1 hat durch die Abtretung die Rechte an der Forderung verloren) wurde eine Leistung bewirkt, die gegenüber dem Forderungsinhaber G 2 (der somit Berechtigter ist) wegen § 407 Abs. 1 BGB wirksam ist. Daher muss G 1 das Erlangte an G 2 herausgeben.

Dem Schuldner steht es frei, auf den ihm durch § 407 BGB gewährten Schutz zu verzichten (h. M.; vgl. BGHZ 52, 150, 154; 102, 68, 71).

14   **§ 408 BGB** (lesen) erstreckt den Schutz des § 407 BGB auf den Fall, dass der Gläubiger die Forderung mehrfach abtritt.

> **BEISPIEL** G 1, der sich in akuter Geldnot befindet, verkauft eine fällige Forderung gegen S an G 2 und tritt sie an diesen ab. Einen Tag später tritt G 1 dieselbe Forderung nochmals an die Bank G 3 ab, um von dieser ein Darlehen zu erhalten. S, der nur von der zweiten Abtretung gehört hat, zahlt an G 3. Wir wissen, dass G 3 nicht Forderungsinhaber geworden ist, da die Forderung bereits vorher an G 2 abgetreten worden ist (zum Prioritätsprinzip siehe oben II. 2.). Wegen §§ 408 Abs. 1, 407 Abs. 1 muss aber der wahre Inhaber der Forderung, G 2, die Leistung des Schuldners an G 3 gegen sich gelten lassen. S ist von seiner Verpflichtung frei geworden. G 2 wird von G 3 den erlangten Betrag gem. § 816 Abs. 2 BGB herausverlangen; G 3 wird sich an G 1 halten.

2. Aufrechnung gegenüber dem neuen Gläubiger

15   Der neue Gläubiger muss gem. **§ 407 Abs. 1 BGB** eine **Aufrechnung** gegen sich gelten lassen, die der Schuldner **gegenüber** dem **alten Gläubiger** in Unkenntnis der Abtretung erklärt.

16   Im Unterschied zu § 407 BGB regelt **§ 406 BGB** (lesen!) die Fälle, in denen der **Schuldner in Kenntnis der Abtretung** mit einer **Forderung gegen** den **alten Gläubiger gegenüber** dem **neuen Gläubiger aufrechnen kann**. Grundsätzlich ist eine Aufrechnung zwar nur möglich, wenn sich zwei Personen „einander" Leistungen schulden (vgl. § 387 BGB). Die Hauptforderung, gegen die aufgerechnet wird, und die Gegenforderung, mit der auf-

gerechnet wird, müssen zueinander im Verhältnis der Gegenseitigkeit stehen. **§ 406 BGB** macht aber **von** dem Erfordernis der **Gegenseitigkeit** eine **Ausnahme** zugunsten des Schuldners einer abgetretenen Forderung. Geschützt wird der Schuldner, der mit Recht darauf vertraut, dass er sich zu irgendeinem Zeitpunkt von seiner Verpflichtung im Wege der Aufrechnung wird befreien können. Die Vorschrift ist schwer verständlich, da ihre Anwendung von der Verknüpfung unterschiedlicher Zeitpunkte abhängt (siehe auch die Darstellung bei *Musielak*, Grundkurs BGB, Rn. 915). Es kommt an auf den Zeitpunkt,

► zu dem der Schuldner von der Abtretung der Forderung Kenntnis erlangt,

► zu dem die vom Schuldner gegen den bisherigen Gläubiger erworbene Gegenforderung fällig wird und

► zu dem die gegen den Schuldner gerichtete (und abgetretene) Hauptforderung fällig wird.

Liest man die Vorschrift genau durch, dann wird klar, dass dem Schuldner die Aufrechnung nur in dem seltenen Fall versagt wird, dass er gegen seinen alten Gläubiger eine Forderung erwirbt, ohne zu wissen, dass die Forderung bereits abgetreten ist.   17

BEISPIEL G 1 hat gegen S eine am 1. 6. fällige Forderung, die er am 1. 4. an G 2 abtritt. Am 1. 5. erwirbt S, der von der Abtretung nichts weiß, gegen G 1 eine Gegenforderung, die am 1. 7. fällig wird. Am 15. 5. wird S von der Abtretung der Forderung an G 2 in Kenntnis gesetzt.

In diesem Fall kann S nicht gem. § 406 BGB gegenüber dem neuen Gläubiger aufrechnen. Seine Forderung wird am 1. 7. fällig: Bereits vor diesem Zeitpunkt, nämlich am 1. 6., ist die abgetretene Forderung fällig geworden; und vor diesem Zeitpunkt, nämlich am 15. 5., hat S Kenntnis von der Abtretung erlangt.

HINWEIS

Beispielsfälle wie den soeben angeführten macht man sich am besten anhand einer Fallskizze klar, die wie folgt aussehen kann:

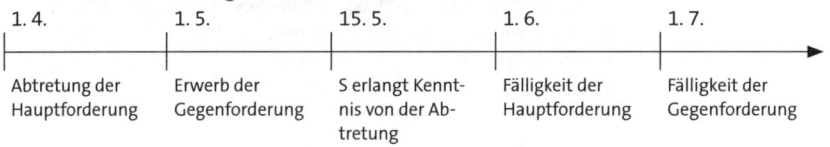

1. 4.	1. 5.	15. 5.	1. 6.	1. 7.
Abtretung der Hauptforderung	Erwerb der Gegenforderung	S erlangt Kenntnis von der Abtretung	Fälligkeit der Hauptforderung	Fälligkeit der Gegenforderung

Liegt der Zeitpunkt der Fälligkeit der Gegenforderung oder derjenige der Erlangung der Kenntnis von der Abtretung vor dem Zeitpunkt der Fälligkeit der Hauptforderung, dann kann der Schuldner in jedem Fall aufrechnen. Je nachdem, zu welchem Zeitpunkt der Schuldner von der Abtretung Kenntnis erlangt, findet entweder § 406 BGB oder § 407 Abs. 1 BGB Anwendung.   18

BEISPIEL G 1 tritt am 1. 5. eine am 31. 12. fällige Forderung an G 2 ab. S, der von der Abtretung nichts weiß, erwirbt am 1. 6. gegen G 1 eine sofort fällige Gegenforderung. Am 1. 7. wird S von der Abtretung der Forderung in Kenntnis gesetzt.

Solange S von der Abtretung nichts weiß, wird er gegenüber G 1 die Aufrechnung erklären. Diese muss G 2 wegen § 407 Abs. 1 BGB gegen sich gelten lassen.

Nachdem S von der Abtretung an G 2 erfahren hat, kann er nach § 406 BGB unmittelbar gegenüber G 2 die Aufrechnung mit seiner ihm gegen G 1 zustehenden Forderung erklären.

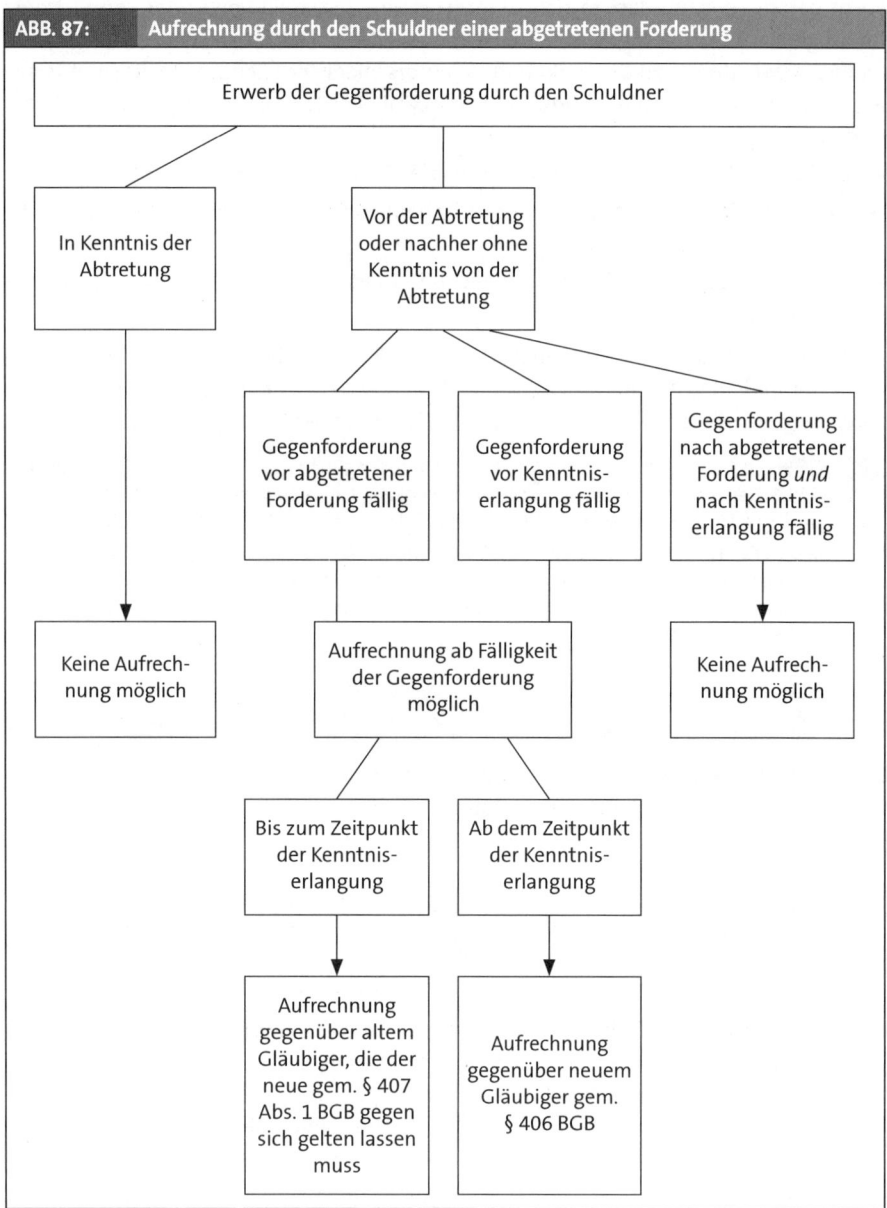

ABB. 87:   Aufrechnung durch den Schuldner einer abgetretenen Forderung

STICHWORTVERZEICHNIS